현대 **유럽**의 역사

대륙과 문명의 세계사 02
현대 유럽의 역사

지은이 앨버트 S. 린드먼
옮긴이 장문석
펴낸이 송병섭
펴낸곳 삼천리
등 록 제312-2008-2호(2008. 1. 3)
주 소 10570 경기도 고양시 덕양구 신원로 2길 28-12, 401호
전 화 02) 711-1197
팩 스 02) 6008-0436
이메일 bssong45@hanmail.net

1판 1쇄 2017년 6월 16일

값 39,000원
ISBN 978-89-94898-45-2 04900
ISBN 978-89-94898-23-0(세트)
한국어판 © 장문석 2017

대륙과 문명의 세계사

02

FROM 1815 TO THE PRESENT
A HISTORY OF MODERN **EUROPE**

현대 **유럽**의 역사

앨버트 S. 린드먼 지음 | 장문석 옮김

삼천리

역사 개설서를 쓴다는 것

역사에 무지한 사람들은 늘 역사를 되풀이할 운명에 처해 있다.
– 조지 산타야나

우리 공산주의자들은 미래를 예측하는 데는 아무 어려움이 없다. 정작 우리에게 종잡을 수 없는 것은 바로 과거다.
– 어느 공산주의자

기억은 얼룩덜룩한 누더기는 쌓아 두고 좋은 음식은 내다버리는 정신 나간 노파와도 같다.
– 오스틴 오맬리

19세기에 유럽인들은 눈부신 문명을 생산했다. 이 세기는 한때 '서양의 대두'라고 불린 시대의 정점이었다. 유럽은 과거 어떤 문명도 흉내내지 못할 정도로 나머지 세계에 영향력을 발휘했다.

유럽인들은 다른 세계에게 흠모와 모방의 대상이 되었을 뿐 아니라 공포와 증오의 대상이 되기도 했다. 개별 유럽 국가들이 세운 제국들, 특히 영국과 프랑스의 제국은 수억 명의 비유럽인들을 종종 가혹한 방식으로 통치했다. 유럽인들은 다른 인종들에 비해 우월함을 타고났다고 믿었고, 유럽인들의 과학적 발견과 군사적 힘, 전방위적 창조성을 부정하는 것은 가당치 않은 일이라고 여겼다. 그럼에도 유럽 문명은 극좌파와 극우파라는 악령들(demons)에 휩쓸린 채 지구의 나머지 지역을 '세계대전'으로 명명된 두 차례의 거대한 갈등으로 밀어 넣으며 수천만 명의 인명을 살상하고 헤아릴 수 없는 비참을 양산하면서 거의 자살하고 말았다.

21세기 초를 살아가는 교양 있는 시민이라면 이런 역사에 친숙해질 필요가 있겠지만, 그런 친숙함을 거저 얻을 수 있는 것은 아니다. 와일리블랙웰(Wiley-Blackwell) 출판사가 간행하는 '대륙과 문명의 세계사' (Concise History of the Modern World) 시리즈를 이루는 각각의 책은 해당 주제에 관해 '아무런 사전 지식 없는' 독자들을 위해 기획되었지만, 동시에 '재기발랄한 해석'과 '가장 최근의 연구 성과'로부터 나온 통찰력을 제공하는 것도 목표로 삼고 있다.

이런 요청에 부응하여 현대 유럽의 역사를 개관하자면, 다른 유형의 독자들을 위해서는 더 두꺼운 책에서나 다룰 법한 많은 내용을 과감하게 생략하면서 무엇보다 우선적으로 다루어야 할 내용들을 엄격하게 취사선택하고 거기에 집중하는 작업이 필요하다. 특히 날카로운 분석과 자극적인 해석적 시각을 제공할 요량으로 집필되는 역사서라면, 마땅히 포괄적이고 사실들로 충만한 연대기적 이야기들과는 다른 방식으로 구성되어야 한다. 어쨌거나 현대사를 연구하는 역사가들은 대부분 오래전부터 '객관적인' 방식으로 '그저 사실들을' 나열하는 서술에서 탈피해 왔다. 전문 역사가들은 예전처럼 사실들만을 정확하고 풍부하게 객관적으로 제시한다는 단순한 생각에서 벗어나 자신들의 직업이 논쟁과 모호함을 두려워하지 않는 '문제 중심'의 작업이라고 생각한다. 또한 역사에 대한 전문 역사가들의 접근은 우선적으로 다루어야 할 내용들에 주목하는데, 이때 불가피하게도 우선적으로 다루어야 할 내용들의 성격이 무엇인가 하는 논쟁이 촉발된다.

머리말을 시작하며 제시한 3개의 인용문은, 읽기 쉬우면서도 지나친 단순함을 피하는 역사 개설서를 쓰는 일이 얼마나 도전적인 작업이며 그 과정에서 빠지기 쉬운 함정이 무엇인지를 말해 준다. 첫 번째 인용문은 아주 널리 알려진 조지 산타야나*의 말이다. 그가 실제로 한 말, 그러니까 "과거를 기억할 수 없는 사람들은 과거를 다시 살아야 할 운명에 묶여 있다"를 단순화한 것이다. 앞으로 이어질 지면에서 '역사의 교훈들'(전적으로 허구적이지는 않더라도 단순하기 짝이 없고 사태를 오판한 것으로 드러난 채 종종 새로운 비극들로 이어지는 교훈들)에 대해 풀어내야 할 말이 많을 터이다. 두 번째 인용문은 필경 조롱조의 표현인데, 모든 역사가가 암묵적으로 인정하는 과거에 대한 진실(과거 공산주의 치하에서 악명 높았듯이 역사적 사실들을 노골적으로 무시하는 것이 아니라 오히려 과거에 대한 우리의 관심사가 미묘하게 진화한다는 것)을 밝혀 준다. 우리는 과거에서 새로운 세부 내용들을 계속 발견하며, 어느 정도는 그런 새로운 정보 때문에 과거에 대한 질문 내용을 바꾸어 나간다. 그렇다고 과거 자체가 변화한다는 얘기는 아니다. 다만 말하려는 논점은, 우리가 한때 도취된 것들에 관심을 잃고 새로운 관심사를 추구한다는 것을 인정하라는 것이다.

마지막 인용문은 우리의 기억이 겉만 번지르르한 것들에 매혹되곤 한다는 점을 보여 준다. 정작 '좋은 음식'을 내팽개치거나 더 가치 있는 기억들을 단지 거북하다는 이유로 거부하면서 말이다. 이 문제는 현대사를 쓰는 사람들에게 특히나 중요한 쟁점 하나를 건드리고 있다. 즉 '대중적' 역사와 전문 역사가들이 쓴 역사 사이의 간극이 점점 더 벌어지고 있다는 문제가 바로 그것이다. 전자는 흥미진진하고 읽기 쉽지만 개념적인 면에서 피상적인 경향이 있고, 후자는 대개 읽기 어렵지만 지적인 면에서는 더 도전적이다. 이런 분열은 역사 서술에 대한, 이른바 '낡은' 접근과 '새로운' 접근 사이의 분열이라는 문제와 복잡하게 뒤얽혀 있다.

———————

* 에스파냐 태생으로 미국에서 교육받고 하버드대학 교수를 지낸 철학자, 시인.

역사 서술의 뿌리 깊은 '낡은' 전통은 무엇보다 '위인들'(great men)의 역할과 그들이 지배한 영역들(이를테면 정치, 외교, 전쟁, 나아가 과학적 탐구와 경제적 기업)에 관심을 두고 있었다. 반면, '새로운' 역사는 과거에 대한 참신한 시각을 갖기 위해 과거를 이해하는 방식을 '수정'하거나 근본적으로 재개념화하려는 노력 속에서 자신만의 영예로운 전통을 수립하려고 한다. 그러면서 특히 위인들에 대한 전통적인 관심에서 의식적으로 멀어지는 것을 오히려 자랑스러워하는 것이다.

　낡은 역사와 새로운 역사를 구별하게 되면, 무엇이 낡았고 무엇이 새로운가 하는 개념상의 문제가 제기되기 때문에 이해를 돕기보다는 오히려 저해할 공산이 크다. '낡은' 시각에서 집필하는 사람들도 새로운 해석을 꾸준히 추구한다. 반면, '새로운' 역사를 쓰는 사람들도 대부분 장기지속적인 관심사들을 일률적으로 무시하지는 않는다. 그럼에도 '낡은 역사'와 '새로운 역사'라는 용어는 의연히 사용되고 있고, 또 그런 구별에는 참신한 생각을 이끌어내는 힘도 있다. 예컨대 낡은 역사와 새로운 역사의 차이는 '승리한 자의 역사에서 희생자의 역사로' 바뀌는 변동과 연관된다고 간주되어 왔다. 이런 변동은 물론 경향일 뿐이지만 의심할 여지없이 풍부한 과실을 약속하는 방향으로의 변화를 보여 준다.

　지금까지 역사 이야기들이 대중(예전에는 무시되고 힘없으며 하찮고 모호한)과 대비되는 '엘리트'(힘세고 유명하며 창조적인)에 얼마나 많이 집중했던가? 역사가 자신이 당장 영국의 흥기나 에스파냐의 쇠퇴(즉 다른 나라가 본보기로 삼을 성공 모델이나 피해야 할 실패 사례)에만 관심을 두지 않았던가? 히틀러나 스탈린의 개인적 삶과 독일과 소련 하층계급의 삶 가운데 더 중요하게 이해할 필요가 있는 것은 무엇인가? 과연, 여성은 인구의 절반을 이루고 있다. 일반적인 역사 이야기에서도 여성은 마땅히 절반을 차지하는가? 또한 엘리트는 정의상 인구의 아주 작은 부분일 뿐이다. 이들은 역사적 설명에서도 아주 작은 부분만을 차지하고 있는 가? 역사가 '위에서 말한 모든 것'을 포괄해야 한다고 믿는 사람이라면, 정말로 그런 역사 개설서를 찾을 가망은 애초에 없다.

'새로운 역사'는 '위로부터의 역사'를 제한적이고 너무 엘리트(일부 관찰자들에게는 '민중'이야말로 암묵적으로 좋은 계층인 반면, 엘리트는 암묵적으로 나쁜 계층이다)에만 치중한 편협한 역사라고 일축하면서 '아래로부터의 역사'를 선호하는 경향이 있다. 이와 유사하게, 비인격적 힘들 (impersonal forces)도 '위인들'의 결정보다 더 중요한 것으로 간주된다. 또한 새로운 역사 집필자들의 주장에 따르면, 보통 사람들의 얼굴은 '낡은' 역사 집필자들이 인정한 것보다 마땅히 더 많은 관심을 받아야 한다. 이런 쟁점들은 앞으로 이어질 지면에서 적절하게 다루어질 하나의 주제와 연관되어 있다. 즉 유럽은 어떻게 두 세기에 걸쳐 그렇게도 인상적인 방식으로 흥기했다가 깊은 심연으로 추락한 다음, 다시 놀랍게 회복할 수 있었는가 하는 문제가 바로 그것이다. 이 이야기는 애당초 어떤 의미에서 유럽의 추락에 책임이 있다고 간주되는, 이름과 경력이 분명한 역사적 주연 배우들과 강력한 엘리트들(절대 다수가 남성인)의 선택과 연관된다는 점에서 '위로부터' 가장 잘 개념화될 수 있는가? 아니면 강조점을 아래에 두어, 엘리트 주연 배우들을 거침없이 흐르는 강물 위를 정처 없이 떠다니는 무기력한 나뭇잎 같은 것으로 치부하면서 더 거대한 객관적 힘들과 '익명의' 대중들에 초점을 맞출 것인가?

1914년부터 1945년까지 벌어진 현대 유럽의 내전, 특히 마지막 몇 년 동안에 발생한 유대인 대량학살은 그 역사의 어두운 대목을 드러내는바, 당연히 큰 관심을 끌고 거의 모든 다른 발전에 대한 우리의 해석에 영향을 미치고 있는 듯하다. 당시 벌어진 끔찍한 파국에 대해 누가 (또는 무엇이) 책임져야 하는가? 어떻게 수백만 명에 달하는 그렇게도 많은 사람들이 절멸될 수 있었는가? 한때 유럽에서 가장 문명화된 지역 가운데 하나라고 일컫는 독일이, 수백만 명이나 되는 다른 '열등한' 민족들은 말할 것도 없고 자신의 통제 아래에 있던 유대인들을 기계화된 방식으로 무자비하게 학살할 수 있었는가? 또 소비에트러시아와 계몽사상의 인간적 가치를 대표한다고 주장한 공산주의 지도자들도 더 긴 시기에 걸쳐 수천만 명에 달하는 자신들의 시민을 죽음으로 몰고 가며 훨씬 더 살인적인 조치들을 실행할 수 있었는가?

만일 그때 정치 지도자를 비롯한 엘리트들이 다른 선택을 했더라면 그런 재앙을 피할 수 있었을까? 아니면 그런 재앙은 개인들을 압도하는 객관적 힘들의 결과로서 궁극적으로는 불가피한 것이었는가? 만일 우리가 이 시기의 '위인들'(스탈린, 히틀러, 처칠)을 경제의 작동이나 거대한 대중들의 항쟁에 견줘 중요한 요소가 아니라고 치부한다면, 이로부터 어떤 종류의 역사적 내러티브가 나오게 될 것인가? 비난의 화살을 다른 쪽으로 돌리면, '큰' 사람들은 대중을 조작할 수 있는 한에서만 중요한 반면, 대중들(무지하고 쉽게 속임을 당하며 단견에 빠져 있는)의 권력이 증대한 것이야말로 유럽이 겪은 비극의 근본적 원인일 것인가?

이런 문제들은 누구도 쉬이 답변하기 어렵다. 이 정도의 압축된 분량에 적합하고 현실적으로 가능하다고 판단되는 범위 안에서 말하자면, 이 책은 낡은 역사와 새로운 역사를 융합하거나 종합하려는 암중모색의 결과라고 할 수 있다. 현대 유럽의 역사에서 무시할 수 없는 또 다른 문제가 있다. '유럽중심주의'(Eurocentrism)가 '낡은' 역사 버전에 언도된 여러 원죄 가운데 하나다. 유럽의 역사는 정의상 유럽에 중심을 두고 있으나, 유럽중심주의라는 비난에 암묵적으로 깔려 있는 것은, 유럽의 역사가들(좀 더 확장하면 유럽 혈통 사람들)이 나머지 세계를 편협한 시각에서 비유럽인들을 적절한 공감과 존중심을 담아 바라보지 못한다는 것이다. 특히 최근의 지적 분위기 속에서 역사의 희생자들(약자들과 소외된 사람들, 또는 이미 모독된 사람들)을 다룰 때 많은 사람들에게 공감과 존중심은 반드시 필요한 미덕이다. 이와 유사하게, 역사의 '패배자들'에 대해 비판적 입장을 제시하는 것도 어떤 것이든 야비한 시각으로 치부되고 있다.

그럼에도 딜레마가 있다. 즉 '새로운' 시각을 보여 준다고 주장하는 몇몇 사람들도 **자기들이** 선호하는 집단을 전면에 내세울 뿐 아니라 심지어 편파적으로 평가한다는 점에서 '낡은' 역사의 경향을 재생산해 오고 있다. 그러나 이런저런 집단을 평가하면서 특정 집단의 구성원들이 훌륭하다거나 아니면 그 적들은 불쾌하다는 식으로 결론을 내리는 것이 목적이라면, 이는 가장 고상한 역사 분석의 이상과는 양립할 수 없다. 물론 다른 측면에서도 마찬가지겠지만, 바로 이런 측면에서 최근 몇십 년간에 벌어진 문화 전쟁들이나 역사에 접근하는 방식도 그와 같은 함정에 빠져 있는 것으로 보인다.

'공감'이라는 말은 많은 것을 함축할 수 있지만, 비판적 분석 이외의 다른 방향으로 이끌리는 경향이 있다. 이 책이 지향하는 바는 모든 것을 엄격한 분석 대상으로 다루면서 동시에 모든 것에 대한 공감대를 확장하는 것이다. 물론 궁극적으로 성취할 수 없는 이상일지도 모르지만, 그럼에도 공감적 이해는 합리화나 변명과는 구별되어야만 한다. 19세기의 수많은 유럽인들은 필경 비유럽인들에 대해 우월 의식이 있었는데, 이는 엘리트 유럽인들이 하층 신분의 유럽인들에 대해 우월 의식이 있었던 것과 마찬가지 사실이었다. 유럽 제국주의와 그에 맞선 투쟁은, 이와 연관된 유럽의 인종주의와 그에 맞선 투쟁과 마찬가지로 이 책의 주요 주제다. 유럽 이외에 다른 세계의 역사에서도 제국주의적 팽창과 느슨한 의미에서 유럽 인종주의에 비견될 수 있는 개념들은 충분히 발견되지만, 유럽 문명이야말로 그 이전에 존재한 그 어떤 문명보다도 더 많은 권력을 집중하고 전 세계에 더 광범위한 영향력을 행사했고, 우리들 대다수도 그에 대해 더 생생한 기억을 갖고 있는 것이다.

그렇다면 이 책의 초점은 단연 유럽인들이 찬탄을 불러일으킬 수 있었던 이유와 동시에 증오를 불러일으킬 수밖에 없었던 이유를 탐구하는 작업에 맞춰져야 한다. 앞에서 언급했듯이, 나머지 다른 세계에 대한 유럽인들의 점증하는 우월감은 어떤 점에서는 현실에 근거를 둔 것이었다. 가령 무기 체계와 관련하여 비유럽인들에 견주어 유럽인들이 지녔던 물리력은 종종 압도적이었다. 그럼에도 유럽 문명은 그 맹렬한 역동성으로 말미암아 자기 파괴의 극단으로 치닫기도 했다. 유럽 문명은 타의 추종을 불허하는 물질적 부와 군사적 힘으로 상징되는 두려운 권력으로 성장했다. 음악과 미술, 문학이 그러했듯이, 유럽 문명이 보여준 과학적 발견들은 유럽의 가장 단호한 적들에게도 큰 인상을 남겼다. 그런 가운데 유럽의 이데올로기들이 널리 확산되어 나갔다. 하지만 유럽은 1914년부터 1945년까지 쇠퇴하여 충격적일 정도의 비합리성과 잔인함, 그리고 함께 유럽을 이루고 있던 동료 민족들에 대한 대량학살의 심연으로 추락했다.

오늘날 대부분의 관찰자들은 유럽인들과 유럽 혈통의 자손들이 나머지 세계에 비해 더 높은 도덕적 가치와 명백한 문명적 우월성을 보유한다는, 종종 '승리주의'(triumphalism)로 지칭되는 19세기적 믿음을 거부한다. 인도의 지도자 마하트마 간디는 유럽 문명에 관한 질문을 받고서 이런 유명한 말을 남겼다. "그것은 훌륭한 이념인 것 같습니다." 그럼에도 이와는 상충되는 단정(나머지 세계에 대한 서양의 영향력은 대부분 파괴적이었다는 단정)이 더 유효할지 어떨지는 쟁점으로 남아 있다. 세계사는 결국 영향을 주고받는 이야기지만, 그런 영향 관계가 꼭 좋은 것만은 아니다. 유럽의 오만함과 잔혹성은 거의 전례가 없는 것이었다. 유럽의 권력과 세계사적 영향력이 전례가 없는 것이었듯이.

　책을 쓴다는 것은 고독한 작업으로 보일 수 있다. 날마다 빈 모니터 화면, 더 나쁘게는 끝도 없이 수정한 예전 초고들로 가득 찬 화면 앞에서 이렇게 중얼거린다. "왜 이 일에 뛰어들었담?" 내 경우엔 대답이 간단하다. 와일리블랙웰 출판사의 편집자 크리스토퍼 휠러가 현대 유럽사에 관한 가독성 있는 개설서를 쓰는 일에 관심이 있는지 질문해 온 것이다. 아닌 게 아니라, 그의 감언이설에 넘어간 탓에 초기의 저항은 곧 무력화되었다. (좀 더 복잡한 대답도 있다. 나는 여러 해 동안 이 주제를 가르쳐 왔고 오래전부터 그런 책을 쓰려고 생각하고 있었는데, 마침 생각으로만 그치지 않고 행동에 나설 기회가 마련된 것이다.)

　그렇다면 처음에는 고독하지 않았던 셈이다. 크리스토퍼와 나는 수차례 이메일을 주고받으며 서로 이 책의 성격에 대체로 동의하게 되었다는 걸 확인할 수 있었다. 반년쯤 지나 나는 상세한 집필 계획서를 보냈다. 전문가 다섯 명에게 계획서를 품평해 달라고 요청했다. 기쁘게도 반응은 긍정적이었다. 그 후에는 좀 더 많은 이들이 조금씩 초고를 검토해 주었다. 그중에는 내 강의를 듣는 학생들을 비롯하여 내가 몸담고 있는 대학과 다른 대학의 동료들, 학계 바깥의 친구들이 있었다. 마지막으로 언급하지만 결코 작지 않은 도움을 준 사람은 역사학 교수인 나의 아내 바버라(내가 쓴 모든 책과 논문의 최초이자 마지막 독자)였다.

　출판 계약을 체결한 뒤 오래지 않아 크리스토퍼가 옥스퍼드대학 출판부로 자리를 옮겼다. 와일리블랙웰에서 그의 후임자는 테사 하비였는데, 그는 작업 진척이 끔찍하게 느릴 때도 자애롭고도 능숙한 태도로 대해 주었다. 다시 나는 테사와 이소블 베인턴, 애너 멘델, 질리언 케인과 셀 수 없이 많은 이메일을 주고받았다. 이보다 더 효율적이고 세심하면서도 힘을 북돋워 주는 편집부가 있다고는 상상할 수 없을 것이다.

최초에 완성된 원고 초안은 분량이 너무 많아 그리도 땀 흘려 쓴 아까운 글을 수만 자씩 삭제하며 철저하게 수정해야 했다. 결국에는 역사 '개설서'라는 합의된 목표에 훨씬 더 가까이 다가가게 되었다. 수정된 원고 또한 엄격한 검토 과정을 거쳤다. 특히, 편집자 새러 라이트먼이 내 의도를 예민하게 파악하여 의도대로 작업을 진척시켜 나가는 데 날개를 달아 주었다. 교열 담당자인 헤이즐 해리스는 매의 눈으로 오류와 논리적 모순을 잡아냈다. 더 중요한 것은, 의미가 모호한 문장들을 집어내는 놀라운 재능을 보여 주었다는 점이다. 캐럴라인 헨스먼과 샬럿 프로스트는 지도와 그림을 선정하는 과정에서 복잡한 문제들에 대해 귀중한 도움을 주었다.

이러할진대 과연 내가 고독하다고 느낄 새가 있었을까. 오히려 나는 이런 종류의 책 한 권을 쓰기 위해서는 "(아이 하나를 키우기 위해서는) 온 마을이 필요하다"라는 속담에 새삼 동의하지 않을 수 없었다. 그렇기는 해도 이 수많은 도움의 손길에도 불구하고, 여전히 부정할 수 없는 고독감이 있었다. 최근 한 미국 대통령이 남긴 불멸의 단어를 빌리자면, 지은이는 '결정권자'(decider)이기 때문이다. 많은 독자들은 해박한 지식에 기초한 제안들을 보내오지만 그런 제안들은 종종 다른 독자들이 조언한 똑같이 해박한 지식에 기초한 제안들과 충돌하곤 한다. 모든 독자가 '개설서'라는 끔찍한 말이 무엇을 의미하는지 완전히 이해하는 건 아니다. 책 한 권을 쓰기 위해서는 온 마을이 필요하다는 말은 진실이지만, "사공이 많으면 배가 산으로 간다"라는 말 또한 진실이다. 잘 읽히고 일관된 내러티브를 생산하는 데 결정적인 것은 단수 지은이의 목소리이고, 그 지은이는 무엇을 포함시켜야 할 것인가 또는 고통스럽지

14

만 무엇을 뺄 것인가에 대한 결정을 피할 수 없다. 그런 과정에서 가장 노련하고 의기양양한 작가도 한 움큼의 좌절과 자기 회의에 빠지게 마련이다. 그러나 결국엔 치열하게 싸운 뒤에 느끼는 만족감과 동시에 탈진 상태가 짜릿하게 어우러진 묘한 감정을 느끼게 된다.

이런 글에서는 도와준 모든 분께 감사를 표하는 동시에 여전히 있을지 모를 오류가 지은이의 책임임을 인정하며 끝맺는 게 보통이다. 나로서는 이미 위에서 한 말들이 그런 역할을 다했기를 바란다. 그러나 언급한 모든 분께 생색내기 겉치레 인사 대신에, "진실로 당신이 없었다면 이 작업을 끝내는 것은 상상할 수 없었을 것이며 나의 충심을 담아 감사를 표하노라"고 선언할 수밖에 없다.

CONTENTS

유럽이란 무엇인가?

이 책의 결론에서 더 폭넓게 논의하겠지만, 21세기 초에 유럽인들과 비유럽인들 할 것 없이 해묵은 주제, 즉 '유럽이란 무엇인가?'(또는 좀 더 일반적으로 '유럽인이 된다는 것은 어떤 의미인가?')라는 복잡한 문제가 초미의 관심사로 떠오르게 되었다. 그런 관심이 어느 정도는 제2차 세계대전 이후 유럽 통합이 진전되는 과정에서 나온 것이었는데, 이는 동시에 근대 민족국가들의 발흥과 연관된 민족주의적 열정에 대해 불신감이 증폭되었다는 사실과도 밀접한 관계가 있다. 또 그런 관심이 부각된 것은 유럽의 통일성이 점증해 나감에 따라 제기된 딜레마 때문이기도 하다.

냉전이 점점 더 아련한 기억으로 희미해짐에 따라 유럽인은 자신들이 미국, 그러니까 20세기에 유럽사에서 결정적인 역할을 수행했으나 유럽과는 여러모로 다른 유럽식 원리들에 입각하여 유럽인에 의해 건설된 나라인 미국의 시민들과 어떻게 구별될 수 있는지에 대해 질문을 던지기 시작했다. 이 질문은 처음 제기된 건 아니었지만 예전보다는 더 직설적이고도 더 실천적인 함의를 띠고 있었다.

미국 시민들은 오래전부터 자기 나라를, 세계를 위한 하나의 모델로 여겨 왔다. 이런 견해를 진지하게 받아들인 사람들도 얼마간 있었으나, 대다수 나머지 세계는 이런 생각을 자만심에 빠져 있는 안이한 견해라고 치부했다. 그럼에도 특히 조지 W. 부시가 대통령으로 재임하던 시기에 미국 모델(또는 미국에서 흔히 '미국 예외주의'라고 지칭된 것)은 예전에는 미국에 동정적인 유럽인들마저 불편하게 만들었다. '유럽이란 무엇인가?'라는 질문에 대한 하나의 편리하고도 간결한 답변은, 유럽은 '미국이 **아니다**!'라는 것이다. ('아메리카인들'[Americans]은 이 책에서 '미합중국 시민들'이라는 뜻으로 사용될 텐데, 이런 용법은 단순 명쾌할 뿐 아니라 전 세계에서 널리 통용되기도 한다. 물론 충분히 이해할 수 있듯이, 그런 용법이 일부 라틴 아메리카인들을 짜증나게 만들 수는 있겠지만 말이다.)

정체성은 종종 그가 누구인가보다는 누구가 **아닌가**라는 견지에서 더 쉽게 파악할 수 있다. 미국 모델에 대한 부정적 반응은 그 뉘앙스나 강도와는 무관하게 의미심장해 보이는데, 이는 유럽인이 가령 일본인이나 중국인, 또는 아프리카인과 어떻게 다른지 애써 장황하게 진술할 필요가 없는 것과 대조를 이룬다. 물론 그럴 필요가 없는 까닭은 유럽인과 일본인, 중국인, 아프리카인을 구분해 주는 차이가 너무도 명백하다고 생각되기 때문이다. 과거 수백 년에 걸쳐 '아시아가 아니다'라는 것도 그와 똑같이 간결하고 만족스러운 대답이었을 것이다('아시아'와 '오리엔트'는 그 무렵 유럽의 동쪽이나 남동쪽을 모호하게 가리키는 말이었다). 그러나 냉전 이후에 유럽인들은 자신들을 미국인과 구별해 주는 것이 무엇인지를 조사하고 강조하고 싶은 욕구를 새삼스레 느꼈는데, 실은 과거에도 그런 욕구는 있었다.

26

'기독교 공화국'

 현재 통용되는 단어로서 유럽은, 고대로 거슬러 올라갈 뿐 아니라 미묘하고 복잡한 상징주의를 내포하는, 장구한 역사를 자부하는 말이다. 중세 초기부터 17세기까지는 '기독교 공화국'(Christendom)이 일반적으로 쓰이던 표현이었으나, 18세기를 지나오면서 '유럽'이 점점 '기독교 공화국'을 대체하기 시작했다. 낡은 용어는 몇 가지 점에서 불만족스러운 말로 여겨졌는데, 가장 중요한 이유는 일부 영향력 있는 엘리트들이 17세기의 파국적인 종교전쟁들에 대해 역겨움을 느꼈다는 사실이다. 그런 역겨운 감정은 기독교 이전 그리스·로마 문명이 보여 준 관용적이고도 세련된 가치들을 점점 더 경외하는 마음과 한데 뒤섞였다. 이 지식인 엘리트들은 어떤 특질이 가장 유럽적인 것인가를 두고는 견해가 서로 달랐으나, 그럼에도 18세기 무렵에 이르면 공히 기독교 신앙을 넘어 확장된 공통의 정체성을 점점 더 강하게 느꼈다.

 그런 공통의 정체성 중에서 가장 중요한 양상은, 비유럽 문명들은 누리지 못한 '자유들'(liberties)*을 유럽인들이 누렸다는 감각이다. 이와 연관된 것으로, 유럽인들은 지배 엘리트가 부과한 단일한 언어나 문화를 강요받지 않고 (비록 프랑스어와 프랑스 문화가 그런 쪽으로 근접하기는 했지만) 자기 나라 안에서 여러 문화와 언어의 풍부한 다양성과 그것들 사이의 상대적으로 자유로운 상호작용을 만끽했다는 사실에 점점 더 큰 자부심을 느껴 왔다. 심지어 '기독교도'(Christian)라는 용어도 유럽의 지식인 엘리트들 사이에서 평판이 좋지 않았음에도 그 이전 천 년 동안의 유럽 문명이 누가 봐도 기독교적이었다는 점에서, 이제

---

* 본디 '자유'는 시민만이 누리는 '특권'이었다. 그것은 항상 구체적으로 열거해야만 이해할 수 있는 (단수가 아닌 복수의) '특권들'로서 존재해 왔다.

막 출현하는 유럽적 가치들에 대한 공유된 감각들 중 한 요소를 이루며 여전히 자기 자리를 지키고 있다. 기실, 압도적 다수의 유럽인들이 20세기까지 열렬하게 또는 적어도 형식적으로는 기독교도로 남아 있었다. 심지어 기독교적 가치에 환멸을 표한 유럽인들조차도 기독교적인 주제와 영감을 다룬 과거의 미술과 음악에 일체감을 느껴 왔던 것이다.

이처럼 나머지 세계와 비교하는 가운데 감지된 유럽 문화의 공통성이라는 감각은, 19세기 초에 유럽인들을 한데 묶어 주는 미묘하지만 중요한 힘이었다. 여기서도 다시 간결하게 답변하기에 가장 쉬운 질문이 바로 '유럽적이지 **않은 것**'은 무엇인가 하는 것이다. 이와 관련하여 각별히 시사적인 사례 하나 들자면, 터키인들은 유럽인으로 간주되지 않았다는 점이다. 사실 그들의 제국은 유럽 대륙의 일부로까지 팽창했고, 여러 해 동안 유럽인들이 그들의 지배에 종속되었다. 터키인들의 수도 이스탄불은 바르샤바만큼 로마와 가깝다. 게다가 터키인들의 수도는 한때 로마에 필적한 기독교 세계의 수도 '콘스탄티노플'이었다. 터키의 사례는 터키의 배후지인 소아시아의 민족들이 신체적으로(또는 '인종적으로') 유럽인들과 닮았다는 점에서 더욱 의미심장하다. 이보다 더 중요한 사실은, 아나톨리아반도(소아시아의 또 다른 명칭)가 유럽 쪽으로 튀어나와 있고 유럽의 바다들(남쪽으로는 지중해와 북쪽으로는 흑해)에 둘러싸여 있다는 점이다. 그럼에도 터키인들은 소아시아(물론 이 명칭 자체가 유럽과의 차이점을 드러낸다)에서 '동양적'(Oriental) 전제주의 아래에서 살아왔다는 이유로, 그리고 유럽적인 의미의 자유들을 누려 오지 못했다는 이유로 유럽인으로 간주되지 않았다.

그럼에도 자유의 결핍이 유일한 쟁점은 아니었다. 러시아인도 전제주의 아래에서 살았으나, 18세기 무렵에 터키인보다 더 유럽인으로 간주할 만한 충분한 근거가 있었기 때문이다. 자유의 결핍보다 더 결정적인 쟁점은, 터키인들이 이슬람교도였고 기독교 공화국의 초기 근대 대부분의 기간 동안 유럽인들의 적수였다는 사실이다. 근대 초기에 터키-이슬람의 군사적 위협에 맞서 싸우는 과정에서 터키를 방어하는 문제가 유럽의 공동 관심사로 떠오르면서 전체로서 유럽의 일체감이 형성되는 데 기여했다. 이는 19세기에 합스부르크 제국과 러시아 제국이 발칸 민족들에 대한 터키의 장악력을 조금씩 잠식해 나감에 따라 터키 제국이 지속적으로 약화된 것이 점점 강해진 유럽인들의 우월감에 핵심 요소가 된 것과 마찬가지 과정이었다.

결국 터키인의 기원은, 선사시대의 민족 이동으로 보건대 유럽인 절대 다수의 기원과 다르다는 믿음이 공유되고 있다. 그리고 이는 터키어의 성격으로 증명된다는 식이다. 유럽 언어 대부분은 인도-유럽어족('아리아'는 당시에 흔히 선호되던 용어였다)에서 유래한 반면, 터키인들은 '아시아'의 알타이 어족에 속한 언어를 사용했다는 것이다. 그럼에도 이런 사실조차 오랫동안 누적되어 온, 터키인은 유럽인과 다르다는 감각에서 결정적인 것이라기보다는 그저 하나의 요소에 지나지 않는다. 주목할 만한 사례로서, 그 기원과 언어가 터키인과 마찬가지로 아리아가 아니지만 헝가리인과 핀란드인의 경우처럼 그래도 유럽인으로 간주되는 사람들이 있는 까닭이다.

자연환경과 지리

지리적 특징에 기초하여 유럽을 정의하는 것은 종교나 문화 또는 언

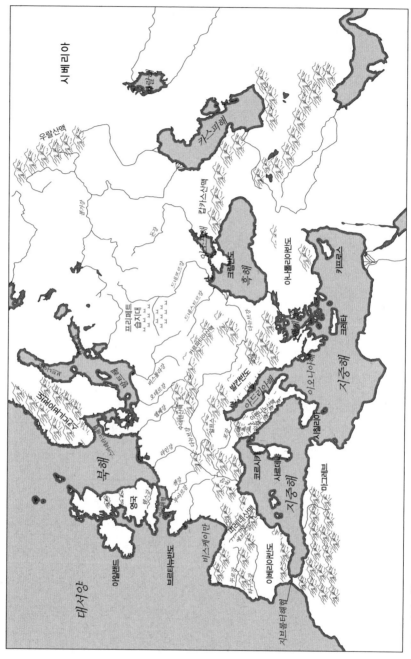

지도 1 유럽 지형도

어에 기초를 둔 정의보다 공식화하기가 더 쉬웠다. 그럼에도 유럽의 '자연' 경계는 막 언급한 아나톨리아반도와 발칸반도가 만나는 남동쪽 경계만 보더라도 곤혹스럽고 논란의 여지가 많은 쟁점들을 안고 있었다. 마찬가지로, 유럽의 북동쪽 가장자리에서도 러시아인이 과연 온전히 유럽인인가 하는 점도 오랫동안 문제시되어 왔다. 아마도 이 쟁점을 더 정확하게 표현하자면, 러시아 제국이 이론의 여지없이 유럽이 아닌 지역들로까지 뻗어 나갔기에 제국의 어느 **부분**이 유럽이고 유럽이 아닌가의 문제가 될 터이다.

18세기 말에 차르가 지배한 땅은 (폴란드의 넓은 영역이 러시아 제국에 병합된 이래로) 중동부 유럽으로부터 우랄산맥을 거쳐 시베리아 영토로 불규칙하게 뻗어 갔다. 널리 수용되는 '유럽러시아'라는 관념은 우랄산맥 서쪽을 가리키는 말이었다. 이 산맥 남쪽에서 또한 차르의 제국은 수많은 터키인들과 수백만 명에 달하는 이슬람교도들을 아우르면서 중앙아시아로 확장되었다. 심지어 유럽러시아에서도 차르의 지배가 과거 타타르의 전제적 지배의 흔적을 뚜렷이 보여 주고 있었다(타타르인은 몽골에 기원을 둔, 터키어 사용 민족 가운데 하나다). 그럼에도 슬라브어를 쓰는 러시아인들은 비록 러시아 제국에 속한 여러 민족들을 제외하더라도 기독교로 개종했다.

여기서 핵심적으로 고려해야 할 사실은, 18세기 무렵에 차르 제국이 유럽의 권력 정치와 이와 연관된 왕조적 동맹 체제에서 핵심 역할을 수행하게 되었다는 점이다. 사실, 18~19세기에 차르 본인들은 혈통으로 보건대 슬라브계라기보다는 독일계에 속한다고 할 수 있었다. 비록 이따금 터키인들과 기독교 국가들 사이의 군사동맹이 체결된 적은 있었어도, 그에 비견될 만한 기독교 왕조와 이슬람 왕조의 결혼은 상상조차 할 수 없는 일이었다. 어쨌든 다양한 유럽 열강과 동맹 관계를 맺은 러시아 군대는 18~19세기에 서유럽과 중유럽* 대부분을 위풍당당하게 행진해 들어갔다. 이는 수많은 유럽인들에게는 충격적인 것이었으나, 터키 군대나 이슬람 군대가 행진하는 것에 비하면 그래도 상상을 초월할 만큼 혐오감을 주지는 않았으리라.

유럽에는 자연이나 물리적 경계를 둘러싼 완전히 다른 종류의 모호함이 있는데, 유럽의 북서쪽 가장자리에서 특히 그러하다. 영국제도의 거주민들은 때때로 미묘하지만 완고하게 자신들이 유럽 대륙과는 분리되어 있다고 느껴 왔다. 실제로 스스로를 비유럽인이라고 여기지는 않았지만 그들은 물리적으로나 문화·외교적으로 유럽 대륙 국가들과 분리되어 있다는 정체성을 받아들였다. 마치 러시아인들이 유럽이 아닌 동쪽 지역에 주로 관심을 두고 있었듯이, 영국인들은 유럽을 넘어 자신들의 방대한 제국 보유지들을 향해 대양을 굽어보고 있었던 것이다. 그럼에도 영국인들과 다른 유럽인들 사이의 문화적 거리는 러시아인들에 비하면 그리 멀지 않았다. 영국인들이 누리는 '자유들'은 유럽 대륙에서 많은 사람들에게 경탄의 대상이었는데, 이는 대개 차르의 잔혹한 전제 지배가 불러일으키는 불쾌감과는 날카롭게 대비되는 것이었다. 더욱이 유럽 문명은 장기지속적인 영국적 요소로부터 깊이 영향을 받았으므로 영국적인 것을 비유럽적인 것으로 묘사한다는 것은 어불성설이다.

유럽의 동쪽과 서쪽 끝자락이 얼마나 불확실한 것이든지 간에, 1815년 시점에서 일반적인 경계는 적어도 당대인들에게는 충분히 분명한 것이었다. 남쪽으로는 지중해, 서쪽으로는 대서양, 북쪽으로는 스칸디

---

* 여기서 중유럽(central Europe)은 단순히 지리적으로 서유럽과 동유럽 사이에 위치한 유럽을 가리킨다. 그러나 독일식 어법에서 중유럽(Mitteleuropa)은 팽창주의적 함의를 띠는 지정학적 개념이기도 하다. 따라서 전자의 지리적 개념을 '중앙유럽'으로, 후자의 정치적 개념을 '중유럽'으로 구별할 수도 있겠으나, 이 책에서는 그냥 '중유럽'으로 통일시켜 옮기기로 한다.

나비아(인구밀도가 희박한 북극해), 북동쪽으로는 우랄산맥, 남동쪽으로는 흑해와 카스피 해, 여기에 덧붙여 그 사이에 뻗어 있는 캅카스산맥의 경계까지 아우르는 것이 바로 유럽의 경계였다. 그리고 이처럼 광활하고 형태가 분명한 지리적 경계 안에 19~20세기에 민족 형성과 민족 정체성을 위한 자연적 전제조건들, 즉 다양한 내부적 장벽들과 우회로들(바다, 강, 산맥, 늪지, 평원)이 있었다. 과연 19세기 독일의 위대한 역사가 레오폴트 폰 랑케는 주장하기를, 유럽의 독특한 위대함과 창조성은 유럽이 다양하고 종종 불완전한 자연적 변경들 안에서 서로 간에 끈질기게 생산적인 방식으로 상호작용해 온 수많은 민족들로 이루어져 있다는 사실로 설명될 수 있다고 한다. 이런 민족들은 유일무이한 정치적 단위도 아니었거니와 중앙에서 일사불란하게 통제되는 제국도 아니었다. 그럼에도 유럽 민족들은 비유럽 열강의 침입을 격퇴하기 위해 번번이 한데 뭉칠 수 있었다. 또한 유럽의 여러 국가들은 결코, 또는 적어도 유럽 내부의 다른 국가들 중 하나에 의해 오랫동안 완벽하게 지배되지도 않았다. 유럽 민족들은 끈질기게 서로 구분된 채로 남아 있었으나, 그럼에도 하나의 정체성을 가진 더 큰 문명의 일부로 계속해서 남아 있었던 셈이다.

자연이 유럽에게 제공해 준 것의 중요성은 좀 더 세심하게 살펴볼 필요가 있다. 유럽 민족국가들 내부의 자연적 국경들이 심히 불확실한 경우가 많은 까닭이다. 그리 된 까닭 가운데 하나는, 유럽의 지도자들이 이웃 영토를 자기 영토로 삼으려는 유혹을 끝내 떨쳐내지 못했기 때문이다. 자연은 이탈리아(부츠 모양)에게는 이례적으로 경계가 뚜렷한 국경을 선물했으나, 폴란드에게는 그런 선물을 베풀지 않았다. 과연 폴란드의 국경은 대부분 동쪽과 서쪽으로는 평원과 늪지로 이루어져 있었고, 북쪽으로도 발트 해를 따른 국경이 논란의 여지가 없지 않았던 것이다. 폴란드의 지리적 상황은, 특히 강력한 팽창주의를 추구한 러시아나 프로이센 같은 이웃의 존재를 고려할 때 하나의 민족으로서 폴란드 역사를 불안정하게 만들 수밖에 없었으리라 생각된다. 그리고 사실 폴란드의 되풀이된 민족적 비극은 폭넓은 함의를 갖는 현대 유럽사의 중심 주제였다.

많은 사람들이 근대 민족국가의 전형으로 꼽는 프랑스(육각형)의 자연적 국경은 대서양과 피레네산맥, 알프스산맥 덕분에 뚜렷하지만, 북동쪽을 보면 여전히 모호하여 거듭되는 갈등의 원천이 되었다. 라인 강은 프랑스에게는 흡족한 '자연적' 국경이었지만, 라인 강 서안을 따라 살아가던 독일 정체성을 지닌 대부분의 사람들에게는 받아들여질 수 없었다. 과연 수백만 명에 달하는 군인들의 유해가 언제나 말썽 많았던 프랑스의 북부 변경의 흙 아래에 묻혀 있는바, 이는 현대(와 그 이전 시대)에 벌어진 일련의 역사적 전투들, 그중에서 가장 널리 알려진 워털루 전투(1815), 베르됭 전투(1916), 벌지 전투(1944~1945)의 결과였던 것이다.

영국제도는 네 면이 바다로 둘러싸여 대륙과 분리되어 있다는 점에서 이탈리아처럼 자연의 축복을 받았다고 할 수 있다. 하지만 역시 바다로 둘러싸여 있는 아일랜드는 영국사에서 지속적인 분쟁과 유혈극의 원천이었다. 이탈리아도 북쪽에 알프스산맥이라는 뚜렷한 경계가 있음에도 아디제 강, 또는 알토아디제 강(포 강 바로 북쪽을 흐르는 강)에 접한 북부 알프스 지역에서 지속적인 갈등에 직면했는데, 거기서 오스트리아-독일 세력과 이탈리아는 수백 년에 걸쳐 폭넓게 뒤엉키며 살아왔던 것이다. 프랑스 영토와 이탈리아 영토가 뒤섞여 민족 정체성이 불확실한 지중해 연안을 따라서도 19~20세기에 상대적으로 소규모 충돌과 영토 교환이 이루어졌다. 다른 지역에서처럼 그 지역에서도 외관상 말

끔하게 용해되지 않는 갈등의 찌끼들이 근대 민족들이 제련되어 감에 따라 분출했던 것이다.

이런 사실을 통해 알 수 있듯이, 결국 자연적 변경들과 언어, 종교 또는 경제적 이해관계라는 역사적 요인의 조합은 딱 맞아떨어지지 않는 경우가 허다했다. 이는 자체적으로 (왕조적 원칙이나 그 밖의 다른 원칙들에 기초하여 형성된 국가들과 구별되는 것으로서) 주권적 민족국가들로 이루어진 현대 유럽에 대한 관념에 내재하는 하나의 불길한 결함이라고 볼 수 있겠다.

지중해 연안을 따른 유럽의 남쪽 가장자리는 하나의 명백한 경계를 이루는데, 그러나 한편으로는 하나의 장벽임과 동시에 우회로이기도 하다. 북아프리카 해안은 유럽의 일부로 간주되지 않지만 에스파냐 남부의 지브롤터해협에서는 불과 12킬로미터 남짓밖에 떨어져 있지 않고, 역사적으로 마그레브(아랍어로 '서쪽')로 알려진 지역 대부분, 즉 지브롤터해협에서 동쪽으로 튀니지의 북쪽 끄트머리에 이르는 해안의 경우는 유럽과 160킬로미터가량 떨어져 있다. 로마 시대 이래로 북아프리카 해안 전체가 유럽과 정규적이고 때때로 긴밀한 접촉을 유지해 왔다. 그러나 19세기에 일단의 유럽인들이 알제리에 널리 정착한 뒤로, 유럽인들의 정착은 잇따른 세기에 긴장의 원천이 되었고 궁극적으로는 전쟁으로 치닫는 계기가 되었다(24장을 보라).

바다, 지중해와 발트 해

지중해는 상당히 규모가 큰 내해다. 지구상에 이 같은 내해는 어디에도 없다. 지중해는 해안선이 길고 항구가 많으며 강으로 접근하기에 좋을 뿐 아니라 다르다넬스해협을 통해 흑해와 동유럽 쪽으로 접근성까지 보장된 바다로서 거의 사시사철 잔잔해서 항해하기 편하다. 유럽의 북쪽에 있는 발트 해도 지중해에 비견될 만한 해운 관문이자 샛길을 이루고 있다. 확실히 발트 해는 지중해보다 더 작고 차가우며 거칠고 험악한 편이지만, 그럼에도 대부분 배후지로 수백 킬로미터가량 뻗어 있는 폭이 넓고 항해하기 편한 강들을 끼고 있어 교역과 정복을 위한 매우 귀중한 회랑의 역할을 했다. 그런가 하면 서쪽에서도 북해와 대서양이 한겨울에 휘몰아치는 폭풍우에도 불구하고 유럽의 서쪽에 사는 민족들의 국경을 따라 여행과 통신을 촉진했다.

지중해와 발트 해라는 두 개의 커다란 내해를 비롯해 수많은 섬과 반도, 천연 항구, 항해하기 편한 강들을 지닌 유럽의 특별한 지형적 특성을 보면, 유럽 특유의 지리와 자연 자원, 기후가 지난 수천 년 동안에 유럽 민족들의 문화적·과학적 진보는 물론이요, 지난 수세기에 걸친 스펙터클한 유럽의 발흥과 깊은 관련이 있다는 생각을 지울 수 없다. 물론 지리결정론은 요즘 유행에 뒤떨어진 이론일 뿐이지만, 비슷한 크기의 다른 지역들에 비하면 현대 유럽이 온갖 자연적 특징에서 이득을 얻었음은 의심할 여지가 없는 듯하다. 더 정확히 말하자면, 유럽이 온화한 기후와 비옥한 토지(사막이 없다), 주요 광물 자원(특히 석탄과 철광), 항해하기 편한 다수의 강, 수천 킬로미터씩 뻗어 있는 해안선, 많은 천연 항구들이 주는 이점을 누리지 못했더라면, 유럽의 산업화는 불가능했거나 적어도 훨씬 느리게 이루어졌으리라고 합리적으로 추정할 수 있다. 다만 이런 지리적 특징들의 정확한 역할을 특정하기는 쉽지 않고, 역사적·지적-문화적 발전 국면 같은 다른 요인들과 더불어 통합적으로 파악되어야 한다. 기실 지하의 우라늄 자원이 19세기 기업가들에게 아무런 의미가 없었듯이, 석탄 자원도 석기시대 사람들에게는 별 쓸모가 없는 것이다. 그러나 유럽의 경우 지난 수백 년 동안 지적·문화적 준비 정도는 지리학과 각별히 생산적인 방식으로 동행했다.

인종

비록 19세기의 마지막 몇 십 년 동안 유럽인들이 그렇게도 자신감에 차 있기는 했지만, 유럽의 발흥에서 인종이 수행한 역할을 운위하는 것은 몹시 촌스러운 일이다. 이제는 폐물이 되고 어떤 식으로든 받아들일 수 없는 인종결정론은 논외로 하더라도, 유럽인들이 스스로를 문자 그대로 어떻게 바라보았고, 또 언어나 문화와 연계되어 있는 인종(신체적 외모, 키, 피부색, 머리카락과 눈동자의 색)에 대한 그들의 이해가 어떻게 유럽 특유의 자연적 '무대 장치'의 다른 국면으로 지칭될 수 있을지를 파악하는 것은 틀림없이 유용한 작업일 것이다. 사실, 유럽인들은 나머지 다른 세계에 사는 다른 대부분의 민족들과 신체적으로 달라 보였고, 유럽인들 자신이 접촉한 비유럽 민족들도 그러했듯이 그런 차이를 민감하게 인식하고 있었다. 예컨대 종종 황금색이나 붉은색을 띠며 얼굴과 신체를 수북하게 덮은 털 때문에, 일부 중국 관찰자들은 유럽인이 인간과 개 사이의 수간을 통해 나온 동물이 아닌지 의심할 정도였다.

유럽 내부에서도 유럽인들이 문화적·지적 함의가 있다고 믿은 신체적 차이들이 존재했다. 이탈리아와 에스파냐, 그리스의 남부 지역에 사는 사람들은 일반적으로 북부 지역에 사는 사람들보다 키가 작았을 뿐 아니라 머리카락과 눈동자, 피부 색깔이 더 어두웠다. 밝은 색 머리카락과 푸르거나 초록빛 눈동자, 환한 피부색은 북부에서 더 공통적으로 발견되었고, 지구라는 행성의 나머지 지역에서는 드물었다. 북유럽 민족들은 상대적으로 더 호전적이기는 해도 냉정하고 침착한 점액질 성격을 지닌다고 생각되었다. 유럽인들 대부분은 스스로를 일반적으로 백인종이라고 지칭되는 범주에 속한다고 여겼다. 비록 그들이 같은 백인 내부에서도 다양한 뉘앙스와 등급을 암시하기 위해 다른 용어들도 사용하기는 했지만 말이다(아리안, 노르딕, 코카시안, 앵글로색슨 등이 가장 공통적으로 사용된 명칭들이다).

랑케의 동시대인이자 19세기에 널리 읽힌 책들의 저자인 프랑스 학자 에르네스트 르낭은, 프랑스의 용감하고 전투적인 프랑크 인종이 수백 년에 걸쳐 말만 많고 무기력한 켈트족과의 인종 혼합 탓에 몹시 나약한 족속으로 바뀌었다고 쓰기도 했다. 르낭이 믿기로, 그런 인종 교배는 1870~1871년에 상대적으로 더 호전적이고 인종적으로 순수한 독일인들에게 프랑스인들이 패배한 사실을 설명해 주는 중요한 요인이었다. 이처럼 인종적 특색으로 간주되는 것으로부터 어떤 결과를 추론하는 것은 유럽 민족들에 대한 전근대적인 일반화와 연결되어 있었고, 19세기와 20세기 초에 일반 주민들한테까지 널리 확산되었다. 인종적 우월성에 대한 주장들이 가장 공통적으로는 북유럽인들 사이에서 나타났고 특별히 비유럽인들과 관련하여 불쾌한 방식으로 적용되었지만, 유럽의 북부 사람들도 종종 그와 똑같은 주장들을 유럽의 남부 사람들에게 적용하곤 했다.

언어

북부와 남부를 가르는 유럽인들의 신체적 특색에서 나타나는 뚜렷한 차이는 언어와 문화에서도 그에 해당하거나 그와 겹치는 어떤 특색들을 내포했다. 게르만 계통의 언어(덴마크어, 독일어, 노르웨이어, 스웨덴어)는 북부에서, 라틴 언어(프랑스어, 이탈리아어, 루마니아어, 에스파냐어)는 남부에서 사용되었다. 슬라브 계통의 언어(체코어, 폴란드어, 러시아어, 세르비아-크로아티아어, 우크라이나어)는 동쪽에서, 켈트 언어(브르타뉴어, 게일어, 아일랜드어, 웨일스어)는 영국제도의 북서쪽 변방과 프랑스의 서쪽 끄트머리(브르타뉴 지방)에서 사용되었다. 현대 언어학의 표준에서 보면, 19세기 초 '진정한' 언어를 구성하는 것이 무엇인가에 대한 정의는 전반적으로 부적절했다. 처음에는 그저 방언이나 농민들이 쓰는 언어로 치부되던 몇몇 형태의 유럽어들(슬로바키아어, 우크라이나어, 이디시어)이 점차 진정한 현대어로 인정되기 시작했다. 이와 똑같이 세 가지 주요 일반 범주들이 상대적으로 최근에 혼합된 경우도 많았다(영어는 라틴 요소와 섞인 게르만 계통의 언어였고, 루마니아어는 라틴 언어와 슬라브 언어가 뒤섞였으며, 이디시어는 히브리 및 슬라브 요소와 섞인 게르만 계통의 언어였다). 다양한 알파벳도 사용되었다. 오늘날 로마자로 지칭되는 것은 약간씩의 차이는 있지만 주로 서유럽 대부분의 지역에서 사용되는 반면, 키릴 알파벳은 문자상의 큰 변칙들을 동반하면서 로마자가 사용되는 폴란드와 체코를 제외하면 주로 동쪽의 슬라브 지역에서 우세했다. 세르비아-크로아티아어는 키릴 문자와 로마자를 동시에 썼다. 이디시어는 약간의 변형을 가해 히브리 문자를 사용했고, 히브리어가 그렇듯이 오른쪽에서 왼쪽으로 읽히게끔 되어 있었다.

유럽의 종교들도 지역에 따라 분포되었고 그 특색도 달랐다. 프로테스탄티즘은 게르만 언어권인 북서쪽에서 지배적이었고, 가톨릭은 라틴 언어권인 남부에서 지배적이었으며, 동부 슬라브 지역(폴란드 가톨릭이라는 큰 고립 지대를 제외하고)에서는 그리스정교 또는 러시아정교가 우세했다. 특히 중동부 유럽 지역에서는 다양한 인종과 언어, 종교가 완전히 뒤섞여 개인의 정체성이 때때로 하나가 아니라 여러 개가 되는 지역들이 있었다. 또 여러 인종과 언어가 위에서 말한 일반 범주들에 들어가지 않는 방식으로 분포되어 있는 지역들도 꽤 있었다. 에스파냐 북서쪽의 바스크 지역이 가장 대표적인 사례라고 할 수 있다. 바스크인들은 멀리 떨어진 산악 지역에서 강력한 존재감을 발휘하는 사람들로서, 이미 수천 년 전에 인도-유럽인들이 침공하기 이전부터 거주했던 사람들의 잔여 주민이다. 바스크인들의 신체적 겉모습은 백인이지만, 그들의 언어는 다른 유럽 언어들과 아무 관계도 없고 혈액형도 주변 사람들의 것과 현저하게 다르다. 바스크인들은 에스파냐를 중앙집권적으로 지배하려는 사람들의 옆구리에 박혀 빠지지 않는 가시와도 같다.

중동부 유럽의 마자르인들은 바스크인들처럼 인도-유럽인들과 구별되지만 바스크인들과는 달리 그 수가 훨씬 많은데, 그 아득한 기원과 언어 면에서 핀족이나 에스토니아인과 연관되었다. 이보다 훨씬 더 '예외적'이거나 '외부자 같은' 민족도 있었다. 집시와 유대인이 바로 그런 경우인데, 이들은 수백 년 동안 유럽에 거주했지만 그 기원뿐 아니라 본성에서도 비유럽인으로 간주된 것이다. 이들 스스로도 비유럽 기원을 인정했는데, 이 기원은 실상 이들이 자랑스럽게 여긴 정체성의 일부를 이룬다고 간주되었다.

집시와 유대인은 독자적 언어를 사용했고, 독자적 종교를 믿었으며, 독자적 문화와 의복을 유지했다. 그래서 외관부터 다르게 보였다. 그들이 궁극적으로 현대 유럽 문명에 통합되었는지의 여부, 또는 이런저런 유럽 민족들과 약간이라도 혼합되었는지의 여부는, 특히 집시보다 수가 많고 주변 문화들과 상대적으로 더 폭넓게 혼합된 것으로 보인 유대인의 경우 19세기에 주요한 쟁점이 되었다.

종교

1815년 무렵 유럽 문명은 여전히 본성에서 거의 보편적으로 기독교적인 것으로 간주되었다. 대략 95퍼센트의 주민이 공식적으로 기독교도이거나 기원에서 기독교도였다(서유럽에서는 99퍼센트에 육박했다). 유럽 문명에 대한 유대인들과 유대교의 기여를 인정하는 '유대-기독교' 문명의 개념은 훨씬 더 나중에 도드라질 터였다. 어쨌든 이 용어는 19세기 초 유럽에서라기보다는 20세기 미국에서 발원했다. 1815년의 시점에 유대인은 유럽 전체 인구의 약 1퍼센트를 이루고 있었으나, 불균등하게 분포해 있었고 자기네들 사이에서도 종종 날카롭게 분열되어 있었다. 그들 가운데 압도적 다수는 러시아 제국의 유럽 지역과 그에 면한 합스부르크제국의 북동쪽에 살았다. 상대적으로 소수의 유대인들만 서유럽에, 그것도 대부분 고립되어 있는 지역들에 살았다. 남부 이탈리아로부터 시작하여 에스파냐로 올라가 서부 프랑스와 영국, 스칸디나비아 등지의 아주 희박한 유대인 거주 지역에 살던 대부분의 기독교도들도 이웃 유대인들과 접촉하기는 했어도 그 빈도는 아주 드물었다. 그럼에도 20세기 초 무렵에 유럽의 지적·예술적·경제적 삶에서 유대인들의 이름이 놀라울 정도로 도드라지게 되는데(멘델스존, 마르크스, 하이네, 로스차일드 가문, 프로이트, 말러, 아인슈타인에 이르기까지), 이는 유대인들이 유럽의 공적 생활에서 눈에 띄는 역할을 수행하며 도드라지게 부상했음을 말해 준다. 지금 열거된 사람들이 독일어 사용자들이었다는 사실 역시 의미심장하다.

기독교 종파들이 섞여 있는 지역들은 대부분의 나라에서 발견된다. 이런 종교 혼합 지대의 특성은 종종 장기지속적인 역사적 중요성을 띤다. 예컨대 프랑스에서는 약 1퍼센트에 해당하는 프로테스탄트 소수파가 있었는데, 이들 프랑스 프로테스탄트들은 프랑스 가톨릭보다 더 현대적 경제 조건 아래에서 번영했다는 점에서 종파적 중요성 이상의 의미를 띤다고 할 수 있다. (프랑스 프로테스탄트 수의 약 10퍼센트에 해당하는) 프랑스 유대인들의 경우에 대해서는 그보다 더 강한 방식으로 똑같은 말을 할 수 있다. 프랑스의 프로테스탄트들과 유대인들은 19세기의 흐름에서 정치적 좌파로 뭉쳤을 뿐 아니라 사회적으로나 경제적으로 부상하고 있었던 반면, 프랑스에서 가톨릭 신앙을 유지한 사람들은 우파로 기우는 경향이 있었고 특히 농민을 비롯해 지방 소도시나 시골 마을에서 전통적인 직업을 유지하는 사람들로 이루어져 있었다. 이들은 경제적 지위에서 예전과 거의 변함없는 상태에 머물러 있었거나 아니면 몰락하는 경향이 있었다.

영국에서는 가톨릭교도가 소수파였는데, 늘 괴롭힘을 당한다고 느끼며 사회적으로나 경제적으로 별다른 존재감이 없었다. 대조적으로 아일랜드에서는 가톨릭교도들이 북부 벨파스트의 프로테스탄트 거주지를 제외하면 압도적 다수를 이루었다. 두 종파는 서로 극도로 적대적이었다. 헝가리는 대부분 가톨릭이었으나 중요한 프로테스탄트 소수파를 포함하고 있었고, 19세기 말에 헝가리 수도인 부다페스트 전체 인구의 약 4분의 1이 유대인이었다. 유대인들은 프랑스나 독일보다 헝가리에서 경제적으로 더 부유하고 사회적으로 더 상승한 계급의 상당수를 이루고 있었다. 인종적으로 폴란드계에 속한 사람들은 압도적으로 가톨릭이었고, 그 신앙에서 특히나 열렬했다(수도 바르샤바의 인구도 부다페스트와 마찬가지로 4분의 1이 유대인이었고, 부다페스트와 바르샤바 모두에서 유대인들은 마자르인들이나 폴란드인들보다 훨씬 더 번영했음에도 불구하고 말이다). 폴란드와 러시아 사이에 위치한 우크라이나인들은 대부분 그리스 정교를 믿었다(대부분 농민). 우크라이나 지역에서 유대인 주민은 전체 인구의

10퍼센트 정도를 차지했다. 가톨릭이 압도적이던 에스파냐에는 그 수도에서조차도 종교적 소수파가 없었는데(에스파냐계 유대인들은 1492년에 추방되었다), 그저 작은 규모의 집시 주민들이 살아가고 있었다.

1815년의 시점에서 영국인과 프랑스인, 독일인, 러시아인 같은 명칭들은 19세기 말에 비하면 그 의미가 대단히 부정확했다는 점을 이해할 필요가 있다. 비록 19세기 말에도 그런 명칭은 여전히 민족주의 활동가들이나 공식 통계들이 보여 주는 것보다 더 모호하고 다의적이었지만 말이다. 19세기 유럽 민족주의는 출생지와 인종, 언어, 종교, 문화, 역사적 기억을 애써 뒤섞음으로써 나중에 학자들이 유럽 근대 민족국가들의 '상상의 공동체'라고 부르게 될 어떤 것을 구성하고 있었다. 그와 같이 상상되거나 구성된 민족주의는 의심할 여지없이 민족국가의 경계 안에서 예전에는 적대적이거나 고립된 여러 집단을 통합하고 화해시키는 힘으로 작용했다. 그러나 민족들 사이에 긴장을 고조시키고 심지어 전쟁을 정당화하는 경향도 동시에 나타났다.

일부 민족 집단들은 (폴란드와 아일랜드, 에스파냐에서 가톨릭의 경우처럼) 종교적·종족적 소수파들을 곤란한 처지에 빠뜨리면서 특정한 종교적 신앙을 자신들의 민족 정체성의 본질적 일부로 여겼다. 예컨대 폴란드에서는 가톨릭 다수파가 폴란드에 거주하는 다양한 독일계 프로테스탄트들과 우크라이나계 정교도들, 그리고 유대인들이 '진정한' 폴란드인이 될 수 있는 가능성을 절대로 허용하지 않았다(물론 그들도 폴란드인이 되기를 '원한' 것은 아니었다). 그렇기에 가령 독일인 (프로테스탄트) 총리인 비스마르크가 독일의 다수 가톨릭교도에 맞서 추진한 악명 높은 '문화투쟁'(Kulturkampf)과 프랑스의 드레퓌스 사건에서 유대인에 맞서 프랑스 민족주의가 드러내 보인 악성의 적대감에서 잘 나타나듯이, 근대 민족주의는 순응을 강요하기 위해 압력을 가하는 동시에 다른 민족들의 위협에 대한 불안을 감추면서 오히려 내적 긴장을 악화시키는 방향으로 작동하곤 했다. 그러나 어떤 경우든 인종에서 순수하다거나('인종'이라는 손에 잡히지 않는 개념을 어떻게 이해하건 간에) 언어와 종교, 문화에서 통일되어 있다는 식의 진리 주장을 펼 수 있는 민족은 거의 없었다. 거듭 강조하거니와, 현대 유럽의 역사는 승리와 패배로 점철된 장구한 투쟁의 과정으로 묘사될 수 있는바, 이 투쟁의 한편에는 민족 통합의 요구가 있었고 다른 한편에는 그에 저항하는 다양한 정체성들이 있었다.

유럽 여러 지역의 다양한 성장률

19세기에 유럽인들이 비유럽 세계와의 관계에서 세력을 키워 나간 것과 꼭 마찬가지로, 위에서 언급된 유럽 집단들과 지역들도 저마다 인구와 물질적 번영이라는 측면에서 의미심장하게도 다양한 성장률을 경험했다. 느린 성장률을 경험한 민족들이 권력과 안정의 측면에서도 일반적으로 불리한 조건에 처하게 된 것과 꼭 마찬가지로, 급속한 성장률을 경험한 민족들은 유리한 조건을 움켜쥐게 되었다. 산업화와 더 일반적으로는 근대화의 견지에서 북서 유럽은 유럽의 남동부보다는 훨씬 더 잘나갔다. 프로테스탄트 지역도 가톨릭 지역보다 잘나갔으나, 가톨릭이 다수를 차지한 지역은 일반적으로 그리스정교가 밀집된 지역보다 잘나갔다. 게르만 언어권은 라틴 언어권보다 잘나갔으나, 라틴 언어권은 슬라브 언어권보다는 잘나갔다.

이처럼 민족에 따라 성공 정도가 각양각색이었다는 사실이야말로 유럽 특유의 불안과 비극의 깊은 원인일 뿐 아니라 유럽 특유의 쉼 없는 역동성에 핵심적 국면이기도 하다. 실제로 뒤쳐졌거나 조만간 뒤쳐질 거라고 두려워한 민족들은 자신들의 장황한 탄원 기도를 민족 정체성으로 변형시키곤 했다. 심지어 상대적으로 형편이 나은 주민들도 특히 자신들이 믿기로 마땅히 받아야 할 만큼의 존중을 받지 못한다고 느낄 때는 어김없이 발톱을 드러내곤 했다. 이런 측면에서 가장 중요한 것은, 19세기 후반기 독일의 발흥이 나중에 역사가들이 불길한 전조로 보았던, 시민들의 정체성에서 해결 불가능한 딜레마가 드러났다는 사실이다. 현대 유럽의 역사 대부분은 독일의 인상적이기는 하지만 근본적으로 불완전한 약진에서 영향을 받았다고 볼 수 있다. 유럽의 유대인들(특히 독일계 유대인)도 놀라운 방식으로 약진했다. 그들 역시 비극으로 내몰리게 되었는데, 이는 그들이 거둔 성공이 특히 20세기 초의 위기에 맞물려 있는 시절에 상당수의 유럽 주민들에게 위협적으로 보였다는 점에서 그들이 성공을 향유한 만큼 역설적으로 지불할 수밖에 없었던 잔혹한 대가로 보인다.

랑케는 고전고대 시대로까지 거슬러 올라가는 유럽의 게르만적 요소와 라틴적 요소의 역동적인 상호작용이 유럽 정체성의 근간이 된다고 믿었다. 그러나 적어도 19세기 말에 접어들면, 유럽이라는 혼합체에서 슬라브적 요소의 점증하는 중요성을 더 이상 부정하기는 힘들게 된다. 도스토옙스키와 칸딘스키, 멘델레예프, 차이코프스키, 톨스토이 같은 슬라브인들은 보편적으로 유럽 문명을 밝힌 환한 빛으로 인정받았다. 마자르족과 핀족도 그들이 이룩한 수준 높은 문화와 창조성으로 의심할 여지없이 유럽인으로 인정받게 되었다. 다른 모든 민족체들의 반열에서 유대인들은 단연 놀라운 경제적 성공뿐 아니라 훨씬 더 두드러진 지적·예술적 성취를 보이며 약진했다. 지난 수세기 동안 외부인이자 최하층민으로 머물러 있던 유대인들이 어떻게 프랑스인과 독일인, 마자르인들만이 독특한 민족적 천재성을 지니고 있다고 생각된 문학이나 음악 부문에서 그렇게 위대한 성취를 보여 줄 수 있었는지는 놀라울 따름이다. 또한 '민족적 크로스오버'가 상당한 정도로 수용되었을 뿐 아니라 민족을 상징하는 아이콘으로 포용되었다는 사실도 주목할 만한 가치가 있다. 가령 위대한 프랑스 소설가들로 추앙받는 빅토르 위고와 에밀 졸라는 모두 이탈리아 출신이었다. 독일의 저명한 극민족주의 역사가인 하인리히 트라이치케도 슬라브인 조상을 두고 있었다. 그런가 하면 이탈리아 민족 통일의 영웅들인 카밀로 벤소 디 카부르와 주세페 가리발디는 이탈리아어보다는 프랑스어를 더 잘 구사했다.

19세기 유럽에서 일어난 다양한 수준의 번영으로 말미암아 각 나라들 내부에서나(나라 내부에서 좀 더 산업화된 도시 지역들로) 이 나라에서 저 나라로, 아니면 아예 유럽에서 신세계로 이민이 크게 촉진되었다. 그와 같은 인구 조절 밸브가 작용한 덕택으로 유럽은 다른 지역에 견줘 근대화에 훨씬 성공적으로 적응할 수 있었다. 만일 그 무렵 이주했던 사람들 대부분이 그냥 태어난 곳에 남아 있었더라면, 틀림없이 아주 큰 문제가 발생했으리라고 추정할 수 있다. 전체로서 유럽은 19세기에 예외적인 인구 폭발을 경험했다. 유럽 대부분의 나라들, 특히 가장 번영한 나라들도 새로운 인구를 흡수하는 데 애를 먹을 정도였으니, 산업화가 느리거나 뒤늦은 지역들이나 나라들이 아메리카 대륙으로의 거대한 인구 방출을 경험한 것은 이상한 일이 아니었다. 과연 1914년 이전 30~40년 동안 동유럽과 남유럽에서 그런 일이 발생했다.

이 책이 다루고 있는 지난 두 세기 동안의 유럽을 전체적으로 바라보면, 유럽 인구 내부에서 거대한 변동이 일어났고, 이는 계속해서 진화하는 유럽 정체성에 대해 심원한 함의들을 내포하고 있는 사건임을 알 수 있다. 일자리와 더 나은 삶의 조건을 찾는 쉼 없는 인구 운동은 이야기의 단지 작은 부분일 따름이다. 20세기에 수백만 명의 사람들이 대부분 전쟁 시기에 훗날 '종족 청소'(ethnic cleansing)로 알려지게 될 사건들로 인해 강제로 고향을 떠나야 했다. 20세기 말에 이르면, 1815년의 시점에 서로 뒤섞여 있던 종족적·종교적 지역들이 동질화되고 다양한 소수파들이 살던 역사적 고립 지대들도 말소된 지 이미 오래였다. 그런 의미에서 장기지속적인 종족적·종교적 문제들은 해결되었다고 할 수 있다. 물론 무시무시한 대가를 치르고서, 그러나 아마도 미래에는 종족 분쟁이 상대적으로 덜할 것임을 약속하면서 말이다.

그럼에도 제2차 세계대전 이후 유럽으로 쇄도해 들어온 수백만 명에 달하는 비유럽인들과 비기독교도들의 인구 이동은 정말이지 당혹스러울 정도로 폭넓은 새로운 종류의 종교적·종족적 문제들을 보여 주었다. 여기서 하나의 중심적인 쟁점은 이와 같이 인종적으로나 종족적으로나 종교적으로 서로 다른 비유럽 민족들이 하나의 지속 가능한 유럽 정체성을 포용할 수 있는지, 또한 오래전부터 거주해 온 유럽 주민들에 의해 수용될 수 있는지 여부다.

유럽 사회의 물질적 부와 상대적 관용이라는 요소들을 한쪽에 제쳐 두더라도, 이 문명이 뿜어내는 매력과 아름다움, 그리고 이 문명권에 사는 사람들의 경제적 생산성과 창조성은 20세기의 공포들에도 불구하고 건재했다. 어떤 평판 좋은 역사가 유럽의 역사처럼 그렇게 공포스런 얼음 위를 활주할쏘냐마는(그렇지 않을 게 틀림없다), 자연적인 것이든 인공적인 것이든 유럽의 아름다움만큼은 유럽인들의 회복력과 마찬가지로 충분히 인정받을 가치가 있을 것이다.

티머시 가턴 애시는 여러 책과 논문을 통해 당대 유럽사 및 유럽과 미국의 관계에 관한 가장 통찰력 있는 관찰자들 가운데 한 사람으로 공인받았다. 이 서문에서 다룬 주제들과 관련해서는 특히 그의 《자유로운 세계》(The Free World: Europe, America, and the Surprising Future of the West, 2005)를 참조하라(26장과 결론의 '더 읽을거리'도 함께 보면 좋겠다).

노먼 데이비스의 《유럽: 역사》(Europe: A History, 1995)는 빙하시대부터 20세기 냉전에 이르기까지, '유럽'이라는 용어의 상세한 역사뿐 아니라 '유럽이란 무엇인가?'라는 쟁점과 관련해 깊이 탐구한, 색다르면서도 인상적인 저작이다.

재러드 다이아몬드의 《총, 균, 쇠》(Guns, Germs, and Steel: The Fate of Human Societies, 2005)는 현대 유럽을 넘어서는 범위를 아우르지만, 유럽의 발흥을 가능하게 한 가장 근본적인 원인들을 규명한다는 측면에서 매우 풍부한 정보와 자극적인 사유를 담고 있는 책이다.

니얼 퍼거슨의 《시빌라이제이션》(Civilization: The West and the Rest, 2011)는 유럽의 발흥이라는 쟁점과 그 과정에서 위인들의 중요성이라는 주제를 논쟁적인 태도로 다루고 있다. 퍼거슨은 예외적으로 다작의 대중적 전문 역사가(통념에 도전적인 보수적 시각을 가진)라고 볼 수 있는데, 그가 쓴 책들은 가독성이 좋고 사유를 자극하는 성향이 강하다(그래서 많은 비판자들을 자기 주위로 모은다).

일러두기

각 장마다 말미에 '더 읽을거리'에 언급된 책들의 발간 연도는 일반적으로 출판 연도순으로 표기한다. 인용된 많은 책의 출판과 관련된 복잡한 역사는 일체 다루지 않는다.

이와 유사하게, 본문에서 언급될 유명한 인용문들의 정확한 표기(혹은 실제 저자)가 문제될 수 있는 경우도 종종 있을 것이다(머리말 도입부의 산타야나의 인용문처럼). 이 책과 같은 축약된 개설서에서 특정 쟁점들을 깊이 파고드는 일은 비현실적일 터이다. 통계들 역시 불확실하거나 논란의 여지가 있는 경우도 나올 텐데, 그중에 아마도 가장 유명한 것은 홀로코스트의 사망자 수와 1929~1945 소련의 사망자 수에 관한 것이다. 그러나 질병과 민간인 폭력, 또는 강제수용소로 인한 사망자 수를 추산하는 작업과 관련된 내밀한 국면들을 탐구하는 것도 이 축약된 내러티브에서 다루기는 현실적으로 쉽지 않다. 본문에서 제시될 인용문과 통계들은 전산화되어 가장 널리 받아들여지는 것들이다. 또한 이런 통계와 관련하여 보통 얼마나 유효한지 확신하기 어려운 경우에는 이를 나타내는 문구를 덧붙였다.

'더 읽을거리'로 선정한 책은 모두 명쾌하게 잘 쓰인 것들이다. 학술적으로 중요한 연구의 표본뿐만 아니라 대중적으로 인기 있는 베스트셀러(적어도 전문역사가들에 의해 최소한의 자격 요건을 충족했다고 평가받는 책들)도 포함하려고 노력했다. 그런 다음에 단순히 알파벳 순서로 목록을 나열하기보다는 언급된 책의 특징에 관해 간단한 논평을 덧붙였다.

유럽을 이해하는 데 크게 기여해 온 다른 나라의 역사가들을 포함하여 현대 유럽을 연구하는 역사가들은 다른 지역이나 시기를 연구하는 역사가들에 비해 수도 많고 영향력도 크다. '더 읽을거리'에 수록된 책들은 이렇게나 연구 성과가 풍부한 분야에서도 가장 핵심적인 연구 성과들이라고 볼 수 있겠다. 하지만 그런 책도 대부분 이 책에서 다룬 문제들을 더 배우고 싶지만 방대하고 난해한 학문적 작업과 미처 씨름할 준비가 되어 있지 못한 독자들을 위해 다음 단계로 넘어가기 위한 현실적인 도구에 불과한 것이라고 볼 수 있다. 그럼에도 분량이 방대한 몇몇 책들도 선별된 목록에 포함되어 있어 확인할 수 있다.

현대 유럽의 역사에 관해 영어로 쓰인 수천 권에 달하는 경이로운 책들이 있음을 고려하면 아무리 엄선해도 충분치 않을 터이며, 어느 정도 자의성을 면치 못할 것이고 불가피하게 훌륭한 책들이 누락되게 마련이다. 이 책의 '더 읽을거리'에 수록된 책들은 그 책들 나름대로 더 읽을거리를 제시하는 추천 도서 목록을 포함하고 있으며, 가장 논쟁적인 일부 쟁점들을 광범위하게 다루고 있다.

국가별·주제별 개관

각 장에서 다루어지는 지역들을 정확하게 아우르는 단 한 권의 책을 발견하기란 아주 드문 법이다. 더욱이 다루는 주제들은 복잡하게 뒤얽혀 있고, 그렇기에 말미에 수록된 참고문헌은 이따금 중복될 것이다. 추천 도서 가운데 다수가 통사를 다루고 있는데, 이 책보다 다루는 범위가 훨씬 더 넓으면서도 잘 정의된 주제에 대한 학술서나 논문이라기보다는 종합과 개관을 목표로 하는 저서들이다. 이것들은 통상 개별 국가에 대한 가장 가독성 있고 유명한 역사서들이거나 특정 주제들(정치사, 경제사, 외교사 등)에 초점을 맞춘 역사서들이다.

고든 라이트의 《현대 프랑스》(France in Modern Times, 5th ed. 1995)는 학술적이지만 유려한 문장으로 쓰인 종합(균형 있고 압축적이면서도 정곡을 찌르는 분석을 담고 있는)의 두드러진 본보기다. '역사의 다양성'을 다루는 이 책의 각 장은 특별히 현대 프랑스사(적어도 1990년대까지)에 관해 더 읽을거리를 찾는 독자들에게 안내서로서 유용하다.

옥스퍼드 '현대 유럽사 시리즈'에서 현대 독일을 다루는 두 권의 책도 학술적으로나 우아하게 쓰인 점에서 두드러진 사례다. 제임스 J. 시핸의 《독일사, 1770~1866》(German History, 1770-1866, 1989)와 고든 크레이그의 《독일, 1866~1945》(Germany, 1866-1945, 1978)이 바로 그런 책이다. 메리 풀브룩도 21세기 초까지의 독일사를 《독일의 역사: 분열된 민족 1918~2008》(A

History of Germany: The Divided Nation 1918-2008, 2008)에 솜씨 좋게 담아내고 있다.

러시아와 소련의 역사는 풍부하고 이채로운 주제들을 포함하는 분야로서 독일사 못지않게 논쟁적인 영역이다. 하버드대학의 리처드 파이프스가 쓴 책들은, 해석상의 권위와 가독성으로 따지자면 그에 필적한 만한 게 별로 없다. 비록 러시아사에 대한 시각이 자신의 수많은 제자들(80명의 박사)보다도 훨씬 더 우파적 관점에 치우쳐 있음에도 불구하고 말이다. 파이프스의 수많은 출판물 가운데 《구체제 아래의 러시아》(Russia Under the Old Regime, 1974)와 《볼셰비키 체제 아래의 러시아》(Russia Under the Bolshevik Regime, 1993)는 현대 시대 대부분을 다루고 있다. 파이프스의 제자인 피터 케네츠는 소비에트 시기에 대한 간결하면서도 매혹적인 개관이라고 할 《소련사의 시작과 끝》(A History of the Soviet Union from Beginning to End, 2006)을 펴냈다. 이 책은 스승인 파이프스의 시각이나 결론과는 사뭇 다른 면모를 보여 준다.

현대 영국의 역사는 좀 더 전문화된 연구로 이루어진 방대한 연구 성과들을 이끌어 냈지만, 현대 프랑스에 대한 고든 라이트의 역사에 견줄 만한, 현대 영국을 다루는 단 한 권의 책은 존재하지 않는다. 로버트 K. 웨브의 《현대 잉글랜드: 18세기부터 현재까지》(Modern England: From the 18th Century to the Present, 1993)가 추천할 만하고, 클레이튼과 데이비드 로버츠의 《잉글랜드의 역사, 1688년에서 현재까지》(A History of England 1688 to the Present, 1980)도 마찬가지다. 앞으로 언급될 저작들 가운데 다수가 시기나 주제 면에서 상대적으로 제한된 시각에서 현대 영국을 다루고 있다.

1914년부터 현재까지 시기를 다루는 책들 가운데 뛰어난 단행본이 아주 풍부하다는 사실과는 대조적으로, '장기' 19세기(1815~1914년)의 유럽사를 전체로서 다루는 가독성 있는 단행본이 거의 없다는 점도 놀랄 만한 일이다. 로버트 팩스턴의 《20세기 유럽》(Europe in the Twentieth Century, 5th ed. 2011)은 20세기 역사를 다룬 최고의 저작 가운데 하나다. 또한 두드러진 저작으로는 에릭 돈 브로즈의 《20세기 유럽의 역사》(A History of Europe in the Twentieth Century, 2005)를 꼽을 수 있다. 한 세기보다 짧은 시기를 다루는 단행본 개설서는 많다. 토니 주트의 《포스트워: 1945년 이후의 유럽사》(Postwar: A History of Europe Since 1945, 2006)는 분량에서 단연 압도적이어서(960쪽) 해당 시기를 막 읽기 시작한 사람들에게 심리적으로 부담을 안겨 주기는 하지만, 다루는 범위나 통찰에서 두드러진 최고의 전거라고 일컬을 만하다.

에릭 홉스봄의 몇몇 역사적 개관도 열정적인 독자층을 확보했으며, 쇄를 거듭하며 출간되어 왔다. 1848년부터 1875년까지를 다루는 《자본의 시대》(The Age of Capital, 1996)는 원래 《혁명의 시대: 유럽, 1789~1848》(The Age of Revolution: Europe, 1789-1848, 1996)에서 시작하여 《제국의 시대, 1875~1914》(The Age of Empire, 1875-1914, 1989)로 끝나는 것으로 기획된 19세기 3부작의 두 번째 저작이다. 그리고 네 번째 저작이 나왔는데, 이것이 바로 《극단의 시대: 단기 20세기》(The Age of Extremes: The Short Twentieth Century, 1996)다. 이 네 권의 책은 마르크스주의적이면서도 결코 편협하지 않은 시각에서 19~20세기를 풍부하고도 세밀하게 다루고 있다.

지난 두 세기를 주제별로 다루는 개설서나 통사는 양도 많고 바라보는 시각도 다양하다. 외교사와 정치사, 경제사, 사회사에 여성사와 종족·종교 집단의 역사(유대인, 가톨릭교도, 프로테스탄트), 사회주의와 노동계급의 역사, 자본주의와 부르주아의 역사, 전염병과 재앙의 역사, 예술과 건축과 과학과 기술의 역사가 덧붙는데, 아마 그 목록은 계속 이어질 것이다. 여기서는 실제 필요에 따라이 책 1부에서 정의된바 현대 유럽사의 중심 문제들을 다루는 저작으로만 국한해야 하고, 그 역사에 대한 가능한 모든 시각을 남김없이 다룰 수는 없다.

과연 이데올로기는 바로 그 중심 문제 가운데 하나다. 유럽 이데올로기 일반에 관해서는 데이비드 맥렐런의 《이데올로기》(Ideology, 1986)를 참조하라. 레셰크 코와코프스키의 세 권짜리 《마르크스주의의 주요 흐름》(Main Currents of Marxism, 여러 판과 쇄를 거침)은 마르크스주의 이상의 것들을 다루고 있다. 더 짧은 개관으로는 앨버트 S. 린드먼의 《유럽 사회주의의 역사》(A History of European Socialism, 1984)가 있다.

전염병과 질병의 역할에 대해서는 현대 유럽사를 넘어서는 범위를 아우르는 두 권의 책을 강력하게 추천한다. 윌리엄 맥닐의 《전염병의 세계사》(Plagues and Peoples, 1986)와 셸든 와츠의 《전염병과 역사: 질병, 권력, 제국주의》(Epidemics and History: Disease, Power, and Imperialism, 2000)가 바로 그것이다.

외교사와 관련해서는 노먼 리치의 《초열강 외교, 1814~1914》(Great Power Diplomacy, 1814-1914, 1992)와 《1914년 이후의 초열강 외교》(Great Power Diplomacy since 1914, 2003)를 참조하라.

여성사에 대해서는 리네이트 브리덴탈(Renate Bridenthal)과 수전 스튜어드, 메리 E. 위스너-행크스가 편집한 《가시화-되기: 유럽사의 여성들》(Becoming Visible: Women in European History, 1997)을 참조하라.

경제사 분야에서는 데이비드 S. 랜디스의 《풀려난 프로메테우스: 1750년에서 현재까지 서유럽의 기술 변화와 산업 발전》(The Unbound Prometheus: Technological Change and Industrial Development in Western Europe from 1750 to the Present, 1969)이 오래도록 이 분야의 표준 저작으로 공인받아 왔다. 스타일 면에서 약간 도전적이기는 하지만 풍부한 통찰력으로 가득 차 있다.

독일 문제와 이에 연관된 유대인 문제(그리고 홀로코스트의 배경)에 대해서는 이미 앞에서 언급한 시행과 크레이그의 개설서들이 정교하고도 광범위하게 쟁점들을 다루고 있다. 앨버트 S. 린드먼의 《에서의 눈물: 현대 반유대주의와 유대인의 발흥》(Esau's Tears: Modern Anti-Semitism and the Rise of the Jews, 1997)은 다양한 민족의 사례들을 다루고 있다. 역시 《홀로코스트 이전의 반유대주의》(Anti-Semitism before the Holocaust, 2001)도 앞의 책에서 사용한 사료의 일부를 좀 더 압축적인 방식으로 요약한(100쪽) 단행본이다.

전기

유럽의 주요 인물들에 대한 전기는 고대로까지 거슬러 올라가는 유서 깊은 문학 장르의 일부라고 볼 수 있다. 전기는 일부 전문 역사가들, 특히 역사에 대한 '위인' 중심의 접근과 유사한 모든 경향에 적대적인 사람들 사이에서는 평판이 나쁘기로 유명하다. 그러나 최근에 나오는 많은 전기들의 수준은 예전과는 완전히 다르다. 그중에 훌륭한 전기들은 결코 개인의 삶에 대한 편협하거나 역사적으로 정확하지 않은 이야기들과는 거리가 멀다. 많은 전기들이 해당 시대 일반을 매력적으로 소개해 주기에 종종 '더 읽을거리'에 소개할 것이다.

역사적 인물을 광범위한 역사적 맥락 속에 요령 있게 배치하는 주목할 만한 전기로는 히틀러에 관한 이언 커쇼의 몇몇 연구서(18장과 19장, 20장의 '더 읽을거리'에 수록)와 리처드 리브스의 《존 스튜어트 밀: 빅토리아 시대의 선동가》(John Stuart Mill: Victorian Firebrand, 2007)를 꼽을 수 있다. 훌륭한 전기는 단지 위인들만 다루지 않는다. J. P. 네틀의 《로자 룩셈부르크》(Rosa Luxemburg, 1966; 여러 판과 쇄를 거듭함)와 마크 보스트리지의 《플로렌스 나이팅게일: 어느 아이콘의 형성》(Florence Nightingale: The Making of an Icon, 2008)도 이 두 주목할 만한 여성들이 살았던 시기에 대한 풍부한 정보를 담고 있는 확장성이 강한 전기다. 로버트 K. 메이시의 《니콜라이와 알렉산드라》(Nicholas and Alexandra, 2000)는 차르 니콜라이 2세와 그 아내의 개인적 드라마에 집중하는데, 최근 수십 년 동안 역사 분야의 베스트셀러 가운데 하나로 자리를 지키고 있다. 이 책은 이 차르 커플의 비극적 개인사에 대한 현란한 세부 내용들로 가득 찬 흥미로운 이야기지만, 그럼에도 러시아사를 연구하는 오늘날의 학자들 대부분이 쓰고 싶은 종류의 그런 책은 아니다.

역사서술과 참고문헌

현대 유럽사와 연관된 치열한 논쟁들을 좀 더 탐구하고 싶은 독자라면 미국 역사학회에서 펴낸 《역사문헌 가이드》(Guide to Historical Literature, 1995)

로 유익하게 출발할 수 있다. 이 책의 앞부분에 실린 에세이 〈역사 연구의 이론과 실천〉은 최근의 해석들과 논쟁들의 갈래를 폭넓게 소개해 준다. 니얼 퍼거슨의 《버추얼 히스토리》(Virtual History, 1999)에 대한 90쪽에 달하는 서문에는 비록 당파적이기는 하지만 매우 읽을 만한 역사 이론에 대한 개관이 담겨 있다. 또한 《역사문헌 가이드》는 폭넓은 참고문헌 정보를 제공한다. 방대한 분량의 세계사 텍스트인 R. R. 파머와 조엘 콜튼, 로이드 크레이머의 《1815년 이후의 현대 세계사》(A History of the Modern World Since 1815, 9th ed. 2002)도 어느 정도는 현대 유럽에 중점을 둔 세계사를 다루면서 주목할 만한 참고문헌 정보(60쪽에 걸쳐 아주 빽빽하게 수록된)를 포함하고 있다.

컴퓨터 시대는 역사 연구에 대해 긍정적이든 부정적이든 많은 함의를 담고 있다. 위키피디아(Wikipedia)에서 역사적 주제들을 다루는 글들은 모두 진화하고 있는 결과물로서 주목할 만한 집단적 노력을 대표하는데, 어떤 것이든 호락호락하게 요약되지 않는다. 대부분의 글들에는 역사적 사실의 측면에서 믿을 만하고 적어도 공식적으로는 균형 있는 해석을 제시한다는 장점이 있다. 그럼에도 이 글들의 스타일은 종종 무미건조한 사실들의 나열에 기초하고 있고 그 내용도 분석적 통찰력을 결여하고 있다. 대부분의 글들은 세부적 사실들을 재빨리 찾아보고 싶을 때 쉽게 이용할 수 있는 준거가 되지만, 좀 더 미묘한 역사적 이해에 대한 안내 글로는 별로 도움이 되지 않는다. 위키피디아에 실린 많은 글들은 물론 현대 유럽사에서 많이 발견되는 친숙하지 않은 외국 이름들과 용어들의 발음(원어민의 음성 파일)을 알아보는 데도 유용하다.

D. A. 트링클과 S. A. 메리먼이 편집한 《히스토리 하이웨이 2000: 인터넷 사료 가이드》(The History Highway 2000: A Guide to Internet Resources, 2000)도 역사적 주제들을 연구하는 데 유용한 인터넷 자료들을 폭넓게 소개해 준다.

1부
낭만주의와 반란
현대 이데올로기들의 배양기, 1815~1840

전체 5부로 구성된 이 책에서 1부는 유럽 전반에 관해서 일반적인 내용을 비연대기적인 방식으로 개괄한다.

1장은 1815년 이전 세대를 조감하는 시점을 취하여 유럽인들의 정체성에 깊은 흔적을 남기며 '혁명의 신비'(mystique of revolution)와 이에 연관된 자유, 평등, 우애의 삼위일체(이 책을 관통하는 주요 주제)를 낳은, 전쟁과 혁명의 사반세기를 고찰한다.

2장은, 빈회의에서 유럽에 질서와 안정을 회복시키려는 노력에서 1815년 한 해에 이루어진 결정들에 초점을 맞춘다. 그런 결정들은 그 세기의 나머지 시기 동안 논쟁의 대상이 되었다(이 책을 관통하는 또 다른 주제다).

3장은 '변화의 엔진'이라는 관념 아래에 한데 모을 수 있는 추가적인 혁명적 주제들, 특히 유럽사에서 산업화와 급속한 인구 성장의 중요성을 고찰한다.

분량이 가장 많은 4장은 19세기 전반에 출현한 많은 공식적 이데올로기들이나 '이즘들', 특히 앞에서 언급한 혁명적 삼위일체에 정확한 내용을 채우거나 일관된 형태를 부여한 두 가지 이데올로기인 자유주의와 사회주의를, 그 혁명적 삼위일체를 현혹적이거나 위험한 것으로 드러내고자 한 보수주의와의 대비를 통해 고찰하고자 한다. 대략 같은 시절에 당대인들이 믿기에, 동터 오는 진보와 이성의 새로운 세상에서 해결되리라고 생각된 일련의 '문제들'이 인지되었다. 이 문제들은 역시나 마지막 결론 부분에서 포괄적으로 평가될, 지난 두 세기의 유럽사를 관통하는 주요 주제를 보여 줄 것이다.

1장

프랑스혁명의 유산

지난 200년 동안, 그러나 특히 19세기 초에 유럽은 프랑스혁명의 그늘 아래에서 살았다. 그 격변이 보여 준 파괴력과 충격적인 잔혹함은 말할 것도 없고 그 주목할 만한 성취가 유럽의 모든 나라에 영향을 끼쳤고, 미처 마침표를 찍지 못한 많은 의제들을 남겼다. 왼쪽에서는 이타주의적인 희망과 꿈이 등장했고, 오른쪽에서는 쓰라린 분노와 두려움이 솟구쳤다.

발군의 프랑스

1789년 이전 세기에 이미 프랑스는 나머지 여러 유럽 지역에 폭넓은 영향력을 행사한 바가 있다. 많은 나라의 지배 신분들이 자기네 모국어보다 프랑스어를 선호했고, 도처에서 프랑스 문학과 예술, 패션을 답습하고 있었다. 프랑스는 혁명 전야에 대략 2,600만 명을 거느린 유럽에서 가장 인구가 많은 '거대한 민족'(la grande nation)으로 군림하고 있었다. 그 무렵 프로이센의 인구가 400만 명에 못 미쳤고, 영국이 대략 800만 명, 합스부르크 제국이 대략 1,100만 명, 러시아가 아마도 2,000만 명 정도였으니, 프랑스가 얼마나 대단했는지 짐작할 수 있으리라. 파리는 이 무렵 유럽의 문화적·지적 수도로 널리 인정받고 있었다.

그렇듯 영향력 있는 나라에서 어떤 발전이 일어나게 되면, 그 발전이 무엇이든지 간에 유럽의 나머지 지역에 중요한 반향을 일으키리라는 것은 명약관화했다. 그도 그럴 것이, 언젠가 합스부르크 제국의 정치가 클레멘스 폰 메테르니히는 빈정거리듯 이렇게 말했다. "프랑스가 재채기를 하면, 유럽은 감기에 걸린다."

1789년 여름에 프랑스가 아주 세게 재채기를 했다. 그 후 프랑스는 놀라운 결단으로 기성 제도들을 전복했고, 왕과 왕비를 비롯해 4만 명으로 추산되는 사람들을 신형 단두대로 보냈다. 프랑스는 일련의 군사 작전을 펼쳐 오래지 않아 유럽 주요 열강의 군대를 격파했다. 그 과정에서 프랑스는 상당한 면적의 인접 영토들을 병합했고, 비약적으로 확장된 새 국경을 따라 프랑스 치하의 위성 국가들을 창출했다. 비록 새로운 국경은 1815년에 혁명 이전의 국경과 비슷한 상태로 되돌려지기는 했지만, 그 무렵 프랑스는 대략 20년 동안 유럽 인구의 대다수를 지배하고 있었다. 심지어 프랑스 제국에 공식적으로 병합되지 않은 지역도 프랑스혁명기에 제정된 법과 제도에 적응하지 않을 수 없었다. 그런 의미에서 혁명의 유산은 특히나 지속적이었다. 결코 프랑스의 직접 지배를 경험하지 않은 지역에서도 혁명의 유산은 중요했는데, 이는 부분적으로 어떤 나라에서든지 대부분의 지도자들은 생존하기 위해서라도 최소한 프랑스의 일부 제도를 베낄 필요가 있었기 때문이다.

혁명에 따른 변화들

정치적 측면에서 1789~1815년의 혁명적 시기는 혁명적 리더십에서 급격하고 폭력적인 변동이 일어난, 문자 그대로 격동의 시대였다. 1795년 무렵에 이미 세 개의 헌법이 잇따라 채택된 바 있었고, 여전히 부족한 점들이 발견되었다. 1789년을 필두로 프랑스 인구의 다양한 요소들 사이의 상대적 권력에서 거대한, 그리고 종종 혼란스러운 변동이 발생했으니, 권력은 왕정과 특권 신분들을 떠나 일반 민중(당시 전체 인구의 95퍼센트를 차지했던 제3신분을 말한다. 제1신분은 교회, 제2신분은 귀족이었다)을 향해 가고 있었다. 1791년 말에 들어 혁명가들은 '인간과 시민의 여러 권리'에 관한 우렁찬 혁명적 선언뿐 아니라 새로운 헌법도 도입했다.

혁명 초기에 온갖 혼란과 불확실성이 지배했으나, 내구성 있는 행정 시스템이 미로처럼 복잡하고 굼뜬 구체제 행정을 합리적으로 고치고 중앙집권화하면서 안착되고 있었다. 개혁의 의제에는 새로운 도량형 시스템(미터법)과 10일을 1주로 하고 국경일을 신설한 새로운 달력, 그리고 새로운 화폐 시스템이 포함되어 있었다. 물론 이런 혁신들이 모두 살아남지는 못했으며, 실행되려면 얼마간 시간이 필요하기도 했다.

새로운 달력은 특히 혼란을 불러왔는데, 일반 주민들이 받아들일 수 있는 한도를 넘어선 것이었다. 실제로 얼마나 인기가 없었던지 고작 몇 해 만에 포기되고 말았다. 오늘날 새로운 달력에 사용된 달의 명칭들이 무엇보다 당시 혁명의 사건들이 기록된 방식에 따라 기억되고 있다. 예컨대 오늘날 '테르미도르'(Thermidor)라고 알려져 있는 것, 즉 1794년 7·8월에 해당하는 '뜨거운' 달(열월)은 공포정치의 과도함에 대한 반응으로 혁명이 우클릭을 개시한 때였다. 현대 정치 용어인 '우파'(right)와 '좌파'(left), '반동적'(reactionary)과 '반혁명적'(thermidorean) 같은 말도 모두 이때 생겼다.

혁명적 신비

프랑스혁명의 유산이라는 말이 통상 무엇을 뜻하는지는 그리 뚜렷하지 않다. 아마도 이상과 목표, 전망, 그리고 악몽이 그런 유산에 포함될 수 있겠다. '혁명적 신비'(revolutionary mystique)가 유럽 지적 엘리트의 상당 부분을 전율이 일도록 사로잡았다. 진일보한 인간 조건에 대한 빛나는 전망이 지난 수백 년 동안 풍미했던 메시아적인 꿈과 종교적 열광을 다시 떠올리게 하는 방식으로 일부 유럽인들에게 영향을 끼쳤다. 자기희생적이고 영웅적인 혁명가가 흥분으로 들떠 있던 상당수의 유럽 젊은이들에게 하나의 모델이 되었는데, 이는 역설적이게도 저 옛날 이상화된 기독교 성인이나 십자군 기사의 복제판과 다름없었다.

19세기 말 아나키스트 혁명가인 알렉산드르 크로폿킨의 말은 명백히 기독교 상징주의를 연상시키는 문구다. "[프랑스혁명에서] 흘린 피는 전 인류를 위해 흘린 피였다." 심지어 혁명적 열정에 그리 깊이 감화되지 않은 사람들도 혁명을 존중하는 경향이 있었다. 많은 사람들이 부정할 수 없는 혁명의 실패가 다가올 혁명들에서는 바로 잡히리라고 믿었다. 여기서도 다시 '혁명'이라는 용어가 중요한 정치적 사건들뿐 아니라 1789년부터 시작되어 계속 앞으로 진행해 나간 하나의 방대한 역사적 과정을 가리키는 것으로 사용됨으로써 종교 용어 못지않게 기묘하고 모호하면서 막연한 느낌을 갖게 했다. 과연 19세기와 20세기 정치 생활은 대부분 '혁명, 찬성과 반대?'라는 문제로 집약되었다.

이 책을 관통하는 하나의 핵심 주제도 유럽의 정치 생활이 일찍이

20세기 초에 활동한 프랑스의 지식인 샤를 페기가 말한 유명한 이항대립, 즉 **신비적인 것**[mistique]과 **정치적인 것**[politique] 사이를 오가는 방식으로 이해될 수 있다는 것이다. '신비적인 것'과 '정치적인 것'은 곧 자기희생적이고 용감한 이상주의 대(對) 미몽에서 깨어난 정치적 계산과 냉소적 경력 관리의 이항대립으로 설명될 수 있는데, 이 이항대립에서 한편의 항은 반드시 다른 편의 항을 뒤따라 나온다.

혁명적 개혁들은 유럽의 제도들을 한층 더 효과적으로 만들고 일반 민중들의 삶을 더 자유롭게 하고 물질적으로 안전하게 만드는 데 기여했다. 물론 그 효과가 즉각적이지는 않았더라도 적어도 궁극적으로는 그러했다. 그럼에도 혁명의 신비는 소름끼치도록 어두운 측면을 포함하는 것으로 드러났다. 정치혁명들은 혁명가들 편에서든 그 적들 편에서든 되풀이해서 자비로운 분별력뿐 아니라 인간의 마음 깊은 곳에 도사리고 있는 가장 사악한 본능까지 일깨웠다. 정치혁명들은 프랑스혁명의 단두대로부터 소련의 강제수용소에 이르기까지 피의 강과 상상을 초월한 인간적 고통을 낳았던 것이다.

혁명의 신비와 종교의 신비 사이에는 긍정적이든 부정적이든 불가사의한 유사성이 있었다. 참으로 아이러니한 것은 17세기 종교전쟁들로 야기된 대학살로 인해 특히 교육받은 엘리트들 다수가 종교 신앙을 멀리하고 이성의 힘에 대한 믿음으로 기울었는데, 이런 이성적 믿음은 20세기 초에 이르러 17세기에 종교적 열정이 낳은 것보다 훨씬 더 끔찍한 잔혹함을 낳았다는 사실이다.

프랑스혁명은 종교 현상과 비슷한 점이 있었지만 어쨌거나 조직된 종교, 특히 가톨릭교회와 대부분의 기독교 교의에 맞서고 있었다. 혁명가들은 교회의 편견과 미신을 좀 더 관대하고 합리적인 믿음으로 대체하려고 했다. 또한 그들은 교회가 소유한 토지를 몰수하고 이를 혁명에 필요한 재원으로 사용하는 결정적인 발걸음을 내디뎠다. 과연 이 한 단계의 진전으로 기왕에 심각하게 분열되어 있던 일부 주민들이 소외되었는데, 이들 대다수는 여전히 기독교 신앙에 귀의한 채 전통적인 생활방식에 완고하게 집착하던 사람들이었다.

혁명의 개막

혁명기에는 해마다 극적이고 예기치 않은 발전이 거듭되었지만, 혁명가들의 명시적 목표는 계몽사상의 이상을 실천에 옮기는 것이었다. 여기서 계몽사상이라고 함은 부패하고 부당하며 비효율적이라고 여긴 특권이나 '봉건적' 신분을 폐지하는 것을 뜻했다. 혁명가들의 일반 지침 내지 모토였다고 할 만한 것은 혁명의 삼위일체, 이른바 자유, 평등, 우애였다. 삼위일체 각각은 수많은 약속들로 충만해 있었으나 그만큼 끝없는 모호함으로 가득 차 있기도 했다.

1789년의 시점에 최초로 프랑스 민중의 상당수를 결집시킨 것은 '왕정의 전제주의'에 맞선 '자유'에 대한 갈증이었다. 그럼에도 그 목표는 모호하고 그와 연결된 통일성은 취약한 것으로 드러났는데, 그 저변에 깔려 있던 자유에 대한 정의도 프랑스 민중의 다양한 계층 사이에서 가망 없이 모순적이고 독단적이었다. 그렇기는 해도 일단 국왕의 의지가 한풀 꺾이고, 1614년 이래 처음으로 국왕이 삼부회(프랑스 '신분들' 또는 봉건사회의 각 기관을 대표한 입법체)의 소집에 동의한 후, 어느 누구도 실제로 발생한 일들을 계획하기는커녕 예측할 수조차 없었다. 대혁명(오직 나중에야 사용된 용어)은 1789년 이전에 조세 개혁을 단행하려고 한 국왕의 노력에 맞선 중구난방식의 모순된 일련의 저항으로부터 서서히 출현했다.

　일단 1789년 삼부회가 회합을 가진 후, 연쇄반응과도 같은 하나의 과정이 시작되었다. 기대감이 팽배했고 다양한 이해관계 집단들이 분기탱천했는데, 이 모든 사태가 국왕의 우유부단함과 무능함 때문에 촉진되었다. 격앙된 도시 폭도들과 공황 상태에 빠진 농민들, 그리고 계몽사상의 이상으로부터 자극받은 지식인들이 강력하게 한데 뒤섞이고 조만간 외국 열강의 침략에 대한 공포로 부풀려지면서 일련의 변화들이 실타래처럼 풀려나오기 시작했다. 지금 돌이켜 보아도 그 변화의 범위와 야망은 입이 쩍 벌어질 정도로 놀라운 것이었다.

혁명의 원인들

　다음 세기에 카를 마르크스를 비롯한 수많은 관찰자들은 이런저런 사건을 휘감고 있는 자욱한 안개와 눈보라에도 불구하고 혁명이 사회 계급들 사이에 벌어진 갈등의 표현이라고, 그러니까 새로이 출현하는 부르주아 자본가계급이 봉건 귀족을 격파함으로써 자본주의가 방해받지 않고 성장할 수 있는 새로운 법적 질서가 확립되는 과정이라고 주장했다. 최근의 역사가들은 그런 마르크스주의적 혁명 해석을 제한적으로만 수용하거나 단호하게 거부하는데, 그 이유는 부분적으로 사회 계급에 대한 마르크스주의 개념이 엄격한 분석의 시험대를 넘지 못하기 때문이다. 그럼에도 그 모든 일이 어떻게, 그리고 왜 발생했는지를 설명해 주는 만족스러운 일반 이론을 찾으려는 노력이 변함없이 이루어져 왔다.

　의심할 여지없이, 프랑스에서 지난 몇 세기 동안에 걸쳐 심오한 견해의 변화가 발생했다. 1614년에 받아들여진 관행과 믿음들은 1789년에는 부당하고 비이성적인 것으로 널리 간주되었다. 특히 하나의 관념이 널리 확산되었다. 즉 도유(塗油, 기름 부음)를 받은 국왕을 통해 표현된 신의 의지라기보다는 민중의 적절한 동의에서 비롯된 주권 내지 통치권이라는 관념이 바로 그것이었다. 이와 연관된 방식으로, 구체제에서 복잡한 그물망을 이루었던 특별한 권리들과 단체적(corporate) 특권들은 한때 대중적으로 용인되거나 존중받았으나 이제는 상당히 불신받기에 이르렀다.

　정치적 주권과 정의, 합리성에 대한 미숙한 느낌이 앞서 일어난 미국혁명에서 일종의 선례와 모델을 발견했는데, 과연 미국혁명은 프랑스와 유럽 전역에서 활발한 토론을 불러일으켰다. 북아메리카의 영국 식민지들은 자신들이 영국의 폭정이라고 비난한 것에 맞서 자유를 위해 성공적으로 투쟁했다. 독립선언문은 계몽사상의 이상들을 웅변적으로 표현했다. 더욱이 미국인들은 그 모든 이상을 현실로 옮긴 헌법을 채택했다. 미국에서 혁명가들은 국민주권과 개인의 권리 보호에 입각한 헌정 공화국이 실행 가능한 것임을 입증한 것처럼 보였다. 그것도 공화주의 정부 형태는 오직 도시국가나 아주 작은 나라에서만 가능하다는 당시 유럽의 지배적 통념을 멋지게 허물어뜨리면서 말이다. 이런 맥락에서 이른바 '혁명할 권리'로 지칭되게 될 것, 즉 폭정에 맞선 폭력적 반대의 정당성도 그 자체 고대 그리스인들과 로마인들의 사상으로까지 소급될 수 있었고, 나아가 기독교 정치철학에 뿌리를 두고 있는 것이기도 했는데, 이 시기에 들어와 점점 더 많은 지지를 얻게 되었다.

　그렇기는 해도 미국의 선례가 프랑스에 얼마만큼이나 중요했는가 하는 문제는 여전히 의문으로 남아 있다. 북아메리카의 영국 식민지들은 인구가 급속히 증가하고 있었다고는 하나(18세기 말 대략 200만 명) 기본적으로 문화나 언어 면에서 동질적인(노예와 원주민을 제외하고) 적은 인구를 가진, 멀리 떨어진 외곽 기지일 뿐이었다. 반면, '위대한 민족'은 영국 식민지들에 비해 그 인구가 열 배는 족히 넘었고, 북아메리카 정착민들은 결코 알지 못한 사회 전반에 걸쳐 있던 역사적으로 뿌리 깊은 문제들, 그중에서도 특히 봉건적 특권과 관련된 심각한 문제와 맞닥뜨리고 있었다. 봉건제는 개인의 자유뿐 아니라 혁명적 삼위일체의 두 번째 요소인 평등을 침해하고 있었다. 특히 평등은 기본적으로는 사람마다 상당히 달리 이해되기는 했어도, 적어도 1789년의 시점에서는 시민적 평등, 또는 단일한 법적 시스템 아래에서 시민 개인의 평등이라는 뜻으로 널리 통용된 말이다. 즉 평등이라는 관념은 법적이거나 시민적인 불평등, 그러니까 종종 물질적 부와 사회적 위신, 정치적 권력에서 엄청난 차이를 낳는 단체들과 신분들의 위계에서 어디에 속하느냐에 따라 결정되는 바로 그 불평등을 구체제가 인정할 뿐 아니라 축성했다는 사실과 근본적으로 구별되는 것이었다.

평등이라는 모호한 이상

기독교 보편주의가 버팀목이었던 구체제는 한 가지 주요한 측면에서, 그러니까 신 앞에서의 평등 또는 신의 눈앞에서 인간 영혼의 평등한 가치라는 측면에서는 평등을 인정했다. 비록 그런 평등이라는 것이 최하층 신분들의 법적 권리를 극도로 미약하게만 표현한 말에 불과했지만 말이다. 한편, 계몽사상의 보편주의를 표현한 말로는 아마도 "모든 인간은 평등하게 창조되었다"라는 토머스 제퍼슨의 말이 가장 유명할 것이다. 비록 이 표현 또한 '창조'에서 형이상학적 평등을 뜻한 것이지,

사회적이거나 경제적인 평등이라는 의미에서 바람직한 상태에 대한 믿음을 함축한 것이 아니라는 점에서 여전히 신비적인 표명이라고 보아야 하겠지만 말이다. 게다가 부유한 노예 소유주인 제퍼슨에게 '평등'은 신체적이거나 정신적인 평등을 뜻하는 것도 아니었는데, 그도 그럴 것이 그는 아프리카에서 기원한 인간 종족의 구성원들이 다른 사람들과 평등하다는 것에 대해 실제로 의구심을 품고 있었기 때문이다.

프랑스혁명으로 도입된 시민적 평등은 당대인들이 겉으로 보기에는 급진주의적인 것으로 보였음에도 분명한 한계들을 내포하고 있었다. 1791년의 헌법은 모든 성인 남성 시민들에게 공통적으로 적용되는 법을 수립했지만 완전 시민권을 보유할 만한 적임자를 가려내는 기준을 재산으로 설정하면서 '능동' 시민권과 '수동' 시민권이라는 중요한 자격 제한을 도입했다. 결국, 오직 소수의 남성 주민만이 투표권을 부여받았다. 또한 그보다 훨씬 더 소수의 주민만이 공직에 진출할 권리를 누릴 수 있을 터였다. 아이러니하게도, 실제로 구체제의 선거 절차에 참여한 주민이 이 최초의 혁명적 헌법에 따라 선거에 참여한 주민보다 더 많았다.

1793년 헌법이 남성 보통선거권을 도입한 데서도 반영되었듯이, 혁명이 좀 더 평등주의적인 방향으로 움직여 갔을 때조차 경제적이거나 사회적인 평등을 촉진하기 위해 어떤 조치들이 필요할지 심사숙고한 혁명가는 거의 없었다. 가격통제 정책도 전쟁의 위협 아래에서 빈민들을 보호하기 위한 방편으로 짧은 시간 동안 채택되었을 뿐이다. 프랑수아 노엘 바뵈프가 악명 높은 평등파의 음모(1796년 8월)를 통해 권력을 장악하고 빈민들을 지원하기 위해 사유재산을 분배함으로써 실질적으로 경제적 평등을 추구하는 체제를 수립하려고 했을 때, 그는 체포되어 수감되고 사형을 언도받았다. 여성들에게 동등한 권리를 부여하려는 관념을 옹호하는 사람들도 혁명기에 거의 발견되지 않는다. 이렇듯 그 의미와 적용이라는 면에서 평등의 이상은 자유의 이상보다 훨씬 더 불확실했고, 그런 만큼 앞으로 완수해야 할 유산으로 남았는데, 이것이야말로 급진 좌파가 '혁명'이 궁극적으로 좀 더 포괄적인 사회적·경제적 평등의 방향으로 뚜벅뚜벅 나아가야 한다고 믿은 내용이었다.

1790년대에 인종 평등의 이상에 대해 말하는 것은 시대착오였을 것이다. '인종'이라는 말의 의미는 나중에 얻게 될 뚜렷한 함의에 비하면 여전히 모호했다. 그럼에도 계몽사상의 이상에 감화된 많은 혁명가들은 인류의 많은 변종들 또는 '인종들'의 평등한 **가치**라는 의미에서 인간 평등에 대한 믿음을 고백했다. 그렇기는 해도 이런 형이상학적 신앙은 전형적으로 모든 민족의 평등한 정신적·신체적 **능력**에 대한 믿음과 연관되어 있지는 않았다. 심지어 가장 급진적인 혁명가들 사이에서도 훗날 인종주의라고 지목될 만한 것과 매우 닮은 태도들이 존재했다는 사실에는 의심할 여지가 없다. 그럼에도 대혁명의 자비롭고 낙관적인 보편주의가 두드러져 보였다. 즉 대혁명기에 단지 프랑스 시민(또는 프랑스 인종)의 권리가 아닌, '인간과 시민의 여러 권리'가 선포되었던 것이었다. 혁명가들은 일반적으로 검은 아프리카인들을 노예로 삼는 데 반대했고, 프랑스에서 태어난 비유럽인들도 적어도 원칙상 시민이 될 수 있었다.

유대인을 위한 시민적 평등?

비유럽인 집단 혹은 '인종'의 하나인 유대인은 예외로 간주되었는데, 그들의 지위는 큰 관심을 끄는 쟁점이 되었다. 프랑스 전체 인구의 대략

0.1퍼센트를 차지한 유대인들은 주로 프랑스 북동쪽에 집중적으로 분포되어 있었다. 그러나 유대인들에게 시민적 평등이 허용될지 여부는 광범위하고도 악의적인 논쟁의 원천이었다. 그 무렵 유대인들은 독자적인 법과 관습에 따라 지배되는 독자적인 신분체나 '민족'으로 간주되었다. 그럼에도 그들은 프랑스의 프로테스탄트(프랑스 전체 인구의 대략 1퍼센트를 차지하는)와는 달리 프랑스인으로는 말할 것도 없고 유럽인으로도 간주되지 않았던바, 정의상 '기독교 공화국'에 포함되지 않았음은 두말하면 잔소리다.

유대인들 자신을 포함하여 프랑스에 살던 많은 사람들이 유대인들을 고유한 외국 기원과 별개의 종교적 믿음, 구별되는 문화, 독자적인 언어를 지닌 그 불변하는 본질에서(기본적으로 '인종'이 19세기 후반에 갖게 된 의미에서) 신체적으로나 정신적으로 자신들과는 전혀 다른 사람들로 생각했다. 그럼에도 1년이 넘게 걸린 심의 끝에 유대인들은 1791년 헌법에서 시민적 평등권이 부여된 사람들 속에 포함되었다. 하지만 유대인을 포함하는 방안을 선호한 다수파는 취약했고, 유대인의 지위를 둘러싸고 진행된 기나긴 논쟁을 보면 유대인에게 시민적 평등을 허용하는 방안을 지지한 사람들조차 유대인을 있는 그대로 존중하는 차원에서가 아니라 인간적 평등의 개념과 그 적용 가능성에 대한 이데올로기적 집착에서 그런 결론을 내린 것임을 분명하게 알 수 있다. 표결이 끝난 뒤에도 유대인들을 시민으로 받아들이는 것과 관련하여 동의하지 못하는 사람들은 거듭 분노를 표출했고, 유대인들의 시민적 평등권은 나폴레옹 치하에서 다시 심각하게 재검토되어야 할 주제로 쟁점화될 터였다.

우애의 여러 가지 의미

유대인이라는 쟁점은 혁명적 삼위일체의 마지막 요소인 우애(fraternity) 문제와도 상당 부분 걸쳐 있는 문제다. 우애는 1790년대의 실천적 표현과 그 장기지속적인 유산이라는 견지에서 평가하기 가장 어려운 요소다. 18세기 후반 프랑스에서 유대인과 비유대인은 서로를 문자 그대로 형제로 보지 않은 건 말할 것도 없고 같은 민족의 일원으로 여기지도 않았다. 유대인들에 대한 시민적 평등이 가리키는 함의도 비슷한 이유로 불확실했다. 그들은 동화되어 프랑스인이 될 것인가, 아니면 공식적인 권리를 갖되 여전히 실제로는 독자적인 집단으로 프랑스 민족 내부의 외국인 거주민으로 남을 것인가? 유대인 외에 나머지 대다수 주민들 사이에서도 우애 감정은 여전히 멀리 있는 이상일 뿐이었다. 지방에 대한 충성심이 종종 민족의 통일성 또는 '프랑스인다운 것'(Frenchness)의 감정에 비해 우세했다. 역설적이게도, 대혁명은 프랑스에 살던 대다수 주민들 사이에서 적대감을 심화시켜 오히려 우애심의 결여를 두드러지게 했다.

그럼에도 일부 주민들 사이에서 나타난 우애심 역시 1790년대의 특징이었다. 이런 감정은 혁명가들이 프랑스 내부에서 점증하는 저항에 맞서 권력을 유지하기 위한 투쟁에서 결속하게 됨에 따라 혁명의 역동성을 이루었다. 그러나 우애심은 외국의 침공에 맞서 프랑스 '조국'(patrie)을 방위하는 과정에서 크게 강화되었다. 일단 나폴레옹이 권좌에 오른 뒤에 우애심은 프랑스의 군사적 승리의 '영광'과 뒤섞였다. 이리하여 '조국과 영광'은 자유나 평등보다 실천적으로 더 광범위하고도 지속적인 의미를 포괄하는 프랑스 애국자들의 표어가 되었다.

그렇기는 해도 우애는 프랑스 민족주의의 범위를 훌쩍 넘어서는 함의를 지니고 있었던바, 그것이 현대 사회주의와 뒤섞인 한에서 대혁명의 유산들 중 특히나 지속적인 유산으로 남았다. 우애는 확실히 정서적 친밀성과 사회적 응집성의 감정을 내포하는 만큼 평등보다 훨씬 더 사회주의에 본질적인 요소라고 볼 수 있다. 어떤 사회가 사회적·경제적으로 동등한 자들로 이루어졌다고 해도 그 사회는 얼마든지 경쟁적 개인주의와 사유재산(그 무렵 막 미합중국에서 출현하고 있던 이상)에 기반을 둔 비사회주의 성격의 사회일 수 있는 까닭이다. 우애의 이상은 누가 봐도 너무 낡은 것이었고, 어느 정도는 기독교의 유산이기도 했다('그리스도 안에서의 형제'). 그것은 전근대 사회의 코포라티즘*적인 특징이 상호 책임감과 감정적 유대를 강조하는 경향이 있는 한 과거를 돌아보고 있는 이상이었다. 그러나 전근대 사회의 그런 유대는 권위의 위계와 '노블레스 오블리주'(귀족의 일원이 된다는 것은 하층 신분들에 대한 사회적·도덕적 책임감을 다하는 것이라는 관념)와 연관된, 평등하지 않은 자들의 유대였다. 마찬가지로 기독교의 이상은 궁핍한 자들과 불운한 자들에 대한 자선(charity)이나 자애(caritas)의 의무와 연결된, 그리스도의 신체 일부로서 기독교 공동체와 같은 신비적인 개념을 포함하고 있었다.

'우애'라는 말 자체는 그 무렵 기독교와 유대교에서 공히 확인되는 명백한 성별에 따른 편견(gender bias)을 내포하고 있었다. 여성들은 막 등장하던 통합된 프랑스 민중이나 민족의 감정에 포함되었으나, 정치와 공적 영역에 대한 여성 참여는 심각하게 제한되어 있었다. 여성들에게는 1790년대에 제정된 어떤 헌법에서도 평등한 정치적 권리가 부여

---

* 여기서 코포라티즘(corporatism)이란 근대사회의 개인주의와 대비되는 개념으로서, 개인에 대해 신분과 직종, 도시 등의 집단이나 단체—'몸'(corpus)—를 우선시하는 사회질서의 원리를 의미한다. 이 개념은 현대에 적용되면 이익집단이나 직종 단체들 사이의 협상과 타협에 기초한 조합주의나 담합주의의 원리로 표현될 수 있다.

되지 않았고, 나폴레옹 치하에서 그녀들의 권리는 훨씬 더 침해받았다. 그럼에도 여성과 여성성은 대혁명기에 상징적인 차원에서 긍정적 가치를 획득했다. 다음 두 세기 동안에 프랑스 주화와 우표, 동상에는 자유의 상징이 마리안(Marianne)이라는 여성으로 형상화될 터였다. 마리안은 낭만파 화가 외젠 들라크루아에 의해 1830년 혁명의 바리케이드에서 '민중을 이끄는' 모습으로 형상화되어 유명해졌다(이 책의 1부 표지에도 실려 있다). 여성으로서의 자유는 1886년 프랑스 공화정이 미합중국에게 선사한 자유의 여신상으로 훨씬 더 유명해졌다. 앞으로 논의하겠지만, 여성적 미덕이란 것들은 종종 더 높은 수준의 문명과 연관되곤 했다.

대혁명, 진보인가 퇴보인가?

그렇다면 자유, 평등, 우애는 구체적인 함의를 가지면서도 당대인들과 후속 세대들에 의해 다양하게 해석될 여지를 허용하는, 변칙적이고 심지어 신비적인 유산을 포함하는 강력한 이상이었다. 어느 정도 그런 이유 탓에 실제로 1789년 이래로 프랑스에서 발생한 일련의 투쟁들이 지키고자 한 것이 무엇인지를 묘사하는 것이나 이해하는 것 모두 쉽지 않다. 대혁명은 흔히 프랑스를 '앞으로' 움직이게 했다고들 말하지만, 과연 혁명의 각 단계가 진보를 표상하는지 여부는 논쟁의 여지가 매우 크다. 이는 부분적으로 진보의 개념 자체가 너무도 감정적인 색채를 띤 모호한 개념이기 때문이다. 오늘날 역사가들 대부분은 대혁명을 진보인 동시에 퇴보로 묘사한다. 즉 대혁명은 자유, 평등, 우애를 어떤 측면에서는 실현했으나, 다른 측면에서는 위협했다는 것이다. 파리의 성난 폭도를 진보 세력으로 묘사하는 것은 어색하다. 이들 대부분은 즉물적이고 종종 일그러진 (이성적이고 이타적인 원리들과는 관계가 없는) 분노에 휩싸여 있었고, 때로는 잔혹한 폭력의 방식으로 자신들의 분노를 표출하곤 했다. 보수주의자들은 파리의 폭도를 두려워했고, 그런 두려움 탓에 개혁가들이 보수주의자들의 저항을 뛰어넘어 개혁 조치들을 통과시킬 수 있었다는 점은 의심의 여지가 없다.

폭도가 진보 세력일 수 있는지가 무척이나 모호하듯이, 루이 16세를 단지 진보에 대항한 존재로 묘사하는 것도 적절한지 의심쩍다. 왜냐하면 루이 16세와 선대의 프랑스 국왕들 또한 개혁이 특히 부와 효율성, 국가 권력을 증대시키리라고 약속하는 경우에는 합리적 개혁을 선호했기 때문이다. 훗날 많은 관찰자들이 지적했듯이, 국가를 중앙집권화하고 귀족과 교회의 권력을 제한한 대혁명의 개혁들은 이미 프랑스 국왕들이 비록 대혁명보다는 훨씬 느린 속도이기는 해도 한 세기 이상 걸쳐 추진했던, 중앙집권화와 합리화의 목표들을 완결지은 것이었다.

그렇기는 해도 루이 16세는 국왕 특권의 원칙을 유지하기 위해 끈덕지게 투쟁했다는 점에서 결코 진보적이라 할 수 없다. 이 대목에서 특권이라고 하는 저 친숙한 말과 연관된 일련의 특수하고도 혼란스러운 의미도 신중하게 검토해 볼 필요가 있다. 특권은 특혜 또는 면제(예컨대 세금으로부터)라는 기본적인 의미를 갖고 있는데, 이는 보통 개인적 공훈에 의해 획득된 것이라기보다는 관습이나 출생에 따라 인정된 것이다. 그럼에도 그런 일련의 의미들은 한 극단에서는 '권리들'의 개념(시민의 권리처럼)과, 다른 극단에서는 '한직'(sinecure)의 관념(기생성[parasitism]의 개념과 유사한 용어로서 최소한의 일을 하고 봉급을 받는 직책)과 뒤섞여 있다.

1789년에 귀족들은 **국왕**의 특권이 자신들이 신성하다고 생각해 온 **귀족**의 특권을 위반했을 때 국왕의 특권 행사를 참을 수 없는 전제주의라고 비난했다. 그럼에도 국왕은 국왕의 특권이 신성한 것이라고, 그러니까 성스러운 권리라고 생각했다. 의미심장하게도, 귀족들 대부분은 일단 자신들의 특권이 혁명가들(귀족 특권을 참을 수 없는 전제주의라고 생각한)에 의해 적대적인 방식으로 부정되기에 이르자 황급히 국왕 주위로 집결하여 자신들의 공훈이나 특권의 신성한 성격을 널리 옹호했다. 이에 못지않게 의미심장한 것은, 빈자들을 대표한 급진적 혁명가들이 상속받은 사유재산을 받아들일 수 없는 특권으로 비난하자 부르주아지나 작위가 없는 사회 중간 계층이 분개했다는 사실이다.

기실, 특권과 관련하여 훨씬 더 불편한 문제들이 끝없이 제기되었다. 여성들은 남성으로 태어난 것과 연관된 특권을 비난했다. 식민지의 흑인 노예들은 백인으로 태어난 것과 연관된 특권을 비난했다. 교회와 길드, 도시들도 모두 자신들이 상속받은 '권리들'이라고 칭한 폭넓은 특권들을 향유했다. 이럴진대, **모든** 특권이 폐지되고 나면 그 결과는 어찌 될 것인가? 어느 누구도 상상할 수 없을 정도로 다른 세상이 될 것이다. 모든 이가 태어나면서 갖게 되는 정체성도 알아보지 못할 정도로 바뀔 것이다.

대혁명의 개막 국면에서 즉각적이고도 절박한 불만들을 치유하기 위해 다양한 유권자들이 내놓은 긴급한 요구 주장들은 종종 투박하고도 부조리한 방식으로 나타났다. 그런 요구 주장들은 혁명기 헌법들(1791, 1793, 1795년의 헌법들)을 기초한 법률가와 지식인들에 의해 좀 더 조리 있고 세련된 형태로 번역되었다. 그러나 이 교육받은 엘리트들이 실제로 인구의 대다수는 고사하고 교양층의 대다수라도 대변하고 있었는지는 의심쩍다. 지식인 엘리트들은 오늘날의 시점에서 조리 있게 보이는 방식으로 부르주아지를 대변하지 못했다. 그럼에도 최근 역사가들이 인정하는 그 모든 복잡성에도 불구하고, 모종의 근본적이고 상호 연관된 관념들이 당시 폭넓은 지지를 향유하고 있던 것처럼 보인다고 말할 수 있다. 그런 관념들에는 국민주권(국왕의 신성한 지배권이라기보다는), 낡은 신분들의 법적 특권의 폐지(모든 시민을 법 앞에서 평등하게 만들며), 정부의 합리적인 재편성(정부를 좀 더 효율적으로 만들기 위해 정부를 능률적으로 개편하고 기생적인 관직 보유자들을 없애면서) 등이 포함된다.

이런 혁명적 원리들에 대한 기본적인 차이들이 불거지게 되면서 초창기 국민의회 구성원들은 애초에 반원형의 회의장에서 어느 편에 앉느냐에 따라 '우파'와 '좌파'로 분할되었다. 좌파는 인간 이성의 힘에 대한 자신감과 전통과 특권에 대한 강한 비판적 태도를 보이는 경향이 있었다. 좌파는 지속적인 진보와 향상의 가능성을 믿었다. '진보'는 변화무쌍하고도 기나긴 역사를 갖는 용어이지만, 그 의미의 중심에는 일반적으로 인간 조건이 그러하듯이 물질적 조건이 향상될 수 있다는 자신감이 있었다. 이런 의미의 진보는 기성의 관념, 이를테면 역사를 순환하는 것으로 보고 인간 조건을 끝내 고칠 수 없는 결함들로 가득 찬 것으로 보는 관념과는 정녕 대비되는 것이었다.

1790년대 혁명적 의회들의 회의장에서는 소름끼치는 일종의 '의자 뺏기 놀이'가 시작되었는데, 사람들은 음악에 맞춰 의자 주위를 돌다가 음악이 멈추면 사람 수보다 부족한 의자에 재빨리 앉아야 생존할 수 있었다. 이 놀이에서 극우파에 속한 사람들은 감옥이나 단두대로 끌려가거나 아니면 이를 피하기 위해 망명길에 오르면서 강제로 퇴출된 반면, 초기에 좌파에 있던 사람들은 자기들 왼쪽에 앉아 있던 더 극단적인 의원들한테 밀려 어느덧 중도파가 되어 있음을 깨달았다. 1794년 여름, 말하자면 음악이 멈췄을 때, 의자 뺏기 놀이는 정반대 방향으로 다시 시작되어 좌파에 있던 사람들은 나라를 떠나거나 투옥되거나 단두대에서 처형되었다.

비록 좌파가 합리성과 효용성이라는 계몽사상의 원칙에 기초하여 변화를 선호했을지라도, 그 옛날의 종교성이나 교리주의와 닮은 요소들이 좌파에도 침윤되어 있었다. 더 정확히 말하자면, 아마도 좌파의 믿음은 궁극적으로 새로운 종류의 신앙, 그러니까 종교적 믿음보다 더 합리적일 것도 없고 덜 교리적일 것도 없는 신념으로 추락하게 된 여러 요소들을 포함하고 있었다. 그런 종류의 세속 종교의 징후들 가운데는 결정적인 혁명적 사건들이나 '나날들'(journées)을 기념하는 새로운 제식들이 있었다. 이 제식들은 결국 모든 종교에서 공통적으로 들을 수 있는 바의 '신성한 이야기들'과 뒤섞였다.

일찍이 크로폿킨이 예수의 희생에 대한 기독교적 관념을 상기시키는 방식으로 혁명의 피를 정화한 것과 꼭 마찬가지로, 좌파의 어휘도 오늘날 프랑스에서 중요한 국경일이 된 바스티유 감옥 습격(1789년 7월 14일)이나 대공포(역시 농민들이 광란에 빠진 7월의 나날들)와 같은 사건들을 암시하는 격한 감정들로 가득 찼다. 혁명 군대는 오늘날 프랑스의 국가가 된 〈라 마르세예즈〉(La Marseillaise)의 첫 소절인 "나가자, 조국의 아들들아!"(Allons enfants de la patrie!)를 부르며 행진했다. 이 소절은 확실히 '나가자, 기독교 전사들아!'와 너무도 흡사해 보인다. 내용은 다르되, 형식과 감정은 놀라울 정도로 유사한 것이다. 이는 오늘날에도 온전히 이해되지 않는 사실이지만 두 가지 모두 인간들의 기본적인 필요에 봉사했음을 보여 준다.

| 더 읽을거리 |

고든 라이트의 《현대 프랑스》(5판, 1995)의 전반부가 프랑스혁명과 그 유산에 관해 뛰어난 개관을 제공한다.

크레인 브린턴의 《혁명의 10년》(A Decade of Revolution, 1985)은 나온 지 오래되었지만(초판, 1936) 저명한 하버드대학 역사가의 뛰어난 개관으로서 여전히 읽기에 손색이 없다.

대혁명에 대한 좀 더 최근의 재해석을 다루고 있는 책으로는 프랑수아 퓌레의 《프랑스혁명의 해석》(Interpreting the French Revolution, 1981)과 린 헌트의 《프랑스혁명의 정치, 문화, 계급》(Politics, Culture, and Class in the French Revolution, 1984)을 꼽을 수 있다. 사이먼 샤마의 《시민: 프랑스혁명의 연대기》(Citizens: A Chronicle of the French Revolution, 1989)는 권위 있는 전문 역사가가 광범위한 청중들에게 들려주는데, 대혁명이 낳은 결과들에 대한 심오하게 부정적인 설명이라고 할 수 있다.

빈센트 크로닌의 《나폴레옹 보나파르트: 내밀한 전기》(Napoleon Bonaparte: An Intimate Biography, 2009)는 나폴레옹에 관해 나온 수백 편의 전기들 가운데 단연 최고 반열에 올라 있는 것이라고 생각한다.

2장

빈회의와 포스트-나폴레옹 시대

1815~1830

1814~1815년 유럽의 지도적인 정치가들의 모임인 빈회의를 여러 가지 이유로 이 책의 출발점으로 선택했다. 1815년이라는 해는 오랫동안 역사가들이 분수령으로 간주해 왔는데, 그 이유는 빈회의의 결정들이 그해 말에 이루어졌을 뿐 아니라 6월 워털루 전투에서 나폴레옹이 결정적으로 패배했기 때문이다. 회의가 열린 기간에 유럽 국가들의 국경선이 다시 그어지고 왕조적 정통성의 원칙이 다시 표명되었으며, 여전히 어른거리던 새로운 나폴레옹 지배의 유령이 끝내 추방되었다. 회의에서 획정된 국경과 영토 재조정은 장기지속적인 함의들을 띠며 수 세대에 걸쳐 지속될 터였다. 회의는 그 빛나는 스펙터클만으로도 두드러진다. 즉 빈의 쇤브룬 궁전에서 열린 화려한 의례나 궁정 생활의 광휘와 더불어 거의 1년 동안 지속된 유럽의 지도적인 정치가들 사이의 음모적 회합들이 이채롭고 결정적인 하나의 이야기로 모인다.

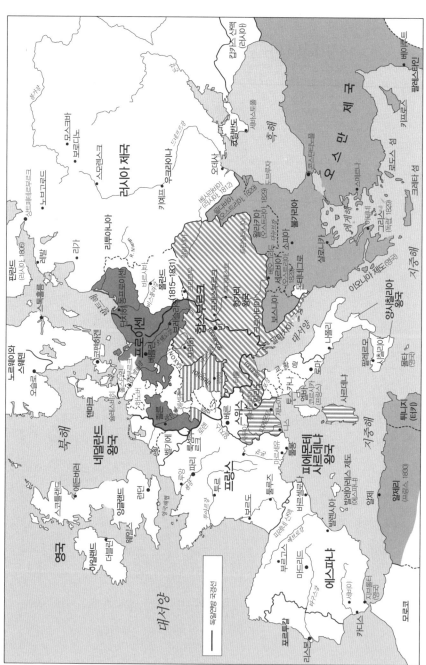

지도 2 1815년 무렵의 유럽

유럽식 회합

빈회의에 대한 분석은, 이 회합이 특징적으로 유럽적인 성격을 띠었다는 점에서 유럽을 어떻게 규정할 것인가, 또 유럽의 독특함을 어디에서 찾을 것인가 하는 쟁점을 다시 제기한다. 이 시대에 그런 쟁점과 흡사한 어떤 문제가 유럽 이외의 나머지 세계에서도 제기될 성 싶지는 않다. 러시아의 차르 알렉산드르 1세는 빈회의에서 새로이 발견되고 다시 확인된 공동의 이해관계를 제시하면서 "이제 우리 모두는 유럽인이다"라고 선언했다. 만일 그가 "이제 우리 모두는 하나의 대가족이다"라고 선포했더라도, 그런 주장은 유전학적인 면에서 그럴싸하게 들릴 수도 있었을 것이다. 왜냐하면 1815년 유럽의 여러 국가에서 복고된 왕조들은 혈통과 결혼을 통해 서로서로 가까이 밀착되어 있었기 때문이다. 대표적으로 부르봉 왕조(프랑스, 에스파냐, 남부 이탈리아)와 합스부르크 왕조(오스트리아, 북부 이탈리아), 호엔촐레른 왕조(프로이센), 로마노프 왕조(러시아)를 꼽을 수 있다. 이 왕조들은 저마다 자신의 대표자를 빈에 파견했고, 유럽의 거의 모든 군주가 다른 나라들의 왕실에 자신의 형제, 자매, 아버지, 어머니까지는 아니더라도 최소한 사돈의 팔촌으로 연결되어 있었다.

19세기가 전개되는 과정에서 이 왕조적 국제주의는 훨씬 더 두드러졌다. 아버지 쪽으로 하노버 혈통(독일의 소왕조)인 영국 여왕 빅토리아는 자신과 외사촌지간인 한 독일 왕자(앨버트 공)와 결혼했다. 그녀의 어머니도 독일 공주였고, 외삼촌(역시 독일계)은 벨기에 국왕*이었다. 1890년대에 빅토리아 여왕의 오랜 통치가 끝나갈 무렵, 여왕은 독일 황제(빌

---

* 벨기에 왕 레오폴 1세를 말한다.

헬름 2세)와 러시아 황제(니콜라이 2세)를 포함하여 유럽 통치자들 가운데 자신과 직접 연결된 수많은 친척들과 자식들, 손주들을 헤아릴 수 있었다. 1901년에 빅토리아 여왕이 서거하자마자 여왕의 아들이 에드워드 7세로 즉위했다. 빅토리아 여왕의 장례식 때 이 세 사람(빌헬름, 니콜라이, 에드워드)이 함께 찍은 사진을 보면 그들 간에 놀라울 정도의 가족 유사성을 확인할 수 있다.

이런 혈통 말고도 1815년 무렵 유럽의 왕실과 상층 귀족을 함께 끌어당긴 요소들이 많았다. 강력한 공동의 적만큼 사람들을 한데 뭉치게 하는 효과적인 유인은 없을 텐데, 거의 모두가 나폴레옹 그리고 다시 일어날지 모를 혁명적 격변에 대한 두려움으로 한데 뭉쳤다. 물론 유럽 왕조들의 모든 구성원이 프랑스 혐오증에 걸린 것은 아니었다. 일부는 나폴레옹의 권력이 정점에 있을 때 보나파르트 왕조와 혼인을 맺었다(나폴레옹의 두 번째 아내인 마리루이즈는 합스부르크 황제의 딸이다). 그러나 유럽의 왕실과 귀족은 1789~1814년을 악몽의 시절로 여겼다. 일부는 나폴레옹을 적그리스도라고 비난하기까지 했다. 특히 차르 알렉산드르는 유럽의 기독교 유산과 연관된 것들은 물론이고 적그리스도와 연관된 주제들을 많이 거론하기로 유명했다. 그는 이제 정교도건 가톨릭교도건 프로테스탄트건 상관없이, '평강의 왕'(Prince of Peace)을 따르는 모든 이가 그렇게도 끔찍하게 서로를 파괴한 수많은 나날을 뒤로 하고 이제 유럽을 위한 기독교적 평화를 이루기 위해 협력해야 한다고 선언했다.

그런 정신에서 알렉산드르는 '신성동맹'(Holy Alliance)으로 알려지게 된 것의 초안을 기안했다. 그는 신성동맹이 국제 관계에서 기독교 이상을 견지하고 혁명과 나폴레옹이라는 무신론적이고 적그리스도적인 원칙을 근절할 것이라고 선포했다. 다른 지도자들은 대부분 알렉산드르의 동기가 불순하다고 의심하는 가운데 오직 프로이센과 오스트리아(합스부르크 제국)만이 실제로 신성동맹에 가담했다. 영국의 캐슬레이 경은 신성동맹을 가리켜 '난센스'라거나 '신비주의'라고 조롱했는데, 이는 신성동맹의 내용이 극도로 모호하고 막연했기 때문이다(예컨대 신성동맹에 조인한 나라들은 어떤 나라에서든 평화와 정의 또는 종교에 대한 위험이 분출할 경우 서로 원조를 제공해야 할 의무에 묶여 있었다).

이 유럽 왕조들은 하나의 대가족일 수는 있었겠지만, 빈회의에서 벌어진 격렬한 협상 과정이 웅변으로 말해 주듯이 화목한 가족과는 거리가 멀었다. 그럼에도 그들 간에 공동의 이해관계가 있다는 정서는 유럽의 여러 나라와 지역에 널리 펴져 사는 일반 주민들의 감정보다 더 진실한 것이기는 했다. 그런 측면에서 1장에서 비교한 유럽의 무대와 북아메리카의 무대가 보여 주는 차이는 시사하는 바가 크다. 과거 13개 영국 식민지의 지도적인 정치가들은 모두 평민 출신으로서 이미 빈회의 이전에 중대한 결정을 내리기 위해 모인 바가 있었다. 그들의 회합 또는 회의는 빈회의 대표들이 생각할 수 있는 종류의 모임보다 더 결속되어 있었다. 즉 북아메리카의 정치가들은 느슨한 형태로 자신들을 '연합시키려던'(confederate) 시도가 만족스럽지 않자 개별 국가들*을 단일한 주권적 미국 국민으로 통합시키기를 염원했던 것이다.

이 '미국인들'(Americans, 이 용어는 당시 통용되지 않았다)은 스스로를 단일한 국민 속의 단일한 민중으로 생각하기 시작한 반면, 유럽인들은 서로 다른 언어와 문화, 역사를 지닌 수많은 주권국가들에 나뉘어 살며 서로 간의 민족적 차이를 강조하기 시작했다. 과거 13개 식민지에 살던 미국인들은 자신들의 개별 국가에 대한 진심어린 충성을 유지했

----

* 여기서 국가(state)는 주를 가리킨다. 또는 주 대신 방가(邦家)로 표현되기도 한다.

지만, 그들 대다수는 영어를 사용하고 앵글로색슨-프로테스탄트라는 정치적·문화적 가치를 공유하고 있었다. 미국인들은 스스로를 왕과 귀족에 예속되거나 봉건적 의무에 얽매인 '신민'(subject)이 아니라 자유로운 민중이자 평등한 '시민'(citizens)으로 규정했다.

그런데 북아메리카뿐만 아니라 전체 아메리카(캐나다, 멕시코, 멕시코 이남의 국가와 민족들)를 아우르는 더 광범위한 의미의 '아메리카'라는 의미에서 빈회의에 비견될 만한 회의가 개최될 수 있다는 것은 당시 어떤 인물도, 어떤 민족도 진지하게 생각해 본 적이 없는 것이었다. 그렇다면 유럽인이 된다는 것은 한편으로 과거 13개 식민지 아메리카인들의 정체성보다는 느슨하나, 다른 한편으로 라틴아메리카 거주민들의 그것보다는 견고한 종류의 정체감에 기반을 둔 것이었다. 에스파냐어와 포르투갈어를 사용하는 남아메리카의 다양한 민족이나 원민족들(proto-nations)도 19세기 유럽에 견줄 만한 회의 체제를 발전시키지는 못했고, 가톨릭 종교와 문화적 가치, 언어(에스파냐어와 일부 포르투갈어)를 공유하고는 있었지만 자신들이 단일한 주권적 민족의 형성을 염원할 수 있는 단일한 민중이라고는 결코 생각할 수 없었다. 중국과 인도, 아라비아처럼 강력한 역사와 언어, 문화 또는 종교적 유사성이 존재하는 지구의 다른 지역에서도, 공유하는 가치와 목적으로 통일된 주권적 성격의 독립적 민족들의 회의 체제는 그 지역들의 정신세계에서는 거의 떠올리기 힘든 것이었다. 거듭 강조하거니와, 빈회의는 많은 부분에서 독특하게 유럽적인 특징을 드러낸 것이다.

1815년 빈에서 열린 그 회합은 1770년대 이래 북아메리카와 남아메리카에서 전개된 발전들을 상당 부분 염두에 두고 있었지만, 대체로 답습해야 할 긍정적 모델이라기보다는 하나의 경고로 받아들였다. 그 발전들은 유럽의 지배, 대체로 에스파냐와 영국의 지배에 대항한 반란을 대표했다. 그리고 빈회의 대표들이 견지한 원칙들과 날카롭게 대립하는 혁명적 원칙들(반식민주의, 공화주의, 국민주권)에 근거를 두고 있었다. 반면, 빈회의는 왕과 황제들, 그들의 대신들이 자신들의 권력과 특권을 복고시킬 요량으로 소집한 모임이었다. 빈회의 대표들은 실제로 유럽을 통합시키기를 원치 않았고, 대체로 동등한 주요 열강에 의해 지배되는, 주권적 독립국가들로 이루어진 탈집중화된 유럽의 현실을 강화했을 뿐이다.

주요 열강의 목표와 타협

1815년의 주요 열강은 오스트리아와 영국, 프로이센, 러시아(그리고 물론 패배한 프랑스)였다. 혁명 군대에 침략당하고 나폴레옹에 의해 가혹하게 억압된 에스파냐는, 16세기에는 초열강이었으나 1815년의 시점에는 크게 쇠퇴하여 빈회의에 모인 사람들에게 거의 고려의 대상이 되지 못했다. 다른 유럽 열강에 비교할 때 에스파냐의 약화는 19세기는 물론이고 20세기 초까지 지속될 터였는데, 다른 유럽인들이 에스파냐를 비아냥거리면서 이런 우스갯소리를 할 정도였다. "아프리카는 피레네 산맥에서 시작된다."* 이와 유사한 험담들이 이탈리아 남부 지역에 대해서도 종종 나오곤 했으나, 실상 유럽 각지에 살던 거주민들은 서로에 대해 이른바 '인종주의적 고정관념'에 사로잡히게 될 것이었다.

빈회의 대표들이 1789년 이전의 것과 닮은 어떤 질서와 현실적인 세력균형을 재수립한다는 맥락에서 과연 무엇을 성취할 수 있었을지는

---

* 에스파냐의 북쪽 경계가 피레네산맥이다.

대단히 불확실했다. 이미 사반세기가 지나갔다. 즉 예전에는 없던 여러 새로운 사회 집단을 비롯한 이해관계들이 출현하고 어느 정도 정당성을 획득했다. 과거로 완전히 회귀한다는 것은 생각조차 할 수 없을 정도로 말이다. 확실히, 1789년 이래로 아무것도 배우지 못하고 아무것도 잊어버리지 않은 일부 복수심에 불탄 근왕주의자들이 있기는 했다. 그러나 그들의 영향력은 이 시점에서 그리 결정적이지는 않았다. 의심할 여지없이 유럽 전역의 국왕들과 귀족들도 과거의 트라우마로 고통받았던 반면, 상당수의 평민들의 부와 지위는 상승했다. 하지만 단순 논리로 봐도, 왕년의 특권층과 새로운 기득권층이 동시에 완전히 만족할 수는 없는 노릇이었다. 타협이 이루어지지 않는다면, 사회적 분쟁은 물론이고 전쟁터를 방불케 하는 유혈 충돌 가능성까지 어스름히 떠올랐다.

빈회의에 모인 사람들의 주된 관심은 지난 세대의 말썽꾼인 프랑스를 효과적으로 봉쇄할 방법을 고안해 내는 일이었다. 이와 밀접하게 연관된 또 다른 관심은 유럽의 주요 열강 사이에 현실적인 세력균형을 재수립하여 어떤 열강도 다시는 패권국으로 부상할 수 없게 하는 일이었다. 이는 특히 러시아를 겨냥한 것이었다. 왜냐하면 러시아의 거대한 군대가 나폴레옹을 패퇴시키는 과정에서 유럽의 상당 부분을 휩쓸었기 때문이다. 나폴레옹은 1812년 러시아 침공에서 파국적 패배를 당한 뒤에 다시 1813년 라이프치히 인근에서 벌어진 여러 민족들의 전투에서 프로이센과 오스트리아, 러시아에게 고배를 마시고 퇴각하지 않을 수 없었다. 이와 동시에 에스파냐의 영국 군대가 프랑스 남부 국경을 향해 진군하고 있었다. 나폴레옹은 1814년 4월 퇴위한 뒤 이탈리아 북서쪽 해안의 작은 섬인 엘바로 유배되었다.

그림 1 엘바 섬으로 유배가고 있는 현대의 영웅
당나귀 궁둥이에서 나오는 글자는 이렇다. "인간 생활의 가장 중요한 사건들이 연기처럼 휙 사라진
다." J. Philips, London, 1814, Hand-colored etching, 18.9×22.7cm.
Library of Congress Prints and Photographs Division Washington, DC. Reproduction
Number: LC-DIG-ppmsca-04308.

나폴레옹의 귀환, 백일천하

빈회의 대표들은 1814년 늦여름과 초가을에야 회합을 갖기 시작했
으나, 느긋한 분위기에서 진행되었다. 각국 대표들이 오스트리아의 수
도에 도착했다는 사실 자체가 자못 상징적인 모양새를 보여 준다. 그것
은 구체제의 귀환, 그러니까 수행원들을 대동하고 격식에 맞춰 연회장
에 도착하는 도도한 귀족들, 하얗게 분칠하고 풍성한 가발을 뒤집어쓴
고관대작들, 우아한 드레스를 걸친 부인들의 귀환이었다. 오래전에 그
들은 화려한 무도회와 연회에서 정기적으로 얼굴을 비치며 서로 만나

던 사이였다. 물론 우선권과 서열, 절차 같은 쟁점과 관련해 일부 불미스러운 일도 있었는데, 개중에는 몇몇 결투 사건도 벌어졌다. 평화협정과 관련한 진지한 협상은 결국 9월경에 진행되었다. 몇몇 성가신 쟁점을 둘러싸고 협상이 진척되었으나, 최종 협정까지는 도달하지 못한 채 반년이 훌쩍 지나가 버렸다. 그리하여 1815년 3월 이 거드름 피우던 귀족들과 우아한 부인들 사이에 머리털이 곤두설 만한 소식이 당도했다. "나폴레옹이 엘바 섬을 탈출했다!" 나폴레옹은 프랑스에 상륙하자마자 기뻐서 어쩔 줄 모르는 인파들에 둘러싸여 환영받았고, 곧바로 군대를 재건하는 작업에 착수했다.

나폴레옹이 그렇듯 열정적으로 환영받았다는 것은, 곧 프랑스에서 부르봉 왕조를 복고시키려는 노력이 잘 진행되지 못했다는 사실과 관련이 컸다. 행운이 날아가 결국 머리까지 날아간 루이 16세의 동생인 루이 18세가 부르봉 왕조를 이어 갈 가장 유력한 후보로 등장했지만, 그가 유력한 계승자라는 사실이 곧 진정한 열정적 지지까지 보장해 주는 것은 아니었다. 그는 60세라는 나이보다 더 늙어 보이고 살이 쪘으며 태평했는데, 다른 많은 귀향한 망명 귀족들보다 복수심이 그리 강하지는 않았다. 사실, 그는 운이 좋은 편이었다. 전쟁에서 승리한 동맹국들이 제안한 강화조약이 놀라울 정도로 관대했고 그래서 부르봉 왕조의 복고에 대해 대중들의 암묵적인 인정을 받을 수 있었던 것이다. 프랑스는 (루이 16세가 아직 왕좌에 있던) 1792년까지 군사 정복을 통해 얻은 땅을 보유할 수 있도록 허용되었고, 심지어 그 이후에 프랑스 혁명군이 유럽 전역을 휩쓸며 약탈한 예술 작품들도 계속 보유할 수 있었다.

국내 정책에서도 처음에는 현실주의나 화해의 제스처가 우세했다. 루이는 결국 자기 형을 단두대로 보내 처형한 일과 연루된 사람들을 사면하는 것을 인정할 수밖에 없었고(이는 틀림없이 아주 괴로운 일이었을 테다), 실질적인 필요에 따라 나폴레옹 치하에서 봉직한 상당수의 고위 관리들을 계속 고용하는 데 동의해야 했다. 이와 마찬가지로, 현실적인 고려에 따라 루이는 1789년 이래 도입된 광범위한 제도적·사법적 개혁들을 무시할 수 없었지만, 그는 국왕으로서 자신이 갖고 있는 신성한 권리를 주장했다. 새로운 성문헌법은 그가 민중의 동의와 **동시에** 신의 의지에 따라 통치한다고 규정했다.

루이 18세의 화해 정책은 다른 정통파 인사들의 분노를 불러일으켰는데, 특히 동생인 아르투아 백작(1824년에 샤를 10세가 됨)의 측근들이 내보인 반감이 심상치 않았다. 당시 '극단파'(Ultras)로 지칭된 이 반동적 인사들은 프랑스의 수많은 주민들을 소외시키고 위협하는 데 성공했다. 한편, 나폴레옹의 호소는 자신이 이전에 행사했던 것보다 더 자유주의적인 통치를 약속함으로써 큰 반향을 얻었고, 더 이상의 군사적 모험은 포기하겠노라고 선언했다. 그럼에도 나폴레옹과 그의 지지자들은 새로운 정권이 생존하려면 전투에서 결정적 승리가 필요하다는 점을 잘 알고 있었다. 나폴레옹은 신속하게 군대를 재건했고, 프랑스 북쪽 국경에 주둔해 있던 적군과 맞서기 위해 군대를 진군시켰다.

나폴레옹의 낡은 마법이 더 이상 소용없다는 것은 이미 오래전에 밝혀진 사실이었다. 그는 1815년 6월 18일 워털루에서 패하고 말았고, 그 뒤로 워털루는 결정적인 패배를 가리키는 대명사가 되었다. 6월 22일 나폴레옹은 두 번째로 퇴위했고, 이번에는 남대서양의 외딴 섬 세인트헬레나로 유배되어 영국 간수들에 의해 감시받았다. 나폴레옹은 1821년 52세의 나이로 거기서 사망한다. 그는 임종 때 이런 유명한 말을 중얼거렸다고 한다. "소설 같은 내 인생이여!"

워털루 이후 루이 18세가 서명한 강화조약이 한 해 전의 강화조약보다 프랑스에 덜 관대한 내용을 담고 있었다는 점은 놀라운 일이 아니다. 그럼에도 거대 열강은 징벌적 강화로 루이 18세에게 부담을 주고 싶지는 않았으므로, 새로운 강화조약은 기본적으로는 여전히 화해를 지향하는 쪽이었다. 프랑스의 북쪽 국경이 살짝 재조정되었고, 7억 프랑에 달하는 전쟁 배상금이 부과되었으며 점령군이 나라에 주둔하게 되었다. '백색테러'라고 불린 행위 속에서 극단파 진영은 나폴레옹 둘레에 결집했던 사람들에게 보복을 가했다. 수많은 나폴레옹 지지자들이 살해당했고, 가톨릭 군중이 흥분한 채 프로테스탄트 거주지(나폴레옹에게 우호적인 것으로 알려진 지역들)를 돌아다니며 학살을 자행하기도 했다. 고작 10만 명의 투표자들, 그것도 대개 토지 소유자들에 의해 선출된 새로운 의회는 골수 반동들이 지배했다. 그해 내내, 나아가 이듬해까지도 프랑스의 국내 상황은 긴장감이 감돌았다. 기실, 영국제도까지 포함하여 유럽의 나머지 지역들도 상황은 엇비슷했다. 냄비 뚜껑이 아직 닫혀 있기는 했으나, 언제 휙 날아가 버릴지는 저마다 추측에 맡길 일이었다.

폴란드 문제

일단 나폴레옹의 탈출로 야기된 즉각적인 위기가 진정되자, 빈회의 대표들은 미처 해결되지 못한 갖가지 문제와 계속 씨름해야 했다. 가장 당혹스러운 쟁점은 폴란드에 관한 것이었다. 과연 이 나라가 그동안 겪은 수난을 고려하면, 폴란드는 '그리스도 민족'이라고 해도 하등 이상할 게 없어 보였다. 1815년의 시점에 그런 별칭은 이미 언급된 사실과도 무관하지 않다. 즉 폴란드의 모든 국경이 거의 자연 경계가 없어 분명치 않았고, 그래서 분쟁의 여지가 많았던 것이다. 한 세기 전만 하더라도 폴란드 왕국은 프랑스보다도 더 넓은 영토를 보유했으나, 1772년과 1793년, 1795년에 잇따라 이웃들의 침공을 받으며 폴란드는 러시아와 프로이센, 오스트리아에게 완전히 먹혀 버렸고, 1919년이 되어서야 비로소 독립적인 주권국가가 될 수 있었다. 1795년의 분할 직후에 나폴레옹이 예전 왕국 영토의 일부만 갖고서 일시적으로 폴란드를 대공국으로 복고시킴으로써 오히려 문제가 더 복잡해졌다.

이제 나폴레옹이 유배지로 떠난 지금, 빈회의 대표들 사이에서는 차르 알렉산드르가 비난한 대로 폴란드 분할이라는 '범죄'를 어떻게 바로잡을 것인지를 둘러싸고 견해 차이가 나타났다. 결국 이런 차이들은 추한 갈등으로 이어져, 거대 열강을 전쟁 문턱까지 내몰아 버릴 정도였다. 알렉산드르는 러시아 차르를 국왕으로 하는 왕국으로 폴란드가 재구축되어야 한다고 제안했다. 다른 열강은 이 제안에 노골적으로 의구심을 드러내 보였다. 가뜩이나 러시아가 폴란드에서 여러 분쟁 지역들에 군대를 주둔시키고 있는 마당에, 중유럽으로 팽창하는 데 열을 올리던 러시아에게 지나치게 많은 권력을 부여하는 것이 아닐까 염려했다.

그러나 전쟁의 먹구름이 가시자, 철지난 방식의 외교적 뒷거래들이 오가기 시작했다. 프로이센 대표는 프로이센의 남쪽 국경에 맞닿아 있는 작센 영토의 일부만 확보할 수 있다면 알렉산드르의 제안에 기꺼이 동의할 수 있노라고 입장을 밝혔다. 오스트리아 대표이자 빈회의를 주관한 인물인 클레멘스 폰 메테르니히는 프로이센이건 러시아건 어떤 나라든 이 지역으로 팽창할 가능성 자체를 경계했다. 이리하여 그는 작센을 쪼개면 독일어 사용권에서 프로이센을 너무 강력하게 만든다고 믿어 작센 분할 방안을 받아들이지 않았다. 이와 같은 외교적 답보 상태는 세력균형의 관념이 얼마나 헛되고 예측 불가능한 것인지를 웅변으로 말해 준다. 즉 나폴레옹의 정복으로 말미암아 유럽 열강의 지도자들이 일시적으로나마 국제 평화와 기독교적 조화의 이상에 이끌렸음에도 불구하고, 여전히 왕성한 영토욕(아마 '범죄'까지는 아니다 하더라도 그다지 기독교적이지도 않고 예전 1772년과 1793년, 1795년의 야욕과 크게 다르지 않은)은 이 유럽 지도자들을 특징짓고 있는 성향이었던 셈이다.

이처럼 왕성하게 부국강병을 추구하는 모습은 다음 세기에도 유럽 국가 체제의 근본적인 특징으로 남을 것이었고, 타국이 어떤 제안을 할 때마다 거기에는 필시 불순한 동기가 개재되어 있으리라는 식의 뿌리 깊은 의구심이 계속해서 빈회의 대표들의 뇌리를 떠나지 않게 되었다. 알렉산드르의 신비주의적인 경건함의 몸짓조차도 다른 나라들의 방호벽을 낮출 수 없었다. 이 나라들은 그의 종교성을 진실한 것으로 받아들여야 할지, 아니면 단지 계책으로 치부해야 할지를 도무지 결정할 수 없었다. 모두들 세력균형이 필요하다는 점을 한목소리로 떠들고 있기는 했지만, 그들 자신부터 에누리 없이 그런 균형에서 얻을 수 있는 이득을 놓고 주판알을 튀기고 있었으므로 자연히 알렉산드르도 그러리라고 예상했던 것이다. 거듭 강조하거니와, 이 모든 것은 정말이지 항구적으로 위험을 자초하는 것일 뿐 아니라 유럽적인 특색이 아닐 수 없었다.

폴란드 분할을 범죄로 여기는 수사학이 아무리 진지한 것이었을지라도, 러시아와 프로이센, 오스트리아는 일찍이 자신들이 영유한 폴란드 영토를 돌려주거나 주권적이고 독립적인 폴란드를 재건하는 데는 실상 별 관심이 없었다. 그럼에도 이들은 공히 이 취약한 유럽의 주요 국가가 **장래에** 다시 조각나는 것을 방지하기 위해 유럽 국가 간 체제에 몇 가지 변형을 가하려는 강한 욕구를 드러냈다. 이리하여 하나의 타협책이 작동하게 된바, 이는 부분적으로는 당시까지 빈회의에서 다소간 고립되어 있던 인물인 프랑스 대표 샤를모리스 드 탈레랑한테서 영감을 얻은 계책이었다. 그는 폴란드를 둘러싼 거대 열강의 분할 문제를 교묘하게 이용했다. 러시아와 프로이센에 대항하여 영국과 오스트리아가 서로 접근하게 함으로써 러시아와 프로이센의 팽창을 억제하고 결과적으로 프랑스를 대등한 협상 파트너로 승격시킬 수 있었다. 물론 그런 타협을 이끌어 낸 것이 온당한 사리분별이나 기독교에서 말하는 사랑의 원리가 아니라 힘의 논리였다는 점을 놓쳐서는 안 될 것이다.

탈레랑은 생존 본능에서 타의 추종을 불허했다. 그는 빈회의 대표로 활동할 무렵 60대 초반이었는데, 대혁명 이전에는 부르봉 왕실에서 봉직한 바도 있었다. 그 후엔 1790년대에 일련의 혁명 정부에서 다양한 직책을 맡았고, 그런 다음 나폴레옹의 고문으로 활동했다. 이제 그는 루이 18세를 위해 일하고 있었다(그의 경력은 여기서 그치지 않았고, 나중에 1830년 혁명이 발발한 후 그는 오를레앙 공작 루이 필리프의 고문이 될 터였다). 그가 주도한 타협책은 이미 나폴레옹이 그 옛날의 폴란드 왕국을 축소하여 만들어 낸 폴란드 공국을 다시 3분의 2만큼 줄인 뒤 이를 왕국으로 승격시키고 그 국왕으로 차르 알렉산드르를 옹립하는 것이었다. 프로이센은 남쪽으로 팽창하여 작센의 약 3분의 2를 흡수하는 것이 용인되었고, 나머지 3분의 1은 작센 국왕에게 귀속되었다(작센 국왕은 얼마 전까지 나폴레옹과 동맹을 맺었다는 점에서 입지가 매우 취약할 수밖에 없었다).

폴란드 분할을 범죄로 비유한 수사학에도 불구하고, 오스트리아가 여전히 갈리치아(분할 이전 폴란드 남서부의 광대한 영토)를 보유하고 프로이센이 포젠(분할 이전 폴란드 서부 대부분)을 영유하며 러시아가 새로 창출된 폴란드 왕국을 비롯해 리투아니아와 벨라루스(백러시아), 우크라이나를 포함하여 발트 해에서 흑해에 이르는 광대한 영토를 보유했다는 점에서 분할의 현실은 거의 바로잡지 못했으며, 그렇기에 범죄의 수사학은 '악어의 눈물'이었다. 한때 폴란드가 통치한 이 영토들 각각은 이제 오스트리아와 프로이센, 러시아의 일부로 남게 되었다. 다시 말해, 이 영토들은 새로 출범한 폴란드 왕국(나중엔 통상 폴란드 입헌왕국[Congress Poland]이라고 불렀다)과는 대조적으로, 공식적으로 독자적인 영역의 지위를 얻지 못한 것이다. 다음 두 세기 동안 한때 폴란드가 통치한 이 영토들 모두는 숱한 외국의 침략을 감수해야 한 폴란드의 비극적 역사와 운명을 같이했는데, 1914년부터 1945년까지 특히 끔찍한 공포와 마주했다. 물론 이 영토들 각각이 온전히 폴란드 땅으로 볼 수 있느냐의 문제는 논란의 여지가 있다. 비록 그 영토들이 한때 과거 폴란드 왕국의 일부였다고는 해도, 거기에 살던 민족들 대부분이 종족적으로 폴란드인은 아니었던 것이다(생각나는 종족만 열거해도 우크라이나인, 벨라루스인, 리투아니아인, 독일인, 유대인이 그 땅에 살고 있었다).

그 밖의 영토 협정들

폴란드를 둘러싼 최종적 타협은 빈회의에서 다른 영토 협정들이 합의된 방식과 비슷했다. 즉 해당 영토에 거주하는 민족들이 무엇을 원하는지에 대해서는 별 관심을 기울이지 않은 채 열강의 입맛과 가상의 이해관계에 따라 여러 지방이 할당되고 국경선이 이리저리 그어진 것이다. 그럼에도 열강은 어쨌거나 1789년 이전의 국경으로 완전히 되돌리는 것을 막는 실질적인 한계들이 있음을 인정해야 했다. 한때 나폴레옹이 건립하거나 재조정한 여러 왕국과 영토들이 예전 그대로 살아남을 수 있었다. 서유럽과 중유럽에서 대부분의 독일어권 지역들은 느슨하게 통합된 독일연방(German Confederation) 또는 분트(Bund) 아래에 38

개의 단위들로 조직되었다. 그 무렵 '독일'이라는 용어는 흔히 '독일들'이라는 복수 형태로 문화적·언어적 의미에서 사용되었으나, 모든 독일을 대표한다고 주장하는 단일한 주권국가는 결코 존재하지 않았다. 당시 빈에 모인 사람들이 왕년의 프랑스 혁명가들과 나폴레옹이 유럽의 지도를 다시 그렸던 방식을 무시한다는 것은 누가 봐도 비현실적이었다. 과연 1793년과 1814년 사이에 많은 독일어권 지역들, 특히 라인 강에 이르는 지역들은 그동안 완전히 프랑스 국가에 통합되어(한동안은 북해를 따라 함부르크까지 프랑스에 속했다) 그 자체 파리로부터 직접적으로 통치되는 프랑스의 행정 구역인 도(départements)로 분할 편성된 바 있었다. 그리고 당시 라인 강 동쪽의 더 작은 독일 국가들 가운데 다수가 나폴레옹이 '라인연방'이라고 부른 단위로 통합된 상태였다.

빈회의를 통해 새로 창출된 독일연방은 발트 해 방면으로는 단치히(그단스크)까지, 그러니까 동쪽으로는 나폴레옹의 라인연방보다 더 멀리까지 팽창했다. 거기서 시작하여 국경은 남서쪽으로 내려가다가 베를린 동쪽으로 약 320킬로미터 지점에서 방향을 바꿔 남동쪽으로 가고 다시 남서쪽으로 비교적 직선으로 뻗어 빈 인근을 통과하여 죽 내려가 아드리아 해에 닿았다. 이는 방대하고도 이질적인 영역이었고, 그런 만큼 독일연방은 어쨌거나 중앙집권적인 주권 민족국가와 유사한 형태로 모든 독일인을 포함하는 통일체일 수 없었다. 어떤 집단이 진정한 독일인으로 분류될 수 있느냐의 문제와 관련된 불확실성을 일단 고려에 넣지 않는다면, 연방 안에는 이탈리아인들은 말할 것도 없고 비게르만 계통의 슬라브어 사용자들, 특히 체코인들과 남슬라브인들이 방대하게 포진해 있었다. 게다가 새로운 연방 안의 독일 회원국들은 저마다 독립성을 앞다투어 옹호했고, 이를 위해 그들 간의 역사적 차이에 대한 인식을 강조했다. 이들 회원국의 지배자들도 독일의 정치적 통일이나 한층 더 긴밀하게 통합된 독일 국가들의 재조직화에는 별로 관심이 없었다. 그럼에도 새로운 연방은 독일과 관련된 것에 새로운 초점을 둠으로써 장기간 지속될 독일 문제에 대한 새로운 전망을 제시했다.

이탈리아에서도 프랑스의 혁명 정권들은 북서 이탈리아의 대부분을 프랑스 국가에 합병함으로써 1789년 이전의 지도를 광범위하게 다시 그린 바 있다. 나폴레옹은 일가친척들이나 총애하는 장군들을 이탈리아반도를 따라 아래로 죽 포진된 군소 이탈리아 국가들의 수반으로 앉혔다. 빈회의에서 열강은 이탈리아에서 가장 부유하고 전략적으로 중요한 지역들 가운데 롬바르디아와 베네토 지역에 비교적 큰 왕국을 세워 이탈리아 북부를 재조직했다. 이 왕국들은 대체로 알렉산드르가 폴란드의 국왕이 된 방식과 유사하게 합스부르크 황제를 국왕으로 하는 오스트리아의 직접 지배령으로 편성되었다. 교황령 국가는 중부 이탈리아의 절반가량을 차지했고, 그 남쪽에는 또 다른 부르봉 왕실의 페르디난도 1세가 이끄는 양(兩)시칠리아왕국이 있었다.

이 시점에서 이탈리아는 독일과 마찬가지로 막연한 언어적·문화적 관념의 복합체에 지나지 않았다. 당시 어떤 관찰자도 이탈리아반도 전체가 단일한 이탈리아 민족국가로 통합되는 일이 가능하다고 생각하지 않았다. 메테르니히는 처음에 신생 독일연방과 유사한, 느슨한 이탈리아 연방을 창출하는 것을 제안하기도 했다. 그러나 그 제안은 거의 지지를 받지 못했다. 그 이유는 부분적으로 북부 이탈리아의 이탈리아인들 사이에 '외국인들'(오스트리아인들)을 새로운 통치자로 받아들이는 것에 대해 당장에라도 폭발할 듯한 분노가 이미 들끓고 있었기 때문이다. 예전에 나폴레옹은 이들을 훨씬 더 잘 다루었고 많은 이탈리아인들도 나폴레옹에 잘 따랐다. 이는 나폴레옹이 이탈리아(코르시카) 혈통임을 고려할 때 충분히 이해할 수 있는데, 과연 나폴레옹은 이탈리아인들의 눈에 오스트리아인들만큼 외국인으로 비치지는 않았던 것이다.

서유럽과 동유럽, 중유럽의 국경선들이 다시 그어지면서 프랑스를 봉쇄할 요량으로 즉흥적으로 만들어진 일련의 영토적 방책들이 고안되었다. 프랑스의 북부와 남동부 변경에 각각 확장된 네덜란드와 새로운 피에몬테 국가, 즉 피에몬테-사르데냐 왕국이 포진했다. 이 두 영역은 취약한 회랑 지대로 여겨졌는데, 그도 그럴 것이 거기서 프랑스의 자연 경계는 불확실했고 과거 20여 년 동안 그 회랑 지대를 통해 승승장구한 혁명 군대가 행진해 들어갔던 것이다. 또한 프랑스 북쪽 변경에는 네덜란드와 인접하여 프로이센이 라인 강 유역 동쪽의 많은 영토를 획득함으로써 혈통적으로 볼 때 동유럽 열강인 프로이센이 서유럽 쪽인 프랑스 로렌의 방대한 영역을 지배하게 되었다. 그런가 하면 오스트리아도 북부 이탈리아 지역들을 영유하면서 피에몬테-사르데냐 왕국과 국경을 맞대며 머리를 들이밀고 있었다.

이런 영토 재조정에는 광범위하고 중요한 함의가 있었다. 이제 프로이센 왕국이 중유럽 및 동유럽 열강일 뿐 아니라 서유럽 열강으로 어렴풋이 부상하고 있었다. 물론 기묘하게도 하노버 왕국을 사이에 두고 자신의 안방이라고 할 역사적 영토들*과 분할된 채로 말이다. 또한 프로이센은 북부 작센에서 영토를 얻었으므로, 이 확장된 영토를 기반으로 삼아 반세기 후 현대 독일 민족국가를 창출하는 과정에서 주도적인 지위를 차지할 수 있었다. 피에몬테-사르데냐도 대체로 이탈리아 통일 과정에서 프로이센에 견줄 만한 역할을 수행할 터였다.

프랑스는 효과적으로 봉쇄된 듯 보였고, 실제로도 뒤이은 시기에 이웃 나라들에 대한 팽창주의적 위협은 크게 감퇴했다. 1815년에 러시

---

* 동프로이센 지역을 말한다.

아와 프로이센, 오스트리아가 유럽에서 상당한 영토 확장을 이루어 내며 떠올랐다. 반면 영국은 그렇지 않았고, 또 그러려고 하지도 않았다. 18세기 초부터 영국 왕실은 18세기 대부분과 19세기 초에 걸쳐 하노버 왕국과 국왕을 공유하며 유럽 대륙 안에서 복잡한 역사적 관련을 맺고 있었다. 그러나 영국은 유럽 바깥으로 뻗어 있는 식민지 영토들 쪽에 더 큰 관심을 기울이기 시작했고, 점점 더 유럽 대륙에서 영토를 추가하거나 방어하는 데는 관심이 떨어졌다. 영국은 유럽 대륙의 외교적 번잡함에서 빠져나와 영국 지도자들이 말한 대로 '빛나는 고립'(splendid isolation)의 길로 나아갔다. 이를 위해 빈회의에서 영국은 가장 중요한 성과를 획득했다. 그것은 곧 영국의 끝없는 상업적 팽창을 보증하는 공해상의 자유와 프랑스 위협의 종식이었다.

빈회의의 장단기적 성과

빈회의에서 끈기 있게 협상된 합의들로 얼마만큼의 평화와 안정이 보증되었을까? 과연 이것은 문제라고 할 만하다. 유럽의 다른 주요 전후 협정 기록인 1919년의 파리강화회의의 경우와 비교해 볼 때, 빈회의는 좋은 점수를 받을 수 있다. 19세기에는 그 이전 1792년부터 1815년에 이르는 시기를 강습한 파괴적인 대규모 전쟁을 용케 피하면서 상대적인 평화를 구가했다. 물론 19세기에도 적지 않은 단기전과 국지전이 있었지만, 사상자와 파괴력 면에서 그 이후 1914~1945년은 말할 것도 없이 그 이전 혁명기의 규모에 비할 것이 아니었다(1853~1856년의 크림전쟁이 어느 정도는 예외라고 할 텐데, 특히 당시 러시아군의 막대한 사망률을 볼 때 그렇다).

19세기 유럽 좌파들은 빈 협정을 혐오했다. 그들은 특히 메테르니히 치하에서 전개된 강압 통치에 분노했다. 그러나 20세기 초의 폭정들과 비교할 때, 1815년과 1914년 사이에 있었던 19세기 국가들은 인간적이고 문명적으로 보인다(이는 최소한 유럽 내부에서 그렇다는 말이지, 유럽 식민지들에 해당되는 말은 아니다). 심지어 유대인과 관련해서도, 또는 아프리카의 노예무역이라는 쟁점과 관련해서도 빈회의의 기록은 종종 가정되는 것보다는 관대한 인류애라는 점에서 후한 점수를 받을 수 있다. 몇몇 독일 국가들에서 파견된 유대인 대표들은 빈회의가 프랑스 지배기 동안 유대인에게 허용된 시민적 평등을 다시 용인할 수 있기를 희망하면서 회의에 왔다. 메테르니히와 그의 진영에 속한 사람들은 유대인들에게 냉담하지는 않았다. 그는 유대인들이 박해받지 않거나 대중 폭력에 방치되지 않도록 하는 데 관심을 표했다. 그럼에도 빈의 보수적 정치가들 대부분은 유대인들에게 시민적 평등을 부여하는 것처럼 프랑스 지배와 밀접하게 연관된 어떤 것을 허용하는 데 의구심을 품고 있었다. 1819년에 이른바 유대인들에 대항한 '헵-헵 폭동'(Hep-Hep riots)* 이 독일에서 발생했다. 그러나 손실은 매우 적었고 인명 피해도 없었다. 확실히, 인종적이거나 종족적인 증오를 조장하는 일에 대해 빈에 모인 정치가들 대부분은 책임질 필요는 없었으니, 메테르니히의 경우는 오히려 정반대라고 해야 할 것이다. 왜냐하면 그는 그런 증오를 파괴적 민족주의와 연결시켰고 일반적으로 어떤 형태를 띠든 모든 종류의 폭도 행위를 퇴치하고자 했기 때문이다.

---

* 1819년 8월부터 10월까지 독일연방의 유대인 해방령과 관련하여 바이에른을 필두로 발생한 일련의 반유대인 폭동을 말한다. '헵-헵'이라는 이름은 당시 폭동 가담자들의 구호에서 유래했다고 하는데, 그 의미는 확실치 않다. 그 옛날 십자군 전사들의 라틴어 외침인 "예루살렘이 함락되었다"나 독일 목동들이 짐승을 몰 때 외치는 소리에서 비롯되었다는 설이 있다.

그림 2 클레멘스 폰 메테르니히
by T. E. Lawrence.
Kunsthistorisches Museum, Wien.

　심지어 19세기 초 좌파의 많은 대변인들도 유대인들에게 시민적 평등을 허용하는 문제와 관련하여 유보적인 입장을 취하고 있었다. 유대인의 지위와 아프리카 노예제의 폐지와 관련하여 빈회의가 과단성이 부족한 태도를 보여 줌으로써 유대인 지도자들과 노예제 폐지론자들에게 실망을 안겨 준 것도 사실이다. 혁명 군대에게 점령되었을 당시 독일과 이탈리아의 국가들에서 유대인들이 얻은 법적 권리들은, 빈회의 직후 시절에 제한되고 말았다. 전통적인 보수 기독교의 관점에서 볼 때, 유대인에 대한 법적 평등을 완전히 인정한다는 관념은 결코 열렬한 환대를 받을 수 없는 종류의 조치였다. 특히 초등학교에서 기독교도의 자식들이 유대인 선생님들에게 교육받는다거나, 또는 군대와 법정에서 유대인들이 기독교도의 상급자 자리에 앉는다는 등 가상적인 상황을 그려 보면 유대인의 법적 평등의 관념은 더더욱 받아들일 수 없었을 것이다. 이런 상황은 1815년의 시점에는 먼 나라 이야기요, 상상조차 할 수 없는 내용이었다. 하지만 세기가 흘러감에 따라 점점 더 진영을 나누는 쟁점이 되었다.

당시 어느 지역에서건 단연코 가장 많은 유대인 신민을 통치하고 있던 차르 알렉산드르는, 처음엔 그들에게 우호적인 태도를 보였다. 이런 태도는 러시아계 유대인들의 종교 지도자들이 나폴레옹(아마 보수적 기독교도들보다 전통적 유대인들에게 훨씬 더 불경한 적으로 간주된)에 반대하여 차르를 지지해 준 데 대한 명백한 감사의 표시였다. 알렉산드르는 폴란드 입헌왕정에 대해 상당히 자유주의적인 헌법을 용인해 주었는데, 이는 폴란드 바깥의 다른 신민들이 계속해서 전제주의적인 차르 통치를 감수해야 한 반면, 폴란드 유대인들이 적어도 공식적인 견지에서는 새로운 헌법 아래에서 프랑스 유대인들이 누린 것에 비견할 수 있을 만큼 시민적 권리를 향유했다는 점에서 주목할 만한 사실이었다. 심지어 19세기 마지막 몇 십 년 동안 폴란드를 제외한 러시아 제국의 나머지 지역들에 살던 유대인들에게 억압적인 특별법이 적용되었을 때도 폴란드 입헌왕정의 유대인들은 공식적인 권리를 유지할 수 있었다.

그럼에도 폴란드의 기독교도 신민뿐 아니라 유대인 신민에 대해서 차르 알렉산드르가 보인 초기의 관대함은 그 뒤로 점차 사라지기 시작했다. 이는 부분적으로 농노를 소유한 반동적인 러시아 귀족들이 폴란드의 자유주의적 왕정을 이웃으로 받아들인다는 생각을 도무지 견뎌 낼 수 없었기 때문이다. 또한 유대인에 대한 메테르니히의 온건한 공감도 그 시절에 점차 시들해져 갔다. 러시아 지배층과 마찬가지로 메테르니히도 새롭게 떠오르는 세속적이고 좌파적인 성향을 지닌 유대인 지식인들을 각별히 위험한 세력으로 간주하게 되었다. 이 위험한 유대인 지식인을 온몸으로 육화한 인물이 바로 메테르니히가 도저히 참을 수 없을 정도로 시건방진 인간으로 지목한 독일계 유대인 시인이자 정치 활동가인 하인리히 하이네였다. 그렇지만 메테르니히는 부유하고 보수적이며 특별히 존경받는 사회적 지위에 있던 유대인들과는 우호적인 관계를 오랫동안 유지했다. 다른 귀족 성원들과 마찬가지로 메테르니히 스스로도 상당한 돈을 빌리며 의지했던 로스차일드 가문이 바로 그런 경우였다.

영국의 억압적 시절

빈회의 직후 시절의 정치적 분위기는 두려움이 팽배해 있었고 억압적이었다. 심지어 영국 지도자들조차도 한동안은 민중 선동의 위험에 대해 거의 패닉 상태의 두려움에 사로잡혀 있었다. 주요 전쟁들이 끝난 직후의 시기에는 언제 어디서나 경제 혼란이 나타나게 마련인데, 1815년 직후 영국의 경우도 예외가 아니었다. 영국에서 의회를 좌지우지하던 토지 소유 '젠트리'(gentry) 계층은 전후에 더 싼 가격으로 곡물을 이용할 수 있는 가능성이 자신들을 파멸시킬지도 몰라 두려움을 안고 있었다. 그래서 그들은 밀을 비롯한 곡물 가격을 인위적으로 높게 유지하는 일련의 법안들을 통과시켰다. 높은 곡물 가격은 곧 높은 빵 값을 뜻했으므로, 1815년의 곡물법(Corn Laws)은 의회를 좌지우지하는 지주들이 빈민들을 희생양으로 삼아 자신들의 이해관계를 보호하는 과정을 고스란히 보통 사람들에게 노출함으로써 분노의 대상이 되었다. 도시의 고용주들도 그런 빈민들의 분노를 공유했는데, 높은 빵 값은 곧 임금 상승 압박으로 귀결된 까닭이다(여기서 '곡물'[corn]은 모든 곡물을 지칭한다. 즉 미국인들이 곡물[corn]이라고 부르는 것은 영국에서 '옥수수'[maize]

나 더러 '인디언 곡물'[Indian corn]에 해당한다). 이런 분노로 말미암아 의회에 대한 대토지 소유자들의 지배를 종식하고 사회의 광범위한 부분에 참정권을 부여함으로써 의회를 개혁하자는 선동이 탄력을 받았다.

19세기 초 의회 개혁을 부르짖은 운동은 특히 인구가 급증한 새로운 공장 도시에서 강력했다. 이 새로운 도시들 가운데 가장 유명한 맨체스터에서 1819년, 8만여 명의 항의자들이 다음 반세기 동안 영국 개혁 운동의 중심이 될 일련의 요구들을 앞세우며 세인트피터 광장에 모였다. 그런 요구들에는 곡물법 폐지와 매년 의회 선거, 남성 보통선거권 등이 포함되어 있었다. 맨체스터 시위자들 중에는 여성과 아이들도 있었는데, 이는 일반적으로 평화 시위의 표징으로 간주되는 것이다. 그럼에도 당국은 잔혹한 방식으로 시위에 대응했다. 군인들이 군중에게 발포하여 11명의 사망자와 수백 명의 부상자가 나왔다.

개혁가들은 분개했고, 그들의 분노는 정부가 공식적으로 군인들을 치하했을 때 더욱 치솟았다. 이 사건은 훗날 '피털루 학살'(Peterloo Massacre)로 알려졌는데, 이 명칭은 4년 전 워털루에서 거둔 승리를 냉소적으로 암시하는 표현이었다. 19세기 개혁 운동의 연설들과 선동문들에서 종종 인용된 이른바 순교자 열전의 중요한 요소가 바로 이 여성들과 아이들에 대한 학살이었다. 정부는 전복적 행동과 불온한 문건을 금지하는 법으로서 6개법(Six Acts)을 통과시켜 그에 맞섰다. 이리하여 한동안 영국인들이 그토록 자부심을 느낀 자유는 심각하게 위축된 것으로 보인다.

이 시절 독일 국가들에서 경제적·정치적 쟁점들은 민족주의 운동과 뒤섞이는 경향이 있었다. 독일 해방 전쟁이 끝난 후에는 독일 땅에서 프랑스의 문화적 영향력을 제거하려는 점증하는 민족주의적 소동이 시작되었다. 독일의 민족 감정과 반프랑스 감정은 특히 대학에서 강력했는데, 대학생들과 교수들은 독일의 보통 사람들, 특히 농민들이야 말로 '민족'(Volk)의 가장 순수한 사례라고 격찬했다. 이렇듯 흙에 가장 가까운 투박한 계층에 대한 찬양은 곧 기생적이고 '프랑스화'되었으며 비독일적 계층으로 묘사된 세련된 국제주의적 귀족층에 대한 경멸과 쌍을 이루었다.

1814~1815년 빈에서 특별 무도회들이 거창하게 진행되는 동안 독일 대학생들은 행동주의 결사, 또는 부르셴샤프트들(Burschenschaften, '학생조합'이나 상조회를 뜻함)을 결성하고 있었다. 이 단체 회원들은 게르만적 미덕들에 대한 선동적인 연설을 듣고 민요를 노래하며 농민 의상을 차려입고 횃불을 든 채 야간 집회에 모였다. 몇몇 경우에 그들은 반동적 서적들을 불태웠고, 특히 악명 높은 한 일화에 따르면 대학생 한 명이 대학생들의 거동을 경찰 당국에 밀고했다고 지목된 반동적 극작가를 암살하기도 했다.

메테르니히의 억압

메테르니히에게 이런 상황은 결코 받아들일 수 없는 종류의 사태 진전이었고, 그래서 그 암살 사건을 이용하여 대학생들에 대한 엄중한 조치들을 도입했다. 그는 보헤미아 지역의 카를스바트에서 유력한 독일 국가들 사이의 회담을 소집했는데, 거기서 그가 준비한 일련의 대응책들이 채택되어 나중에 독일연방의 정기 회합에서 비준되었다. 1819년 카를스바트 법은 영국에서 피털루 이후 통과된 6개법과 마찬가지로 정부의 억압과 자유주의 가치들, 특히 언론의 자유 사이에 펼쳐진 투쟁의 강력한 상징이 되었다. 이 법으로 부르셴샤프트들이 해산되고 정부

요원들이 대학에 상주했는데, 이들이 강의와 세미나에도 버젓이 참여하는 경우도 많았다.

그다음 시기에 메테르니히는 '유럽의 경찰'로 매도되면서까지 폭넓은 스파이망 및 치안망을 확립했다. 그는 역설적이게도 프랑스혁명의 이상들에 대한 단호한 반대자인 동시에 구체제의 프랑스화된 지배계급의 전형적인 대표자이기도 했다. 그는 잘 교육받고 온갖 언어를 구사하며 우아한 매너를 지니고 자기 성찰이라고는 눈곱만큼도 없는 인물로서 유럽의 전통적 지배 신분들이 보호받기만 하면 유럽 문명이 항구적 평화를 유지할 수 있다고 믿었다. 실제로 그런 믿음은 자유주의자들과 민족주의자들이 드러내는바, 분열을 획책할 뿐인 구제불능의 비현실주의적 관념들을 잠재워야 한다는 신념으로 이어졌다. 1792년 19세의 나이로 메테르니히와 그의 가족은 밀려오는 프랑스 군대 때문에 라인란트에 있던 집을 떠나 피난길에 올라야 했다. 그 후 그는 합스부르크 왕실의 외교부에 몸담았다. 합스부르크 왕실의 다민족 제국을 대표하는 과정에서 메테르니히는 민족주의 이념들이 사회 평화에 극도로 해롭고 파괴적이어서 불가피하게 유혈 충돌을 불러올 수밖에 없다는 믿음으로 기울게 되었다. 그는 선거권을 확대하거나 '전복적인 불순분자들'이 자신들의 이념을 자유로이 출판하도록 방치하는 것은 곧 영원한 분쟁의 판도라 상자를 여는 일이나 다름없다고 결론지었다.

21세기의 시점에서 볼 때, 메테르니히의 우려가 전혀 근거 없는 것이었다고 치부하기는 어려울 것이다. 기실, 그는 몇 가지 점에서 예언자로 묘사될 수 있으나, 그럼에도 그의 억압적 조치들은 궁극적으로 부질없는 소동에 불과했다. 변화의 힘, 특히 민족주의와 자유주의가 그런 억압 조치들에 대항하는 막강한 자연력으로 작용했고, 이 자연력을 그 어떤 개인도 무력화시킬 수 있으리라고는 기대할 수 없었기 때문이다.

| 더 읽을거리 |

낡았으나 여전히 유용한 고전은 해럴드 니컬슨의《빈회의: 동맹의 통일성에 대한 연구, 1812~1822》(The Congress of Vienna: A Study in Allied Unity, 1812-1822, 2001: 초판은 1946)이다. 더 최근의 것으로는 팀 채프먼의 《빈회의: 기원, 과정, 결과》(Congress of Vienna: Origins, Processes, and Results, 2000)와 (불행히도 가독성이 많이 떨어지는) 헨리 키신저의《복고된 세계: 메테르니히, 카슬레이, 평화의 문제들, 1815~22》(The World Restored: Metternich, Castlereagh, and the Problems of Peace, 1815-22, 2011)을 꼽을 수 있다.

또한 윌리엄 루빈스틴의《영국의 세기: 정치사회사, 1815~1905》(Britain's Century: A Political and Social History, 1815-1905, 1998)의 첫 부분 장들을 보라.

3장
변화의 엔진

유럽은 산업화를 통해 세계열강의 맨 앞자리에 나서게 되었다. 유럽 내부에서도 다양한 수준으로 이루어진 산업화를 통해 북서쪽 나라들, 무엇보다 영국이 약진한 반면, 대체로 남쪽과 동쪽 나라들은 지체되었다. 이렇듯 서로 다른 성장률을 기록한 원인이 무엇인지는 그동안 많은 역사적 논쟁의 원천이기도 했는데, 이는 부분적으로 산업화가 문제들을 해결했을 뿐 아니라 새로운 문제들을 불러일으켰기 때문이다. 유럽이 보여 준 특별한 역동성과 창조성은 그 이전 시기의 인류 역사에서 성취된 것을 가뿐히 뛰어넘을 정도로 노동생산성을 향상시킨 역량을 통해 고스란히 드러났다.

역사적 변화를 개념화하기

지난 두 세기 동안의 유럽사는 점점 가속화되는 거대한 변화의 시절로 묘사될 수 있다. 역사상의 그런 급속한 변화의 성격은 자연 세계에서 나타난 변화에 비교함으로써 암시적으로 개념화할 수 있다. 수백 년에 걸쳐 바위와 흙, 대양은 거의 변화하지 않는 것으로 보인다. 그러나 화산 분출과 그에 뒤따르는 지진은 모든 것을 한순간에 변형시킬 수 있는데, 그럼으로써 극적으로 새로운 환경, 즉 짧은 시기 동안에 새로운 물리적 세계가 형성되는 것으로 이어지곤 한다.

급속한 역사적 변화의 시기도 그와 마찬가지였다. 프랑스혁명기는 폭력적인 군중과 수백만 명의 무장한 사람들을 풀어 놓아 유럽 대륙 전역으로 헤쳐 놓음으로써 거대한 전투들에서 충돌을 일으키고 유럽의 일부를 자욱한 포연으로 뒤덮인 폐허와 널브러진 묘지로 만들었다는 점에서 화산 분출에 비견될 수도 있을지 모르겠다. 대혁명과 그에 뒤이은 전쟁들의 결과로 대략 500만 명이 사망했는데, 물론 죽은 자들의 수는 수백만 명의 삶이 그 시절에 어떻게 갑자기 바뀌게 되었는지에 대한 장대한 이야기의 일부만을 말해 줄 뿐이다.

그런 변화들로 야기된 공포에도 불구하고, 잔혹한 폭도와 행군하는 군대가 그저 파괴적이기만 했던 것은 아니다. 화산 분출로 검게 그을린 황량함이 가신 뒤에 새로운 생명들이 기적적으로 출현하는 것과 꼭 마찬가지로, 프랑스혁명도 새로운 이념들을 확산시키고 새로운 제도들을 도입하며 새로운 지도자들을 추대했다. 그것도 몇 십 년 만에 산산이 부서진 예전 세계의 잔재 위에서 말이다. 그러고 나서 1815년 이후에 정치적 변화는 속도를 늦추기 시작했다. 또 다른 혁명적 분출이 코앞에 다가왔다는 끈질긴 우려가 여전하기는 했지만, 그리고 그 우려로 인한

웅성거림이 유럽 곳곳에서 귓전을 맴돌았지만, 사람들은 냉정을 되찾았다.

　최근에 와서야 과학자들과 연구자들이 충분히 평가하게 되었듯이, 자연 세계에서 벌어진 파국은 오랫동안 인간 주민들에 대해 직접적이고도 분명한 함의들을 남겨 왔다. 1816년 동남아시아, 오늘날의 인도네시아에서 발생한 화산 폭발은 서유럽만큼 멀리 떨어진 곳에까지도 기후변화를 불러왔다. 이상기후로 추운 여름이 오고 흉작이 들었으며 결국 1816~1817년에 기근이 닥쳤다. 그리하여 사회적 불안이 이어졌는데, 흥미롭게도 정치혁명의 새로운 물결로는 나아가지 못했다. 아마도 그 이유는 이 즈음 혁명적 에너지가 소진되어 있었기 때문이 아닐까 한다. 현대 유럽의 역사에서 자연이 미친 직접적인 영향의 더 놀라운 사례는 1840년대 '감자 기근'을 불러온 곰팡이의 경우에서 확인할 수 있다. 이 재난은 아일랜드 기근과 신대륙을 향한 아일랜드 주민들의 대규모 탈출로 이어졌다. 현대 이전 시기 유럽에서 보편적이던 흉작은 일종의 도미노 효과로 인구 이동으로 귀결되는 경우가 많았다.

　인구의 비약적 성장은 불가피하게 기성 제도에 압박을 가하는데, 다시 이는 즉각적인 효과를 넘어 장기지속적인 함의들을 갖게 된다. 청년층이 늘거나 평균연령이 낮아지면 그에 연동하여 정치적 불안도 커지는 경향이 있다. 만일 인구가 급증하면(노년층까지 생존한 어른보다 어른으로 성장한 어린이가 더 많은 경우), 그리하여 청년층의 수가 노년층의 수를 압도하면, 열정적이고도 폭력적인 방식으로 변화가 추구될 가능성이 더 크다. 또한 청년층은 이 마을에서 저 도시로 이동하거나 이 나라에서 저 나라로 국제적으로 이동하는 등 이동성이 크고 새로운 생활방식에 기꺼이 적용할 뿐 아니라 더 잘 적응할 수 있다.

　그럼에도 인구 성장에 내포된 함의들은 놀라울 정도로 다양한 측면을 보여 주며 단순한 인과관계로 쉽사리 공식화할 수 없다. 1840년대 이전 수십 년 동안 아일랜드에서 나타난 전례 없는 인구 증가는 역동성이나 혁명으로 이어지지 않았다. 일단 감자 곰팡이가 활동을 시작한 다음에는 대량 사망과 이민으로 이어졌다. 감자 기근과 연관된 비극들로 아일랜드인들은 영국 당국에 대해 예전보다 훨씬 더 깊은 증오심을 품게 되었다. 당시 영국 당국은 감자 작황 실패에 무성의한 대응으로 일관했다고 비난받았다. 그렇다면 청년층의 인구 동향은 생산 활동에 대해 모순적인 함의들을 지닐 수 있을 테다. 즉 이미 살펴본 바와 같은 인구의 돌출적 증가는 유아와 어린이가 많은 시기 동안에는 경제적 부담으로 작용하지만 어린이가 생산 활동에 참여할 정도로 성장한 다음에는 경제 호황에 기여하며, 다시 그들이 나이가 들고 특별히 그들 세대 이후에 출생률이 상당 정도로 떨어지면 부담이 되고 마는 것이다.

산업혁명과 그 전제들

정치혁명과 전쟁, 인구 도약도 사태를 바꾸는 주요한 힘이지만, 19세기에는 그만큼 눈에 잘 띄지는 않아도 그에 못지않은 종류의 다른 힘들도 작용했다. 그 힘들이야말로 궁극적으로는 다른 어떤 힘들보다도 훨씬 더 파괴적인 동시에 창조적이었던 것이다. 지금 우리가 산업혁명이라고 지칭하는 것이야말로 사태를 바꾸는 그런 주요한 힘들 가운데 으뜸이었다고 하겠다. 다시 이 혁명은 현대 유럽사의 특수성을 반영하고 있었던바, 그 성공과 실패에 동시에 강력하게 기여했다. 과연 자유시장에 기초한 산업 성장은 가차 없는 발전으로 거침없이 몰아대는 역동성을 내적 논리로 장착하고 있는데, 이 역동성은 서로 경쟁하는 주권국가들의 역동성에 얼추 비견될 수 있다. 이는 곧 파괴적 창조성인바, 눈부신 승리 및 그 성과와 나란히 불길하게 똑딱거리는 어두운 면을 함께 갖고 있었고, 이는 21세기에도 마찬가지다.

'혁명'이라는 용어가 오해를 불러일으킨다고 생각하는 학자들은 지진이나 정치혁명이 그렇듯이, 18세기 말~19세기 초의 산업 변동이 돌발적이지 않았다는 점을 지적한다. 심지어 산업 변동을 불연속적이거나 비지속적인 현상으로 파악하는 것도 오도된 인상을 주는 경향이 있다. 왜냐하면 '그것'은 오랜 세월에 걸쳐 서로 복잡하게 뒤얽힌 채 점진적으로 이루어진 일련의 발전들이었고, 그 뿌리는 유럽의 먼 과거로까지 거슬러 올라갈 수 있기 때문이다. 이 혁명의 시작점은 쉽게 설정할 수 없고 그 종착점도 쉽게 식별할 수 없다. 경제학자들을 비롯한 여러 분야의 연구자들은 여전히 그것을 가장 잘 정의할 수 있는 방법이 무엇인지를 놓고 의견이 분분하고, 유럽 산업화의 성격과 기원을 둘러싼 새로운 이론들이 때도 없이 불쑥불쑥 나타나곤 한다.

그렇다면 산업혁명의 본질적 성격이 무엇이냐에 대해서는 간단명료하게 진술하기 어렵다고 하겠다. 그러나 가장 추상적인 수준에서 공식화하면, 산업혁명은 인간 노동을 이제껏 그런 적이 없을 정도로 효율적으로 만들면서 생산성을 전례 없이 팽창시킨 것으로 정의할 수 있다. 유럽에서 18세기 말 이전에 상품 생산은 인간 노동과 거기에 부속된 길들여진 가축 노동의 직접적인 결과였다. 역사의 초창기부터 인간과 가축의 노동은 낫이나 쟁기 같은 농기구들에 의해 강화되었다. 산업화 이전에 풍력이나 수력으로 작동되던 기계들도 상품 생산에 기여했는데, 이 생산 역시 필수적으로는 인간 노동을 통해 이루어졌다. 이처럼 '혁명'이라는 단어를 노동생산성의 변화를 묘사하는 데 사용하는 것이 매력적인 이유는 어떤 상품, 특히 직물의 산출이 18세기 말에 눈이 튀어나올 정도로 증대했기 때문이다. 그리고 생산성에서 나타난 다른 일련의 진보들이 그런 변화들과 나란히 진행되었고, 변화의 행렬은 끊임없이 이어졌다. 그렇다면 이 새로운 산업화가 보여 주는 가장 근본적인 양상은 새로운 테크놀로지들과 이것들을 조직하는 새로운 방식을 이용하고 풍력과 수력, 인간과 가축의 근력을 넘어 새로운 동력원을 개발하면서 급속하면서도 외관상 무제한적으로 노동생산성을 향상시키는 것과 관련이 있었다.

산업화의 기원을 이해하려면 유럽의 특별한 지리와 연관된 길고도 복잡한 역사적 준비 과정을 온전히 파악할 필요가 있다. 어떤 단일한 발명품이나 일련의 탈규제 입법이 결정적인 요인이었다고 볼 수는 없다. 중요한 것은 오히려 그런 요인들이 상호작용해 나간 방식이었다. 이와 마찬가지 방식으로 산업화는 통상 내연기관과 철도와 조면기, 제니 방직기 같은 기술적 혁신들과 동일시되지만, 그럼에도 유럽에 고유한 특징을 두드러지게 만드는 문화적 요인들의 상호연관에 바탕을 둔 것으로 파악될 때에만 가장 잘 이해될 수 있다. 그런 문화적 특수성은 각별히 북서 유럽에서 두드러졌다.

산업화의 모델, 영국

유럽의 북서쪽에 자리 잡은 영국은 산업화의 선구자였고, 그런 만큼 특별한 관심을 받을 가치가 충분하다. 영국이 누린 명백한 이점은 한두 가지가 아니었다. 그중에 가장 중요한 것으로는 당연히 영국 특유의 지리적 특징들이 있다. 영국은 온화한 기후에다 대양으로 둘러싸여 있으며 운항이 쉬운 많은 강들로 연결된, 비교적 평평한 지형을 갖춘 비옥한 나라다. 특히 일단 광물 자원에서 효과적으로 원료를 추출하는 기술적 발명이 완성된 다음에는 석탄과 철강 자원이 풍부한 것도 큰 이점이 되었다. 특유의 해안선과 광범위한 수로들도 영국의 상업적 발전의 기원이 중세 시대로까지 거슬러 올라가는 이유를 설명하는 데 도움이 된다. 18세기 말 영국은 새로운 공장들에서 엄청난 양으로 생산되는 제품들을 위한 세계적 차원의 시장을 확립했다.

영국 상업의 과거는 그 주민들이 믿었던 프로테스탄트교, 특히 물질 세계에서의 성공이 은총의 표식이며 귀족층에서 흔히 그러하듯이 수입은 소비나 과시적 사치로 허비하기보다는 저축해야 하고 생산적 기업에 투자해야 한다는 프로테스탄트 신념과 연결되어 있었다. 물론 오늘날 학자들은 프로테스탄티즘과 자본주의가 인과적으로 연관되어 있다는 신념에 회의를 표한다. 이는 부분적으로 유럽 대륙의 가톨릭 자본가들 또한 프로테스탄트 자본가들에 비해 다소 늦게 등장하고 그 존재감이 덜하기는 해도 어쨌거나 성공했기 때문이다. 이와 유사한 논쟁들이 근대 시대에 유대인 기업가들이 거둔 훨씬 더 두드러진 성공 과정에서 유대교가 수행한 역할을 둘러싸고 벌어지기도 했다. 그렇기는 해도 유대인 인구는 자본주의가 최초에 가장 성공적이었던 북서 유럽에서는 극히 적었다. 아마도 가장 안전하게 일반화하자면, 상업적·도시적 과거가 모종의 역할을 수행했을 것이다. 그리고 적어도 프로테스탄트와 가톨릭, 유대교라는 세 종교 집단의 일부 구성원들이 그런 과거를 지니고 있었다.

수많은 역사적 설명들 속에서 빈번히 언급되는 영국 산업화의 중요한 전제들 중 하나는, 농업에서 먼저 발생한 '혁명'이었다. 여기서 이 용어 또한 오해를 일으킬 수 있다. 왜냐하면 이 농업 변형은 나중의 산업 변형보다 훨씬 더 점진적으로 이루어졌기 때문이다. 농업 변형을 법적으로 표현한 국면이 바로 토지의 사적 소유권에 대해 대토지 소유자들, 그러니까 1688년 이후 의회를 좌지우지한 저 유명한 '스콰이어 계층'(squirearchy)의 포괄적인 주장을 받아들여 수백 건의 '인클로저 법'(enclosure acts)이 의회에서 통과된 과정이었다(여기서 '스콰이어'라는 용어는 토지를 소유한 젠트리의 구성원이나 작위 귀족 바로 아래층을 가리킨다).

인클로저 운동의 바탕에 깔려 있던 정신은 '자본주의적'이었다. 과연 이 정신에 감화된 사람들은 토지에 대한 좀 더 세밀하고 엄격한 관리 감독을 통해 효율적으로 토지를 이용하려고 노력함으로써 더 많은 이윤을 생산하고 이윤을 투자하여 더 많은 자본축적을 이루었다. 이 대토지 소유자들은 그 찬미자들로부터 '농업 진흥 지주들'(improving landlords)이라고 불리며 농장 시설과 비료, 가축 사육 같은 문제들에서 의미 있는 일련의 혁신을 도입했다. 그럼에도 인클로저에 대한 당대의 수많은 비판자들은, 훗날 사회주의자들이 공장 소유주들을 탐욕적이고 약탈적이며 동정심이 없다고 비난했을 때와 똑같은 용어로 이 지주들을 비난했다. 왜냐하면 토지 인클로저는 촌락에 사는 보통 사람들이 누려 온 토지의 부분적 용익권에 대한 전통적인 주장을 일축해 버렸기 때문이다. 수십 년 동안 통과된 인클로저 법들은 현대 이전 시대의 개방 경지와 전통적 벌목권, 준협동적이거나 '봉건적'인 경작 방법에 종지부를 찍었다.

18세기 전반에 걸쳐 좀 더 사적인 의미에서(즉 울타리나 방책으로 '구획된'[enclosed]) 토지 소유권은 널리 확산되어 결국 북서 유럽의 다른 지역들에서보다 좀 더 크고 광범위한 대토지를 영국에 집중시키는 결과를 낳았다. 과거의 전통에 얽매어 있고 상대적으로 비효율적인 촌락민들은 좀 더 실질적이고 좀 더 경쟁력 있으며 좀 더 생산적인 농부들로 점차 대체되었는데, 이들은 일정한 토지를 임차하여 그 토지를 임금을 받는 농업 노동자들에게 경작하게 했다.*

　이런 점진적 과정을 통해 달성된 농업 생산성의 향상으로 영국에서
는 좀 더 풍부하고 좀 더 저렴한 식료품이 공급될 수 있었다. 이는 또
한 많은 농촌 거주민들이 종내 복잡하고 종종 비화폐적인 과거의 경
제적 관계에서 벗어나 단순히 임금을 지불받는 시장 시스템에 편입되
었음을 의미했다. 얼추 비슷한 시기에 영국의 인구도 전례 없는 규모로
팽창하기 시작했다. 이런 변화가 훗날의 산업화에 대해 갖는 함의는 상
당한 것이었다. 이미 1780년대에 시장의 인센티브로 유인되어 활력에
넘치는 효율적인 전문 경영자들(managers)이 상대적으로 더 유동적이
고 더 수가 많은 노동인구를 이용할 수 있는 가능성이 커졌는데, 이 노
동인구는 가장 높은 임금을 찾아 어디라도 갈 의향이 있었다(실제로 그
럴 수밖에 없었다).

　이런 과정은 유럽의 다른 지역들보다는 영국에서 가장 먼저 발생했
고, 특히 나폴레옹 시대 동안 비약적으로 전개되었다. 이와 연관된 방
식으로 산업혁명 이전에 영국인들은 이미 오래전부터 이례적으로 시
장에서 나오는 수익과 손실을 합리적으로 계산하는 성향이 강한 민족,
즉 '악착같이 돈을 모으는' 민족으로 알려져 있었다. 물론 전통적이고
인격화된 관계에 기초한 전근대 시대의 '유쾌한 옛 잉글랜드'(Jolly Old
England)로부터 근대적이고 더 객관적이며 효율적인 세계로의 그런 이
행은, 19세기 말에도 결코 완성되지는 못했으나, 일반적으로 볼 때 영
국은 18세기 후반 무렵에 다른 나라에 비해 그런 근대화 경향에서 선
두에 있었다.

---

* 이렇게 해서 토지 소유자와 자본주의적 차지농, 농업 노동자로 이루어지는 영국 농업 특유의
　'삼분할제'(tripartite system)가 정착되었다.

다른 나라들의 산업화

영국과 다른 나라들 사이의 현격한 차이는 예컨대 그 무렵 에스파냐와 이탈리아, 특히 농업 혁신과 산업화가 매우 늦게 개시된 이 두 나라의 남부 지역을 보면 확연하게 드러난다. 비록 에스파냐와 이탈리아는 긴 해안선의 이점을 보유하고는 있었지만, 해상 운송에 적합한 강이 상대적으로 적었고 내륙의 광범위한 산악 지대는 접근성이 좋지 않았다. 두 나라의 토지도 대부분 척박했다. 토질은 돌이 많아 비옥도가 상대적으로 떨어졌고 석탄과 철광 자원도 빈약했다. 에스파냐와 이탈리아의 주민들 대다수는 극도로 빈곤한 전통적인 농민층으로 이루어져 있었다. 상층 및 중간계급도 상대적으로 상업 세계의 물이 들지 않은 상태였다. 도시 지역도 매우 적어서 자연히 도시 중간계급도 비교적 소수였다. (이런 일반화에도 불구하고 몇몇 중요한 예외가 있었음에 주목할 필요가 있다. 활달한 도시 생활과 기업가 계층이 에스파냐의 북동부 해안의 카탈루냐와 제노바, 밀라노, 토리노, 베네치아 같은 이탈리아의 북부 도시들에서 존재했다.)

그 무렵 영국은 정치나 제도 면에서도 에스파냐와 이탈리아보다 더 잘 통합되어 있었다. 영국은 지방 문화와 언어의 현저한 다양성에도 불구하고 단일한 왕정과 단일한 의회, 단일한 사법 시스템이 지배하고 있었다. 주민들은 단일한 통화를 사용했고, 내부 교역은 성가신 관세장벽의 방해를 받지 않았으며, 금융 제도는 상대적으로 유연한 자본 흐름을 보장해 주었다. 수적으로 점차 늘어나는 노동자들은 토지에 강하게 속박되거나 촌락 권위의 통제를 받지 않은 채 일자리를 찾아 새로운 지역들로 이동했고, 신흥 공업지대들은 촌락에서 열악한 생활 조건에 직면해 있던 사람들을 끌어당길 만한 정도의 봉급 수준으로 그들을 고용하고 있었다.

프랑스는 영국과 또 다른 면에서 현격한 대조를 보여 주는 사례다. 다양한 기후와 풍요로운 토질의 축복을 받은 이 '위대한 민족'은 1815년의 시점에서 대략 영국보다 3배 정도 많은 인구를 거느리고 있었다. 에스파냐 사람들은 부러움에 사로잡혀 프랑스를 가리켜 정원으로 지칭했다는데, 이는 프랑스가 각별히 자연적 부로 충만한 아름답고 빛나는 장소로 유명했음을 말해 준다. '프랑스에서 신처럼'(like God in France) 산다는 말은 곧 잘산다는 것을 뜻하는 관용적 표현이었다. 프랑스는 이 모든 자연적 부에도 불구하고 영국에 견주어 산업화가 많이 늦었다. 영국이 18세기 말에 도달한 산업 생산성을 프랑스는 50년 이상 늦게 도달했다.

이 상대적 지체의 원인은 몇 가지를 들 수 있다. 1815년에 프랑스는 물론 패전국이자 피점령국이었다. 반면, 영국은 자국 영토에서 단 한 번의 전투도 겪지 않은 채 해상권을 장악한 승전국의 일원이었다. 프랑스의 혁명적 혼란과 전비 지출, 생산성이 정점에 달했을 법한 연령대 남성들의 대규모 손실, 산업에서 전쟁으로 가용 자본 자원의 유출 등이 이 나라의 느린 발전을 얼마간 설명해 줄 것이다. 그러나 오직 부분적인 설명일 뿐이다. 프랑스는 나폴레옹 지배기에 유럽의 여러 지역을 약탈했으나, 약탈에서 나온 수입은 영국의 축적된 자본 자원처럼 생산적으로 투자되는 경우가 드물었다. 나폴레옹의 백일천하가 끝난 뒤 프랑스는 7억 프랑에 달하는 전쟁 배상금을 물어야 했고, 국내 투자에 이용할 수 있는 자금은 계속 줄어들고 있었다. 이미 1장에서 살펴보았듯이, 프랑스 경제는 대혁명의 법적·제도적 개혁을 통해 구체제의 제도적 혼돈과 경제적으로 비합리적인 특권을 일소함으로써 궁극적으로 이득을 누릴 터다. 또한 이 나라는 표준화된 통화와 미터법을 수용했고, 내부 관세를 제거했으며, 중앙집권적인 국민 정부와 금융 제도를 구축했다. 그러나 이런 개혁들이 온전히 작동하려면 상당한 시간이 필요했으므로 단번에 형세를 바꿀 만큼 충분한 것은 아니었다.

역사적으로 안착된 프랑스의 계급 구조와 민족적 특성도 급속한 산업화에 장애가 되는 경향이 있었다. 19세기 첫 10여 년 동안 이 나라의 농촌 하층계급 또는 농민층은 전체 인구에서 차지하는 비중이 영국의 경우보다 훨씬 더 높았다. 또 프랑스 농민층은 상대적으로 더 전통적이고 더 견고하게 토지에 얽매어 있으며 시장 생산에 대한 관심이 덜했다. 프랑스 사회의 중간 서열 또는 부르주아 계층에는 산업적·상업적 기업가들이 포함되어 있었는데, 이들 가운데 일부는 자신들이 거둬들인 이윤을 다시 사업 팽창과 혁신을 위해 투자한다는 점에서 영국 자본가들과 닮은 점이 있었다. 그렇다고 해도 프랑스의 이 계층 사이에서는 이윤을 지위 과시용으로 부동산을 구입하는 데 쓰거나 아니면 '귀족처럼 살고'(live nobly) 더 높은 사회적 지위를 얻으며 한미한 출신의 오점을 지우는 데 돈을 낭비해 버리는 경향이 컸다.

훗날에 마르크스주의자들은 '부르주아지'(bourgeoisie)와 '자본가'(capitalist)라는 용어를 맞바꿔 가며 사용하는 경향이 있었다. 그러므로 이미 2장에서 제시한 논점, 즉 그 당시는 물론이고 과거 몇 세기 동안에도 프랑스 부르주아지가 모호한 실체였음을 거듭 강조할 필요가 있다. 즉 프랑스 부르주아지는 정체성과 이해관계, 또는 정치적 의제를 공유하는 특징적인 사회 계급이었다기보다, 육체노동자보다는 위에 있고 귀족층보다는 아래에 있지만 내부적으로 종종 날카롭게 분열되어 있는, 재산을 소유한 도시 거주자들의 광범위하고 다양한 분파였다고 할 수 있다. '부르주아지'라는 용어는 프랑스어 '부르'(bourg), 즉 중세 성벽 도시를 뜻하는 옛 용어에서 유래한다. 이 용어는 영어로 따지자면 '버그'(burg)에 해당한다. 따라서 '버거'(burgher)와 '부르주아'는 도시 거주자를 뜻하는 옛 단어의 영어와 프랑스어의 변종에 해당한다(이탈리아어로는 '보르게제'[borghese], 독일어로는 '뷔르거'[Bürger]에 해당된다). 그러나 거듭 강조하거니와, 이 도시 거주자들은 19세기까지 하나의 통합된 실체로 보기에는 미흡한 점이 많았다.

18세기 무렵 프랑스 부르주아지 내부에서 상당히 미묘한 분화가 일어나고 있었음을 감지할 수 있다. 이처럼 흔히 부르주아로 불린 사람들 중에는 생활양식과 정신세계의 차원에서 현대 자본가와 공통점이 거의 없는 사람들이 많았다. 부르주아지 가운데 가장 가난한 사람들은 상당한 양의 자본을 소유한 사람들을 자신들의 복지에 대한 위협으로 간주하는 경향이 있었다. 이른바 '소부르주아지'(petite bourgeoisie)가 바로 그런 경우였는데, 이 범주에는 상점주와 독립 장인, 하급 관리 등 다양한 사람들이 포함되어 있었다. 또한 소규모 토지를 소유한 농민들도 도시가 아니라 농촌의 마을에 살았음에도 때때로 '소부르주아'로 불리었다.

부르주아라는 사회적 피라미드의 꼭대기에는 금융계 거물들이나 크게 성공한 기업가 같은 '대부르주아지'(grande bourgeoisie)가 있었다. 이들 중 일부는 웬만한 작위 귀족보다 훨씬 많은 부를 축적했다. '대부르주아지' 아래에는 '상층 부르주아지'(haute bourgeoisie)가 있었는데, 실질적인 사업가들과 전문직, 고위 관료 등으로 이루어져 있었다. 프랑스 부르주아지의 이 '상층 부르주아' 분파는 종종 가장 영향력 있는 계층으로 간주되곤 했다. 그리고 '상층 부르주아지'와 '소부르주아지' 사이에 '중간 부르주아지'(bourgeoisie moyenne)가 있었다.

이처럼 다소 자의적이고 복잡한 분류 체계가 말해 주는 점은, 그런 분류가 19세기에 널리 사용되었다는 사실과는 별개로, 프랑스에서 그런 사회적 범주들이 영국에서보다 더 두드러지고 더 지속적이었다는 사실이다. 이는 마치 프랑스 사회 자체가 비교적 덜 유동적이고, 경제도 덜 역동적이며, 인구 성장도 더 느리고, 19세기에 프랑스 사회가 경험한 전반적인 구조 변화 역시 파급 효과가 떨어진다는 사실과 부합하는 듯하다. 이 두 나라 사이의 차이는 물론 중요했지만 그렇다고 돌이킬 수 없는 정도까지는 아니었다. 영국의 지배 엘리트 내부에서도 어떤 경우는 계급 구분과 속물주의가 거의 물신숭배의 성격을 띠기도 했다. 그러나 19세기 영국에서 상승하는 정력적인 기업가 계층이 점차 부상하는 사회 모델로서 프랑스에서보다 더 각광을 받게 됨으로써 전체적인 균형을 잡아 주었다. 영국에서는 기업계의 가치가 궁극적으로 나머지 사회가 모방해야 할 어떤 것으로 받아들여졌다. 끝으로, 이런 차이야말로 아마도 이 두 민족에서 생산성 차이가 발생한 이유를 가장 잘 설명해 주는 요인일 것이다. 물론 이런 차이는 두 민족에서 보이는 정체성의 차이, 즉 19세기 민족 정체성의 기원과 진화에서 확인되는 몇몇 결정적인 차이가 발생한 이유도 잘 설명해 준다.

19세기 프랑스의 경직된 계급 구조, 특히 상대적으로 폭넓은 주민층을 형성한 독립적인 소농과 장인, 상점주들은 괄목할 만한 중요성을 띤 다른 흐름에 대해서도 영향력을 행사했다. 프랑스의 전체 인구는 농민들이 가족 규모를 줄이고 있었기 때문에 큰 폭으로 증가하지 않았다. 그리하여 제1차 세계대전 전야에 3,600만 명의 인구를 보유한 영국이 거의 프랑스를 따라잡기에 이르렀는데, 당시 프랑스 인구는 3,900만 명 정도였다. 몇 가지 이유로 영국의 성장보다 더 인상적인 장면은 (프랑스와 영국 모두의 떠오른 관심사였던) 1871년에 성립한 신생 독일 제국의 인구 성장이었는데, 1914년 무렵에 독일의 인구는 6,500만 명에 달했다.

19세기 전반기에 나머지 유럽 민족과 지역 대부분은 산업 생산성과 전반적인 부의 수준에서 영국과 프랑스에 미치지 못했지만 에스파냐와 이탈리아 남부 지역들보다는 위에 있었다. 각국은 이미 앞에서 논의한 바 있는 여러 특징들이 혼합되면서 지역에 따라 상당한 변종을 보여 주었다. 벨기에는 네덜란드로부터 독립한 1831년에 인구가 400만 명에 불과했지만 사업 지향적인 나라로서 영국의 경쟁 상대가 되었다. 대부분 영국에 기원을 둔 북아메리카의 '양키들'(Yankees)도 19세기 말에 독일이 그러했듯이 이윤을 긁어모으는 집요한 경쟁자라는 평판에서 머지않아 영국인들에 필적하고 그들을 능가하게 된다.

산업화에 대한 저항

결국 유럽 전역이 영국을 모방해야 한다는 심한 압박감을 느낄 터였다. 그럼에도 부분적으로는 산업화의 지속적이고 다면적인 영향 때문에, 산업화를 그 최초 국면에서 관찰한 사람들 다수는 산업화에 따르는 인간적·환경적 손실에 분노할 정도까지는 아니더라도 상당히 강한 충격을 받게 되었다. 그 시점에서 어느 누구도 산업화를 통한 생산성 향상이 어떻게 유럽 전체를 심오하게 뒤바꾸어 놓을 것인지 감지하지 못했다. 기실, 많은 관찰자들은 초창기에 새로운 산업 발전을 두고 오직 자본가의 배만 불리는, 불쾌하고 파괴적인 고삐 풀린 탐욕의 산물로 생각했다. 기차 엔진은 공기를 오염시키고 농촌 생활의 고요함을 무례하게 침범하는, 연기를 내뿜는 요란한 이상 기형물로 비난받았다. 초창기의 공장들은 그보다 훨씬 더 부정적인 방식으로 느껴져 '악마의 맷돌'(satanic mills)이 공장의 일반적인 별칭이었다. 그리고 최초의 자본가들이 보인 기업가 정신은 나머지 사회에 어떤 영향을 줄지 일말의 고려도 없이 오직 사적인 이윤을 추구하는 과정에서 거의 범죄적일 정도의 욕망에 휘둘리는 것으로 간주되어, 반드시 부도덕한 짓까지는 아니더라도 일반적으로 보기 흉한 것으로 생각되었다.

그렇기는 해도 산업 기술의 응용이 무엇보다 긍정적인 결과를 낳았다고 확신한 이들도 19세기 내내 그 수와 영향력에서 꾸준히 증가했다. 물론 국가가 어떻게 새로운 산업 경제에 개입하거나 그것을 어떻게 관리할 것인지를 둘러싸고 끝없는 의견 대립이 일어났고, 다양한 반산업·반자본주의 운동이 증가한 것도 사실이다. 그러나 특히 영국에서 그 세기 동안 통과된 입법은 대부분 자본주의를 제한하거나 폐절하기보다는 고무하고 미세 조정하는 목적을 띤 것이었다.

기술혁신과 산업화

기술혁신은 산업혁명에 대한 표준적인 이야기에서 가장 친숙한 주제다. 물론 그런 까닭에 기술의 역할이 그보다 더 광범위한 역사적·문화적 무대장치에 비해 상대적으로 과장된 측면이 있기는 하지만 말이다. 다시 말해, 사람들은 새로운 기술을 사용할 준비가 되어 있어야 했으나 그렇지 못한 면이 있었고, 실제로 처음에는 특히 멀리 떨어진 농촌에 살던 많은 이들이 새로운 기술에 적응할 채비가 전혀 되어 있지 않았다. 또한 제니 방적기와 수력방적기, 또는 심지어 증기 엔진 같은 유명한 발명품들을 '근대과학'의 산물로 보는 것도 그다지 정확한 견해는 아닐 텐데, 왜냐하면 그런 주요 발명품 대부분이 최첨단 연구에 바탕을 둔 실험실 과학자라기보다는 손재주가 뛰어난 기술자에 더 가깝다고 할, 고등교육을 받지 못한 사람들이 만든 것이었기 때문이다. 19세기 말에 가서야 이른바 2차 산업혁명으로 불리는 과정에서 좀 더 엄격

그림 3 1764년 제임스 하그리브스가 발명한 제니 방적기를 돌리는 여인
목판화. c. 1880. Universal History Archive/Getty Images.

한 의미의 과학이 화학과 전기 등의 분야에서 두드러진 역할을 수행하기 시작했으나, 산업혁명의 첫 번째 단계에서는 대체로 그렇지 못했다.

그럼에도 초창기 발명가들과 산업가들 대부분은 일정한 교육을 받은 사람들이었고, 사회의 하층민 출신은 몇 되지 않았다. 성공 가도를 달리던 사업가들을 묘사하기 위해 당대에 통용되던 표현인 "무일푼에서 벼락부자로"(rags to riches)라는 말은 확실히 사태를 과장한 것인데, 왜냐하면 최초의 성공적인 산업가들 대부분이 사회의 중간층이나 중하층 출신이었기 때문이다. 이들 대부분이 초창기에는 필요한 만큼의 저축이 없었기 때문에 은행 대출이 성공에 필요한 중요한 요소였지만, 일반적으로 자본은 이윤을 통해 급속히 축적되었다. 어쨌거나 이 초기 산업가들의 기업가적 개인주의는 소리 높이 찬양되고 이상화되기는 했지만 우리가 믿는 것만큼 그렇게 대단하지는 않았다. 전통적인 농민들의 정신 상태에 비할 때 기업가적 개인주의는 충분히 실재했다고 하겠지만, 이 산업가들은 자신들의 개인적 노력과는 별로 관계가 없는, 촘촘하게 서로 뒤얽혀 있는 법적 개혁과 사회적 제도들에 결정적으로 힘입은 것이었다. 만일 남부 이탈리아나 에스파냐였다면, 제임스 와트나 리처드 아크라이트처럼 기능을 보유한 사람들은 도저히 나타날 수 없었을 것이다. 기실, 그들이 자신의 발명품을 그 지역들에 갖고 갈 수는 있다고 할지라도, 그들의 기업은 힘을 쓰지 못했으리라고 거의 확실하게 장담할 수 있다. 성공에 필요한 결정적인 전제조건들이 결핍되어 있었던 까닭이다. 시장이나 실질 수요(구매할 의사가 있고 구매할 수 있는 사람들), 유동적인 노동력, 법적 제도, 운송 인프라, 유동자본에 대한 접근 가능성이 모두 없는 탓이다.

면직물은 이 초기 단계에서 나온 결정적인 산물이었다. 영국에서 면직물 생산은 1780~1820년대에 급증했다. 면직물 가격이 지속적으로 하락하면서 면직물에 대한 수요가 끝도 없이 폭증하여 기회를 움켜쥘 채비와 능력을 갖춘 이들에게 엄청난 이윤을 보장해 주는 매력적인 전망을 활짝 열어 주었다. 영국에는 그런 사람들이 많았다. 이들은 창의적이고 재주가 많으며 시장에서 돈 버는 일에 익숙하고 기꺼이 위험 부담을 감수하며 생산과정에서 마주친 온갖 장애물과 애로 사항을 창조적이고도 끈기 있게 해결할 줄 아는 사람들이었다.

면공업의 대두와 관련된 기술적 세부 사항은 불가사의한 것들이 많아 한두 마디로 쉽게 요약할 수 없다. 그러나 일반적으로 하나의 발명이나 혁신은 다른 발명이나 혁신을 자극하는 경향이 있었다. 물론 그 과정에서 불가피하게 첫 단추부터 잘못 끼우고 실천적이거나 기술적인 여러 문제를 해결하는 과정에서 실수를 남발하여 시간을 허비하는 경우가 많았지만 말이다. 이미 18세기 초에 수직기(베틀)가 상당 정도로 개량되고 있었다. 영국에서 '나는 북'(flying shuttle)은 그 세기 중반에 직물 생산을 거의 곱절가량 증대시켰다. 이는 실의 수요를 급격히 증대시켰고, 이는 다시 늘어난 수요에 폭넓게 대응하는 두 가지 다른 유명한 발명품, 곧 제니 방적기와 수력방적기의 탄생을 자극했다. 1780년대에 수력방적기의 기념비적인 발명가였던 아크라이트는, 수력으로 돌아가던(그래서 '수력방적기'라는 이름이 붙었다) 방적 기계에 증기 엔진을 장착하여 기계를 가동시켰다. 부분적으로 이 새로운 고안품의 크기와 소음이 대단했고 또 생산과정을 더 밀착해서 감독할 필요가 있었기 때문에, 아크라이트는 노동자들과 방적 기계, 증기 엔진을 큰 건물로 이동시켰다. 나중에 '공장들'[factories]로 불릴 '악마의 맷돌'로 말이다. 어떻게 보면 그와 같이 거대한 생산 단위의 출현은 역사의 새로운 단계를 상징한다고 말하는 게 타당할 것이다. 비록 소규모 작업장들이 여전히 오랫동안 영국의 산업 무대에서 우세한 요소로 남아 있을 것이었기는 하지만 말이다.

이런 각각의 변화는 외관상 불가피하게 인간적 손실을 수반했다. 한동안 방적 분야에서 비약적으로 향상된 생산성이 너무도 거대해서 이를 모두 소화하기에는 대부분 가내에서 일하던 수직공(손으로 베를 짜던 노동자)들의 수용 능력이 절대적으로 협소했다. 이리하여 수직공들의 수는 단기간에는 증가했으나, 오래지 않아 역직기(동력을 사용하는 베틀)가 발명되어 수요를 충족시켰다. 그 장기적 결과로 방적과 방직 모두 공장으로 이동하고 수직공들은 경쟁력을 잃었다. 19세기 초 면직물은 반세기 전만 해도 상상할 수 없는 효율적인 방식으로 양산되고 있었다. 다른 애로 사항도 있었는데, 특히 초창기에는 주로 인도에서 공급되던 면화 생산에서 그러했다. 꾸준히 늘어나던 면화 수요는 미국인 일라이 휘트니가 발명한 (1793년에 특허를 받은) 조면기가 면화에서 씨를 제거하는

데 걸리는 시간을 대폭 줄여 줌으로써 어느 정도 충족될 수 있었다. 휘트니의 역할과 미국 면화 생산의 중요성은 한 가지 경시할 수 없는 사실을 부각시켜 준다. 즉 영국의 산업혁명은 완성품에 대한 원료와 시장의 필요라는 측면에서 영국 바깥과 유럽 바깥의 요소들에 의존했다는 사실이 바로 그것이다.

산업혁명의 초기 단계에서 특히 직물업 분야를 중심으로 발전이 이루어졌지만, 새로운 기술과 동력원, 합리화된 생산의 응용은 직물업 이외의 분야들에서도 강력하고도 다각적인 반향을 불러일으켰다. 예컨대 공장에서 증기 엔진을 사용하는 것은 한 생산 분야에서의 발명이 어떻게 완전히 다른 분야에서도 유용할 수 있는지를 입증하는 사례였다. 본래 증기력 관련 실험들은 17세기로까지 거슬러 올라가는데, 1800년대 초에 증기 엔진은 탄광에서 물을 펌프질하는 데 사용되고 있었다. 1763년에 제임스 와트가 당시 사용되던 다소 원시적인 엔진을 개량했다. 와트는 글래스고대학에서 배운 적이 있는 '기술자'(technician)였다는 점에서 다른 초창기 발명가들보다는 과학자로서 자격이 충분했다고 하겠지만, 그가 궁극적으로 성공할 수 있었던 결정적인 요소는 기술적 창의성보다는 이미 완구업과 의류업에서 성공을 거둔 제조업자 매슈 볼턴과의 사업 파트너십이었다. 그런 파트너십이 없었다면, 와트는 이름을 알리지 못했을 것이다. 와트의 발명에 소요되는 자본 경비가 예컨대 아크라이트나 휘트니의 경우와 비교할 수 없을 만큼 컸기 때문이다. 18세기 말 볼턴과 와트의 회사는 견실한 성공을 구가하고 있었다. 그들의 증기 엔진은 영국과 다른 나라들에서 널리 채택되었다. 그들의 성공담은 다른 많은 경제 부문들에서도 끊임없이 복제될 것이었다.

특히 운송 분야에 증기 엔진을 사용하는 것은 장기적으로 볼 때 수륙 양면에 중요한 영향을 끼쳤다. 여기서도 과정은 점진적이었고, 그 출발은 이미 광산에서 이용된 시절로 거슬러 올라갔다. 충분히 안전하고 다른 면에서도 만족스럽게 평원을 달린 최초의 '기관차'(locomotive)는 1829년 리버풀과 맨체스터 사이에 새로 깔린 철로를 당시로서는 시속 26킬로미터라는 놀라운 속도로 주파한 '로켓'(Rocket)이었다. 얼추 10년 안에 철도 건설이 영국과 미국에서 전속력으로 진행되었고, 곧 유럽 대륙의 여러 민족들이 이 과정을 뒤따를 터였다.

산업 변동의 함의

'변화의 엔진'이라는 이 장의 제목은 부분적으로 이런 엔진들 또는 기관차들(이 단어는 18세기 말에 처음 출현했는데, 비록 그 어원은 장소나 터를 가리키는 라틴어 '로코'[loco]와 움직임을 일으키는 '모티부스'[motivus]에서 유래했지만, 비정상적인 속도와 관련 있는 것으로 들린다)의 이미지를 불러오기 위해 선택했다. 생산 방법과 관계된 세부 사항들은 때때로 기술적 전문 지식과 연관된 것이 많아서 이해하기 쉽지 않고 그 전반적인 실태도 파악하기 어렵다. 당대인들은 종종 불가해한 악마적 과정이 촉발되었다는 느낌에 혼란에 빠지고 압도당하기도 했는데, 그런 느낌은 1789년 프랑스에서 풀려난 '혁명의 요정'(genie of revolution)에 대해 몇몇 사람들이 느낀 것과 유사했다.

요점은 생산 방법에서 일어난 그런 변화들이 늘 당장에 명백한 것은 아니었지만 심오한 사회적·지적 함의를 내포했다는 것이다. 적절한 사례가 바로 미국의 노예제다. 영국 직물 공업의 발전으로 면화 수요가 증가했기에 미국의 노예제도 덩달아 고도로 수익성이 좋은 사업이 되었고, 그렇기에 폐지되기도 더 어려워진 것이었다. 항상 영국의 상업적

이해관계를 보호하는 강력한 영국 해군은 이제 훨씬 더 사활적인 존재가 되었다. 영국 노동자들은 새로운 종류의 일자리를 찾았고, 산업화되는 많은 지역들은 전체로서 민족의 정치 구조뿐 아니라 도시 구조에도 엄청난 흔적을 남길 정도의 속도로 성장해 갔다.

빈회의가 끝나고 오래지 않아 면직물은 영국 수출의 거의 절반을 차지했고, 광범위한 지역들에서 영국의 존재감이 점차 커지면서 이 나라의 지도자들은 영국이 '세계의 공장'으로서 전 인류에게 혜택을 베풀고 있다고 주장할 수 있었다. 이와 마찬가지로, 세계가 영국의 포효하는 산업 생산력이 몰고 온 군사적 지배력을 이해하게 되었을 때 영국은 나머지 세계에 하나의 도전이 되었다. 많은 사람들이 프랑스에서 일어난 혁명의 의미를 둘러싸고 열정적으로 토론했듯이, 그만큼의 많은 사람들이 영국의 경로를 따라가는 데 확실히 냉담함을 보이며 다른 대안들을 추구했다. 곳곳에서 역사가 에릭 홉스봄이 말한 '이중 혁명'(dual revolution), 즉 프랑스와 영국에서 일어난 정치혁명과 경제 혁명을 개념화하고 그것에 좀 더 광범위한 의미를 부여하려는 노력이 전개되었다. 이제 그런 노력을 살펴볼 차례다.

| 더 읽을거리 |

이미 언급된 두 권의 저작이 유럽 산업화에 많은 관심을 할애하고 있다. 에릭 홉스봄의 《혁명의 시대: 유럽 1789~1848》(The Age of Revolution: Europe 1789-1848, 1996)과 데이비드 S. 랜디스의 《사슬에서 풀려난 프로메테우스: 1750년부터 현재까지 서유럽의 기술 변화와 산업 발전》(The Unbound Prometheus: Technological Change and Industrial Development in

Western Europe from 1750 to the Present, 1969)이 그것이다. 또 다른 설명으로는 클라이브 트레빌콕의 《대륙 열강의 산업화, 1780~1914》(The Industrialization of the Continental Powers, 1780-1914, 1983)와 론도 캐머런의 《세계 경제 약사》(A Concise Economic History of the World, 2002)와 시드니 폴라드의 《1815년 이후 유럽 경제의 통합》(The Integration of the European Economy since 1815, 2006)을 보라.

4장

이데올로기의 파종기

19세기 초 유럽에서 훗날 공식적으로 '이즘들'(isms)로 지칭될 새로운 이데올로기적 용어들이 토끼처럼 번식했다. 19세기 후반이 되면 이데올로기들을 나열한 아주 간소한 목록조차도 한 페이지를 충분히 채우고도 넘칠 정도로 많았다. '이데올로기'는 그 자체 1790년대 프랑스어[idéologie]에서 처음 출현한 새로운 용어였다. 기성 용어인 '세계관'(worldview)은 이데올로기와 같은 관념을 가리키는 또 다른 방식이었다. 19세기 중엽부터 세계관에 해당하는 독일어[Weltanschauung]가 영어 용례에 들어와 철학적 깊이를 더해 주었다.

이런 용어의 목적이나 이런 용어가 그토록 짧은 시기 동안에 그토록 풍성하게 출현한 까닭이 아주 분명치는 않다. 또 이런 용어가 처음에 다양한 계층의 주민들에게 무엇을 의미했는지도 마찬가지로 분명치 않다. 새로운 이즘들은 종교를 세속적인 것으로 대체하는 데 기여했는가? 이즘들은 급속히 변화하는 현실의 흐릿한 형체를 얼마간 명료하게 포착하는 수단이자 일종의 행동 지침이었는가? 아니면 이즘들은 그저 일반 주민들이 그렇듯 변화하는 현실을 포착하는 방식을 조작하고 편협한 계급적 기반에 바탕을 둔 이해관계들을 합리화하고 변명하려는 노력에 불과한가?

이런 질문들에 대한 답변으로는 '위에서 말한 모든 것'이 정답일 것이다. 어쨌거나 새로운 이즘들에서 일반화되던 내용이 절대로 새로운 것은 아니었다. 인간 조건에 대한 비교 가능한 추상들과 비종교적 일반화의 기원은 플라톤과 아리스토텔레스의 시대로 거슬러 올라갈 수 있다. 새로이 증식되는 모든 이즘이 완벽한 세계관으로서 자격을 갖춘 것도 아니었다. 그럼에도 19세기 초에는 하나의 새롭고 끝없이 무언가를 약속하는(혹은 심각하게 위협하는) 세계가 유럽에서 출현하고 있다는 모종의 합의가 점점 확산됨에 따라 광범위한 문제들을 이데올로기적으로 사유하는 하나의 분명한 취향이 존재했다. 이 새롭게 주조된 이즘들이 잇따른 두 세기에 걸쳐 지구 곳곳에 확산된 것은 유럽의 점증하는 위신과 영향력을 입증하는 징표였다. 이즘의 대부분은 아니더라도 많은 것들이 여전히 오늘날 우리 곁에 있다. 비록 아직도 진화하고 있고 때때로 모순적인 의미를 담고 있더라도 말이다.

유럽의 주요 '문제들'과 진보에 대한 믿음

유럽에서 특별히 현대적인 문제 설정들(problems) 또는 '문제들'(questions)을 둘러싸고 벌어진 열정적인 토론들이 이즘들의 출현과 밀접한 관련이 있었다. 하나의 쟁점이 하나의 공식적인 대문자 '문제'(Question)로 널리 인지되는 과정은 다소간 자의적이지만, 가장 중요한

'문제' 가운데는 다음과 같은 것들이 있었다. 사회문제(사회주의나 자본주의 같은 새로운 이데올로기들을 건드리는), 여성 문제(페미니즘, 변화하는 여성의 지위), 아일랜드 문제(민족주의, 인종주의, 제국주의), 유대인 문제(반유대주의, 시온주의), 독일 문제(민족주의, 인종주의), 동방문제(특히 발칸반도와 중동에서 오스만제국의 운명과 관련이 있는)에 이르기까지.

이런 문제들 대부분은 과거에 분명한 뿌리를 두고 있지만, 그 시점에서는 의미 있는 새로움이 있었다. 유럽에 살던 사람들은 이런 문제들에 대한 합리적이고도 직접적이며 결정적인 해결책이 있다고 믿기 시작한 반면, 과거에는 예컨대 빈곤을 불완전한 인간 조건의 불가피한 국면이라고 보거나 여성의 예속을 신성하게 선포되어 변경할 수 없는 것으로 간주하는 경향이 우세했다. 문제를 해결할 수 있다는 믿음이 커져 감에 따라 이성과 과학적 방법의 힘에 대한 존경심도 커져 갔다. 이에 따라 사실상 무제한적인 인간 진보가 가능하다는 자신감도 커져 갔다(그런가 하면 나머지 세계에 대한 유럽의 우월감도 더해 갔다). 사회는 예전과는 비교할 수 없을 정도로 훨씬 생산적이고 더 정의로우며 더 자유로울 수 있었다. (동방문제는 유럽의 힘이 급속히 치솟고 오스만제국이 몰락하는 과정과 관련된 한에서 이런 일반화에 적합하다. 19세기에 러시아 제국이 오스만제국의 영토를 비롯해 여러 지역들로 팽창하자, 이에 많은 유럽 민족들이 광범위한 공포심을 느꼈다. 비록 그 세기 말에 러시아도 오스만제국과는 또 다른 종류의 '환자'임이 판명되어 제1차 세계대전으로 너덜너덜하게 찢길 것이었지만 말이다.)

진보와 인간적 완성에 대한 믿음이 급격히 부풀어 오를수록 그런 믿음에 대한 반대도 실질적이고도 완강하게 이어질 것이었다. 프랑스혁명에 대한 공포가 기억에 선연했고, 산업화는 여전히 많은 사람들에게 압도적으로 부정적인 현상으로 다가오고 있었다. 19세기 예술과 문학에서 자주 다루어진 테마, 그러니까 유럽의 식자층을 매혹했던 하나의 테마는 바로 파우스트(Faust)의 전설이었다. 파우스트는 악마와 거래하여 신과 다름없는 지식과 영원한 젊음을 얻은 대가로 자신의 영혼을 포기한 비극적 인물이었던 것이다. 파우스트만큼이나 새로운 조명을 받은 또 다른 고대 전설이 바로 프로메테우스에 관한 것이었는데, 프로메테우스는 필멸의 존재들에게 불의 비밀을 누설한 죄로 제우스에게 벌을 받아 바위에 사슬로 묶여 매일 독수리에게 내장을 쪼아 먹히는 영원한 고문에 처해진 인물이었다. 그런가 하면 메리 셸리가 열여덟 살 되던 해인 1818년에 출간한 소설《프랑켄슈타인, 또는 현대의 프로메테우스》(Frankenstein, or the Modern Prometheus)도 진흙 괴물에 생명을 불어넣었다고 하는, 유대인들 사이에 전해지는 골렘(Golem)*의 전설들이 그렇듯이 비슷한 주제를 건드리고 있었다. 이 모든 전설은 흥미롭게도 '보복'(nemesis)을 부르는 '오만'(hubris)이라는 고대 그리스의 관념과 관련성을 보여 주고 있다.

이즘들의 모호한 기원과 진화

이즘들은 복잡한 이데올로기적 논쟁 과정을 거쳐 19세기적인 형체를 갖추었고, 자기 완결적이거나 완전히 일관된 것이 아니라 처음부터 혼란스럽고 미숙한 것으로, 그리하여 오랜 시간에 걸쳐 서로 역동적으로 상호작용하면서 형태를 갖추어 간 것으로 볼 때 가장 잘 파악될 수 있다. 좌파에 속한 이데올로그들은 우파 이데올로그들의 도전을 받았다. 이성과 진보를 믿은 사람들은 이성을 불신하고 궁극적인 인간적 완

---

* 유대인 신화에 나오는 인간의 형상에 따라 만들어진 움직이는 진흙 인형을 말한다. 인간의 명령에 따르지만 적절하게 되지 못하면 난폭해졌다고 한다.

성에 아무런 희망을 품지 않은 사람들에게 공격을 받았다. 서로 경합하는 이데올로그들은 서로한테서 여러 부품을 빌려 썼고, 이따금 똑같은 단어들을 사용하여 완전히 다른 의미들을 가리키기도 했다. 예컨대 우파에서 자신들이 자유나 정의에 맞서 싸운다고 선포하는 사람들은 거의 없었지만, 그들이 사용한 용어들이 의미한 것은 좌파가 그런 용어들을 사용하면서 이해한 내용과는 다른 것이었다. 이렇듯 유동적인 혼합과 합성의 과정은 오늘날까지도 지속되는바, 그렇기에 다양한 이즘들은 처음 만들어질 당시에 의미했던 것대로 이해하는 것은 어려워졌고, 대부분의 차원에서 그 의미들(특히 그 함축들)은 이미 21세기에 들어서면 크게 뒤바뀌었다고 하겠다.

새로운 단어들이 유행처럼 사용되는 것은 새로운 단어들이 필요하겠다는 느낌이 널리 공유될 때다. 그런 필요가 정확히 무엇이냐는 별로 뚜렷하지는 않지만, 이즘들의 경우에는 강력하게 대두하는 새로운 힘들과 파괴적인 발전이 도처에서 분명해진 반면, 그런 힘과 발전이 미래에 어떤 의미를 갖게 될 것인가는 불분명해졌다. 그렇듯 불분명함이 지배하는 가운데 당대인들은 그런 발전을 파악하거나 새로운 단어로서 이른바 '개념화'(conceptualize)하려는 노력의 일환으로 그런 발전을 지칭할 새로운 단어들을 만들어 낼 필요를 느꼈다. 그런 과정은 얼마간 그런 발전을 이해하기 쉽게 설명해 주는 것을 의미하기도 했다.

20세기 학자들의 비판적 작업은 대개 이런 이데올로기들의 호소력에 대한 안이한 가정들을 침해하는 것과 관련이 있다. 예컨대 마르크스를 비롯한 수많은 19세기 사상가들이 자명하다고 간주한, 사회 계급과 이데올로기 사이의 상관관계는 더 이상 자명하다고 인정받지 못한다. 가난한 사람들이 자신들에게 더 나은 삶을 약속해 주는 이데올로기들, 가령 사회주의에 끌린다는 것은 19세기에는 완전히 들어맞는 말처럼 보였다. 마찬가지로 기업가들도 정부의 규제로부터 해방시켜 준다고 약속하는 이데올로기, 즉 자유주의에 끌리리라는 것도 논리적으로 당연했다.

날것 그대로의 자기 이해관계, 특히 경제적 이해관계가 특정한 이데올로기에 대한 호불호에서 중요한 역할을 했고, 또 지금도 그러하다. 그러나 학자들은 일련의 복잡다단한 요인들, 그중에서도 핵심적인 것으로서 특정 개인의 자기 이해관계가 실제로 무엇인지를 규정하거나 최소한 이해하는 것이 얼마나 어려운지에 대해 강한 인상을 받아 왔다. '비합리적' 요인들도 전형적으로 이데올로기에 대한 호불호에 관여한다. 개인들 대부분이 자신들의 진정한 이해관계를 잘 아는 상태에서 결정을 내릴 수 있다는 초기의 가정들은 틀림없이 심각한 결함이 있는 것으로 간주되고 있다. 어느 정도는 사람들이 자신들의 이해관계를 끝없이 미묘하고 예측 불가능하며 심지어 자기 파괴적인 방식으로 규정하기 때문이다.

계급 정체성도 왜 이데올로기들이 19세기에 수용되었는지 설명해 주는 지침으로는 형편없이 불완전한 것임이 드러났는데, 그 이유도 상당 부분 사회 계급을 규정하는 것 자체가 어렵다는 데 있었다. 이미 1장에서 논의한 '혁명적 신비'가 계급을 초월하는 강력한 호소력을 발휘했다. 모든 계급 가운데 사심 없는 개인들이 감정적으로 불안정한 사람들이나 권력에 목마른 사람들과 마찬가지로 혁명적 신비로 이끌렸다. 종교적 믿음들도 종종 자기 이해관계나 한 계급의 이해관계에 대한 합리적 계산에 대항하여 작동하곤 했다. 요컨대 우리는 당시 유럽인들이 가정하고 있던 이데올로기적 정체성들에 대해 유용한 일반화에 도달할 수는 있겠지만, 인간 심리의 미스터리와 연관된 과잉 단순화의 위험에 대해 끊임없이 경계할 필요가 있다.

보수주의, 자유주의, 사회주의

19세기 초에 나타난 이즘들의 일부는 오늘날 21세기 초의 시점에서는 완전히 사라져 버리기도 했다. 살아남은 것들도 그 대부분은 원래 갖고 있던 의미들의 흔적만이 남아 있을 정도로 변화를 거듭하며 오늘에 이르렀다. 특히 세 가지 이데올로기가 의미 있는 역사를 갖고 있다. 보수주의, 자유주의, 사회주의가 바로 그것이다. 보수주의(그리고 보수주의자들의 지배)는 19세기 전반기, 특히 1815년 이후 10년 남짓한 기간에 우세했다. 보수주의자들은 당시 자유주의자들로부터 점점 더 거센 도전을 받았고, 자유주의는 1848년 이후 20~30년 남짓한 기간 동안에 정점에 다다랐다. 사회주의 이론 내부의 극히 다양한 경향들은 이미 19세기 초에 출현했으나, 사회주의는 19세기의 마지막 수십 년 이전에는 주변적인 이데올로기에 머물러 있었다.

이 세 가지 이데올로기는 19세기에 지속적으로 구성되고 변형되는 과정을 거듭했다. 세 이데올로기를 나누는 분할선도 분명하지 않았고, 세 이데올로기의 교설들도 중첩되었으며, 세 이데올로기의 민족적 변종들도 다양했다. 오늘날 이 세 가지 이데올로기를 개략적으로 살펴보면, 불가피하게 당대인들에게 보인 것보다 훨씬 더 명료하고 일관되어 있다는 인상을 받게 된다. 그렇지만 세 가지 이데올로기 각각은 (오늘날이 아니라) 당대에 최고의 선(Highest Good)과 가장 긴급한 해악들 또는 최고의 적(Enemy)에 대한 나름의 분명한 전망을 갖고 있었다고 말할 수 있다.

자유주의는 통상 19세기, 나아가 현대 유럽사의 가장 특징적인 이데올로기라고 간주된다. 자유주의자들은 인간이 가능한 자유로울수록 더 나은 존재(자신의 최고 잠재성을 실현할 수 있는 개별적 인간 개성)로 향상될 수 있다고 주장했다. 영어의 '자유주의적'(liberal)이라는 말은 '자유로운'에 해당하는 라틴어 '리베르'(liber)에서 유래했다. 그렇다면 자유주의자들이 추구하는 최고의 선은 곧 개인의 자유였다. 그리고 이 개인적 자유를 억압하려고 하는 자들 속에서 최고의 적을 보았을 것이다. 이와 대조적으로, 보수주의자들은 개인적 자유의 결과들에 대해 상당히 유보적인 태도를 표명했다. 그들은 인간, 특히 하층 신분의 사람들이 종교와 권위와 전통에 의해 인도되고 보호받을 때 더 나은 존재로 향상될 수 있다고 믿었다. 그런 인도 없이 자유는 그저 위험할 뿐이어서 '자유로운' 사람들은 불가피하게 발을 헛디디 추락하고 말 것이었다. 보수주의자들이 추구하는 최고의 선은 안정과 안전과 질서에 결부되어 있었다. 그들은 전통적인 정치적 권위와 사회적 구조들이 신성하게 축성되어야 하고 자유로운 개인들은 운명적으로 죄악으로 기울어질 수밖에 없어 사회적 응집력을 손상시킨다고 믿었다. 보수주의자들에게 최고의 적은 인도되지 않은(즉 계시나 전통의 인도를 받지 않은) 이성에 기초하여 자유가 성취할 수 있다고 하는 주장에 허황되고 위험한 희망을 표명하는 자들이었다.

사회주의자들은 자유주의자들과 보수주의자들 양쪽 모두를 공격했다. 사회주의자들의 가장 근본적인 신념은, 그들 대부분이 믿기로, 인간은 오직 실질적인 사회적·경제적 평등의 맥락에서 가능한 조화로운 연합으로 한데 견고하게 묶일 때만이 더 나은 존재로 향상될 수 있다는 것이었다. 그들이 추구하는 최고의 선은 조화나 협동에 결속되어 있었다. 이런 믿음에 따라 그들은 자유주의자들이 그렇듯 자유를 오용하거나 아니면 보수주의자들이 그렇듯 권위를 남용함으로써 형제애의 감정을 위반하거나 손상시키는 자들을 모름지기 최고의 적으로 규정했다.

보수주의는 세 가지 이데올로기 가운데 가장 기초적인 것, 즉 장구하고 독자적인 계보가 있다고 강력히 주장할 수 있는 이데올로기였다. 전통에 대한 존중(전통을 '보수하다')과 사회적 위계가 신성하게 축성된 것이라는 믿음의 기원은 저 멀리 유럽사로 거슬러 올라갈 수 있다. 사실, 현대에 이르기까지 거의 모든 인간 사회는 그런 의미에서 충실하게 보수주의적이었다. 유럽 농촌의 하층 신분에 속한 사람들은 귀족층과 근왕파와 교회 못지않게, 아니 그들보다 더 전통을 경배했다. 메테르니히 같은 권좌의 보수주의자들은 인간에 고유한 사악함이 있음을 고려할 때 사회적 안정을 유지하려면 통치 당국은 불가피하게 물리력을 행사할 필요가 있다고 믿었다. 또 한 명의 보수주의 이론가인 조제프 드 메스트르는 교수형 집행인에 대한 공포야말로 사회가 적절하게 기능하는 데 필요한 초석이라는 악명 높은 재담을 펼치기도 했다.

왕정복고 시대 프랑스에서 극단파들처럼 보수주의를 극한까지 밀고 나간 사람들은 종종 '반동들'(reactionaries)이라고 칭해졌는데, 이는 처음에는 1794년 당시 과도하게 분출된 공포정치에 반대한 사람들을 묘사하는 데 사용된 새로운 단어였다. 그 뒤로 이 단어는 우파에 대한 자유주의자들의 비판에 사용되면서 아주 부정적인 뜻을 내포하게 되었다. 프랑스의 반동적 극단파는 대혁명이 도입한 개혁들을 무효로 하고 구체제를 복구하려고 했다. 극단파에 정렬한 많은 이들이 (이상화된) 아득한 과거로 되돌아가려는 열망을 표현했다. 메테르니히에 대한 자유주의적 반대자들은 종종 그를 '반동'이라고 비난했으나, 그에 대한 좀 더 적확한 표현은 반동이 아니라 보수주의자일 것이다. 적어도 메테르니히는 아득한 과거가 아니라 상대적으로 최근의 과거 중 일부만큼은 현실주의와 안정성의 이름으로 보수되어야 한다는 점을 받아들였으니 말이다. 비록 그 최근의 과거가 급속한 혁명적 변화에 연루되기는 했지만 말이다.

에드먼드 버크, 보수주의 전통과 그 반대자들

보수주의의 가장 영향력 있는 이론적 표현은 보수주의라는 용어가 통용되기 사반세기 이전으로 거슬러 올라간다. 1790년에 출간된 에드먼드 버크의 《프랑스혁명의 고찰》(Reflections on the Revolution in France)은 비상한 예지력으로 다가올 공포를 예언했다. 그의 저술들은 프랑스를 거칠게 휩쓸고 간 합리주의(수백 년, 수천 년에 걸쳐 공들여 세워진 제도들을 불과 1년 만에 폐지할 수 있다는 혁명가들의 믿음)의 폐부를 송곳으로 찌르는 듯한 방식으로 묘파한 까닭에 세간의 비상한 관심을 끌어모았다. 그리하여 혁명가들의 검증되지 않은 이념은 현실에 적합하지 않을 뿐 아니라 종종 파국적인 결과만을 낳는다는 점이 입증되었다. 위신과 전통의 사회적 효용성에 대한 버크의 옹호는 그만의 특별히 정교한 논변 덕에 세대에서 세대를 거쳐 보수주의자들에게 큰 인상을 심어주었다.

에드먼드 버크가 《프랑스혁명의 고찰》을 저술했을 때는 61세로서 그의 길고도 활동적인 경력의 대미를 향해 치닫고 있을 무렵이었다. 그의 정치적 입장은 기본적 특징으로 볼 때 영국적인 것이라서 메테르니히를 비롯한 한 세대 이후 유럽 대륙의 보수주의 이론가들의 입장과 특별히 가깝지는 않았다. 비록 이 이론가들이 아낌없이 버크에게 찬사를 보내기는 했지만 말이다.

버크는 젊은 시절 영국의 아메리카 식민지들의 혁명가들에게 공감을 표하기도 했다. 1790년까지 그의 경력은 적어도 국왕 권력에 반대하여 상층 신분의 전통적인 자유에 존중심을 보여 주었다는 면에서 자유주의적이었다고 볼 수 있을지도 모른다. 국가와 사회를 살아 있는 복잡한 유기체로 비유하는 그의 묘사가 결코 독창적인 것은 아니었지만, 이

부분에서도 역시 그는 특출한 미묘함을 통해 자신의 논변을 제시했다. 아마도 가장 결정적인 것은, 그가 보수주의자들에게 최고의 적이 무엇인지 설득력 있게 묘파한 대목이었을 것이다. 그가 말하는 최고의 적이란 바로 신성하게 축성된 자연적 지도자들로부터 벗어나 혼란과 자기파괴를 향해 돌진하는 '천박한 군중'(swinish multitudes, 버크의 표현)이었다.

버크의 《프랑스혁명의 고찰》이 얼마나 중요했는지를 잘 보여 주는 하나의 징표는, 이 저술이 나오자마자 즉각 숱한 비판적 논평들을 불러왔다는 사실이다. 적어도 좌파에서는 상대적으로 유명한 인물이 된 토머스 페인은 1791년에 구체제에 대한 맹렬한 공격이라고 할 《인간의 권리》(The Rights of Man)를 선보였다. 그는 버크가 그렇게도 찬양했던 전통과 위신이 낳은 주된 산물은 지혜와 사회적 책임이 아니라 부패와 비효율성, 잔인함이라고 비난했다. 페인의 주장도 새로울 것은 없었다. 그의 중요성은 이미 1790년대 초에 얻은 명성과 더불어 그의 산문이 보여 준 명료하고 효과적인 논변과 관련이 있었다. 기실, 《인간의 권리》는 페인 자신이 훨씬 이전인 1776년에 출간한 유명한 팸플릿 《상식》(Common Sense)에서 개진한 많은 주장들, 특히 계몽된 이성에 대한 옹호를 되풀이한 것이었다. 역설적이게도 페인은 버크와 나란히 미국혁명에 대한 가장 유명하고 영향력 있는 옹호자들 중에 한 명이었다. 물론 이것도 페인과 버크 두 사람이 프랑스혁명을 둘러싸고 결별하기 이전의 이야기다.

페미니즘과 여성 문제

그 무렵 버크에 반대하는 관점을 웅변으로 토해 낸 또 다른 인물인 메리 울스턴크래프트는 훗날 페미니스트들에게 아이콘이 될 터였다. 울스턴크래프트는 1789년에 분출한 혁명에 너무도 열정적이어서 두 눈으로 혁명을 직접 관찰하고자 몸소 프랑스로 여행하기로 결정했다. 그럼에도 1792년에 출간된 《여성 권리의 옹호》(A Vindication of the Rights of Woman)에서 분명해지듯이, 그는 자신이 목격한 것에 모두 만족할 수 없었다. 그는 프랑스 혁명가들이 자유와 법적 평등에 대한 '남성'의 권리를 여성에 대해서는 부정한 것에 깊이 실망했다. 마찬가지로 실망스러운 것은 1791년에 《여성의 권리 선언》(A Declaration of the Rights of Women)을 출간한 프랑스 작가이자 정치 활동가인 올랭프 드 구주의 경우였다. 드 구주는 자코뱅의 극단적 분파들과 연루된 오점을 남긴 다른 여성 활동가들이 그러했던 것처럼 공포정치에 반대한 죄목으로 처형되었던 것이다.

울스턴크래프트와 드 구주는 살아생전에 오직 소수의 추종자들만을 거느렸지만, 그들의 이념은 잇따른 세기에 계속해서 큰 반향을 불러일으키게 된다. 이 초창기 페미니스트들이 독자들을 거느리고 여전히 계속해서 새로운 독자들을 발견하는 이유는, 그들이 인간 조건에 대한 근본적인 문제들을 설정하는 과정에서 세 가지 주된 이즘들에 진지한 문제를 제기했기 때문이다. 그들의 저술은 특히 자유주의에 내재한 일부 불편한 모순들을 드러냈는데, 그 모순들이란 자유주의자들 대부분은 아니더라도 많은 이들이 스스로 가정한 보편주의에도 불구하고 자유의 가치를 선포할 때 오직 '남성'에 대해서만 말하지 인류 전체에 대해서는 말하지 않는다는 데서 비롯된 것이었다. 초기 자유주의자들 다수가 여성의 고유한 정신 능력, 심지어 감정적 안정성, 나아가 시민적 평등과 현대적 자유에 대한 여성들의 적합성에 의혹을 품었다. 그런 의혹의 배후에서 작동한 추론은 여성이라면 피할 수 없다고 가정된 신체적·심리적 취약성과 관계가 있었다. 그런 고유한 나약함 때문에 여성이 남성의 보호와 인도에 기댈 수밖에 없다고 생각되었다. 여성에게도 남성에게 허용된 자유를 허용하는 것은, 마치 그 자유를 어린아이에게 허용하는 것만큼이나 잘못이라는 것이다. 그런 이유로 페미니즘의 이념을 수용한 여성들은 개인주의적 자유주의에 대한 최초의 관심에서 멀어져 적어도 조금은 더 공감적인 반응을 구할 수 있는 사회주의로 경도되는 경우가 많았다.

이 시점에서 사회주의 활동가들과 이론가들은 내적으로 전혀 동질적이지는 못했으나, 몇몇 결정적인 측면에서 초기 페미니스트들에게 동의하는 경향이 있었다. 초기 사회주의자들과 초기 페미니스트들은 일반적으로 스스로를 자유주의, 특히 자유주의자들(그리고 부르주아지)의 위선과 이기적 개인주의에 반대하는 진영으로 규정했다. 사회주의자들은 자유주의자들이 자유와 평등을 규정하는 방식을 거부했는데, 그도 그럴 것이 실제로 그런 규정들이 여성들뿐 아니라 성인 남성 인구의 압도적 다수를 배제했기 때문이다. 자유주의적 엘리트주의에 대한 사회주의의 비판은 특히 사적 소유의 불평등한 분배가 갖는 함의에 초점을 맞추었다. 사회주의 문헌들에 나타나는 공통된 테마는 부와 소유권의 극단적인 불평등이 인간적 연대감을 훼손하고 착취를 정당화함으로써 인간 영혼을 타락시킨다는 것이었다.

프랑스의 초기 사회주의자들 가운데 가장 영향력 있는 인물 중에 한 사람인 샤를 푸리에는 공공연하게 급진적 페미니스트임을 자처했다. 그는 놀라운 단호함으로 가부장제와 현존하는 부르주아 가족을 거부했다. 그는 여성들이 자신들을 둘러싼 사회 속에서 차지하는 위치가 노예들보다 하등 나을 것이 없다고 묘사했는데, 한 문명이 제대로 된 문명인지의 여부는 전통적인 여성의 예속이 얼마만큼 치유되었는가에 따라 평가된다고 덧붙였다. 그러나 자유에 대한 푸리에의 정의는 아주 최소한으로 규정해도 특출한 것이었음에 틀림없고, 그가 옹호한 평등도 신체적이거나 지적인 능력이 아니라 인간의 권리 및 존엄과 관계가 있는 것이었다. 그는 선언하기를, 여성들은 명백한 신체적 차이를 제외하더라도 감정적·영적 본성에서 남성들과 심오하게 차이가 난다고 했다. 그는 여성들이 전통적인 기독교적 도덕성의 금기와 제한의 굴레를 쓰지 않은 채 본질적으로 남성과는 다른 여성만의 개성을 마음껏 표출할 때에만 '자유로울' 수 있으리라고 주장했다. 바로 이 대목에서 여성의 섹슈얼리티라는 측면에서 "차이 만세!"(vive la difference!)라는 구호가 명료하게 표현된 흔치 않은 경우를 확인하게 된다.

자유주의 이론과 실천의 진화, 급진주의와 공리주의

1820~1830년대에 자유주의 이론은 페미니즘이나 사회주의보다 더 정교하고 더 통합된 사상 체계로 발전했지만 여전히 서로 구별되는 여러 입장들을 한데 아우르고 있는 상태였다. 당시 자유주의자들의 주된 노력은 1815년 이후 반동에 반대하는 정치 개혁에 집중되어 있었다. 그럼에도 사회주의가 그 세기 중반에 상당한 추종자를 얻기 시작하고 하층계급을 대상으로 하는 선동이 힘을 받기 시작하자, 자유주의 이념 또한 좀 더 명시적으로 반사회주의 차원을 띠게 되었다. 푸리에의 이념은 이를 배운 중간계급 대부분의 성원들에게 엄청난 충격을 안겨 주었

는데, 비단 젠더와 관련된 쟁점들만 그런 것은 아니었다. 사적 소유권과 자유로운 시장경제가 폐절되어야 한다는 그의 믿음은 재산을 소유한 기업가 시민들에게 심대한 위협으로 비쳤다.

그럼에도 자유주의 내부의 좌파적 경향에서는 계속해서 사회주의와 의미 있는 방식으로 겹치는 부분이 많았다. 예컨대 영국의 철학적 급진파(Philosophical Radicals)라는 저명한 지적 엘리트 집단이 그런 경우였는데, 그 명칭은 자신들이 이성을 바로 그 뿌리에서('뿌리'는 라틴어로 '라딕스'[radix]로서 '급진파'[radical]의 어원이다) 인간 본성에 적용한다는 주장에서 비롯되었다. '급진주의'는 '민주주의적 급진주의'라는 용어에서 보이듯이 자유주의적·합리주의적 이념을 그 논리적 극한으로 밀고 나가려는 경향을 가리키되, 더 구체적으로는 개인주의적·평등주의적이면서 동시에 비사회주의적인 성격의 자유주의 좌파를 지칭하는 용어로서 19세기에 널리 사용되었다(프랑스어인 '라디칼'[radical]은 프랑스에서 자코뱅 전통과 밀접하게 연관되었다). 미몽에서 깬 페미니스트들처럼 미몽에서 깬 급진파는 종종 위선적인 형태의 자유, 평등, 우애보다 더 일관되게 보이는 것을 요구하는 과정에서 다양한 유형의 사회주의자들과 협력했지만, 그들의 강조점은 어디까지나 사회주의자들보다는 더 개인주의적이고 사적 소유권, 적어도 소소유자의 사적 소유권에 더 밀착된 것으로 남아 있었다.

1790년대 후반과 19세기의 첫 10년 동안 철학적 급진파는 토머스 페인이나 프랑스혁명과 동일시되는 것을 한사코 피하려고 했는데, 그도 그럴 것이 영국이 오랫동안 나폴레옹의 프랑스와 쓰라린 갈등을 빚었기 때문이다. 그럼에도 철학적 급진파의 이념은 오롯이 계몽사상의 원칙에 기반을 두고 있었다. 풍취에서는 프랑스적이라기보다는 영국적이었지만, 영속적인 방식으로 사회를 개혁하는 인간 이성의 능력을 존중한다는 점에서는 프랑스 계몽사상의 전통과 어깨동무를 하고 있었던 것이다. 그들의 가장 영향력 있는 안내자는 영국적 삶의 모든 영역에서 급진적 개혁을 주장한 주목할 만한 다산(多産)의 작가 제러미 벤담이었다. 그는 이 모든 것이 어떻게 이룩될 수 있을지에 대해서 하나도 빠뜨림 없이 철저하게 세부 사항을 제시한 인물이기도 했다.

벤담의 저술들에는 19세기에 널리 입에 오르내린 여러 관용구들이 담겨 있었다. "최대 다수의 최대 행복"이나 "처벌을 범죄 정도에 맞게"라는 관용구들이 바로 그것이다. 이런 관용구들은 그의 살아생전에 특별한 함축적 의미를 띠고 있었는데, 왜냐하면 많은 사람들이 영국 정부가 기생적인 귀족의 수중에 장악되어 있고 범죄 정도에 맞지 않는 잔혹한 처벌이 종종 경범죄에도 적용된다고 믿었기 때문이다. 소매치기에도 사형이 구형된 것을 보면 그런 점을 잘 알 수 있다. 벤담은 법이 얼마나 오래 지속되었는가(버크가 말하는 '시대의 지혜')에 따라 평가되어서는 안 된다고 주장했다. 오히려 적합한 평가 기준은 법이 얼마나 효율적이고 공정한 방식으로 사회에 기여했는가의 잣대, 요컨대 법의 사회적 효용성(그리하여 철학적 급진파라는 용어의 대안으로 사용된 '공리주의'라는 용어가 나타났다)이라는 것이었다. 그는 이런 측면에서 보면 영국의 많은 법들이 형편없는 성적을 거둘 수밖에 없다는 결론을 내렸다.

영국의 기성 국가와 사회, 경제에 대한 벤담의 공리주의적 비판은 궁극적으로 고전적 자유주의(Classical Liberalism)로 알려지게 될 경향에 지대한 영향을 미쳤다. 세기 후반기에 영국은 자유주의가 가장 성공한 나라로서 유럽 대륙의 자유주의자들에게 하나의 모델이었으므로, 자유주의 이론을 공식화하는 과정에서 영국 사상가들이 상당한 존재감을 발휘한 것은 어쩌면 자연스러운 일이었다. 18세기의 또 다른 저명한 사상가 애덤 스미스는 자유시장 경제학을 선호하는 주장을 펼치며 일찍이 고전적 자유주의의 종합 명제를 이루는 핵심적 구성 요소를 제시했다. 흔히 '자유방임'(laissez-faire)으로 지칭되는 이 말은 '하게 내버려 둔다'라는 프랑스어에서 유래한 것으로 기업가들을 정부 간섭으로부터 자유롭게 한다는 것을 의미했다. 그리하여 1776년에 출간되어 널리 읽힌 스미스의 저작 《국부론》(On the Wealth of Nations)은 19세기에 여러 나라의 수많은 자유주의 경제학자들이 참조한 중요한 전거였다.

자유주의는 다원적이고 잘 조율된 (경제적·정치적·지적) 자유의 이데올로기로 점차 진화해 나가면서 마침내 존 스튜어트 밀이 1859년에 출간한 《자유론》(On Liberty)에 이르러 그 가장 정교한 종합 명제를 발견하게 되었다. 이 저작이 출간되기 오래전부터 밀은 공리주의자들과 교류하고 있었다. 그의 아버지 제임스 밀은 벤담의 협력자이기도 했고, 1821년에는 그 당시 경제학을 의미하는 '정치경제학'에 관한 영향력 있는 책을 쓰기도 했다. 어릴 때부터 그리스어와 라틴어 고전 문헌을 읽을 줄 알았던 영재 존 스튜어트 밀은 1848년에 정치경제학에 대한 자신의 연구를 출판했다. 이리하여 19세기 초에서 중엽에 이르는 시기에 부분적으로 제러미 벤담과 제임스 밀, 존 스튜어트 밀 같은 사람들의 출판물에 힘입어 자유주의는 비교적 명확한 내용을 확보하면서 폭넓게 인정받는 일련의 정치적·경제적·문화적·지적 차원을 획득할 수 있었다.

그럼에도 밀의 종합 명제는 '데모스'(demos, '시민'에 해당하는 그리스어)나 모든 남성 시민이 투표권을 가져야 한다고 믿는다는 의미에서 민주주의는 아니었다. 여러 다른 측면에서 밀은 공리주의자들의 본원적인 이념들과는 거리를 두었다. 이 대목에서 '민주주의자'(democrat)라는 단어가 19세기 내내 중간 및 상층계급들에게 불길한 의미를 함축하고 있었음을 기억할 필요가 있다. 그들은 권력을 잡은 민중 다수파가 즉각

부를 재분배한다는 악몽에 시달렸다. (여기서 또한 독자들은 당시에 '공화주의자'[republican]라는 용어가 20세기 미국의 공화당과 관련이 없음을 염두에 둘 필요가 있다. 19세기 유럽의 공화주의자는 민주주의자보다 아주 약간만 덜 위협적으로 여겨졌을 뿐인데, 왜냐하면 거의 모든 유럽 정부가 왕정이었고 1790년대의 프랑스 공화정은 폭력과 국왕 시해와 연관되어 있었기 때문이다.)

이 무렵에 등장하기는 했으나 곧 대중적 관심에서 벗어나 시들해진 많은 이즘들 가운데 하나인 '입헌주의'(constitutionalism)가 밀의 종합 명제에 적용될 수 있는 좀 더 정확한 용어라고 생각된다. 왜냐하면 자유를 규정하는 과정에서 그가 특히 법의 지배와 정당한 절차, 행정 권력과 대중 감정 모두를 입헌적으로 제한하는 것이 중요하다고 강조했기 때문이다. 《자유론》은 자유의 보상에 대한 미묘한 뉘앙스를 띤 논변을 펼치고 있지만, 밀 또한 그 개념에 도사리고 있는 수많은 위험을 언급하는 데 관심이 있었다. 기실, 자유에 어른거리는 민주주의의 위협이야말로 밀의 주된 관심사 가운데 하나였다. 이런 측면에서 1835년부터 1840년까지 두 권으로 출간된 알렉시 드 토크빌의 《미국의 민주주의》(Democracy in America)를 밀이 읽은 것이 밀의 사상 형성에 중요한 영향을 끼쳤다고 할 수 있다.

그리하여 영국에서 성숙해진 자유주의는 자유의 이데올로기였지만, 자유의 잠재적 과잉과 관련해서는 잘 조직되고 결정적인 유보 조항을 두는 방식으로 발전했다고 하겠다. 그것은 합리주의적이되, 동시에 인간사에서 감정에 내재된 파괴적 역할을 잘 인지하고 있었다. 자유주의 국가는 기업가에 대해서 자유를 강화함으로써 경제를 규제하는 자신의 권력에서는 취약해질 터였지만, 소유권을 보호하는 문제에서는 도리어 강력해질 것이었다. 그것은 건전한 통화나 정확한 도량형을 확립하는 것과 같은 문제들에서 단호한 태도를 보이는 게 중요하다는 것을 잘 알고 있었다. 무엇보다 자유주의자들은 영국에서 특별히 강력한 해군을 의미하는 국가 방위의 문제에 관심을 두는 게 중요하다는 것도 잘 인지하고 있었다. 그러나 모든 나라에서 그런 인식은 불가피하게 점증하는 국가권력을 합리화하는 데 기여했다.

자유에 대한 자유주의적 개념은 의회 정부와 국가 문제에 대한 개방적인 공적 토론과 관련되어 있었지만, 의회 대표들은 여전히 재산을 소유했고 교육을 받았으며 높은 사회적 지위를 누리는 남성들이었지, 보통의 육체노동자들은 아니었다. 좀 더 추상적인 지적 영역에서는 예술가와 지식인들이 자유주의 정부 아래에서 상당한 정도로 창작의 자유를 허용 받게 된다. 실제로 그들의 자유는 (예컨대 성 문제에 대한 공적 토론이나 표현의 경우에) 훗날의 자유에 대한 이해와 견주어 상당히 제한되어 있기는 했지만 말이다. 어쨌거나 지적·예술적 자유는 절대 다수의 보통 시민들이 아니라 교육받은 엘리트들의 일차적 관심사였다.

사회주의와 페미니즘에 대한 존 스튜어트 밀의 견해

점점 원숙해짐에 따라 존 스튜어트 밀은 사회적 평등이라는 쟁점에 좀 더 많은 관심을 기울이게 되었고, 결국 형식적인 정치적 평등은 극단적인 경제적 불평등과 맞물릴 때 환상에 불과한 것으로 전락하고 자기 파괴로 기우는 경향이 있다는, 고전적 자유주의에 대한 좌파 비판자들의 견해에 동의하기에 이르렀다. 그는 사회적 평화와 조화의 이름으로 가난하게 태어난 사람들에게 좀 더 개방된 진정한 기회의 평등을 제공하고 자본주의 사회에서 부자와 빈자를 멀찍이 떨어뜨려 놓고 있는 간극을 메울 수단들을 고안해야 한다고 결론지었다. 그리하여 그는 자유방임 자본주의에 대한 온건한 사회주의적 비판자들의 말을 공감하며 받아들였다. 말년에(1860년대) 그가 보여 준 경향은 사회정의와 기회의 평등이라는 방향으로 이동하면서 국가에 좀 더 적극적인 역할을 주문한 19세기 말과 20세기 자유주의자들의 성향과 유사했다.

밀이 죽은 후 한참 뒤에야 실현될 것이기는 했지만, 여성의 평등한 권리라는 쟁점에 대해 밀이 보여 준 공감적 관심도 장차 자유주의가 발전해 나갈 또 다른 방향을 예시해 주었다. 그의 초기 페미니즘은 그가 결국 (전 남편이 죽은 후) 결혼하게 될 배우자로서 그와 오랜 동안 친밀한 관계를 맺어 온 해리엇 테일러 부인한테서 결정적으로 영향 받은 것이었다. 1830년대부터 두 사람은 영국과 그 밖의 곳에서 여성이 직면한 부정의와 모욕을 날카롭게 비판한 수많은 저술을 공동으로 집필했다. 밀은 다른 부분에서도 지적으로나 심리적으로 해리엇 테일러가 자신에게 중요한 영향을 주었음을 솔직하게 인정한 바 있다. 두 사람의 공동 작업의 궁극적 산물로서 그 출간이 계속 미루어져 오던 저작이 바로 《여성의 종속》(The Subjection of Women)이었다(이 저작은 테일러가 죽은 지 11년 후, 밀이 죽기 4년 전인 1869년, 그러니까 밀의 나이 63세가 되어서야 출간되었다).* 이 저작에서 그들은 여성의 평등하고 자유로운 사회 참여가 사회의 모든 부분에 유용하다는 공리주의 원칙에 부분적으로 기반을 둔 주장을 제시했다. 지금처럼 여성이 권리를 박탈당하는 것은 사회의 모든 부분에 손실을 가져올 것이므로 정의의 원칙에 위반될 뿐더러 근본적으로 비합리적이라는 것이었다.

이미 위에서 언급되었듯이, 자유주의적 소유권 개념에 대한 사회주의자들과 수많은 페미니스트들의 비판은, '평등한'(equal)이라는 말이 담

---

* 원서에는 테일러가 죽은 지 1년 후, 밀이 죽기 2년 전으로 되어 있으나 이는 두 사람의 사망 연도를 착각한 결과로 보인다.

고 있는 많은 의미들을 비판적으로 검토하는 것과 깊이 관련되어 있었다. 명백히 '인간의 평등'이란, 양성에 속한 사람들이 정확히 똑같다는 것을 의미하지는 않았다. 남성과 여성은 명확한 것이든 미묘한 것이든 신체적 측면에서 많이 달랐다. 더욱이 그들은 그 밖의 실질적 측면들에서도 유사하지 않다고 생각되었다. 그렇다면 그들 간의 평등이란 법적 권리와 이에 연관된 개인의 인간적 존엄이나 가치라는 쟁점들과 관계가 있는 것으로서 무엇보다 도덕적이거나 형이상학적인 견지에서 개념화되어야 했다.

평등에 대한 이런 정의는 고전 철학과 기독교에 뿌리를 둔 것인데, 궁극적으로 남성이든 여성이든 신 앞에서 인간 영혼은 평등한 가치를 지닌다는 개념과 연관되어 있었다. 이런 종류의 평등은 과학적 측정을 통해 증명될 수 있는 성질의 것은 아니었다. 이런 형이상학적 의미에서 여성의 평등은 믿기에 따라―어떤 의미에서 "믿음의 도약"(leap of faith)*―참된 것으로 수용되거나, 아니면 거짓된 것으로 거부되었다. 그런 측면에서 여러 해 전에 메리 울스턴크래프트가 프랑스혁명을 통한 해방된 이성의 적용을 예찬했음에도 불구하고 열렬한 기독교 신앙으로 귀의한 일은 시사하는 바가 크다.

이보다는 좀 더 경험적인 성격의 페미니즘 주장도 존재했는데, 이런 주장은 여성이 신체적·지적 역량에서 남성과 완전히 평등하거나 적어도 일반적인 믿음보다는 훨씬 더 평등한 쪽에 가깝다고 주장했다. 이런 주장이 받아들여진다면, 이제 여성은 신체적 병약함을 이유로 전통적으로 막혀 있던 공적 영역에서도, 모든 역할까지는 아니더라도 대부분의 역할을 잠재적으로 떠맡을 수 있었다. 그러나 형이상학적인 것이든

---

* 일찍이 철학자 키르케고르가 이성을 뛰어넘는 근거 부재의 믿음에 귀의하는 것을 강조할 때 쓴 표현이다.

경험적인 것이든 어쨌거나 그런 다양한 종류의 주장들은 서로 간에 그렇게까지 분명하게 구분되지는 않았는데, 하기야 대중적 담론에서라면 혼동은 더 심했을 것이다. 거의 누구도 여성이 광폭한 육체적 힘을 써야 할 곳에서 남성이 했던 종류의 육중한 육체노동을 떠맡을 수 있고 또 떠맡아야 한다고 주장하거나, 또는 여성이 민족들 간의 전쟁에서 전투 임무에 동원되어야 한다고 주장하지는 않았다.

이보다 좀 더 광범위한 의제는 여성의 권리 평등이라는 개념을 통해 제기되었다. 여성에 대한 그런 평등권들로는 예컨대 평등한 교육을 받을 권리(울스턴크래프트와 밀의 각별한 관심사)와 평등한 상속권 및 소유권, 결혼에서 법적 평등의 권리(그리고 양육의 책임), 그리고 성적 자율성(주로 피임과 낙태)에 대한 권리 등이 있다. 여기서 언급된 어떤 영역에서도 19세기 초에 여성의 평등을 포함하는 법들이 통과될 기회가 많지 않았는데, 이는 당시 우세한 여론(남성뿐 아니라 여성들 사이에서도)이 그런 이념들이 비현실적이고 위험하다거나 비도덕적이라는 쪽에 기울어져 있었기 때문이다. 일부 학자들은 19세기 전체를 여성권이 분명히 퇴보하고 여성의 열등성이 노골적으로 천명된 시기라고 보기도 한다. 이런 측면에서 19세기 당시에 과학으로 인정받은 것이 인종 영역에서 평등의 쟁점과 똑같은 방식으로 역설적인 역할을 담당한 것으로 보인다. 아닌 게 아니라 당시 주도적인 과학자들은 성과 인종 모두에서 확인되는 불평등에 대해 반박할 수 없는 과학적 증거를 발견했다고 주장했으니 말이다.

19세기에 과학적 조사를 통해 인정받은 것들 가운데 일부가 현대의 기준에서 볼 때 과학적이지 않다는 점에는 거의 의문의 여지가 없다. 그런 과학은 아프리카의 흑인과 그 밖의 비유럽 인종이 유럽인에 비해 열등하다고 널리 생각되는 것과 마찬가지로, 여성들이 신체적으로나 정신적으로 도덕적으로 남성에 비해 열등하다는 기성의 근거 없는 예단을 강화시킬 뿐이었다. 여기서도 그 무렵, 시대에 뒤떨어져 보이던 기독교 지도자들이 예컨대 아프리카인들의 노예화를 정당화하기 위해 이용된 '과학적' 인종주의에 반대하는 과정에서 가장 단호한 태도를 보였다는 사실이 시사적이다. 그들의 반대는 대부분 기독교적 평등의 개념에 내재한 도덕적 차원에서 비롯된 것이었다. 기독교 지도자들이 넓은 의미의 과학에 저항한 이유는, 과학이 성서적 확실성을 비롯한 종교 교리를 위협했기 때문이다. 그렇다고 그들이 종교적 교리주의 때문에 '인간주의적'이거나 보편주의적인 방향으로 나아가지 못했다고 가정하는 것은 잘못이다. 그럼에도 기독교 교리가 남성 종교 지도자들을 페미니스트들의 폭넓은 염원에 부응하는 방향으로 이끌어 주는 경우는 거의 없었다. 과연 구약이든 신약이든 수많은 권위 있는 성서 텍스트들이 여성에게 종속적인 역할을 명시적으로 할당하고 있는 까닭이다.

푸리에의 환상적이지만 '과학적인' 사회주의 전망

페미니스트나 사회주의자의 이념들이 인텔리겐치아와 노동 대중에게 널리 호소력을 발휘하기까지는 최소한 수십 년이 걸렸는데, 이 수십 년 동안 초창기 사회주의의 유토피아적 성향을 비판하고 과학적 사회주의 버전을 공식화했다는 마르크스의 주장이 영향력을 행사했다. 기이한 상상력이 넘치는 푸리에의 사회주의 전망은, 푸리에 자신도 이성과 과학의 인도를 받았다고 주장했음에도 불구하고 마르크스의 손쉬운 표적이 되었다. 푸리에의 전망은 훗날 1960년대에 '억압 없는 사회'(non-repressive society)라고 지칭된 경향과 닮았는데, 이 경향은 방해받지 않는 본능의 충족을 허용하고 무언가를 부정하고 금지하는 제재 조항이 과거보다 훨씬 적다는 특징이 있었다. 푸리에는 스스로가 '팔랑스테르'(phalanstères)라고 지칭한, 자기 충족적 단위들을 기초로 삼아 근본적으로 사회를 재조직하자고 제안했다. 이 단어는 그가 만들어 낸 많은 말들 중 하나였는데, 아마도 고대 그리스의 군사적 밀집 대형인 '팔랑크스'(phalanx)에서 유래한 듯하다. '팔랑스테르'는 1620명(성별로 각각 810명)의 거주자로 이루어진 공동체인데, '열정들'(passions)의 독특한 조합을 바탕으로 하는 복잡한 상호작용을 통해 강력하게 결속되고 조화를 이룬다.

푸리에는 자기 자신도 기독교도들이 확실하게 이해하지 못한 인간 본성을 이해한 사람, 즉 '이성의 메시아'로 자처하기는 했지만, 다른 이론가들, 무엇보다 공리주의자들과 자유방임 경제학의 옹호자들이 이성을 사용하여 발견했다고 주장한 것에 대해 경멸감을 표출했다. 이와 유사하게, 그는 산업화를 인간을 해방시키는 현상이라고 보지도 않았다. 오히려 산업화야말로 인간의 필요와 본성을 거스르는 끔찍한 현상이었다. 애덤 스미스가 그렇게도 찬미해마지 않았던, 반복적 직무로 가능해진 생산성 증대가 푸리에에게는 규격화와 지루함이라는 끔찍한 대가를 지불하고 얻어야 할 만큼 가치 있는 것이 결코 아니었다. 그는 또한 1790년대 말에 목격한 금융가들의 부패에 대해서도 역겨움을 느꼈다. 그의 '팔랑스테르'는 본질적으로 금융 대출업자들이나 자본축적을 거의 필요로 하지 않는 농업 공동체였다.

푸리에가 평등의 관념을 다루는 방식만 해도 진지한 사색을 자극하는 것이었다. 이는 특히 그가 도덕적 평등이나 인간 존재의 평등한 가치를 수용하되, 인간들 사이의 개별적인 신체적·심리적 차이들(810가지 변종들!)을 한껏 강조했다는 점에서 그렇다고 할 수 있다. '팔랑스테르'의 여성들은 권리에서 평등을 누릴 것이었지만, 푸리에는 여성들이 신체적으로나 심리적으로 남성들과는 다른 존재라고 주장했다. 오직 그런 차이들을 인정함으로써만 양성은 진정한 성취감을 발견할 수 있을 터였다. 이와 동시에 푸리에는 남성에 대한 여성의 예속에 반대하는 입장을 보였고, 그가 구상한 체제에서 가부장적 가족은 더 이상 존재하지 않았다. 그는 가족에 기반을 둔 사회가 사람들을 너무나 심하게 안으로 웅크리게 만들고 사적 영역으로 침잠하게 한다고 확신했다. 반면, 그는 사람들이 밖으로 펼쳐 나가 감정적으로 '팔랑스테르'가 제공하는 더 넓고 더 다양하며 더 만족스러운 사회와 완전한 관계를 맺어야 한다고 믿었다.

푸리에는 매일같이 사무실에 앉아 자신의 프로젝트를 알아보고 재정을 지원해 줄 백만장자를 끈기 있게 기다렸다. 하지만 그의 기다림은 허망했다. 다른 한편, 푸리에주의자를 자처한 사람들이 만든 몇몇 식민지들이 프랑스와 신세계에 잠깐 출몰하기도 했지만, 그것들은 그저 푸리에가 구상한 것을 실현하려는 부분적인 노력의 산물일 뿐 결코 오래 이어지지는 못했다. 푸리에의 시스템은 상상력에 바치는 기념물이자 진지한 사색을 통해 막 출현하고 있던 부르주아-자본주의 사회로부터 벗어나려는 노력이라고 평가할 수 있다. 그럼에도 '유토피아적'이라는 마르크스의 표현은 다른 어떤 초기 사회주의자보다 푸리에에게 딱 들어맞았다. 그 용어는 그 세기 전반기에는 그다지 많이 사용되지는 않았다. 마르크스와 엥겔스는 1848년 2월에 발표한 팸플릿 《공산주의자 선언》(The Communist Manifesto)에서 그 용어에 특정한 의미를 부여했다. 그들이 푸리에의 사상에서 결여되어 있다고 본 것은, 다른 사회주의자들의 경우에서도 그렇듯이, 자신의 이념을 실천에 옮길 수 있는 현실적인 수단이었다.

로버트 오언, 실천적 사회주의자

  그럼에도《공산주의자 선언》에서 유토피아적이라고 치부된 사람들 가운데 몇몇은 그래도 푸리에보다는 좀 더 실천적이었고, 몇 십 년 동안은 마르크스와 엥겔스보다 훨씬 더 유명했다. 예컨대 로버트 오언은 행동하는 인간이자 현실 세계에서 성공한 인물이었다. 그의 길고 다채로운 경력의 초기인 18세기 후반의 시점에서 그는 사회주의자(1830년대에 들어서야 통용된 단어)라기보다는 자본주의적 개혁가에 더 가까웠다. 바꿔 말해, 그는 시종일관 멋지게 이윤을 창출하면서도 동시에 더 짧은 노동 시간과 더 안전하고 더 쾌적한 공장 조건, 직원들을 위한 학교 교육 같은 조치들을 도입하려고 한 자비로운 공장 소유주였던 것이다.

  스코틀랜드의 뉴라나크(New Lanark)에 있던 오언의 공장은 19세기 초입에 유명해져서 수천 명이 방문하기도 했다. 한동안 오언을 찬미하는 이들 가운데는 영국의 보수적 계급의 구성원들도 있었는데, 이는 무엇보다 그가 이 나라에서 막 출현하고 있던 자본가들의 탐욕과 사회적 무책임성을 비판했기 때문이다. 그는 1813년에 출간한《사회에 관한 새로운 견해》(New View of Society)에서 공장 소유주들을 낡은 지배 신분들과 대비시켰는데, 낡은 지배 신분들을 좀 더 사회적으로 책임 있고, 좀 더 보통 사람들의 복지에 관심이 있는 사람들로 묘사했다. 그러나 자신의 이념이 발전해 감에 따라, 오언은 스스로를 투박하기는 해도 계몽사상의 자식으로 드러냈다. 대규모 사회공학에 대한 믿음뿐 아니라 기독교에 대한 그의 준열한 공격 탓에 곧 보수주의자들은 오언에게서 등을 돌리기 시작할 것이었다.

  앞서 푸리에가 인간의 본성이 태어날 때부터 정해져 있다고 생각한 반면, 오언은 사람들의 본성이 처한 환경에 의해 결정된다고 믿었다. 오언의 목표는 영국 주민들의 본성을 개혁하거나 향상시키기 위해 파괴적일 정도로 경쟁적인 영국의 환경을 바꾸는 것이었다. 이와는 반대로, 푸리에는 인간의 변화하지 않는 열정들과 환경을 조화시키기 위해 근본적으로는 새롭지만 여전히 합리적인 환경을 도입하는 것을 원했다. 오언과 푸리에는 다른 면에서도 결정적으로 달랐다. 오언은 산업화를 개선하고 인간화하되, 폐절시키는 데는 관심이 없었다. 그런 측면에서 그는 푸리에보다는 덜 유토피아적이었고, 현대 산업 기술을 통한 노동생산성의 증대라는 빛나는 약속을 더 잘 이해하고 있었다. 그럼에도 사회주의 방향으로 그가 뗀 첫 발걸음은 현대 생산 기술과는 거의 관련이 없었다. 그는 자신이 '협동촌'(villages of cooperation)이라고 부른 것, 즉 자기 충족적 농업 공동체를 세움으로써 새로운 기계류가 도입되면서 야기된 실업을 치유할 방법을 제안했다. 비록 당시에 오언이 푸리에에 관해 무언가를 알고 있었다는 증거는 없지만, 오언의 공동체는 푸리에의 '팔랑스테르'와 얼추 비슷했다. 그럼에도 오언은 자신의 계획을 지원해 줄 정부나 강력한 후원자들의 관심을 끌 수 없었고, 다만 그 스스로가 비난했던 동포들의 근시안성에 좌절해서 긴 항해 끝에 대서양을 건너 1824년에 미국 인디애나에 '뉴하모니'(New Harmony)라고 이름 지은 좀 더 근본적인 유토피아적 사회주의 프로젝트를 개시하기에 이르렀다.

뉴하모니는 미국에서 오언이 구상한 방식대로 세워진 15개의 정착촌 가운데 최초의 것이었다. 이 촌락들은 뉴라나크의 공장과는 다른 방식으로 사회주의적인 것이라고 평가받았다. 예컨대 뉴하모니에서는 (남성과 여성 모두에 대해) 공동 소유권과 민중의 지배를 확립하려는 노력이 펼쳐졌다. 그렇지만 오언주의 촌락들은 노동 절약형 기계류를 구비한 공장이 아니라 대개 낡은 기술을 사용하는 자기 충족적 농업 공동체였다. 더욱이 이 공동체들이 살아남기 위해서는 들판에서 감내해야 하는 고된 노동이 필요했는데, 이 역시 공동체에 가입 서명을 한 중간 계급 출신 이상주의자들에게는 너무도 견디기 힘든 일이었다. 그 밖에도 일련의 문제들이 불거져 오래지 않아 마찰이 생기고 파당이 나타났다. 1828년 즈음 오언은 공동체들에 계속 재정 지원을 하다 거의 파산 상태에 처하게 된다. 그리하여 그는 영국으로 돌아갔는데, 고국에서는 막 기지개를 펴고 있던 노동운동이 오언의 이념들을 받아들이기 시작했다. 한동안 통용된 '오언주의적'(Owenite)이라는 표현은 훗날 사용될 '사회주의적'이라는 표현에 해당하는 말이었다.

생시몽, 모더니즘의 예언자

새로운 사회주의적 협동의 세계를 도입하는 일환으로 고립된 농업 공동체를 구상했던 관념의 미몽에서 깨어나면서, 동시에 그런 농업 공동체처럼 경제적으로 정체된 공동체가 새로운 산업 세계에서 양산되는 갖가지 문제와 도전에 적절하게 대응할 수 없다는 판단이 잇따랐다. 그런 측면에서 또 다른 유명한 선지자 클로드앙리 드 생시몽이 관심을 끌었다. 어느 정도 그를 추종한 일부가 그의 이념을 사회주의적 방향에서 취했기 때문에 종종 초기 사회주의자로 분류되지만, 그를 가장 잘 묘사하는 표현은 사회주의적 범주에도 자유주의적 범주에도 쉬이 들어맞지 않는 '모더니즘의 예언자'(prophet of modernism)라는 것이다. 생시몽은 초기 사회주의자들이나 자유주의자들보다 산업화의 장기적인 함의가 무엇인지 더 잘 인식하고 있었다. 그는 예전의 지배계급들을 기생 계급으로 일축하면서 새로운 엘리트들이 합리성과 창조성, 효율성,

생산성의 원칙에 입각하여 사회를 지배하게 될 한 시대를 내다보았다.

오언을 비롯한 사회주의자들은 자신의 이념을 하층계급의 새로운 요구들에 접속시켰지만, 생시몽은 노골적인 엘리트주의자로서 보통 사람들이 적절한 견해와 계몽의 지배를 감당할 수 있다고 믿을 아무런 이유도 찾지 못한 인물이었다. 그럼에도 그 또한 하층 신분 출신의 특출한 개인들에 대해서는 '재능에 따른 경력'(careers open to talent)의 관념을 지지했다. 그는 새로운 엘리트들을 '산업자들'(les industriels)이라고 명명했는데, 이 명칭은 현대적 의미의 '산업가들'(industrialists)이 아니라 '근면하고(industrious) 생산적인(productive) 사람들'을 의미했다. 생시몽은 '산업자들'의 서열에 숙련 육체노동자들도 포함시켰지만, 그럼에도 높은 수준의 교육을 받은 창의적 엘리트가 위신과 권위가 있는 요직을 차지할 것이었다. 과학자와 발명가, 예술가들이 바로 그런 엘리트였다.

생시몽은 사회적 평등을 단조로운 획일성과 진부함만을 조장하는 무익하고 편협한 관념으로 치부했지만, 사회적으로 파괴적인 경쟁을 부추긴다는 이유에서 자유 역시 불신했다. 우애에 대해서는 '노블레스 오블리주' 개념을 연상시키는 방식으로 엘리트주의적인 방향에서 변형을 가했다. 사회 일반의 복지에 대한 책임은 새로운 엘리트가 떠맡을 것이었다. 이런 엘리트는 가장 민중적인 결정은 아닐 수도 있겠지만 어쨌거나 올바른 결정을 내릴 수 있을 거라고 충분히 예상할 수 있는 사람들이었다.

1830~1840년대에 한바탕 이데올로기적인 소란이 발생하는 가운데 민중적 슬로건들이 확산되었다. 사회주의 방향으로 이동한 생시몽주의자들은 "인간에 의한 인간의 착취를 종식하라!"(협동적 노동을 통한 자연의 착취로 대체될)와 "노동에 따라 분배하고 능력에 따라 노동하는 것"

과 같은 슬로건들로 유명해졌다. 좀 더 실천적인 생시몽주의자들은 훗날 유럽의 '조직' 자본주의나 복지 자본주의와 유사한 어떤 것을 옹호하는 성공적인 금융가와 기업가로 변모하기도 했다. 생시몽주의자들 대부분은 시장 인센티브와 사적 소유권의 경제적 가치를 잘 인식하고 있었지만, 자유방임 경제학의 옹호자들보다 훨씬 더 큰 국가의 규제 권력이 필요하다고 믿었다. 그런가 하면 생시몽주의자들 가운데 좌파나 좀 더 사회주의적인 성향의 사람들은, 부유한 시민들이 사망할 경우에 국가가 그 재산을 능력주의의 원칙에 따라 다른 시민들에게 분배함으로써 상속받은 재산의 '특권'을 폐지하는 경제 시스템을 제안하기도 했다.

그런 이념은 상층과 하층 할 것 없이 모든 유산자의 혐오감을 자아냈지만, 산업화를 통해 증대하는 생산성이야말로 사회문제에 대한 유일하게 합리적인 해결책이라는 생시몽적인 관념은 꾸준히 존중을 받았다. '원초적'(primitive) 사회주의자들(또 다른 새로운 개념인 '공산주의자'라는 명칭으로 종종 불린)은, 한 사회에는 정해진 양만큼 부가 있다고 가정함으로써 '제로섬 게임'의 견지에서 사태를 생각하는 경향이 있었다. 따라서 가난한 자들을 도와주려면 반드시 상층계급의 부를 빼앗아야 한다. 부자들은 당연히 그런 조치에 반발할 것이니, 원초적 사회주의는 폭력을 암시하고 있었다.

공산주의 전통

"필요에 따라 분배하고 능력에 따라 노동하는 것." 그 무렵 이런 슬로건이 유명했고 악명도 자자했다. 이 슬로건은 일부 역사학자들이 '공산주의 전통'이라고 일컫는 흐름 속에 포함되는 프랑수아노엘 바뵈프와 그 직계 상속자라고 볼 수 있는 오귀스트 블랑키의 '원초적' 평등주의와 관련된 것이었다. '공산주의자'라는 단어의 '진정한' 의미를 둘러싼 끝없는 혼동은 어느 정도 1840년대에 청년 마르크스와 엥겔스가 공산주의자동맹(Communist League)으로 불린 단체와 협력했고 자신들의 이념을 1848년에 출간한 《공산주의자 선언》에서 개진했다는 역설에서 비롯되었다. 하지만 마르크스와 엥겔스의 공산주의는 바뵈프와 연관된 원초적 또는 전근대적 형태의 공산주의와는 확연하게 달랐다.

《공산주의자 선언》은 거의 사후에야 명성을 얻게 되었다. 왜냐하면 당시에 이 팸플릿의 저자들은 무명의 활동가들에 불과했고, 이 팸플릿도 1848~1850년의 주요 사건들에 별다른 영향을 끼치지 못했기 때문이다. 하지만 《공산주의자 선언》은 1848년 이전의 사회주의에 대한 매우 가독성이 뛰어난 논평이자 비판이요, 종합 명제를 대표했다. 그것은 마르크스가 이어지는 수십 년 동안 씨름하게 될 엄청난 분량의 작업을 미리 보여 준 최초의 개요라고 간주할 수 있다. 여기서 특별히 주목해야 할 것은, 이 팸플릿이 자본가의 이기주의와 부르주아의 위선에 대한 격렬한 비난을 수반하는, 현대 산업의 성취에 대한 찬가였다는 점이다.

마르크스와 엥겔스는 예전 사회주의자들의 꿈과 유토피아적 실험을 일축하면서 미래의 사회주의(또는 공산주의) 국가가 어떻게 조직 노동계급 또는 프롤레타리아트에 의한 폭력 혁명을 통해 수립될 것인지에 대한 그들 나름의 신랄한 예언들을 제시하면서 작업했다. 여기서 '프롤레타리아트'는 이미 바뵈프가 사용한 또 다른 신조어로서 블랑키는 이 개념으로부터 프롤레타리아트의 독재라는 개념을 도출한 바가 있었다. 마르크스와 엥겔스는 그 개념을 채용하여 의미를 세련되게 다듬었던 셈이다. 마르크스와 엥겔스가 내다본 미래의 해방된 인간 조건은 억압받지 않는 인류에 대한 푸리에의 전망에서 차용한 것으로 보이지만, 불가피한 계급 갈등과 폭력 혁명을 강조하는 대목은 그와는 완전히 다른 전통, 곧 바뵈프와 블랑키의 전통과 닮아 있었다. 그런가 하면, 억압적인 자본주의가 풍요로운 사회주의를 수립하기 이전에 필수적으로 통과해야 할 단계라는 확신은 생시몽주의의 이념에서 차용한 것이었다.

낭만주의와 고전주의

훗날 마르크스와 엥겔스는 자신들이 엄격하게 과학적인 분석을 추구했다는 점에서 냉철한 현실주의자라고 주장했지만, 그들의 이념은 고도로 비과학적인 정신적 프레임을 지닌 19세기 초의 낭만주의에서 명백히 영향을 받았다. 낭만주의는 흔히 19세기 초의 우세한 시대정신으로 묘사되어 왔다. 비록 그 용어가 처음에는 문화적·예술적 사조를 표현하기 위해 만들어진 것이었지만('로맨스'나 감정과 관련된 주제들을 암시하는), 세 가지 주요 정치 이데올로기 모두 초기 단계에서는 역시 낭만주의적이라고 지칭되었다. 낭만주의적 경향은 계몽사상의 '냉정한' 합리주의에 대한 반응으로 나타나기 시작한 18세기 말로 거슬러 올라갈 수 있다. 낭만주의자들은 비합리적 능력들(직관, 창조성, 상상력, 개인적 천재성)의 중심적 역할을 강조했고, 자연의 세계에서나 인간적 개성에서나 야생적이고 길들여지지 않은 어떤 것들에 매혹되었다. 낭만적 사랑은 가장 야생적이면서 불가해한 것으로서, 가장 큰 영감을 불어넣어 주지만 종종 모든 감정 가운데 가장 파괴적인 감정으로 간주되기도 했다.

세 가지 정치 이데올로기의 옹호자들의 경우는 훨씬 더 그러했다. 이들 각양각색의 낭만주의자들은 같은 단어를 사용하며 서로 확연히 다른 것을 의미했지만, 그럼에도 낭만주의를 가리키는 하나의 중심적 전망을 상세하게 기술할 수 있었다. 즉 '진리'(최고의 선에 대한 전망)는 그 가장 중요한 형태에서 이성이 아니라 감정을 비롯한 비합리적 능력들을 통해 다가온다는 전망이 바로 그것이었다. 그렇다면 최고의 적은 차갑고 '끔찍하게 단순화하는' 합리주의자였다. 여기서 에드먼드 버크의 사상과의 연관성이 주목할 만하다.

계몽주의 주요 사상가들은 인간사에서 감정이 차지하는 중요성을 완벽하게 이해하고 있었다. 그럼에도 '철학자들'(philosophes) 대부분은 이성의 사용을 통해 실수를 저지르고 사회를 파괴하는 감정을 통제하거나, 아니면 사회적으로 유용한 방식으로 그런 감정들의 분출구를 뚫어 주는 합리적 시스템을 구축하려고 했다. 예컨대 애덤 스미스는 자유 시장을 통해 탐욕을 경제적으로 유용한 목적들로 유도하고자 했다. (명백히, 탐욕은 낭만주의자들이 낭만적인 방식으로 이해한 바의 그런 감정이 아니었고, 또한 그들은 현실에 대한 뛰어난 통찰이 그런 감정을 통해 이루진다고 생각하지도 않았다. 낭만주의자들이 '감정'이라는 표현으로써 의미하려고 한 바가 무엇인지는 언제나 불확실했다. 푸리에는 인간의 '열정들'을 정교하게 분류하는 과정에서 극히 인상적으로 감정들의 합리적 사용이라는 계몽사상의 접근법을 채택했다.)

낭만주의의 감정적 강조와 고전주의의 절제된 합리적 강조 사이의 차이점은 양자가 소리와 색채를 각각 어떻게 사용하는지만 봐도 잘 감지할 수 있다. 음악과 시각 예술에서 낭만주의는 차례대로 몽환적이고 과장되며 뜨겁고 열정적인 반면, 고전주의는 절제되고 균형 잡혀 있으며 형식적이다. 그럼에도 정치 이데올로기의 견지에서 보면, 사태가 그리 명료하지 않았다. 한편으로 버크의 전통 숭배는 그 경향에서는 낭만주의적이었으나, 다른 한편으로 낭만주의와 자유주의는 공히 해방을 갈망한다는 점에서 서로 자연스런 동맹자들이었다(자유가 창조성과 자발성과 연관된다는 가정 자체가 특히나 '낭만적'이었다). 그렇기는 해도 많은 자유주의자들의 자유에 대한 갈망은 사회주의자들 대부분의 갈망과는 구분되는 것이었다. 즉 혁명적 신비로 이끌린 활동가들은 소유와 가족, 자유 기업으로 이루어진 안정된 사회, 곧 체통(respectability, 자유의 제한적인 버전)을 추구한 자유주의자들과는 다른 유형의 사람들이었다.

　문제를 한층 더 복잡하게 만든 것은, 일부 보수주의자들이 중세의 '낭만적' 기사도나 사심 없고 영웅적인 덕성을 체현한 십자군 기사를 찬미했다는 사실이다. 다수의 낭만주의자들은 나폴레옹에 끌렸다. 또 어떤 낭만주의자들은 그를 사탄의 씨앗으로 보았다. 페미니즘은 합리주의적 좌파와 연결되었으나, 일부 이론가들은 여성적 감정의 특징을 남성의 합리성보다 더 우월한 것이라고 부추기는 경향이 있었다. 사실, 반란의 영혼과 감정을 통해 반란을 정당화하는 경향은 역사적으로 우파와 좌파에 공히 내재해 있었던 셈이다. 이 점은 특히 20세기에 분명해질 터였다. 예컨대 볼셰비키와 나치 모두 스스로를 대중에 대해 발언한 사심 없는 혁명가라고 생각했고, 양쪽 다 대중을 동원하는 과정에서 비합리적 수단에 결정적으로 의지했다. 19세기 말의 아나키스트 폭탄 투척자들과 21세기 초의 이슬람 광신자들도 모두 자신들의 이념이 한편으로는 사심 없는 이상주의자들을, 다른 한편으로는 권력에 굶주린 광신자들을 매혹한다는 점에서 어쩌면 낭만주의자들로 지칭될 수 있을지도 모른다.

| 더 읽을거리 |

주요 이즘들에 대해서는 레셰크 코와코프스키의 《마르크스주의의 주요 흐름》(Main Currents of Marxism, 여러 판본과 인쇄본), 앨버트 S. 린드먼의 《유럽

사회주의의 역사》(A History of European Socialism, 1984), 데이비드 맥렐런의 《이데올로기》(Ideology, 1986), 리처드 리브스의 《존 스튜어트 밀: 빅토리아 시대의 선동가》(John Stuart Mill: Victorian Firebrand, 2007)를 보라.

이사야 벌린의 《인간성이라는 비뚤어진 재목》(The Crooked Timber of Humanity, 1998)은 한 저명한 옥스퍼드 대학의 역사학자가 쓴 현대 유럽의 지성사에 대한 일련의 에세이들을 포함하고 있다.

러셀 커크와 로저 스크루턴의 《에드먼드 버크: 한 천재에 대한 재론》(Edmund Burke: A Genius Reconsidered, 2009)은 편파적인 찬사를 보내고는 있지만, 정보와 통찰에 있어서는 여전히 귀중한 전거다.

얽히고설킨 유대인 문제에 대한 간략한 개관으로는 앨버트 S. 린드먼과 리처드 S. 레비의 《반유대주의: 역사》(Antisemitism: A History, 2010)를 보라.

유토피아주의자들 가운데서도 단연 유토피아적인 인물에 대한 깊이 있는 탐구뿐만 아니라 그의 시대를 폭넓게 소개하고 있는 연구로는 조너선 비처의 《샤를 푸리에: 선지자와 그의 세계》(Charles Fourier: The Visionary and His World, 1986)를 보라.

2부

자유주의, 민족주의, 진보

1820년대~1870년대

2부(5~8장)에서는 1820년대 말부터 1870년대 초까지 대략 45년에 걸친 시기를 다룬다. 이 시절은 정치는 말할 것도 없고 시각 예술과 음악, 문학 등의 견지에서 볼 때 1848년 이전의 낭만주의로부터 1848년 이후의 현실주의로 전환을 경험한 시기로 종종 묘사되곤 한다. 1840년대 말 좌파적·민족주의적 선동을 억누르려고 한 메테르니히의 노력은 1848년과 1850년 사이에 유럽 대륙 대부분을 휩쓸며 급속하게 번진 혁명들—유례없이 자생적으로 불붙었다가 허망하기 짝이 없이 소진된—로 말미암아 완전히 좌초하고 말았다. 그다음 20여 년 동안 다시 억압이 횡행한, 그러나 무엇보다 이탈리아와 독일의 통일로 대표되는 극적인 발전에서 정점에 다다른 한 시기가 시작되었다.

프랑스는 유럽 차원의 리더십을 새로이 주장하고 나섰고, 나폴레옹 3세가 그 핵심 역할을 수행했다. 그는 반동적 러시아와 오스트리아를 한 수 아래로 깔보면서 1859~1860년 이탈리아 통일을 처음부터 지지함으로써 명백히 '민족 이념'을 고무했다. 그러나 1860년대 말에 이르면 이 프랑스 지도자가 과욕을 부렸음이 명백해졌다. 그리하여 1870년대 초에 들어와 유럽 국가들 사이의 관계가 변형되기에 이르렀는데, 이런 변형은 1870~1871년 프랑스가 프로이센에 굴욕적인 패배를 당한 사건에서 상징적으로 드러났다. 이제 프로이센 국왕은 통일된 독일 제국의 황제가 되었다. 이 새로운 민족은 곧 이웃들을 심각하게 위협하고 기성의 세력균형을 변화시키고 주요 열강 사이의 동맹 관계에 변동을 일으키면서 유럽에서 가장 역동적이고 아마도 문제적인 변수가 될 터였다.

이런 정치적·외교적 변화의 저변에는 유럽의 경제와 사회에서 이루던 심오한 변형 과정이 깔려 있었다. 독일의 산업화는 심지어 통일 이전부터 이미 주목할 만한 것이었다. 유럽에서 거의 모든 나라가 유례없는 인구 성장을 경험했고 초열강의 군사력은 빠르게 성장했다. 특히 유럽 서쪽에 위치한 나라들에서는 그런 발전에 상응하는 유럽 민족들의 낙관주의, 즉 진보와 유럽의 특별한 운명에 대한 솟구치는 자신감이 존재했다. 이런 측면에서 영국은 경제성장뿐만 아니라 그런 성장을 관리하기 위해 필요한 제도를 성공적으로 만들어 내는 엘리트들의 상대적 능력에서도 향도의 역할을 담당했다. 1830~1840년대에 영국의 지배 엘리트들은 영국을 1850~1860년대의 저 유명한 '고전적' 자유주의 시대로 부드럽게 진입시켜 줄 일련의 법안들을 통과시켰다. 영국에 견주어 프랑스가 상대적으로 쇠퇴한 것도 프랑스 지도자들이 영국 지도자들에 비해 유연성이나 혜안이 상대적으로 결여되었다는 점을 입증해 준다. 프랑스의 실패는 이 나라를 계속해서 전염병처럼 휩쓸었던 심오한 정치적 결함들로 설명될 수 있다. 프랑스는 수많은 실패한 봉기들과 그러고 나서는 좀 더 자유주의적인 성향의 국왕을 앉힌 1830년 혁명을 경험했다. 1848년의 또 다른 혁명은 곧 새로운 나폴레옹 제국이 될 공화국을 수립했다. 1871년에는 또 다른 공화국, 즉 제3공화정이 성립되었는데 자주 궁지에 몰리기는 했어도 제2차 세계대전 초까지 지속되었다.

독일인과 영국인의 발흥은 러시아 통치자들의 피해망상에 가까운 관심과 서방에 무방비로 노출되어 있다는 느낌을 수반(강화)했다. 1855년에 반동적 성향의 니콜라이 1세가 서거한 후 알렉산드르 2세는 농노해방을 포함하는 확대된 근대화 개혁을 추진했다. 그러나 이런 조치들은 결함이 많았고, 그래서 폭넓은 신민들을 만족시키지 못한 채 오히려 테러리즘의 창궐과 1881년 알렉산드르의 암살을 불러왔을 뿐이다. 합스부르크 제국도 대체로 러시아와 유사하게 위협감을 느끼고 있었다. 국내 개혁과 이를 공고히 하려는 노력은 좀 더 중앙집권적이고 근대화된 1867년의 오스트리아·헝가리 이중 왕국의 탄생으로 이어졌다. 그럼에도 왕국 지도자들은 계속해서 경제적으로 뒤처졌다는 느낌과 서방의 민족들이 가하는 위협감에 시달렸다.

1820년대부터 1860년대에 이르는 시기는 대개 자유주의적 가치가 보수주의의 가치에 승리를 거둔 시기로 묘사된다. 그런가 하면 1848~1850년 혁명들의 실패 역시 자유주의의 실패를 상징하는 사건으로 종종 묘사된다. 이런 외관상의 모순은 이미 4장에서 제시했듯이 어느 정도 자유주의에 내재하는 다양한 차원들과 관계가 있다. 1848~1850년 자유주의의 실패는 누가 뭐라고 해도 특히나 중유럽에서 민족 통일을 성취하는 과정에서 노정된 유럽 대륙의 자유주의 정치제도들의 실패였다고 할 수 있다. 그럼에도 다른 측면에서 보면 자유주의적 가치들이 사실상 우세했다. 영국의 국경과 국가 제도들은 확고하고 상대적으로 안전했다. 그리하여 유럽 대륙에서 노정된 자유주의적 민족주의의 실패에 비견될 만한 그 어떤 것도 1848년의 영국에서는 발생하지 않았다. 그러기는커녕 영국은 장차 성공담으로 널리 알려지게 된다.

차르 알렉산드르 2세를 자유주의자나 자유주의적 가치의 수호자라고 부르는 것은 누가 봐도 과장이기는 하지만, 그래도 그는 무언가를 '해방하는' 일을 했다. 농노들을 해방하고 예전에는 자유를 거의 경험하지 못한 (러시아의 수많은 유대인들을 포함한) 주민들의 삶에 자유를 소개했다. 영국과 러시아라는 양극단 사이에 중도적인 나라들이 많이 포진해 있었다. 프랑스 역시 민족 통일이라는 쟁점에 직면하지는 않았지만, 1848~1850년은 프랑스에게 자유주의가 경험한 또 다른 종류의 실패를 대표했다. 나폴레옹의 권위주의 제국은 완전한 자유주의 강령의 정치적·지적 국면들을 위배했지만, 그럼에도 프랑스의 온건한 자유주의자들은 나폴레옹이 현대 산업의 성장을 선호하는 등 여전히 현대적이고 반왕정주의 입장을 견지하며 급진 좌파를 효과적으로 억제하고 있었다는 점에서 그의 둘레에 집결했다. 프로이센 또한 영국식 모델에서보다 훨씬 더 강한 행정부와 상대적으로 약한 의회를 거느렸으나, 그럼에도 급속한 산업화를 위한 제도적·법적 틀이 프로이센에 존재했다. 합스부르크 제국에 대해서도 거칠게나마 이런 평가에 준하는 언급을 할 수 있다. 이 시기의 일반적인 흐름을 요약하자면, 공화주의적인 급진 민주주의의 관념들이 움츠러드는 한편, 예전이라면 자유주의자들이 한사코 반대했을 질서와 왕정과 군부 세력들과 결탁하는 과정에서 자유주의의 무게중심이 오른쪽으로 옮겨 갔다고 할 수 있다. 그렇기는 해도 이런 변동이 자유주의적 이상이 완전히 실패했음을 뜻하는 것은 아니었다고 말할 수 있다.

이미 4장에서 소개한 이즘들 대부분은 1848년 이후에 좀 더 성숙해지고 실천적인 형태를 띠게 되었는데, 영국 자유당과 보수당의 형성에서 그 가장 유명한 사례를 찾을 수 있듯이 특히 정당이라는 형태를 취하기에 이르렀다. 대부분의 다른 나라들에서도 하나 이상의 정치적 이즘들과 스스로를 동일시하는 정당들이 형성되었다. 사회주의 정당들은 제1차 세계대전 이전 세대에게까지는 아직 주요한 세력으로 자리 잡지는 못했지만, 가장 두드러지게는 1860년대에 독일에서 이미 형성되기 시작했다. 마르크스의 이념이 그 세기의 중엽에 그러했던 것보다는 좀 더 광범위한 대중으로 확산되어 가기 시작했다. 아직 이 책에서 폭넓게 고찰하지 못한 또 하나의 가장 중요한 이즘인 민족주의가 세기 중엽에 중심적인 중요성을 띠며 성장(혹은 일부 논자들이 주장하듯이 전이)하여 마침내 20세기로까지 그 중요성이 이어질 것이었다.

5장
자유주의 투쟁과 승리, 딜레마와 패배

   1820년대부터 1840년대 중엽까지 유럽 대륙에 대한 메테르니히의 감시는 자못 효과적이었다. 다양한 변형이 이루어지기는 했어도 1815년에 확립된 세력균형도 의연히 유지되고 있었다. 그러나 많은 당대인들은 부글부글 끓어오르는 활화산 위에 앉아 있다는 느낌에 괴로워했다. 그 무렵 기본적인 이데올로기적 쟁점은 외관상 멈출 수 없을 것 같은 변화의 힘들에 직면하여 안정을 추구하는 것이었다. 그 시절 통상 '위험 계급'이라고 일컫던 사회의 최하층 신분이 특히 1840년대에 유례없는 속도로 성장했다. 여기에 도시 중간계급의 수와 그 부가 팽창함으로써 시대의 난맥상을 더해 주었다. 이 도시 계급 대부분에게, 특히 중유럽과 동유럽에 살았던 사람들에게 민족주의적 염원은 사회 개혁과 자유화, 그리고 근대화(비록 이 용어가 민족에 따라 서로 다른 것을 의미하기는 했지만)에 대한 열망과 뒤섞였다.

   당시 변화의 힘들이 풀려나고 있던 상황에서 평화와 평정을 유지하기 위해서는 가히 초인적인 천재가 필요했을 테지만, 그런 천재들은 출현하지 않았다. 그 무렵에 많은 정치 지도자들은 그 반대로 이데올로기적으로 경직되거나 단순하게 말해서 무능했음에(개혁을 외치는 사람들에 대한 서툴고 자멸적인 억압에 의존하면서) 틀림없다. 이른바 '배고픈 40년대'(Hungry Forties)가 빛나는 미래에 대한 종래의 희망에 먹구름을 드리우고 있었다. 기실 그 무렵은, 많은 관찰자들에게 물질적 복지라는 측면에서 진보한다기보다는 장기적으로 쇠퇴하는 것처럼 보였다.

메테르니히는 영국 안에서는 영향력이 아주 없지는 않았어도 거의 없다고 해도 좋을 판이었다. 영국에서는 미래에 엄청난 중요성을 가질 자유화 개혁이 점진적으로 이루어졌다(적어도 프랑스와 비교할 때 평화적으로 이루어졌다. 그러나 아무 노력 없이 이루어진 것은 아니었는데, 수많은 대중적 불안이 있었던 것이다). 영국이 보여 준 상대적으로 평화로운 진화 과정에도 최소한 어두운 측면이 하나 있었다.

17세기 종교전쟁과 1914~1919년의 세계대전 사이에 유럽에서 벌어진 가장 참혹한 인간적 비극인 아일랜드 '대기근'이라는 것이 1840년대 중엽에서 말까지 감자 작황의 실패로 인해 나라를 급습했다. 대기근은 아일랜드인 100만 명 이상을 죽음에 빠뜨렸다(그 과정은 쉬이 끝나지도 않았고 인간성을 나락에 떨어뜨리며 그런 만큼 가슴을 후벼 파는 것이기도 했다). 이 흉작은 아일랜드로부터 대량 인구 탈출로 이어졌다. 대부분 아메리카로 이주했는데, 이주자는 대략 100만 명이 훌쩍 넘었다. 결국 아일랜드 인구는 절대적으로 감소하여 1840년대 초 대략 800만 명에서 10여 년 후에는 300만 명 안짝으로 줄게 되었다. 다른 유럽 지역에서도 기근이 시나브로 덮쳤다. 대부분 유럽 나라들의 상상 속에는 수확할 게 없는 암담한 농민의 이미지가 어른거렸다.

프랑스의 1830년 혁명

빈회의 이후 10여 년 동안 장차 혁명적 소요가 다시 나타날 곳이 있다면 그 유력한 후보는 여전히 프랑스일 거라는 근심이 지배적이었다. 이런 근심은 근거 없는 것이 아니었으니, 1820년대 중반 프랑스는 다시금 '재채기'하고 있었다. 1824년 루이 18세가 서거했고, 반동적 성향이 강한 그의 동생 아르투아 백작이 샤를 10세로 왕좌에 올랐다. 평화를 갈망하던 사람들에게는 불길한 소식이었다. 그도 그럴 것이 루이 치하에서 안절부절 못한 샤를과 그의 극단파 측근들은 이제 도발적이라는 표현 말고는 달리 묘사할 수 없는 일련의 조치들을 도입했던 것이다. 마치 샤를이 반대자들을 노골적으로 조롱하고 있는 듯했다. "계속해 봐, 혁명을 해보라구!" 이런 조치들 중에는 교회 건물에 대한 신성모독(예컨대 낙서)에 대해 사형을 구형하는 것도 있었다. 이와 유사한 맥락에서 대혁명기에 재산을 잃은 사람들에게 보상해 주기 위해 연간 약 3천만 프랑의 보조금이 풀리기도 했다.

샤를 10세의 대관식은 중세풍의 거창한 예식이 상징하듯 그 자신의 반동적 의도를 한껏 드러냈다. 그는 자신이 국민주권의 이념에 일말의 존중심도 없음을 분명히 했다(신만이 그에게 통치권을 하사했다). 5년 넘도록 긴장이 감돈 후에 마침내 1830년 7월에 불쑥 공포된 일련의 조례와 더불어 파국으로 치닫게 될 마지막 도발이 개시되었다. 이 조례들은 의회 대표권을 제한하고 갖가지 방식으로 프랑스 시민들의 입헌적 자유를 침해하는 것이었다. 샤를이 왕좌에서 내려와 망명을 떠나는 데는 '영광의 사흘'(les trois glorieuses) 동안의 대중 봉기로 충분했다.

이 사흘은 그 참여자들에게는 아무리 영광스럽게 보였을지라도 샤를의 모든 적을 만족시켜 주는 승리로 이어지지는 않았다. 아마도 승리라는 것 자체가 없었을 것이다. 실제로 바리케이드를 쌓았던 공화파나 급진 반대파는 기만당하고 배신당했다고 느꼈다. 그들은 새로운 엘리트가 다시 권력을 인수하는 광경을 지켜봐야 했다. 이 엘리트는 '사회 공화국'을 외친 좌파의 기대를 충족시키는 것은 말할 것도 없고 가난한 자들의 고통을 경감시켜 주는 의미 있는 조치들을 도입하는 데 거의 관심이 없는 정치꾼들로 이루어져 있었다.

나머지 유럽 지역에서 보수주의적인 관찰자들도 이 7월 혁명 이후에 전개된 발전을 지켜보며 착잡한 심정을 숨길 수 없었다. 샤를의 패배는 유럽 전역에서 정통성 원칙의 심각한 후퇴로 널리 받아들여졌다. 혁명가들은 정통 군주를 폭력적으로 퇴출시킨 다음 그를 정통성이 의심쩍고 정치적 의도가 다분한 새로운 국왕으로 대체했던 것이다. 예전에는 오를레앙 공작이었던 인물이 마침내 루이 필리프라는 이름으로 왕좌에 올랐다. '부르주아 왕'으로 지칭되기도 한 그는, 프랑스의 공화주의 군대에 복무한 적도 있었다. 이제 그는 부르봉 왕실의 '백합꽃'(fleur de lys) 문장을 유지하는 대신, 공화주의자들의 삼색기를 받아들였다. 또 하나님의 은총을 받은 프랑스의 국왕이라는 말 대신, 프랑스인들의 국왕이라는 말로 자신을 소개했다. 프랑스 국가는 입헌 왕정으로 남게 되었는데, 지금은 '7월 왕정'(July Monarchy)이라는 표현으로 더 잘 알려져 있다. 그 헌정은 1814년의 헌장과 닮았으나 좀 더 자유화된 방식으로 변경되어, 예컨대 투표권자가 대략 10만 명에서 20만 명으로 확대되었다.

그 정도의 확대는 사실 보잘것없는 것이었지만(이제 성인 남성 30명 중 1명이 투표권을 보유했다), 당대 관찰자들 대부분은 새로운 정권이 예전에는 별로 대표 받지 못한 중간계급의 이해관계를 위한 의미 있는 진보를 대표한다는 결론에 동의를 표했다. 하지만 실제로 해방된 것은 주로 부유한 금융가들과 은행가들로 이루어진 부르주아지의 최상층일 뿐이었다. 이와 유사하게, 새로운 왕은 자신의 장관들을 가장 부유한 서열의 '대부르주아지' 출신으로만 충원했지, 평범한 출신이거나 중간계급 사업가 출신의 인물들은 배제했다. 잇따라 의원으로 선출된 이들의 면면들만 봐도 거의 모두 현대 산업 세계와 분명한 연관이 없는 대지주들이었다는 점을 알 수 있는데, 이 또한 시사적이다. 새로운 지배 엘리트가 도시 빈민에게 약간 공감을 표했다는 정도만이 그들과 샤를 10세의 측근들이 근소하게 구별되는 지점이었다.

1830년대의 사회적 불안

그럼에도 1830년 7월의 프랑스혁명은 프랑스 이외의 다른 지역에서 1815년의 협정에 의문을 제기하는 반향을 일으켰다. 네덜란드의 남부 가톨릭 지역 거주자들은 빈회의에 의해 프로테스탄트 북부와 통합한 이후 독자적인 벨기에 정체성을 획득하게 되었다. 1797년부터 1815년까지 벨기에인들은 프랑스 모국에 통합된 적이 있었는데, 이제 그들 중 일부가 다시 프랑스에 가담할 희망을 품게 되었다. 프랑스 민족주의자들 역시 벨기에 지역을 다시 영유함으로써 인구 400만 명의 번창하고 산업적으로 진보한 지역을 모국에 덧붙이는 것은 말할 것도 없이 프랑스의 자연 국경을 라인 강으로 다시 확대할 수 있다는 기대에 부풀었다. 프로테스탄트 네덜란드 국왕의 무리한 처우 탓에 불만이 한층 고조되었다. 모국어를 프랑스어(좀 더 정확히는 프랑스어에 가까운 왈롱어)로 하는 벨기에인들은 네덜란드어를 사용하라는 규제에 대해 흥분하기 시작했다. 1830년 8월 브뤼셀에서 폭력적인 소요가 분출하여 처음에는 자치를 요구하다가 곧이어 벨기에 남부의 완전한 독립을 요구하는 쪽으로 발전했다.

폴란드 민족주의자들 역시 '영광의 사흘'에 자극받아 러시아로부터 독립을 선포하기에 이르렀다. 1825년 이래로 러시아의 차르이자 폴란드의 국왕이었던 니콜라이 1세는 1830년 무렵 광폭한 전제군주라는 평판을 얻었다. 그는 네덜란드와 폴란드에서 발생한 사회적 불안에 신속하게 대처하기 위해 다른 주요 열강을 호출했다. 이듬해에는 군대를 폴란드에 파견하여 반란을 진압하기에 이르렀다. 그는 또한 독립 왕국으로서 폴란드의 지위에 종지부를 찍고 수천 명의 반란 가담자들을 시베리아로 유형을 보냈다. 폴란드인 수천 명이 서쪽으로 탈출하여 유럽 주요 도시들, 무엇보다 파리에 정착한 후 낭만의 망명객들이자 혁명가들로 존재감을 발휘할 것이었다.

벨기에의 사회적 불안은 궁극적으로 덜 폭력적인 방식으로 다루어졌다. 1831년 초 새로 소집된 벨기에 국민의회가 루이 필리프의 아들을 자신들의 국왕으로 추대했을 때까지만 해도 상황은 심상치 않았다. 이와 동시에 프랑스 애국자들은 자신들의 새로운 국왕에 대해 공격적인 대외 정책을 재촉했다. 그러나 루이 필리프는 자신이 처한 상황이 심히 불확실하다는 점을 잘 알고 있었고, 그래서 벨기에 사태에 개입하지 않겠다는 입장을 천명했다. 이 대목에서 샤를모리스 드 탈레랑을 기용한 것이 루이 필리프 최후의 업적이었는데, 이제 77세가 된 이 노령의 덕망 있는 외교관은 보잘것없는 독일의 한 군주(미래 빅토리아 여왕의 사촌)인 작센-코부르크의 레오폴트(Leopold of Saxe-Coberg)를 벨기에의 왕 레오폴 1세로 추대했다. 벨기에는 독자적인 영구 중립국으로 수립되었는데, 이런 지위는 제1차 세계대전과 제2차 세계대전 동안의 독일 점령기에 잠시 침해된 것을 제외하면 기본적으로 오늘날까지 유지되고 있다.

신생 벨기에 왕국은 루이 필리프의 왕정보다 훨씬 더 부르주아적인 왕정으로 널리 받아들여졌다. 벨기에인들에 대한 고정관념은 그들이 둔감하고 사업에 집착하는 사람들이라는 것인데, 이는 예전 프랑스 및 네덜란드 통치자들이 가졌던 고정관념의 좀 더 무미건조한 버전이다. 앞으로 수십 년 동안에 발흥할 민족주의의 견지에서 보면, 왈론 주민과 플랑드르 주민을 뒤섞은 벨기에라는 신생국은 시대착오적으로 보일 터였다. 종족 분쟁이 반복적으로 타올랐으나 그래도 통일성은 깨지지 않았다. 어쨌거나 이 나라의 수도 브뤼셀은 1945년 이후에도 유럽 통합 과정에서 핵심적 역할을 수행할 것이었다.

1830년 프랑스혁명은 또한 영국의 개혁가들을 자극했다. 비록 프랑스에서보다 좀 더 광범위한 성격의 개혁적 에너지가 한동안은 영국에서 충전되고 있었지만 말이다. 로버트 오언은 1828년에 미국에서 귀국하여 자신의 유명한 이름을 이제 막 기지개를 켜고 있던 노동계급 운동에 빌려주었는데, 당시 이 운동은 협동조합 상점들을 설립하고 노동조합을 조직하는 실험에 착수하고 있었다. 1830년 무렵 그와 같은 수백 개의 협동조합들이 설립되었고, 다양한 방식으로 노동조합들과 연계했다(예컨대 파업 노동자들과 협동조합 소매점들이 손을 잡고 비자본주의적인 성격의 '조합 상점들'[union shops]을 이루었다).

이보다 더 중심적인 역할을 하며 노동계급의 전투성을 보여 준 사례는 광범위한 선거권 개혁을 지지하는 선동이었는데, 이 선동은 1820년대 말에 크게 증가했다. 1819년 피털루 학살을 불러온 반동적인 공황 상태도 진정되기 시작했고, 당시 영국 보수주의자들이 추구한 정책들도 프랑스 극단파의 정책들과는 뚜렷하게 구별되는 것이었다. 샤를 10세의 정권이 중세 가톨릭주의로 역진하는 반면, 영국을 통치하는 보수주의자들은 가톨릭교도와 비국교도 프로테스탄트(영국 국교회에 속하지 않은 사람들)에 대해 완전한 시민적 평등을 보장하는 일련의 법안이 통과되는 과정을 주도했다. 이와 유사한 맥락에서 프랑스혁명에 대한 대응으로 통과되어 노동조합 활동을 거의 불가능하게 만든 결사법(Combination Acts)도 1824년에 폐지되어 1820년대 말과 1830년대 초의 노동계급 선동을 위한 무대를 마련해 주었다.

그럼에도 영국 보수주의자들도 차마 지지할 수 없는, 결정적 한계가 있는 껄끄러운 문제들이 있었다. 예컨대 유대인의 시민적 평등권이 그런 경우였는데, 그것이 실현되려면 더 기다려야 했다. 이보다 더 중요하게, 보수주의자들 대부분은 의회 구성원을 선출하는 고색창연한 절차들을 개혁한다는 관념에 대해 줄곧 저항감을 느끼고 있었다. 이와 유사한 맥락에서 그들은 1815년에 대지주(와 곡물 생산자) 세력을 통해 자기 이해관계를 노골적으로 옹호하려는 움직임의 일환으로 공공연한 시장 경쟁에서 곡가를 보호할 관세를 도입하기 위해 통과시킨 곡물법(Corn Laws)을 폐지하는 데도 반대했다. 그리하여 곡가는 인위적으로 높게 유지되었는데, 자유주의자들은 이를 자유무역 원칙을 특히나 짜증나는 방식으로 위반하는 사례라고 생각했다. 대토지 소유자 세력 역시 자신들을 권좌에 유지시켜 주는 선거법에 존망이 달려 있었으므로, 곡물법을 폐지하려는 의회의 선출직 구성원들의 앞날은 그리 밝지 않았을 것이다. 그러나 높은 곡가는 높은 식자재 가격으로 이어지고 결국 높은 노동력 비용으로 귀결되기 마련이었으므로, 영국에서 사업가들뿐 아니라 노동계급 지도자들도 분개하게 되었다.

하원은 그 역사를 훑어볼 때 1820년대처럼 그렇게 일반 주민을 대표하지 못했던 적도 없었다. 새로운 공업지대들이 대부분 미들랜드와 북부 지역에서 우후죽순처럼 생겨났는데, 이 지역들은 예전에 남부보다 인구밀도가 낮은 곳이었다. 1820년대 무렵 급성장한 여러 공장 도시들,

특히 유명한 맨체스터 같은 도시는 의회에서 온전히 대표되지 못한 반면, 인구가 정체되거나 감소하는 지역들은 수백 년 전과 마찬가지의 대표성을 유지하고 있었다. 개혁가들은 이런 상황을 '낡은 부패'의 양상들이라고 지칭했다. 대지주들도 엇비슷하게 나태한 화려함 속에 안주하면서도 국부의 증진에는 거의 기여하지 못하는 기생 계급으로 비난받았다.

족히 20건이 넘는 의회 개혁을 추구하는 법안들이 1830년에 의결에 부쳐졌다. 이때 프랑스에서 돌연히 '영광의 사흘'이 발생하여 변화하는 현실을 인정하기를 거부한 정권이 얼마나 쉽게 전복되는지를 보여 주었다. 1830년 말 영국 사회는 대중 시위와 군중집회, 폭도들의 폭력 행위 등으로 점철되었고, 이듬해 대부분은 의회에서 교묘한 정치 술책들이 횡행했다. 마침내 현대 영국사에서 결정적인 기점으로 오랫동안 평가받는 1832년의 선거법 개혁안이 상하 양원에서 통과되었다.

선거법 개혁안으로 새로운 사업가 세력이 나라를 경영하는 데 일정한 역할을 담당할 수 있는 길이 열리게 되었다. 이와 연관하여 선거법 개혁안은 영국 정당들의 재편에도 기여했다. 18세기에 지배적이었고 역사적으로 왕권에 대해 의회의 반대와 연관되어 있던 귀족적 휘그파(Whigs)는 사업계 지도자들과 일부 토리파(Tories)와 함께 점진적으로 세력을 합쳐 자유당(Liberal Party)을 형성했다. 토리파의 주류도 일부 휘그파를 비롯한 크고 작은 세력과 합쳐 점진적으로 보수당(Conservative Party)을 형성했다(여전히 낡은 이름인 '토리'가 계속 사용되기는 했지만 말이다). 이런 정계 재편으로 다음 세기에 영국 정치를 특징짓게 될 양당 체제가 확립되었다.

영국의 군주와 전통적 지배 신분들이 프랑스의 군주와 지배 신분들에 비해 더 유연한 것이 사실이기는 했지만, 영국에도 역시 골수 반동당파가 존재했다. 선거법 개혁안은 이 당파가 대중적인 사회불안으로 궁지에 몰리고 나서야 통과될 수 있었다. 역사가들은 현대 영국사의 다른 어떤 시기들보다 더 1831~1832년에 혁명이 가장 임박해 있었다는 결론에 동의해 왔다. 그럼에도 기성의 영국 제도들은 프랑스의 경우보다 더 폭넓은 주민 계층으로부터 존중받았다는 게 틀림없고, 또한 그런 존중은 19세기에 걸쳐 숭배에 가까운 어떤 수준으로까지 고양되었다. 이와 유사하게, 상업적 가치와 이해관계에 대한 점증하는 존중심이 영국의 일부 낡은 지배 신분들에도 침투했다. 아마도 가장 중요한 것으로, 영국의 중간계급과 도시 주민들은 상대적으로 폭이 넓었고 성장하고 있었으며 번영하고 있었다. 그들의 의회 대표성을 인정하지 않는 것은 프랑스에서보다 훨씬 현실성이 떨어지는 일이었다.

선거법 개혁안이 통과된 직후 이루어진 일부 입법을 보면, 어떻게 '자유'가 실행되었는지를 알 수 있다. 1833년 노예제가 영국 제국에서 폐지되었는데, 이는 자유주의자들에게는 외견상 당연한 논리적 귀결이었다. 그러나 이듬해 신구빈법(New Poor Law)이 통과되었는데, 이는 어쩌면 자유인 것이 달리 보면 노예제이기도 하다는 것을 알려주는 사례로 보일 법한 조치였다. 사업가 세력은 오래전부터 낡은 구빈법에 실망을 감추지 않았는데, 왜냐하면 그것이 노동력의 유동성을 방해한다고, 다시 말해 낡은 구빈법이 실업자들이 일자리를 찾아 고향 교구를 떠나서 다른 곳으로 이동하지 못하게 한다고 믿었기 때문이다. 노동자들이 새로운 공장에서 마주치게 될 종류의 낯설고도 규격화된 노동을 꺼린다는 데는 의심의 여지가 없었다. 신구빈법은 일반 공장들에서 제공되는 조건들보다 명백히 더 열악한 조건의 작업장들로 실업자들을 인도함으로써 낡은 법의 맹점이라고 생각되는 것을 개선하려고 했다. 새로운 법 아래에서 작업장에 인계된 무직자는 처자식과 떨어져 낡은 법 아래에서는 일이 끝난 다음에는 허용된 바 있는 '가정의 즐거움'조차 계속해서 누릴 수 없는 상황에 처해졌다.

자유방임 경제 이론에 기반을 둔 새로운 법의 명시적 목표는 영국의 노동력을 더 합리적으로 이용할 수 있도록 하기 위해 '더 자유롭게', 즉 더 유동적이고 더 유연하며 궁극적으로 더 생산적으로 만드는 것이었다. 유동적인 노동력은 의심할 여지없이 사용자의 시각에서는 바람직한 것이었는데, 이는 장기적 관점에서 전반적인 경제의 생산성이라는 시각에서도 마찬가지였다. 그러나 실업 노동자들 다수는 사태를 다른 각도에서 바라보았다. 그들이 보기에 새로운 작업장에 인계된다는 것은 곧 일종의 노예나 죄수의 상태에 처해진다는 것을 의미했고, 그래서 이 새로운 제도들은 조만간 노동자들에 의해 '바스티유'로 비난받을 터였다. 당대에 주요한 급진적 신문인 《가난한 이들의 수호자》(The Poor Man's Guardian)는 〈모든 정부 가운데서도 중간계급의 정부가 가장 가차 없고 무자비하다〉라는 분노에 찬 사설을 싣기도 했다.

이미 선거법 개혁안이 통과된 직후인 1832년 초에 노동계급 지도자들은 인구의 압도적 다수가 여전히 투표권이 없다는 데 실망감을 드러냈다. 비록 지역과 계급에 따른 정치적 대표성의 의미 있는 재분배가 있기는 했지만, 전체 유권자의 수는 대략 50만 명에서 그저 80만 명 정도로(성인 남성 8명 중 1명꼴로) 근소하게 증가했을 뿐이고, 새로이 투표권을 부여받은 사람들도 대부분 노동 대중이 아니라 안락한 중간계급 출신이었다. 물론 성인 남성 30명 중 1명꼴로 투표권이 있었던 7월 왕정기의 프랑스에 비하면 영국의 개혁은 의심할 여지없이 의미 있는 것으로 평가될 수 있겠지만, 결코 모든 사람을 만족시켜 주는 것은 아니었다.

그 밖에 다른 일련의 입법도 선거법 개혁안이 통과된 이후 10여 년 동안 차례로 통과되었다. 정당들이 재편됨에 따라, 토리파 보수주의자들은 '노블레스 오블리주'의 정신에서 이른바 자본주의적 사용자들의 탐욕에 맞서 가난한 자들을 옹호하는 역할을 자임하는 경향이 있었다. 1833년의 공장법(Factory Act)에 대한 토리파의 후원은 직물 공장들에서 9세 이하 아동을 고용하는 관행을 불법화함으로써 비교적 광범위한 지지를 끌어 모았다. 일부 사용자들은 이를 기업가의 자유에 대한 간섭으로 보고 항의했지만, 9세 이하 아동 노동을 착취할 자유는 영국의 자유에 대한 납득할 만한 정의에 포함될 수 없었다. 비록 법의 실질적 집행이 계속 지체되기는 했지만, 아동 및 여성 노동을 규제하는 입법들이 세기 내내 잇따랐다.

곡물법 폐지를 위한 선동

곡물법 폐지는 영국 자유주의 개혁가들의 의제에서 핵심 요구 사항으로 떠올랐다. 선거법 개혁안이 통과된 후에도 곡물법 옹호자들은 여전히 가공할 만한 반대파로 남아 있었다. 상황이 그러했던 이유는, 그들이 실천적인 정치적 경험을 축적한 세력이었을 뿐 아니라 쟁점 자체가 향후 두 세기에 걸쳐 유럽의 거의 모든 나라에서 정치적 논쟁의 중심이 될 골치 아픈 문제였기 때문이다. 곡물법 옹호자들은 농산물 가격의 보호가 영국의 역사적 귀족, 즉 사회 전체에 대한 광범위한 책임감을 떠맡는다고 가정된 사회 상층부의 존망에 결정적인 문제라고 주장했다. 한편으로 영국 귀족은 수백 년에 걸쳐 매우 귀중한 정치적 경험을 얻었다는 주장도 제시되었다. 이리하여 곡물법을 옹호하는 이들은 나라가 식량 수입에 지나치게 의존하지 않게 하려면(특히 미래에 일어날 전쟁을 고려하면 결정적으로 중요한 문제였다) 농업과 공업 사이의 균형을 유지하는 것이 영국의 국익에 부합한다고 주장했다.

1838년에 결성된 반곡물법동맹(Anti-Corn Law League)은 그런 주장을 거부했다. 동맹이 끈질기고도 성공적인 운동을 통해 결국 1846년에 곡물법 폐지를 성취해 낸 이야기는 영국의 정치사와 경제사의 주류 담론의 일부로서 오랫동안 전해 내려왔는데, 과연 곡물법 폐지는 자유주의 원칙이 대대적으로 승리하는 가운데 영국이 세계 강국으로 부상할 것임을 알린 신호탄이었다. 반곡물법동맹은 충분한 재정 지원을 받았고 또 효율적으로 운영되었다. 동맹은 고전파 경제학으로부터 잘 검증되고 정교해진 논변들을 가져다 썼다. 더욱이 동맹은 현대 정당의 특징이 된 갖가지 설득의 기술(촛불 집회, 시의적절한 신문기사와 팸플릿, 저명한 연사들의 순회강연)을 구사했다. 동맹의 중심적 주장은, 영국의 미래에 결정적인 중요성을 갖는 산업 발전이 높은 식자재 가격으로 인해 심각한 손상을 받고 있다는 것이었다. 영국뿐만 아니라 모든 나라가 관세장벽을 제거함으로써 이득을 얻을 터였고, 각국은 저마다 가장 잘 할 수 있는 분야에 자유롭게 집중할 수 있을 터였다. 예컨대 비가 잦고 쌀쌀한 영국의 기후는 곡물 생산에 이상적인 조건은 아닌 반면, 영국의 공장들은 다른 어떤 나라들보다도 훨씬 더 효율적으로 직물이나 철로 설비를 비롯한 산업화에 필요한 다양한 공구들을 생산할 수 있었다. 영국은 고도로 발달한 금융 서비스의 지원 사격을 받으면서 장차 '세계의 공장'으로 군림하게 된다.

하지만 이런 동맹의 주장에 선뜻 동의하지 못하는 태도도 오랫동안 존재했다. 곡물 자유무역이 영국의 정치 엘리트에 가하는 부정적 충격이라는 문제를 제외하더라도, 비판자들은 계속해서 영국이 급속히 불어나는 인구를 먹여 살리기 위해 수입산 농산품에 의존할 수 있을지에 대해 의구심을 표명했다. 만일 유럽의 미래가 여러 민족 사이의 평화와 협력의 미래라는 것이 확실하다면, 관세장벽 없는 주권국가들로 이루어진 하나의 유럽이라는 전망(각국이 토지와 기후에 최적화된 경제활동에 특화되는 상황)은 대단히 호소력 있는 전망으로 나타났을 것이다. 하지만 그런 미래를 과연 현실적으로 기대할 수 있을까? 그런 기대는 유토피아 사회주의 못지않게 결함이 있는 '유토피아 자유주의'라고 할 수 있지 않은가?

자유주의 원칙은 의심할 여지없이 세간의 평가에서는 주가를 올리고 있었지만, 그것을 다양한 영역에 세밀하게 적용하는 일은 여전히 까다로운 조정이 필요했다(기실, 다음 세기들을 거치면서 강조점은 계속 이동할 것이었다). 경제적 자유는 일단 정확하게 정의되기만 하면 바람직한 것으로 널리 받아들여졌지만, 의문은 남았다. 국제 관계에서 '자유'란 무엇을 뜻하는 걸까? 세력균형의 개념에 깔려 있는 가정은, 유럽 국가들이 자연적으로 평화와 협력에 이끌리는 성향을 갖기는커녕 오히려 서로에 대해 공격적이라는 것이었다. 상황이 그럴진대 영국의 관찰자들은 거의 만장일치로 강력한 해군이야말로 나라의 복지에 결정적인 요소라고 믿었다. 이와 관련해서 영국이 자유무역을 통해 번영하기 위해서는 비단 유럽에서뿐 아니라 나머지 세계에서도 안전한 시장이 필요했다. 그 무렵 세계의 중요한 일부가 영국 제국의 판도에 추가되고 있었지만, 자유주의가 모든 민족의 자유와 평등에 대한 믿음을 촉진하는 한 자유주의자들에게 제국은 어쩔 수 없이 기이한 모순으로 다가오게 되었다. 왜냐하면 영국은 이들 민족을 해방하기는커녕 오히려 정복하고 지배하고 있었기 때문이다.

아일랜드 대기근

영국에서 1846년 곡물법 폐지와 더불어 경제적 자유주의가 승리를 구가하던 바로 그 시점에 아일랜드에서는 끝 모를 고난의 시절이 눈앞에 펼쳐지고 있었다. 그리고 이런 상황은 현대에 자유가 갖는 함의들과 관련하여 단기간에 해소되지는 않을 모종의 불확실성이 존재함을 암시했다. 아일랜드인들은 영국 관리들을 지목하여 비난을 퍼부었다. 비난의 논거는 영국 관리들이 당장에 수십만의 보통 사람들이 비참한 상태로 전락하여 죽음의 고통에 시달리고 있었음에도 불구하고 시장의 힘을 오직 '장기적으로' 경제 문제들을 해결하는 데로만 사용하는 것을 선호했다는 것이다. 시야를 넓혀 이 문제를 다시 보면, 당시 영국 자유주의자들이 하늘을 찌르는 자신감으로 자화자찬하던 때에 아일랜드에서는 영국인들을 잔인하고 오만하며 착취적인 사람들로 간주하는 대항 담론이 형성되면서 그런 영국인들의 자신감에 격렬히 도전하고 있었다고 하겠다.

아일랜드 대기근에 대한 영국 지배자들의 대응과 관련하여 원한에 사무친 문헌들이 대량으로 쏟아져 나왔다. 이로부터 야기된 언쟁들은 아일랜드 민중과 런던의 지배자들 사이에 수백 년에 걸쳐 형성된 쓰라린 역사를 재료로 삼았다. 과연 그 역사는 언어 및 종족성의 차이(켈트 대 잉글랜드)와 종교의 차이(가톨릭 대 프로테스탄트)로 인해 악화되었음은 물론이고, 무엇보다 경제적으로나 군사적으로 팽창하는 한 민족이 여러 모로 그처럼 성공하지는 못한 다른 민족과 나란히 붙어 있게 되면 두 민족 사이에 어김없이 나타나게 될 불신과 증오의 감정 탓에 다시 악화되어 한 세기 반 동안 재탕하여 부글부글 끓고 삶아질 운명이었던 것이다.

19세기 중엽 아일랜드 문제는 수많은 역설적 양상을 보여 주었다. 당시 아일랜드의 농민은 유럽에서 가장 가난하고 가장 심한 착취에 시달리며 가장 널리 혹평을 받은 사람들이었지만, 그럼에도 동유럽 유대인들과 남부 이탈리아인들처럼 가엾은 처지에 몰려 있던 다른 가난한 주민들과 마찬가지로 아일랜드 농촌 대중들 역시 믿기 힘들 정도로 스스로를 재생산하고 있었다. 18세기 이래 거의 모든 유럽의 인구는 예전에는 상상하기 힘들 정도로 성장하기 시작했다. 그러나 앞에서 살펴보았듯이, 1750년대에 약 260만 명이던 아일랜드 인구는 1840년대 초에 약 800만 명으로 크게 늘어났다. 같은 시기 얼추 스코틀랜드 인구는 120만 명에서 260만 명으로, 포르투갈 인구는 220만 명에서 340만 명으로 증가했다.

이처럼 인구가 급증한 까닭이 무엇인지를 둘러싸고는 많은 논쟁이 있어 왔다. 그러나 관찰자들 모두는 감자가 아일랜드에 도입된 것이 인구 급증을 불러온 요인 가운데 하나였다는 데 동의한다. 놀라울 정도로 영양분이 풍부한 감자는 유럽 여러 지역의 가난한 이들에게 주식이 되었지만, 이 뿌리작물이 아일랜드만큼 중요성을 지닌 곳은 세상 어디에도 없었다. 감자는 다른 작물과 달리 비가 많이 오는 늪지에서도 잘 자라는 작물이었으므로, 감자를 심을 조그만 땅뙈기만 있어도 가족이 생계를 꾸려 나가는 데 도움이 되었다. 이리하여 감자 재배는 아일랜드 하층계급이 좀 더 일찍 결혼하여 많은 자식을 낳는 데 기여했다. 그럼에도 아일랜드의 빈민들은 농사지을 땅을 소유하지 못했고, 그래서 자식들에게 땅을 분할 상속시키지 않도록 출산을 통제하는 경향이 있던 19세기 프랑스의 토지 소유 농민들과 똑같이 행동할 이유가 있었다. 프로테스탄트 부재지주들은 가톨릭 아일랜드 지역에 광범위하게 분할된 토지를 소유하고 있었지만, 잉글랜드 농업혁명의 주역인 개혁 지주들과 닮은 점이라고는 별로 없었다. 그러기는커녕 오히려 나태하고 무책임

그림 4 아일랜드 대기근 Illustration from The Life and Times of Queen Victoria by Robert Wilson. Cassell, 1893.

하여 자기 땅에서 일하는 사람들과 철저히 기생적인 관계를 맺고 있었을 뿐이다. 1840년대 말과 1850년대의 대량 인구 탈출 이전에도 200만 명 가까운 아일랜드인들이 고향의 절망적인 상황을 피해 아메리카로 떠났다.

1845~1846년, 1848년, 다시 1851년에 감자가 치명적인 병충해에 감염되었을 때, 아일랜드 주민의 가장 가난한 계층이 입은 타격은 가히 파국적이었다. 당대 관찰자들은 죽은 자들과 죽어 가는 자들이 길가에 널브러져 있고 가족 전체가 흙으로 지은 오두막 안에서 아무 말 없이 굶어 죽어 가는 정경을 묘사했다. 만연한 질병이 가장 병약하고 가장 영양이 부실한 사람들, 특히 어린아이와 노인을 공격했다. 저명한 영국역사가 A. J. P. 테일러는 한 세기 후에 그 비극을 되돌아보면서 1840년대 말 아일랜드를 베르겐-벨젠*이나 아우슈비츠를 떠올리게 하는 거

---

* Bergen-Belsen, 나치 독일이 전쟁 포로와 유대인을 수용하기 위해 1943년에 건설한 강제 수용소를 말한다. 《안네의 일기》로 유명한 안네 프랑크가 수용된 곳이기도 하다.

대한 죽음의 수용소로 묘사했다. 홀로코스트와는 달리, 감자 병충해는 그 영향 면에서 현대 유럽인들이 경험한 지진이나 홍수보다 더 파괴적이고 장기적인 자연 재해였다. 영국 관리들 중 누구라도 특출한 선견지명이 있었거나 인정이 있었더라면 대기근의 공포는 조금이나마 완화될 수 있었으리라는 데는 의심의 여지가 없다. 그러나 이들 관리들은 대개 그런 위기에 대처할 준비가 되어 있지 않았다. 게다가 적어도 그들 가운데 일부는 아일랜드인들을 덮치고 있던 공포의 책임을 아일랜드인들에게 돌리면서 비난을 퍼부었다. 아일랜드의 민족주의 역사가들은 영국 관리들을 직무 태만, 심지어는 아일랜드인들의 비극을 고소해한 죄로 고발했다.

이 관리들을 조금 두둔하자면, 그들은 통상적인 의미에서 범죄를 저질렀다기보다는 자기 시대와 자기 계급의 한결 같은 전형으로서 사고하고 행동했을 뿐이라고 볼 수 있다. 당시 아일랜드 상황을 처리해야 할 가장 직접적인 책임을 맡고 있던 관리 가운데 한 명이었던 찰스 트리벨리언은 아일랜드 민족주의자들에게 유독 비난의 표적이 되었다. 그는 당시 묘사된 대로 인종 학살을 저지른 괴물은 아니었으나, 그럼에도 기근이 하나님의 섭리에 따른 처벌이고 자신이 개인적으로 결코 대항할 수 없는 불변의 경제 법칙들을 통해 이해되어야 한다고 주장했다. 이와 유사한 맥락에서 그와 다른 많은 영국의 주도적 대변인들도 아일랜드의 고난이 틀림없이 아일랜드의 문화적 결점들(당시 런던 가판대에 진열된 《타임스》의 표현을 빌리자면, '나태함과 경솔함과 무질서')과 연관되어 있는 것으로 보았던 것이다.

토머스 맬서스의 어두운 전망

우리는 끝없는 진보에 대한 19세기의 믿음이 하나의 어두운 전망, 즉 하층 신분들에게 닥쳐올 불가피한 고통에 대한 전망도 제시했다는 점을 잊어버리는 경향이 있다. 그 어두운 전망 중에 가장 유명한 것(혹은 악명 높은 것)이 바로 토머스 맬서스가 18세기 말에 공식화한 내용이다. 1797년 영국 국교회 목사로 임명된 바로 그해 맬서스는 《인구론》(An Essay on Population)을 출간하여 식량이 인구를 부양할 수 있는 정도로 생산되는 속도보다 인구는 훨씬 더 빠르게 재생산되는 경향이 있다는 주장을 내놓았다. 그런 관찰로부터 그는 물질적 조건이 향상될 때마다, 임금이 오르거나 식자재 가격이 내릴 때마다 하층 신분들은 너무 많은 자식을 낳음으로써 긍정적 결과를 허사로 돌린다는 도발적인 결론을 제시했다. 여기서 '너무 많은'이라는 말은 농업 생산이 부양할 수 없다는 의미일 테고, 향상된 물질적 조건의 냉혹한 결과는 하층 신분들에게 과잉 인구와 기근, 질병으로 닥칠 것이었다.

현대의 관찰자가 보기에 맬서스가 제시한 사실들은 믿을 만하지 않고 그의 추론도 의심쩍어 보일 수 있다. 그러나 그의 책은 당시 영국 안팎에서 가장 널리 토론되고 가장 큰 영향력을 행사했다. 당대인들 다수가 맬서스의 어두운 전망에서 일종의 정당성을 찾으려고 한 것처럼 보였다. 강력한 경제 법칙들 때문에 사회의 최하층 신분은 영원히 빈곤과 궁핍에 시달릴 운명에 처한 반면, 상층계급은 더욱 더 부유해지고 안락해지리라는 것이었다. 더욱이 주장은 다음과 같이 이어지는바, 빈민들의 열악한 조건을 완화하려는 정부 당국의 노력은 무익할 뿐 아니라 생산을 방해한다는 점에서 해롭다는 것이었다. 이런 결론을 고려하면, 경제학 또는 정치경제학이 '음울한 과학'으로 알려지게 된 것도 이상할 게 없다.

그런 종류의 '과학'은 누가 봐도 노동자들에게 될 수 있으면 적게 지불하려는 사람들에게 유익했다. 그런 것이 자본주의적 윤리였지만, 가식 없이 말하면 기독교 도덕과는 화해하기 힘들었다. 넓은 의미에서 맬서스의 이념은 분쟁이 불가피하고 파괴와 창조 사이에는 역설적 관계가 있다는 19세기 유럽에서 유행한 믿음과 뒤섞여 있었다. 기독교 목사로서 맬서스가 빈민들에게 줄 수 있는 최상의 조언은, 될 수 있으면 결혼을 미루고 일단 결혼하면 '너무 왕성한' 성생활을 피하라는 것이었다. 비록 맬서스 자신은 섹스 포기의 문제는 아니더라도 출산 통제 조치를 비도덕적이라고 단호하게 거부했음에도 불구하고, 훗날 맬서스의 이름이 피임('맬서스식 장치')과 동일시된 것은 역사의 흔한 아이러니 가운데 하나다. 그는 심지어 만일 성욕이 너무 강력하게 몰려오면 찬물 샤워를 하고 기도하는 것이 도움이 될 거라고 제안했다. 여기서 '자위'는 완전히 논외였다. 성경에서 자위를 엄중하게 금지하고 있다는 점을 제쳐 놓더라도, 맬서스와 그 시대 많은 사람들은 자위가 실명(失明)이나 지적장애를 불러올 거라고 자신 있게 단정했다.

프랑스에서 다시 혁명으로

맬서스에게는 비판자들이 있었다. 특히 정치경제학자들이 말하는 철의 법칙들을 받아들일 수 없고 사회문제를 국가가 치유할 도덕적 의무가 있다고 믿는 사람들이 바로 그들이었다. 유럽 대륙에서 배고픈 40년대에 대기근만큼 인간 생활을 파국으로 몰고 간 사건은 달리 없었지만, 그럼에도 당시는 유럽 지역들 대부분이 암울하고 고난에 시달릴 때였다. 여기서 다시 시선을 파리로 돌려 보자. 이 도시는 모든 프랑스 지역에서 실업자 군중을 끌어들인 것은 말할 것도 없고, 거의 모든 유럽 지역에서 온갖 망명자들(émigrés)과 불평분자들을 끌어당기고 있었다. 다른 주요 유럽 도시들도 비슷한 인구 이동을 겪고 있었지만, 이런 측면에서 파리는 그렇게도 많은 다른 유럽의 수도들 중의 수도, 특히 예술가들과 화가들, 민족주의 망명가들, 수많은 교의를 주장하는 혁명가들을 끌어당기는 강력한 자석과도 같았다. 젊은 독일 혁명가 카를 마르크스와 프리드리히 엥겔스가 진한 우정을 나누게 된 곳도 파리였다.

프랑스 경제는 영국에 견주어 산업화와 인구 성장으로 인한 타격을 상대적으로 덜 받았다. 그럼에도 그 무렵 파리의 거리를 걷는다면 사회 문제를 첨예하게 실감하지 않을 수 없었을 것이다. 인구의 일부는 눈에 띄는 분명한 해결책도 없이 끔찍한 곤경에 처해 있었다. 지식인들과 보통 사람들을 대표하는 이들 사이의 접촉이 활발하게 이루어졌다. 1840년대 반자유주의적이고 반급진적이며 반사회주의적인 이데올로기들이 특히 프랑스와 영국에서 널리 확산되고 있었다. 루이 필리프의 7월 왕정이 추구한 사소한 개혁들이 남긴 극단파의 실망은 이제 일련의 정부 부패 스캔들이 드러나면서 1840년대에 악의에 찬 적대감으로 바뀌었다. 루이 필리프의 장관들은 적어도 좌파에게는 특히나 짜증나는 정신 상태를 체현하고 있었다. 최장수 총리인 프랑수아 기조는 프랑스의 재산 제한 선거권에 항의하는 군중에게 연설하면서 그들을 바보로 만드는 재담을 구사했다. "그대들이 투표권을 원한다면, 그대들이 해야 할 일은 오직 이것이다.······부자가 돼라!(enrichissez-vous!)"

그런 거만한 태도가 혁명에 불을 지폈다. 기조의 농담은 되풀이하여 인용되고 그 세기 나머지에 반자유주의·반부르주아 세력들의 강력한 상징들 중 하나가 되었다. 극좌파에게 부르주아지의 구성원들이 주장한 자조와 기업의 덕성들은 참을 수 없는 자족과 위선을 은폐하는 가면 이상도 이하도 아니었다. 당시 정체성 형성과 이데올로기적 호불호를 결정한 핵심 요소는 다름 아니라 그런 심상(imagery)이었다. 기조와 그의 동료들은 그야말로 최고의 적이었다.

영국의 개혁, 차티스트운동

1832년 선거법 개혁안의 통과와 반곡물법 선동으로 이어진 일련의 흥분 사태가 지난 후, 영국에서 '민주주의' 또는 민중의 지배를 추구한 개혁가들 대부분은 이제 힘을 19세기 중엽의 가장 유명한 운동인 차티스트운동(Chartist movement)에 쏟아부었다. 이 운동의 이름은, 1838년에 처음 작성되어 수백만 명에 이르는 서명자들의 후원을 받으며 거듭 의회에 청원되었으나 번번이 무시되고 거부된 인민헌장(People's Charter)에서 유래했다. 헌장은 6개 조항으로 이루어진 급진적 정치 개혁의 강령을 담고 있었지만, 차티스트들 대부분이 궁극적으로 의도한 것은 정치 개혁을 뛰어넘는 것이었다. 당시 많은 사람들은 일단 차티스트 강령이 받아들여지면 반향이 큰 경제적·사회적 입법이 수평적(leveling)이고 심지어 사회주의적인 방향에서 뒤따를 거라고 생각했다. 헌장의 요구 조항들에는 모든 성인남성 투표권, 하원 의원에 대한 재산 자격 폐지, 매년 의회 선거, 비밀투표, 형평성 있게 구획된 선거구 등이 포함되었다.* 의회가 되풀이하여 헌장을 거부함으로써 '폭력파'(physical force) 차티즘이 우세해졌는데, 이들은 의원들이 헌장을 받아

---

* 원문에는 이른바 '6개 조항'(Six Points) 가운데 의원에 대한 봉급 지불 조항이 빠져 있다.

들이도록 노동계급의 총파업을 단행해야 한다고 주장했다. 폭력파 차티스트들은 폭동을 꾸미기도 했는데, 폭동은 당국의 폭력적인 진압으로 이어지곤 했다.

차티스트운동은 1848년 봄 일련의 혁명이 유럽 대륙을 휩쓸고 지나갈 때 부활했지만, 다시금 단호하게 거부되었다. 그리하여 차티즘은 통상 역사에서 거대한 실패의 대명사로 간주되기도 한다. 차티스트 선동은 즉각적인 목표를 달성하지는 못했지만, 여타의 법안들(예컨대 당시 노동계급이 맞닥뜨린 가장 열악한 일부 조건을 완화해 준 1847년의 '10시간 노동법')이 통과될 수 있을 만큼은 영국 당국에 충분히 심각한 압력을 행사했다.

1848년 혁명들, 메테르니히가 주도하는 유럽이 종식되다

1848년에 유럽 대륙을 관통하여 확산된 혁명들에는 놀라운 특징이 많았다. 한 세기 후에 역사가들은 그렇게도 신속하게 진행된 격변들의 기원을 파고들었다. 1848년 초 당대인들 사이에 충만했던 거대한 기대감은 거의 모든 곳에서 실망과 쓰라린 낙담으로 바뀌었다. 프랑스는 처음에는 사회 공화국이 되고 아마도 1790년대에 그러했던 것처럼 혁명을 다른 나라들에 확산시키는 도정에 있는 것처럼 보였다. 그러나 곧 혁명적 프랑스 군대가 나머지 유럽을 침공하지 않으리라는 것, 그리고 급진 좌파가 파리 바깥에서는 폭넓은 지지를 결여하고 있다는 점이 분명해졌다. 1848년에 프랑스에서 반동 세력들이 불과 몇 달 만에 승리를 거두었다. 유럽의 다른 곳들에서도 사태는 비슷했는데, 구지배자들이 공황 상태에 빠져 허둥지둥 도망가고 여기저기서 득의양양하게 공화국이 선포되고 있었음에도, 반혁명 세력들이 대개 1년도 안 되어 권좌에 복귀할 것이었다. 그럼에도 권력을 탈환한 보수주의자들은 일반적으로 변화하는 경제적·사회적 현실을 인정한 새로운 타협 위에서 권좌에 복귀했다. 이와 유사한 맥락에서 비록 포괄적인 자유주의 강령이 유럽 대륙의 거의 도처에 저지되고 말았지만, 조금 모호한 의미에서 말하자면 그래도 자유주의 이상은 계속 퍼지고 스며들었다.

프랑스의 1830년 혁명은 1848년에 일어난 혁명에 비하면 그저 고뿔에 불과했다. 1848년 2월에 '영광의 사흘'이 재현되어 왕은 불쑥 떠났고 새로운 정부가 수립되었다. 루이 필리프는 자신이 보통 사람들 사이에서뿐만 아니라 부유한 계급들 사이에서 얼마나 많이 지지를 잃었는지를 이해하지 못했다. 기실, 1848년 2월 이전의 여러 해 동안 루이 필리프와 그의 장관들은 자신들의 주변 현실이 얼마나 불길하게 변하고 있었는지를 의식하지 못한 것처럼 보였다.

2월 21일 한 무리의 항의자들을 향해 치안 병력이 발포하여 20명이 죽고 그보다 많은 사람들이 부상당했을 때, 파리의 빈민가들에서 분노가 폭발했다. 빈민가에 바리케이드가 설치되었고, 혁명가들은 하원에 난입하여 의원들을 해산시키고 즉각 공화국을 선포했다. 미래에도 여러 차례 되풀이될 테지만, 혁명에서 철의 법칙이라고 할 만한 모종의 패턴이 확인된다. 즉 무능과 부패, 치안 병력의 맹목성이 혁명가들의 수와 결의보다 더 결정적인 요소다.

공화주의 임시정부와 '국립작업장'

10명으로 이루어진 임시정부가 재빨리 수립되었다. 임시정부의 구성은 상대적으로 온건한 공화주의자가 7명에 좀 더 급진적인 교의를 지지하는 인물이 3명이었는데, 그중에는 1839년에 출간된 《노동의 조직》(The Organization of Work)으로 유명해진 사회주의자 루이 블랑이 있었다. 그 책에서 블랑은 '사회 작업장'의 수립을 사회문제에 대한 해결책으로 제시한 바 있었다. 작업장은 국가가 후원하되 노동자들이 관리하는, 현대 산업 기술을 통합한 생산 단위였는데, 이윤을 사적 소유자가 아니라 노동자들에게 분배했다. 그런 이념은 당시 지식인들 사이에서 떠돌고 있었지만, 오직 하층계급들 사이에서만 확산되기 시작했다.

영국 차티스트운동 내부의 폭력파와 유사한 당파가 그 무렵 프랑스에도 존재했다. 그들은 사회문제에 대한 폭력적이고 독재적인 해결책이 불가피하다고 믿었는데, 혁명가들 가운데서도 음모가 엘리트가 지도하는 당파였다. 블랑 자신의 희망은 민주적으로 선출된 사회 공화국, 즉 부르주아지와 프롤레타리아트를 조화시킬 수 있는 공화국이었는데, 임시정부에서 경험한 일들로 크게 동요하고 있었다. 그는 프랑스에서, 특히 프랑스의 다수를 차지하는 보수적인 농민들 사이에서 사회 공화국에 우호적인 민중적 다수파가 존재하지 않는다는 사실을 이해하게 되었다. 그런 까닭에 그는 자신의 사회주의 이념이 가치를 인정받을 수 있을 때까지 선거를 연기하려고 했다. 하지만 사건이 그를 압도했다.

임시정부는 좌파 군중의 압력을 받으며 당시 '국립작업장'으로 불린 제도를 수립했다. 이 작업장들은 겉보기에는 블랑의 이념에서 영감을 받은 것으로 보였지만, 실제로는 그의 이념에 어긋나는 것이어서 실업자들을 놀리지 않기 위한 작업 이상의 의미가 없었다. 또한 이미 과거 경제 위기의 시절에 군주들에 의해 그에 비견될 만한 조치들이 취해진 적이 있었다는 점에서 작업장에 특별히 혁신적인 면은 전혀 없었다. 그럼에도 국립작업장들은 예전에 비해 훨씬 더 큰 규모로 설립되었고, 곧 경제적으로 밑 빠진 독(납세자들에게 분노의 표적)이 되었다. 4월에 남성 보통선거권에 입각한 입법의회 선거가 치러지면서 좌파에 대한 지지가 특히 파리 바깥에서 얼마나 취약한지가 드러나고 있을 때, 마침내 전면전이 벌어지게 되었다. 새로운 의회에 의해 임명된 행정부에는 공화주의자나 사회주의자가 단 한 명도 없었다.

낭만주의 시인 알퐁스 드 라마르틴은 2월에 혁명 세력을 사실상 주도한 인물이었는데, 이제 새로운 공화국이 "계급들 사이의…… 끔찍한 오해를 청산"할 거라고 선포했다. 새로운 공화국은 식민지 노예제 폐지와 사형제 폐지를 비롯하여 수많은 중요한 자유주의 개혁들을 도입했지만, 다른 측면에서 라마르틴은 형편없는 예언자임이 입증되었다. 계급들 사이의 오해는 혁명으로 청산되기보다는 오히려 훨씬 더 끔찍하게 증폭될 찰나에 있었다.

불거지는 계급 갈등과 프랑스 바깥의 민족 문제

봄에 파리에서 일련의 혼란스러운 충돌과 적대가 사회 공화국을 믿는 사람들과 그보다는 덜 급진적인 경로를 선호한 사람들 사이에서 발생했다. 주민들 중 유산자 계층은 납세자들의 돈지갑과 재산을 노린 빈자들의 '공산주의적' 음모에 점점 더 경계심을 품게 되었다. 이런 경계심은 공황 상태가 되어 계엄령 선포로 이어지고 또 다른 '사흘'(그렇게 영광스럽지 않은)이 잇따랐는데, 이 사건은 수천 명의 노동자들과 정규군 사이에 벌어진 절망적인 시가전으로서 '6월 사태'(June Days)라는 오명으로 불리었다. 파리 빈민가들에 설치된 바리케이드들의 미궁 사이에서 양측 모두 잔혹한 학살극을 벌였다. 사망자는 1만 명이 넘었고 1만1천

명이 체포되었는데, 이들 모두 식민지 유형에 처해져 신속하게 이송되었다.

나머지 유럽 세계는 매혹과 공포가 뒤섞인 심정으로 파리에서 벌어지는 사건들을 숨죽이며 지켜보고 있었다. 이와 동시에 여러 신문에는 영국에서 차티스트들의 패배를 알리는 기사들이 올라왔다. 다른 지역들에는 파리와 런던에 비할 만한 혁명적 거점 도시가 없었고, 3월에 유럽 대륙을 관통하여 확산된 혁명들은 지방적인 특색을 띤 채 서로 간에 큰 차이를 드러내며 전개되었다. 하지만 흐름은 엇비슷했다. 최초의 혁명적 흥분의 분출, 공황 상태에 빠진 기성 당국의 후퇴, 보수적 반발이 그런 패턴이었다. 이와 유사하게, 가난한 사람들을 도우려는 초기의 열정과 계획은 유산층의 단호한 저항을 유발하는 경향이 있었다. 처음에는 혁명가들을 지지한 많은 온건파도 예측불허의 '혁명의 요정'에 대한 공포심에 사로잡혀 보수파로 전향했다.

그럼에도 프랑스 바깥에서 민족 문제는 사회문제에 버금가거나 그와 뒤섞이며 일차적인 문제로 제기되고 있었다. 프랑스 바깥 지역들에서 '끔찍한 오해'는 그 주민 내부의 서로 경쟁하고 양립할 수 없는 (계급의 열망들이 아니라) 민족주의적 열망들과 밀접한 관련이 있었다. 3월에 빈과 베를린 같은 일부 거점 도시에서 발생한 최초의 극적인 발전이 얼마간 파리에 비견될 만한 영감으로 작용했는데, 여기서는 혁명적 행동이 민족 문제에 초점을 맞추고 있었다. 그러나 부다페스트와 프랑크푸르트, 나폴리, 프라하, 로마, 토리노 등 주요 도시들마다 국지적 초점은 무척 다양했다. 그해 1월에 최초의 혁명적 봉기들은 프랑스가 아니라 이탈리아 국가들에서 무엇보다 외국 지배라는 쟁점에 의해 발화되었다. 프랑스에서 2월에 발생한 사건들은 다른 곳에서 영감을 불러일으키는 역할을 했지만, 1848년 봄 중유럽 전역에서 당국이 마치 성냥개

비로 만든 집처럼 허무하게 붕괴한 것은 단순히 프랑스 모델에 따른 사건이 아니라 오히려 메테르니히의 체제가 더 이상 유지될 수 없음을 명료하게 보여 준 사건이었다. 그 과정에서 무척이나 다양하고 종종 서로 간에 모순적인 종류의 열망들이 번식해 나갔다.

1848년에 다민족 합스부르크 제국은 유럽에서 러시아 다음으로 인구가 많은 나라였다. 혁명은 제국의 서쪽에서 일어났느냐, 동쪽에서 일어났느냐에 따라 서로 다른 함축적 의미를 띨 것이었다. 서쪽에서 혁명가들은 이미 발전한 자유주의를 정교하게 만들려고 하면서 무엇보다 교육받고 상대적으로 부유한 도시 주민의 편에 섰다. 동쪽에서는 자유주의의 해방적 의도가 문자 그대로 직접적이어서 주민 대다수가 문맹이고 가난한 지역들에서 농노를 해방하는 것으로 이어졌다. 빈에서 3월 두 번째 주에 주로 대학생들과 노동자들이 바리케이드를 설치하고 왕궁에 난입하자, 메테르니히는 망연자실하여 즉각 사임하고 나라를 떠났다. 이와 동시에 언제나 반항적인 마자르인들은 제국의 헝가리 쪽 절반의 자율성을 보장하는 3월법을 통과시켰다. 제국의 다른 지역들에서도 합스부르크의 지배에 대한 도전이 증식해 나갔다. 북부 이탈리아에서 가장 큰 도시이자 롬바르디아의 수도인 밀라노에서는 오스트리아 수비대가 주민들에 의해 쫓겨났다. 베네치아에서도 공화국이 득의양양하게 선포되었다.

합스부르크 영토 바깥에서는 3월 중순에 베를린에서 폭동이 발생하여 프로이센 국왕이 서둘러 헌법을 약속했다. 그달 말 독일 군소 국가의 지도자들은 유사한 사회적 불만에 직면하여 좀 더 중앙집권적이고 통합된 국가 형태가 출현하리라는 전망으로 기성의 독일연방에 속하지 않은 모든 독일 국가를 대표하는 의회를 소집하는 데 동의했다. 이 새로운 의회는 민주주의적 투표에 입각하여 형성되었는데, 결국 1848년

5월 프랑크푸르트에서 회합을 가졌다. 이 프랑크푸르트 의회는 대략 한 해 동안은 독일 민족주의자들의 희망을 구현하게 되었지만, 그 후에는 민족주의적 희망을 충족시키지 못하는 독일 자유주의의 실패만을 상징하게 되었다.

3월 말 이탈리아 북부의 유력한 독립 국가인 피에몬테-사르데냐의 국왕*이 자신의 영토를 확대하고 강력한 북이탈리아 국가를 창출한다는 희망으로 이웃 롬바르디아에 대한 침공을 명령했을 때, 북부 이탈리아에서 사태는 이미 폭력적으로 바뀐 뒤였다. 그러나 국왕은 자신도 놀랍고 두려운 어떤 일을 촉발시켰다. 즉 토스카나(롬바르디아 남부의 주요 국가)로부터―그리고 실상 나폴리만큼이나 훨씬 남쪽에서도―지원병으로 조직된 군대가 지금 증오의 대상인 오스트리아인들을 몰아내기 위해 북진하고 있었던 것이다. 이 지원병들은 하나의 통일 이탈리아라는 다소 모호한 전망으로 결속되어 있었지만, 그들 사이에는 통일된 이탈리아가 어떤 정치 형태를 갖추어야 할지에 대해서는 거의 일치된 합의가 없었다. 투표권은 인구의 몇 퍼센트에 주어져야 하는가? 신생 이탈리아 국가는 왕정이어야 하는가, 공화정이어야 하는가? 심지어 미래의 이탈리아 국가의 경계도 불확실했다. 이탈리아의 명료한 자연 국경에도 불구하고 로마 이북에 사는 이탈리아인들 대부분은 로마 이남의 후진적인 지역과 즉각적으로 합친다는 발상에 별로 열정이 없었으니 말이다. 일반적으로 이탈리아에서는 지방적·지역적 소속감이 강하게 남아 있었다. 그들은 20세기까지도 변함없이 그러할 것이었다.

---

* 사보이아 왕조의 카를로 알베르토(Carlo Alberto)를 가리킨다.

점점 더 분열되는 혁명가들

3월의 봉기들은 이제 유럽사에서 가장 자생적이고도 가장 널리 확산된 혁명의 물결로 인식되고 있다. 그러나 사회주의자들과 급진주의자들, 온건한 공화주의자들이 효과적으로 함께 어울리기에는 너무도 많은 근본적인 지점들에서 서로 간에 차이가 컸다는 점이 프랑스의 경우에 곧 명백해졌다. 이와 마찬가지로, 그들 대부분은 정치 경험이나 감각도 결여하고 있었다. 당장 중요한 것은, 그들이 믿을 만한 군사적 힘을 끌어 모을 수 없었다는 사실이다. 프랑스와 나머지 유럽에서 전체로서 좌파는 광범위하고 믿을 만한 민중적 지지도 확보하지 못했다. 파리에서는 초기에 도시 대중들 사이에서 지지가 급증하기는 했지만, 그들은 종잡을 수 없는 세력임이 드러났다. 실상 그들을 잘 훈련되고 규율 잡힌 군대에 비견할 수는 없는 노릇이었다. 나머지 유럽 대륙의 많은 곳에서 좌파는 파리에서보다 훨씬 더 심각하게 분열되어 있었고 경험도 보잘것없었다. 프랑스에서처럼 온건한 당파들도 좀 더 급진적인 당파의 의제에 경계심을 느끼게 되었고, 자유주의적이건 사회주의적이건 민족주의이건 간에 다양한 혁명적 집단들은 서로의 의제들에 대해 조금도 공감하는 바가 없었던 것으로 드러났다.

중유럽과 북이탈리아에서 발생한 혁명의 초기 단계에서 두드러진 역할을 수행한 사람들 다수는 교육받고 일정한 사회적 지위를 누리는 중간계급 출신이었다. 그들은 바리케이드에 자신의 생명을 걸려고 들지 않았다. 정규군에서도 장교는 대개 귀족 출신이었고 사병은 농촌 출신이었다. 어느 쪽도 좌파 강령에 대해 큰 열정(또는 이해)이 없었고, 사병들이 보기에 좌파는 그저 악의 씨앗이었을 뿐이다. 그리하여 대부분의 경우 보수적 지도자들은 1848년 초에 놀란 가슴을 쓸어내린 후 자신들에게 필요한 일은 오직 기다리는 것, 즉 좌파의 분열이 고조되어 그들의 무능력이 백일하에 드러나도록 내버려 둔 다음 정규군을 호출하는 것이었다.

물론 모든 지역에서 사태가 그리 단순하지는 않았다. 혁명적 희망이 계속해서 한 해를 넘어 몇 해 동안 밝게 타올랐다. 합스부르크 군대는 새로운 황제인 18세의 프란츠 요제프 치하에서 결국 피에몬테-사르데냐를 비롯해 오스트리아 지배에 항거하여 분기한 이탈리아 국가들의 군대를 압도했다. 1849년 6월에는 로마에 수립된 급진 공화국이 분쇄되었는데, 그것도 교황이나 오스트리아 세력 또는 토착 보수 세력에 의해서가 아니라 프랑스가 파견한 군대에 의해 분쇄되었다. 최초의 혁명적 모델이었던 프랑스는 이제 권위주의적이고 반혁명적인 새로운 지도자 루이 나폴레옹(훗날 나폴레옹 3세로 알려질)의 권력 아래에 있었던 것이다.

1840년대에 자유주의에 공감을 표했을 뿐 아니라 한때 민족주의자들이 통합된 이탈리아의 잠재적 대통령으로 간주하기도 했던 교황 비오 9세는, 로마 공화국을 경험한 후에 좌고우면하지 않고 반자유주의적인 방향으로 틀었다. 이런 전향은 궁극적으로 1864년에 발표된 그의 유명한 교서인 〈오류에 관하여〉(the Syllabus of Errors)에서 정점에 달했다. 그가 말한 '오류들' 중에는 민족주의와 자유주의가 포함되어 있었다. 그러나 '오류들'은 대체로 현대적 경향 일반을 아우르고 있었다. 이 반동적 성향의 비오 교황은 현대사에서 가장 오랫동안 재임한 교황(1846~1878)이기도 했다.

마자르의 혁명적 민족주의자들은 합스부르크 세력을 성공적으로 제압한 후에 1849년 8월 차르 니콜라이 1세가 파병한 대규모 군대에 의해 진압되었다. 반동 러시아의 차르는 국경 지대에 단 한 명의 혁명가도

발붙일 수 없게 되기를 원했고, 어쨌거나 합스부르크 황제의 도움 요청에 화답했다(이는 신성동맹에 따른 것이기도 했다. 신성동맹을 조인한 국가들은 '평화와 정의, 또는 종교'에 위협이 발동하는 경우 상호 지원을 제공하는 데 동의했다는 점을 기억해야 한다).

많은 군소 독일 국가들에서는 일반적으로 저항이 헝가리와 프라하, 로마, 또는 베네치아에서보다는 덜 심각했다. 그러나 최종 결과(자유주의적 민족주의의 패배)는 엇비슷했다. 프로이센에서 이룩한 발전이 다소간 특별했다. 처음에 국왕이 허용한 선거로 예기치 않게 좌파 의회가 복귀했는데, 의회는 왕과 프로이센 귀족들에게는 실망스럽게도 러시아와 오스트리아가 지배하는 이웃 지역들뿐만 아니라 프로이센이 지배하는 지역에서도 폴란드인들의 민족적 열망을 지지했다. 프랑크푸르트 의회조차도 자기보다 훨씬 더 급진적인 프로이센 의회와 거리를 두었다는 사실은 의미심장하다. 기실, 프랑크푸르트의 대표들은 프로이센 군부가 (예전에는 폴란드 영토였지만 폴란드 분할 이후 프로이센에 흡수된) 포젠(Posen)의 독일어 사용자들 편에서 개입했을 때 박수갈채까지 보낼 정도였다. 또한 프랑크푸르트 의회는 합스부르크 세력이 프라하(독일어 사용자들과 슬라브어 사용자들이 함께 사는 지역)의 체코 혁명가들을 진압했을 때에도 이를 승인했다.

프로이센과 프랑크푸르트 의회의 관계는 특별했고, 두터운 상징주의로 에워싸여 있었다. 의회는 첫 1년 내내(1848년 5월~1849년 5월) 장황하기는 해도 어쨌거나 웅변적으로 수많은 쟁점들을 토론했다. 1849년 초 의회는 독일 통일을 결정했지만, 이는 당시 합스부르크 영토에 살던 수많은 독일어 사용자들을 배제하게 될 방안이었다. 대표들은 입헌 왕정이 될 하나의 국가를 그렸고, 신생국의 왕관을 프로이센의 국왕 프리드리히 빌헬름 4세에게 주려고 했다.

프로이센은 오스트리아(독일어 사용권이 전체의 4분의 1 미만)를 제외하면 단연 독일에서 가장 큰 국가였다. 프로이센은 효율적인 공무원들과 교육 시스템, 경제적으로 진보적인 여러 정책(1818년에 시작된 '관세동맹'이 1848년에 이르면 독일의 많은 지역에 확산되었다)으로 널리 호평을 받았다. 프로이센 군부도 두말하면 잔소리였다. 프랑크푸르트 의회는 독자적인 군대를 거느리지 못했으므로 9월에 프랑크푸르트에서 일어난 급진적 당파의 봉기를 진압하기 위해서는 어쩔 수 없이 프로이센 국왕에게 군대를 파견해 달라고 호소하는 수밖에 없었다.

그럼에도 프로이센 군주를 통일 독일의 국왕으로 만드는 것과 관련하여 다소 당혹스러운 일이 발생했다. 프로이센 군주가 제안을 모욕적으로 거부한 것이다. 그것도 '시궁창에서' 나온 왕관은 받지 않겠노라고 언급하면서 말이다. 의회 대표들 대부분은 프로이센 국왕 이외의 다른 후보를 결정하거나 공화주의적 정부 형태를 결정하지 않은 채 그냥 패배를 시인하고 낙향했다. 일부 급진적 활동가들만이 민중을 결집시키려고 노력했으나, 그마저도 프로이센 군대에 의해 손쉽게 진압되었다.

1848년에 거듭 확인된 한 가지 논점은 분명했다. 한 세기 후에 등장하는 마오주의 용어를 빌려 그 논점을 요약하면 이렇다. "권력은 총구에서 나온다." 또한 '역사적 교훈'이 될 수 있는 좀 더 미묘한 결론은 혁명가들이 행동을 한데 집중할 필요가 있고 이상주의적 대학생들과 변호사들과 지식인들만으로는 혁명을 하기에 충분치 않다는 것이다. 아마도 이보다 훨씬 더 미묘한 교훈은 다음과 같은 당대의 수사에서 암시되고 있다. "보수주의자들이 냉정을 잃지 않고 믿을 만한 군대를 가졌다면, 그들을 권력에서 몰아내는 일은 끔찍이도 힘들 것이다."

| 더 읽을거리 |

다음 두 권의 적당히 간결한 전기가 이 시대를 매력적으로 소개해 준다. 스
티브 벨러, 《프란츠 요제프》(Francis Joseph, 1997); 레오 루베르, 《루이 블
랑: 그의 삶과 자코뱅-사회주의에 대한 기여》(Louis Blanc: His Life and
Contribution to Jacobin-Socialism, 1980).

에릭 홉스봄의 《자본의 시대》(The Age of Capital, 1996)는 세부 사항이 풍부
하고 이 시대에 대한 해석에서 도발적이다.

아일랜드 감자 기근에 대한 고전적인 설명으로는 오랫동안 다음의 책이 참
조되어 왔다. C. B. 우덤 스미스, 《대기근: 아일랜드 1845~1849》(The Great
Hunger: Ireland 1845-1849, 1962). 좀 더 최근의, 좀 더 논쟁적인 설명으로는
존 퍼시벌의 《대기근》(The Great Famine, 1998)을 참조하라. 대기근에 대한
논쟁들을 충분히 아우르면서 풍부한 삽화를 제공하는 책으로는 제임스 S. 도
널리 2세의 《아일랜드 감자 대기근》(The Irish Potato Famine, 2001)을 참조
할 수 있다.

이 시대에 대한 또 다른 고전적 연구로는 존 새빌의 《영국 국가와 차티스트
운동》(The British State and the Chartist Movement, 1990)을 보라. R.
J. W. 에번스와 H. P. 폰 슈트란트만이 펴낸 《유럽 혁명, 1848~1849》(The
Revolutions in Europe, 1848-1849, 2000)에도 광범위한 주제들을 다룬 논
문들이 있다.

교황 비오 9세의 삶과 그의 시대를 탐구한 오래된 전기도 읽어 볼 만하다. E.
E. Y. 헤일스, 《비오 9세: 19세기 유럽 정치와 종교에 대한 연구》(Pio Nono:
A Study in European Politics and Religion in the Nineteenth Century,
2011; 초판은 1962).

6장
민족주의와 민족 통일

 19세기 유럽에서 출현한 형태의 민족주의는 지금까지 살펴본 모든 이즘 가운데 가장 강력한 것이라고 볼 수 있다. 민족주의는 21세기까지도 줄곧 유럽인들의 상상력을 떠나지 않았다. 사회 계급과 경제적 대의에 기초한 이데올로기들이 현대 유럽에서 민족주의와 겨루었지만, 번번이 민족주의에 비해 취약하고 단명한 것으로 입증되었다. 이는 의심할여지없이 민족주의 감정이 사회 혁명가들의 심리에도 도사리고 있었기 때문이다.

 20세기 초 레닌의 다음과 같은 유명한 농담이 타의 추종을 불허하는 솔직함으로 논점을 밝혀 준다. "공산주의자를 한 꺼풀 벗겨 보라. 그러면 당신은 위대한 러시아 민족주의자를 발견하게 될 것이다."

민족주의란 무엇인가

역사가들은 유럽 근대 민족주의의 독특함을 두고 저마다 다른 견해를 피력해 왔다. 또 그 뿌리가 얼마나 먼 과거로 거슬러 올라가느냐의 문제에 대해서도 서로 다른 견해를 보여 왔다. 근대 민족주의적 정체성들과 어렴풋하게 유사한 무언가가 심지어 중세에도 존재했으나, 19세기 후반 유럽 민족주의는 근대 민족국가들이 주민들을 민족주의적 테마 주위로 동원하고 권력을 민족 지도자들의 수중에 집중시킬 수 있는 방식에서 뚜렷한 특징을 보여 주었다. 이제 막 출현하는 유럽 민족들은 경합하는 다른 민족들과의 관계 속에서 스스로를 규정하는 경향이 있었다. 예컨대 19세기 초 다수의 유럽 민족주의가 반프랑스적 성향을 띠고 있었는데, 프랑스인들의 천박함이나 퇴폐성과 대조되는 반프랑스 민족들의 '정신적' 우월성을 강조했다. 각 민족 집단의 감정적 유대는 모든 이즘이 그렇듯이 최고의 적으로부터 나오는 잠재적 위협과 깊은 관계가 있었다. 특히 1871년 이후 프랑스 민족주의자들은 독일인과 유대인을 주요 표적으로 삼은 반면, 전통적으로 최고의 적은 언제나 잉글랜드인들이었다.

역사가들은 근대 민족주의를 두 가지 경향으로 분류해 왔는데, 하나는 시민적 이데올로기 경향(프랑스 모델에서처럼 성문헌법에 구체화된 추상적 이상들에 대한 신념을 강조하는)이고, 다른 하나는 인종적·혈통적·지리적 경향(주어진 영토 안에서 공통의 기원과 뿌리, 즉 독일어로 간결하게 '피와 흙[Blut und Boden]'으로 표현되는 요소를 강조하는)이다. 근대 민족주의에 대한 사전적 정의는, 주권적 민족국가에 준거하며 그 시민들이 신체적 특징(체형이나 '인종')이나 정치적 원칙, 언어, 문화(종종 종교와 혼합된), 역사적 경험에 바탕을 둔 공통의 정체감으로 한데 묶인다는 측면에서 규정될 수 있다. 19세기에 유럽 민족주의자들은 선조들이 묻힌 영토가 당연히 자신들에게 귀속된다고 주장했다.

오늘날의 관점에서 볼 때 19세기의 민족주의적 주장들 중 많은 것들이 문제가 있었던 것으로 보이는데, 특히 공통의 순수한 인종에 대한 주장을 보면 그렇다. 이미 이 책 서문에서 민족국가들로 추정되는 많은 단위들이 지리적으로 분명한 경계가 없다는 사실이 무엇을 암시하는지 소개한 바 있다. 실상, 거의 모든 민족주의는 어느 정도 실지회복주의(irredentist)의 성격을 띤다. 다시 말해, 이웃 영토들을 정당한 자신의 땅으로 '수복'해야 한다고 주장한다는 것이다. 비록 그 영토에 다른 민족 집단이 살고 있다고 하더라도 말이다. 즉 현재 그 영토들에 살고 있는 주민 다수가 다른 민족체(nationality)에 속해 있을 때에도, 그 영토들을 획득(또는 재획득)하려는 집요한 요구는 자주적 민족주의 강령에서 중심적인 것으로 간주되었다.

19세기 초 민족주의와 낭만주의는 여러 가지 방식으로 서로 뒤섞였다. 예컨대 개인이 민족적 목표와 결속됨으로써 어떤 과업을, 더 숭고한 의미를 성취한다는 신비적인 믿음이 그런 경우다. 그런 믿음은 자유주의의 토대인 개인주의와 상반되는 경향을 대표하지만, 자유주의와 민족주의 또한 특히 19세기 초에는 서로 결합할 수 있었다. 많은 사람들은 민족적 목표가 섭리에 따라 예정된 계획의 일부라고 믿었는데, 이 또한 자유주의의 세속적 토대와는 상반되는 경향이었다. 과연 민족적 통일성이 통합적 법률과 경제성장을 배양하는 경제적 규제들을 포함하는 신비적 호소력을 뿜어냈지만, 자유주의자들에게 민족적 통일성은 그런 신비적 호소력이 떨어지는 경향이 있었다.

실지회복주의의 주장들은 난감한 쟁점들을 뭉텅이로 제기했는데, 개중에서 가장 중요한 것이 바로 '민중'(people)을 어떻게 규정할 것이며,

나아가 서로 다른 민중 출신의 개인들이 어떻게 함께할 수 있을 것이냐의 문제였다. 그런 문제들에는 거의 합의된 내용이 없었다고 봐야 하는데, 국민주권의 관념이 군주의 신성한 통치권에 대한 낡은 믿음을 대체하던 시기에 민중을 규정하는 것이 민족국가를 정당화하는 데 결정적으로 중요했다. 그렇기는 해도 많은 지역들에서 종족·언어·종교 집단들이 알록달록하게 뒤섞여 있었음을 고려한다면, 과연 그런 상황에서 누가 주권적 민중인지를 결정할 수 있을까? 다시 말해, 누구는 유럽 민족국가를 소유할 자격이 있고 누구는 없다고 판정할 수 있는가?

19세기 중반 무렵에 대부분의 관찰자들은 프랑스인들과 독일인들이 각기 단일한 민중을 형성한다는 사실을 승인했다. 프랑스인들은 이미 오래전에 확립된 민족국가를 보유하고 있었고, 독일인들은 기성 민족국가는 없었으나 현대 시대에 민족국가를 형성할 수 있는 문화적·언어적 근거를 갖고 있다는 점이 인정되었다. 이와는 대조적으로, 유럽인들 가운데 거의 누구도 유대인이나 집시가 근대 민족국가를 소유할 자격이 있는 주권적 유럽 민중이라고는 생각하지 않았다. 그들은 기원으로 보나 문화로 보나 이방인이었지 유럽인이 아니었다. 그들은 또 소수였다. 군사적 잠재력도 미미하여 영토가 있더라도 이를 방어할 수조차 없을 터였다. 더욱이 그들의 인구는 광범위하게 흩어져 있어서 어떤 영토 공간에서도 다수파는커녕 그 근처에 얼씬도 하지 못했다. 유대인과 집시에 농민 계급과 작위 귀족이 없다는 것도 민족으로 간주되는 데는 치명적인 약점이었다. 왜냐하면 역사적으로 영토에 뿌리를 둔 농민과 귀족이야말로 진정한 유럽 민중의 본질적인 구성 요소로 널리 여겨져 왔기 때문이다.

그렇다면 바스크인과 슬로바키아인, 또는 우크라이나인의 경우는 어떠한가? 바스크인들은 다른 어떤 유럽 민중들보다 훨씬 오랜 역사를 배경으로 영토에 뿌리를 둔 독자적 집단 내지 인종으로 존속해 왔다. 그러나 그들은 너무 소수여서 독자 생존이 가능한 민족국가를 수립할 수 없었고, 그리하여 더 큰 국가인 에스파냐에 편입되는 쪽이 최상이라는 결론이 널리 받아들여졌을 것이다. 슬로바키아인과 우크라이나인은 압도적 다수가 농민이고 대체로 문맹이며 언어 자격을 갖추지 못했다고 간주된 방언을 사용하고 스스로에 대해서도 근대 유럽적 의미에서 역사를 가진 독자적 민중이라는 의식이 거의 없었다. 그리하여 이들은 마자르인과 폴란드인, 또는 러시아인 같은 '역사적' 민중들에 흡수되어야 한다는 결론이 통용되었다. 그런가 하면 체코인 같은 다른 슬라브 민족체의 지도자들은 좀 더 도시적이고 사회적으로 다양하며 문자해득 능력을 갖춘 주민들을 이끌고 있었는데, 일반적으로 독자적 정체성을 유지하려면 더 큰 정치체(체코인의 경우 합스부르크 제국)의 보호가 필요하되 반드시 그 내부에서 소수파들이 폭넓은 자치를 누릴 수 있어야 한다고 믿었다.

다수 민중이 소수 민중을 흡수할 수 있다는 관념은 21세기의 다문화적 감수성에서 보면 충격적이지만, 19세기 당대에는 널리 인정받았을 뿐 아니라 바람직한 것으로 받아들여졌다. 심지어 존 스튜어트 밀 같은 자유주의자들도 소수 민중이 더 수준 높고 더 문명화된 언어와 문화를 포용할 수 있는데도 도리어 (밀 자신이 보기에는) 편협함과 미신과 빈곤의 다른 이름에 불과한 전통적이거나 전근대적인 정체성을 유지하기를 **바란다는** 사실 자체를 도무지 이해할 수 없었다. 프랑스의 경우 알자스인(게르만계)과 브르타뉴인(켈트계), 유대인(셈계) 같은 많은 비프랑스 민중들이나 인종들이 자신들만의 고유한 전근대적 정체성을 포기하고 프랑스인이 되었다는 사실이 널리 알려져 있었다. 여기서 다시금, 21세기에 당연하게 가정되고 있는 전제와는 대조적으로, 그들 중

다수는 기꺼이 흡수되었고 심지어 흡수된 것이 천만다행이라고 여겼다. 그렇게 함으로써 당시 그들은 하찮음과 편협함이 지배하고 신부들과 랍비들이 위압하는 촌락과 지방 소도시의 비좁은 세계로부터 탈출하고 있었던 것이다.

그러나 다시, 한 **인종**의 구성원이 의지의 행위로써 다른 인종의 구성원이 되기를 결정할 수 있었는가? 종종 오해되고 있는 사실이 있는데, 바로 19세기 초에 '인종'이라는 단어가 너무 유동적이고 부정확했다는 점이다. 그리하여 당시에 많은 사람들은 다양한 인종이 다른 인종들과 뒤섞일 뿐 아니라 어떤 경우에는 새로운 인종을 형성하는 것도 가능하다고 생각했다. 심지어 개인이 의지의 행위로써 인종적 정체성을 바꿀 수도 있다고 생각했다. 비록 흑인에서 백인으로 바꾸는 것은 아니더라도 적어도 서로 긴밀히 연관된 유럽 인종으로 바꾸는 것은 가능하다고 생각했다는 말이다. 인종에 대한 그와 같은 정의는 세기가 흘러갈수록 점차 새로이 획득된 '과학적' 정의, 즉 영구적으로 고유한 심리적 특색을 지닌 고정된 체형이라는 새로운 정의와는 상당히 달랐던 셈이다.

다양한 유럽 언어에서 '인종'(race, Rasse, raza, razza 등)이라는 단어는 오랫동안 서로 간에 상당히 다른 함축적 의미를 내포해 왔다. 그러나 대부분의 경우는 '변종'(variety), '종류'(kind), '부류'(sort) 이상의 의미를 갖지는 않았다. 현대 에스파냐어에서 '인종'(la raza)은 넓은 문화적 의미에서 '우리 동류'(our kind) 정도의 의미를 함축하지, 신체적으로 다른 유형이라는 의미는 그리 분명치 않다. 영어에서도 '인종'이라는 단어의 초창기 뉘앙스가 19세기, 심지어 20세기까지 존속했다. '인간 인종'이라는 표현은 제쳐 놓더라도, '기독교 인종'이라는 표현도 가능했다. 영국에서 18세기부터 대중적으로 불려 온 찬송가도 이렇게 읊고 있다. "주여, 제가 당신의 은총으로 말씀드리나니…… 저는 기독교 인종으로 태어났나이다.”

　마찬가지로 그 무렵 많은 사람들은 특정 **민중**에 가담하고 하나의 민
중이나 민족에서 다른 민중이나 민족으로 충성심을 바꾸는 일이 가능
하다고 가정했다. 그럼에도 ‘민족’(nation)과 ‘민중’(people)을 뜻하는 단
어들의 경우에 언어에 따라 서로 다른 것들을 연상시키는 경향이 상당
히 강해져 갔다. 독일어 ‘폴크’(Volk), 러시아어 ‘나로드’(narod), 프랑스
어 ‘푀플’(peuple)은 저마다 서로 다른 뉘앙스를 띠는데, 예컨대 게르만
어 계통에서는 프랑스어보다 좀 더 배타적(또는 ‘인종적’)이고, 러시아어
에서는 다른 두 언어 계통보다 더 국수주의적이었다(‘나로드’의 구성원은
그 경향에서 덜 개인주의적이고 자본주의에 더 적대적이다).

　당시에 일반적으로 사람들은 눈에 띄게 다르게 보이는 비유럽인들,
특히 아프리카인과 중국인처럼 먼 지역에서 온 사람들은 하나의 유럽
인종의 구성원이 될 수 없다는 것을 자명하다고 생각했다. 기실, 일부
관찰자들은 비유럽인들이 신체적으로 다른 인종적 특성(입술, 혀, 두뇌)
때문에 유럽 언어들을 정확하게 발음할 수 없을 것이라고 단정하기도
했다.

독일 민족체의 이념

　1815년 이후에 프랑스 민족은 일반적으로 다른 근대 민족국가들의
모델로 여겨졌다. 그렇게 된 데는 프랑스가 다양한 지리와 자연 국경으
로 이루어진 ‘육각형’ 모양이었기 때문만이 아니라 프랑스 역사에서 국
민주권이 수행한 역할이 있었기 때문이다. 19세기에 프랑스는 이제까
지보다 더 보편적으로 적용되는 법과 표준 통화, 도량형, 파리 중심성은

말할 것도 없고 단일한 공식 언어와 고급문화를 보유한 나라가 되었다. 특히 촌락들과 지방 소도시에서는 지방 정체성과 방언이 지속된 게 확실했지만, 이른바 프랑스식 '통합 민족주의'(unitary nationalism) 모델은 특히 라틴 지역들과 사회주의 좌파 사이에서 널리 찬사를 받으며 모방되었다.

그럼에도 이미 언급되었듯이, 반프랑스 감정 또한 다수 유럽 민중들 사이에서 움트고 있는 민족주의의 중요한 요소였다. 독일인들의 경우가 특히 그러했는데, 그들은 오랫동안 정치적으로 분열되어 있었고 현실감 없는 몽상가와 시인, 철학자들이라고 얕잡아 보였다. 그리하여 이제 막 출현하던 독일인의 민족 감정은 독일 언어와 문화가 프랑스인의 그것과 동등할 뿐 아니라 우월하다고 주장하는 경향이 점점 강해졌고, 그런 만큼 프랑스와 언제라도 일전불사를 외치는 호전적인 종류의 것이었다. 그 무렵 출현하고 있던 거의 모든 민중이 그와 같은 '우리와 그들'이라는 이분법적 이론화(또는 최고의 적에 대한 악마화)에 결부되어 있었다. 우리가 지금까지 보아 왔듯이, 예컨대 합스부르크 치하의 슬라브인들과 이탈리아인들은 무엇보다 억압적 타자로서 합스부르크 왕조(오스트리아계 독일인들)에 초점을 맞추었다. 그런가 하면 동유럽의 많은 민중들, 특히 폴란드인들에게 억압적 타자는 대러시아인들(Great Russians)과 전제적 차르였다.

그러면 (이런 '~에 반대하는' 부정적 특색들 외에) 독일 민족주의자들이 독일 민중(폴크)을 규정하고 고양시키면서 강조한 긍정적 특색들은 무엇인가? 무엇보다 언어가 있었지만, 독일 방언을 **유일한** 독일어로 인정하는 것에 동의하는 데는 문제가 있었다. 현대 언어학자들은 엄격한 언어학적 견지에서 독일어의 한 지류(또는 방언)를 '진정한' 언어로 부르고 다른 지류들을 지방어나 불완전한 은어(예컨대 바이에른어와 왈론어, 이디시어 등이 19세기에 그렇게 간주되었듯이)로 무시할 수 있는 확고한 규준 따위는 없음을 지적하고 있다.

그럼에도 언어의 한 지류를 다른 지류에 비해 더 바람직하고 고급스러운 것으로 간주할 만한 이유들은 있었다. 예컨대 문학에 사용된 언어가 그렇다(이탈리아어는 단테의 언어이고, 영어는 제임스 1세의 흠정판 성경의 언어이며, 독일어는 루터의 성경 번역본에 사용된 언어인 것이다). 그러나 무엇이 바람직한 언어냐는 문제와 관련하여 어느 정도 합의에 도달하더라도, 민족국가가 주로 공립학교와 연구 제도들을 통해 어떻게 표준어를 확립할 수 있느냐는 여전히 쟁점으로 남았다. 그러나 19세기 말까지 단일한 통일 독일 국가는 그와 같은 작업을 결코 수행할 수 없었다. 지역마다 어휘가 달랐던 것은 물론이요, 발음까지도 천차만별이었다. 그렇기는 해도 고지 독일어(Hochdeutsch)가 일반적으로 표준어로 인정될 것이었다.

진정한(또는 최상의) 독일어와 방언을 구별하는 작업은 독일 민족주의와 관련된 또 다른 주요 문제를 건드리는 것이기도 했다. 즉 독일 민족국가의 경계를 긋는 문제가 그것이었는데, 기실 다양한 방언들이 그와 같은 민족국가의 경계를 따라 분포해 있었던 것이다. 문제를 한층 복잡하게 만든 것은 중유럽과 동유럽, 특히 마자르와 슬라브 지역에 독일인 정착 지구들이 폭넓게 흩뿌려져 있었다는 사실이다. 러시아 남부 볼가강 유역처럼 멀리 떨어진 곳에도 많은 독일 주민들이 살고 있었을 정도였다. 거꾸로, 독일인 밀집 지역 내부에도 비독일인 지구들이 있었는데, 그중에 두드러진 경우가 체코인과 덴마크인, 폴란드인이었다.

헤르더와 헤겔: 민중, 언어, 국가

　어떤 주민이, 또는 어떤 언어와 방언이 어떤 인종이나 어떤 민중에 속하는지를 결정하는 권위 있는 기준 따위는 없었다. 그럼에도 영향력 있는 여러 작가들과 학자들은 그런 연관성을 밝히는 이념들을 제시하곤 했다. 그들 가운데 요한 고트프리트 폰 헤르더가 가장 영향력 있는 인물로 두각을 나타냈다. 그는 프랑스 지배와 그에 연관된 계몽사상의 코즈모폴리터니즘에 대해 불쾌감을 토로한 독일 낭만주의자 일파에 속하는 인물이었다. 그는 개인이 진정한 창조성에 필요한 일종의 자긍심에 도달하는 것은 그가 태어날 때부터 속한 민중(그리고 그가 젖어 있는 언어, 문화, 역사)에 대한 심오한 감정적 결속을 통해서만 가능하다고 주장했다. 헤르더가 '민족정신'(Volksgeist)이라고 부른 각 민족의 독특한 천재성은 프랑스 치하에서 종종 그러했듯이 무시되거나 억압되어서는 안 되고 개발되고 찬양되어야 했다. 헤르더의 이념은 보통 사람들, 특히 농민층의 민담들을 채집하려는 노력으로 이어졌는데, 그런 민담에는 가장 순수하고 진정한 독일적 감정이 담겨 있는 것으로 생각되었다.

　인종주의의 역사 대부분은 헤르더에 대해 인종주의적 민족주의와 궁극적으로 나치즘으로 진화하게 될 어떤 경향의 예언자로 보여 주지만, '민족정신'에 대한 헤르더의 개념은 물질적 결정 인자들이나 신체적 차이들을 본질적인 것으로 간주하지 않았다는 점에서 인종주의적이라고 할 수 없다. 그의 개념에서 '정신'(Geist)은 영혼을 가리키지 육체를 뜻하지 않았다. 게다가 헤르더의 저술들에는 평등주의적인 어조가 강했고, 다른 민중들에 대한 독일의 우월감보다는 독일의 독특함을 강조했다. 어느 정도 그런 이유 때문에 그의 이념은 독일 바깥, 특히 슬라브 지역의 다른 민족주의자들에게도 널리 포용되었다. 그의 저술들에는 기후와 지리와 역사적 경험이 수백 년에 걸쳐 어떻게 '폴크'를 형성하는지에 대한 풍부한 사색이 담겨 있었다. 그러나 그의 사상은 언어와 문학, 역사적 전통을 각별히 강조했다는 점에서 과학적이라기보다는 순수문학적이었다. 이에 덧붙여, 그의 저작을 읽어 보면 훗날 인종주의자들의 저작을 읽을 때처럼 분노감이 치밀기보다 자애심이 느껴진다. 비록 그가 의심할 여지없이 프랑스의 영향과 오만에 분노한 것은 사실이지만 말이다.

다음 세대의 훨씬 더 영향력 있는 독일 사상가는 철학자 프리드리히 빌헬름 헤겔이었다. 그의 사상은 광범위하고 때때로 모호하면서도 미묘한 것으로 악명이 높다. 나중에 카를 마르크스를 살펴볼 때 더 거론하겠지만, 19세기 민족국가들의 출현이라는 맥락에서는 헤겔의 사상이 민족국가를 진보적 변화의 대행자요, 역사 속 '이성'(Vernunft)의 성취로 보았다는 점에 주목해야 한다. 많은 관찰자들이 헤르더한테서 초기 형태의 인종주의를 발견한 것과 꼭 마찬가지로, 그만큼의 많은 사람들은 헤겔이 프로이센 국가를 '국가 숭배'라고 지칭해도 좋을 정도의 어떤 경지로까지 고양시켰음을 알아챘다.

이런 경향은 독일 통일을 주도한 오토 폰 비스마르크의 경우에는 상대적으로 온건했고, 오히려 일부 독일 민족주의자들, 특히 가장 유명한 사람인 (아마도 1870년대 말 유대인들에 대한 독설로 더 유명한) 역사가 하인리히 트라이치케의 경우에 광범위하면서도 악명 높게 표현되었다. 헤겔은 사명을 성취하고 이성의 대의를 추진하기 위해서 한 민중은 반드시 민족국가를 필요로 한다는 합의를 도출하는 데 강력하게 기여했다. 나아가 헤겔 철학에서 그런 목표들은 낡은 것이 파괴되고 새로운 것이 수립되는 과정에서 불가피하게 폭력과 고통을 야기하는 바, 그런 점에서 거칠게 말하면 그의 철학은 맬서스 같은 영국 사상가들의 사상과 유사한 데가 있다는 점을 지적할 필요가 있다.

헤르더는 1803년에, 헤겔은 1831년에 타계했다. 두 사람 모두 근대 독일 민족국가가 수립되기 수십 년 전에 세상을 떠난 셈이다. 19세기 전반기에 정치 활동가들은 민중과 민족, 국가를 어떻게 개념적으로 파악할 수 있는지를 둘러싸고 끝없이 토론을 벌였다. 앞서 살펴보았듯이, 프랑크푸르트 의회의 대표들도 엄청나게 오랫동안 이런 문제를 토론했고, 결국 독일 통일이라는 쟁점에 대한 하나의 해답, 즉 공화국보다는 왕정 치하의 이른바 '소독일적'(kleindeutsch) 해결책을 결정했다. 이 해결책에 따르면, 프로이센 국왕이 그 지도자가 될 터였고 여러 군소 독일 국가들이 독일연방에 결집할 것이되 합스부르크 제국 안의 독일인들은 제외될 것이었다. (합스부르크 영토 안의 독일어 사용자들도 통일 독일 국가에 포함되어야 한다고 믿은 사람들은 '대독일적'[grossdeutsch] 해결책을 대표했다. 그들의 수는 1848년 이후 그런 경로가 현실적으로 불가능하다는 점이 명백해지면서 급속히 줄어들었다.)

슬라브 정체성

범슬라브주의는 부분적으로 중유럽과 동유럽에서 독일인들의 열망이 발흥하는 것에 대한 대응으로 나타났다. 의미심장하게도 1848년 6월 프라하에서 회합을 가진 최초의 범슬라브 의회 소집의 촉매제로 기능한 것은, 보헤미아(합스부르크 제국의 서부 지역)의 체코인들이 프랑크푸르트 의회에 참가하기를 거부한 일이었다. 참가자들 대부분은 합스부르크 제국 안의 슬라브 집단들 출신이었다. 비록 오스만제국이 지배하는 지역에서 발칸반도의 남슬라브족들이 그러했듯이 제국 바깥의 일부 폴란드인들이 의회에 참가하기는 했지만 말이다. 범슬라브 의회의 대표들 대부분은 합스부르크 제국에 잔류하는 것에 반대하지 않았다(그래서 '오스트리아 슬라브족'[Austroslavs]이라는 명칭을 얻었다). 그들은 더 폭넓은 자치를 원했으나, (서부로부터) 독일인들이나 (동부로부터) 러시아인들에게 흡수될지도 모른다는 두려움 때문에, 완전히 독립적이고 주권적인 민족국가로 남기보다는 자유화된 합스부르크 제국 안에 '은신'하는 데 만족하는 쪽으로 한 발 물러났다.

1848년 6월의 시점에 존재했던 거의 모든 종류의 공식적인 범슬라브주의 단체들은 1815년 이후 결성된 독일연방만큼이나 느슨했는데, 몇 가지 이유로 그 전망은 어두워 보였다. 슬라브계 유럽은 게르만계 유럽보다 종교적으로나 언어적으로 훨씬 더 다양하다는 특징이 있었다. 특히 가톨릭 폴란드인들과 정교도 대러시아인들 사이의 거대하고 쓰라린 간극이 엄존했다. 19세기 초 넘실대던 폴란드 민족주의자들의 열망은 차르 전제정의 손아귀에서 벗어나 자기네 나라의 분할을 무효화시키는 것이었다. 게다가 대러시아인들에게 범슬라브주의는 독일인들과 마자르인들과 터키인들에 대항하여 자기들의 서쪽이나 남서쪽에 살던 '동생들'을 큰형님으로서 보호해 준다는 감정으로 표현되었다. 그러나 예컨대 폴란드인들은 그런 보호에는 관심이 없었다. 그들에게 러시아인들은 큰형이기보다 깡패 두목과 다름없었을 뿐이다.

체코 민족주의와 오스트리아 슬라브주의의 지도적이고 가장 영향력 있는 인물들 중 하나인 프란치섹 팔라츠키가 처음 체코인들의 역사를 쓸 당시에(1836년) 가장 교육을 잘 받은 체코인들이 가장 잘 읽을 수 있었던 언어로서 독일어를 사용했다는 사실은 슬라브 민족주의가 보여 준 수많은 역설 가운데에서도 가장 의미심장한 대목이 아닐 수 없다. 19세기 초 체코인들은 슬라브 민족 중에서도 가장 도시화된 사람들이었는데, 일반적으로 독일 고급문화에 대한 존중심이 강한 만큼 러시아를 종종 구제불능의 반동적인 나라로 치부하곤 했다. 전체적으로 볼 때, 중유럽과 동유럽에 걸쳐 독일인들은 슬라브인들이 문화적으로는 존경하되 정치적으로는 두려워하는 대상이었다. 반면, 러시아인들은 정치적으로 훨씬 더 두렵고 문화적으로는 존경할 것이 별로 없는 대상일 뿐이었다. 1849년 헝가리 반란이 차르 군대에 의해 진압됨으로써 차르 전제정이 러시아와 국경을 잇대고 있는 민족들의 사소한 진보적 발전도 일체 허용하지 않을 것이라는 일반적인 우려감이 깊어졌다.

체코나 폴란드의 경우에 비견될 만한 조직적이고 정교한 형태의 민족주의적 움직임은 러시아 자체에서는 상대적으로 늦게 시작되었다. 1830년대에 들어와 친슬라브주의(Slavophilism)로 알려지게 된 운동이 확산되며 형체를 갖추어 나가기 시작했다. 그 세기 후반에 저명한 작가인 표도르 도스토옙스키의 저작을 통해서 비로소 그런 경향은 가장 유명한 표현을 얻게 되었다. 도스토옙스키에게 일반 민중(나로드)의 영적인 슬라브 정신과 관대하고 협동적인 자질들은 명백히 더 개발되어야 했고 또 서구의 타락으로부터 보호되어야 했다. 그럼에도 많은 러시아 지식인들은 독일 고급문화에 훨씬 더 친숙하고 존경심을 품고 있었다.

남유럽의 라틴 정체성

에스파냐는 근대 초기에 공식적으로는 통합되었으나, 19세기 전반기에는 특히 민중적 지지, 행정적 공고화와 군사력이라는 측면에서 볼 때 성공적인 근대 민족국가의 기준에 한참 못 미치는 형편이었다. 에스파냐는 거의 완전한 자연적 국경을 지니고 있었기에 지리적 통일이라는 목표가 에스파냐 민족주의자들에게 주된 관심사는 아니었다. 이와 유사하게, 이웃 프랑스와 포르투갈에 대한 실지회복주의 주장도 상대적으로 중요하지 않았다. 그렇지만 특히 카탈루냐와 바스크 지역에서 지역 자치나 심지어 독립에 대한 요구는 21세기에 이르기까지 주요 쟁점으로 남았다. 19세기 에스파냐 민족주의자들의 주된 관심사는 '황금세기'(Siglo de oro)의 정점에서 재앙에 가까우리만큼 추락한 에스파냐의 지위를 회복하는 것이었다. 그러나 나라의 근대화는 오랫동안 부진했고, 인구 대다수도 여전히 가난하고 문맹 상태였다. 2장에서 지적했듯이, 에스파냐는 빈회의에서는 말할 것도 없고 잇따른 두 세기의 어떤 시점에서도 주요 열강으로 간주되지 않았다. 비록 20세기 후반에 유럽연합의 찬조 아래에서 어느 정도 기지개를 켜기는 했지만 말이다.

에스파냐와는 또 다른 방식으로, 과거에는 영광스러웠으나 지금은 가난하고 짓밟힌 민족이 있다면 바로 이탈리아인들이었을 것이다. 이들 또한 자연적 국경을 지녔고 예전의 영광을 재현하고자 하는 민족 부흥, 곧 '리소르지멘토'(Risorgimento)를 꿈꾸고 있었다. 그런 꿈들이 교육받은 소수로부터 농촌 대중들로 얼마만큼 침투했는지는 불확실하다. 그러나 근대 민중으로 간주되기에 필요한 여러 본질적 요소가 이탈리아에 결여되어 있었음은 분명하다. 1860년대에 이탈리아인들은 대략 90퍼센트 이상이 서로 알아들을 수 없는 방언을 말했다. 이와 유사하게, 근대적 인종 개념도 이탈리아에서는 통합하는 힘으로 작용하지 못했다. 자랑스러운 조상의 후예라는 인식이 널리 공유되고 있었던 반면, 지난 수백 년 동안 지중해 여러 지역 출신의 민족들이 이탈리아반도의 토착 민족들과 광범위하게 혼합되면서 순수한 이탈리아 인종이라는 관념은 별로 통하지 않게 되었다. 대개 북부 이탈리아인들은 남부 이탈리아인들을 자신들과는 다른 열등한 인종이라고 생각했다.

19세기 초 나폴레옹 치하에서 짧은 시기 동안 거의 통일된 적이 있었음에도, 이탈리아의 북부와 중부, 남부는 오랫동안 분리된 채 지극히 모호한 공동의 정체성을 유지하고 있었을 따름이다. 그리고 비록 이탈리아반도가 각별히 명료한 자연적 국경을 만들어 주고는 있었지만, 다른 측면에서 이탈리아의 지리는 반도의 중앙에서 남북으로 뻗어 있는 아펜니노산맥이 해안에서 떨어진 촌락들과 도시들을 고립시켜 놓고 있다는 점에서 이탈리아인들을 분할시켰다고 할 수 있다.

19세기 이탈리아의 경우 민족 정체성에 대한 '상상의 공동체'라는 용어가 특히나 잘 들어맞는 것 같다. 그리고 바로 그런 상상의 영역이라는 관념이 일단 확산되기 시작하는 한에서 단일 인물로는 주세페 마치니만큼 중요한 사람은 없었을 것이다. 마치니는 헤르더가 죽은 지 2년 후인 1805년에 태어났는데, 프랑스어로 장황하게 뒤섞어 놓기는 했어도 헤르더와는 다른 이념들을 가독성이 뛰어난 방식으로 표현했다. 마치니는 민족주의에서 구원적 사명을 신비주의적으로 포착한 사람들 중 한 명이었고, 1830~1840년대에 민족주의 지하운동에 여러 차례 연루되기도 한 선동가이기도 했다. 그는 민족주의 단체들 가운데 가장 크고 가장 영향력 있는 조직인 '청년이탈리아'(La Giovine Italia)의 창건자였는데, 이 조직은 오스트리아 점령군을 몰아내려는 무장 폭동 음모를 꾸몄다. 비록 마치니가 수많은 이탈리아인들에게 영감을 불어넣은 것이 사실일지라도 그의 최초 시도들은 실패로 끝나고 말았다. 심지어 일부 시도는 애처롭기가 이루 말할 수 없을 정도여서, 결국 그는 정치적으로 무능하기 짝이 없는 낭만주의자의 또 다른 상징이 되었다.

한편, 마치니의 동시대인으로서 주세페 가리발디는 화려한 경력을 과시하는 카리스마 강한 행동가로 훨씬 더 유명했다. 가리발디는 그 무렵 가장 널리 경탄의 대상이 된 19세기의 민족주의 혁명가로서 라틴아메리카와 유럽에서 동시에 활동한 낭만주의적 영웅의 완벽한 본보기였다. 그와 실제로 여러 면에서 대조되는 인물이 있었으니, 바로 1852년부터 1861년 사망할 때까지 피에몬테-사르데냐 왕국의 총리로 봉직한 카밀로 디 카부르 백작이다. 카부르는 일반적으로 현대 이탈리아 건국의 아버지로 간주된다. 그는 귀족 혈통을 타고났지만 대단히 현실적인 (no-nonsense) 사업가의 습관과 취향을 지닌 인물로서 상업과 근대 산업을 일으키면서 자기 나라에 광범위한 자유주의적 개혁을 도입했다. 카부르는 절대로 가리발디의 찬미자가 아니었으나(피차일반이었다), 두 사람의 특출한 재능 없이 이탈리아 통일을 상상하기란 어려울 것이다.

유럽의 새로운 권력관계

가리발디와 카부르 모두 유럽의 변동하는 세력 관계에서 이득을 얻었다. 1848년 혁명들은 많은 것을 의문에 부쳤고, 심지어 1849~1850년의 반혁명적 파고 이후에도 유럽의 협조라는 전망은 결코 확실하지 않았다. 1854년에서 1871년 사이의 수많은 전쟁과 통일 이탈리아 및 통일 독일의 출현은, 그 시대가 초열강 사이의 협조나 상호 협의의 이상이 대개 무시된 시기였음을 잘 보여 준다. 1871년 이후 40~50년 사이에 등장한 것은, 독일이 막강하게 부상하고 러시아가 쇠퇴하거나 적어도 예전 지위를 유지하지 못하게 되면서 새로운 동맹체들이 출현하고 주요 유럽 대륙 열강의 상대적 힘이 변동하는 가운데 형성된 새로운 종류의 세력균형이었다.

1850년대 초 나폴레옹 3세의 리더십 아래에서 프랑스가 유럽의 말썽꾸러기 역할을 다시 떠맡는 것처럼 보였으나, 〈라 마르세예즈〉를 부르는 군대를 파견하는 식의 그런 말썽은 아니었다. 나폴레옹은 좀 더 미묘하고 모호한 전망을 갖고 있었다. 즉 그는 일련의 '근대적' 이념들을 선호했는데, 그 가운데는 통합된 이탈리아를 필두로 한 새로운 민족 국가 시스템이 있었다. 실제로 1850년대 대외 정책뿐 아니라 국내 정책에서 나폴레옹이 추구한 목표는 명확하지도 일관되지도 않았다. 그는 자기 삼촌과 마찬가지로 좌파를 억압하고 모호한 공약을 남발하되 인상적인 선거 승리에 기초하여 독재를 수립하는 것으로 시작했다. 1849년 새로운 나폴레옹의 우파 성향은, 그가 로마 공화국을 진압하고 교황 비오 9세를 복위시키기 위해 이탈리아로 군대를 파견했을 때 분명해졌다. 그러나 이 초기의 움직임은 좀 더 나중의 움직임과는 다소 모순되는 것처럼 보였는데, 그는 1850년대 초 대외 정책에서 당시 주요한 양대 반근대적 열강인 차르 러시아와 합스부르크 오스트리아의 취약성을 이용하면서 좀 더 근대적이고 진보적인 전망 쪽으로 움직여 나갔던 것이다.

1854년 나폴레옹은 1853년에 터키와 러시아 사이에 발발한 전쟁에 터키 편으로 참전했다. 그는 영국과 오스트리아를 합세시킬 수 있었는데, 이들 나라도 저마다 터키 제국(이미 당시에 '환자'로 불린) 쪽으로 팽창하려는 러시아의 시도를 막는다는 장기적인 참전 이유가 있었다. 이렇게 확대된 전쟁은, 가장 격렬한 전투들이 대개 크림반도의 흑해 연안(러시아령)에 국한되어 있었다는 점에서 크림전쟁으로 알려지게 된다. 그럼에도 오스트리아는 역시 군대를 왈라키아와 몰다비아(1859년에 루마니아 영토가 될 크림반도 서쪽의 두 지역)로 이동시켰다. 전쟁은 소름끼치도록 처참한 것으로 드러났다. 대략 75만 명이 전사했는데, 이들 전사자 다수가 전투의 직접적인 결과보다는 질병과 부상에 대한 부적절한 조치 때문에 목숨을 잃었다. 플로렌스 나이팅게일이 여성들도 간호병으로 활동할 수 있도록 당국을 설득할 수 있었던 것도 대체로 그런 문제들이 있었기 때문이었다. 이와 연관되어 이 전쟁에서 즉각적이고 동시에 장기적인 중요성을 갖는 '근대적' 발전이 있었다면, 그것은 전쟁을 보도하는 언론인들의 역할이었다. 그들은 일반 병사들의 복지에 대한 무기력한 리더십과 냉담한 무관심에 관해 많은 것들을 보도했다. 이렇듯 여성 간호병들과 기자들이 전쟁에 참여하기 시작하면서 이제 전쟁은 더 이상 예전과 같은 것이 될 수 없었다.

러시아는 이 복잡한 분쟁에서 심각한 굴욕을 겪어야 했다. 1855년 차르 니콜라이 1세가 사망하자 계승자인 알렉산드르 2세가 즉위하여 평화를 요청했고, 곧이어 내부 개혁을 위한 포괄적인 강령을 제시했다. 1856년 파리에서 크림전쟁에 연루된 모든 열강이 소집된 전후 회의가 개최되었는데, 이 파리강화회의는 광범위하게 경합하는 이해관계들을 조정할 평화의 필요성을 인정하면서 유럽의 협조라는 이념을 미약하게나마 표명한 회의로 알려질 터였다.

크림전쟁과 1856년의 파리평화협정은 19세기에 일어난 일들 중에서 널리 기억되는 사건 축에는 들지 않지만, 특히 새로운 민족국가들의 창출에 유리한 조건을 마련했다는 점에서 잇따를 수많은 발전을 위한 중요한 촉매제 구실을 했다고 평가할 수 있다. 파리협정은 분쟁을 야기하는 쟁점들을 언급했을 뿐 아니라 주요 열강 사이의 관계를 규제하는 원칙들이 개정될 것임을 암시했다. 카부르는 러시아를 공격하는 편에서 피에몬테-사르데냐 왕국의 참전을 결정했는데, 어느 정도는 그가 그런 원칙들의 개정 과정에 영향력을 행사하기를 바랐기 때문이다. 그의 정치적 계산에서 가장 중요한 것은 나폴레옹 3세와 접촉하는 일이

그림 5 카밀로 벤소 디 카부르 백작
Antonio Ciseri (1821~1891).
Wikimedia Commons.

었다. 1848년 이후 우세해진 현실주의 정신에서 카부르는 프랑스를 핵심으로 하는 주요 열강의 도움 없이 이탈리아인들이 오스트리아를 반도에서 내쫓기는 무망할 것이라고 추론했다. 그는 나폴레옹이야말로 자기가 세운 계획에 기꺼이 협력할 사람이라고 생각하면서 오스트리아와 전쟁을 벌이려는 계획을 비밀리에 전달했다. 나폴레옹 3세(1808년생)로 말할 것 같으면, 그는 이미 20대 초반에 합스부르크가에 반대하는 음모에 몸소 가담한 적도 있었다. 더욱이 유명한 삼촌과 마찬가지로 그도 '리소르지멘토'의 관념에 정서적으로 애착이 있었는데, 이는 두 사람 모두에게 이탈리아인의 피가 흐르고 있었기 때문이다. (그럼에도 아이러니하게도, 보나파르트 집안[Bonapartes] 또는 부오나파르테 집안 [Buonaparti]이 발원한 코르시카는 결코 통일 이탈리아의 일부가 되지 못하고 프랑스 지배 아래에 계속 남아 있게 되었다.)

이탈리아 통일

1859년 카부르는 오스트리아로 하여금 피에몬테-사르데냐에 대한 전쟁을 선포하게 하는 데 성공했다. 그리고 나폴레옹 3세는 자신이 피에몬테 지도자와 맺은 협정*에 따라 프랑스 군대를 이탈리아에 파견했다. 마젠타와 솔페리노의 두 유명한 전투에서 프랑스-피에몬테 연합군이 오스트리아 군에 우세를 과시했다. 그러나 곧이어 사태가 통제 불능에 빠졌다. 적어도 나폴레옹의 시각에서는 그러했다. 1848년 때처럼 오스트리아의 패배로 자극받은 남부와 동부의 혁명적 이탈리아인들이 봉기하여 자기들 정부를 전복시켰다. 나폴레옹은 자신이 그런 혁명적 봉기들의 원인으로 내비치는 것에 대해 마음이 편치 않았는데, 특히 프랑스 군대가 반동적인 교황을 보호하기 위해 여전히 로마에 주둔해 있는 상황에서라면 불편함이 더 클 수밖에 없었다.

그리하여 나폴레옹은 오스트리아와 독자적인 강화조약**을 체결함으로써 카부르를 절망에 빠뜨릴 정도로 놀라게 했다. 이 밀약으로 롬바르디아는 피에몬테-사르데냐에 수여되었지만, 베네토는 여전히 오스트리아령으로 남을 터였다. 배신당한 카부르는 자신이 공들여 만든 필생의 역작이 물거품으로 돌아갔다고 믿으면서 자살을 생각하기도 했다고 하는데, 그는 실제로 1년 후, 즉 1861년에 향년 51세로 자연사할 것이었다. 곧 분명해지듯이, 그가 촉발시키는 데 도움을 준 민족주의 열정은 쉽게 가라앉지 않았다. 일련의 주민투표를 통해 토스카나와 로마냐(토스카나 동쪽), 그리고 롬바르디아 바로 남쪽의 몇몇 군소 국가들의 봉기한 민중들이 압도적인 표차로 피에몬테-사르데냐 왕국과의 병합을 받

---

* 플롱비에르(Plombières) 밀약을 말한다.
** 빌라프랑카(Villafranca) 밀약을 말한다.

아들였다.

　이에 로마냐에 영토를 소유하고 있었던 교황 비오 9세는 분노하여 반란 지도자들을 파문했는데, 별다른 효과는 없었다. 1860년 이 군소 국가의 대표들이 피에몬테-사르데냐 왕국의 수도인 토리노에서 비토리오 에마누엘레 2세를 국왕으로 추대하는 확대된 군주정 치하의 새로운 의회를 구성하기 위해 회합을 가졌다. 영국인들은 재빨리 이 새로운 이탈리아 국가를 자신들과 동류의 자유주의적 군주정으로 인정했다. 나폴레옹 역시 종국에는 변화를 받아들였으나 대가를 요구했다. 그리하여 예전에는 피에몬테-사르데냐가 영유했던 프랑스-이탈리아 국경 지대의 두 지역인 사부아와 니스가 프랑스에 병합되었다.* (어쨌거나 이들 지역에서 주민투표는 이탈리아보다는 프랑스에 속하는 것을 선호하는 쪽이 압도적으로 많았음을 보여 준다.)

　그러나 이는 전체 이탈리아반도를 통일하는 방향으로 나아가는 첫 걸음에 불과했다. 새로운 왕국 바깥에는 중부의 잔존 교황령 영토들과 남부의 나폴리 부르봉 왕조 치하의 양(兩)시칠리아왕국이 있었다. 다음 걸음은 훨씬 더 극적이었다. 이번에는 가리발디가 주연으로 나섰다. 그는 '천인대'(千人隊, 붉은셔츠단으로도 불린다)를 소집했고, 처음에는 무모해 보였지만 결과적으로는 휘황찬란한 군사작전이 될 행동을 개시했다. 그의 군사행동은 시칠리아에서 시작하여 반도를 향해 추종자들을 충원하면서 북진하는 것이었다. 부패하고 인기가 없던 양시칠리아왕국은 끝내 붕괴했다.

　로마에서 교황청을 수비하는 프랑스 군대와 충돌할 가능성은 말할

---

* 사부아(Savoy/Savoie)는 이탈리아어로 사보이아(Savoia)로서 피에몬테-사르데냐의 사보이아 왕조가 발원한 지역이다. 또한 니스(Nice)는 이탈리아어로 니차(Nizza)로서 이탈리아를 대표하는 민족주의 영웅 가리발디의 고향이기도 하다.

것도 없고 가리발디가 이끄는 혁명적 공화주의자들과 카부르 주위의 온건한 군주제주의자들 사이에 파국적인 대결의 잠재성은 옅어졌다. 그러나 이런 대결을 회피할 수 있었던 것은, 대체로 가리발디가 비록 오랫동안 군주들의 불구대천의 적으로 알려져 있었기는 해도 공화국을 고집하기보다는 비토리오 에마누엘레 2세를 이탈리아의 국왕으로 인정하는 데 동의했기 때문이다. 몇몇 추종자들은 분노했지만 결국 가리발디의 노선을 받아들였다. 당시 여러 신문에 널리 게재된 한 그림에서 가리발디와 피에몬테 국왕은 나폴리 군중의 환호를 받으며 함께 마차를 타고 시내를 가로질렀다.

이로써 이탈리아 대부분이 1861년에 통일되었다. 비록 북동부의 베네토가 여전히 오스트리아령으로 남아 있었고, 로마 인근 지역도 교황령이기는 했지만 말이다. 이 두 지역은 각기 독일 통일 과정과 보조를 맞춰 1866년과 1871년에 이탈리아에 귀속될 것이었다.

독일 통일

이탈리아 통일은 다른 지역의 민족주의자들에게 강력한 영감을 불어넣었다. 그러나 독일 통일은 좀 더 의미 있는 발전이었음이 드러났다. 그것은 이탈리아 모델과는 구별되는 또 다른 모델이었다고 할 수 있는데, 무엇보다 프로이센이 탁월하게 수행한 일련의 전쟁들에서 처음에는 오스트리아를, 다음에는 프랑스를 격파하는 과정에서 자기 자신의 군사력에 의지한 정도가 타의 추종을 불허했던 것이다. 비스마르크는 이탈리아가 통일된 지 1년 후에, 그리고 프로이센 국왕과 그의 자유주의적 의회가 주로 군비 확장에 재정 지원을 하는 쟁점을 둘러싸고 불화에 빠졌던 바로 그 시점, 그러니까 1862년에 프로이센의 총리로 취임했다.

비스마르크는 다른 무엇보다도 자신의 국왕에게 충성했고, 대개 프로이센 서부 영토 출신인 온건한 자유주의적 사업가들에게 적대적인 보수적 동부인(또는 '동엘베인'[East-Elbian], 즉 엘베 강 동쪽 지역 거주자)으로 유명했다. 그는 프로이센 귀족인 융커(Junker) 계급의 완고한 방식을 사랑했다. 그는 철의 의지와 극도의 자신감으로도 유명했다. 그는 카부르보다도 훨씬 더 혁명가와 공화주의자, 급진적 민주주의자, 또는 사회주의자를 싫어하여 이들과 일체 손잡지 않았다. 그는 궁극적으로 독일 민족주의의 아이콘이 되었지만, 그의 가장 깊은 충정은 프로이센과 그 국왕, 그리고 융커의 리더십을 향했다. 즉 그는 많은 민족주의자들이 부르주아 출신이자 좌파 성향을 가졌다고 하여 그들을 의혹의 눈길로 바라보았다. 또 독일 민족주의자들이 남부의 수많은 가톨릭 지역들을 포함하여 모든 독일어 사용권을 통일하기를 바랐다는 점에서, 비스마르크는 민족주의가 자기 자신의 프로이센 정체성의 본질적 요소인 프로테스탄티즘에 대해 중대한 위협을 가하고 있다고 느꼈다.

비스마르크는 1862년과 1866년에 의회의 자유주의자들이 공식적으로 징수하기를 거부한 세금을 단호히 징수함으로써 프로이센 의회의 자유주의 세력에 맞서 우세함을 과시했다. 순응적인 일반 주민들은 세금을 납부했고, 독일 자유주의의 취약성이 좀 더 분명하게 드러나게 되었다. 프로이센 군대도 상당히 확대되고 잘 무장되었다. 비스마르크는 자유주의 반대파와의 거래에서 '권력'(Macht), 즉 프로이센 국가의 힘을 거침없이 평가한 것으로 악명을 떨쳤다. 나중에 유명해진(악명을 떨친) 연설에서 그는 이렇게 말했다. "오늘날의 문제들은 1848년과 1849년의 거대한 실책에서처럼 연설과 다수표로 결정되는 것이 아니라 피와 철에 의해서 결정된다." 독일 용어인 '현실 정치'(Realpolitik)가 이 시대에 특별한 중요성을 띠게 된다. 인간적인 동기에 대한 공허한 이상이 아니라 오직 '현실'만이 중요했고, 이는 국가권력을 보호하고 강화한다는 명분 아래에서 물리력(material force)을 숭상하는 것을 의미했다. 그 어떤 도덕규범도 국가들 간의 관계에 적용될 수 없었다.

독일 통일 과정에서 비스마르크는 영악함과 이중성, 무도함을 고스란히 한 몸에 체현했다. 그가 초기에 기민하게 펼쳐 나간 팽창주의적 시도는 독일 주민과 덴마크 주민이 혼합된 슐레스비히 경계 지역을 둘러싸고 덴마크와 대립한 것이었는데, 대체로 신중하게 진행되었다. 그는 프로이센의 대의 아래에 오스트리아를 끌어들일 수 있었고, 프로이센과 오스트리아가 함께 덴마크를 굴복시켰다. 그러고 나서 비스마르크는 슐레스비히와 그 인근의 홀슈타인 지역의 행정을 둘러싸고 프로이센과 오스트리아 사이에서 드러난 차이들을 기만적으로 이용했다. 오스트리아를 고립시키기 위해 다른 유럽 열강과 협상을 마다하지 않으면서 말이다.

일단 비스마르크가 시작한 게임에서 노여움에 사로잡힌 오스트리아의 지도자들이 프로이센에 대항하여 독일연방 대부분의 지지를 이끌어 낼 수 있었다. 그러나 이는 헛수고가 되었다. 확대되고 근대화된 프로이센 군대가 1866년에 '7주 전쟁'이라고 알려진 분쟁에서 오스트리아와 독일연방 모두를 패퇴시키면서 이들에 도전했던 것이다. 그리하여 유럽의 나머지 주요 열강이 놀란 표정으로 그저 눈만 비비고 있을 때, 비스마르크는 신속하게 강화 협정을 협상하고 있었다.

강화 협정을 통해 프로이센은 전체 하노버 왕국뿐만 아니라 슐레스비히-홀슈타인 지역을 즉각 병합했다. 이듬해인 1867년에 비스마르크는 1866년의 확장된 프로이센 국가에 다른 21개의 독일 군소 국가들을 합쳐 북독일연방을 창설했다. 그는 이 새로운 연방에 프로이센 군주

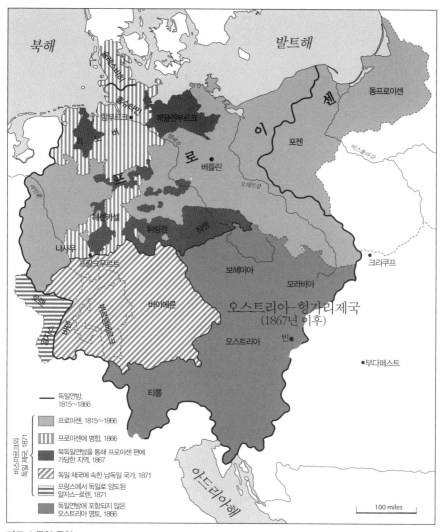

북해

발트해

슐레스비히

홀슈타인

함부르크 ●

메클렌부르크

하노버

프 로

이 센

동프로이센

베를린 ●

포젠

비스툴라강

오데르강

헤센카셀

나사우

프랑크푸르트

튀링겐

작센

보헤미아

모라비아

크라쿠프

바이에른

뷔르템베르크

바덴

오스트리아-헝가리제국
(1867년 이후)

오스트리아

빈 ●

● 부다페스트

라인강

타롤

아드리아해

독일연방,
1815~1866

프로이센, 1815~1866

프로이센에 병합, 1866

북독일연방을 통해 프로이센 편에
가담한 지역, 1867

독일 제국에 속한 남독일 국가, 1871

프랑스에서 독일로 양도된
알자스-로렌, 1871

독일연방에 포함되지 않은
오스트리아 영토, 1866

독일 제국, 1871

100 miles

지도 4 독일 통일

정을 정점에 두는 헌정을 부여했으나, 하원인 제국의회(Reichstag) 선거에 남성 보통선거권을 도입하기도 했다. 이런 조치들로 비스마르크는 왕년의 융커 지지자들과 자유주의적 반대자들 양쪽 모두를 놀라고 화나게 했으나, 이와 동시에 예전에는 가장 완고한 반대자들이었다고 할 수 있는 독일 민주주의자들과 사회주의자들을 자기 주변에 결집시켰다.

독일 통일은 명백히 이탈리아 통일의 초기 단계들에 거칠게나마 비교될 수 있다. 그러나 하나의 거대한 차이가 곧 나타났다. 즉 나폴레옹은 자신의 '민족체 독트린'(doctrine of nationalities)이 바로 자기 면전에서 폭발하는 것을 지켜봐야 할 참이었다. 비스마르크는 프랑스와 군사적으로 겨루었을 뿐 아니라, 독일 군소 국가들에게 프랑스가 침략자임을 보여 주어 이 국가들을 반프랑스 전쟁에서 프로이센 편으로 결집시켰다. 다시 모든 일은 전격적이고도 효과적으로 발생했다. 프랑스는 처음에는 외교적으로 고립되었고, 나중에는 수주일 만에 군사적으로 굴복했다. 비록 공식적 적대 행위들은 몇 개월 더 지속될 것이었지만 말이다.

새로운 독일 제국이 베르사유궁전의 번쩍거리는 거울의 방에서 선포되었다. 프로이센 국왕은 북독일연방의 헌법에 기초한 새로운 헌법과 함께 카이저(Kaiser), 즉 황제가 되었다. 비스마르크는 독일 남서부 국경과 잇닿아 있는 알자스와 로렌 대부분의 지역을 병합할 것을 요구했는데, 이 지역들은 독일 장성들이 독일 제국의 미래 방위를 위해 결정적이라고 판단한 요충지였다. 게다가 그는 전쟁을 도발한 책임으로 프랑스에 50억 금프랑(gold franc)의 배상금을 물렸다. 이 액수는 워털루에서 나폴레옹이 패배를 당한 후 프랑스에 요구된 액수를 훌쩍 뛰어넘는 엄청난 양이었다. 한편, 이탈리아는 1866년 오스트리아의 패배를 이용하여 베네토를 합병하는 이득을 누렸고, 이제는 교황령을 수비하던 프랑스 군대가 프랑스 북부 전선으로 이동한 틈을 타서 남아 있는 교황령 영토를 인수하기에 이르렀다. 이에 교황은 들끓는 분노에 사로잡힌 채 로마의 작은 고립 지대에 유폐되었고, 이곳은 곧 교황의 거주지*가 되었다.

파리는 프로이센 군대에 포위되었다. 최종적인 강화조약이 협상되고 있는 가운데 프랑스의 수도는 일련의 봉기와 끔찍한 내전의 무대가 될 터였는데, 이는 8장에서 살펴보기로 한다.

| 더 읽을거리 |

베네딕트 앤더슨의 《상상의 공동체: 민족주의의 기원과 전파에 대한 고찰》 (Imagined Communities: Reflections on the Origin and Spread of Nationalism, 2006)은 유럽 민족주의를 넘어서는 범위를 다루고 있는 저 작으로서 특별한 영향력을 행사해 왔다. 또한 홉스봄의 《1780년 이후의 민족과 민족주의: 강령, 신화, 현실》(Nations and Nationalism since 1780: Programme, Myth, Reality, 2012)을 참조하라.

이탈리아 통일과 독일 통일의 광범위한 외교적 배경에 대해서는 데이비드 M. 골드프랭크의 《크림전쟁의 기원》(The Origins of the Crimean War, 1994)을 참조하라. 마크 보스트리지의 《플로렌스 나이팅게일: 아이콘의 형성》(Florence Nightingale: The Making of an Icon, 2008)은 분량이 많지만(650면) 어느 특별한 여성과 그의 시대에 대한 요령 있고 매력적인 설명이다.

---

* 바티칸(Vatican)을 말한다.

이 시기에 대한 의미 있는 전기들로는 G. O. 켄트의《비스마르크와 그의 시대》(Bismarck and His Times, 1978), 데니스 맥 스미스의《카부르: 전기》(Cavour: A Biography, 1983), 크리스토퍼 히버트의《가리발디: 이탈리아 통일의 영웅》(Garibaldi: Hero of Italian Unification, 2008)을 참조하라.

또한 독일 통일과 그 배경에 대해 많은 장을 할애한 연구서로는 제임스 J. 시핸의《독일사, 1770~1866》(German History, 1770-1866, 1989)와 고든 크레이그의《독일, 1866~1945》(Germany, 1866-1945, 1978)을 추천한다.

19세기 인종과 인종주의에 대해서는 아이반 해너퍼드의《인종: 서양의 어떤 이념의 역사》(Race: The History of an Idea in the West, 1996)를 참조하라.

7장

19세기 중반의 안정화와 근대화

오스트리아, 러시아, 프랑스

새로운 이탈리아와 독일 민족국가의 형성은 1848년 혁명들 이후 20~30년 동안 이루어진 발전들 가운데서도 상대적으로 중요한 의미를 갖는 것이었다. 그러나 그 20~30년 동안 유럽의 거의 모든 국가는 근대화와 안정화(consolidation)가 필요하다는 점을 확신하게 되었다. 위기는 오스트리아와 러시아, 터키라는 다민족 제국에서 가장 심각했는데, 이는 이들 나라가 가장 근대화가 덜 이루어졌기 때문이다. 스펙트럼의 다른 쪽 극단에서는 근대 민족의 모델이라고 할 수 있는 프랑스가 1848년 6월 사태의 폭력적인 사회 갈등과 함께 한동안 자기 파괴의 위기에 처한 듯 보였으나, 곧이어 좀 더 확고한 내적 안정화와 근대화의 방향으로 나아가고 있었다. 이와 동시에 다양한 자유주의적 표준에 거스르는 방식이기는 하되 '근대적'이라는 용어에 내포된 새로우면서도 불길한 뉘앙스들을 함축하면서 말이다.

237

합스부르크 제국

합스부르크 제국은 처음에는 카부르와 나폴레옹 3세의 설계에 의해, 그다음에는 더욱 극적으로 비스마르크에 의해 굴욕을 당함으로써 1850~1860년대에 가장 끔찍한 패배자들 중 하나가 되었다. 민족주의적 선동이 전염병처럼 확산되면서 제국의 붕괴는 불가피한 것으로 보였다. 그러나 제국은 제1차 세계대전 때까지 살아남았다. 제국은 예전에는 예측할 수 없었던 뜻밖의 힘을 드러냈고, 많은 사람들이 믿었듯이 그렇게 음울하거나 병들지는 않았다. 역사가 요아힘 레마크의 표현을 빌리자면 제국은 '건강한 병자'였다. 무엇보다 합스부르크 제국 내부의 민족체들 모두가 독자적인 민족국가 수립을 희망한 것은 아니었다. 이미 우리가 보았듯이, 오스트리아 슬라브인들은 자유화되었으되 어디까지나 현존하는 제국 안에서 자신들의 문화와 언어가 좀 더 폭넓은 자치를 확보하고 존중받을 수 있기를 고대했다. 그들은 독립적인 슬라브 '초소형 국가들'(mini-states)이 동쪽에서는 강력한 러시아인들에게, 서쪽에서는 독일인들에게 완전히 짓밟힐 수도 있다는 점을 잘 알고 있었다. 폴란드 분할은 다른 슬라브인들이 염두에 두고 있던 최악의 시나리오였다.

더 나아가 합스부르크 제국 내부의 많은 슬라브 민족들이 그 정체성 측면에서 너무도 흩어져 있고 다양해서 주권적인 근대 민족국가 같은 것은 꿈꾸지도 못할 정도였다는 문제가 있었다. 제국의 여러 독일어 사용자들도 제국의 해체를 선호하지 않았는데, 왜냐하면 그들은 정부와 기업, 군부, 교육에서 대부분의 요직을 차지하고 있었기 때문이다. 독일인들의 존재감은 문자 그대로 '소유 상태'나 기득권을 뜻하는 '소유 신분'(Besitzstand)이라는 말로 잘 표현되었고, 이는 수세기 전의 상황을 반영한 것이었다. 그 상황은 통합적인 민족국가를 지칭하는 의미에서 민족주의적인 것은 아니었지만, 그럼에도 독일의 민족 감정을 충족시키 거나 적어도 악화시키지는 않는 것이었다. 특히 비스마르크의 독일 제 국이 형성되고 모든 독일인을 포함하는 '대독일적' 독일 민족국가 수립 의 희망이 사라진 마당에, 합스부르크 제국의 지배적 독일인들은 자신 들이 독일의 지배와 문명의 수혜를 다른 민족들에게 제공하는 고귀한 사명을 보유하고 있다는 의미에서 지배 엘리트로서의 정체성을 천명하 는 경향이 있었다.

다시금 그런 경향은 확실히 많은 비독일인들에게는 짜증을 돋우는 것이기는 했겠지만, 특히 상대적으로 작거나 고립된 일부 민족체들의 경우에는 오늘날의 독자들이 가정하는 만큼 그렇게 역겨운 것은 아니 었다. 아드리아 해의 북부 연안에 포진한 작은 남슬라브 집단인 슬로베 니아인들은 독자적인 문화와 언어를 보유하면서도 독일 문화와 언어에 각별히 우호적인 민족으로 알려져 있었다. 점점 더 많은 유대인들도 자 신들의 종족적이고 종교적인 차이를 자각하면서도 독일 언어와 문화를 포용하는 문제에서는 슬로베니아인들을 훨씬 능가했다. 합스부르크 제 국에서 좀 더 세속적이고 도시화된 유대인들은 특히 도시화된 서부 지 역에 집중적으로 분포했는데, 이미 독일 언어와 문화가 갈리치아와 제 국의 동부 지역에 사는 가난하고 종교적 색채가 강한 유대인들과 연관 되어 있는 이디시 언어와 문화보다 훨씬 더 우월하다고 생각하면서 독 일 문명이 당대에 가장 수준 높은 문명이라고 믿었다. 더욱이 독일 언 어와 문화는 경제적 상승을 이루고 사회적 고상함을 얻는 수단이었다.

황제 프란츠 요제프는 점차 상당수의 주민들로부터, 특히 스스로 '짐 의 유대인들'(의심할 여지없이 거들먹거리는 표현이었지만 대부분의 유대인들로 부터 그렇게 공격적인 언사로 보이지는 않았던)이라고 부른 주민들로부터 존

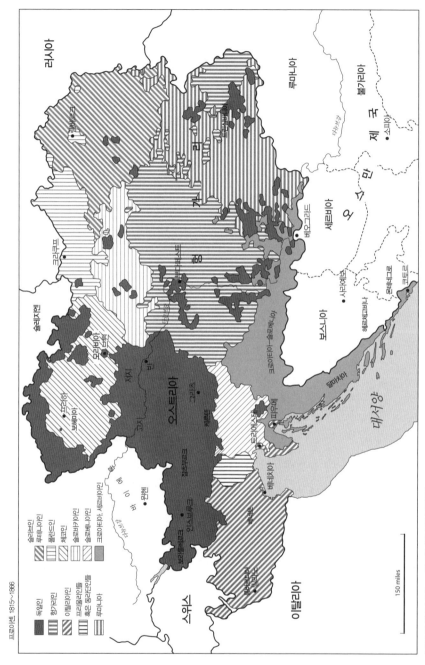

프로이센 1815~1866

러시아

루마니아

불가리아

오 스 만 제 국

세르비아
보스니아

루테니아
폴란드인

몬테네그로

크로아티아-슬로베니아

달마치아

대서양

크라쿠프

알바니아

헝가리

트란실바니아

트리에스테

폴레지엔

루마니아

보헤미아

프라하

브뤼노

모라바

오스트리아

리 차

린츠
그라츠
크라옌

잘츠부르크

인스부르크

포어아를베르크

뮌헨

케른텐

라 인 강

트렌티노

트리에스테

베네치아

베네토

스위스

이탈리아

150 miles

슬라브인
루테니아인
폴란드인
체코인
슬로바키아인
슬로베니아인

독일인
헝가리인
이탈리아인
프랑스인들
혹은 롬바르인들
루마니아

지도 5 합스부르크 제국의 언어와 종족들

경과 애정까지 얻게 되었다. 확실히, 그는 한 시대로서 근대와는 본능적으로 맞지 않는 오만한 귀족들과 화려한 궁정의 고립된 세계에 사는 편벽된 인물이었다. 그럼에도 어느 정도 자신과 동시대를 살았던 러시아 차르들처럼 유대인들에게 불신당하거나 도전받지는 않았다. 유대인들이 제국으로부터 쪼개진 독자적인 영토를 갖지 않았다는 사실을 프란츠 요제프는 잘 이해하고 있었다. 그는 그들이 파괴적이고 착취적이기보다는 '국가를 떠받치는' 생산적인 사람들임을 깨닫고 있었다. 그리고 유대 주민들의 상당수는 의심할 여지없이 다른 어떤 종족 집단도 필적할 수 없는 방식으로 제국의 생산성에 기여하는 근대적이고 혁신적인 부류였다.

1848년 직후 여러 해 동안 합스부르크 제국 내 독일인들의 사명감은 독일어와 독일식 효율성을 앞세워 국가권력의 급진적인 중앙집권화를 추구하는 것으로 번역되었다. 그런 의미에서 심지어 민중적 참여를 독려하지 못할 때에도 모종의 '자유주의적'이거나 적어도 진보적인 국면이 있었다. 예컨대 1848~1849년의 농노제 폐지는 그 이후에도 되돌려지지 않았는데, 많은 대지주들과 농노제 수혜자들의 저항 탓에 관료들의 철권이 필요했다. 비슷한 맥락에서 국가는 철도 건설 같은 친기업적인 조치들을 후원했다. 물론 하나의 공통어이자 상업을 위한 국제어인 독일어가 경제적 근대화를 위한 또 다른 중요한 요소라고 볼 수 있었다.

상공업의 팽창이라는 관점에서 제국은 여전히 또 다른 이점을 누렸다. 즉 제국은 다뉴브 강 유역에 자연적 경제 지대를 형성했는데, 이런 이점은 제국의 자유무역 지대가 경제적으로 보호주의적인 자잘한 소규모 민족들로 해체된 1919년 이후에 심각하게 훼손될 터였다. 과연 이 민족들은 균형 잡힌 독자적 경제를 수립할 정도로 충분히 크지 못했다. 제국의 경제적 효용성은 산업화된 미래를 내다본 이들에게 강한 인상을 주었는데, 이들 중 특히 두드러지는 사례가 바로 '오스트리아 마르크스주의자'(Austro-Marxist)라고 불린 분파였다.

독일 지배의 관념에 대해 가장 완강하고도 강력하게 반대한 이들은 제국 동쪽 헝가리에 살던 마자르인들이었는데, 이들은 자기들이 1848년 짧은 시기 동안 독립국가를 수립한 적이 있었다는 사실을 기억해 낼 것이었다. 제국 서반부에 사는 독일인들과 마찬가지로 동반부에서는 종족이나 언어의 측면에서 우세한 집단을 이루었지만, 다시 서반부의 독일인들처럼 헝가리 왕국에 거주하는 전체 인구 가운데 대략 3분의 1만을 차지했다는 점에서는 다수에 못 미치는 인구를 이루고 있었다. 마자르인들이 독일의 지배력에서 해방되기를 갈구했다는 사실에는 다소 위선적인 면도 있었는데, 왜냐하면 그들은 동쪽의 루마니아인들과 북쪽의 슬로바키아인들, 남쪽의 크로아티아인들을 필두로 하여 **그들 자신**의 지배로부터 해방되기를 갈구하는 수많은 다른 소수민족들의 반대에 직면했기 때문이다. 더욱이 제국 동반부에는 주요 독일어 사용권들이 곳곳에 포진해 있었고, 아마도 수도 부다페스트 인구의 절반도 독일어 사용자들이었을 것이다. 마자르 지도자들은 마자르인들이 독일인들이나 다른 민족들에 흡수되어 장차 소멸하리라고 내다본 헤르더의 문구에 강박적으로 사로잡혀 있었다.

세기 중반에 이르러 마자르인들의 민족 지도자 러요시 코수트는 합스부르크의 억압에 맞서는 웅변적인 민족주의적 자유의 투사로서 그 명성에서 마치니나 가리발디에 필적하기에 이르렀다. 1848년 3월 이후 헝가리인들을 협력자로 묶어 두려는 합스부르크 군대의 시도는 등락을 거듭하며 분명한 승자 없이 지지부진했다. 1849년 4월 헝가리 의회는 (그때까지만 해도 아직 젊고 검증되지 않은) 프란츠 요제프를 공식적으로 물러나게 하고 코수트를 섭정으로 앉히는 절차를 밟았다. 그러나 차르 니콜라이 1세의 군대가 개입함에 따라 헝가리의 공식적인 독립은 오래 가지 못했다. 코수트는 다시 망명길에 올랐고, 이번에는 영구 망명이 될 터였다. 헝가리 내부에서 코수트에 대한 지지도 당파적 반목과 그 자신의 고압적인 자세로 말미암아 하락했다. 반드시 차르의 군대가 개입하지 않았더라도 그가 계속 통치할 수 있는 기간은 필시 얼마 되지 않았을 것이다.

1849년 이후 억압이 횡행한 시절에도 독립을 향한 마자르인들의 열망은 여전히 부글부글 끓고 있었다. 코수트는 망명지에서도 신랄한 반합스부르크 선동으로, 특히 동정 여론을 많이 얻은 영국과 미국에서 명성을 이어 갔다. 그리하여 잇따른 억압의 시절에 빈의 지도자들은 점차 마자르인들의 감정에 일정하게 적응할 필요가 있다는 결론에 도달했다. 좀 더 일반적으로는 무엇보다 크림전쟁에서 이탈리아 통일을 거쳐 프로이센에 패배하기까지 오스트리아가 경험한 일련의 실패로 말미암아 오스트리아의 지도자들은 민족적 원칙과 근대화의 광범위한 요청을 더 이상 무시할 수 없다는 사실을 인식할 수밖에 없었다.

그런 인식은 유럽사에서 비교할 만한 사례를 찾아볼 수 없을 정도로 두드러진 형태로 표출되었다. 1867년의 '대타협'(Ausgleich)이라고 알려진 사건으로 '하나의 이중 민족국가'(a dual nation-state)가 창출되었는데, 이 국가는 곧이어 오스트리아·헝가리, 또는 많은 자유주의적 원칙들을 포용한, 두 개의 인접한 의회 군주정으로 이루어진 '이중 왕국'(Dual Monarchy)으로 알려졌다. 대타협의 세부 사항들은 쉽게 요약하기 어렵지만, 본질적으로는 새로운 헌법을 통해 독일인들은 계속 제국의 서반부를 통치할 수 있었고(예전처럼 전제적으로 통치할 수는 없었지만), 마자르인들은 동반부를 통치했다(그리하여 독일의 지배력으로부터 해방되었다).

독일어는 제국 서반부에서 행정 언어로 남았으나 동반부에서는 마자르어가 독일어를 대체했다. 프란츠 요제프는 황제이자 헝가리의 국왕으로 남았다. 제국의 각 절반은 독자적인 의회를 보유했고, 각 의회의 대표들은 두 수도인 빈과 부다페스트를 번갈아가며 격년제로 함께 회합했다. 재무성과 외무성, 국방성의 장관직은 공통이었다. 독일 지배권에서는 남성 보통선거권을 도입한 비스마르크의 전철을 밟지 않았다. 그대신 '1인 1표'의 이상과는 거리가 먼 복잡한 선거 시스템을 도입하여 1907년까지 유지했다. 마자르 지배권은 그보다도 훨씬 덜 민주적이었다. 1914년 무렵에 성인 남성의 4분의 1 정도만 투표권이 있었다. 두 의회에 대한 장관들의 책임성도 원칙적으로는 있었으나, 실제로는 영국식 모델에 상응하는 점이 전혀 없었다.

한 풍자적인 논평자는 이중 왕국이 독일인들과 마자르인들로 하여금 각기 "자신의 야만인들을 상대하는" 자유로운 수단을 허용했다고 지적한 적이 있다. 이런 방식으로 이루어진 제국의 새로운 정치적 배치에서 주된 패배자는 바로 슬라브인들이었는데, 이들이야말로 다음 반세기 동안 점점 더 안달복달하게 될 '야만인들'이었다. 게다가 제국의 헝가리 영역에는 불행한 루마니아인들이 사는 대규모 구역과 서반부인 베네치아 북서쪽의 알토아디제에는 이탈리아인들이 사는 소규모 고립 지대가 있었다. '대타협'은 특히 민족들 모두를 평온하게 했다는 측면에서 그리 큰 성공을 거두었다고는 말할 수 없다. 그렇다고 해서 명백한 실패라고 단정할 수도 없다. 1919년 이후에 많은 사람들이 모종의 향수어린 시선으로 이중 왕국을 되돌아볼 것이었다.

러시아 제국

　오스트리아의 사례는 민족들에겐 절대적 성공도 없고 절대적 실패도 없다는 점을 부각해 준다. 그러므로 '어떤 측면에서 성공과 실패인가?'를 묻고 특히 '어떤 경우와 비교할 수 있는가?'를 물을 필요가 있다. 당시의 다른 거대한 다민족 제국들(러시아와 터키)과 비교해 볼 때 오스트리아·헝가리는 성공을 거두었다고 말할 수 있을지 모른다. 러시아는 세기 전반에 다른 나라들에게 그렇게도 위협적으로 보인 연후에 이제는 이 나라들에게도 명백히 무시당하고 있는 형편이었다. 러시아가 크림전쟁에서 당한 굴욕은 비록 짧기는 했지만 대부분 자기 영토 안에서 일어난 일이었고, 1850~1860년대에 합스부르크 제국이 비스마르크와 나폴레옹 3세, 카부르의 손아귀에서 당한 패배들보다 훨씬 더 고약한 종류의 것이었다.

　러시아 제국을 합스부르크 제국과 비교해 보면 몇몇 의미심장한 점들이 전면에 나타난다. 하나의 차이점은 행운의 여신 탓으로 돌릴 수 있다. 즉 프란츠 요제프의 긴 재위 기간 동안 네 명의 차르가 러시아를 통치했는데, 이들 차르 모두 궁지에 몰렸고 그중 둘은 혁명가들에게 살해당했다(1881년의 알렉산드르 2세와 1918년 니콜라이 2세의 경우). 합스부르크 제국과 비교할 때 차르들은 더 광대한 영토와 더 다양한 민족들, 특히 다수가 문맹인 농민들과 유목민들을 통치했다. 우랄산맥 동쪽의 비유럽 지역(시베리아)까지 넣으면, 러시아 제국은 유럽 국가들을 모두 합한 것보다 훨씬 더 큰 영토를 아우르고 있었다. 우랄산맥 서쪽의 유럽 지역에서는 대러시아인들이 다른 슬라브 민족들(벨로루시인, 폴란드인, 우크라이나인)은 말할 것도 없고 많은 비슬라브인들(핀란드인, 라트비아인, 에스토니아인, 리투아니아인)을 통치했다. 남동쪽으로 흑해와 카스피 해 연안에는 다수의 이슬람교도를 비롯한 비기독교인들이 포진해 있었다. 그리고 물론 러시아 제국은 서쪽 국경을 따라 단연코 가장 수가 많으면서도 가장 가난하고 과격한 유대인 인구를 포함하고 있었다.

많은 사람들은 그렇듯 제멋대로 뻗어 나간 농민 대중과 민족적 다양성 때문에 러시아가 민주적으로 통치될 가망은 없다고 주장했다. 즉 민중 권력, 특히 민족주의 열망과 결합된 권력을 주장하는 것은 혼돈만 불러일으킬 뿐이라는 얘기이다. 이와 마찬가지로, 서유럽식 자유와 개인의 권리라는 관념들도 그런 것을 경험한 적이 없고 대다수가 문맹인 주민들 사이에서는 잘 먹혀들지 않았다. 어쨌거나 세기 중반에 아래로부터 조직화된 압력은 그다지 의미 있는 변수가 되지 못했다. 러시아는 1848년에 혁명도 전혀 경험하지 않았다. 그전에 (군 장교들이 주도한) 1825년의 데카브리스트 반란(Decembrist Revolt)은 일련의 폴란드 봉기들이 그러했듯이 가혹하게 진압되었을 뿐이다.

비록 알렉산드르 2세가 자유주의적인 차르로 알려져 있었지만, 그는 기질적으로 자유주의적이지도 않았고 친서구적이지도 않았다. 그는 결코 러시아가 직면한 딜레마를 해결하지 못했다. 그 딜레마란 바로 '모국 러시아'가 얼마만큼 서유럽 모델(혹은 영국과 프랑스, 독일의 다양한 경로를 고려하면 복수의 모델들)을 따르고, 또 얼마만큼 모더니즘으로 가는 독자적인 경로를 따라야 하는가의 문제였다. 우리는 이미 도스토옙스키 같은 친슬라브주의 사상가들이 러시아 민중(나로드)은 도덕적으로 우월한 자질을 보유하고 있되 서유럽의 이기주의와 물질주의 때문에 부패할 위험에 처해 있다고 믿었음을 보았다. 이와는 대조적으로, 서구주의자들(westernizers)로 알려진 사람들은 러시아가 서유럽 나라들이 걸어간 경로를 따르는 것 말고 다른 선택의 여지가 없으며 친슬라브주의 전망은 대개 환상에 불과한 것이라고 주장했다.

사실, '서구화'는 과거 차르들이 대개 러시아 토착민들의 완강한 반대를 무릅쓰면서 서구의 테크놀로지와 기술자들을 수입함으로써 러시아 국가권력을 구축했다는 의미에서 이미 러시아에서는 오래전부터 진행되고 있었다. 그러나 데카브리스트 반란이 부각해 주듯이, 서구와의 접촉은 서구의 테크놀로지들뿐 아니라 개인적 자유와 법의 지배라는 관념들 또한 몰고 왔다. 그런 문제들은 차르와 그 측근들로서는 도대체가 용납하기 어려운 것이었다. 그러나 일단 수용되더라도, 아래로부터 민중의 주도권에 응답하는 방식이 아니라 위로부터 '우카즈'(ukaz, 차르의 법령)를 통해 도입되었다.

1861년의 '우카즈'를 통해 선포된 알렉산드르 2세의 농노제 폐지는, 그 문제를 연구하고 적절한 조치를 추천하는 특별한 정부 기구가 수립된 연후에야 이루어졌다. 그 무렵에 러시아 주민 대다수는 농노 상태에 놓여 있었다. 사람이 가축이나 재산의 일부를 소유하듯이 사람이 다른 사람에 의해 소유된 상태에 있었던 것이다. 그것도 중유럽 농노들의 경우보다 훨씬 더 철저히 비참한 처지에 놓여 있었다. 1850년대 말 러시아에서 일부 보수적인 관찰자들조차 농노제가 단순한 경제적 견지에서, 심지어 농노 소유주의 입장에서도 제대로 작동하지 않는다는 간단한 이유 때문에라도 농노제가 사라져야 한다는 결론에 도달하고 있었다.

농노는 자유롭고 독립적이며 책임성 있는 시민이라는 근대의 자유주의 이상을 거스르는 안티테제를 대표했다. 자유주의 비판자들은 농노제가 음침하고 우둔하며 수동적이고 자기 일에 대한 자긍심이 없는 인간 이하의 최하층 계급을 영구화시킬 것이라고 믿었다. 더욱이 농노들로부터 충원된 병사들도 근대식 군대의 기준에서는 함량 미달이었는데, 이는 크림전쟁 이후 모든 사람들의 마음속에 단단히 들어앉은 생각이었다. 러시아의 농민-농노 또는 '무지크'(muzhik)가 통상 미국의 흑인 노예들, 그러니까 자신의 지배자들과 격리되고 그들보다 열등하다고 간주된 인종의 구성원으로서 피부색이 검은 대중에 해당하는 사람들과 닮았다는 점이 종종 언급되곤 했다. 그런가 하면 그보다는 더 동정적인 표상도 있었는데, 여기에는 의심할 여지없이 무지하고 잘 속으면서도 여전히 관대하고 친절하며 심오한 의미에서 현명한 사람으로서, 그래서 서유럽 농민의 이기적이고 반동적인 이미지보다 정의로운 새 세상을 건설하는 데 건강한 기초를 제공하는 사람으로서 '무지크'의 이미지가 포함되어 있었다.

미국 흑인 노예들의 해방에서처럼 러시아 농노해방령도 종국에는 쓰라린 불만의 원천이 되었다. 그들은 더 이상 예전의 소유주들에게 소유되지는 않는다는 점에서는 해방되었으나 여전히 고색창연한 제도, 그러니까 이제는 오히려 예전보다 더 권한이 강화된 촌락 공동체나 '코뮌'(옵시치나[obshchina]나 미르[mir])의 통제권 아래에 있었다는 점에서 서유럽 농민들만큼 자유로워지지는 못했다. 또 한때 농노였던 농민들에게 토지가 할당되었으나, 그 토지는 개인적으로 소유하지 못하고 '미르'가 집단적으로 소유했다. 토지를 관장하는 장로들이 촌락 구성원들에게 특별한 임무를 배정하고 출생과 사망, 결혼에 따라 토지를 재분배했다.

지방마다 토지 문제에 대한 다양하고 복잡한 변종들이 다수 존재했지만, '미르'에게 그런 권력을 부여하는 것만으로는 러시아 농촌의 생산성을 강화할 수 없었다. 사실, 전통적인 경작법이 다시금 강화되는 경향이 있었고, 그런 가운데 새로운 이념들은 맥이 빠져 갔다. 그리하여 농촌 빈곤이라는 근본적 문제는 예전 그대로였을 뿐 아니라 농민 인구가 수적으로 증가함에 따라 어떤 측면에서는 오히려 악화되었다. 더욱이 토지의 거의 절반이 직접 지주들에게 주어졌고, 한때 농노였던 농민들에게 양도된 토지에도 '미르'가 여러 해에 걸쳐 예전의 소유주에게 지불해야 할 상환금이 물려 있었다. 요컨대 대지주들은 예전에 소유했던 토지의 거의 절반에 대한 권리를 포기해야 했지만, 그렇다고 그들의 경제적 상황이 위험할 정도는 아니었다. 여러 측면에서, 그리고 많은 지역에서 그들의 경제적 상황은 오히려 향상되었는데, 왜냐하면 그들은 자신들이 소유한 농노들에 대해 전통적인 의무를 더 이상 짊어지지 않아도 되었고, '미르'에 의해 생계를 유지할 수 있는 정도의 적정한 토지를 할당받지 못한 왕년의 농노들로부터 노동력을 구매하고 그들에게 임금을 지불함으로써 자신들이 소유한 남아 있는 토지들을 좀 더 근대적인 방식으로(최소한 잠재적으로 생산을 증대하는 방식으로) 개발할 수 있었기 때문이다.

알렉산드르 2세의 다른 개혁 조치들은 더 잘 이루어졌다(그리고 잘 받아들여졌다). 지식인들에게는 더 많은 자유가 주어졌고 검열은 덜 엄격해졌다. 서유럽으로 여행도 더 쉬워졌고 대학에 대한 통제도 완화되었다. 유대인들에게는 (거칠게 말해, 폴란드 분할로 취한 유럽 러시아 지역의) 정착지(Pale of Settlement) 바깥으로 여행하는 것이 허용되었고, 당시의 일반적인 경제 호황에 편승하여 이들 중 다수가 중유럽과 서유럽의 로스차일드 가문과 닮은꼴로 많은 재산을 모았다.

아마도 가장 널리 찬사를 받고 가장 오랫동안 지속된 개혁들 중에 사법 시스템의 대대적인 개편이 있었다. 이 개혁은 부분적으로 농노해방의 부산물이었는데, 왜냐하면 이제 지방 지주들이 아니라 정부가 농촌에서 정의를 관할하는 임무를 떠맡게 되었기 때문이다. 그러나 좀 더 일반적인 견지에서 볼 때 모든 신민의 개인적 권리를 존중하고 차르 관료제의 뿌리 깊은 자의성을 완화함으로써 장차 자유주의적 이상을 증진하는 방향으로 중요한 걸음을 내딛게 되었다. 적어도 원칙상으로 법정에 출석한 이들은 법 앞에서 평등하다고 생각되었다. 재판은 공적으로 이루어졌고 영국의 것과 닮은 배심원 제도가 도입되었으며, 피고들은 변호사 훈련을 받은 전문가들에 의해 대표될 수 있는 권한을 얻게 되었다. 실제로 여러 복잡한 문제들이 있었고, 나중에는 많은 개정이 이루지면서 비일관성과 모순이 노정되기는 했다. 그러나 이 문제를 관찰한 이들은 모두 대부분의 러시아 신민들이 법의 지배를 경험하게 되었다는 측면에서 의미 있는 변화가 도입되었다는 데 동의했다.

러시아에 뿌리를 튼 전제정의 전통을 고려하면, 대의적 제도를 마련하는 일은 만만찮은 과업일 수밖에 없었다. 1864년에 알렉산드르 2세는 도로와 공중위생, 교육 같은 지방적 쟁점들을 관장할 책임을 맡은 선출직 구의회 시스템을 창출했다. 이런 지방의회(zemstvo)의 관념 역시 대단히 자유주의적인 것으로서 명백히 대다수 러시아인들에게 친숙하지 않은, 시민적 책임감과 결부되어 있었던 것이다. 알렉산드르는 그다음의 논리적인 귀결로 자유주의적인 방향으로 나아가는 데서는 멈칫거리고 말았다. 즉 서구 의회와 비견될 수 있는 전국적인 대표체(duma)를 창출하는 문제에서는 주저했던 것이다. 항상 두 가지 상반된 마음 사이에서 갈팡질팡하다가 그는 일진광풍 같은 개혁의 지혜를 의심하는 쪽으로 기울게 되었고, 판도라의 상자가 열리는 것을 두려워한 측근들의 의견에 더 찬동하며 그쪽으로 귀를 여는 경향이 강했다.

그리고 그런 측근들의 조언도 의심할 여지없이 일리가 있는 것이었다. 그도 그럴 것이 알렉산드르 2세는 1866년, 다시 1873년, 1880년에도 가까스로 암살을 모면했고, 결국에는 1881년에 폭탄 투척으로 살해되고 말았기 때문이다. 모든 나라에서 출산의 고통이 뒤따랐던 자유주의는 러시아에서 특히나 파괴적이고 폭력적인 운명을 피하지 못했던 셈이다.

프랑스 제2제정

우리는 나폴레옹 3세가 근대적 이념을 후원하려는 강령의 일환으로 민족국가들로 이루어진 유럽을 전망했다는 사실을 살펴보았다. 그가 나중에 후회하기는 했어도, 카부르와 비스마르크를 지원했던 것도 바로 그런 맥락에서였다. 그가 추구한 국내 정책이 보여 준 모더니즘 역시 모호한 양상을 내포했다. 억압으로 점철된 6월 사태는 프랑스에서 혁명을 불확실한 상태에 빠뜨렸다. 사회 공화국에 대한 민중의 지지가 유산자들, 특히 프랑스에서 다수를 이루는 토지 소유 농민들에 의해 뒷받침되지 않는다는 사실도 이미 1848년 봄에 명백해졌다. 새로운 헌법 초안을 작성한 의회도 6월의 사건들을 염두에 두면서 강력한 행정권이 필요하다고 결정했다. 헌법이 완성되기 이전에도 의회는 남성 보통 선거제에 기초를 둔 대통령 선거를 후원했다. 그 결과는 좌파에게 상당한 충격이었고, 새로운 분위기를 상징하는 것으로 널리 간주되었다.

6월 사태를 잔혹하게 진압한 당사자인 카베냐크 장군이 150만 표를 얻었다. 혁명 초기의 대변인으로 간주된 낭만주의 시인 라마르틴은 고작 1만8천 표라는 형편없는 성적을 거두었다. 지도적인 사회주의 계열 후보인 레드뤼롤랭은 형편없다고 말하기는 어렵지만 그래도 여전히 보잘 것 없는 수준인 37만 표를 획득하는 데 그쳤다. 진짜 충격은 예전에는 전혀 주요 도전자로 간주되지 않은 한 사람, 그러니까 1840~1846년을 어느 프랑스 감옥에서 보냈다가 인생 자체가 실패라고 널리 치부된 한 사람이 얻은 득표율이었다. 즉 루이 나폴레옹 보나파르트가 다른 모든 후보가 얻은 표를 합친 것보다도 훨씬 더 많은 540만 표를 얻은 것이었다.

루이 나폴레옹의 인기를 설명해 주는 요인은 무엇일까? 개중에서 큰 요인은 대중적 인지도였는데, 그의 이름은 투표라고는 해본 적이 없는 순진한 유권자들에게 영향력을 행사했다. 과연 그의 이름은 나폴레옹 1세가 상징하는 모든 것과 연관되어 있었던 것이다. 그는 혁명을 구하면서 동시에 혁명적 혼돈에 대해 질서를 수립했다. 이에 덧붙여 나폴레옹의 전설이라고 명명된 어떤 것이 작동하여 '영광'(gloire)에 대한 프랑스인들의 열망을 고무했다. 그 전설은 이미 19세기 초부터 형성되고 있었고, 나폴레옹의 가혹한 통치와 그 밖의 과실들에 대한 기억을 희미하게 만들기에 충분했다. 그의 조카인 루이 나폴레옹은 혁명적 좌파(특히 그가 '아나키스트'로 치부한 사람들)와도, 극우파와도 긴밀한 관계가 없었고, 다만 사업적 이해관계에 우호적임을 내보이며 일반 민중의 친구로 자처했다. 그의 강령에 내포된 부정확성과 모순, 그리고 당시 프랑스 정치 생활을 구분한 수많은 굵은 선들을 넘나드는 방식 때문에 일부 학자들은 바로 그런 보나파르티즘(Bonapartism)에서 원형적 파시즘의 어떤 국면을 발견하기도 했다. 그런가 하면 어떤 학자들은 루이 나폴레옹을 간단히 근대적 대중 정치가의 선구자로 묘사하기도 했다.

1849년 5월 다시금 남성 보통선거제에 기초하여 새로운 입법의회가 들어섰다. 새로운 의회의 정치적 구성은 압도적으로 우파 일색이었는데, 군주제주의자들이 대부분이었다. 그러나 큰 문제가 하나 있었다. 즉 프랑스 군주제주의자들은 부르봉 왕가의 귀환에 우호적인 사람들과 좀 더 온건한 오를레앙 왕가의 복귀를 원한 사람들로 나뉘어져 있었다. 한편으로 그들은 루이 나폴레옹을 받아들였는데, 그는 이 보수적 다수파의 인증을 얻어 의회의 소수 당파였던 사회주의자들을 억압하고 언론의 자유를 단속하는 방향으로 신속하게 움직였다. 1850년 무렵 시민적 자유에 대한 그의 억압으로 빈민들 중 다수가 선거권을 박탈당하기에 이르렀다. 그는 우리가 앞에서 살펴보았듯이 로마 공화국을 무너뜨리고

그림 6 나폴레옹 3세

이 초상화는 귀족다움과 나폴레옹 1세를 떠올리게 하는 분위기를 보여 준다. 반면, 나폴레옹 3세는 종종 당대인들에 의해 잔인하게 희화화되었는데, 그중에 유명한 것이 카를 마르크스에 의한 것이다. by Franz Xaver Winterhalter. dEA / G. Dagli Orti / De Agostini / Getty Images.

교황 비오 9세를 복위시키기 위해 프랑스 군대를 파견함으로써 전통적인 가톨릭교도들의 인증까지 얻었다. 1850년에는 학교를 가톨릭 사제의 통제 아래에 둠으로써 친가톨릭적인 방향으로 한 걸음 더 나아갔다.

1851년 말 루이 나폴레옹은 나폴레옹 1세의 저 유명한 아우스털리츠 승전 기념일인 12월 2일에 맞춰 폭력적인 쿠데타를 감행하여 독재권을 장악할 수도 있을 만큼 자신이 충분히 강력하다고 느꼈다. 대략 150명의 반대자들이 12월 초순에 일어난 시가전에서 나폴레옹의 경찰과 군대에게 죽임을 당했고, 약 15만 명이 체포되었다. 그런 다음 특징적으로 '나폴레옹적인' 조치가 뒤따랐다. 즉 2주 후 남성 보통선거제가 부활된 선거에서 유권자들은 공식적으로 750만의 찬성표와 65만의 반대표를 던지며 루이 나폴레옹을 압도적 표차로 재당선시켰다. 선거는 의심할 여지없이 부정선거였으나, 선거가 공정하게 이루어졌더라도 나폴레옹은 강력한 다수표를 얻을 수 있었을 것이다. 1년 이내에 그는 프랑스인들의 황제 나폴레옹 3세라는 이름을 달게 되었다. (실제로 나폴레옹 2세는 없었지만, 1832년에 사망한 나폴레옹의 아들을 존중하여 루이 나폴레옹은 스스로를 나폴레옹 2세라고 칭하지 않았다.)

1852년 무렵 프랑스는 여러 측면에서 루이 필리프 치하에서보다 오히려 자유주의적인 면이 약했는데, 특히 행정권을 견제하는 입법체의 권한을 명기하는 자유주의의 입헌주의적 국면이라는 측면에서는 심지어 루이 18세와 샤를 10세 치하에서보다 자유주의적인 면이 약했다고 할 수 있다. 불가피하게도, 남성 보통선거제가 급진주의와 사회주의로의 전환을 뜻할 거라는 널리 확산된 초기의 믿음은 근거가 박약해졌다. 무엇보다 투표권을 대중들에게 부여하는 것은 필시 소유와 특권을 존중하는 것과 화해될 수 있었다. 비스마르크 역시 독일에서 남성 보통선거제를 도입했다. 영국에서는 8장에서 논의하게 되듯이 벤저민 디즈레일리가 노동자계급과 토지 소유 귀족의 동맹이 가능하다고 믿었고, 보수당을 그런 방향으로 움직여 나갈 수 있었다. 물론 비스마르크와 나폴레옹 모두 인구의 최빈민층에 속하는 상당수의 투표권을 실질적으로 박탈하는 방식으로 선거법을 개정한 것이 사실이다. 이와 유사하게, 1867년 이후 영국에서 선거제는 무산 노동자 빈민층의 다수를 여전히 배제하고 있었다. 그럼에도 많은 나라들에서 보수주의자들은 (모든 성인 남성에게 투표권을 부여하는) '민주주의'가 보수적 가치들이나 기성 계급 위계의 생존과 양립할 수 있다는 관념을 받아들이기 시작했다.

나폴레옹 3세의 권위주의 정부가 자유주의적 정치 규준을 위반하는 가운데 그는 자유주의적 의제의 다른 국면들, 특히 경제적 근대화와 관련된 내용을 실행하는 조치들을 취했다. 그러나 기성의 어떤 표찰도 이 제2제정을 묘사하는 데는 부적절하다. 나폴레옹의 정책들은 오히려 사회주의적이라고 불리는 게 적절할지도 모른다. 나폴레옹은 다른 많은 사회주의자들처럼 의회 체제가 진정한 민중적 이해관계가 아니라 오히려 특수한 유산자 계층의 이해관계만을 대표한다고 비난했다. 그러나 이제 그는 생시몽이 옹호한 대로 권력이 사회 계급 위에 서 있는 한 사람과 이해관계를 초월하여 지명된 전문가들의 수중으로 옮겨 갔다고 주장했다.

물론 사회 분파들 위에 서 있는 자비로운 통치자라는 자태는 구래의 '노블레스 오블리주'와 계몽 전제주의라는 관념과 닮아 있었다. 고대 로마에서 통치자들은 소란스러운 도시 군중들을 배급품과 볼거리로 잡아 두기 위해 '빵과 서커스'를 제공했다. 나폴레옹 3세와 그의 측근들도 그와 같은 통치자와 일반 민중 사이의 고대적 관계를 근대적으로 번역한 새 버전을 만들어 냈다. 그는 화려한 스펙터클과 행사가 대중들에게 쉽사리 먹혀든다는 것을 잘 알고 있었고, 그래서 번쩍거리는 궁정 생활을 도입했다. 그는 도시계획가 오스망 남작의 영감에 넘치는 진두지휘 아래 대대적인 도시 리모델링 프로그램을 관장하여 파리를 변형시킴으로써 오늘날에도 여전히 남아 있는 파리의 일반적인 윤곽을 결정했다. 널찍한 대로와 영감에 넘치는 전경, 빛나는 광장과 공원들이 바로 그것이다. 구시가의 빈민 거주 지구들 다수가 철거되었고, 거기 살던 노동자들은 외진 곳으로 옮겨갔다. 새로운 상하수도 시스템이 구축되었고 넓고 아름다운 철도역들이 건설되었다. 파리는 예전보다 훨씬 더 프랑스 경제생활의 중심으로 우뚝해졌고, 그런 면에서도 지도자이자 자극제로서 국가의 역할이 영국식 모델에서보다 명백히 더 중요하게 되었다.

나폴레옹은 통치 초기에 평화 애호가임을 자처했으나, 이는 나폴레옹이라는 이름이 일반 민중에게 암시한 것과는 동떨어진 이미지였다. 이번의 나폴레옹은 전쟁을 개시하지는 않았지만, 곧 일련의 전쟁에 휘말려들 것이었다. 즉 그는 1854~1856년에 크림반도에서 러시아에 맞서, 1859년에 북부 이탈리아에서 오스트리아에 맞서, 1862~1867년에 멕시코에서, 1870~1871년에 프로이센 및 프로이센과 동맹한 독일 국가들에 맞서 전쟁을 치러야 했다. 이 전쟁들은 모두 지난날 나폴레옹이 치른 전쟁들에 비하면 소규모 분쟁들이라고 할 수 있겠으나, 이 전쟁들 중 마지막 것은 곧 8장에서 살펴보겠지만, 이번의 나폴레옹이 파멸하는 원인이 되었다.

| 더 읽을거리 |

고든 라이트의 《현대 프랑스》가 이 시기를 뛰어나게 개관해 준다. 또한 존 비어먼의 《나폴레옹 3세와 그의 카니발 제국》(Napoleon III and His Carnival

Empire, 1990)을 보라.

합스부르크 제국에 관해서는 스티븐 벨러가 쓴 《프란츠 요제프》(Francis Joseph, 1997)를 보라. 또한 러시아 제국에 대해서는 에드바르트 로진스키의 《알렉산드르 2세: 마지막 위대한 차르》(Alexander II: The Last Great Tsar, 2006)를 보라.

위의 세 나라를 아우르는 일반적인 개관을 위해서는 A. J. P. 테일러의 《유럽 장악을 위한 투쟁, 1848~1918》(The Struggle for Mastery of Europe, 1848-1918, 1980)을 보라.

8장

낙관주의, 진보, 과학
1850년대~1871년

영국 지도자들은 격렬한 당쟁에 휘말리면서도 다른 나라의 지도자들보다 1840년대의 폭풍 속을 훨씬 더 잘 헤쳐 나갔다. 1815~1914년에 영국에는 정치혁명이 없었고, 1850~1860년대에 경제성장과 효율적인 의회 지배, 세계적 영향력으로 이루어진 고전기(classic age)로 진입했다. 이 수십 년 동안은 일반적으로 유럽 전역에서 성장과 번영의 시대였다. 그러나 영국의 발흥은 영국에서 이루어진 발전이 미래의 목소리를 대표했다는 의미에서 각별히 놀라운 것이었다. 영국인들은 진보에 대한 강력한 믿음을 품고 있었고, 특히 그들 자신의 미래에 대해 낙관적이었다.

프랑스인들도 제2제정 20여 년 동안 번영했지만, 그들의 낙관주의는 곧 1870~1871년에 그들을 기다리고 있던 재앙의 먹구름에 가려지게 되었다. 유럽의 지도적인 민족으로서 왕년의 지위는 심각하게 손상되었다. 영국인들과 독일인들이 그들 머리 꼭대기로 올라서고 있었다.

이 시절에 다른 민족들과 민중들은 예전에는 상상할 수 없는 방식으로 경제 전선을 필두로 여러 다른 전선들에서 앞으로 나아가고 있었다. 물론 저마다 현대의 도래에 대한 나름의 적응 방법을 갖고서 말이다. '과학'이 유럽 사회의 영향력 있는 사람들에게는 새로운 종교나 다름없었다.

프랑스–프로이센전쟁과 파리코뮌

1870년 가을부터 1871년 늦봄에 이르는 시기에 프랑스는 프랑스–프로이센전쟁과 그에 뒤따라 발생한 파리코뮌으로 알려진 혁명적 격변에서 파국적 패배와 내전을 경험했다. 9장에서 더 자세히 탐구할 테지만, 카를 마르크스는 코뮌을 옹호하는 과정에서 한 세대 전에, 즉 1848년에 프리드리히 엥겔스와 함께 《공산주의자 선언》을 발표하면서 얻은 명성을 훌쩍 뛰어넘는 국제적 인지도를 얻게 되었다. 그는 1867년에 자본주의에 대한 방대한 분석(《자본》의 제1권을 막 출판했는데, 제2권은 훨씬 나중에 나올 터였다), 이를 통해 당시 번창하던 영국 자본주의 경제가 어떻게 필연적으로 스스로를 파괴하고 사회주의로 대체될 것인지에 대해 예전의 《공산주의자 선언》에서 제시한 것보다 훨씬 더 정교하고 '과학적인' 논증을 제공했다. 그러나 《자본》은 오직 독일어로만 출판되었다. 번역은 훨씬 나중에 이루어져 영어판은 1886년에야 나왔다. 마르크스주의 이념은 다른 서적들과 논설들을 통해서 널리 확산되었는데, 1870년대 초반 이후에는 훨씬 더 널리 퍼졌다.

나폴레옹 3세의 마지막 치세기는 불행했다. 그의 건강은 나빠지기 시작했고, 멕시코에서 왕국을 수립하고 합스부르크가의 막시밀리안(프란츠 요제프의 동생)을 추대하여 프랑스 제국 아래에 두려는 그의 시도 역시 곧 불운을 맞이할 것이었다. 그는 5년 동안 무익하고 굴욕적인 전쟁을 벌인 후 1867년에 프랑스 군대를 멕시코에서 철수시켰다. 프랑스 내부에서도 제국에 대한 불만이 점점 커져 가고 있었다. 나폴레옹은 1860년대 초반에 좀 덜 권위주의적인 방향으로 움직이기 시작했다. 그러나 그의 자유주의적인 제국이 미래 수십여 년 간 어떻게 발전해 나갈 것인지의 문제는 고려할 가치가 없다. 왜냐하면 그가 비스마르크의 덫에 빠져 프로이센에 선전포고를 한 순간 그의 지배는 이미 종말로 향하는 재앙 속으로 들어갔기 때문이다. 프랑스 군대는 신속하게 제압당했고, 나폴레옹은 1870년 9월 전장에서 생포되었다. 그럼에도 국민 방위를 위한 임시정부가 파리에서 선포되었으므로, 즉각적인 강화조약은 체결되지 못했다. 임시정부는 일찍이 1792~1793년에 의용군이 "조국이 위기에 처해 있다!"라고 외치면서 집결하여 외국 침공으로부터 나라를 구했던 시절의 신성한 기억에 들떠 있었다.

파리의 시평의회(프랑스어로 '코뮌')는 1790년대 국민방위대를 집결시키는 과정에서 핵심적인 역할을 수행했다. 나폴레옹 1세 주변에서 그러했던 것처럼, 1790년대 이래 낭만주의적인 아우라가 혁명의 매순간마다 확산되곤 했다. 충격적인 1848년의 6월 사태가 발생하고 루이 나폴레옹이 좌파를 효과적으로 억누른 이후에도 혁명적 신비는 여전히 1860년대 말의 파리에서 에너지가 충전되어 있었음을 알 수 있다. 1870년 가을 제2제정이 붕괴하면서 부유한 파리 시민들은 어서 교전 지대를 벗어나려고 했을 뿐만 아니라 일찍이 1790년대 초와 1848년 봄에 있었던 '민중의 분출'이 재현될지 모른다는 두려움에 사로잡혀 대탈출을 감행했다. 이 틈을 타서 어지럽게 모여든 좌익 당파들이 세를 강화하며 수도에서 권력을 다투게 되었다.

1848년처럼 1871년의 파리에서 활동가들 대부분은 저마다 프랑스식 이론가임을 자처했는데, 그중에 소수는 마르크스주의자였다. 이들은 특히 혁명과 미래 사회주의 사회에서 국가의 역할을 둘러싸고 심각하게 분열되어 있었다. 자코뱅 전통은 여러 방향으로 뻗어 갔는데, 일부는 루이 블랑과 '사회 작업장'을 추종했고, 다른 일부는 오귀스트 블랑키와 음모가적 혁명 엘리트를 지지했으며, 또 다른 일부는 생시몽과 그의 관념, 즉 국가를 지도하는 계몽된 '산업자들'(industriels)의 관념을 추종했다. 보통 자코뱅 전통에 포함된 사람들은 모두 강력하고 중앙집권화된 국가의 핵심적 역할을 믿었다. 그러나 반자코뱅 전통 또한 존재했는데, 이는 국가 권위에서 자유로운 탈집중화된 자치 단위들을 지지했다. 이런 경향은 그리스어 어원에서 '통치자나 권위가 없는'이라는 뜻의 '아나키스트적'이라고 지칭될 수 있다.

그 무렵 프랑스 아나키즘은 영감을 푸리에가 아닌, 당시에 한동안 프랑스의 가장 영향력 있는 작가들 중 하나였던 피에르조제프 프루동으로부터 끌어 왔다. 확실히 파리코뮌의 유명한 슬로건이었던 '자유로운 파리!'(Paris libre!)에는 프루동식의 함의가 내포되어 있었다. 그러나 그것은 제2제정 치하의 파리에서 다른 프랑스 도시들과는 달리 나폴레옹과 그의 지지자들이 수도의 악명 높은 좌익 대중을 두려워한 까닭에 독자적인 자치 정부를 갖는 것이 허용되지 않은 데 대한 파리 주민들의 분노가 표출된 것이기도 했다.

프루동과 마르크스는 서로 상반되는 이론가였다. 둘 중 프랑스인은 정당과 관료제, 중앙집권 국가, 이데올로기적 체제 건설에 반대하면서 열정적으로 글을 썼다. 반면에 독일인은 궁극적으로 체제 건설자였고, 일단 조직화된 프롤레타리아트가 국가를 정복하면 사회주의와 종내 공산주의를 수립하기 위해 근대 국가권력을 이용하는 것이 필수적이라고 믿었다. 최고선에 대한 프루동의 전망은 자기 자신의 농촌적 배경을 반영하고 있다. 그는 저마다 작업장과 농장을 소유한 사람들, 즉 독립 수공업자들과 농민들로 이루어진 이상적인 미래를 마음속에 품었다. 반면 마르크스는 '농촌 생활의 어리석음'에 대한 경멸감을 자주 표현했다. 그가 믿은 최고선은 생산수단에 대한 집단적 소유권에 기초한, 도시화되고 산업화된 미래였다.

마르크스는 자주 프루동을 비판했는데, 가장 유명한 것이 (프루동의 책《빈곤의 철학》을 조롱하는 저작인)《철학의 빈곤》(Poverty of Philosophy)에서 마르크스가 펼친 비판이다. 그러나 프루동이 1865년에 사망하고 1860년대 말이 되면, 또 다른 러시아의 아나키스트 미하일 바쿠닌이 마르크스의 주요 반대자로 등극했다. 이 두 사람과 그들의 추종자들은 1864년에 건립되어 제1인터내셔널(아래에서 자세히 논의될)로 알려지게 된 국제노동자협회(International Working Men's Association)에서 충돌하기에 이른다.

비스마르크는 늦가을에 파리를 포격하고 포위하라는 명령을 내린 뒤 남성 보통선거권에 기초하여 전국 선거를 실시할 것을 주장했는데, 이는 전체로서 파리 민중을 대변할 확고한 권한을 지닌 대표자들과 협상하기 위함이었다. 1871년에 치른 선거를 통해 1848년의 경우에서처럼 강력하게 보수적인 의회가 귀환했다. 당시 프랑스의 농촌 주민과 유산 계층은 더 이상의 전쟁이 무익하다고 믿었기 때문에 새로운 의회의 임무도 프로이센이 부과한 조항들을 수용하는 것이었다. 과연 전쟁을 지속한다는 것은 파리 급진파의 수중에 나라를 넘기는 것을 약속할 뿐이었다.

의심할 여지없이, 파리 급진파의 대다수는 프랑스식 표현으로 '전쟁 강행'(guerre à outrance)을 외치는 당파였다. 그런 입장을 넘어 당시 혁명가들이 이루려고 한 것이 무엇이었는지를 설명하기는 쉽지 않은데, 그 부분적인 이유는 그들이 너무 분열되어 있었기 때문이다. 그들은 '사회 공화국!'(la république sociale!)과 이미 언급한 '자유로운 파리!' 같은 민중적 슬로건을 통해 모호하게 통합되어 있었던 것 같다. 무엇보다 초봄에 좌파를 통합시킨 것은 아돌프 티에르가 이끄는 새로운 국민의회에 대한 두려움과 혐오감이었다. 티에르 역시 파리 급진파가 자신을 두려워하고 혐오한 만큼 급진파를 두려워하고 혐오한 저명한 정치인이었다. 마르크스는 코뮌을 옹호하는 글에서 티에르를 가리켜……"거의 반세기 동안 프랑스 부르주아지를 매혹시킨 괴물 요정"이라고 지칭했다. 그리하여 프랑스-프로이센전쟁은 곧 프랑스 내전, 달리 표현하면 파리 급진파와 도시 외곽 베르사유에 집결한 국민의회 보수파 사이의 전쟁으로 비화되었다. 이 내전은 프랑스 역사에서 가장 기묘하면서도 잊을 수 없는 장면으로 기록될 텐데, 내전이 그토록 유명해지는 데 단단히 한몫한 잔혹한 폭력 사태가 펼쳐졌기 때문이라기보다는 파리코뮌의 지도자들이 1871년 봄에 일시적이고 불확실하게 인수한 시정 권력을 갖고서 무언가를 시도해 보려고 했기 때문이다.

코뮌의 가장 절박한 관심사는 군사적 방위였다. 도시는 이번에는 베르사유 군대에 의해 또 다시 포위되었고, 파리 거주자들은 끔찍한 생활고를 겪어야 했다. 파리 시민들은 결국 자신들의 애완견과 도둑고양이, 쥐, 벽지(아교에 있는 미량의 칼로리 때문에), 삶은 잡초, 파리동물원의 동물들까지 닥치는 대로 잡아먹어야 했다. 그럼에도 매일같이 도시 주변을 따라 전장의 포성이 귀를 때렸음에도 파리 생활에는 기이할 정도로 축제 분위기와 같은 것이 있었다. 레닌은 훗날 이처럼 열에 들뜬 봄날을 가리켜 '피억압자들의 축제'라고 묘사했다. 베르사유 군대에 맞서다가 전사한 사람들을 명예롭게 추모하는 장례식들은 1790년대의 경우를

그림 7 1871년 파리코뮌 때 볼테르 대로와 리샤르–르누아르 대로의 길목에 세워진 바리케이드

떠올리게 하는 대중적 예식이 되었다. 혁명가를 부르는 노동자들은 한 때 제2제정의 도시 재개발에 밀려 하층 신분들이 추방당했던 도심 패션 구역의 대로들을 대담하게 활보할 수 있었다. 부상자들과 미망인들과 고아들을 돕기 위한 자선기금 마련을 목적으로 다양한 음악회와 연극 등이 개최되었고, 다시금 이런 행사들에는 하층계급들이 대거 참석할 수 있었다.

코뮈나르들(Communards)이 무언가를 성취할 수 있으리라고 믿었음에도 결국 남은 것은 당혹감뿐이었는데, 아닌 게 아니라 코뮈나르들로서는 당시 성공의 기회가 있다는 걸 거의 믿기 어려웠다. 그들 중 일부에게는 미래 세대를 위한 영감으로서 역사에 족적을 남긴다는 생각이 행동할 힘을 북돋워 주었을지도 모른다. 그들의 행동에는 자기의식적인 상징주의가 대거 존재했다. 코뮌의 지도자들은 민중들의 박수갈채를 받으면서 단두대를 불태우고 사형제를 폐지하며 방돔 탑(Vendôme

Column, 나폴레옹 1세의 군사적 승리를 기념하기 위해 세워진 탑)을 쓰러뜨렸다. 1790년대의 혁명력이 부활했고, 공화주의 삼색기보다 파리의 적기(赤旗)가 코뮌 회합장들에 게양되었다. 몇몇 조치들은 당시로서는 상당히 진보적이었는데, 가령 (더 나중의 프랑스 정치인들도 실행하지 않아 결국 제2차 세계대전 이후에야 가능해진) 여성 투표권이 그런 사례였다. 교회 재산은 몰수되었고, 학교 커리큘럼에서 종교 교육이 사라졌다. 특히 임대료와 임금, 식품 가격과 관련된 갖가지 법령이 하층계급들의 생활고를 완화해 줄 요량으로 통과되었다. 살고 있던 유산층이 떠나는 바람에 버려진 소유물은 노동자 단체들로 이관되었다.

코뮌의 지배가 '프롤레타리아독재'인지를 둘러싸고 훗날 논쟁이 벌어졌다. 엥겔스는 코뮌의 지배야말로 자신과 마르크스가 '프롤레타리아독재'라는 용어를 통해 뜻하려고 한 바 그대로였다고 주장했다. 1917년 이후 볼셰비키들이 실행한 독재에 견주어 코뮌의 독재는 온화했다. 그럼에도 봄이 되자 기다렸다는 듯이 폭력과 고의적 파괴의 수준이 높아져 갔다. 코뮌이 파리 대주교를 포함한 인질들을 처형한 것도 양쪽에서 공히 확대되어 간 잔혹 행위의 일부였다. '피의 주간'(Bloody Week)으로 알려진 5월 마지막 주에 코뮈나르들에 의해서든 베르사유 군대의 포격에 의해서든 파리 도심 곳곳이 화염에 휩싸였다. 페르라셰즈 공동묘지의 비석들 사이에서 펼쳐진 전설적인 전투에서 대략 150명의 코뮈나르가 생포되었고 벽에 나란히 세워진 채 처형되었다. 그 후 며칠 동안 도시의 모든 구역에서 즉결 처형이 자행되었다.

최종 사망자와 부상자 수는 1848년 6월 사태 때보다 훨씬 더 많았다. 생포된 사람들 다수도 식민지 유형을 언도받았다. 그 밖에도 수천 명이나 되는 사람들이 망명길에 오르거나 은신처로 도피했다. 전체 사망자 수는 2만~5만 명 이상으로 추산된다. 좌파들은 도시 밖으로 대거 탈출했다. 대략 30만 건의 고발장이 베르사유 당국에 접수되었고, 추가로 수만 명이 더 체포되었다. 프랑스 좌파는 이런 타격에서 수십 년 동안 회복할 수 없었다. 새로운 헌법이 합의되는 데만도 거의 5년이 걸렸다. 공화주의 정부 형태가 마뜩지는 않아도 어쨌거나 수용되었는데, 이것도 군주제주의자들과 보나파르트주의자들이 합의에 도달할 수 없었기 때문이다. 대부분의 사람들은 프랑스에서 세 번째로 들어선 이 새로운 공화국이 단지 일시적인 것이라고, 결국에는 군주정으로 교체될 것이라고 생각했다. 하지만 제3공화정은 제2차 세계대전까지 지속되었고, 그 어떤 국왕도 두 번 다시 프랑스를 통치할 수 없을 것이었다.

영국 자유주의의 고전기

다른 나라에서 파리코뮌을 바라본 사람들은 그 잔혹함과 파괴에 오싹함을 느껴야 했다. 좌파 성향의 관찰자들은 우파의 폭력을 비난했고, 우파 성향의 관찰자들도 똑같은 이유로 좌파를 비난했다. 반면, 영국 사람들은 정치 성향을 불문하고 공히 자신들의 나라가 그와는 다른 방향을 향했다는 데 안도감을 느끼지 않을 수 없었다. 1871년 무렵 영국은 전반적으로 자기 만족감이 점점 높아지는 분위기였다. 그런 분위기는 단지 정치적인 의미를 넘어서도 과히 놀라운 것은 아니었다. 1850~1860년대는 경제적 생산성으로 보거나 노동자계급과 자본 소유자들 사이의 평화로운 관계로 보거나 이 나라에게는 태평성대였기 때문이다.

그럼에도 완전히 행복한 이야기만 가득한 건 아니었다. 1853~1856년 크림전쟁에서 질병과 무의미한 살육으로 대략 6만 명이 목숨을 잃었다. 물론 크림전쟁은 1914년 이전에 영국이 유럽 대륙의 분쟁에 크게 휘말려 들어간 유일한 전쟁이기는 했다. 현대의 어두운 측면인 배고픈 40년대의 악몽도 여전히 눈앞에 어른거렸으나, 사회문제가 조만간 해결될 수 있다는 전반적인 분위기 탓에 예전보다는 더 낙관적인 태도를 널리 공유할 수 있었다.

이 시기에 영국 중간계급과 상층계급의 분위기는 처음에 1851년의 시점에서는 '빅토리아적'이라고 널리 통용되었는데, 스코틀랜드 출신의 저자인 새뮤얼 스마일스가 1859년에 출간한 《자조론》(Self-Help)을 비롯해 잇따라 나온 《인격론》(Character)과 《검약론》(Thrift), 《의무론》(Duty) 같은 출판물들에서 그런 분위기가 전형적으로 포착되었다. 몇몇 측면에서 개인의 자기 주도성에 대한 스마일스의 노골적인 자신감은 프랑스혁명의 이상들, 특히 '재능에 따른 경력'이라는 이상에 비견될 수 있었다. 과연 그런 이상은 나폴레옹 1세, 즉 그의 병사들이 불렀던 대로 '꼬마 하사관'을 둘러싼 신비와도 잘 맞아떨어졌다. 왜냐하면 나폴레옹은 병사들 누구에게라도 자신이 획득한 정상의 자리에 올라갈 수 있으리라는 느낌을 불어넣어 주려고 노력했기 때문이다. 그러나 영국에서, 특히 영국을 대표하는 스마일스의 사상에서 나타나는 어조가 프랑스에서보다 좀 더 활달하며 반국가적 성향이 강했고, 명백히 더 광범위한 주민들에게 호소력이 있었다.

스마일스는 당대의 가장 세련된 사상가 부류라고 볼 수는 없겠지만, 두루 인용될 만한 뛰어난 저자였다("자신의 불운을 탓하는 자들은 자신의…… 실책과 경솔함의 결과만을 수확할지어다"). 그는 마르크스나 다른 반자본주의 저자보다 더 폭넓은 독서 대중을 거느리고 있었다. 반자본주의 저자로서는 그나마 프루동 정도가 상당한 독서 대중을 갖고 있었다. 자신의 본명인 '스마일스'를 가지고 그는 다음과 같은 재담을 펼쳤다. "나는 이 세상의 어떤 사람보다도 행복하다. 왜냐하면 세상 전체가 나에게 '스마일' 하는 것처럼 보이기 때문이다!" 스마일스는 1840년대에 차티스트운동에 관여한 적이 있었지만, 거기서 부정적인 경험을 한 뒤로는 친자본주의적 태도로 전향하고 사회문제에 대한 정치적 해결책이 개인의 자기 주도성과 자기 의존성이라는 중요한 미덕들을 침해할 뿐 사태를 악화시킨다는 흔들림 없는 믿음에 귀의했다.

스마일스가 하층 신분들의 고통을 의식하지 못한 것은 아니었다. 그러나 고통을 불운보다는 개인의 성격상 결함의 결과라고 보았다. 그는 심지어 일부 고통은 사회적으로 유익하다고까지 단언했다. "우리는 성공에서 배우는 것보다 훨씬 많은 것을 실패에서 배운다." 그런 측면에서 그의 사상은 현대 유럽 정체성의 중심에 있는 한층 더 심오한 확신, 즉 분쟁과 고통은 창조와 진보에 필수적이라는 확신과 연결될 수 있었다. 이미 앞에서 지적했듯이, 유럽 전역에서 진보에 대한 소박하면서도 다소 역설적인 견해가 출현하고 있었다. 이와 유사하게, 1848년 이후 시기의 현실주의, 즉 물질적 힘들의 필수불가결한 충돌에 대한 믿음이 현실에 안주하는 낙관주의와는 양립할 수 없었다. (비스마르크의 연설을 상기하라. "오늘날의 문제들은…… 피와 철에 의해서 결정된다.") 마르크스 역시나 프롤레타리아의 고통과 계급 갈등, 폭력적인 독재가 공산주의라는 궁극적인 약속의 땅에 도착하는 데 필수적이라는 점을 강조했다.

스마일스는 사회경제적 문제들을 정치적으로 해결하려는 시도를 불신했는데, 이런 태도는 그 시대 여러 저명한 정치인들도 공유하고 있었다. 특히 파머스턴 경이 총리로 재임하던 시절에(1855~1865) 1832년의 선거법 개혁으로 영국이 정치적 완성 단계에 도달했다고 널리 인정되었다. 영국의 가장 뛰어난 역사가들 중 한 명인 토머스 매콜리는 말도 많고 탈도 많은 1840년대 말에 이렇게 논평했다. "우리를 둘러싼 모든 세계가 [정치적 격변들로] 경련을 일으키고 있다. …… 그러나 우리 섬에서 정부의 진로는 단 하루도 방해받지 않았다. 우리는 무정부 상태 한가운데에서 질서를 유지하고 있다."

영국의 사회적 평화와 정치적 안정, 경제적 생산성

19세기 영국에서 질서유지 세력과 항의 대중 사이의 대결 양상은 프랑스나 다른 유럽 민족들의 경우와 비교하면 상당히 순화된 상태에 있었다. 심지어 좀 더 소란스러웠던 세기 초반에도 저 악명 높은 피털루 학살은 단지 11명의 사망자와 400명가량의 부상자만을 낳았다. 영국에서 잇따라 나타난 충돌에서도 통상 그 정도의 인명 피해가 있었다. 물론 빅토리아 시대 의회에서 발생한 입씨름들은 과연 직설적이었고, 지도적인 인물들 사이의 적대감도 험악한 수준이었다. 가령 빅토리아 시대를 대표하는 두 정치가 윌리엄 글래드스턴과 벤저민 디즈레일리는 그런 입씨름들로 유명했다. (글래드스턴이 디즈레일리에게 말했다. "나는 경께서 목매달리거나, 아니면 몹쓸 병으로 죽을 거라고 예언하는 바이오." 그러자 디즈레일리가 글래드스턴에게 이렇게 답했다. "경의 말대로 내가 목매달릴지 몹쓸 병에 걸릴지는 당신의 원칙을 껴안느냐, 아니면 당신의 애인을 껴안느냐에 달려 있소이다.") 그러나 이런 적대감도 대개는 말로 끝났지, 유럽 대륙에서처럼 폭력으로 비화되는 경우는 별로 없었던 것 같다. 이런 차이는 적어도 어느 정도는 의회가 여전히 상층계급들의 수중에 있다는 사실에서 비롯된 것이었다. 이들 상층계급 인물들은 그들 자신을 한데 묶는 공통의 이해관계를 잘 인식하고 있었고, 자신들 간의 입씨름에도 불구하고 위트와 유머가 섞인 촌철살인의 비판으로 연마된 똑같은 언어를 구사했다.

　일부 관찰자들은 영국이 정치적 안정을 누릴 수 있었던 데는 어느 정도 행운이 작용했다고 보았다. 합스부르크 제국이 1848년부터 제1 차 세계대전까지의 시기에 네 명의 차르가 재임한 러시아와는 달리 프란츠 요제프라는 카이저 한 명의 통치를 받았다는 혜택을 누린 것과 마찬가지로, 영국도 1837년부터 1901년까지 한 명의 여왕이 계속 왕좌를 지켰다는 점에서 프랑스에 비해 이점을 누렸다. 왕이든 여왕이든 아무리 지적으로 탁월하거나 선량한(빅토리아 여왕은 어느 쪽도 아니었다) 통치자가 프랑스에 와도 오래 자리에 남아 있지는 못했을 텐데, 과연 프랑스에서는 그 무렵 1830년과 1848년, 1871년에 각각 혁명을 겪으며 세 명의 국왕과 단명한 제2공화정, 제2제정, 그리고 또 다른 공화정이 들어섰던 것이다. 물론 세기말에 가서야 빅토리아 여왕의 이름이 민중 숭배와 연결되었다는 것은 사실이다. 1861년에 부군 앨버트 공이 때 이른 죽음을 맞이한 뒤 여왕은 오랜 애도 기간을 보냈고 공식적인 무대에서 모습을 감추었다. 그러나 그 시절에 반군주제 감정은 상대적으로 중요하지 않았고, 그마저도 여왕의 개인적 비극에 대한 동정 여론과 불가피하게 뒤섞였다.

　영국의 상대적인 정치적 평온은 명백히 한 명의 장수한 군주가 있었다는 요인보다는 좀 더 심오한 일련의 요인들에서 비롯되었다. 이미 앞에서 논의한 지배계급의 유연성이라는 요인을 제외하더라도, 가장 중요한 요인으로 아마도 급속히 팽창하는 특출한 재주와 생산성을 꼽을 수 있을 것이다. 이는 특히 물질적 부를 창출하는 데 비범한 관심을 쏟은 중간계급에 해당되는 말이다. 1832년의 선거법 개혁과 1846년의 곡물법 폐지로 1850~1860년대 영국의 새로운 산업적·상업적 부상을 위한 결정적인 토대가 마련되었다. 직물업 중심의 초창기 산업혁명의 토대가 이제 점점 더 중공업 분야로 확대되었다. 곡물법 폐지의 경제적 논리가 완연한 효과를 발휘했고, 이제 영국은 식료품과 원자재 수입에 더 의존하게 되었다. 이와 동시에 나라는 제조업 상품을 수출함으로써 큰 이윤을 창출했다. 영국의 이윤은 해운 서비스업과 해외 자본 투자를 통한 이자를 통해서도 축적되었다.

곡물법 폐지 이후 영국과 유럽 사이의 무역보다 영국과 나머지 세계 사이의 무역이 더 인상적인 규모로 팽창했다. 그러나 유럽 대륙과의 무역 또한 꾸준히 확대되었다. 1860년 프랑스와 영국이 체결한 슈발리에-캅덴 조약(Chewalier-Cobden Treaty)은, 자유무역 원칙의 또 다른 승리로서 널리 격찬을 받았다. 역사적으로 맞수인 두 민족이 그들 사이에 오랫동안 세워져 있던 관세장벽을 허무는 방향으로 나아갔다는 사실은, 자유무역이 경제적 생산성을 향상시킬 뿐 아니라 민족적 긴장을 해소해 줄 거라고 믿은 사람들의 낙관주의를 북돋웠다.

자유주의, 인구 성장, 민주주의

1850~1860년대의 인상적인 산업 생산성은 유럽 대부분의 지역에서 꾸준히 이루어진 인구 성장과 쌍을 이루었다. 급속한 인구 증가의 성격과 기원은 쉽게 요약하기 힘들다. 그러나 높은 출산율과 낮은 사망률, 대규모 인구 이동 등이 중요한 요인으로 작용했다. 1815년부터 1850년까지 영국은 감자 기근의 피해와 신대륙으로의 인구 유출에도 불구하고 유럽에서 가장 빠른 인구 성장률을 보인 나라 가운데 하나였다. 유럽의 19세기 전반부에 이루어진 바로 그 급속한 인구 성장이 1850~1860년대에도 약간 성장률이 떨어지기는 했어도 전체적으로는

그대로 유지되었다. 확실히, 유럽의 경험은 17세기 후반 이래 전 세계 곳곳에서 펼쳐진 더 광범위한 인구사의 일부였다. 그러나 세계 인구에서 유럽이 차지하는 몫은 1850년과 1939년 사이에 비약적으로 증가했다. (바로 이 맥락에서 '유럽'은 세계의 다른 지역들, 특히 아메리카로 이민을 떠난 유럽인들도 포함한다. 이 유럽인들 중에서 영어 사용자들은 더 빨리 증가했고, 다른 주요 언어 사용 집단보다 물질적으로 더 번창하게 되었다.)

인구 성장의 위험에 대한 맬서스의 음울한 예언은 이제 불필요한 경고처럼 들리거나, 최소한 빅토리아 시대의 점증하는 낙관주의와 어울리지 않는 것으로 보이기 시작했다. 오래전에 프랑스인들은 프랑스 인구가 충분히 빠르게 성장하지 않는다는 정반대의 고민에 빠져 있었는데, 그도 그럴 것이 프랑스는 인구수에서 독일과 영국에 추월당하고 있었다. 그럼에도 인구 성장이 식량 생산을 앞지르는 경향이 있다는 맬서스의 관찰은, 이 낙관주의 시대의 다종다양한 관찰자들, 특히 그 중 가장 중요한 인물로 손꼽힐 수 있는 찰스 다윈 같은 사람들에게 계속해서 큰 인상을 줄 것이었다.

1850년대에 팽창하는 영국 인구의 다수에게는 여전히 투표권이 부여되지 않았다. 프랑스는 1848년에 남성 보통선거권을 도입했고, 비스마르크는 신생 독일 민족국가의 헌법에 권리를 포함시켰으나, 영국에서 많은 고위 인사들은 여전히 민중 지배에 대한 두려움을 품고 있었다. 빅토리아 여왕은 능청스럽게도 자신이 '민주주의 군주정의 여왕'이 아니라는 사실을 알리게 했고, 여왕의 총애를 받은 디즈레일리는 민주주의가 영국에 도입됨으로써 '약탈과…… 학살'이 뒤따를 것이라고 비관적으로 예언했다.

그러나 민중 투표권은 비록 프랑스나 독일에서보다는 점진적이었지만 어쨌거나 영국에도 상륙했다. 아이러니하게도, 그런 방향으로 나아가는 다음 단계는 디즈레일리가 이끄는 보수당 내각 아래에서 진행되었다. 1860년대 후반으로 갈수록 그는 대중들, 적어도 대중들 중에서도 건전한 부류에 대한 생각을 고쳐먹게 되었다. 즉 그는 중간계급 자유주의자들에 대항하여 노동자계급과 상층계급의 보수적 동맹이 많은 결과를 약속하는 기막힌 발상일 수 있다는 결론을 내렸다. 그럼에도 1832년의 선거법 개혁으로 투표권을 부여받은 사람 수에 비교할 때 유권자 수를 곱절로 늘린 1867년의 선거법이 통과된 이후 치러진 선거들에서, 디즈레일리의 보수당은 글래드스턴의 자유당에 패배했다. 디즈레일리는 실망하여 볼품없이 사임했다.

디즈레일리의 토리 민주주의는 그럼에도 미래가 있었다. 디즈레일리 자신은 다시 1874년부터 1880년까지 총리로 봉직했다. 그리고 영국의 특권 상층 신분들은 자유주의 경제 원칙들뿐 아니라 (당시부터 영국과 미국에서 '민주주의'가 직접 민중 지배가 아닌 다른 의미를 암시했듯이) 민주주의-입헌주의적인 자유주의와 점진적으로 화해했다. 1884년에 또 다른 선거법 개혁으로 200만 명 이상의 유권자들이 추가되었는데, 이로써 반세기 전에 차티스트들이 요구한 것과 얼추 비슷한 수의 사람들이 정치적 권리를 갖게 된 셈이었다.

아일랜드 문제

1840년대 후반의 대기근 동안에 그렇게도 흉한 모습으로 돌연히 분출한 아일랜드 문제는, 그 시대의 낙관주의에 강력하게 도전하는 변수로 남았다. 아일랜드 문제는 다른 많은 문제들을 건드렸다. 예컨대 이 민족 통일과 안정화의 시대에 '영국'(British) 민족이란 **무엇이었는가?** 영국적 정체성은 전통적으로 말하는 네 가지 '인종들,' 즉 잉글랜드인과 스코틀랜드인, 웨일스인, 아일랜드인을 아우르며 특별히 분산되어 있었다. 이들 중 어느 인종이라도 다른 인종들에 대해 각별히 따뜻한 감정을 품고 있었다고 기술한다면 과장이 될지도 모르겠지만, 잉글랜드인과 아일랜드인의 관계는 오랫동안 특별히 보기 흉한 것으로 남아 있었다. 아일랜드인처럼 켈트계인 스코틀랜드인과 웨일스인도 잉글랜드 지배에 대해 저마다 나름의 원한과 불만을 품고 있었지만, 보통 그 성격에서 아일랜드인들이 품었던 감정만큼 신랄하지는 않았다. 이렇듯 영국 인종들의 혼합은 근대 영국적 정체성(혹은 민족의 '상상의 공동체')이 반드시 인종적 순수성을 추구하는 독일적인 '민족적'(völkisch) 열망을 결여하고 있으며, 통합적인 민족적 양식에 바탕을 두는 프랑스적인 이상과도 다르다는 사실을 의미했다. 그렇지만 그 오만함과 우월한 체하는 모양새라는 면에서 독일어 사용권에서 확인되는 것과 크게 다르지 않은 인종주의가, 세기가 지날수록 영국 지도자들 사이에서도 나타나기 시작했다. 아이러니하게도, 인종 위계의 관념을 가장 강력하게 지지한 사람들 중 한 명은 바로 벤저민 디즈레일리였는데, 그는 자칭 자랑스러운 유대 인종의 구성원으로서 역사적으로 영국의 인종 집단들 가운데 어디에도 속하지 않은 인물이었다(그의 조상은 유대인이었지만 기독교로 개종했다).

1850년대 잉글랜드와 아일랜드 사이의 적대감은 러시아인과 폴란드인의 적대감에 필적할 정도로 당시 유럽에서는 최악의 것들 중 하나였다. 그렇다면 어떻게 아일랜드인들을 '영국적인 것'(Britishness)과 화해시키고 그들의 숱한 불만을 누그러뜨릴 수 있을까? 글래드스턴은 1868년에 디즈레일리로부터 권력을 인수하면서 아일랜드를 '평온'하게 만드는 데 전력을 다하리라 다짐했다. 과연 스마일스를 떠올리게 하는 방식으로 "이 어두운 세계의 끔찍한 문제들을 효과적으로 처리하는 데……

국가는 별로 유용하지 않다"라고 주장한 글래드스턴이 그렇게 다짐했다는 것 자체가 모순까지는 아니겠지만 적어도 어색해 보이는 것은 어쩔 수 없다. 그러나 그는 국교회(Church of England)를 가톨릭 아일랜드에서 철수하는 등 몇 가지 측면에서는 진일보한 성과를 냈지만, 아일랜드 농촌 빈민들에게 토지를 주어 그들의 조건을 완화시켜 주겠다고 제안한 순간 그는 문제를 더 복잡하게 만들었다. 아일랜드에 소유지가 있던 잉글랜드 지주들은 자신들의 소작농이 독립적인 토지 소유 농민이 된다는 생각을 호락호락 받아들이지 않았다. 이 지주 세력은 글래드스턴이 이끄는 자유당의 강력한 변수가 되었다.

'아일랜드 자치'(Home Rule)는 독자적인 의회를 갖되 영국으로부터 완전히 독립한 것은 아닌 자율성을 뜻했는데, 하나의 가능한 장기적 해결책이었다. 아일랜드에서 상대적으로 더 전투적인 민족주의 당파인 아일랜드공화국형제단(Irish Republican Brotherhood)은 영국과 완전한 단절과, 잉글랜드 지주들에 대한 몰수를 포함하는 급진적인 토지개혁 강령에 기초하여 주권적인 아일랜드 민족국가의 창출을 부르짖었다. 1870년대 말과 1880년대 초 의회에서 격론이 오가는 가운데 사태가 다시 폭력적인 양상으로 치닫기에 이르렀다. 아일랜드 자치의 전망은 자유당을 분열시켜 공식적인 분당 사태가 발생할 지경이었다. 잉글랜드 공중의 다수는 영국 관리들에 대한 아일랜드 공화군의 테러 공격 소식에 분노했다. 타협을 끌어내려는 일련의 노력이 뒤따랐으나 실패하여 결국 글래드스턴 내각이 붕괴했다. 그는 나이 80대가 되어 권좌에 복귀한 1890년대 초에 그의 생애 마지막(제4차) 내각을 구성했을 때 다시 이 문제로 돌아왔다. 그러나 아일랜드라는 가마솥은 변함없이 부글부글 끓었고, 1914~1916년에 다시 폭발했다가 20세기 후반까지 주요한 문제로 남게 되었다.

다윈과 다윈주의

빅토리아 시대는 진보에 대한 숭고한 자신감으로 가득 차 있던 시대로 알려져 있는데, 이때 진보는 그 자체 과학적 발견으로 이루어진 구체적인 진보와 연관된 것이었다. 앞에서 언급된 물질적 풍요는 인류 역사에서 거의 찾아볼 수 없는 지적 창조성과 문화적 풍요를 수반했다. 일일이 헤아릴 수 없는 방식으로, 사회의 여러 계층에서 삶이 향상되고 있는 것으로 보였다. 계몽사상의 약속은 거의 성취된 듯 보였고, '과학'은 경의의 대상이 되었다. 과학자들은 그 옛날 성인들과 군사적 영웅들이 그러했던 것처럼 숭배되었다. 비록 성인들과 군사적 영웅들처럼 과학자들도 일부 주민들에게는 두려움과 비난의 대상으로 전락하기도 했지만 말이다.

18세기의 시인 알렉산더 포프는 이렇게 읊조렸다. "그리고 신이 말했다. '뉴턴을 있게 하라!' 그러자 빛이 있었다." 만일 19세기의 사상가들 중 그 위신과 영향력 면에서 뉴턴에 필적할 만한 인물이 있다면, 아마 찰스 다윈이 유력하지 않을까 한다. 그럼에도 다윈에게 "그리고 신이 말했다"라는 구절은 어울리지 않는데, 왜냐하면 그의 과학적 발견은 인류 기원에 대한 성서적 설명을 훼손하고 암묵적으로 초월적이고 자비로운 신성의 역할을 부정하는 것이었기 때문이다. 두말할 필요도 없이, 이는 그 시대의 수많은 기독교도들을 혼란과 분노에 빠뜨렸다.

적어도 17세기 중반 유대인 이단자 바뤼흐 스피노자의 시대 이래로, 신의 창조에 대한 성서적 설명은 계몽사상의 영향을 받은 관찰자들에게는 원시 신화로 치부되어 왔다. 다윈의 이론들은 (스마일스의 《자조론》과 존 스튜어트 밀의 《자유론》이 출간된 해와 같은 1859년에 출간된) 《종의 기원》(Origin of Species)에서 제시되듯이 생명의 기원과 종의 고정성에 대한 유대-기독교적 믿음에 대해 그 이전의 어떤 저작보다도 더 설득력 있게 도전했다. 그는 그 세기 중반에 지적 엘리트로부터 폭넓게 찬사를 받았는데, 이런 찬사는 궁극적으로 그에게 쏟아진 비난보다 더 중요한 것이었다. 카를 마르크스는 다윈의 책에 너무도 경탄한 나머지 자신의 책 《자본》을 다윈에게 헌정하겠다고 제안할 정도였다. 물론 다윈은 그런 영예를 정중하게 거절했지만 말이다.

다윈의 과학적 기여의 성격은 종종 오해받기도 했다. 정작 새롭고도 놀라운 것은 진화의 개념 자체가 아니었다. 이미 고대 그리스인들이 진화의 개념과 유사한 모종의 생각을 제안한 바가 있었다. 다윈 자신의 할아버지인 이래즈머스 다윈도 60여 년 전에 모든 종이 공통의 조상에서 진화했다고 고찰한 저작을 출간했다. 프랑스 과학자 장 밥티스트 라마르크도 종들이 환경에 적응하고 그런 다음 획득형질을 자손에 넘겨준다고 주장했다. 헤겔의 철학 역시 이성의 성취를 향한 역사 속의 변화, 또는 진화의 성격에 관한 것이었다. 누군가는 이렇게 말할른지도 모른다. 진화든 혁명이든 유익하고 진보적인 성격의 '변화'야말로 그렇게도 무수한 변화를 목격한 시대의 표어였다고 말이다. '진보'는 그것의 또 다른 표현이었을 뿐이다.

다윈의 동시대인 가운데 특히 그의 오랜 친구이자 초창기부터 지지자였던 찰스 라이엘은, 성서의 창세기가 포괄하는 것으로 생각되는 수천 년의 시간을 훨씬 뛰어넘는 시간 동안 켜켜이 쌓인 암석과 퇴적물로 이루어진 지층들 속에서 진보적 변화를 관찰했다. 요컨대 다윈은 그렇게도 많은 다른 유명한 사상가들과 마찬가지로 선조들의 어깨 위에 서고 지지하는 동료들에 둘러싸인 사람이라고 볼 수 있다. 그는 세상이, 적어도 세상의 영향력 있는 일부가 경청할 준비가 되어 있는 말을 들려주고 있었다. 이미 1855년에 또 다른 연구자인 앨프리드 R. 월리스가

그림 8 1871년 3월 22일자 잡지 《호네트》(Hornet)의 만평에 원숭이로 그려진 찰스 다윈. 만평의 지문은 이렇다. "존경할 만한 오랑우탄. 비자연사(Unnatural History)에 기여."
© Classic Image / Alamy.

다윈의 것과 매우 유사한 발견을 발표했다는 사실이 그 점을 재차 확증해 준다. 사실, 다윈 자신은 온건한 인물로서 책을 출간해야 할지 계속 망설이고 있었는데, 월리스의 발표 소식을 듣고서 출간 결심을 굳혔다고 한다.

다윈은 오랜 세월 동안 작업하여 이른바 '자연선택'이라는 세밀한 논변을 발표함으로써 월리스를 뛰어넘을 수 있었다. 여기서 '자연선택'이란 개체가 다른 개체들보다 더 성공적으로 투쟁하고 방어하며 성장하고 재생산하는 능력에 따라 무작위의 유전적 변이를 거쳐 '선택'되어 새로운 종의 출현으로 이어지는 방식을 뜻하는 것이었다. 이 과정은 영원하고 절망적인 '생존 투쟁'으로서 '적자생존'이나 '가장 혜택 받은 인종들,' 그리고 부적격자의 죽음과 소멸로 귀결되었다. 다윈 본인의 증언에 따르면, 이런 개념들은 어느 정도 맬서스의 저작을 읽으면서 발전시킨 것이었다. 과연 맬서스는 그렇게 많은 아이가 태어나는 가운데 그렇게 적은 식량이 생산되는 과정 사이에서 발견되는 불일치를 강조했던 것이다. 맬서스는 그런 불일치의 결과로 냉혹하게 고통(질병과 가뭄, 전쟁)이 찾아온다고 믿었다. 반면, 다윈은 또 다른 종류의 결과를 보았다. 즉 새로운, 좀 더 '적합한' 종들이 바로 그것이었다. 그리고 수백만 년의 시간에 걸쳐, 원시적인 유기체는 고도로 복잡한 유기체로 진화해 나간 것이다.

다윈은 암묵적으로 극히 논쟁적이고 광범위한 쟁점들을 두루 건드렸다. 다윈은 신의 역할에 대한 질문은 침묵으로 넘겼는데, 그런 과정에서 그는 반대자들의 눈에 도덕적 아나키와 인간적 무가치함으로 이루어진 무의미한 세계를 제시하는 사람으로 보였다. 적합함에 대한 다윈의 개념은 도덕적 가치와는 아무런 연관이 없었고, 다만 생존과 자손을 생산하는 유기체의 능력만이 문제일 뿐이었다. '가장 혜택 받은 인종들'이라는 다윈의 표현도 마찬가지로 반대자들의 눈에는 궁극적으로 인간의 평등과 기독교적 보편주의에 이의를 제기하는 것으로 보였다.

다윈의 반대자들이 가장 일반적으로 퍼부은 비난 가운데 하나는 그가 인간을 원숭이의 후손으로 믿는다는 것이었다(그림 8을 보라). 이 반대자들은 중간 단계를 뛰어넘어 결론으로 도약했다. 다윈은 '인종'을 변종의 의미로, 즉 종보다 한 단계 떨어지는 하위 범주로 사용하고 있었기 때문이다. 그러나 반대자들의 비난도 비논리적인 것은 아니었다. 더욱이 다윈주의자를 자처하는 다수와 관련된 한에서 인간의 평등에 대한 반대자들의 우려 섞인 결론은 충분히 근거가 있는 것이었다. 다윈 자신은 인류의 인종들이 인간 진화의 서로 다른 단계들을 대표한다고 명시적으로 주장한 적이 없었지만, 그런 주장은 빅토리아 시대의 정신 상태에서 전 세계에는 극단적으로 다양한 인류 문명들이 존재하고 일부 문명들은 다른 문명들보다 명백히 '우월'하는 생각이 쉬이 받아들여지고 있었음을 고려하면 필경 매력적이고 널리 채택될 수 있는 결론이었다. 논리적으로만 보면, 오래전부터 지리적으로 분리되어 있는 인종들 사이의 신체적 차이가 지적 차이를 낳을 수 있다는 것이 자명해 보였다. 일부 인종들이 다른 인종들보다 더 키가 크거나 피부색이 어둡듯이, 일부 인종들은 다른 인종들보다 태생적으로 더 지적일 수도 있는 것이다. 다윈은 현대 인류가 (원숭이와 같은) 유인원 조상의 후예라고 주장했다. 이보다 더 중요한 것은 이 오래된 유인원 조상이 신의 형상대로 창조되지 않았고 지성에서 현대 인간보다 틀림없이 열등했다는 점이다. 다윈의 이론에 근거를 두고 생각할 때, 전 세계 곳곳의 '원시 민족들'(primitive peoples), 특별히 아프리카 민족들이 유럽인들보다 그 유인원 조상에 더 가깝다고 결론짓는 것이 합리적이지 않았겠는가?

합리적이든 그렇지 않은 간에 바로 그런 결론이 당시 많은 관찰자들이 도달한 지점이었다. 많은 사람들은 이미 다윈의 책이 나오기 오래 전에 그와 유사한 결론에 도달했고, 그런 다음 그 주장을 기왕의 믿음을 과학적으로 뒷받침해 주는 것이라며 환영했다. 아마도 그런 사람들 중에 가장 영향력 있는 인물로서 '근대 인종주의의 아버지'라는 별칭을 얻은 사람이 바로 당대 프랑스 저자인 아르튀르 드 고비노였다. 그는 1835~1840년에 출간된《미국의 민주주의》의 저자로 유명한 알렉시 드 토크빌의 친구이기도 했다. 고비노의《인종 불평등론》(Essay on the Inequality of Human Races)은《종의 기원》이 나오기 몇 년 전인 1853~1855년에 몇 권으로 출간되었다. 그의 접근법은 다윈이 주도면밀하게 전개한 '자연과학'과 같은 것은 아니었고, 오히려 언어적 증거와 다양한 종류의 문헌 증거에 기초한 헤르더의 추론과 닮아 있었다. 고비노는 유럽의 백인종이 특히 창조성에서 황인종과 흑인종이라는 다른 두 기본 인종보다 우월하다고 주장했다. 나아가 그는 백인들 사이에서도 프랑스의 상층계급들이 독자적 인종을 이룬다고 주장했다. 그는 이 상층계급들을 지칭하기 위해 산스크리트어에서 '고상한'(noble)이라는 뜻을 가진 말에서 유래한 '아리안'(Aryan)이라는 용어를 도입했다(페르시아를 가리키는 현대어가 '이란'이듯이). 그는 프랑스의 하층계급들을 낮은 지성과 형편없는 감정 조절 능력, 폭력과 파괴적 폭동에 이끌리는 성향 때문에 아프리카인들과 닮았다고 묘사했다.

유럽 대륙의 인종주의자들에게 끼친 고비노의 영향력은 상당했다. 그러나 영국에서 '사회적 다윈주의자들'(social Darwinists)로 지칭된 사람들이 얼마만큼 실제로 고비노를 읽었는지는 불분명하다. 그의 책 영어 번역본은 50여 년 동안이나 나오지 않았다. 비록 다른 출판물들에서 그의 저작에 대한 토론이 이루어지며 그의 핵심 이념들이 널리 유포되기는 했지만 말이다. 어쨌거나 영국과 그 밖의 지역에서 사회적 다원주의자들은 하나의 통합된 이론이라기보다는 일반적인 지적 조류를 이루면서 다양한 집단으로 발전했다. 그들은 마르크스주의자들이 그러했듯이 하나의 조직된 운동이 되지는 못했고, 그들 모두가 고비노가 그러했던 것처럼 인종주의자인 것도 아니었다. 고비노는 인종 혼합이 타락으로 이어질 거라고 믿었는데, 이처럼 인종 혼합에 대한 거부감은 영국처럼 스스로 네 가지 유형의 인종으로 이루어지고 더 멀리는 앵글로색슨과 노르만의 혼합에서 유래했다고 인정하는 나라에서는 다소 어색하게 느껴졌다. 사실, 고비노는 자신의 모국에서 열정적으로 받아들여지지는 않았다. 그가 가장 큰 관심을 끌어 모은 곳은 다름 아닌 19세기 말 독일이었다.

사회적 다윈주의는 자연에 대한 다윈적 이념들을 동시대 사회에 적용함으로써 구성되었다. 바꿔 말해, 사회적 다윈주의자들은 자연에서처럼 사회에서도 유익한 경쟁과 냉혹한 선택이 있다고 믿었다. 즉 '최고'는 정상으로 오르고 '최악'은 바닥으로 가라앉는다는 얘기다. 다윈의 동시대인 가운데 사회적 다윈주의자들로 알려진 사람들 중 허버트 스펜서가 가장 많이 쓰고 가장 많이 읽힌 저자였다. 그는 시장이야말로 인간이 자신의 가치를 증명하는 최적의 장소라고 보았는데, 과연 우월한 자는 산업 지도자로 발돋움하고 열등한 자는 육체노동자로 전락한다는 것이었다. 다윈의《종의 기원》이 나오기 8년 전인 1851년에 출간된《사회 정학》(Social Statics)이라는 책에서 '적자생존'이라는 말을 처음 만들어 낸 사람도 바로 스펜서였다.

그렇다면 스펜서를 사회적 다윈주의자로 부르는 것보다 다윈을 생물학적 스펜서주의자로 부르는 게 연대기적으로는 더 정확할 듯싶다. 스펜서의 주장은 라마르크적이라고 표현하는 것이 훨씬 더 정확할 텐데, 왜냐하면 그는 유전의 역할이 아니라 오히려 개인적 적응과 문화적 진화를 강조했기 때문이다. 그러나 그런 특징들은 '다원주의'로 파악되기에 이른 어떤 경향이 얻게 된 명성과 악명, 거대한 단순화 때문에 희미해지고 말았다. 맬서스는 그 내용에서, 그러나 훨씬 더 그 어조에서 다원뿐 아니라 스펜서를 예기했다.

맬서스는 이렇게 썼다. "과부들과 고아들이 생사를 건 투쟁에 내던져진다는 것을 [받아들이기는] 어려워 보인다." 그러나 곧 이렇게 독자들을 위로한다. "보편적 인류의 이해관계와 연관 지어…… 고려해 볼 때, 그런 냉혹한 운명은 최상의 유익함으로 충만한 것처럼 보인다."

| 더 읽을거리 |

로버트 툼스의 《파리코뮌, 1871》(The Paris Commune, 1871, 1999)은 이 복잡하고 기묘한 현상에 대한 요령 있는 설명이다. 고든 라이트의 《현대 프랑스》도 파리코뮌이 진압당한 이후 등장한, 그 자신이 '군주제적 공화국'이라고 부른 것에 대해 명석한 설명을 담고 있다.

다윈과 다윈주의 혁명에 대해서는 조너선 위너의 《부리와 되새류: 우리 시대 진화 이야기》(The Beak and the Finch: The Story of Evolution in Our Time, 1994)를 보라. 또한 폭넓은 쟁점들을 다루고 있는 리처드 앨틱의 《빅토리아 시대의 사람들과 이념들》(Victorian People and Ideas, 1974)과 윌리엄 루빈스틴의 《영국의 세기: 정치사회사, 1815~1905》(Britain's Century: A Political and Social History, 1815-1905, 1998)를 참조하라.

3부

대불황에서 세계대전으로

1870년대~1914년

3부(9장~12장)는 1870년대 초부터 제1차 세계대전에 이르는 정확히 45년 동안을 다루는데, 다시 1890년대 초부터 1914년까지를 별도의 하위 시기로 구분해 볼 수 있다. 역사가들은 통상 몇 가지 이유로 1870년대 초를 이전 수십 년과 단절된 시기로 제시해 왔다. 가장 명백해 보이는 단절 지점은 단기적인 함의로나 장기적인 상징으로 보건대 1870년 가을에 프로이센이 프랑스에게 거둔 승리라고 할 수 있다. 나아가 1871년 봄 프랑스에서 뒤따라 발생한 내전은 프랑스가 경험한 파국적 패배를 가중시켰다. 다른 열강 모두 발흥하는 독일에 주목해야 했으나, 동시에 파리코뮌에서 발생한 바 있는 미래의 계급 갈등에 대한 끔찍한 전망을 직시해야 했다.

　그다음 2년 동안 독일에서 발생한 주식시장의 반등과 폭락은 승전국 독일이 프랑스에 부과한 전쟁 배상금이 현금으로 유입된 사정과 큰 관계가 있었다. 폭락은 나중에 가장 심각한 불황으로 간주될 현상으로 이어질 터였다. 1850~1860년대의 낙관주의는 자유방임 경제학이나 급속한 경제성장과 연계되어 있었는데, 바야흐로 큰 타격을 입어야 할 판이었다. 즉 1870~1880년대는 상대적 정체와 경제적 불확실성, 반자본주의·반부르주아 이데올로기에 대한 새로운 관심이 두드러진 시대였다.

　그럼에도 유럽 경제는 1890년대 초부터 회복되었고, 1914년까지 이어진 시기에 대부분의 지역에서 새롭게 경제성장이 이루어졌다. 비록 영국제국이 자유주의적 민족의 전형으로 계속 남아 있기는 했지만, 실제로 완제품이 아닌 상태의 자유주의 변종이 나타나고 있었다. 1871년 무렵 새로운 두 민족국가 이탈리아와 독일이 유럽 대륙에서 등장했는데, 저마다 제한적인 수준에서나마 자유주의의 이상들과 결부되어 있었다. 한편 제2제정에서 제3공화정으로 이행한 프랑스는 '새롭고' 느리지만 의미 있는 자유화로 나아갔다. 러시아와 오스트리아·헝가리조차도 논쟁의 여지는 있겠지만 새로이 자유화된 민족들이라고 간주될 수도 있다.

새로운 두 가지 반자유주의 이즘인 마르크스주의와 반유대주의가 장차 특별한 관심의 대상이 될 것이었다. 반유대주의는 적어도 조직된 정치 운동으로서는 후발 주자이자, 그 당시의 다른 주요 이즘들에 비해 처음엔 그리 인상적으로 보이지 않은 새로운 이즘이었다. 그렇기는 해도 그것은 다소 삐딱한 의미에서 현대의 가장 '성공적인' 이데올로기로 그럴 듯하게 지칭되어 왔다. 마르크스주의는 오늘날 실패한 이데올로기로 간주되지만, 1870~1880년대에 그 이론의 정교함에 많은 사람들이 강한 인상을 받은 것도 사실이다. 마르크스주의적이라고 간주된 독일 사회민주당의 급속한 성장으로 폭넓은 관심과 모방의 대상이 되었다. 반면, 같은 시기 반유대주의 정당들은 세기말 즈음에만 해도 실패한 것으로 널리 여겨지던 상태였다.

시온주의(Zionism)는 19세기 말에 처음 출현했을 때만 해도 별다른 관심이나 경탄을 불러일으키지 못한 또 다른 새로운 이즘일 뿐이었다. 시온주의자들은 그들끼리도 심각하게 분열되어 있었다. 오늘날의 학자들도 시온주의에 대해 일차적으로 반유대주의에 대한 반응으로 이해할지, 아니면 정반대로 도처에서 민족주의가 성장하던 시대에 유대 민족의 민족적 분투의 표현으로 이해할지를 두고 의견이 나뉘어 있다. 시온주의 운동의 지도자로 인정받은 테오도어 헤르츨도 젊어서 죽었고 (1906년), 적어도 겉으로 보기에는 실패했다. 심지어 1917년 11월에 영국인들이 유대 민족의 고국을 수립하는 데 찬성한다고 발표한 밸푸어 선언(Balfour Declaration)도 어느 정도 당시 세계 여론의 관심이 러시아에 쏠리면서 거의 주목받지 못했다. 시온주의는 오직 나치즘이 발흥한 이후에야 진가를 발휘했다.

19세기 말 유럽은 그때까지보다도 더 강력한 세계 권력이 되었지만, 동시에 비유럽 지역에서 발흥하는 열강, 특히 미국 및 일본과 충돌하기 시작했다. 미국은 손쉽게 왕년의 제국 열강이던 에스파냐를 격퇴하며 자신만의 제국을 건설하기 시작했다. 미국은 유럽의 동맹 체제에 들어가거나 유럽 협조 체제의 일부가 되지 않았다. 그러나 대통령 시어도어 루스벨트는 1904~1905년에 러시아와 일본 사이에 발발한 전쟁이 끝난 후 양국 간 평화 협상에서 중요한 역할을 담당했다. 일본은 유럽 열강은 아니면서도 유럽에 중대한 함의를 갖는, 영국과의 조약을 이끌어냈다.

이미 4장에서 소개한 여섯 가지 주요 문제(독일 문제, 유대인 문제, 아일랜드 문제, 사회문제, 여성 문제, 동방문제)는 1870년과 1914년 사이에 예전과는 상당히 다른 색깔을 띠게 되었다. 1871년 무렵에 해결되었다고 간주된 유일한 문제인 독일 문제도, 새로운 독일 제국의 지도자들이 '태양 아래 한 자리'를 요구하고 독일의 이웃 국가들이 '지나치게 강한' 독일이 가하는 위협에 맞서 자기들끼리 결속하기 시작함에 따라 오히려 예전보다 더 심각한 문제로 빠르게 바뀌어 나갔다. 아일랜드 자치도 제1차 세계대전 전야에 최종 합의에 도달함으로써 마침내 아일랜드 문제에 대한 해결책을 찾은 것처럼 보였으나, 이는 헛된 희망에 지나지 않았다. 동방문제 역시 발칸반도에서 다시금 불길한 징조를 띠게 되었다. 당시 오스만제국의 지배에서 벗어나고 있던 그곳의 남슬라브 민족들은 오스만인들을 대신하여 등장한 합스부르크인들과 맞닥뜨려야 했다. 제1차 세계대전의 직접적인 기원도 합스부르크가의 야심에 맞선 남슬라브인들의 저항에서 찾을 수 있다. 사회문제 역시 혁명적 노동자 운동들(대부분의 나라들을 휩쓴 노동자들의 폭력적인 파업의 물결과 1905년 러시아에서 발생한 혁명적 격변)이 성장해 감에 따라 폭력적인 방식으로 재등장했다. 마지막으로, 여성 문제는 긍정적인 의미에서든 부정적인 의미에서든 특히 1914년 직전의 시기에 영국과 미국에서 새로이 부각되었다.

9장

불황에 단련된 1870~1880년대

1850~1860년대의 낙관주의는 1870~1880년대의 비관주의적인 어조로 대체되었다. 바로 이 몇 십 년 동안에 발흥한 '이즘들'이라고 할 수 있는 마르크스주의와 사회적 다윈주의, 인종주의, 반유대주의는 그 이전 20여 년 동안에 그러했던 것보다 상대적으로 더 냉혹한 어조를 띠게 되었다.

아닌 게 아니라 1848년 이후의 현실주의와 유익한 갈등에 대한 끈질긴 믿음 또한 더 냉혹해졌다. 1881년 알렉산드르 2세의 암살은 러시아의 내부 긴장이 특히 첨예해지고 알렉산드르 3세 치하에서 우파의 억압이 강화되리라는 것을 예고했다.

마르크스주의의 확산과 논쟁들

1860년대에 카를 마르크스는 제1인터내셔널을 통해 좌파 활동가로 알려지게 되었으나, 일반 대중들에게는 거의 알려져 있지 않았다. 1870~1880년대에 들어서야 카를 마르크스와 마르크스 이론은 일반 공중의 관심을 어느 정도 끌기 시작했다. 주식시장의 폭락과 잇따른 불황은 마르크스의 예언을 확인시켜 주는 것처럼 보였고, 파리코뮌을 옹호하는 과정에서 그는 널리 악명을 떨치게 되었다. (그는 친구에게 보낸 서한에서 자신이 "런던에서 가장 많이 비난받고 가장 위협적인 사람"이 되었다고 썼다.) 신생 독일 제국은 1871년에서 1873년 사이에, 그러니까 그 초창기(Gründerjahre)에 경제 호황과 파산의 양 극단을 모두 경험했다. 프랑스에 부과된 전쟁 배상금이 독일 시장에 급속히 쇄도함에 따라 주식시장은 반등한 다음 폭락했고, 수많은 주식시장 스캔들이 잇따르면서 여러 지역에서 자본주의의 이름을 훼손시켰을 뿐 아니라 경제적 불법 행위 혐의로 유대인들이 비난받으면서 현대 자본주의에서 유대인이 차지하는 역할에 대해 새로운 관심이 집중되게 되었다.

마르크스와 엥겔스는 파리코뮌을 옹호했음에도 불구하고 프랑스에게 프로이센이 승리함에 따라 마르크스 이론을 포함하여 독일적인 것들의 중요성이 부각되는 시기가 열렸다는 점에서 프로이센의 승리를 환영했다. 그러나 그들은 의기소침한 시절을 견뎌야만 했다. 마르크스는 그 무렵 50대 중반으로서 인생 말년을 보내고 있었다(1883년 사망). 그보다 두 살 어린 엥겔스는 1895년까지 살면서 마르크스의 사망 이후 《자본》의 후속 두 권의 출판을 관장했다. 독일에서 사회민주당, 또는 줄여서 사민당(SPD, Sozialdemokratische Partei Deutschlands)은 급속하게 성장 가도를 달렸는데, 이에 비스마르크가 경고음을 발하며 이 새로운 정당이 공공연하게 활동하는 것을 불가능하게 하고 그래서 지도자들 다수가 망명길에 오를 수밖에 없게 한 입법 조치를 취하면서 주춤했다. 그러나 비스마르크의 '사회주의자 탄압법'(Anti-Socialist Laws)이 효력을 발휘하던 12년 동안(1878~1890)에도 SPD에 대한 민중적 지지는 꾸준히 확대되었다. 이 정당은 1890년 이후 합법적 지위를 회복하여 독일에서 가장 크고 가장 잘 조직된 정당으로 가장 빠르게 성장하게 된다.

SPD는 또한 전 세계에서 가장 큰 사회주의 정당으로서, 다른 나라의 사회주의자들에게 모델이 되었다. 1889년에 사회주의인터내셔널(제2인터내셔널)로 알려진 새로운 인터내셔널이 수립되었고, SPD는 인터내셔널에서 두각을 나타내는 정당으로 부상했다. 비록 인터내셔널이 단호하게 반마르크주의 성격의 반자본주의적 아나키스트들을 포함하여 명목상으로라도 마르크스주의적이지 않은 다수의 사회주의자들을 끌어들였음에도 불구하고 말이다.

SPD는 독일에서 다양한 사회주의 분파들의 통일을 대표했고, 그런 점에서 마르크스주의 성향을 띤 것으로 보였더라도 실상은 꼭 그렇지도 않았다. 1870~1880년대 다른 나라들에서 마르크스주의는 광범위한 사회주의 경향들과 경합하고 있었다. 그리하여 마르크스의 명성이 필경 성장세를 타는 동안에도 마르크스주의의 성장세는 1859년 이후 다윈의 경우처럼 그리 인상적이지는 못했다. 마르크스의 이념이 확산되는 과정은 '마르크스가 실제로 뜻한 바는 무엇인가?'(마르크스의 이념들에 대한 합의가 희박해질수록 부각된, 그의 이론에 대한 '올바른' 이해)라는 골치 아픈 문제를 수반했다. 그런 쟁점은 다양한 사회주의자들의 회합에서는 말할 것도 없고 마르크스주의자들과 그 적들 모두가 펴낸 수천 종의 출판물들에서 되풀이하여 제기되곤 했다. 특히 1917년 말 러시아에서 마르크스주의자를 자처한 혁명가들이 정권을 인수한 후에 그런 경향이 더 심해졌다. 마르크스가 실제로 뜻한바, 즉 마르크스의 진의를 둘러싼 논쟁은 오늘날에도 여전히 현재진행형이다.

마르크스 자신도 다른 사람들이 자신을 이해하는 데 곤란을 겪고 있음을 알고 있었다. 1875년에 그는 (SPD의 창당 강령에 대해) 비공식적이기는 했지만 어쨌거나 혹독한 논평인 〈고타강령 비판〉을 썼고, 1883년 사망하기 직전에는 엥겔스에게 이렇게 편지를 썼다. "이것 하나만은 확실하다. **나는** 마르크스주의자가 아니다!" 마르크스가 이런 구절을 썼을 때 마르크스를 당혹스럽게 만든 것은 다윈이 자신의 과학 이론이 세간에 속류적으로 소개되고 난잡하게 오용되는 걸 보았을 때 느꼈던 혼란과 비슷했다. 그런데 마르크스의 경우는 종종 난해한 글쓰기의 결과로 문제가 훨씬 더 심각했다. 게다가 그의 이론적 발전의 단계마다 악명 높게도 논점들이 모호하게 제시된 것은 물론이요, 시간이 지나면서 그의 이론적 강조점들이 이동한 것도 문제를 악화시킨 요인 가운데 하나였다. 그럼에도 '마르크스가 실제로 뜻한 바는 무엇인가'보다는 '마르크스는 어떻게 이해되었는가' 또는 그는 어떻게 오해되고 재해석되며 명시적으로 수정되었는가의 문제가 역사적으로 더 중요한 질문일 것이다. 이 모든 사실에도 불구하고 이론 자체와 연관된 문제가 무엇이든지 간에 마르크스주의가 종종 경탄할 만한 정도로 광범위하고 점증하는 관심을 끌어당겼다는 사실은 자명하다.

SPD의 고타강령에 대해 마르크스가 가장 심각하게 공격한 대목은, 그가 고타강령 특유의 타협적인 언어라고 간주한 부분이었다. 그는 좀 더 솔직 담백하게 혁명적인 자세를 갖추기를 원했다. 이와 연관된 똑같이 곤혹스러운 문제는 또 있었다. 바로 1864년 39세의 나이에 결투로 죽은 카리스마적인 독일 사회주의자 페르디난트 라살레가 남긴 사상

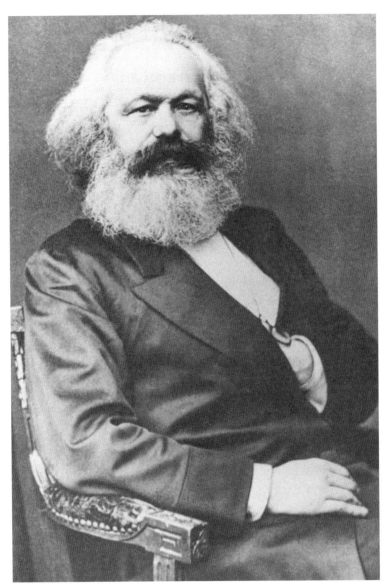

그림 9 말년의 카를 마르크스
아이콘이 된 사진. akg-images.

의 흔적들이 바로 그것이었다. 마르크스는 독일 노동자 대중들 사이에서 라살레가 얻은 인기를 부러워했고, 라살레의 이념들 가운데 다수가 자신의 저작들에서 차용된 것임을 라살레가 언급하지 않은 데 분개했다. 게다가 프로이센 국가에 대한 라살레의 태도도 마르크스가 위험하다고 간주한 방향으로 경도되어 있었다. 마르크스주의 이론은 자본주의 아래의 국가가 부르주아지의 도구이기 때문에 프롤레타리아독재에 의해 '박살 나야'(smashed) 한다고 명기했다. 반면, 헤겔의 사상에 기울어져 있던 라살레는 프로이센 국가를 사회 위에 군림하는 것으로, 그래서 적어도 잠재적으로는 계급적 충성심을 초월하고 그럼으로써 사회 내부의 갈등을 해결할 윤리적 사명을 완수할 수 있는 것으로 생각하는 경향이 있었다. 이에 덧붙여, 마르크스와 엥겔스는 모두 새로운 정당(SPD)에서 일부 지도자들이 자본주의가 점진적으로 개혁될 수 없다는 마르크스의 주장을 공공연히 거부하는 것에 대해서도 잘 알고 있었다. 이 지도자들은 적어도 1878년 사회주의자 탄압법이 통과되기 전까지는 희망에 찬 긍정적인 태도로 새로운 독일 국가의 의회 정치에 참여했다.

국가의 박해로 말미암아 독일 사회민주주의자들은 마르크스가 말한 방향으로 움직이면서 평화적인 개혁에 대한 희망으로부터 멀어지는 경향이 있었다. 그 무렵 사람들 대부분이 '마르크스주의'에 대해 이해한 것은, 계급 갈등이 '부르주아적' 의회 활동이 아니라 오직 폭력 혁명을 통해서만 해결될 수 있다는 주장이었다. 그럼에도 많은 아나키스트들 또한 혁명적이고 대단히 반부르주아적이었다. 8장에서 언급했듯이, 1860년대 제1인터내셔널에서 마르크스의 주요 반대자는 '근대 아나키즘의 아버지'로 알려진 러시아 아나키스트 미하일 바쿠닌이었다. 바쿠닌은 프루동에 많은 빚을 지고 있었으나, 바쿠닌 버전의 아나키즘은 좀 더 집산주의적이고 좀 더 유럽 산업화의 현실을 받아들인다는 점에서 그 프랑스 사상가의 '상호주의'(mutualism)와는 달랐다. 마르크스도 바쿠닌과 달랐는데, 테러주의적 폭력을 반생산적이라는 이유로 거절했다는 점에서 그러했다. 더욱이 마르크스는 혁명적 폭력을 오직 자본주의가 최종 단계에 도달했을 때에만 정당화하면서 자본주의에서 사회주의로의 불가피한 자기 변형에 대한 '과학적' 논증을 혁명적 비타협성과 합체시켰다. 그리하여 마르크스주의는 그 추종자들이 비합리적인 폭력적 분출을 점점 더 경원시하고 '객관적 조건들'을 점점 더 존중하게 되면서 확실히 이론적으로 견고하다는 인상을 줄 수 있었다.

1848년의 《공산주의자 선언》은 대개 19세기 초의 사회주의자들을 안이하고 '유토피아적인' 부류로 비판하는 데 할애되었다. 즉 마르크스와 엥겔스는 인간의 자비에 대한 공허한 환상을 뛰어넘어 현실적인 경제적 힘들에 집중한다는 점에서 자신들이 현실주의자라고 주장했다. 그들은 이와 유사하게 스마일스와 스펜서 같은 이들이 주장했듯이 자유무역 경제가 완전하지도 않고 영원히 이상적인 것도 아니라 인류사에서 단순히 거쳐 가는 한 단계일 뿐이라고 믿었다. 마르크스는 자기만족적인 부르주아 신사들을 자신이 충분히 폭로했다고 믿었다. 그는 물론 '변화'의 이론가였지만, 변화의 관념을 좀 더 철학적으로 정교한 방식으로 다루었다. 마르크스는 가장 심오한 변화의 철학자인 헤겔 사상을 취하여, 역사적 변화 너머의 궁극적 현실이 이념들, 즉 '정신'(Geist)이 아니라 물질적 힘들이라고 논증함으로써 '헤겔을 거꾸로 세웠다.'

그동안 마르크스주의는 세 가지 지적 전통의 종합을 대표한다고 간주되어 왔다. 독일 철학, 프랑스 사회주의, 영국 정치경제학이 바로 그것이다. 그런 논평은 그럴 듯하면서도 역시나 단순하다고 생각된다. 바로 그 전통들이 서로 중첩되면서 이미 다양한 방식으로 서로에게 영향을 끼쳤다는 점에서 그러하다. 그렇기는 해도 세 가지 전통의 종합이라는 발상은 마르크스가 다윈 못지않게 광범위한 기성 이론들의 바탕 위에서 작업했다는 사실을 적절하게 부각해 준다. 다시 다윈의 이론이 수용된 과정과 견주어 생각해 볼 때, 사람들이 얼마나 자신들이 친숙한 지적 배경이나 심리적 의제들을 드러내는 방식으로 새로운 이념들을 이해하는 (그리고 오해하는) 경향이 있는지에 주목할 가치가 있다. 프랑스와 영국의 마르크스주의자들은 생경하기 짝이 없는 독일식 철학 개념들의 돌부리에 걸려 넘어졌다. 그들은 프랑스와 영국을 찬미하는 이들이 이해하기 쉬운 방식으로 마르크스를 해석하는 경향이 있었는데, 그래서 마르크스와 다른 독일인들은 오만한 태도로 그들이 마르크스를 이해하지 못했다고 일축하게 되었다.

마르크스주의 진영과 아나키즘 진영 사이에 존재하는 명백한 차이는 정당 조직을 바라보는 관점에서 가장 잘 드러난다. 마르크스주의자들은 끈기 있게 힘을 축적할 뿐 아니라 자본주의가 제 할 일을 하게 놔두면서 나라마다 프롤레타리아트의 규율 있는 정당을 건설하는 일이 중요하다고 강조했다. 반면, 아나키스트들은 특히 정당이 일차적으로 의회 활동과 경력 지상주의와 연관되어 있는 한에서 정당을 불신하는 경향이 있었다. 더욱이 아나키스트들은 혁명의 순간은 물질적 조건들과 강하게 접속되어 있지 않고 그래서 예측할 수 없다고 믿었다. 즉 혁명은 객관적이고 구조적인 힘이 아니라 인간 의지의 표현이라는 것이다. 비록 일부 아나키스트들은 점잖고 시적인 영혼을 지니고 있었지만, 다른 많은 이들은 그들 자신들이 '행위를 통한 선전'(지배계급에 대한 암살을 비롯한 테러 활동들)이라고 언급한 폭력에 매료되었는데, 폭력은 그들이 믿기에 대중들을 무관심과 비관주의로부터 분기하게 만드는 유력한 수단이었던 것이다.

사회적 다윈주의와 진화론

다시금 마르크스에게는 불안하게도, 마르크스의 일부 추종자들은 그의 이론을 사회적 다윈주의의 방식으로 이해했는데, 아닌 게 아니라 특정한 형태의 사회적 다윈주의는 사회주의적 요소들을 내포하고 있기도 했다. 허버트 스펜서의 저작들에서조차 공정한 경쟁의 장을 만들기 위해서는 누진적 상속세가 도입되어야 하며 자유로운 법적 원조가 빈민들에게 제공되어야 한다는 제안을 찾아볼 수 있다. 하층계급에게 공정하게 경쟁할 기회를 주어야 한다는 식의 관심은 자유주의자 존 스튜어트 밀의 저작들, 특히 만년의 저작들에서도 찾아볼 수 있다. 어떻게 하면 공정한 경쟁을 확보할 것인가를 둘러싼 이와 같은 다양한 사유들과 관련하여, 자연히 다음과 같은 하나의 문제가 제기되었다. 국가의 수중에 위험천만하게도 거대한 권력을 쥐어 주지 않고 상속세나 소득세가 도입될 수 있을 것인가? 이 문제에 대한 명쾌하거나 설득력 있는 답변은 거의 나오지 않았으나, 문제는 오랫동안 남아 있을 터였다.

월터 배젓 같은 일부 사회적 다윈주의자들은 인간이 부족들로 나뉘어 있던 초창기 인류사에서뿐만 아니라 인간이 민족들로 구성된 근대시대에서도 생존 투쟁에서 개인들보다는 인간 집단들의 역할을 강조했다. 그리하여 효과적으로 조직된 민중은 생존과 성공에 필수적인 전제였다. 배젓은 프랑스에게 독일 군대가 승리한 다음인 1872년에 자신의 가장 기념비적이고 영향력 있는 저작들 중 하나인 《물리학과 정치학》(Physics and Politics)을 출간했다. 여기서 그는 조직과 효율성에서 독일이 우월성을 과시하는 시대가 도래했다는 점에 대해 많이 언급했다.

일부 사회주의적 좌파도 스펜서나 스마일스 같은 이들이 강조한 개인주의적 요소들을 반박하기 위해 개인에 대한 집단의 우위를 강조하면서 배젓과 같은 방식의 추론을 이용했다. 이와 관련하여 19세기 후반에 가장 유명한 인물 가운데 한 사람이 바로 러시아의 아나키즘(또는 아나키즘적 공산주의) 이론가 표트르 크로폿킨 공이었다. 확실히 온화한 영혼의 소유자였던 그 역시 당대의 표준이라는 견지에서 볼 때 자연 세계에 대한 충분히 사려 깊은 관찰자이기도 했다. 그는 세계에서 진화의 현실을 완전히 받아들였으나, 종 내부의 협동이 그 종의 개체들 사이의 투쟁보다 생존에 더 중요하다고 주장했다. 그는 인간들 사이의 협동이 개인들 사이의 투쟁이나 인종 및 민족들 사이의 전쟁보다 훨씬 더 효과적으로 '호모사피엔스'의 인간적 진보를 보장해 줄 거라고 결론지었다.

크로폿킨은 거의 성자 수준으로 숭앙되었다. 아버지는 1,200명의 '영혼들'(농노들)을 소유했지만, 그 아들은 물질적으로 단출하고 자기 성찰적인 삶을 선택했다. 크로폿킨의 아나키즘 이론은 차르 경찰의 추적을 받고 시베리아 유형을 언도받는 것으로 귀결되었는데, 거기서 그는 시베리아의 야생 생활에 적응하며 느긋한 시간을 보냈다. 그는 아나키즘적 공산주의를 주장하는 가운데 이렇게 썼다. "밀을 키우는 사람들의 입으로부터 [음식을 훔쳐] 좀 더 고상한 감정의 세계에 살아갈…… 권리가 내게 있는가?" 빈궁한 러시아 대중들에 대한 이런 관심은 대부분 귀족 출신의 소수 지식인들에게 나타난 특징적인 모습이었다. 그런가 하면 크로폿킨은 초기 사회주의자들의 기본 개념들 중 하나, 즉 인간이 자연의 고독한 사냥꾼과 같다기보다는 오히려 사회적 동물과 닮은꼴이라는 개념으로 회귀하고 있었다. 그는 인간을 두드러지게 사회적으로 만들어 주는 것은 인간의 기본적인 동물적 본능뿐 아니라 지식을 세대에서 세대로 전수해 주는 독특한 능력이라는 점을 덧붙였다. 즉 '자수성가한' 사업가란 터무니없는 핑계에 불과할 뿐으로, 자본가들은 사회적 제도와 특권적 관계로 이루어진 복잡한 그물망에 크게 의지한다는 것이다. 크로폿킨이 나름의 아나키즘에 대해 '공산주의'라는 용어를 사용한 것도, 그가 "필요에 따라 분배하고, 능력에 따라 일하는 것"이라는 슬로건에 영감을 받은, 가장 만족스러운 인간 조건을 염두에 두고 있었음을 보여 주었다. 그는 자본주의가 약속하기도 했고, 또 마르크스도 자본주의가 제 할 일을 한 다음 가능해지리라고 믿은 생산적인 물질적 풍요보다는 영적이고 물질적으로 단순한 삶을 강조했다.

19세기 말에 '공산주의'라는 용어는 사용되지 않았고, 더 이상 마르크스주의자들과의 연계성도 희박해졌다. 그들은 이제 그 용어 대신 '사회민주주의자'라는 용어를 선호했다. 마르크스가 1848년의 《공산주의자 선언》에서 사용한 바 있는 그 용어가 러시아 마르크스주의자들의 혁명적 분파에 의해 다시 한 번 채택된 것은 바로 제1차 세계대전 말기에 발발한 볼셰비키혁명 이후였다. 그럼에도 궁극적인 공산주의 사회에 대한 마르크스와 크로폿킨의 개념에는 흥미로운 유사점도 있었다. 즉 둘 다 인간의 행복을 심리적 해방(파괴적 이기주의로부터 자유로운)과 예술적 창조, '좀 더 고상한 감정'의 발전으로 생각했던 것이다. 적절한 물질적 풍요(대중적 빈곤의 종식)는 물론 보장되어야 했지만, 그들이 구상한 용감한 신세계의 결정적인 요소는 아니었다.

크로폿킨이 하나의 전형이랄 수 있는 러시아 지식인 또는 '인텔리겐치아'(intelligentsia)는 러시아의 특수한 현상이라고 볼 수 있다. 이는 몇 가지 측면에서는 서구 지식인들과 유사하고 서구 사상에 영향을 받았으되, 다른 측면에서는 구분되는 존재였다. 본디 러시아 말인 '인텔리겐치아'는 범인(凡人)을 한참 뛰어넘는 지식인 엘리트라는 뜻으로 나중에 서구에서도 차용되었다. 19세기에 러시아 문화가 활짝 피어나면서 그 용어도 유명세를 타게 되었는데, 이는 대체로 전례 없는 발전 양상을 반영한 것이었다. 즉 러시아 지식인들과 예술가들은 널리 찬미의 대상이 되었고, 서구 지식인들의 삶에도 꾸준히 자극을 주었다. 크로폿킨의 명성은 문학에서 이반 투르게네프와 표도르 도스토옙스키, 레프 톨스토이, 안톤 체호프는 물론이요, 음악에서 알렉산드르 보로딘, 표트르 차이콥스키, 니콜라이 림스키코르사코프 같은 이들에 비하면 소박한 것이었다. 이들 모두는 러시아식 삶과 문화에 깊이 뿌리를 내린 채 서유럽은 말할 것도 없고 지구 반대편에 사는 비러시아인들의 정신과 가슴을 강렬하게 두드렸다. 톨스토이의 《전쟁과 평화》(War and Peace)는 1860년대 말에 시리즈 형태로 러시아에서 처음 출간되었는데, 그 후 수십 년 동안 주요 유럽 언어로 번역되어 19~20세기에 가장 널리 읽혀 유명해진 소설 중 하나가 되었다.

이와 같은 지적·문화적 측면에서 러시아가 유럽의 일부라는 주장은 세기가 전개되어 감에 따라 한층 더 확고해졌다. 그럼으로써 러시아인들은 반동적인 니콜라이 1세가 군림했던 19세기 초에 프랑스인들이 말하는 방식대로 '비평가의 악평'(succès de scandale)을 받았던 것과는 대조적으로 '비평가의 찬사'(succès d'estime)를 누릴 수 있었다.

러시아의 혁명운동

도스토옙스키와 친슬라브주의자들이 러시아 민중(나로드)을 가리켜 서구 민중들보다 더 관대하고 파괴적 개인주의를 멀리하는 존재로 칭송했다는 사실은 이미 앞에서 살펴본 대로다. 그런 칭송은 곧 '나로드니크'(narodnik)로 알려지게 된 러시아의 광범위한 운동의 믿음과 공통점이 있다. 그 운동의 기원은 1848년 이전으로 거슬러 올라가지만, 크림전쟁에서 굴욕을 당하고 알렉산드르 2세의 개혁에 대한 실망이 확산되면서 크게 부각되기에 이르렀다. '나로드니키'(narodniki)는 틀림없이 토착 운동으로서 단순히 러시아에서 나타난 하나의 아나키즘-사회주의 이데올로기를 지칭하는 것이다. 그럼에도 '나로드니크'와 그에 해당하는 서구의 운동 사이에는 일부 의미 있는 차이들이 존재했다.

　서구 사회주의 이데올로기는 프랑스와 영국의 정치적·경제적 혁명들의 맥락에서 자유주의적 개인주의와 자본주의에 대한 대응으로서 출현했다. 반면, 러시아에서는 자유주의적 개인주의의 뿌리가 깊지 않았다. 이 나라는 1789년이나 1848년도 경험하지 못했고, 세기 중엽 러시아 제국을 관통한 근대 산업주의도 갖지 못했다. 러시아에서 인텔리겐치아의 구성원들은 서구식 발전에 대해 잘 알고 계몽사상의 이상에 감화를 받은 상태였다. 하지만 그들을 가장 크게 짓누른 관심은 러시아 특유의 토착적인 문제들이었는데, 특히 그들이 러시아의 후진성과 취약성이라고 본 농노제와 차르 전제주의, 민중적 대표성의 부재, 농촌 빈곤, 문맹 같은 문제들이 부각되었다.

　'나로드니크'는 넓은 범위를 아우르는 일반적 용어다. 그것은 궁극적으로 서로 적대적이기도 한 다양한 분파들로 가지를 쳤는데, 도스토옙스키의 다소 손위의 동시대인인 알렉산드르 게르첸은 그 운동의 관심사를 가장 영향력 있게 선전한 작가로 널리 인정받고 있다. 독일어처럼 보이는 그의 이름도 의미심장해 보인다. 그는 독일 여성과 부유한 러시아 지주 남성 사이에 사생아로 태어났는데, 생애 대부분을 해외 망명지에서 보냈다. 그럼에도 그는 러시아의 일반 민중에 대해 기념비적인 찬사를 아끼지 않은 것으로 유명해졌다. 그는 젊은 시절인 1840년대에 서구적인 것이라면 어떤 것이든지 심취했으나 1848년 혁명들의 실패를 보며 두려움을 느꼈고, 곧이어 1850년대와 1860년대 서구 부르주아지의 교만과 위선을 보면서 점점 더 역겨움을 느끼게 되었다. 그는 처음에는 알렉산드르 2세의 개혁을 환영했지만 곧 실망하게 되었다.

게르첸의 가장 열렬한 희망이자 뒤따른 모든 나로드니크의 희망은, 러시아가 근대화로 가는 서유럽의 자본주의적 경로에서 노정될 온갖 고통과 함정을 피하고, 그 대신 좀 더 협동적이고 인간적인 경로를 따라야 한다는 것이었다. 그런 희망을 실현할 수 있을지의 여부는 필경 러시아의 토착 제도들, 특히 앞에서도 언급된 바 있는 집단적인 농업 제도인 '미르'는 물론 촌락에서 촌락으로 이동하는 노동자가 소유하고 관리하는 작업장으로서 '아르텔'(artel)을 얼마나 잘 이용하느냐에 달려 있었다. 게르첸은 일반 민중에 내재한 위대한 미덕들을 알아보았다. "민중에게로 가자!"(그들로부터 배우고, 그들의 관대한 영혼에 기초하여 빛나는 새로운 세상을 건설하자)라는 그의 권고는 나로드니크 운동에서 중심적인 구호가 되었다.

'미르'는 알렉산드르 2세가 러시아의 농노들을 해방할 때 기초를 둔 제도였으나, (지주들에게 관대하고 예전 농노들에게는 부담스러운) 해방령의 조항들을 보고 나로드니크들은 크게 실망했다. 그들은 또한 차르와 그의 전제적 지배에 의존하는 계급들은 좀 더 확장된 필수불가결한 개혁들에 결코 동의하지 않을 것이라고 단정했다. 그리하여 나로드니크 내부에서 앞서 언급된 '행위를 통한 선전'이라는 아나키즘적인 발상이 나타나기에 이르렀다. 이는 다른 형태의 선전이 허용되지 않는 나라에서는 당연한 현상이었을지도 모른다. 그러나 나로드니크들은 극적인 테러 행위 이후에 민중이 봉기할 수 있을 거라고 얼마만큼 기대해도 좋으냐는 문제를 둘러싸고 날카롭게 의견이 갈렸다. 과거 폭력적 봉기들로 유명한 러시아 농촌 주민들의 자연스러운 반란의 본능에 의지할 수 있을 것인가? 민중 사이에서 선동을 계속하는 것이 준비 단계로서 필수적인

가? 또 고등교육을 받은 지식인들의 리더십은 어느 정도까지 필요한 것인가?

하나의 분수령을 이루는 발전이 있었다. 1874년 여름에 일어난 유명한 '민중에게로 가자'(khozhdenie k narody)라는 사건이 그것이었다. 게르첸의 슬로건을 외치면서 주로 대학생들로 이루어진 일단의 젊은 활동가들이 농민들과 한데 뒤섞이기 위해 농촌으로 흩어져 들어갔다. 그럼에도 그들은 농민들의 몰이해와 불신에 직면했는데, 때로는 농민 지도자들이 그들을 당국에 고발하기도 했다. 그 후 좀 더 중요하게 부각된 것은 스스로 행동할 감각이나 '의식'이 없는 사람들을 대신하여 행동할 필요성에 바탕을 둔 엘리트주의 혁명 노선이었다.

러시아 혁명운동 내부에서 그런 엘리트주의 경향은 결국 무시무시한 평판을 얻게 되었다. 그것은 서구에서 바뵈프와 블랑키의 공산주의 전통에서 비근한 선례를 갖고 있었지만, 러시아에서는 '혁명'과 '민중'이 종교적 광신과 닮은꼴 개념들로 변형되는 가운데 엘리트주의적인 혁명적 신비의 '귀류법'(reductio ad absurdum)*이라고 할 수 있는 어떤 것이 발전했다. 나로드니크 혁명가들 중에서 가장 악명 높은 인물이라 할수 있는 세르게이 네차예프는 바쿠닌과의 협력 작업을 통해 1869년에 《혁명가의 교리문답》(Catechism of a Revolutionary)을 출간했다. 여기서 혁명가는 기성의 모든 국가와 사회에 대한 '무자비한 파괴'에 헌신해야 한다고 명기하고 있다. 혁명가는 사생활이 있을 수도 없었다. "그의 전 존재는 단 하나의 목표, 단 하나의 사상, 단 하나의 열정, 즉 혁명에 바쳐야 한다." 더욱이 혁명가는 "폭력적인 범죄자, 유일하게 진실한 혁명가의 야만적 세상과 동맹을 맺어야 한다."

---

* 명제 A가 참임을 직접 증명하는 대신에 A를 부정함으로써 나타나는 모순을 드러내는 방식으로 명제 A가 참임을 증명하는 방법을 말한다.

그런 사람들은 도스토옙스키의 저작에서 소설적으로 재현되었는데, 그중에 가장 유명한 것이 1866년에 출간된 《죄와 벌》(Crime and Punishment)과 1872년에 출간된 《악령》(The Possessed)이다. 또한 1862년에 출간된 이반 투르게네프의 《아버지와 아들》(Fathers and Sons)에서도 잘 재현되었다. 20세기에 들어서도, 미국의 '블랙 팬서'(Black Panthers)와 중동의 자살 폭탄 테러리스트들 같은 다양한 조직들에서 여전히 '교리문답'을 칭송하고 그로부터 영감을 끌어오는 사람들이 있었다. 네차예프는 특히 전통적인 도덕성을 크게 침해하더라도 혁명을 앞당기는 조치라면 무엇이든지 덮어 놓고 정당하다고 주장함으로써 악명이 높아졌다. 즉 혁명을 지체시키는 것은 무엇이든지 부당하다는 말이다. 요컨대 이는 목적이 수단을 정당화한다는 관념을 몹시도 난폭하게 해석한 것이 아닐 수 없다. 네차예프가 보수적인 차르 관리들뿐만 아니라 개혁적 자유주의자들(심지어 그의 눈에 올바른 혁명적 노선에 위협이 된 다른 혁명가들까지)을 기꺼이 살해하려고 한 것은 광범위한 혐오감을 불러일으켰다.

'민중의 의지'(Narodnaya Volya)를 자칭한 한 조직이 차르 알렉산드르 2세를 살해하는 데 성공했지만, 그의 아들 알렉산드르 3세는 국가가 허물어진다거나 민중이 혁명으로 봉기한다는 환상에 오히려 종지부를 찍었다. 그가 재위한 시기는 강력한 억압의 시절이었던 것이다. 나로드니크들이 제기한 그렇게도 절실한 질문인 "무엇을 할 것인가?"(chto delat'?)에 대한 만족스러운 답변은 '민중에게로 가자'에서 발견될 수 없었다. 뒤따른 시절에 일부 러시아 혁명가들은 점점 더 카를 마르크스의 이론으로 관심을 돌렸다. 과연 마르크스가 러시아에서 '무엇을 할 것인가'에 대해 답변을 제공했을까?

근대적인 반유대주의의 출현

앞선 장들에서 우리는 19세기 유럽 사회에서 인종 개념의 진화 과정과 유대인들의 특수한 상황을 추적해 보았다. 1870~1880년대에 특별히 주목해야 할 문제는 유대인들이 특정한 종교 공동체라기보다는 유대 인종의 구성원으로서 새로운 '과학적' 어휘로 묘사되었다는 점이다. 또한 이런 맥락에서 당시 서유럽과 중유럽에서 그와 같은 인종이 위협적으로 발흥한다는 가정 아래에서 그 인종에 극렬하게 반대하는 정치 조직들이 형성되고 있었다. 당시 새롭게 만들어진 이즘이라고 할 반유대주의는 단지 유대인들을 사회적으로 배제하거나 그들의 혐오스러운 관습들을 개탄하는 수준을 넘어서 유대 인종의 발흥 자체에 대항하는 행동 강령을 낳았다. 그리하여 반유대주의 정당들은 의회 활동을 통해 1870년대 유럽의 유대인들에게 폭넓게 허용된 시민적 평등을 되돌리기 위한 시도를 펼쳤다. 과연 유대인 문제에 대한 좀 더 극단적이거나 폭력적인 해결책이 배경에 도사리고는 있었으나, 이 시점에서 그런 정당의 지도자들 대부분이 요구한 것은 비폭력적인 합법 행동이었다.

이 새로운 이즘에는 19세기에 먼저 등장한 다양한 이즘들과 공유하는 여러 특징이 있었다. 사회주의자들이 자본주의를 파괴적인 것으로 간주한 것과 마찬가지로 반유대주의자들도 발흥하는 유대인들을 파괴적인 세력으로, 그리고 실상 자본주의와 자유주의가 불러온 최악의 결과들에 대해 일차적으로 책임져야 할 세력으로 보았다. 그런 이즘들은 대부분 미래를 위한 긍정적 강령들과 더불어 최고의 적에 대한 관념도 내포하고 있었다. 반유대주의에서는 최고의 적에 대한 전망이 주요 관심사였다. 긍정적 강령이 없지는 않았으나 그다지 두드러지지는 않았고, 일단 유대적 요소가 제거되고 다른 여러 방식으로 강력한 국가 통제 아래에 놓이게 되고 나서야 비로소 사회가 얼마만큼 잘 기능하게 될 것이냐에 대한 전망에 암시만 되어 있었다.

유럽 유대인들의 절대 다수가 살았던 러시아 제국의 서부 지역에서 유대인들에 대한 폭력적인 적대감이 1880년대에 들어 첨예한 방식으로 점점 더 자주 표출되었다. 그러나 상황은 여러 측면에서 서로 달랐다. 합법성의 울타리 안에서 전개되는 정치 선동보다는 유대인들에 대한 폭력 행동이 1881년 알렉산드르 2세의 암살 이후에 집단 학살의 양상으로 분출하여 17세기의 흐미엘니츠키 학살* 이래로 러시아나 유럽에서 발생한 그 어떤 반유대적 행위보다도 더 심각한 수준에 이르렀다. 이미 살펴보았듯이, 알렉산드르 2세 통치기에 유대인들의 이동 제한이 상당히 완화되었으나, 러시아에서 유대인들에게 시민적 평등권은 허용되지 않았다. 정당은 여전히 비합법적이었고 서구에서 의회에 해당하는 제도도 없었다. 당시만 해도 러시아에는 서유럽에서 유대인들의 시민적 평등을 되돌리려고 하는 정당에 비견될 만한 반유대주의 정당은 없었다고 단언할 수 있다.

러시아와 그 서쪽에 있는 나라들 사이에 두드러지는 또 다른 차이는, '인종 과학' 또는 인종에 대한 새로운 어휘가 러시아 제국에는 크게 침투하지 못했다는 점이다. 즉 유대인 상점과 거주지들을 약탈한 폭도들은 아직 '셈족'(Semite)이라는 말을 인지하지 못했을 것이라는 말이다. 러시아 말로 '유대인'(zhid)은 서구에서 '셈족'이라는 말로 이해되는 의미를 아우르고는 있었지만, 러시아에서 유대인들과 그 주변 주민들의

---

* 1648년에 우크라이나의 카자크 지주 출신의 흐미엘니츠키(Chmielnicki)가 폴란드에 대항하여 반란을 일으켰는데, 이때 귀족과 성직자, 유대인에 대한 강한 증오심이 표출되는 가운데 반유대적 행위가 빈발했다. 흐미엘니츠키와 반란자들은 진압당한 후에 러시아 측과 교섭하여 일정한 자치권을 얻었다.

차이는 여전히 일차적으로는 전통적인 종교적 용어들로 표현되고 있었다. 그리고 유대인들에게는 기독교도로 개종함으로써 유대교 공동체를 표적으로 하는 입법적 제재를 피할 가능성도 열려 있었다. 물론 자유주의나 사회주의 같은 다른 근대적 이즘들은 아직 러시아 일반 민중의 생생한 어휘에 파고들지는 못했다. 그럼에도 그런 방향으로 나아가는 과정은 이미 시작된 상태였다. 특히 1890년 이후 자본 투자와 근대적 테크놀로지가 몰려오는 가운데 서구식 개념들도 전례 없는 규모로 러시아에 쇄도했다.

러시아에서 유대인의 발흥이 보여 준 성격도 달랐다. 무엇보다도 인구학적 발흥의 성격이 강했다. 즉 유대 인구의 성장은 제국 내부 비유대인들의 성장보다 1.5배 이상 빨랐는데, 유대인들이 수적으로 불균형하게 이동함으로써 도시 지역이 무엇보다 큰 타격을 입게 되었다. 비록 1870년대 말부터 수백만 명의 유대인이 러시아를 떠나기 시작했지만, 유럽 러시아의 전체 인구 가운데 유대인이 차지하는 비율은 꾸준히 높아졌다. 또한 러시아에서 유대인의 발흥은 어느 정도 경제적인 성격을 띠기도 했다. 1860~1870년대의 자유주의 시대에 서구에서 로스차일드 가문에 해당하는 러시아계 유대인들도 출현했는데, 이들은 짧은 시기 동안에 어마어마한 재산을 모았다. 비록 수천 명의 유대인들이 안락한 중간계급에 합류하면서 중간계급의 상당 부분을 차지하게 되었지만, 러시아계 유대인들 대부분은 다른 대부분의 농민층처럼 그렇게 비참한 정도까지는 아니더라도 여전히 가난을 면치 못하고 있었다.

그럼에도 러시아에서 유대인의 발흥이 보여 준 또 다른 차이가 여전히 존재한다. 특히 젊은 층에서 점점 더 많은 유대 인구가 혁명운동에 가담하기 시작했다는 사실이다. 차르의 암살과 그에 앞서 일어난 다양한 정치적 테러 행위들로 체포된 사람들 가운데 상당수가 유대인이었다. 이런 유대인들의 행동주의는 유대인들이 정치적 수동성과 차르 당국에 대한 복종적 태도로 유명했던 반세기 전만 해도 거의 생각할 수 없는 일이었을 것이다. 예컨대 1825년 12월의 반란을 주도한 데카브리스트들에는 유대인이 전혀 포함되어 있지 않았다.

알렉산드르 암살 이후 집단 학살을 촉발한 요인이 무엇인가 하는 문제는 그동안 역사가들 사이에서 많은 논쟁을 불러일으켰다. 여러 해에 걸쳐 특히 나라를 떠난 유대인들 사이에서 새로운 차르가 자기 아버지를 살해하는 데 모종의 역할을 했다고 간주된 유대인들에게 응당 내릴 처벌로서 러시아 대중들에게 '유대인들을 때려눕혀라'라고 '명령'했다는 게 당시 정설처럼 굳어진 통념이었다. 그러나 오늘날 학자들은 알렉산드르 3세가 집단 학살에 놀라기도 했고 두려워하기도 했음을 강조한다. 처음에 그는 인종 학살이 잘 계획된 혁명적 공격의 다음 단계가 아닌가 생각했다. 어쨌거나 이 시점에서 어떤 차르든 간에 전혀 통제되지 않는 무정부주의적이고 파괴적인 '어둠의 대중들'을 이용하여 폭력 사태를 고의로 분출시키려고 획책했을 성싶지는 않다. 혁명가들이 농민들에게 유대인을 공격하라고 명령했다는 알렉산드르 3세의 의심은 물론 정확한 사실이 아니지만, 일부 혁명가들이 농민 대중의 '각성'에 환성을 지르면서 유산 귀족층의 대행자로 간주된 '유대인 착취자들'에 대한 공격을 정당화한 것도 사실이다.

정설처럼 굳어진 또 다른 통념이 있었다. 즉 암살 이후 수백만 명의 러시아 유대인들이 더 가속화될 폭력과 차르의 박해를 피해 러시아를 떠나기 시작했다는 생각이 바로 그것이다. 그런 믿음은 현대 학계의 통념과도 유사한데, 1882년의 악명 높은 '5월법'이 자유주의적인 1860~1870년대에 이른바 '통제권 바깥에' 있던 유대인들에 대해 재차 고삐를 죄려고 했기 때문이다. (그렇다면 어떤 의미에서 차르의 법령은 서유럽에서 반유대주의 정당들이 자기 나라에 요구하던 것을 완수한 셈이다.) 러시아 유대인들은 부당하게 통제당한다고 느꼈으나, 결국 그들이 이민을 결정하도록 몰고 간 다른 요인들이 있었다. 특히 중요한 요인은 유대 인구의 폭발과 이를 흡수하지 못한 러시아 경제의 한계였다. 도시 인구의 밀집화와 실업은 여러 지역에서 더 이상 참을 수 없는 지경까지 갔다. 이런 지역들이 일반적으로 대규모 폭동이 일어난 지역이기도 했다는 점은 의미심장하다. 아마도 훨씬 더 결정적인 다른 요인은 '신세계'의 새로운 노동력 수요와 이들을 실어 나를 새로운 운송 수단이었을 것이다. 아메리카 대륙에 새로운 기회가 있다는 소식이 퍼져 나가기 시작했고, 이는 러시아 유대인들의 정신 상태에서 일어난 모종의 심오한 변화를 더욱 증폭시켰다. 그 무렵 유대인들 사이에는 과거의 수동성을 떨쳐 버리고 더 나은 삶이 가능하다는 의욕이 점점 강해지고 있었다. 이는 수많은 젊은 유대인들을 이민보다는 혁명운동에 가담하도록 이끌기도 했다.

니콜라이 1세 치하에서 유대인들이 가혹하게 취급받던 40~50년 전만 해도 어떤 의미 있는 대탈출도 발생하지 않았음을 고려하면, 새로운 기회와 다른 정신 상태가 갖는 중요성을 새삼 확인할 수 있을 것이다. 집단 학살이 이민을 떠나려는 결정에 중요한 요인이 되지 않는다는 점을 보여 주는 또 다른 요인이 있는데, 이는 러시아를 떠난 유대인 이민자의 비율이 이미 집단 학살과 5월법이 등장하기 이전인 1870년대 말부터 증가하기 시작했다는 점이다. 이와 유사하게, 집단 학살도 없고 적대적인 입법도 없는 가난하고 인구가 밀집된 오스트리아령 갈리치아에서 유대인이 러시아 바깥으로 이동한 사람들과 맞먹는 규모로 이삿짐을 꾸렸다. 그리고 이 시기에 유럽의 가난한 지역들로부터 수백만 명이 신세계를 향해 이민을 떠나기 시작했음은 물론이었다. 요컨대 유대인의 '출애굽기'는 더 폭넓은 경향의 일부였던 것이다.

독일의 반유대주의

동유럽을 떠나던 수백만 명에 달하는 궁핍하고 문화적으로 다양한 유대인들은, 중유럽과 서유럽에서 유대인-비유대인 관계를 악화시키는 경향이 있었다. 이민을 제한하라는 것이 시민적 평등을 종식시키라는 것과 더불어 당시 반유대주의 정당들이 요구한 내용이었다. 그럼에도 제1차 세계대전까지 러시아 바깥의 반유대주의 폭력은 낮은 수준에 머물렀고, 나라마다 고유한 쟁점들이 결정적인 역할을 했다. 독일에서 1873년의 주식시장 붕괴에는 의심할 여지없이 수많은 유대인 사기꾼들이 연루되어 있었다. 유대인들이 SPD(사민당)을 비롯한 좌파 정당의 간부급으로 참여하는 경우(대부분 경제적 형편이 좋고 고등교육을 받은 유대인들이 주를 이루었다)가 두드러진다는 것도 비스마르크를 포함하여 일부 독일인들을 불안하게 했다. 이와 관련하여 또 다른 관찰자들은 유대인들이 이제 막 정체성을 확립해 가는 신생 독일 민족에 대해 '공공연하게 비판적'이거나 '문화적으로 파괴적'이라고 주장함으로써 좀 더 광범위한 쟁점을 제기하기도 했다. 이보다 훨씬 더 광범위한 방식으로 유대인들이 '너무 성공적'이라는 느낌도 우세했다. 인구의 99퍼센트 이상이 기독교도인 사회에서 비기독교도들이 그처럼 주도적인 역할을 점점 더 많이 떠맡고 있는 현실은 결코 자연스러운 일로 받아들여질 수 없었다.

독일에서 유대인을 비판하는 자들은 출신이 한미한 계층부터 중간 계층을 거쳐 고도로 특권적이고 지적으로도 세련된 계층에 이르기까지 널리 분포되어 있었다. 1879년에 출간된 최초의 반유대주의 베스트셀러 가운데 하나인 《독일에 대한 유대인의 승리》(The Victory of Jewry over Germany)의 저자인 빌헬름 마르는 새로운 인종적 시각과 용어를 폭넓게 끌어다 썼다. 그는 자신이 독일에서 유대인의 발흥에 관심을 두는 이유가 종교적 편견 때문이 아니라 오직 비유대인 사회에서 높은 지위를 차지한 유대인들에게 파괴적 잠재성이 있기 때문이라고 주장했다. 마르는 '피의 비방'(Blood Libel)*이나 '성체 모독'** 같은 유대인들에 대한 '중세적' 비난이 아니라고 한사코 거부했다.

당시 베를린대학에서 인기와 권위를 누리던 역사가 하인리히 폰 트라이치케는 유대인의 문화적 파괴성에 대해 그 자신도 상처를 입을 정도로 분노에 가득 찬 비난을 퍼부었다. 트라이치케의 이름은 악명 높은 슬로건인 "유대인들은 곧 우리의 불행이다!"와 연결되었다. 교조적인 인종주의자는 아니었던 그의 접근법이 어디까지나 권고에 바탕을 둔 것이기는 했다(즉 유대인들에게 좋은 방향으로 변하라고 기원하는 식이었다). 그는 일부 유대인들이 생산적이고 칭송받아 마땅한 독일 시민이 되었다는 사실을 기탄없이 인정했고, 유대인들로부터 시민적 평등권을 빼앗아야 한다는 제안에도 반대했다. 그럼에도 그가 분출한 비판은, 그 자체 1880년대에 민족주의적 열기에 들떠 있던 고등교육을 받은 고상한 계층 사람들에게 극단적인 종류의 유대인 혐오를 정당화하는 데 기여했다. 소수자들에 대한 관용과 열렬한 민족주의는 공존하기 어려웠고, 대부분의 다른 나라들에서도 극단적 민족주의와 반유대주의, 그밖에 다양한 형태의 인종주의가 뒤섞이는 경향이 있었다.

고상한 계급 출신의 또 다른 인물로는 아돌프 슈퇴커를 들 수 있다. 그는 카이저의 궁정 목사로서 노동자계급을 사회민주주의자들로부터 떼어 놓을 요량으로 독자적인 반유대주의 캠페인을 개시했다. 그런 노

---

* 중세 유럽에서 유대인들이 예식에 아이들의 피를 사용하기 위해 아이들을 유괴한다는 미신이 나돌았는데, 이는 유대인 박해의 빌미가 되었다.
** Desecration of the Host, 중세 유럽에서 유대인들이 교회의 성체를 훔치거나 돈을 주고 사서 칼로 찢고 부수는 등 모독 행위를 한다는 소문이 널리 퍼졌는데, 이 또한 유대인 박해의 좋은 빌미가 되었다.

력이 노동자들 사이에서 성공을 거두지는 못했지만, (마르가 그러했듯이) 오히려 하층 중간계급 사이에서 긍정적인 반응을 많이 끌어냈다. 메시지도 교조적인 인종주의에 물든 것은 아니었다. 그는 일차적으로 기독교도의 시각에서 유대주의를 닳아빠진 신앙으로 묘사하면서 유대인들을 공격했다. 즉 기독교도로 개종하는 방식이야말로 유대인 문제에 대해 그가 제시한 암묵적 해법이었다(비록 그가 하인리히 하이네의 경우에서처럼 기회주의적으로 개종한 수많은 유대인들에게 의심을 품고 있었지만 말이다). 그의 생각을 특징적으로 나타내 주는 슬로건 가운데 하나는 "사회문제는 유대인 문제다"라는 것이다. 이는 유대인들이 특히 자본주의의 파괴적인 측면에 책임이 있다는 메시지를 발신했다.

마르와 트라이치케, 슈퇴커는 1870~1880년대 독일에서 나온 반유대주의 목소리들 가운데 단지 일부만을 대표한 인물들이었지만, 이 단계에서 독일 반유대주의의 성공을 과장할 우려가 있으므로 주의해야 한다. 유대인들에 대항하여 어떤 조치들을 취해야 할 것인지에 대해서는 어떤 합의도 도출되지 못했고, 독일 반유대주의 정당들은 추문으로 불신 받고 서로 헐뜯는 당파들로 분열하며 5퍼센트 이상의 득표율을 얻지 못한 채 비참한 실패를 경험해야 했다. 일부 역사가들은 그럼에도 유럽에서 독일의 위신과 권력이 발흥하고 있었음을 고려할 때, 넓은 의미에서 독일의 반유대주의적인 적대감이 물결치면서 반유대주의가 초창기의 유대인 증오심에는 없던 모더니즘의 아우라를 걸치고 지적으로 정교화되기 시작했다고 결론지었다.

이탈리아와 영국의 반유대주의

영국에서도 1870~1880년대에 '과학적' 인종주의와 민족주의적 오만함은 분명히 존재했으나, 이 나라의 유대 인구는 러시아와 독일의 유대인들에 대한 적대감의 물결에 비견될 만한 것은 전혀 경험하지 않았다. 이탈리아에서도 근대적인 인종적·정치적 반유대주의는 거의 발견할 수 없다. 이탈리아계 유대인들은 카부르 시대 이래로 이탈리아 정치에서 두드러진 역할을 행했는데, 이탈리아에서 유대인의 수가 아주 적었음을 고려하면(대략 전체 인구의 0.1퍼센트) 특히나 주목할 만하다고 하겠다. 유대인 출신의 두 인물, 즉 시드니 손니노와 루이지 루차티는 제1차 세계대전 직전 시기에 이탈리아 총리로 활약했다. 물론 영국에도 유대인 출신의 총리를 비롯해 많은 유대인 정치가들이 있었다. 의심할 여지없이, 디즈레일리는 유대인 출신이라고 하여 영국 사회의 일부 계층으로부터 의혹과 경멸에 직면해야 했다. 그러나 동시에 그는 널리 칭송을 받은 정치인으로서 많은 영광과 빅토리아 여왕의 총애를 받으며 인생 말년을 보낼 수 있었다.

디즈레일리를 찬양하는 수많은 사람들 가운데에는 랜돌프 처칠과 그의 아들 윈스턴 처칠이 있었는데, 이 두 사람 모두 여러 연설과 대화에서 디즈레일리의 다음과 같은 격언을 자주 인용한 것으로 유명하다. "신은 유대인에게 호의를 베푼 민족들에게 호의를 베푼다." 디즈레일리를 싫어한 사람들조차 인종적으로 열등하다고 생각해서 싫어한 것은 아니었다(디즈레일리는 그 자신이 유대인들의 인종적 우월성이라고 믿은 것 가운데 많은 것을 몸소 보여 주었다). 그는 처칠 부자와 마찬가지로 유럽 유대인을 포함하여 유럽인들을 인종 위계의 정점에 놓고 다른 비유럽 인종들을 아래에 위치시키면서 특히 아프리카인들을 맨 밑에 두는 인종주의적인 방식으로 거리낌 없이 자신의 생각을 표현하기도 했다.

프랑스의 반유대주와 에르네스트 르낭

프랑스는 유대인들에게 시민적 평등권을 처음 수여한 나라로서 일반적으로 다른 나라에서 관용의 모델로 여겨졌다. 세기가 넘어가면서 프랑스 사회에 고도로 동화된 프랑스계 유대인들은 문화·경제·정치 영역에서 두드러진 역할을 수행하며 약진했다. 예상과는 정반대로, 프랑스에서 유대인들이 1815년 이래로 숱한 정치 위기와 파국의 원흉으로 비난받지는 않았다. 유대인들은 1789년부터 1871년까지 프랑스에서 일어난 일련의 혁명에 주도적으로 참여하지도 않았고, 여러 좌익 분파와 이론가들 사이에서 눈에 띄는 지도자들도 아니었다. 그러나 동시에 프랑스에서 다수의 영향력 있는 인물들에는 인종 이론가들이 포함되어 있었는데, 보수 우파에는 앞에서 언급된 고비노가 있었고 아나키즘 좌파에는 프루동 같은 인물이 있었다. 새로운 인종적 어휘의 견지에서 볼 때 특별히 언급할 가치가 있는 프랑스 작가가 있는데, 바로 19세기에 가장 널리 읽힌 저작들을 쓴 에르네스트 르낭이다.

르낭의 초창기 명성은 센세이셔널한 방식으로 인기를 모으며 논쟁을 불러일으킨 책인 《예수의 생애》(La Vie de Jésus)에서 비롯되었다고 하겠다. 이 책은 1863년에 출간되어 거의 즉각적으로 영어를 비롯한 다른 언어들로 번역되었다. 그가 잇따라 내놓은 기독교의 기원을 다룬 엄청난 분량의 출판물도 광범위한 독자층을 끌어모았다. 창조에 관한 구약성서의 설명에 대해 다윈의 저작이 갖는 함의가 무엇이냐를 둘러싸고 열정적으로 토론이 벌어지던 시기에, 르낭은 복음서들의 역사적 신뢰성에 의문을 제기하는 현대 역사학의 기법을 이용함으로써 예수의 생애에 관한 세속적인 설명을 내놓았다. 수많은 기독교도들은 다윈의 이론에 대해 분개한 것 이상으로 그리스도에 대한 르낭의 이미지에 훨씬 더 분개했다. 왜냐하면 르낭이 묘사한 이미지는 기독교에서 말하는 도덕적 전망의 근본을 건드리고 있었고, 따라서 많은 이들이 믿기에 사회 안정에 당장 위협이 될 수 있었기 때문이다.

르낭이 역사적 분석의 핵심 범주로서 '인종'이라는 용어를 사용한 것은 세속적인 행위라고 볼 수 있겠지만, 다윈의 이론이 그렇듯이 '과학적인' 것은 아니었다. 르낭의 인종을 마르크스의 계급과 비교해 보고 싶은 충동이 들기도 한다. 오늘날 이 두 범주는 부정확하고 부적절하며, 그래서 틀림없이 이미 폐물이 된 19세기 정신 상태에서 떨어져 나온 부스러기처럼 보인다. 그럼에도 인종과 계급이라는 두 개념은 19세기 마지막 수십 년 동안에 이해된 것처럼 다음 세기에도 우파와 좌파의 서로 경합하는 세계관을 규정하는 개념적 토대로 보일 수 있다.

르낭이 자신의 저작들에서 고대 유대인과 그 밖의 아랍인 같은 중동 민족들을 지칭하기 위해 사용한 '셈족'이라는 표현에는 일종의 인종결정론이 깃들어 있었다. 비록 반유대주의의 의미와는 달리 르낭이 말하는 셈 인종은 창조적이면서 파괴적인 두 가지 국면을 공히 내포하고 있었지만 말이다. 그는 셈족이 다른 종교들을 완고하게 불관용할뿐더러 '우상숭배적인' 민족들을 잔혹하게 파괴했다고 묘사했지만, 셈족 역시 세계에 대한 윤리적 일원론을 받아들였다는 점에 주목하면서 르낭은 이를 인류의 주요한 전진으로 간주했다. 그럼에도 그의 견해에서 유대인들은 궁극적으로 자신들만의 창조성을 상실했다. 즉 그들은 탈무드식 해석에 맹목적으로 집착함으로써 영적인 발전을 이루지 못한 채 얼어붙고 말았다는 것이다. 그리하여 유대인들은 기독교와 그것의 좀 더 보편주의적인 전망을 거부했다(르낭의 견해에서 그런 전망은 인류를 위한 또 다른 전진이자 근대 유럽의 진보를 향한 본질적 요소였다).

디즈레일리식 인종주의의 변종에 해당하는 경향은 프랑스에도 있었다. 특히 상대적으로 세속적인 경향의 프랑스 유대인들도 근대 인종주의에 이끌렸다. 일부 유대인들에게 새로운 인종주의적 언어는 새로운 세속적 정체성을 묘사하는 데 요긴했다. 오늘날 윤리적이거나 문화적인 정체성으로 지칭되는 것이 당시에는 일반적으로 '인종적인' 것으로 지칭되었다. 한 프랑스 유대인은 스스로를 "인종적으로는 유대인이지만 종교적으로는 그렇지 않은" 사람으로 묘사하는 것이 적절하다고 생각하기도 했다. 일부 관찰자들에게 유대인들의 눈에 띄는 경제적 성공과 사회적 신분 상승은 사회진화론의 견지에서 유대인의 우월성을 말해 주는 증거로 보였다.

프랑스에서 1880년대는 숱한 추문이 발생한 시기였는데, 그런 추문들 속에서 유대인들은 독일에서처럼 눈에 띄는 존재였다. 유대인 금융가들은 오래전부터 그런 추문의 배후에서 권력을 행사한 존재로서 다양한 프랑스 저자들의 비난을 한 몸에 받아 왔다. 새로 설립된 은행인 위니옹제네랄(Union Générale)은 명백히 부유한 유대인 및 프로테스탄트 은행들을 피할 수 있는 수단을 가톨릭 투자자들에게 제공할 요량으로 설립되었는데, 1882년에 파산하면서 수많은 소규모 가톨릭 투자자들의 예금을 날려 버렸다. 로스차일드 가문이 이 파산에 책임이 있다는 비난이 들끓었다. 이보다 더 중요한 것은 이른바 파나마 스캔들이었는데, 이는 1881년에 파나마에 운하를 건설하기 시작한 프랑스 회사가 1889년에 재정적으로 파산한 것과 관련이 있었다. 뒤따른 조사에서 유대인 중개업자들이 운하 건설 프로젝트의 책임자들의 실패와 무능을 숨기기 위해 의원들을 광범위하게 매수한 사실이 드러나게 되었다.

프랑스 가톨릭교도들은 유대인과 프로테스탄트, 세속 정치인들 모두가 한통속이라고 믿는 경향이 있었다. 이로써 의심할 여지없이 문화적·종교적 분열이 한층 더 가속화되었는데, 그런 분열은 이미 1879년과 1886년 사이에 초등교육에서 가톨릭의 통제권을 제거하기 위해 세속적 통제권을 강화한 이른바 '페리 법'(Ferry Laws)에 의해 심화되어 있었다. 이 법의 목적은 농촌을 근대화하는 것이었다. 이를 통해 제3공화정의 많은 지도자들은 사제들이 프랑스 어린이들의 마음을 종교적 교의와 반근대적 이념들로 가득 채우는 것을 막을 수 있다고 생각했다.

또한 1870년대에 비스마르크의 주도로 비오 9세의 교황령에서 전형적으로 보이는 가톨릭적 반계몽사상에 맞서 펼쳐진 '문화투쟁'(Kulturkampf)에 해당하는 것도 있었다. 독일과 프랑스 양국에서 그런 반가톨릭 조치들에 대해 가톨릭교회를 적대자로 본 유대인들은 열광적인 지지를 보내기도 했다. 두 나라에서 가톨릭교도들은 유대인과 무신론자와 프로테스탄트로 이루어진 현대적 동맹체에 의해 공격받고 있다고 느꼈다.

| 더 읽을거리 |

마르크스에 관한 수많은 전기들 가운데 데이비드 맥렐런의 《카를 마르크스: 전기》(Karl Marx: A Biography, 1995)는 단연 최고의 전기로 남아 있다. 게리 P. 스틴슨의 《카를 카우츠키, 1854~1938: 고전적 시절의 마르크스주의》(Karl Kautsky, 1854-1938: Marxism in the Classic Years, 1991)는 마르크스 사후의 주요한 마르크스주의 이론가를 간결하게 분석한 전기로서 당시 마르크스주의 운동 내부에서 벌어진 논쟁들을 균형 있게 다루고 있다.

마르크스주의자들에 반대한 아나키즘 반대자들에 대해서는 제임스 졸의《아나키스트들》(The Anarchists, 1980)과 조지 우드콕의《아나키즘》(Anarchism, 2004), 그리고 마틴 A. 밀러의《크로폿킨》(Kropotkin, 1979)을 보라.

주요 볼셰비키들에 대한 전기들(제14장과 제17장을 볼 것)에는 대부분 나로드니크들과 초기 러시아 마르크스주의자들의 진화를 다루고 있는 배경이 되는 장들이 포함되어 있다. 많은 판본을 거듭하며 내려오는 고전적인 설명으로 버트램 울프의《혁명을 만든 3인: 레닌, 트로츠키, 스탈린의 전기적 역사》(Three who Made a Revolution: A Biographical History of Lenin, Trotsky, Stalin, 2001, 초판은 1948년)가 있다. 러시아와 서유럽에서 마르크스주의의 진화에 대한 좀 더 간략하고 일반적인 개관을 위해서는 앨버트 S. 린드먼의《유럽 사회주의의 역사》(1984)를 보라.

이와 유사하게, 드레퓌스 사건(11장)을 다룬 책들에서 배경을 이루는 장들도 1870년대와 1880년대에 반유대주의가 발흥하는 과정에 대해 풍부한 정보를 제공한다. 앨버트 S. 린드먼의《고발당한 유대인: 세 가지 반유대주의 사건, 드레퓌스, 베일리스, 프랑크》(The Jew Accused: Three Anti-Semitic Affairs, Dreyfus, Belis, Frank, 1991)와《에서의 눈물: 근대 반유대주의와 유대인들의 발흥》(1997)이 그런 경우다.

10장

벨 에포크, 독일과 러시아

1890~1914

제1차 세계대전 직전의 사반세기는 여러 가지 이유로 '벨 에포크' (belle époque), 곧 '아름다운 시절'이라 일컬어 왔다. 이 프랑스 용어가 궁극적으로 다른 나라들에서도 채택되었다는 점에서 비단 프랑스인들만이 그 시절을 '아름다운 시절'로 간주한 것은 아니었다. 훗날 어떤 이탈리아 관찰자는 그 시절에 대해 "우리는 회한에 찬 슬픈 감정으로…… 되돌아본다. 우리는 당시에 행복했지만 그걸 알지 못했다"라고 썼다. 그럼에도 당시를 살았던 많은 사람들에게 그 시절은 불안정과 국제적 긴장의 고조, 오만한 제국, 폭동, 인종주의, 혁명적 봉기(1914~1945년에 횡행할 공포의 잊을 수 없는 전조)의 시대로 더 잘 묘사되었을 것 같다.

벨 에포크에서 행복을 느낄 만한 실제 이유들이 있었다. 유럽 경제는 1880년대의 정체로부터 회복되기 시작했고, (1890년대 초의 또 다른 짧은 급락 이후) 대부분의 나라들이 경제성장률을 갱신하며 생활수준에서 실질적인 향상을 경험했다. 1900년부터 1914년까지 유럽에서 산업 생산은 거의 40퍼센트가량 증대했다(프랑스에서는 대략 57퍼센트). 주로 화학 및 전기 산업에 자극을 받은 이른바 2차 산업혁명은 적어도 여러 대도시에서 가로등과 더 나은 대중교통과 더 깨끗한 식수 같은 것을 제공하는 데 기여했다. 인구 가운데 극빈층도 더 저렴한 의복과 더 풍부한 식품을 구할 수 있게 되었다. 1880년대에 불황이 특히나 심하게 휩쓸고 간 농촌에서도 농가 수입이 증대했는데, 이는 대체로 도시 지역의 급속한 성장과 도시의 식품 수요 증가 덕분이었다. 후진적인 러시아조차 서유럽, 특히 러시아의 최근 외교상 동맹자인 프랑스 제3공화정으로부터 외자를 얻어 급속한 도시화와 중공업 분야의 성장을 경험했다.

발흥하는 독일

공화주의 프랑스와 차르 러시아 사이에 맺어질 성싶지 않은(그러나 맺어진) 동맹은 독일의 급속한 경제성장과 급속한 발흥이 불러일으킨 광범위한 두려움을 상징적으로 보여 주는 현상이라고 할 수 있다. 20세기를 넘어올 무렵 독일 제국은 영국과 프랑스를 합친 것보다 더 많은 철강을 생산하고 있었고, 인구는 '위대한 민족'보다 1천8백만 명 이상 많았다(즉 프랑스 인구 3천8백만 명 대 독일 인구 5천6백만 명). 독일의 상승세는 여러 분야에 걸쳐 주목할 만했다. 과학과 테크놀로지, 고등교육, 노벨상, 음악, 문학, 건축, 시각 예술에 이르기까지 이루 말할 수 없을 만큼 탁월했다. 독일 사업가들도 세간의 평가대로 영국인들보다 질적으로 더 우월하다고 간주된 재화와 용역을 제공하기 시작했는데, 영국인들은 양키들만큼이나 짜증날 뿐 아니라 그들보다 훨씬 더 아픈 데를 잘 파고드는 독일 졸부들의 비신사적 매너에 진절머리가 났다.

1840년대 이래 처음으로 영국 엘리트들은 자기 나라의 진보를 자랑하기보다는 다른 나라와 경쟁할 능력이 자신에게 있는지를 심히 걱정하기 시작했다. 독일에 대한 근심 탓에 그들은 본토에서 멀리 떨어진 제국에서 충돌하고 있던, 오랜 맞수인 프랑스인들이나 '불가피한' 적수 러시아인들과 교섭하는 쪽으로 이동해 갔다. 왕년의 맞수가 이제 친구가 되었다는 사실은 1890년에 러시아에 구애하며 프랑스를 성공적으로 고립시킨 비스마르크가 75세의 나이로 물러나고 독일을 상징하는 자리를 더 젊고(40세) 불안정하며 무력 과시를 즐기는 빌헬름 2세가 차지했다는 사실과 무관하지 않았다. 러시아에서도 니콜라이 2세가 26세의 나이로 새로운 차르가 된 1894년에 상당한 변화가 몰아치고 있음을 많은 사람들이 직감하게 되었다. 당시 많은 이들은 니콜라이가 자신의 할아버지 알렉산드르 2세처럼 새로운 '해방자 차르'가 되기를 고대했다. 그러나 그는 최소한 빌헬름만큼이나 재앙을 몰고 온 지도자로 드러났다.

　이런 외교상의 지각변동은 세력균형 시스템 아래에서 독일의 성장에 대응하는, 완전히 합리적인 적응 방식으로 받아들여졌을 것이다. 그럼에도 독일의 무서운 상승세와 빌헬름 2세의 호전성, 그 시절의 난폭한 역동성이 한데 뒤얽혀 그런 변동은 합리적인 적응이라는 모습보다는 한쪽이 다른 쪽을 위험한 방향으로 협박하고 자극하며 사태가 헛도는 모양새를 보였다. 프랑스인, 러시아인, 영국인들은 점차 '정직한 브로커'인 비스마르크 대신에 참을성 없는 건방진 카이저가 이끄는 새로운 열강을 포위하고 봉쇄해야 한다고 느꼈다. 독일인들은 그들대로 태양 아래 한 자리를 차지할 권리가 있다고 믿으면서 자기들이 불공정하게 대우받고 있으며 점점 옭죄어 오는 '포위'(Einkreisung)로 위협받고 있다고 생각하기에 이른다.

그런 확신 탓에 독일인들은 유일하게 남아 있는 주요 열강인 오스트리아·헝가리와의 동맹을 확고하게 다지는 쪽으로 이동해 갔다. 이제 군비 경쟁까지 가세하여 사태를 악화시키는 가운데 외교 관계에서 첨예한 양극 구도가 형성되는 쪽으로 사태가 진행되고 있었다. 과연 역사가들은 1890년대 초반을 결국 치명적인 외교 증후군(diplomatic syndrome)의 발병을 알린 시기로 간주해 왔다.

도전받는 자유주의, 대중 정치, 2차 산업혁명

이런 외교적 변동은 고전적 자유주의에서 한층 멀어지고 그 대신 '대중의 시대'와 '새로운 양식의 정치'(politics in a new key)라고 지칭된 것으로 가까워지는 방향으로 일어났다. 모든 나라에서 좀 더 무모한 민족주의와 폭력적인 내부 갈등이 등장하고 여러 영역에서 가시화되었다. 이는 그 시대 황색 저널리즘의 선정적인 1면 머리기사들에서, 유대인들에 대항하여 폭동을 일으킨 군중들에서, 노동자들의 파업에서, 아나키스트들의 테러 행위에서 능히 찾아볼 수 있었다. 자유주의자들과 보수주의자들은 모두 이런 변동을 완전히 받아들이는 쪽으로, 또는 적어도 겉보기만큼은 일반 민중이 좀 더 직접적으로 주권을 행사하는 쪽으로 이동해 갔다. 물론 그 과정은 1850~1860년대에 다양한 형태(나폴레옹적인 형태, 비스마르크적인 형태, 디즈레일리적인 형태)로 이미 개시된 바가 있었다. 그러나 벨 에포크의 대중 정치는 불길한 방향으로 한층 더 거세게 밀려 나가면서 '노블레스 오블리주'라는 보수적 이상과 합리적으로 판단하는 시민이라는 자유주의적 이상 모두로부터 멀어지고 있었다. 그런 낡은 이상들을 대체한 것은 새로운 정치적 실천이었는데, 이로써 계급적 분노와 민족주의적 환희, 인종주의적 제노포비아*를 불러일으키는 감정적 호소를 통해 유권자 대중을 조종하려고 했다. 이와 유사하게, 자유주의자들과 보수주의자들도 모두 새로운 관세장벽을 설치하고 크게 확대된 국가 관료제를 거느린 국가의 역할을 확장하는 방식으로 경제적 민족주의나 '신중상주의'(neo-mercantilism)를 포용하는 쪽으로 나아갔다.

2차 산업혁명은 초창기 산업화가 그러했듯이 개개인의 노력으로 이루어진 것이 아니라는 데 그 특징이 있다. 이제 사업을 시작하거나 일상적으로 사업체를 운영하려면 눈이 튀어나올 정도의 투자 자본이 필요해졌다. 이와 마찬가지로, 공업 부문의 기업들도 자본 측면(대기업과 트러스트)에서나 노동 측면(노동조합과 사회주의 정당)에서 공히 전형적으로 중앙집중화된 기업의 모습을 띠면서 확대되었다. 독일에서 SPD(사민당)는 1890년에 이르러 12년 전 비합법 정당의 지위에서 벗어나 이제 독일에서 가장 큰 정당이자 상층계급이나 기성 엘리트의 재정 지원을 받는 구식 정당과는 근본적으로 다른 새로운 정치 모델로 등장했다. SPD는 좀 더 규율 있고 헌신적인 대중 당원들을 끌어당겼고 지도자들도 노동자계급에서 선출되었는데, 여기에 중간계급이나 상층계급 출신의 이단적 지식인들이 섞여 들었다.

SPD와 그에 연관된 노동조합의 팽창은 독일의 경제 거물들과 그에 결탁한 지배 신분들에게 경고음을 울렸다. 그리하여 독일 지도자들은 이웃 국가들뿐 아니라 내부로부터도 위협이 몰려오고 있다고 느꼈다. 권력이 급속하게 성장하는 과정에서 국가와 민중에게서 나타나는 피해망상은 다소간 역설적이지만 위험한 정신 상태라고 할 수 있다. 또

---

* xenophobia, 일반적으로 '외국인 혐오' 경향을 가리킨다.

한 그 국가를 둘러싼 다른 국가들 역시 그와 유사한 정신 상태에 사로잡히는 것은 한층 더 위험한 상황이 아닐 수 없다. 아마도 무엇보다 1870~1871년에 경험한 끔찍한 패배를 고려하면 단연 프랑스가, 그러나 프랑스 말고도 독일의 이웃 국가들 다수가 독일의 장기적 의도에 실제로 관심이 쏠려 있었다.

그렇다면 벨 에포크는 아름답지만 추하고, 안전하지만 불안정하며, 창조적이지만 파괴적이었다고 결론을 내릴 수 있을지도 모른다. 이 시절의 엘리트 논객들 내부에서 지속적인 진보에 대한 오랜 믿음은 부패와 퇴락에 대한 점증하는 근심과 충돌했다. 이성의 힘에 대한 신뢰도 비합리적인 것들의 힘에 대한 '신낭만주의적'(neo-Romantic) 감수성에 의해 점점 더 훼손당했다. 이 시기에 붙여진 여러 다른 많은 명칭인 '세기말'(fin de siècle), 에드워드 시대, 빌헬름 시대 등에도 당시 부패에 대한 항간의 근심과 연관된 모종의 뉘앙스를 암시하고 있었다.

과연 '세기말'은 영광스러운 한 시대의 마지막 단계에 특징적인 피로감을 암시한다. '에드워드 시대'라는 용어는 1901년에 영국 왕좌를 계승한 에드워드 7세의 이름에서 유래했다. 그는 영국 역사에서 어떤 왕보다 오랫동안 왕세자의 자리를 지켰고, 그가 왕이 된 것은 예순이 되어서였다. 그는 건장하고 쾌락을 사랑하며 가장 빅토리아적이지 않은 태도로 유럽 대륙풍의 감각적 즐거움을 탐닉했다. '빌헬름 시대'라는 말은 태어나면서부터 팔을 다치는 저주를 받은 새로운 독일 카이저의 이름에서 유래했는데, 그 용어도 에드워드 시대처럼 오랫동안 부모에게 억눌린 속박으로부터의 해방이라는 느낌을 암시했다(어머니 빅토리아로부터의 해방처럼 '아버지' 비스마르크로부터의 해방). 에드워드와 빌헬름은 또한 서로 가까운 친척 사이였다. 빌헬름의 어머니가 빅토리아 여왕의 큰딸이었고, 이 영국과 독일의 군주들은 니콜라이 2세와도 친척지간이었는데, 니콜라이의 부인 알렉산드라가 빅토리아 여왕의 수많은 손주들 중 하나였다. 2장에서 살펴보았듯이, 빌헬름과 니콜라이와 에드워드는 서로 신체적으로도 닮았다. 돌이켜 보건대, 이들 중 누구도 유럽의 미래를 위한 희망의 신호로 보이지 않는다.

프리드리히 니체의 영향력

프리드리히 니체는 많은 관찰자들에게 그 시대에 막 모습을 드러내고 있던 흐름들을 한 몸에 체현한 사상가로 보였다. 실제로 그가 가장 영향력 있는 저술들을 쓴 때는 1880년대였고 말년은 정신병원에서 보냈다. 그 또한 변화의 이론가라고 할 수 있겠지만, 그의 독자층은 헤겔주의자들이나 다윈주의자들, 또는 마르크스주의자들과는 달랐다. 그는 궁극적으로 유럽의 지적 생활에 외관상 모순되지만 엄청난 영향력을 행사했는데, 그의 영향력은 20세기 중반에까지 미쳤다. 니체의 사상은 전통적 우파와 냉소적인 부르주아 가치들, 유대-기독교 전통에 비해 통렬하게 우상파괴적이었으나, 동시에 근대과학이 주장하는 확실성의 얄팍한 토대를 비판의 대상으로 삼았다. 그의 저술 스타일은 기묘하고 경구적이었던바, 공식적인 철학보다는 시에 훨씬 더 가까웠다. 그는 짧은 생애에도 불구하고 인상적인 양의 저작들을 생산했는데, 아마도 가장 유명한 저작은 1884~1886년에 출간된 《차라투스트라는 이렇게 말했다》(Thus Spoke Zarathustra)일 것이다.

다윈이나 마르크스와는 달리, 니체의 경우에는 그가 실제로 무엇을 썼느냐(또는 '실제로 무엇을 의미했느냐')의 문제보다 그가 어떻게 이해되거나 오해되었느냐, 나아가 니체 자신이 결코 의도하지 않은 방식으로 그를 오해한 사람들이 그를 어떻게 이용했느냐의 문제가 더 중요했다. 어쨌거나 그의 의도는 그가 유난히 역설을 좋아했음을 고려하면 파악하기 힘들었다. (그는 이렇게 썼다. "심오한 것은 모두 가면을 사랑한다.") 그는 최고선에 대해서도 불확실한 태도를 보였지만, 어쨌거나 그의 태도는 당대의 지배적인 태도와는 확실히 구분되는 것이었다. 그는 인간이 합리적으로 계산하는 '사유 기계'(thinking machines)라는 자유주의적인 믿음을 비웃었다. 그는 무지한 대중들과 순응적인 부르주아지를 장악해야 하는 자를 지칭하기 위해 '초인'(Übermensch)이라는 용어를 만들어낼 정도로 인간의 평등도 불신했다. 그는 "신은 죽었다"라든가 "선악을 넘어서"와 같은 문구들로 악명을 떨쳤다. 또 기독교적 가치들을 가리켜 우월한 자들을 제압하려고 시도하는 열등한 자들의 '노예의 도덕'을 반영하는 것이라고 일축했다. 그는 인간 심리의 심연을 꿰뚫어 본 도스토옙스키를 찬미했으나, 이 러시아 소설가의 신비적인 기독교 신앙은 결코 공유하지 않았다.

니체는 나치에 중요한 영향력을 끼친 것으로 간주되어 왔지만, 그의 저술들은 그 정교함이라는 측면에서 히틀러나 힘러의 노골적으로 단순화된 확실성의 세계와는 동떨어진 세계를 보여 주었다. 그렇기는 해도 니체적인 사상은 인종주의자에게 비인도적인 목적으로 쉬이 악용될 수 있었다. 그는 19세기의 모든 저자를 통틀어 가장 선동적이고 가장 덜 '정치적으로 올바른' 저자로 간주될 수 있을지도 모른다. 그의 선언들에는 망설임 없는 미학적 엘리트주의가 있었는데, 여기에는 고대 그리스인들의 귀족적 윤리로 귀의하고 온순한 자와 가난한 자와 단순한 자에 대한 기독교적인 숭상을 거부하라는 요구에서 보이듯이 일체의 변명을 배격하는 가차 없는 비정함이 깃들어 있었다. 그럼에도 니체는 '초인'을 특정한 인종의 구성원으로 묘사하지는 않았고, 그런 맥락에서 아무리 엄격한 잣대를 들이대더라도 그는 인종주의자나 반유대주의자는 아니었다. 사실, 그는 적들에게도 호소력이 있는 잘난 유대인들에 대해 논평하는 과정에서이기는 했지만, 어쨌거나 자기 시대의 정치적 반유대주의자들을 경멸했다.

독일 문제의 새로운 국면

독일 문제는 어떤 의미에서 1870~1871년에 해결되었다고 말할 수 있지만, 또 어떤 의미에서는 새롭고 까다로운 형태로 재등장했다고 말할 수 있다. 프랑스 애국자인 조르주 클레망소의 악명 높은 재담을 패러디하자면, 근본적인 수준에서 볼 때 유럽에는 한마디로 "너무 많은 망할 놈의 독일인들"이 있었다. 그럼에도 수의 문제는 유일한 쟁점도 아니었거니와 가장 중요한 쟁점도 아니었다. 독일 문제의 복잡한 국면은 특히 독일어 사용자들이 지리적으로 유럽 중앙에 집중 분포한다는 사실과 중유럽과 동유럽 각지에서 수백 년에 걸쳐 인구 증가가 진행되었다는 사실, 그리고 이로 인해 독일 소수민족의 거주지가 수없이 많이 형성되었다는 사실에서 잘 드러난다. 결국 가장 중요한 국면은 단적으로 '질'의 문제로 환원될 수 있다. 독일어 사용자들의 경우 문자해득률은 다른 주요 종족 집단들보다 더 높았다. 독일인 노동력의 생산성도 단연 발군이었고, 영국인들을 제외하면(또는 19세기에 대다수가 영국과 독일 혈통이었던 미국인들을 포함하여) 19세기 중반에 독일인들은 다른 유럽인들보다 훨씬 더 성공적으로 근대적인 생산 기술을 터득하고 있는 민족으로 보였다.

독일은 일종의 전도유망한 혼합체가 되었다. 즉 비스마르크 제국에서의 '권력'(Macht) 찬미, 국가 숭배 경향, 독일인을 인종적으로 우월한 민족으로 고양시키는 '과학적' 이론들의 혼합체가 바로 그것이었다. 1890년대에 독일 인구의 상당수는 저 옛날 독일인들이 얼마나 무시당하고 경멸당했는가를 떠올리며 분노를 표출하는 극민족주의(ultra-nationalism)에 도취되고 있었다. 확실히, 이런 독일적 경향들은 특히 회고적으로 볼 때 두드러진다. 그러나 당대의 견지에서 보면, 독일 바깥의 다른 나라에서도 뜨겁게 달궈진 민족주의와 자기 연민의 분노가 얼마만큼 존재했는지 간과하기 십상이다. 이와 유사하게, 독일에서 가장 큰 정당인 SPD가 인종주의에 반대하고 평화와 국제 화해를 강력하게 지지했다는 사실도 흔히 간과하곤 한다. 게다가 독일에서 두 번째로 큰 정당인 가톨릭중앙당(Zentrum)도 적어도 원칙상으로는 '가톨릭적인' 성격을 유지했는데, 이는 곧 비인종주의와 보편주의를 뜻하는 것이었다.

그러므로 SPD가 독일 민족주의자들로부터 매도를 당한 것은 결코 놀라운 일이 아니었다. 과연 빌헬름 2세가 사회민주주의 지도자들을 가리켜 "조국도 없는 놈들"(vaterlandlosen Gesellen)이라고 불렀다는 일화는 악명이 자자하다. 비스마르크의 '문화투쟁' 기간 동안에는 독일 가톨릭교도들의 충성심도 의심의 대상이 되었다. 그러나 사회민주주의자들과 가톨릭교도들은 모두 정치적 반대파였음에도 불구하고 비스마르크 제국에서 견고한 다수파를 대표했다.

비스마르크가 국내 정치에서는 자신에 반대한 자들을 향해 무시무시한 분노를 표출했음에도, 1871년 이후에 국제 관계에서는 독일인 특유의 회유적인 표정을 지어 보였다는 사실을 잊어서는 안 될 것이다. 그는 이제 독일이 '만족스러운' 열강이 되었다고 선포하면서 국제 평화를 위해 '정직한 중개자'가 되겠노라고 약속했다. 그리고 발칸반도에서

그림 10 "조타수, 하선하다."

'조타수'인 비스마르크가 해임되고, 잘난 체하고 무능한 젊은 카이저 빌헬름 2세가 그 자리를 차지했다. by Sir John Tenniel. *Punch*, 1890. ⓒ INTERFOTO / Alamy.

이해관계가 상충한다는 점에서 서로 피할 수 없는 적수라고 생각된 오스트리아·헝가리와 러시아를 화해시킴으로써 독일과의 동맹으로 한데 끌어들이게 하는 탁월한 능력(일종의 외교적 마술)을 선보였다.

어떤 의미에서 독일 문제는 비스마르크에 의해 해결되었으나, 그의 '소독일적' 해결책은 다른 나라에 사는 수백만 명의 독일인들, 특히 그중에 많은 이들이 범게르만주의 운동에 가담하고 있던 오스트리아·헝가리의 독일어 사용자들을 불만 상태에 빠뜨렸다. 또한 비스마르크의 해결책은 자신이 창출한 국가의 권위주의적인 성격과 사적인 국가 통치 방식으로 말미암아 여타 쟁점들을 해결하지도 못할 뿐 아니라 심지어 악화시키는 방식으로 미제 상태에 빠뜨렸다. 그렇다면 독일의 미래와 독일의 진정한 정체성이 상충하는 양자택일의 전망들이 공존했다고할 수 있다. 즉 독일은 영국이나 프랑스처럼 좀 더 관용적이고 자유민주주의적인 모델(SPD와 독일 좌파 대부분이 바랐듯이)의 방향으로 진화할 것인가, 아니면 프랑스인과 영국인의 경로보다 좀 더 우월하고 규율 잡혀 있으며 심오하게 '철학적인' 성격의 '특수한 길'(Sonderweg)을 걸어갈 운명을 타고난 독특한 정체성을 가질 것인가?

1890년에 비스마르크가 무대에서 사라지고 빌헬름이 새로운 신호를 보내면서 그런 쟁점들은 좀 더 절박한 양상을 띠게 되었다. 빌헬름에 견주어 비스마르크는 냉철한 이성의 소유자이자 외교적 천재로 보일 지경이다. 그럼에도 일부 관찰자들은 비스마르크에 대한 대차대조표를 작성해 보면, 빌헬름보다 뛰어난 재능과 본능을 갖춘 사람이 후계자로 와도 풀 수 없는 문제들로 가득 찬, 통제 불능의 나라를 남겼다는 점에서 비스마르크의 정책이 실패했다고 주장해 왔다.

그 무렵 다른 여러 민족들도 독일과 똑같거나 심지어 독일보다 더 심각한 내부 문제에 직면해 있었다. 과연 프랑스와 러시아, 오스트리아·

헝가리는 잇따른 위기에 맞닥뜨린 채, 지극히 불확실한 미래(그리고 독일의 역사보다 더 유혈적인 역사)를 내다보면서 내부적으로 깊이 분열되어 있었던 것이다. 영국인들은 가장 성공적으로 근대적인 민족국가를 경영하고 있다고 널리 인식되고는 있었지만, 그들의 성적표도 한 점 흠 없이 완벽한 것은 아니었다. 아닌 게 아니라 아일랜드 문제가 곪아터진 염증으로 남아 있었고, 1890년대 말에는 남아프리카에서 보어인들이 세운 공화국들에 대항하여 제국 내부의 자기 분열적인 전쟁에 연루된 과정에서 실수와 무능함을 연발하며 다른 유럽 국가들 못지않게 쉽사리 역겨움을 불러일으키는 불쾌한 일화들을 보여 주었던 것이다.

독일 사회민주주의와 수정주의 논쟁

비스마르크가 저지른 정책상의 실패들 중 하나는 세계대전 직전 시기까지 오랫동안 영향을 미쳤다는 점에서 주목할 필요가 있다. 그는 SPD(사민당)를 불법화했을 뿐 아니라 SPD 당원들에게 국가 주도의 복지 조치들을 제공함으로써 노동자계급을 사회주의로부터 떼어 내고자 했다. 순수한 권력을 위한 의도된 계산이라는 측면을 배제한다면, 그와 같은 비스마르크의 조치는 국가에 대한 '반자유주의적' 관념에 바탕을 둔 것이라고 볼 수 있다. 그런 관념에 따르면, 국가는 빈민들을 원조하고 사회 갈등을 해결해야 할 주요한 책임을 져야 하는 제도였다. 확실히, 이런 관념에는 프로이센 전통과 헤겔 사상이 맞물려 있었다. 비스마르크를 비판하는 이들은 그의 주도권이 국가가 자신들을 돌봐 주기를 바라고 국가의 존망이 궁극적으로 '옳은 일을 하는 것'에 달려 있다고 믿는 독일인들의 기대감을 증폭하는 경향이 있었다고 주장했다. 더 나아가 비판자들은 개별 독일인들이 국가에 대한 지나친 믿음을 갖게 됨에 따라 독일 주민들의 정치적 성숙도가 약화되었다고 주장한다. 그럼에도 독일 국가가 잘 굴러가던 1914년까지는 그런 경로에 잠재된 위험성이 크지 않았다. 많은 사회민주주의자들도 프롤레타리아트가 권력을 인수하고 사회주의를 도입할 때 기성의 프로이센 국가 제도들이 유지될 수 있을 거라는 생각으로 기울었다.

아이러니하게도, 발흥하는 SPD 자체도 심각한 내적 긴장을 보여 주기 시작했다. 이런 긴장들에는 독일을 넘어서는 함의가 있었고, 결국 SPD는 분열 직전의 상태까지 내몰렸다. 이런 긴장들은 9장에서 논의한 쟁점들(즉 '마르크스가 실제로 뜻한 바는 무엇인가', 자본주의 단계는 얼마나 오랫동안 유지될 수 있는가, 그리고 자본주의의 결함은 반드시 프롤레타리아트와 지배계급 사이의 폭력적 대결로 이어질 것인가)과 연관되어 있었다. 엥겔스는 1895년에 세상을 떠났고, 약간 더 젊은 세대가 그와 같이 오랫동안 논쟁을 불러일으켜 온 문제들을 떠맡았다. 엥겔스 이후 세대에서 가장 중요한 지도자는 카를 카우츠키였다. 그는 권위 있는 마르크스주의 이론가이자 마르크스주의에 대한 '정통' 해석자로 인정되었다. 아우구스트 베벨도 낡은 세대에 속하지만 여전히 기민한 정치 지도자로 대접받았다. 그리고 타락 천사가 된 에두아르트 베른슈타인은 1899년 영어 번역본으로는 《진화론적 사회주의》(Evolutionary Socialism)라는 제목으로 알려진 책을 펴내고 여기서 혁명의 필요성을 부정함으로써 궁극적으로 '수정주의' 운동이라고 매도된 흐름을 제시했다.

이 사람들은 모두 엥겔스와 사적으로 친분이 있었고, 1870~1880년대에 공히 마르크스주의 신념 때문에 박해를 견뎌내야 했다. 베른슈타인은 말년에 자신이 여전히 마르크스주의자이며 자신이 시도한 모든 일은 마르크스의 이론을 새롭게 정립하기 위한 것이었다고 주장했다. 그럼에도 그가 마르크스주의라는 문패에 집착한 것은 자신의 젊은 시절에 대한 감정적 향수와 사회민주주의 운동 내부에서 함께 박해받은 동지들과의 감정적 유대 때문이었지, 이론의 실제 내용과 관계가 있는 것은 아니었다. 그도 그럴 것이 베른슈타인은 모두의 예상을 뛰어넘는 수준으로 마르크스주의를 갱신했으니 말이다. 그는 이론적 틀과 사실적 토대 모두에서 마르크스주의를 머리에서 발끝까지 비판했다. 그는 자본주의의 내적 모순이 불가피하게 혁명으로 이어지고 계급 갈등이 중재될 수 없다는 생각을 거부했다. 그는 사회주의를 바람직한 것으로 묘사했지만, 확실히 불가피한 것으로 묘사하지는 않았다. 사회주의는 오랜 시기에 걸쳐 사회주의적 이상의 인도를 받아 진행되는 점진적 개혁을 통해 도래하는 것이었지, 극적인 대결 속에서 갑자기 실현되는 것은 아니었다.

베른슈타인은 세심하게 수집한 사실과 수치들을 갖고서 교리적으로 확립된 마르크스주의의 다양한 요소에 대해 조목조목 문제를 제기했다. 그는 어떻게 자본과 부가 경제의 모든 부문에서 집중되지 않는지를 보여 주었다. 이와는 반대로 중소 규모의 부가 상대적으로나 절대적으로 증가하고 있다고 보았다. 프롤레타리아트는 마르크스가 예언한 속도로 늘어나지 않고 있었으며, 그래서 결코 인구의 절대 다수가 될 것 같지도 않았다. 또한 프롤레타리아트는 계속해서 궁핍해지지도 않았다. 사실, 그들의 평균 봉급은 오르고 있었다. 이와 유사하게, 화이트칼라와 하층 중간계급 또는 소부르주아적 '살라리아트'*가 프롤레타리아트보다 더 빠르게 성장하고 있었고, 독일과 다른 나라들의 많은 지역에서 소농층이 마르크스가 예언한 것보다 훨씬 더 완강하고도 성공적으로

---

* salariat, '프롤레타리아트'를 패러디하여 조어된 말로서 '봉급생활자'를 가리킨다.

프롤레타리아화에 저항하고 있었다.

이와는 대조적으로, 1890년대 초 카우츠키는 마르크스주의를 당의 공식적인 신조로 확고하게 정립하는 데 훨씬 더 헌신적이었다. 그는 특히 당내에서 개량주의(reformism)와 싸우는 일에 관심이 컸는데, 그는 개량주의가 '얄팍한' 부르주아 민주주의-급진주의와 별반 다르지 않다고 일침을 가했다. 충분히 예상할 수 있듯이, 1899년 이후 카우츠키와 베른슈타인의 우정에는 금이 가게 되었다. 카우츠키는 SPD 내부의 혁명적 좌파와 동맹을 맺고 1903년에 당내 투쟁을 성공적으로 전개했는데, 결국 SPD는 베른슈타인을 공식적으로 비난하기에 이르렀다.

수정주의 논쟁(Revisionist Controversy)을 둘러싼 여러 쟁점은 그 이전 수세기 동안 벌어진 기독교 교리를 둘러싼 논쟁과 닮아 있었다. 확실히, 베른슈타인의 이론에 대해 분노에 가득 찬 방식으로 반대하는 과정을 보면, 거기에는 다시금 우리를 혁명적 신비라는 쟁점으로 데려가 주는 '종교적인' 무언가가 있었다. 사람들은 수많은 이유로 혁명운동에 가담했지만, 그중에 유력한 이유는 그런 운동과 연관된 감정적 고조 상태였다. 그리고 이런 감정 상태는 종교적 신도들(스스로를 신성한 대의의 일부로 여기면서 개인적 이해관계를 초월하고 심오한 도덕적 의미를 추구하는 사람들)이 경험하는 고양 상태와 유사했다. 대부분의 정교한 현대 사회주의 이론들처럼 마르크스주의는 감정적 만족감뿐 아니라 지적인 만족감도 제공했고, 역사의 승자 쪽에 참여한다는 확신을 보증해 주었다. 그러나 마르크스주의에 대한 베른슈타인의 수정은 그런 고급한 진리의 본질적인 요소들을 제거함으로써 감정적 만족감을 위협적인 방식으로 훼손했다. 수많은 사회민주주의 활동가들은 다윈주의나 르낭의 저술을 만났을 때 신실한 기독교도들이 느꼈을 법한 감정과 유사한 어떤 것을 느꼈다. 틀림없이 성서적 설명의 수정은 더 큰 전체, 특히 기독교라는 종교와 연관된 도덕적 우주의 신뢰성을 위협했을 것이다.

그렇다면 아우구스트 베벨이 당 대회에서 수정주의에 맹렬한 공격을 퍼부으면서 사실적 요소보다는 도덕적 요소를 강조했다는 점은 시사하는 바가 크다. 그는 수정주의자들이 대부분 힘들게 일하는 대중들의 고통과 염원을 알지 못하는 부르주아 지식인들과 새로이 번창하는 '노동귀족'으로 이루어진, 사실상의 변절자들이라고 비난했다. 실용적이고 일상적인 개혁을 강조한 베른슈타인은 사회민주주의 운동으로부터 결정적이되 말로 형언할 수 없는 어떤 양상을 제거한 것이었다. 그 양상이란 곧 모든 계급 출신의 이상주의자들을 매혹시키고 보통의 노동자들이 멸시받는 사회에서 자존감을 되찾을 수 있게 하는 어떤 것이었다. 카우츠키는 솔직 담백한 '프롤레타리아적 성격'을 잃어버리는 것에 대해 극도의 두려움을 품고 있었다. 그것 없이 "우리는 반유대주의자들처럼 가장 모순적인 이해관계들의 무더기가 될 뿐이다."

독일에서 수정주의에 쏠린 관심은 다른 나라에서도 찾아볼 수 있었다. 프랑스에서 사회주의자 알렉상드르 밀랑은 1898년 6월에 비사회주의적인 좌파 공화주의 계열 정당들의 연립으로 이루어진 내각에 참여했다. 그 무렵 마르크스주의자들은 프랑스에서 소수의 추종자만 거느린 상태였지만, 밀랑의 이른바 '여당 성향'(ministerialism, 의회에서 부르주아 정당들과 협력하는 성향)을 공식적으로 비난했다. 이 문제는 결국 1904년 암스테르담에서 열린 사회주의인터내셔널 대회에도 상정되었고, 수정주의는 한 해 전에 SPD 당대회에서 사용된 것과 유사한 언어로 비난받았다. 물론 인터내셔널의 '독일화'가 불러온 부정적인 효과를 암시한 프랑스 사회주의자들의 반대 의견도 없지는 않았지만 말이다.

SPD의 국제적 위신과 국내적 힘은 이 위기 이후에도 계속 성장했다. 독일에서 1912년 선거는 특히 중요한 진전을 이룬 분기점이었다. SPD

는 전체 투표의 대략 3분의 1을 득표하면서 제국의회의 전체 의석인 399석 가운데 110석을 차지했다. 그렇기는 해도 이 정당은 다른 정당들과 동맹을 맺거나 다른 정당들로부터 동맹을 제의받지 못하면서 정치적으로 고립되고 말았다. 프랑스나 영국의 경우에 이 정도로 큰 정당이라면 거의 확실히 지배적인 연립정부를 이루었을 것이다. 그렇지만 SPD와 다른 정당들의 연립이 실현되었더라도, 제국의회가 영국 의회나 프랑스 하원만큼의 권위를 행사하지 못했을 것이라는 사실은 여전히 남는다. 비록 빌헬름 2세가 1890년에 사회주의자 탄압법의 폐지를 선호했지만, 그는 호엔촐레른 가문의 신성한 통치권을 믿는 골수 전제군주였다. 이런 점 외에도 제국의 진정한 권력은 프로이센 융커 계급(특히 군사 지도자들이나 국가 관료제의 고관대작들)에게, 제국 내 다양한 회원국의 군주들에게, 그리고 새로운 산업계 거물들에게 있었다. 비스마르크는 정치 경력의 마지막 시기에 SPD에 대한 좀 더 효과적인 억압 방책을 심사숙고했다. SPD가 점점 성장하고 이 정당이 가까운 미래에 제국의회의 다수를 차지할 수도 있다는 전망이 우세해지면서 비스마르크의 것과 유사한 이념들이 진지한 관심사가 되기 시작했다. 특히 1912년 이후 비스마르크의 제국은 일부 관찰자들에게 파국적인 탈선을 향해 맹렬히 질주하는 기관차처럼 보였다.

니콜라이 2세 치하의 러시아

1881년부터 1894년까지 러시아를 통치한 차르 알렉산드르 3세는 과연 그 옛날의 표트르 대제를 연상시키듯 키 크고 건장한 인물이었다. 그는 걸걸하고 엄격하다는 인상을 주었으나, 거친 외모 뒤에는 친절하고 현명한 모습이 숨어 있기도 했다. 알렉산드르는 명백한 사명으로 확신한 것들을 마음에 새기며 권좌에 올랐다. 그 사명이란 곧 아버지를 살해한 혁명가들을 모두 제거하고 자유주의 개혁의 과도함과 실패를 바로잡는 조치들을 취하는 것이었다. 알렉산드르는 아들 니콜라이에 실망했고 아들을 냉대하고 괴롭혔다. 키 작고(167센티미터) 허약하며 사내답지 못하다고 놀리면서 말이다.

1894년 알렉산드르가 49세의 나이로 갑자기 사망했을 때, 26세이던 니콜라이는 전권을 행사하는 차르의 권좌를 인수하기에는 전혀 준비되어 있지 않은 상태였다. 서구 언론들은 일반적으로 치세 초기에는 그를 높이 평가했는데, 어느 정도는 그가 1899년 헤이그의 국제평화회의를 조직하는 데서 보여 준 역할 때문이었다. 그가 아버지와는 달리 자유주의 개혁에 열려 있을 뿐 아니라 심지어 유대인 신민들에 대해서도 좀 더 관대한 정책을 펼 것이라는 소문이 파다했다. 곧 소문은 믿을 수 없는 것으로 드러났다. 특히 니콜라이가 곧 유대인들에 대해 '전쟁 상태'를 선포한 것을 보면 그렇다. 그는 러시아 유대인들과 다른 나라에서 이들과 은밀하게 동맹을 맺은 유대인들이 자신을 능욕하고 러시아를 파괴하려 한다고 믿었다.

당시 니콜라이가 통치권을 행사한 나라는 그가 예상한 것보다 훨씬 더 빠르고 폭넓게 변화하고 있었다. 10년 안에 그는 일본과 재앙에 가까운 전쟁에 휘말리고 러시아의 패전이 불러온 대중적 불안에 제대로 대처하지 못하면서 1905년 혁명에 직면해야 했다. 1890년대 초 이래 러시아의 경제와 사회가 진행해 간 방향은 서유럽의 자본주의 단계를 회피한다는 나로드니크의 전망과는 정반대되는 것이었다. 서유럽의 투자 자본과 기술 전문가들이 나라에 쇄도하고 있었고, 대규모 기업들이 여러 지역에서 나타나고 있었다. 점점 더 많은 농민들은 공동체적으로

운영되는 촌락을 떠나 일자리를 얻으려고 새로운 공장들로 이동했다. 그들은 여러 가지 면에서 영국 산업화 초기에 노동자들이 직면한 것과 유사한 방식으로 소요 사태와 당국과의 폭력적 충돌을 감수해야 하는 낯선 도시적 환경에 내던져졌다.

마르크스주의의 호소력과 레닌주의의 등장

1890년대 이전에도 수많은 나로드니크들은 마르크스주의에 관심을 두고 있었다. 그런 관심은 나로드니크 운동의 숨길 수 없는 실패들과 관련이 크지만, 동시에 서유럽에서 SPD의 성공적인 모델과 마르크스주의의 확산과도 연관이 있었다. 20세기로 접어들 무렵 자본주의적 단계는, 내적인 모순들의 작동과 혁명적 프롤레타리아트의 형성이 그러하듯이 사실상 피할 수 없는 것으로 보였다. 1890년대에 러시아에서 노동자계급의 사회적 불만이 확산되기 시작했고, 세기 전환기에 이르러 일부 지역에서 그 정도가 심각해졌다. 1905년 혁명은 일본과 치른 전쟁에 대한 불만뿐 아니라 그와 같은 사회적 불만이 급속히 고조된 사정을 반영하고 있었다.

마르크스주의 정당으로서 러시아 사회민주노동당은 공식적으로 1898년에 창당되었다. SPD를 모델로 삼았지만 여러 면에서 그와 달랐다. 무엇보다 러시아에서 그런 종류의 정당은 비합법이었다. 그러나 좀 더 심오한 차이는 러시아의 공업화 단계가 독일에 견주어 많이 뒤처졌고, 그래서 프롤레타리아트의 수가 상대적으로 적었다는 사실에 있었다. 물론 SPD도 1878년부터 1890년까지 준합법 정당의 지위를 견뎌내야 했으나, 이는 러시아 정당의 경험과 비교하면 아이들 장난 수준의 시련이었다고 볼 수 있다. 왜냐하면 SPD에게는 어쨌거나 당시에 의회 대표권이 허용되어 있었고, 수백만 명의 독일 노동자들이 투표권을 보유하여 이를 SPD를 지지하는 데 사용할 수 있었기 때문이다.

러시아 정당은 창당 첫 단계에는 거의 모두가 지도자였고 소수의 추종자만 있을 따름이었다. 이들은 망명지에 살거나 러시아 제국의 하층 계급들과는 전혀 정기적이거나 밀접한 접촉을 유지하지 못하는 일단의 지식인들에 불과했다. 더욱이 이 정당은 창당된 그 시점부터 격렬한 분파주의에 휩쓸리며 내상을 입었다. 마르크스가 실제로 뜻한 바가 무엇인지의 문제는 서유럽 마르크스주의자들 사이에서보다 러시아 마르크스주의자들 사이에서 훨씬 더 격렬한 논쟁을 불러일으켰다. 모든 정치에 부수하기 마련인 개인적 경쟁심을 포함하여 이런저런 쟁점들이 불과 몇 년 사이에 분파적 적대로 이어져, 볼셰비키와 멘셰비키로 알려진 서로 분리된 정당을 형성하는 쪽으로까지 나아갔다.

러시아 정당 내부의 논쟁은 SPD를 분열시킨 논쟁들보다 요약하기가 훨씬 더 어렵다. 그러나 그런 논쟁의 기원은 1870년대에 '흑토 재분배 파'(Black Partition)로 알려진 나로드니크 분파로 거슬러 올라간다. 이 분파의 명칭은 1860년대에는 허용되지 않았던, 모든 토지에 대한 권리를 농민들이 갖는다는 주장과 관련이 있었다. 흑토 재분배파 단원들은 혁명이 성공하기 전에 먼저 '의식성'(soznanie)을 점진적으로 높여 가는 것이 중요하다고 강조했는데, 그럼으로써 혁명을 점화시킬 폭력 행위로서 테러리스트적인 행위를 통한 선전의 관념을 거부했다. 의식성과 하층계급의 '자생성'(stikhinost') 또는 본능적 반란성에 대한 잇따른 토론들은 러시아 마르크스주의 망명객들 사이에 벌어진 논쟁에서 대단히 복잡 미묘한 수준에 도달했다.

그런 논쟁에서 궁극적으로 블라디미르 일리치 울리야노프의 입장이 두드러졌다. 그는 나중에 혁명적 가명인 '레닌'이라는 이름으로 더 잘 알려질 터였다. 레닌의 주장은 1903년의 팸플릿 《무엇을 할 것인가?》 (Chto Delat'?)에 잘 요약되어 있는데, 그에 따르면 자본주의 아래에서 산업 프롤레타리아트의 반란성은 오직 '노동조합 의식'(즉 향상된 임금과 노동조건을 위해 조직할 필요성에 대한 노동자들의 인식)에 머무를 뿐이며 이 의식은 막 등장하는 자본주의 체제에 대한 좀 더 광범위한 문제 제기로 진화하지 못할 것이었다. 노동자 대중들이 좀 더 높은 수준의 인식에 도달하기 위해서는 직업 혁명가들로 이루어진 정당이 그들에게 혁명 의식을 주입하여 권력 장악과 프롤레타리아독재의 수립, 사회주의 도입으로 이어지는 과정에서 견실한 지도력을 발휘할 수 있어야 한다는 게 레닌의 주장이었다.

이와 관련된 또 다른 쟁점이 있었는데, 이것이야말로 볼셰비키와 멘셰비키가 분열하게 되는 중심적인 원인이었다. 이 쟁점은 혁명적 지도자 또는 '직업 혁명가'에게 필요한 종류의 헌신과 관계가 있었다. 세르게이 네차예프를 연상시킨 레닌에게는 그런 헌신이야말로 필요한 모든 것이었다. 반면에 멘셰비키 반대자들은 다소 덜 '직업적인' 사람들도 당원으로 받아들일 용의가 있었다. 이와 같은 볼셰비키와 멘셰비키 사이의 당파적 차이는 1917년에 러시아혁명의 성격을 둘러싼 훨씬 더 난해한 주장들과 뒤얽히게 될 텐데, 이에 관해서는 14장에서 좀 더 살펴보기로 하자.

흔히 레닌주의는 대단히 러시아적인 마르크스주의 버전으로 묘사되어 왔다. 많은 이들이 그것을 마르크스 사상의 왜곡으로, 결정적으로 마르크스가 실제로 의미한 바가 **아닌** 것으로 간주해 왔다. 더욱이 비판자들은 레닌이 추정컨대 시대착오적인 러시아 아나키즘의 요소들을 마르크스주의에 도입했다는 점에서 레닌주의를 갱신된 마르크스주의와는 정반대되는 것으로 간주해 왔다. 이와는 반대로 레닌은 자신이 베른슈타인이나 서유럽의 노동조합 지도자들에 의해 혁명적 내용이 거세된, 마르크스 자신의 마르크스주의를 부활시키고 있다고 주장했다. 레닌에 대한 서유럽 비판자들이 특히나 러시아적인 것이라고 생각한 많은 요소들은 내용보다는 어조(혁명적 순수성에 대한 레닌의 강렬한 관심)와 관련이 있었다. 그러나 비판자들은 레닌의 사상에 깃든 러시아적인 특색이 혁명적 엘리트주의에 특히 잘 나타난다고 주장했다. 혁명적 엘리트주의는 아마도 막대한 문맹 농민층을 거느린 전제적 러시아에서 쉬이 통할 수 있을지는 몰라도, 발전된 서유럽 국가들의 경우에는 통하지 않는 것이었다.

우리가 이미 살펴보았듯이, 레닌주의적 엘리트주의는 서유럽에도 선례가 있었는데, 바로 블랑키의 이념이 그 주목할 만한 사례다. 그럼에도 레닌의 이론은 혁명적 엘리트주의 및 주의주의(voluntarism)와 자본주의에 대한 마르크스주의 분석을 결합시켰다는 점에서 블랑키의 이론보다 현대적이었다. 그렇기는 해도 레닌이 러시아의 나로드니크 전통에서 깊이 영향을 받았다는 점은 명백하다. 그의 형인 알렉산드르는 알렉산드르 3세의 암살 음모에 관여했으나 1887년에 체포되어 사형에 처해졌다. 젊은 레닌은 형의 방식이 옳지 않다고 결론을 내렸으나, 여전히 나로드니크들의 혁명적 용기와 이타적인 헌신성을 찬미했다. '무엇을 할 것인가?'라는 문제 자체도 나로드니크 운동에서 온 것이었다. 나로드니크인 니콜라이 체르니셰프스키가 1863년에 바로 그 제목으로 교훈적인 소설 한 편을 썼는데, 레닌은 바로 이 소설을 일생동안 찬미했던 것이다. 이 소설의 영웅인 라흐메토프는 민중의 선을 위해 모든 것을 희생할 수 있는 혁명가였다. 체르니셰프스키 역시 계급 갈등을 진보의 원동력이라고 보고 위인들이 아니라 힘들게 일하는 대중들이야말로 역사를 만드는 사람들이라고 생각했다는 점에서 원형적 마르크스주의자(proto-Marxist)로 분류될 수 있을지 모른다.

레닌이 혁명적 리더십의 관념을 특별히 러시아적인 방식으로 비틀고 있던 동안 같은 시기에 서구 마르크스주의자들 또한 혁명을 어떻게 지도해야 할 것인가를 놓고 심각하게 고민하고 있었다. 독일 사회민주주의 운동이 수백만 명의 신규 당원들을 끌어들이는 등 성장 가도를 달림에 따라, 많은 지도자들은 노동자들이 지적으로 태만하고 대부분 눈앞의 즐거움에만 탐닉하며 무관심과 폭력적 반란성 사이에서 오락가락한다며 격분하기도 했다. 그리하여 이 지도자들은 현대 산업의 맥락에서조차 노동자계급에게는 강력한 리더십이 필요하다고 결론을 내렸으나, 그들이 생각한 리더십은 레닌이 제안한 종류의 것과는 약간 달랐다. 이 지도자들 다수는 아이러니하게도 마르크스주의의 혁명적 요소와 연관 고리를 끊어 내는 것이야말로 사회민주주의 운동이 다수파의 지지를 이끌어 낼 수 있는 유일한 방식이라고 믿었다. 노동자계급의 대다수, 특히 여전히 종교적 신념을 보유하고 있는 사람들은 마르크스주의 이론이 싫어한 부류였다. 또 어리석은 대중의 지배와 비숙련 노동자들의 무규율을 두려워하는, 상대적으로 임금 수준이 높은 숙련 노동자들도 마찬가지였다. 따라서 서유럽에서 노동자계급의 지도자들은 (마르크스주의 이론에 입각한) 혁명에 반대할 필요가 있었다.

물론 마르크스주의자들은 세기 전환기에 러시아에서 조직되기 시작한 유일한 세력이 아니었다. 나로드니크들도 여전히 러시아 농민층이 자신들을 지지해 주리라고 기대하면서 사회주의혁명당(Socialist Revolutionary Party)이라는 새로운 정당을 통해 정치 활동에 복귀했다. 입헌민주당(Constitutional Democrat Party)도 서유럽 및 중유럽의 자유민주주의 정당들과 얼추 유사한 정치 세력을 대표했다(그들은 카데트

[Kadet]로 알려지기도 했는데, 이 명칭은 종종 오해되듯이 영어의 '간부'[cadet]와는 아무런 관련이 없고 '입헌민주주의자'[Constitutional Democrat]를 뜻하는 러시아어의 첫 글자인 'Ka'와 'Deh'에서 유래했다). 모두 합법적이지 않았지만, 이런 정당들이 형성됨으로써 러시아가 어떻게 서유럽 모델들로 이동해 나갈 것인지의 문제가 일부나마 구체화되었다.

러일전쟁

차르 치하 러시아의 제국주의 열망은 당대 프랑스와 영국의 그런 열망들과 나란히 표현되었다. 비록 러시아의 제국적 팽창의 기원에 해당하는 시베리아와 중앙아시아 진출이 러시아사에서 한참 오래전으로 거슬러 올라가기는 하지만 말이다. 극동 지역으로 진출하려는 러시아의 열망은 일본의 야욕과 충돌하기에 이르렀다. 그리고 이 충돌은 1904년 1월에 발발한 전쟁으로 귀결된바, 이 러일전쟁은 러시아 역사의 전환점으로 기록되었다. 이 전쟁에 동원된 육군과 해군의 규모는 그야말로 거대했다. 1905년 2~3월의 평톈(奉天) 전투에서는 그 시점까지 인류 역사에서 벌어진 그 어떤 전투보다도 더 많은 부대가 동원되었다. 병사 수만 해도 대략 90만 명에 이르렀다. 그렇듯 러시아 군대와 일본 군대의 대규모 충돌은 전 세계 군사 전문가들의 관심을 끌었는데, 이들은 이번 전쟁을 통해 다음 전쟁이 어떤 모습을 띠게 될지에 대한 교훈을 얻으려고 했다.

공식적으로 일본군의 승리로 끝난 평톈 전투에서 그들이 관찰한 바는, 이 전투가 양쪽 모두를 어마어마하게 소모시킨 전투였다는 것이다 (대략 20만 명의 사상자와 그 3분의 1에 달하는 전사자). 일본의 승리는 놀라운 사건이었고 많은 유럽인들에게 충격으로 다가왔다. 앞으로 도래할 전쟁의 성격에 대해서도 일정한 놀라움이 있었다. 의심할 여지없이 가장 큰 충격을 받은 사람들은 바로 자신들의 군사적 무능함이 백일하에 드러난 러시아인들이었다. 니콜라이 2세는 측근들과의 회합 자리에서 일본인들을 가리켜 '원숭이들'이라고 불렀다고 하는데, 그는 곧 이 열등하다고 추정된 비유럽인들이 육상과 해상 모두에서 현대전의 기술을 인상적으로 터득했음을 깨달았다. 지구를 돌아 3만 킬로미터가 넘는 거리를 주파하며 파견된, 러시아의 자랑 발트 함대도 1905년 5월에 쓰시마해협에서 일본 해군과 맞닥뜨려 무력화되었다. 이 굴욕적 패배는 러시아를 충격의 도가니에 빠뜨렸고, 러시아 내부에서 혁명이 확산되고 일본의 발흥하는 힘을 전 세계에 알리는 데 기여했다.

혁명과 반동

일본과의 전쟁을 지도하는 과정에서 드러난 차르 니콜라이 2세의 무능함은 국내 발전에 대한 대응에서도 고스란히 드러났다. 그는 자신의 충성스러운 신민들이 20세기 초에 확산되던 불만에 감염되었다는 사실을 극구 믿지 않으려 했다. 사회적 불안은 차르의 마음속에서 대체로 러시아 안팎의 유대인들을 뜻한 '외국인들'의 소행일 수밖에 없었다. 니콜라이는 이들 유대인을 가리키는 '지디'(Zhydi)라는 속어를 사용했는데, 이는 얼추 정중한 표현으로 헤브루인들(Hebrews)을 뜻하는 '에브레이'(Evrei)보다는 영어의 '이즈'(Yids)에 해당하는 모욕적인 표현이었다. 니콜라이는 특히 유대인 금융가들(무엇보다 미국의 제이컵 시프)이 러시아의 외자 유치를 방해하고 일본에 차관을 공여했다는 보고에 큰 충격을 받았다. 또한 그와 측근들은 주도적인 급진 선동가들 가운데 유대인이 대단히 많다는 소식을 전해 듣고 있었다.

1905년 1월 상트페테르부르크에서 노동자 파업의 물결이 차르에 대한 직접적인 청원을 통해 경제적·정치적 개혁 모두를 요구하려는 계획으로 이어졌다. 마침내 1월 22일 25만 명가량의 군중들이 애국주의 노래를 부르며 한때는 차르 경찰의 지원 아래에서 보수적인 기독교 원칙에 따라 노동자들을 조직하는 데 앞장서서 활동한 정교 사제 가폰 신부의 인도를 받으면서 차르의 동궁 앞을 행진했다. 군중 속에는 여성과 아동들도 많이 있었는데, 이는 공식적으로 평화적 시위임을 보여 주는 표시이기도 했다. 그때 니콜라이는 실제로 궁 안에 없었지만, 궁을 에워싼 보안 부대가 공황 상태에 빠져 군중들을 향해 발포함으로써 수백 명이 목숨을 잃거나 부상을 당하는 일이 벌어졌다. 이 비극은 혁명의 역사에 '피의 일요일'(Bloody Sunday)로 기록되었고, 1819년 영국의 피털루 학살을 떠올리게 했다.

피의 일요일에 관한 소식이 러시아 전역으로 확산되었다. 민중적 신화에서 자신의 신민을 보살펴 주어야 할 차르인 '키 작은 아버지'(Little Father)께서 이제 악의 화신으로 나타나게 되었다. 잇따른 항의 파업의 물결이 온 나라를 휘감았고, 그런 파업들은 농민들 사이에서 새로운 사회적 불안이 발생하는 것으로 이어졌다. 이렇듯 대중적 분노가 고조되는 상황에서 사회민주주의자들과 사회주의혁명당 당원들, 카데트들 모두가 제각기 리더십을 발휘하기 위해 바삐 움직였다. 동시에 혁명적 평의회들(러시아어로 소비에티[soviety]라고 불리는데, 곧 영어식 표기로 '소비에트'[soviets]로 알려지게 되었다)이 주요 도시 지역에서 출현했다.

다양한 정치 당파 사이에서 국민주권과 서구 스타일의 시민적 자유들을 반영하는 입헌 정부가 필요하다는 최초의 합의가 나타나는 듯했다. 니콜라이 2세는 완강하게 저항했으나, 그와 측근들은 질서를 유지하기 위해 더 이상 군사력에 의지할 수 없을 정도로 역대 어떤 차르 정부도 경험한 적이 없는 강력한 세력들에 직면해 있음을 깨닫게 되었다. 6월 러시아 흑해 함대 소속 전함 포촘킨(Potyomkin/Potëmkin) 호의 선원들이 반란을 일으켰다. 10월에는 상트페테르부르크의 노동자 소비에트가 호소한 총파업이 성공을 거두면서 결국 차르는 양보 조치를 취하지 않을 수 없게 되었다. 마침내 니콜라이 2세는 '10월 선언'을 발표하여, 남성 보통선거권과 전국 의회, 즉 두마(duma)의 수립을 포함하는 시민적 자유들을 러시아인들에게 허용하겠노라고 약속했다.

10월 선언은 주요한 양보 조치로 보였지만, 혁명가들이 니콜라이의 약속을 신뢰하지 않았으므로 혁명가 대다수를 만족시키는 데는 실패했다. 그들의 의혹은 그야말로 정당했다. 니콜라이와 측근들은 온건파와 급진파 사이에서 분열 책동을 시도했고, 12월에는 상트페테르부르크의 지도자들을 검거하고 무장 반란 혐의로 재판에 회부하도록 명령했다. 이 시점에서 부각된 인물이 바로 레온 트로츠키였다. 그는 훗날 1917년 혁명과 그에 뒤따른 볼셰비키 체제에서 주도적인 인물로 활약할 터였다. 그는 자신의 재판에서 열광적인 변호로 세간의 주목을 끌었다. 그가 유대인이라는 사실도 관심을 끌었다.

유대인들에 대한 일반적 이미지는 순진한 대중을 교활하게 오도하는 위협적이고 파괴적인 혁명가들이라는 것이었는데, 이런 이미지는 제1차 세계대전 이전 러시아 우파 조직들이 공유한 요소였고, 1917년 이후에는 훨씬 더 광범위하게 확산된 이미지였다. 우파 정치 조직들이 형성되고 이들이 차르의 대의를 떠맡은 형국은 시대의 대세였지만, 전제적인 차르 체제가 좌파건 우파건 예전이라면 허용하지 않았을 대중의 정치 주도권을 수용했다는 점에서는 시대의 역설이기도 했다. 그러나

1905년 혁명으로 위협받는 정부로서는 때때로 부정확하기는 해도 집합적으로 '검은백인단'(Black Hundreds)으로 불린 '어둠'의 세력들과 동맹을 수용할 수밖에 없었을 것이다. 1905년 직전 시절에 유대인들에 대항한 폭력 행위들이 많이 발생했는데, 가장 악명 높은 것은 1903년 흑해 연안의 부산한 항구 도시이자 유대인 주민이 늘어나던 키시네프에서 일어난 사건이었다. 광란의 폭도들이 유대인 집과 상점들을 파괴하여 45명이 사망하고 500여 명이 부상당했다. 검은백인단이 폭도들을 선동한 책임이 있었다고 추정된다.

키시네프 학살은 유혈 사태와 그 파괴의 정도로 볼 때 러시아에서 1880년대 초에 일어난 학살을 포함한 이전 시대의 학살들을 능가했다. 그것은 시대를 대표하는 또 다른 종류의 아이콘이 되었고, 포촘킨 반란의 혁명적 메시지를 상쇄해 버릴 정도였다. 유대인 시인 하임 나흐만 비알리크는 키시네프 전역에서 "후들거리는 다리로 몸을 숨기거나 숙였던" 유대인들의 불명예와 굴욕감을 애끓는 시구절로 포착하기도 했다. 이제 젊은 세대의 유대인들에게 주요 관심사가 된 것은 예전처럼 수동적인 태도로 불운을 신의 의지로 받아들이는 태도를 버리고 되갚아 주는 일이었다. 이런 맥락에서 반항적이고 기백이 넘치던 트로츠키가 이제 막 부상하고 있는 마르크스주의자들뿐 아니라 마르크스주의와는 사뭇 다른 경향의 많은 유대인들에게도 영웅으로 떠올랐다.

러시아 전역에서 벌어지던 학살들은 1905년 혁명에 대한 반동으로 고조되어 갔다(1903~1906년에 600건이나 발생했다). 이 시점에 좌파 세력에 맞서 투쟁하는 정치적 수단으로서 반유대주의는 적어도 일부 보수주의자들에게는 서유럽에서보다는 러시아에서 더 전도유망한 것으로 보였다. 20세기 초 러시아적인 형태의 유대인 증오심은 서유럽의 경우보다 훨씬 더 무법적이고 폭력적인 아우라가 강했다. 그럼에도 20세기 초에 프랑스에서 일어난 사건들, 무엇보다 저 유명한 드레퓌스 사건 역시 서유럽의 반유대주의라는 쟁점에 그 이전까지는 없던 새로운 존재감과 강렬함을 덧입혔다.

1906년과 1914년 사이에 새로 선출된 두마 의원들은 종종 괴롭힘을 당하고 심지어 체포당하는 등 불안정한 지위에 놓여 있었다. 당시 차르의 유능한 총리대신 표트르 스톨리핀의 노선 아래에서 러시아 정부는 농민들에게 농촌 공동체를 떠나 사유지를 얻을 권리를 허용해 주는 입법을 도입했다. 스톨리핀의 정책적 판단 근거는 19세기 프랑스에서 토지 소유 농민들이 그러했듯이 러시아 농민들도 보수 세력으로 변모할 수 있다는 가설이었다. 비록 스톨리핀 역시 혁명가들을 억압하기 위해 가혹한 조치를 도입했다는 악명을 떨쳤지만, 그런 농업 정책은 맹목적인 억압 일변도의 정책보다는 훨씬 더 멀리 내다보는 정책처럼 보였다는 점에서 전도유망한 출발이 아닐 수 없었다.

과연 수백만 명의 농민들이 새로운 입법으로 혜택을 받았다. 러시아 농민들이 '부르주아적' 토지 소유자로 변모했다는 것은 궁극적으로 나로드니크의 전망이 종말을 고했음을 의미했지만, 스톨리핀은 차르의 미온적인 지지와 반동적 지주들의 적대감에 맞닥뜨려야 했다. 그는 1911년 한 극장에서 니콜라이 2세와 황비 알렉산드라가 앉아 있던 좌석 근처에서 암살당했다. 스톨리핀은 주요 각료인 비야체슬라프 플레베를 포함하여 혁명가들에게 살해당한 수많은 고위 관리들 가운데 한 명일뿐이었다. 그리고 스톨리핀과 플레베를 비롯한 수많은 러시아 고위 관리들을 살해한 자들은 다름 아닌 유대인 암살자들이었다.

| 더 읽을거리 |

9장에서 제시한 더 읽을거리에 언급된 책들 이외에 두 권의 영향력 있는 책이 1914년 이전 세대에 대한 학문적이면서도 생생한 개관을 제공해 준다. 스티븐 애시헤임의 《독일의 니체 유산, 1890~1990》(The Nietzsche Legacy in Germany, 1890-1990, 1992)과 카를 쇼르스케의 《세기말 빈: 정치와 문화》(Fin-de-Siècle Vienna: Politics and Culture, 1981)를 보라. 또한 마이클 스타니슬라우스키의 《시온주의와 세기말: 노르다우부터 자보틴스키까지 코즈모폴리터니즘과 민족주의》(Zionism and the Fin de Siècle: Cosmopolitanism and Nationalism from Nordau to Jabotinsky, 2001)를 보라.

로버트 K. 메이시의 대중적인 전기인 《니콜라이와 알렉산드라》(Nicholas and Alexandra, 2000)는 차르 니콜라이 2세의 사생활에 대한 세밀한 관찰을 제공한다. 파이프스의 《구체제 아래의 러시아》(Russia Under the Old Regime) 이외에도 제1차 세계대전과 러시아혁명을 다루게 될 11장, 12장, 13장의 더 읽을거리에서 추천될 책들도 1890년에서 1914년까지의 세대를 아우르는 당시의 배경을 폭넓게 소개하고 있다.

11장

벨 에포크, 프랑스와 영국

1890~1914

벨 에포크 시대에 독일과 러시아의 지도자들을 괴롭힌 내부 분쟁의
먹구름은 마찬가지로 프랑스와 영국의 시계(視界)도 어둡게 했다. 1914
년 무렵 영국은 아일랜드 문제를 둘러싸고 내전의 문턱까지 갔고, 프랑
스도 1896~1902년에 벌어진 드레퓌스 사건으로 역시 내전이 임박했
다고 느껴질 정도로 분열되었다. 그리하여 모범적인 두 자유민주주의
국가에서조차 과연 서구 자유주의가 오래도록 생존할 수 있을지를 의
심하게 하는 쟁점들이 제기되었던 것이다.

이런 의심은 자유주의가 궁극적으로 대표하는 것이 무엇이냐는 문
제를 둘러싼 변화하는 관점들과도 큰 관련이 있었다. 그것은 단지 근대
의 한 단계로서 결국 '자유주의적' 형태의 사회주의로 진화할 것인가?
아니면 반대로 좀 더 규율 잡힌 권위주의적인 무언가에 의해 폭력적으
로 대체되고 말 일시적인 이데올로기에 불과했는가? 고전적 자유주의
의 핵심 가치들은 점점 거세지는 제노포비아적(xenophobic) 민족주의

와 팽창주의적 제국주의의 현실은 말할 것도 없고 선진 자본주의의 변화하는 현실과 어떻게 화해할 수 있을 것인가?

혼란에 빠진 프랑스

비록 1890년대 들어 프랑스가 외교적 고립에서 빠져나오기 시작했지만, 독일에 대한 '복수'(revanche)를 꿈꾸는 프랑스인들의 꿈은 단지 꿈으로만 남았다. 프랑스가 적어도 가까운 장래에 독일과 또 다른 전쟁을 벌여 이길 수 없다는 점이 한층 명백했다. 독일의 급속한 인구 성장과 눈에 띄는 경제적 생산성, 가공할 만한 군사적 역량 때문에 복수의 전망은 가망이 없었다. 프랑스의 일부 좌파는 미래 독일과의 협력을 선호하면서 복수의 꿈을 접기 시작했다. 아프리카와 인도차이나에서 프랑스 제국이 성장하면서 '영광'에 대한 프랑스인들의 열망이 어느 정도 충족되고 독일에게 빼앗긴 지역들에 대한 관심도 어느 정도 희석되었다. 그럼에도 1871년의 굴욕은 당시 프랑스의 유력한 정치가의 말을 빌리자면 "계속 피가 철철 흐르고 있는 상처"와도 같았다. 제1차 세계대전 이전 세대의 독일과 영국에서 그렇게도 분명하게 나타났던 과대망상적인 민족주의는 이웃 프랑스에서도 틀림없이 작동하고 있었다.

1914년 이전 30~40년 동안 프랑스 공중의 마음을 빼앗은 문제는 대외 정책에도 영향을 끼친 일련의 국내 위기들이었다. 1871년의 선거들을 거치면서도 보수적인 군주제주의자들 다수는 미처 복귀하지 못한 상태였고, 부르봉파와 오를레앙파 모두로부터 인증을 받을 만한 국왕 후보도 아직 없었다. 그리하여 1875년에 임시로나마 공화주의적인 국가 형태에 대한 합의가 이루어졌다. 1870년대 말에 많은 사람들을 놀라게 한 현상이 나타났는데, 바로 프랑스에서 세 번째 새로운 공화정을 선호하는 견고한 다수파가 출현하기 시작한 것이다. 이 공화주의적 다수파는 대체로 볼 때 점차적으로 형성된 프랑스의 보수적 농촌 인구의 결론, 그러니까 새로운 공화국이 단지 파리 폭도들과 좌파 투사들의 노리개가 아니라 경제적으로나 사회적으로 보수적인, 믿을 만한 어떤 것이 될 수 있다는 결론에 바탕을 두고 있었다.

이렇듯 공화정의 새로운 지지 세력이 출현하고 있었음에도 불구하고 제3공화정의 정치적 미래는 밝지 않았고, 프랑스 인구의 분열도 변함없이 불길한 징조로 남아 있었다. 이런 분열은 당시 유럽 차원에서 발생한 속권-교권 분열의 프랑스 버전에서 가장 쓰라린 방식으로 표현되었는데, 역사가들도 이 분열을 가리켜 프랑스에서 일어난 현대판 '종교전쟁'이라고 부를 정도로 역설적이었다. 이 분열은 다른 사회경제적 쟁점들보다 프랑스 인구를 더 흥분시킨 쟁점이었다. 에르네스트 르낭이 1863년에 예수의 생애를 다룬 책을 출간한 후 그의 세속적 설명 방식이 얼마나 큰 논란을 불러일으켰는지에 관해서는 앞에서 살펴본 바 있다. 세속적 가치의 진전이라는 견지에서만 보면, 아마도 오귀스트 콩트의 저술들이 훨씬 더 큰 영향력을 행사했을 것이다. 르낭처럼 콩트도 어린 시절의 가톨릭 신념을 버리고 모든 사물에 대한 합리적 설명을 추구했다. 특히 그는 자연 세계가 그러하듯이 사회도 '과학적으로' 이해될 수 있다고 주장했다(그는 사회에 대한 과학적 연구라는 의미의 '사회학'[sociologie]이라는 용어를 만들어 냈다).

그런 주장이 프랑스에서 고등교육을 받은 수많은 세속적 좌파에게는 일종의 교리가 되었다. 그들은 과학자들이 물리적 세계를 이해하고 두려운 질병의 치료법을 발견하게 되듯이 여러 사회적 질병의 치료법도 사회 법칙의 이해를 통해 확보할 수 있다고 믿었다. 그리하여 콩트 특유의 어휘에 바탕을 둔 새로운 이즘이 등장했으니, '실증주의'(positivisme)가 바로 그것이었다(아마도 영어로 번역하자면 '과학주의'[scientism]가 가장 적절할 것이다). '실증주의자'로 자처한다고 함은 요정 이야기나 판타지가 아닌, 견고하고 반박할 수 없는 사실들, 곧 과학의 힘을 확고하게 믿는다는 뜻이다. 과연 프랑스에서 실증주의는 영국에서 '사회적 다윈주의'라고 불린 것과 중첩되었다.

프랑스 실증주의자들은 전통적인 가톨릭 종교를 인간 정신 발달의 하위 단계를 대표하는 것으로 치부했다. 그리하여 실증주의자들은 1870년대에 광범위한 일반 민중의 열렬한 호위를 받으며 '근본주의' 가톨릭이 급속히 출현하는 것을 보고 두려움을 느끼게 되었다. 이렇듯 새로이 부활한 형태의 가톨릭 신앙은 1845년에 발족한 교단인 '성모승천수도회'(Assumptionist Father)에 의해 자극을 받았다. 이 교단이 펴내는 일간지 《십자가》(La Croix)는 반동적인 정치 어젠다를 전면에 내세웠으나, 대중 저널리즘의 현대적 기법들을 활용했다. 그리하여 신문은 프랑스의 지방 소도시와 농촌 지역에서 막 글을 배웠거나 문맹에 가까운 하층계급 독자들에게 호소력을 발휘했다. 1871년 초에 성모승천수도회는 과거에 저지른 죄, 무엇보다 파리코뮌에 대한 속죄의 일환으로 파리의 성심성당(Sacré Coeur)을 건축하기 위해 기금을 모으는 과정에서 핵심적인 역할을 수행했다. 《십자가》의 편집자들은 제3공화정의 정치인들에게 무신론적이고 부패하다고 맹공을 퍼부으며 증오심을 정기적으로 표출했다.

1879년부터 1886년 사이에 통과된 '페리 법'(9장 참조)은 프랑스 초등교육에서 성직자의 영향력을 제한하려는 것으로서 세속적 공화주의자들이 가톨릭의 대중적 분출에 맞서기 위해 취한 몇 가지 조치들 가운데 하나였다. 가톨릭 신앙인의 관점에서 보면, 페리 법은 1880년대의 파나마 스캔들이나 가톨릭 은행 위니옹제네랄 파산과 더불어 프랑스가 반교권주의적이고 가망 없이 타락한 정치 계급(특히 프랑스를 '탈기독교화'할 목표를 가진 저명한 세속화된 유대인들과 프로테스탄트들)에 의해 지배되고 있다는 믿음을 입증하는 증거였다.

드레퓌스 사건

1894년 가을에 마침내 팽배한 긴장감이 분출될 유력한 통로가 생겼다. 당시에는 그저 '사건'(the Affair)라고 불리게 된 어떤 일이 개시되었는데, 바로 유대인 출신 육군 대위 알프레드 드레퓌스가 군사 기밀을 독일인들에게 팔아 넘겼다는 혐의로 체포되어 기소된 것이다. 그가 기소되고 1년쯤 지나 무죄라는 증거가 나옴과 동시에 기소 국면은 논쟁 국면으로 전환되었다. 당시 한 관찰자가 피력했듯이, 드레퓌스의 이름은 나폴레옹 1세 이래로 프랑스인의 이름으로는 가장 유명해졌다. 그리하여 사건은 한 사람의 유죄 여부를 둘러싼 재판이나 견해차를 훌쩍 뛰어넘는 사태로 번져 갔다. 사건의 세부 사항들은 극히 복잡하게 헝클어져 있었고, 일부 국면은 오늘날까지도 여전히 논란을 불러일으킨다. 그러나 역사에서 대개 그러하듯, 중요한 문제는 입증될 수 있는 것보다는 사람들이 진실이라고 믿는 것이다.

나중에 드레퓌스를 옹호하게 될 다수의 사람들조차 처음에는 이 특별한 유대인이 과거에 교묘하게 법망을 피해 간 다른 부패한 사람들과는 달리, 어쨌거나 체포되어 기소되었다는 사실에 만족감을 표했다. 그렇지 않았더라면 당시 의회주의적 공화정에 만연했던 뇌물이나 뒷거래로 교묘하게 빠져나갔을 부패한 인물이 군대의 정직성 덕분에 정의의 심판을 받게 되었다는 것이다. 가톨릭 우파에게 드레퓌스 기소는 유대인들이 민족 공동체의 믿음직한 구성원이 될 수 없고 유대인들에게는 필시 권력이 주어져서는 안 된다는 믿음을 다시금 확인시켜 주는 일이었다. 독일의 위협이 점차 뚜렷하게 감지되고 있던 시대에 프랑스의 수많은 전통주의자들은 유대인 장교가 치명적인 군사 기밀에 접근할 수 있을 정도로(당시 드레퓌스는 수습 작전참모였다) 유대인들이 군대 내 고위 계급으로 진출하고 있다는 사실 자체를 충격으로 받아들였다. 군중들은 드레퓌스 재판에 몰려가 "유대인들에게 죽음을!"이라는 구호를 외쳤다. 유대인들에 대해 공공연하게 표출된 적대감이 프랑스 전역으로 확산되면서 유대인들에 대한 공격이 거리에서 벌어지고 유대교 회당이나 유대인 상점에 대한 폭력 행위가 빈발했다. 그럼에도 폭력은 러시아에서 벌어진 그런 규모로까지는 비화되지 않았는데, 이는 대체로 프랑스 경찰이 법과 질서를 유지하기 위해 억지력을 발휘할 수 있었기 때문이다.

프랑스에서 드레퓌스 재판 이전에 근대적 형태의 정치적 반유대주의는 독일과 오스트리아의 경우만큼까지는 전개되지 않았다. 그러나 1886년에 유대인들이 나라를 탈취했다고 주장하는 에두아르 드뤼몽의《유대인의 프랑스》(Jewish France)가 출간되어 기존의 베스트셀러인 빌헬름 마르의《독일에 대한 유대인의 승리》의 유명세에 합세했는데, 마르의 책은 출간 첫해에만 10만 부가 팔리는 기염을 토했다. 드뤼몽의 저작은 마르의 책보다 좀 더 모호하고 좀 더 악의적이었다. 그것은 드뤼몽이 역사 속에서 유대인에 관해 모을 수 있는 온갖 부정적인 면을 한데 요약한 두 권짜리 책으로서, 특히 반유대주의자들이 믿기로 유대인들이 막후에서 프랑스의 국가와 경제를 쥐락펴락하는 가상의 유대인 조직인 '조합'(Syndicat)의 역할을 강조했다.

그림 11 "가족의 품보다 더 나은 곳은 어디인가?"
그림 아래에는 이렇게 쓰여 있다. "드레퓌스는 프랑스 우파에 의해 악마화되었는데, 이들은 악마
의 섬이 그를 위해 마련된 최적의 장소라고 생각했다." 개인 소장품 / Roger-Viollet, Paris / The
Bridgeman Art Library.

　드뤼몽이 발행하던 신문《자유 언론》(La Libre Parole)은 그 이전까지
는 파나마 사태를 둘러싼 부패 추문을 폭로하는 데 주력했지만, 드레퓌
스가 체포되었다는 소식이 발표되고부터는 드레퓌스가 모든 것을 자백
했음에도 불구하고 드레퓌스의 부유한 친척들이 그를 석방시키기 위해
노력할 것이라고 경고하고 나섰다. 그러나 드레퓌스가 자백했다는 것은
사실이 아니었다. 더욱이 드레퓌스의 무죄를 뒷받침하는 증거가 나오기
시작했는데, 증거는 군대 관리들이 그를 비난하는 데 혈안이 되어 있
고 무능하며 반유대주의적이며 나아가 다른 장교가 스파이라는 증거
를 감추고 있다는 것을 드러냈다. 드뤼몽과 반공화주의 우파 인사들은
경멸적인 언사로 이 새로운 증거를 또 다른 유대인들의 속임수라고 치

부했다. 즉 '조합'이 움직였다는 것이다. 바야흐로 프랑스인들, 특히 파리 시민의 다수는 곧 격렬한 감정에 휩싸인 적대적인 당파들로 나뉘고 있었다. 한 쪽은 드레퓌스파(Dreyfusards)고 다른 쪽은 반드레퓌스파(anti-Dreyfusards)였다. 이 두 당파는 대체로 기성의 정치적 좌파와 우파를 각각 반영하고 있었지만, 기왕의 정치적 동맹체들과 오랜 친구들, 심지어 가족 구성원들까지도 드레퓌스의 유죄 여부라는 쟁점을 둘러싸고 험악한 대결을 벌일 정도로 심각한 분열을 부추겼다.

그 쟁점은 다른 많은 쟁점들과 감정적으로 연루된 상징과 뒤얽혔다. 많은 반드레퓌스파에게 중심적인 문제는 그 동기와 정직성이 심히 의심쩍은 좌파에게 프랑스 군대가 굴욕적이고 불명예스러운 조사를 받아야 하는지 여부였다. 실상, 일부 반드레퓌스파에게 드레퓌스라는 한 사람의 결백함은 군대를 능욕함으로써 가뜩이나 취약한 조국을 더 허약하게 만드는 위험에 비교한다면 상대적으로 중요하지 않은 문제였다. 그럼에도 드레퓌스파에게 이 쟁점은 비록 정의가 국가 안보와 상충될지라도 오롯이 정의를 실현해야 하는 문제가 되었다. 돌이켜 보건대, 드레퓌스파의 정의감은 반드레퓌스파가 좌파 정치인이나 지식인들을 의혹과 경멸의 렌즈로 보았던 것과 유사한 방식으로 프랑스의 보수적이고 압도적으로 가톨릭적인 군 장교들에 대한 의혹의 렌즈를 통해 투사된 정의감이었다는 것이 분명하다.

사건은 프랑스의 가장 유명한 소설가 에밀 졸라가 싸움판에 뛰어들어 결국 유럽사에서 가장 유명한 선언 가운데 하나가 된 선언문을 발표하면서 훨씬 더 폭발적으로 변모했다. "나는 고발한다!"(J'accuse!)라는 구절로 시작하는 선언문에서 졸라는 고위급 장교들을 위증과 은폐 혐의로 비난하고 그 이름들을 열거했다. 졸라의 많은 소설들은 비인격적인 힘들(계급, 인종, 질병)의 농간에 휘둘리는 프랑스 사회의 초상을 묘파한 것으로 유명했고, 그런 그의 소설들에 대해 가톨릭 우파 다수는 쓰레기('실증주의적 포르노그래피')라고 혹평하곤 했다. 많은 보수주의자들은 졸라가 드레퓌스를 옹호하는 과정에서 본의 아니게도 반드레퓌스파가 되고 말았다는 사실을 단지 배우기만 하면 됐다. 졸라는 자신이 퍼부었던 비난을 스스로 입증할 수 없음을 알고 있었다(사실, 그의 비난은 적어도 실명이 거론된 일부 인사들에 대해서만큼은 부당하다는 점이 드러날 터였다). 그러나 그는 이 비난 공세를 필요한 도박이라고 보면서 목표를 위해 전력을 다하고자 했다. 그런 면에서 졸라는 결국 성공을 거두었다.

결국 드레퓌스는 5년 동안 지옥 같은 고문을 경험한 프랑스령 기아나의 유형 식민지인 악마의 섬에서 석방되었고, 새로운 재판들(그에 대한 재판뿐 아니라 그와 연관된 다른 이들에 대한 재판들)을 통해 무죄임이 밝혀졌다. 승리한 드레퓌스파 공화주의자들은 프랑스 의회와 국가에 대한 장악력을 강화했고, 그런 뒤에 군대를 깨끗이 정리하는 쪽으로 관심을 돌렸다. 그들은 또한 가톨릭교회를 약화시키려는 후속 조치들을 취했다. 그러나 사건은 기억 속에서 끝나지 않았다. 우파의 다수는 변함없이 드레퓌스가 유죄이며 그의 무죄 방면이 유대인 권력의 증거라고 믿었다. 반면 우파와 똑같은 열정으로 좌파는, 정의가 실현되었으며 저 높은 자리들에 만연한 부패가 용감하고 헌신적인 시민들의 노력으로 신랄하게 폭로되었다고 믿었다.

한동안 드레퓌스파의 승리는, 그동안 무시되어 온 프랑스의 수많은 경제적·사회적 문제들을 좀 더 효과적으로 다룰 수 있는 응집력 있는 중도좌파 연립에 기초하여 좀 더 안정적이고 안전한 공화국이 발전하는 데 기여했다. 이 연립은 온건파(modérés, 중도 공화주의 경향)와 급진파(좀 더 전투적인 공화주의자들), 그리고 사회주의자(교조적인 마르크스주의자들부터 신중한 개량주의자들까지)로 이루어졌다. 그럼에도 좌파든 우파든 뿌리 깊은 프랑스 정치 계급의 부패가 다시 불거짐에 따라 이전 시대 내각의 불안정성도 조만간 다시 불거질 터였다.

과연 제1차 세계대전 전야에 드레퓌스를 옹호하면서 정의와 진실 편에서 싸운 일부 이상주의자들은 미몽에서 깨어나게 되었다. 1장에서 언급했듯이, 그런 사람들 가운데 가장 기억할 만한 인물이 바로 사회주의 성향의 가톨릭 시인으로서 드레퓌스를 처음부터 옹호한 샤를 페기였다. 그는 1910년에 《우리 젊은 날》(Notre Jeunesse)을 출간했는데, 이 책에서 '신비적인 것'(mystique)으로부터 '정치적인 것'(politique)으로의 이행이라는 문제를 제기했다. 그 이행이란 구체적으로 말해서 인생 초창기에 빛나는 정의의 이상을 간직한 고독하고 용감한 사람들로부터 인생 말년에 드레퓌스파의 승리를 이기적이고 추악한 이해관계를 위해 조작하고 이용하는 냉소적 출세주의자들로의 이행을 뜻하는 것이다.

조금 다른 의미에서이기는 하지만, 드레퓌스 사건을 실망스럽게 관찰한 또 다른 인물은 빈의 어느 저명한 신문의 기자이자 조만간 시온주의로 알려지게 될 근대적 유대 민족주의의 창시자로 널리 인정받는 테오도어 헤르츨이었다. 그가 창시한 새로운 이즘은 흔히 반유대주의에 대한 직접적인 반응으로 등장한 것이라고 묘사되는데, 그 내용은 유대인들이 그 어떤 근대 민족에게도 완전히 받아들여질 수 없을 거라는 헤르츨 자신의 충격적인 결론(프랑스 군중들이 "유대인들에게 죽음을!"이라고 외치는 장면을 목격하고서 내린 결론)에서 잘 요약된다. 그 이전까지 헤르츨은 프랑스를 근대적 관용과 보편주의 이상에 뿌리를 둔 모델이라고 보았지만, 드레퓌스 사건 이후에는 이렇게 글을 쓰게 된다. "우리[유대인들]는 우리가 박해받지 않는 곳으로 가고, 그런 뒤에 우리의 등장은 다시 새로운 박해로 이어진다. 이는 사실이며 모든 곳에서 사실로 남을 것이다." 그렇다면 유대인 문제에 대한 그의 해결책은 유대인들이 동화를 통해 유럽 각국에 받아들여질 수 있다는 희망을 버리는 것이었다. 이제 그들은 자신들만의 국가, 즉 박해와 추방, 경멸의 수세기 동안 그들이 얻게 된 심리적이고도 신체적인 결함들을 떼어내 버리고 '정상적인' 존재가 될 수 있는 그들만의 국가를 건설할 필요가 있었다. 그럼에도 바로 그 시점에서 헤르츨은 레닌과 매우 유사하게도 유럽 사회에서 그다지 널리 알려지지는 못했다(헤르츨은 1904년에 44세의 나이로 세상을 떠났다).

프랑스 사회주의

그렇기는 해도 프랑스에서 각성과 불화의 징후 내지는 또 다른 종류의 강한 신비감이 나타났다. 이는 사회주의자 알렉상드르 밀랑이 드레퓌스 사건이 한창이던 1898년 6월에 부르주아의 주도 아래에서 공화정을 방어하기 위해 수립된 비사회주의 연립에 참여함으로써 일어난 반향들과 관계되어 있었다(10장 참조). 밀랑이 공직에 있던 시기는 많은 사회주의자들에게 대단히 실망스러운 것으로 평가되었다. 그것은 계급 협력이 환상이며 부르주아 정치가 불가피하게 부패하고 있었다는 것을 보여 주는 증거였다. 1903년 공직에서 물러난 밀랑은 점차 우파로 이동하다가 결국 제1차 세계대전 이후에는 공화정의 악명 높은 반사회주의 대통령이 되었다.

1904년 여당 성향과 계급 협력에 대한 사회주의인터내셔널의 비난은 프랑스에서 다양한 사회주의 분파들의 통합 움직임을 견인하는 효과가 있었는데, 마침내 그런 움직임의 결과로 1905년에 노동자인터내셔널 프랑스지부(SFIO, Section Française de l'Internationale Ouvrière, 프랑스 사회당의 전신)가 성립되었다. 이 정당은 20세기 후반까지 지속될 터, 애초에 형성기부터 인터내셔널의 역할이 컸음을 증언해 준다. 새로운 정당 강령은 사회주의자들이 부르주아 정당들로 이루어진 미래의 어떤 내각에도 참여하지 않고, 그 대신 인구 다수의 지지에 기초하여 궁극적으로 마르크스주의적인 혁명의 승리를 위해 복무한다는 조항을 포함하고 있었다.

1905년부터 1914년까지 SFIO는 점차 성장하고는 있었으나, 여전히 독일의 SPD(사민당)에 비해 군소 정당으로 남아 있었다(1914년 무렵 당원 수가 대략 SPD의 10분의 1 밖에 되지 않았다). SPD가 독일 노동조합운동과 긴밀하게 동맹을 맺고 있었던 것과는 대조적으로, SFIO는 노동총동맹 (CGT, Confederation Generale du Travail, 1895년 창립)으로부터 큰 의혹을 사고 있었다. 독일의 경우보다 훨씬 조합원 수가 적은 프랑스 노동운동 또는 노동조합운동은 통상 '혁명적 생디칼리슴'이나 '아나르코생디칼리슴'으로 알려졌다.* 프랑스의 아나르코생디칼리스트들은 제3공화정의 정치인들에 대한 깊은 불신감을 가톨릭 우파와 공유했다. 이와 동시에 그들은 부르주아적인 모든 것에 대한 경멸감을 마르크스주의 좌파와 공유했다.

아나르코생디칼리슴 운동은 대략 1902~1908년에 전성기를 맞이했는데, 총파업을 옹호함으로써 국제적인 관심을 끌었다. 아나르코생디칼리스트들이 말한 총파업은 어떤 시점에 자본주의와 중앙집권 국가를

---

* 문자 그대로 '노동조합주의' 내지 '노동조합운동'을 뜻하는 프랑스어 '생디칼리슴'(syndicalisme)은 아나키즘과 결합하여 '아나르코생디칼리슴'(anarcho-syndicalism)으로도 발전했다. 주로 프랑스와 에스파냐, 이탈리아 등지에서 우세한 노동운동의 한 갈래였다. 국가권력에 대한 강한 불신감을 바탕으로, 노동조합(syndicat)과 노동자의 직접행동(총파업)을 통한 사회 변화를 추구했다. 이탈리아에서는 '혁명적 생디칼리슴'이 민족주의와 결합하여 '민족적 생디칼리슴'으로 변모하면서 파시즘의 한 기원을 이루기도 했다.

극적으로 거꾸러뜨리는 모든 노동자들의 자발적인 조업 중단을 의미했다. 자본주의와 중앙집권 국가는 노동자계급의 지방 조직들에 의해 통제되는 탈중앙집권화된 국가로 대체될 것이었다. 전쟁 이전 독일에서 노동자계급 지도자들은 과연 자기 나라에서 총파업이 실효성이 있겠냐는 문제를 둘러싸고 분열되어 있었다. 일부는 총파업이 단지 혼란과 탄압만을 불러온다고 보았다. 그런 견해를 갖고 있던 어떤 지도자는 화가 나서 이런 말을 불쑥 내뱉기도 했다. "총파업이라. 그거야말로 헛소리지!" 실제로 총파업의 관념은 노동조합이 가장 취약한 프랑스와 이탈리아, 에스파냐에서 가장 큰 매력을 뿜어내는 경향이 있었다.

총파업을 둘러싸고 가장 광범위한 영향력을 행사한 논쟁이 있었다면, 그것은 아마도 1908년 조르주 소렐이 출간한 《폭력에 대한 성찰》(Reflections on Violence)일 것이다. 소렐의 저서들은 단순히 특이하다는 차원을 넘어 신비로운 니체적인 차원까지 담고 있어서, 소렐도 니체와 마찬가지로 훗날 저 유명한 베니토 무솔리니처럼 파시스트가 된 영향력 있는 사람들에게 신봉의 대상이 되었다. 소렐이 보기에 계급 갈등과 폭력은 혐오스럽다기보다는 도덕적으로 충전시켜 주는 힘이 있었다. 총파업의 신비(아니면 그 스스로 표현했듯이 '신화')는 기독교 신앙인들이 믿는 심판의 날과 비슷했다. 특히 소렐의 관심을 사로잡은 것은 그런 신화들이 정녕 진실한지 여부가 아니라 신화들이 사람들로 하여금 일상을 부수고 나와 협소한 이해관계를 내던져 버릴 수 있게 함으로써 도덕적 열정과 영웅적 행위에 영감을 불어넣는다는 사실 자체였다.

1914년 무렵 제3공화정은 대개 가톨릭 비판자들로 이루어진 보수주의자들에게는 그들 말마따나 '창녀'(la queue)로 보였다. 그들이 믿기에 부패하고 싸움질만 하는 정치 당파들은 사회 분열을 완화하기는커녕 강화시킬 따름이었다. 훗날 역사가들도 야박하게 제3공화정을 비판했는데, 아나나 다를까 그들은 제3공화정 마지막 시기에 프랑스가 이미 나치 독일군이 진주하기도 전에 완전히 붕괴했다는 식의 프리즘을 통해 평가했던 것이다. 이와 유사한 방식으로, 훗날 홀로코스트도 드레퓌스 사건을 새삼 두드러지게 만들었는데, 적어도 일부 관찰자들에게 드레퓌스 사건은 헤르츨이 옳았다는 증거, 다시 말해 당대인들은 미처 인식하지 못했지만 1914년 이전 세대에 반유대주의의 거센 파고가 불길하게 밀려들고 있었다는 증거를 제공했다.

그러나 그런 후대의 해석은 그야말로 사후적일 뿐, 의미심장하게도 제1차 세계대전 직전 시절을 직접 살아가던 사람들의 눈에는 당시 사태가 후대의 해석과는 다르게 보였다. 과연 그 시절에 인상적이었던 것은 오히려 공화정이 끈질기게 생존했다는 사실, 그리고 반유대주의에 반대한 사람들이 승리했다는 사실이었다. 당시 프랑스 유대인들은 자신들의 미래가 가망 없다고 보지 않았고, 프랑스를 떠나려고도 하지 않았다. 극소수의 토착 프랑스계 유대인들만이 시온주의자가 되는 길로 이끌렸을 뿐, 서유럽 국가들에 살던 유대인들 대부분은 결코 그렇지 않았던 것이다. 제3공화정의 프랑스는 동유럽 출신의 유대인들에게는 빈곤과 박해를 피할 수 있는 가장 훌륭한 기착지로 남아 있었다.

에드워드 시대의 영국

빅토리아 여왕은 1901년까지 살았으나, 빅토리아 시대는 여왕이 서거하기 10년 전에 이미 끝났다고 말할 수 있다. 여왕은 치세 초기에 차티스트운동과 반군주제 선동에서 시작하여 1861년 부군인 앨버트 공의 돌연한 사망을 거쳐 자신이 가장 싫어한 총리인 윌리엄 글래드스턴이 이끈 여러 내각에 이르기까지 64년 동안 온갖 풍상과 역경을 겪었다. 여왕이 81세의 나이로 서거한 것은 어쩌면 행운이었다고도 볼 수 있다. 왜냐하면 20세기는 여왕이 심리적으로 완전히 적응할 수 없을 정도의 충격들을 예고하고 있었기 때문이다. 빅토리아 여왕이 대중 민주주의의 여왕이 된다는 이념을 깊이 혐오했다는 것은 앞에서 언급한 바 있다. 여왕은 이와 유사하게 여성 평등권이라는 관념도 '제정신이 아닌 사악한 어리석음'의 소치라고 생각했다. 이른바 참정권론자들, 즉 여성에게 투표권을 부여할 것을 선동한 사람들은 여왕의 눈에 심히 거슬리는 세력이었다. 그들은 "여성스러운 감정과 예절을 완전히 몰각한" 사람들이었던 것이다. 그리고 빅토리아 여왕이 죽어 갈 때, 여왕의 제국도 남아프리카에서 벌어진 추악하고 비인간적인 전쟁의 수렁에 빠지게 되었다.

빅토리아 여왕이 선호하건 말건, 어쨌거나 대중 민주주의는 진전되고 있었고 그것도 외관상으로는 속도가 더 빨라지고 있었다. 1884년의 선거법 개혁은 영국의 유권자가 독일과 프랑스의 유권자만큼이나 증가하고 있었음을 의미했다. 1890년대 들어 하층 신분 출신의 모든 성인 남성이 의원을 선출할 투표권을 갖게 될 거라는 전망이 눈앞에 보였다. 영국의 지배 기구는 부자들과 좋은 집안 출신의 인사들끼리 모이는 클럽 중심 회합에서 점차 벗어나, 맞은편에 계급의 적과 상대하는 다수의 노동자계급 대표를 거느린 독일의 제국의회처럼 되었다.

그럼에도 영국 의회의 구성원들이 봉급을 받게 됨으로써 정치적 경력이 사회 하층민 출신의 누군가에게도 현실성 있는 전망이 된 것은 1911년에 가서야 비로소 가능해졌다. 10년 전에 새로운 독자적 노동자계급 정당인 노동당이 창당되었다. 초창기에 노동당의 성장은 더뎠고, 처음에는 생산수단의 집단적 소유권을 옹호한다는 차원에서 사회주의를 포용하지도 않았다. 노동당의 정치적 입장은 단순히 좌파 자유주의로 불릴 수 있는 종류의 것이었는데, 예견 가능한 미래에 자본주의의 근본적 변형보다는 가난한 사람들에게 혜택이 되는 단편적 조치들을 추구하는 정도였다.

한편, 자유당은 이 노동자계급 정당이 왼쪽에서 가해 오는 경쟁에 대응해야 했는데, 그 과정에서 공식적으로 오랫동안 내세웠던 자유방임 정책을 포기하고 명시적으로 경제 문제에 대해 국가가 적극적으로 간섭하는 역할을 받아들였다. 1906년부터 대략 10년 동안 자유당은 이른바 '빈곤에 대한 전쟁'을 통해 연금 수당과 실업 연금, 빈민에 대한 건강보험을 포함하는 일련의 입법 조치들을 도입했다. 그런 사회복지 지출을 감당하기 위해 부자들에게 세금을 부과하는 조치가 1909년 누진소득세 및 상속세를 도입하는 입법을 통해 이루어졌다.

자유당의 좌익 선회는 오랜 지지자들 사이에서 당혹감을 불러일으키기도 했으나, 특히 분노에 찬 단호한 반대는 주로 특권 지주층 출신의 부자들을 대표하는 상원의 보수주의자들로부터 왔다. 과거에도 상원은 상원의원의 특권에 영향을 미친 입법을 방해할 수 있었지만, 그런 선택 대안을 취할 가능성은 1911년의 의회법(Parliament Act)으로 하원에 대한 상원의 거부권이 사실상 제거됨으로써 사라져 버렸다. 의회법이 통과된 직후 몇 년 동안 탄광 노동자들과 철도 노동자들의 대규모 파업이 발생했는데, 이는 새로운 입법이 영국 노동자계급의 상당 부분을 만족시키지 못했음을 여실히 보여 주었다. 이런 사회적 불만은 일찍이 빅토리아 여왕이 예언한바, 민주주의적 군주정과 함께 도래할 '약탈과 학살'까지는 아니었지만, 영국의 보수주의자들은 자신들의 미래에 대해 이제까지보다 더 큰 불안감에 휩싸이기 시작했다.

두려워할 만한 다른 이유들도 있었다. 아일랜드 문제는 여전히 현재

진행형이었다. 그것은 영국에게는 프랑스인들에게 골칫거리였던 알자스-로렌 문제보다도 훨씬 아픈 '계속 피가 철철 흐르는 상처'로 보였다. 앞서 살펴보았듯이, 1870~1880년대에 '아일랜드 자치'(Home Rule)라는 쟁점을 둘러싸고 글래드스턴의 자유당이 분열한 바 있다. 그 후 아일랜드 민족주의자들(대다수가 가톨릭교도)은 대담하게도 북아일랜드의 편입을 포함하지 않는 그 어떤 협정도 받아들이기를 거부했다. 북부 얼스터*에서 인구의 다수를 이루며 살던 프로테스탄트들 역시 그에 못지않게 대담하게 가톨릭이 다수를 이루는 통일된 국가에 편입되는 것을 거부했다. 몇 년을 끌던 의회 협상이 별무신통으로 끝난 후 양측이 무장에 나섬으로써 폭력적인 대결 양상으로 치닫게 되었다. 의회 대표들은 내전이 시작될지 모른다는 두려움 앞에서 결국 1914년에 자치법(Home Rule Act)을 통과시켰다. 그럼에도 법안의 정확한 조항들이 작성되고 있던 시점에 유럽 대륙에서 전쟁이 발발함으로써 결국 법안은 뒤로 밀리고 말았다.

1914년 8월 초 선전포고가 이루어진 다음 영국인들 대다수는 애국주의 물결에 휩싸이게 되었건만(12장에서 살펴볼 것이다), 애국심은 아일랜드의 가톨릭 민족주의자들 다수까지 움직일 수는 없었다. 아일랜드 민족주의자들 대다수는 이제 영국의 악마화된 적수가 된 독일을 잠재적인 동맹자—'내 적의 적은 친구'—로서 호의적인 시선으로 바라보는 경향이 있었다. 1916년 부활절 주간에 아일랜드 민족주의자들은 아일랜드에서 무장 봉기를 일으켰는데, 봉기 지도자들은 아일랜드 독립 공화국을 선포하기까지 했다. 이 시점에 제1차 세계대전은 절망적인 단계에 이르렀고, 그래서 부활절 봉기에 대한 런던의 대응은 정말이지 가혹

---

* 얼스터(Ulster)는 옛 아일랜드의 명칭이다. 여기서 북부 얼스터란 곧 북아일랜드를 가리킨다.

한 것이었다. 봉기 지도자들은 전시 반역자로 몰려 군사법정에 세워져 즉결 처형되었다. 아일랜드라는 상처에서는 계속해서 피가 흘렀고, 앞으로도 더 많은 피가 흘러야 할 터였다.

보어전쟁

보어전쟁(1899~1902)은 1914년 직전 세대의 영국인들이 경험한 것 중 가장 폭력적이고 도덕적으로도 곤혹스러운 위기로 기록된다. 보어전쟁 시기는 프랑스에서 드레퓌스 사건이 치열하게 전개되던 시기와 겹치고 새로이 문자해득력을 갖춘 대중들이 그 시대의 대중 언론에 자극을 받아 민족적 위신이라는 쟁점에 개입하게 되었다는 의미에서도 역시 드레퓌스 사건에 필적할 정도로 영국을 분열시켰다. 비록 반유대주의가 보어전쟁의 주요 쟁점은 아니었지만, 부유한 유대인들이 전쟁을 일으키고 그런 다음 전쟁에서 이득을 얻는 등 중요한 역할을 담당하고 있다는 비난이 거세졌다.

1890년대 들어 '해가 지지 않는' 영 제국은 계급과 지역, 종교를 가로질러 강력한 민족적 자존심의 원천이 되었다. 그러나 제국의 획득과 보유는 다른 모든 유럽 제국주의자들과 마찬가지로 영국인들에게도 끔찍한 난폭함을 수반하는 것이었다. 1890년대 말에 이른바 '제국주의 각축전'(orgy of imperialism)과 '아프리카 쟁탈전'(scramble for Africa)으로 불린 과정이 진행되고 있었다. 이처럼 유럽의 지배권이 다소간 갑작스럽게 팽창한 이유에 대해서, 특히 불과 수십 년 전부터야 비로소 식민지 보유가 유행처럼 번지기 시작한 이유를 둘러싸고는 역사가들 사이에 오랫동안 논쟁이 벌어져 왔다. 글래드스턴은 영 제국이 사라질

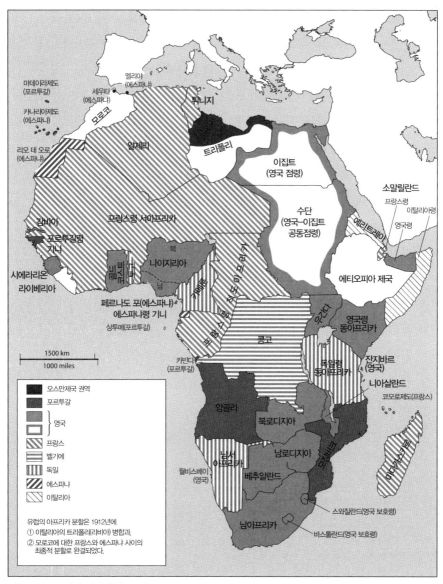

마데이라제도
(포르투갈)

캐나리아제도
(에스파냐)

멜리야
(에스파냐)

세우타
(에스파냐)

모로코

튀니지

알제리

트리폴리

이집트
(영국 점령)

리오 데 오로
(에스파냐)

소말릴란드
프랑스령
이탈리아령
영국령

프랑스령 서아프리카

수단
(영국-이집트
공동점령)

에리트레아

감비아

포르투갈령
기니

시에라리온
라이베리아

북
나이지리아

포르투갈령
가나

남

독일령 남서아프리카

에티오피아 제국

우간다

영국령
동아프리카

페르난도 포(에스파냐)
에스파냐령 기니

상투메(포르투갈)

콩고

독일령
동아프리카

잔지바르
(영국)

니아살란드

1500 km
1000 miles

카빈다
(포르투갈)

앙골라

북로디지아

월비스베이
(영국)

남서
아프리카

베추아날란드

남로디지아

모잠비크

코모로제도(프랑스)

남아프리카

스와질란드(영국 보호령)

바스톨란드(영국 보호령)

■ 오스만제국 권역
■ 포르투갈
■ ⎫
  ⎬ 영국
□ ⎭
▨ 프랑스
▤ 벨기에
▥ 독일
▧ 에스파냐
▨ 이탈리아

유럽의 아프리카 분할은 1912년에
① 이탈리아의 트리폴리(리비아) 병합과,
② 모로코에 대한 프랑스와 에스파냐 사이의
   최종적 분할로 완결되었다.

지도 6 아프리카에 펼쳐진 제국주의

운명에 처해 있다고 생각했고, 디즈레일리는 식민지를 '우리 목에 매달린 맷돌'*이라고 묘사했다. 1890년대 무렵 당대인들은 식민지의 가치와 식민지 보유의 동기라는 쟁점을 둘러싸고 활기찬 논쟁을 벌이고 있었다. 제국주의는 완전히 이기적이기만 한 것인가, 아니면 이타적인 동기도 뒤섞여 있는 것인가? 영국 주민들은 제법 많은 이득을 볼 것인가, 아니면 대차대조표상 제국은 모국의 자원을 고갈시킬 것인가?

이미 살펴본 다양한 경향들이 제국 팽창을 촉진하는 과정에서 무척 중요한 역할을 했다. 특히 중요한 것은 급속한 산업 성장이 이루어지면서 유럽에는 희소한 원자재 수요와 상품 시장의 필요를 자극했다는 사실이다. 유럽의 주요 열강 사이에서 다른 민족들이 제국주의 쟁탈전에서 앞서가지 않을까 하는 근심어린 불만이 표출되는 가운데 정점에 달한 경쟁심 또한 제국의 팽창을 촉진한 주된 요인이었다. 새로운 황색 언론이 부채질한 포퓰리즘적인 과잉 민족주의도 제국주의적 명분과 전형적으로 결탁했다. 여기에는 비유럽 지역에 사는 사람들이 스스로 통치할 역량이 없기 때문에 유럽의 원조(의약품과 테크놀로지, 경영 기법)가 필요하다는 믿음이 담겨 있었다. 마지막으로는 기독교가 선량한 이교도들을 구원으로 인도할 수 있다는 생각이 있었다. 더 이상 기독교와 동일시될 수 없는 사람들에게는 유럽인들의 도덕적 수준이 비유럽 세계보다 월등히 우월하기 때문에 혜택을 베푸는 '문명화 사명'(civilizing mission)이 제국 지배를 정당화한다는 비슷한 생각이 있었다.

아마도 가장 단순하게 문제를 정리하면, 유럽이 한 세기 이상에 걸쳐 인구와 자신감, 그리고 권력 일반에서 전 세계의 다른 어떤 지역보다 더 급속히 성장하면서 팽창의 열망과 이 열망을 현실화시켜 줄 힘을 비

---

* 가운데 구멍이 난 연자맷돌을 목에 매달게 하고 물에 빠뜨리는 고대 사형법을 암시한다.

약적으로 발전시켰다고 할 수 있다. 이와 똑같은 시기에 유럽 바깥 세계에서 지배적이던 제국들은 쇠약해지거나 몰락의 길을 걷고 있었다. 이런 관점에서 보면, 밀고 당기는 공방이 있었음은 물론이고 나머지 세계에 대한 유럽 권력의 급속한 성장과 확산을 가능하게 한 거의 불가피한 특질이 있었다.

남아프리카의 경우에 이 지역을 지배하고자 하는 영국의 열망이 컸기에 영국인들은 다양한 원주민 부족들은 말할 것도 없고 대부분 네덜란드인 혈통을 지닌(네덜란드어와 긴밀히 결착된 아프리칸스어[Afrikaans]를 말하는) 아프리카너(Afrikaners)로 알려진 기성의 유럽 정착자들과 틈만 나면 충돌했다. 일부 아시아계 정착자들과 더불어 다른 많은 유럽계 정착자들도 이 지역에 유입되면서 가뜩이나 복잡한 이 지역의 인종적 혼합을 더욱 복잡하게 만들었다. 네덜란드인 하위 집단으로서 아프리칸스어로 '농민'을 뜻하는 보어인(Boers)은 17세기에 처음 이 지역에 정착한 이래로 엄격한 근본주의 종교 신념을 갖고서 혈기왕성하고 강건하게 살고 있었다. 19세기에 보어인들은 자신들을 지배하려는 영국인들의 시도에 완강하게 저항했다. 상황은 1870년대에 꼬이기 시작했는데, 바로 이때 영국인 정착지와 보어인 정착지의 경계 지대에서 대규모 다이아몬드 광산이 발견되고 10년쯤 뒤에는 금광이 발견됨으로써 1849년 미국 캘리포니아의 골드러시처럼 수천 명의 모험가들이 이 지역에 몰려들었던 것이다. 1830~1840년대에 많은 아프리카너들은 독립 공화국들을 수립하기 위해 서부 해안에서 철수하여 북동쪽으로 퇴각했다('대이주'[Great Trek]). 그럼에도 영국인들과의 갈등과 소규모 접전들이 끊이지 않다가 1880~1881년에 제1차 보어전쟁으로 불리기도 하는 전면전으로 비화되었다. 영국인들은 몇몇 전투에서 굴욕적인 패배를 당했다. 당시 총리로서 제국 팽창의 지지자가 결코 아니었던 글래드스턴은 보어인들을 제압하기 위해서는 너무도 비싼 대가를 치러야 한다는 것을 깨닫고 서둘러 강화조약을 체결했다.

이 첫 번째 전쟁과 이보다 더 유명한 두 번째 전쟁 사이 기간에 국제적인 사건 하나가 발생하여 독일에 대한 영국의 여론을 강력하게 뒤바꾸는 데 기여했다. 1895년 독일의 빌헬름 2세는 트란스발공화국의 크루거 대통령에게 전보를 보냈는데, 이 전보에서 크루거의 추종자들이 '혈맹국의 도움을 요청하지도 않고서' 트란스발의 독립을 방어할 수 있었다는 점에서 '심심한 축하의 마음'을 표현했다. 1896년 초 전보에 관한 뉴스가 영국에 알려졌을 때, 전보의 뻐딱하고 위협적인 어조가 분노의 광풍을 불러일으켰다. 영국인들은 프랑스를 비롯한 여러 유럽 국가들이 영국의 괴롭힘을 꿋꿋하게 견디고 있는 용기 있는 보어인들에 동정을 표하고 있었던 까닭에 수세적인 상황에 몰렸다고 느꼈다.

1899년에 영국인들은 두 번째로 보어인들과 전면전에 돌입했다. 전쟁은 대략 3년 동안 지속되었고, 영국의 지도자들은 훨씬 더 진지하게 전쟁에 임하여 40만 명이나 되는 병사들을 전장에 파견하여 그중에 대략 2만 명을 잃었다. 이 전쟁은 버르장머리 없는 '농민들'이 잊지 못할 교훈을 얻어야 한다고 요구한 여러 정치인과 신문 편집자들의 열정적인 지지를 한 몸에 받았다. 그러나 개전 초기에 교훈을 얻은 쪽은 오히려 영국 군대였다. 1899년 12월 '암흑의 주간'은 특히 뼈아픈 것이었다. 그 후 영국 군대가 거둔 작은 승리까지도 고국에서 열정적으로 대서특필되었다. 빅토리아 여왕도 한때 민족주의로 고양된 대중들과 황색 언론에 공감을 보이며 이렇게 선언하기에 이른다. "우리는 패배의 가능성에는 일말의 관심도 없다. 패배의 가능성은 존재하지 않는다."

결국 승리는 영국에 돌아갔지만 대가는 엄청났다. 보어인들의 게릴라 전술에 대응하는 과정에서 영국군은 원주민 노동자들과 하인들뿐 아니라 가족들과 여성들과 아이들과 노약자들을 가리지 않고 체포하여 여러 수용 시설(강제수용소)에 수감했다. 영국군은 보어인들의 농가를 체계적으로 불태우고 가축들을 죽이며 작물들을 파괴하고 우물에 독을 풀고 들판에 소금을 뿌렸다. 전쟁 막바지에 대략 25,000명의 민간 보어인들과 14,000명의 토착 아프리카인들이 수용소에서 방치되어 질병으로 목숨을 잃었다.

'친보어인들'이라는 용어는 처음엔 모욕적인 말로 통하다가 나중에는 전쟁에 반대한 사람들에게 오히려 자랑스러운 말로 받아들여졌는데, 이 '친보어인들'은 국내에서 가혹한 적대감에 직면해야 했다. 이는 흡사 초창기의 드레퓌스파가 드레퓌스를 옹호하다가 직면해야 했던 적대감과 유사했다. 그러나 전쟁 비용이 치솟으면서 비판자들이 점점 더 지지를 얻게 되고 마침내 반격에 나섰다. 그중에 가장 영향력 있는 인물이 바로 J. A. 홉슨이었다. 그는 1900년 《남아프리카의 전쟁》(The War in South Africa)을 출간하여 분쟁을 비난하고 책임 소재를 밝히면서 영국 제국주의가 일반적으로 유대인들인 자본가들과 금융가들로 이루어진 극소수 패거리에게만 혜택을 줄 뿐 영국 민족 전체에게는 해롭다고 비판했다.

홉슨은 다산의 작가로서 1890년대에 현대 자본주의의 성격을 다룬 수많은 책을 집필했는데, 다음 반세기 동안 몇 년마다 한 권씩 꾸준히 책을 낼 터였다. 그는 보어전쟁에 관한 책을 펴낸 지 2년 만에 의심할 여지없이 장차 가장 영향력 있는 저작이 될 《제국주의》(Imperialism)를 완성했다. 홉슨은 좌파에 속한 다른 많은 이들처럼 선진 자본주의의 왜곡과 모순이 1890년대 제국주의 각축전을 불러일으킨 주요 원인이라고 단정했다. 물론 이런 생각은 마르크스주의 입장과 닮은 데가 있었지만, 홉슨은 자신을 추호도 마르크스주의자라고 생각하지는 않았다.

오히려 그는 자신을 영국에서 적어도 세기 중반으로 거슬러 올라가는 반제국주의 좌파에 속한다고 보았다. 그는 제국에 투자되는 막대한 자금이 모국 경제에 투자되기만 한다면 영국 노동 빈민들의 임금을 올리는 데 이바지하면서 훨씬 더 생산적으로 사용될 수 있을 것이라고 주장했다.

홉슨의 서로 연관된 주장들 중에는 "만일 우리가 오늘날 벌어지고 있는 운동들의 경제적·정치적 중요성을 이해하려면" 유대인들의 행동, 특히 그중 가장 유명한 로스차일드가를 연구해야 한다는 것도 있었다. 이런 결론은 홉슨 자신이 보어전쟁 막바지에 신문기자로 파견되어 요하네스버그에 체류하면서 관찰한 것들에서 큰 영향을 받은 것으로 보인다. 유대인들과 자본주의의 어두운 면 사이의 결탁은 영국에서 좌파의 입에 자주 오르내린 주제였지만 주요 관심사는 아니었다. 대다수의 좌파들과 마찬가지로 홉슨도 반드레퓌스파의 대의에는 일말의 동정심도 없었고, 1880~1890년대에 독일과 오스트리아에서 출현한 정치적 반유대주의와도 뚜렷하게 거리를 두고 있었다. 대다수의 영국 좌파와 나란히 홉슨도 러시아에서 발생한 인종 학살에 우려를 표명했다. 그는 유대인들이 자본주의의 질병들에 대해 일차적으로 책임을 져야 한다고 주장하지도 않았고, 세실 로즈 같은 비유대인들과 조지프 체임벌린 같은 제국주의 정치가들의 중요한 역할도 잘 알고 있었다. 그렇기는 해도 홉슨의 본뜻과는 무관하게 급진적 유대인들은 그런 미묘한 차이들을 조금도 고려하지 않았고, 따라서 홉슨은 그들의 눈에 반유대주의자로 비칠 수 있었다.

여성 문제

빅토리아 여왕은 보어전쟁이 한창일 때 사망했다. 여왕의 죽음은 여왕 스스로 비난했던, 이른바 "제정신이 아닌 사악한 여성들"의 악명 높은 활동이 본격적으로 시작되기 전에 찾아왔다. 제1차 세계대전 이전 10여 년 동안에 여성참정권의 대의가 신문 1면 머리기사와 조롱 투의 온갖 사설을 양산하면서 전례 없는 방식으로 대담하게 제기되었다. 이 영역에서도 다른 영역에서와 마찬가지로 합리적인 논쟁과 점진적인 개혁이라는 자유주의 이상들이 초창기의 매력을 눈에 띄게 상실하면서 열정적인 신념과 폭력적인 대결로 대체되고 있었다. 허버트 스펜서는 가난하게 태어난 사람들에게 평등한 기회를 보장해 주는 정부 활동에 지지를 표하고 여성들에게도 평등한 기회를 제공해야 한다는 대의를 옹호한 인물이었는데도, 결국에 가서는 그 자신이 이른바 "목소리가 큰 자매애"라고 부른 것에 놀라 움츠러들기도 했다.

왜 이런 전투적인 분출이 일어났는지를 설명해 주는 부분적인 이유는 명백했다. 의회는 오랫동안 여성참정권과 관련된 숱한 법안들 중 그 어떤 것도 통과시키지 않았다. 이른바 모델이 되는 근대 민족이라고 하는 영국에 살던 수많은 여성들에게 이는 깊은 좌절감만을 안기는 사태였다. 여성사회정치동맹(Women's Social and Political Union)을 이끌던 에멀린 팽크허스트는 의회 회합에 난입하고 가두에서 구호를 외치며 시위하는 행동으로 악명을 떨쳤다. 유럽에서 아나키스트들의 암살과 폭탄 투척으로 많은 저명인사들이 살해당하던 때에 참정권론자들 또한 '직접행동' 내지는 다른 사람들이 부르기로는 '테러리즘'(유리창 깨기, 우편함 파괴하기, 자유당 지도자 데이비드 로이드조지의 집 근방에 폭탄 설치하기)으로 선회한 것이다. 체포되면 그들은 단식투쟁을 결행했고 경찰은 그들에게 강제로 음식을 떠먹여야 했다. 그럼에도 참정권론자들이 직접적으로 연루된 유일한 죽음이 있었는데, 바로 1913년 에밀리 데이비슨의 죽음이다. 그는 부유층이 많이 모이는 경마장에서 여성 투표권을 요구하는 현수막을 옮기는 과정에서 국왕 소유 말 앞에 몸을 던져 가로막다가 말에 밟혀 목숨을 잃었던 것이다.

유럽 대륙에서는 영국의 여성참정권 선동에 비견할 만한 게 없었지만, 그래도 수많은 여성들이 특별히 공적 무대에서 존재감을 보이거나 여성 문제를 둘러싼 지속적인 논쟁과 연관되는 방식으로 주도적인 역할을 수행했다. 상당수의 여성들이 암살 사건(페미니즘보다는 아나키즘의 열망에서 비롯된)에 연루되어 특별한 충격과 분노를 자아내기도 했다. 유럽 대륙에서 사회주의 좌파의 여러 지도자들은 오직 자본주의와 부르주아적 지배가 종식되어야만 여성들이 진정한 평등권을 획득할 수 있다고 주장했다. 어느 정도 그런 이유 때문에 몇몇 여성들은 유럽 사회주의 운동에서 주도적인 위치로 올라서기도 했다. 아마도 그런 여성들 가운데 가장 유명한 인물이 바로 로자 룩셈부르크일 텐데, 그는 SPD의 혁명적 분파에 소속된 명석한 지식인이었다. 그가 유대인 출신이라는 점도 그의 반대자들이 모를 리 없었지만, 그래도 그는 기층 노동자들 사이에서 널리 사랑받은 활동가였다.

SPD의 고위급 인사들 중에는 유대인들이 많았는데, 독일에서 다른 좌파 정당들이 그러했듯이 당내에서 유대인은 당시 유대인들이 통상 독일 인구에서 차지하는 비율인 1퍼센트를 훨씬 상회할 정도로 비중이 컸다고 할 수 있다. 그럼에도 그 시절에 만일 비사회주의 정당에서였다면 여성이, 그것도 유대인 여성이 그렇게까지 높은 지위로 올라가는 것은 거의 상상할 수 없는 일이었을 것이다. 그렇듯 SPD가 보여 준, 상대적으로 편견에 치우치지 않는 분위기는 성차별적 태도나 유대인에 대한 부정적 태도가 당내에 존재하지 않았음을 말해 준다. 일부 지도자들은 룩셈부르크의 존재가 당원 충원 노력에 가치가 있음을 인정하면서도 룩셈부르크 특유의 거친 매너와 지적인 오만함, 다른 당 지도자들에 대한 진정한 동지애의 결핍 등에 대해 못마땅하게 여긴 것으로 알려져 있다.

러시아의 사회적 후진성을 고려하면, 이 나라의 혁명운동에서 여성들의 대표성이 서유럽의 경우보다 더 강력했다는 점은 역설적으로 보인다. 그러나 사실상 서유럽 혁명운동에서 가장 유명한 여성 혁명가들은 러시아 제국에 뿌리를 둔 유대인들이었다. 그런 여성들 가운데 가장 저명한 인물이 바로 (미국인이지만 국제적으로 유명한) 아나키스트 엠마 골드만과 (사회주의인터내셔널의 저명인사이자 무솔리니가 아직 사회주의자였던 1914년 이전에 무솔리니의 연인이었던) 안젤리카 발라바노바, 그리고 (이탈리아 사회당을 주도한 인물인) 안나 쿨리쇼프이다. 1907년 7월 미국의 저명한 이디시어 일간지 《전진》(Forward)은 오늘날 너무도 친숙해진 종류의 뉴스거리를 실어 날랐다. 예컨대 이런 식의 뉴스다. 젊은 유대인 여성 프루메 프룸킨이 "모스크바 오페라하우스에서 자동 권총을 소지한 채 정부 고위 관리를 기다리고 있다가 …… 체포된 후에 이번 주 교수대에서 처형되었다." 이 여성은 일찍이 다른 러시아 관리들을 살해하려는 음모를 꾸민 혐의로 체포된 후에 그 암살 사건 얼마 전에 감옥에서 탈출한 바 있었다.

1881년 한 유대인 여성이 알렉산드르 2세를 암살한 사람들 가운데서 유명세를 탔고, 또 어떤 유대인 여성은 나중에 레닌을 암살하려고 시도하기도 했다. 좀 더 전형적인 인물은 레닌에게 평생의 동반자였던 나데즈다 크룹스카야이다. 그는 기독교 배경을 갖고 있었고 레닌의 혁명적인 정치적 목표를 공유했으나, 전적으로 레닌에게 헌신하면서 여전히 요리와 집안일을 했다. 프랑스와 그리스, 이탈리아, 에스파냐에서 많은 좌파 지도자들은 전통적인 방식으로 결혼하고 성차별적 태도를 유지했다. 좀 더 반교권주의적인 성향의 일부 지도자들은 여성들이 남편보다 사제의 말에 따라 투표한다는 이유로 여성들에게 투표권을 부여하는 데 반대한 것으로 알려져 있다.

빅토리아 시대는 남성과 여성의 차이가 옷차림을 비롯한 수많은 영역들에서 강조된 시기였지만, '여성 해방'이 갖는 복잡하고도 광범위한 함의들이 폭넓게 토론되기 시작한 시기이기도 했다. 주요한 쟁점은 남성들이 하는 일을 여성들도 할 수 있는 (신체적 또는 정신적) 능력이 있느냐의 문제가 아니라 형이상학적으로 파악된 권리와 인간의 존엄성과 관련된 문제였다. 여성들에게는 투표권을 얻는다는 것이 핵심 쟁점이었으나, 많은 여성들에게 그보다 더 시급하다고 생각된 것은 평등한 소유권과 산아제한, 동일 노동에 대한 동일 임금 같은 문제였다. 여성 투표권이 필수적인 첫 단계라는 결론은 논리적이었으나, 많은 사회주의자들에게 좀 더 근본적인 단계는 무엇보다 '혁명을 하는 것'이었다. 왜냐하면 부르주아 지배 아래에서 선거라는 것이 불가피하게 권력을 쥔 자들에 의해 조작된다고 생각했기 때문이다. 그렇지만 이 혁명의 단계는 그렇게도 많은 다른 문제들과 마찬가지로 여성 문제에서도 새로이 곤란한 문제들을 제기하고 예전의 패턴들에서 벗어나는 시기였다.

| 더 읽을거리 |

드레퓌스 사건에 대한 가장 훌륭한 역사서는 장드니 브르댕의 《사건: 알프레드 드레퓌스 소송》(The Affair: The Case of Alfred Dreyfus, 1986)이다. 이보다

훨씬 더 간략한 개관은 앨버트 S. 린드먼의 《고발된 유대인: 세 가지 반유대주의 사건, 드레퓌스, 베일리스, 프랑크》에서 찾아볼 수 있다.

애덤 호크실드의 《레오폴 왕의 유령: 식민지 아프리카에서 탐욕과 테러와 영웅주의의 역사》(King Leopold's Ghost: A Story of Greed, Terror and Heroism in Colonial Africa, 2012)는 유럽 제국주의의 실상을 강력하게 고발하는 베스트셀러다. 이와 명시적으로 다른 시각은 버나드 포터의 《얼빠진 제국주의자들: 영국의 제국, 사회, 문화》(The Absent-Minded Imperialists: Empire, Society, and Culture in Britain, 2004)에 잘 드러난다. 토머스 페이크넘의 《보어전쟁》(The Boer War, 1999)은 전쟁에 대한 다른 수많은 편파적인 이야기들 면전에서 그래도 보란 듯이 균형 잡혀 있고 가독성이 뛰어난 이야기다.

멜라니 필립스의 《여성의 상승: 참정권 운동의 역사》(The Ascent of Woman: A History of the Suffragette Movement, 2004)는 운동의 내부 갈등에 대한 의미심장한 정보를 제공한다.

바버라 터치먼의 《자랑스러운 탑: 전쟁 이전 세계의 초상, 1890~1914》(The Proud Tower: A Portrait of the World before the War, 1890-1914, 1996, 초판은 1966)은 저자의 수많은 베스트셀러들 중 하나로서 대중적 역사서의 손꼽히는 저작으로 묘사될 수 있다(12장을 보라).

12장

제1차 세계대전의 기원

현대 유럽의 역사에서 제1차 세계대전의 기원들에 관한 것보다 더 큰 관심과 논쟁을 불러일으키는 주제는 거의 없었는데, 그도 그럴 것이 이 전쟁이 20세기의 공포를 풀어놓았기 때문이다. 그럼에도 20세기에 공포를 야기한 원인으로서 전쟁 하나에만 초점을 맞추는 것은 적절하지 않다. 공산주의와 나치즘의 뿌리는 19세기 초나 심지어 그 이전 시기로까지 거슬러 올라간다. 또한 우리가 이해해야만 하는 것은 전쟁 발발의 기원들뿐 아니라 전쟁이 그렇게도 오래, 그렇게도 악몽과 같은 끔찍한 상호 파괴의 차원으로 지속된 이유들이다. 서부전선에서 이루어진 최초의 교착 상태와 그에 뒤따라 몇 달 동안이나 참호들에서 벌어진 무의미한 살육전을 경험한 후에도 왜 유럽의 주요 열강은 휴전을 이끌어 낼 수 없었는가?

1914년 6월 오스트리아·헝가리제국의 프란츠 페르디난트 대공 암살에서 비롯된 그해 여름의 사건들은 지금껏 상세하게 조사되어 왔다. 전쟁 발발 직후에 우세했던 단순한 설명 방식은 적어도 특정 민족이나 특정한 민족 지도자를 꼭 집어서 전쟁 책임을 지운다는 점에서 더 이상 만족스럽지 않다. 더 깊은 곳에서 작용한 힘들이 전면전을 불러오고 있었던 듯한데, 그럼에도 8월 초의 실질적인 개전은 이제 비인격적인 힘들이나 민족 지도자들의 사악한 기획만큼이나 우발적 사건과 개인적 무능함의 결과처럼 보인다. 더욱이 8월 초에 분출한 거의 히스테리에 가까운 전쟁 열정이 거의 모든 나라의 대다수 일반 주민들을 집어삼켰는데, 이는 전쟁 책임이 지도자들만큼이나 '민중'에게도 있다는 점을 말해 준다.

국제적 아나키 상태, 과잉 민족주의, 동맹의 양극화

앞서 자유주의 성격의 합리적 가치들이 쇠퇴하고 본능과 폭력에 대한 환상이 점증하는 과정에 관해 여러 차례 언급했다. 제1차 세계대전의 기원들을 둘러싼 다양한 설명도 대부분 유럽의 협조라는 이념이 약화되면서 그런 이념이 국제 관계에서 점점 아나키 상태로 바뀌어 나간 과정을 강조한다. 이와 관련하여 역사가들은 대중들의 원초적 열정에 의해 극단으로 추동된, 유럽의 과잉 민족주의의 기원을 추적해 왔다. 유럽 각국이 전반적인 평화에 대한 공통의 관심사로 한데 모여 기꺼이 서로 협의하려는 자세를 보인 것은 이제 누가 봐도 과거지사가 되었다. 평화를 증진하려는 목적으로 열린 회담들도 1899년 헤이그의 경우가 그러했듯이 선언들만 요란했지 실제로 선언들을 이행하는 과정에서는 시큰둥한 반응만을 보일 뿐이었다.

이런 아나키 상태는 이미 전쟁에 앞서 한 세대 전부터 국제 관계에서 나타나던 불길한 양극화와 맞물려 있었는데, 그 양극화란 다름 아니라 한편으로는 독일과 오스트리아·헝가리, 이탈리아가 동맹하고(삼국동맹) 다른 한편으로는 프랑스와 러시아, 영국이 동맹한(삼국협상) 것을 말한다. 일부 역사가들이 주장해 왔듯이, 이렇게 양극화된 세력균형으로 말미암아 동맹으로 엮인 어느 한 나라의 이해관계를 건드리는 국지적 갈등이 발생하면 이는 국지전으로 끝나지 않고 다른 주요 열강까지 끌어들여 전쟁이 번질 수 있는 가능성이 점점 더 농후해졌다. 그런 위험은 오래전부터 세력균형의 이념에 내재했던 것이지마는 1890년 이후에는 점점 더 불길한 가능성으로 발전했던 것이다.

발칸반도에는 위태로운 세 제국이 서로 으르렁거리고 있었으나, 20세기로 넘어올 무렵 오스만제국은 '유럽의 환자'로서 거의 해체 일보직전까지 내몰려 있는 형국이었다. 오스트리아·헝가리와 러시아는 오스만인들이 더 이상 효과적으로 통치할 수 없는 것으로 드러난 지역들을 서로 차지하기 위해 호시탐탐 기회를 노렸다. 오스트리아·헝가리는 이미 보스니아-헤르체고비나 지역으로 관심을 돌려, 비록 이 지역이 명목상으로는 오스만제국의 일부로 남아 있었음에도 불구하고 1878년 이래로 이 지역을 사실상 '점령하고 관할했다.' 그런 다음 1908년 오스트리아·헝가리는 보스니아-헤르체고비나를 아예 병합했는데, 그 때문에 이 이중 왕국의 해묵은 야심에 대한 나라 안팎의 의구심이 증폭될 것이었다.

본디 까다롭기로 악명이 높은 발칸의 민족들은 독립에 대한 열망을 키워 가기 시작했지만, 그런 독립이 어떤 형태로 성취될지는 당시로서 전혀 분명하지 않았다. 다뉴브 강 남부의 슬라브족들은 남슬라브(또는 세르비아-크로아티아어에서 '남부'를 뜻하는 '유그'[yug]에서 유래한 유고슬라브)라는 용어를 채택했고, 내륙에 갇힌 작은 독립국인 세르비아는 남슬라브족들 사이에서 일찍이 이탈리아 민족과 독일 민족의 통일 과정에서 각기 피에몬테-사르데냐와 프로이센이 수행했던 역할과 비슷한 책무를 떠맡기를 갈망하고 있었다.

우리는 이탈리아가 정치적인 의미에서 공식적으로 통일되었으면서도 지역과 문화, 충성심, 심지어 언어에 따라 얼마나 깊이 분열되어 있었는 지를 앞서 살펴본 바 있다. 그러나 이탈리아인들은 적어도 공통의 종교 적(가톨릭) 과거뿐 아니라 분명한 국가의 지리적 경계를 갖고 있었다. 반 면, 남슬라브족들은 그런 이점을 갖지도 못했을 뿐더러 여러 민족들이 단일한 미래의 남슬라브 국가에 편입될 의향이 있는지도 전혀 확실하 지 않았다. 비록 그들이 사용한 다양한 슬라브 방언들 사이에 공통점 이 많기는 했지만, 크로아티아인들과 슬로베니아인들은 로마자를 사용 한 반면, 세르비아인들은 키릴 알파벳에 기초한 글자를 사용했다. 이와 유사하게, 크로아티아인들과 슬로베니아인들은 오래전부터 합스부르크 제국에 소속되어 종교적으로 가톨릭을 받아들였던 반면, 세르비아인들 은 정교회를 신봉했다. 다른 남슬라브족들은, 특히 보스니아에서처럼 이슬람 터키의 오랜 지배를 반영하기라도 하듯이 이슬람을 수용하기도 했다. 그럼에도 남슬라브족의 민족주의적 신비가 일부 주민들 속에 확 산되고 있었다.

1907년 무렵 서로 전통적으로 적성국인 세 나라, 곧 프랑스와 러시 아, 영국이 서로 협력하기로 협정을 맺었다. 프랑스와 러시아는 군사 조 약까지 체결했다. 이는 곧 삼국협상으로 알려지게 되었는데, 미래의 위 기에서 모호한 의미를 갖게 될 상호 우호적인 의도를 천명했다. 독일은 오스트리아·헝가리뿐 아니라 이탈리아와도 동맹을 체결하여 삼국동맹 을 형성했는데, 이 또한 예전에는 적성국이던 나라들 간의 동맹체였다. 1890년대 중반까지 영국 지도자들은 독일 '사촌들'과의 관계에서 호의를 베풀거나 적어도 관용적 태도를 견지했다. 심지어 일부 지도자들은 잉글랜드인들과 독일인들이 공히 정력적인 게르만 인종의 구성원으로서 자연적 동맹자라고 주장하기까지 했다. 이는 기묘한 주장이었는데, 왜냐하면 영국 내 켈트 민족이라고 할 웨일스인과 아일랜드인, 스코틀랜드인은 필경 게르만 인종이 아니었기 때문이다.

게르만적인 공통점이 아무리 중요하다고 한들, 빌헬름의 오만함은 더 이상 무시하거나 방치하기 어려울 지경이 되었다. 1896년 크루거 전보 사건 이후, 빌헬름은 번갈아 탐색전을 벌이고 국지적 도발 책동을 거듭했다. 영국인들과의 관계를 결정적으로 틀어지게 한 조치는 바로 1898년 독일이 본격적으로 해군을 육성하겠노라고 결정한 일이었다. 독일인들은 자신들의 수장인 빌헬름과 알프레트 폰 티르피츠와 함께 획기적으로 증강된 해군이 새로 획득한 식민지들을 방어하는 데 필수적이라고 믿게 되었다. 좀 더 일반적인 의미에서 독일 지도자들과 외형상 독일 인구의 다수는 강력한 해군이 열강에게는 응당 필요한 요소라고 믿었다. 그러나 그런 믿음은 영국의 대외 정책을 뒷받침한 하나의 공리, 즉 영국은 다른 두 이웃 나라의 해군을 합친 것보다 더 강력한 해군을 유지할 필요가 있다는 공리에 정면으로 위배되는 것이었다. 다음 10여 년 동안 영국과 독일은 민족 자원을 해군력 경쟁에 쏟아 부을 것이었다. 그리하여 유럽에서 가장 역동적이고 산업화된 민족으로 거침없이 발흥하던 이 두 나라조차도 이 시기에 점점 더 큰 두려움에 사로잡히게 되었다.

1815~1914년의 시기는 흔히 전반적인 평화의 세기로 명명되어 왔다. 그러나 1890년대 말에서 1914년에 이르는 시기에는 다수의 제한적 전쟁들이 발발했는데, 그중에는 보어전쟁과 러일전쟁도 있었다. 또한 이 시기는 지속적인 외교적 위기들로 점철되었는데, 이런 위기들 가운데

다수는 빌헬름 2세 때문에 불거진 것이었다. 그의 책동으로 말미암아 세 협상국들은 자연스럽게 서로 가까워지게 되는 경향이 있었다. 1912년과 1913년에 발칸반도에서 두 차례의 혼란스러운 전쟁이 발발했는데, 이 제1차 및 제2차 발칸전쟁은 모두 전면전으로 비화될 뻔했다. 사실, 제1차 세계대전은 제3차 발칸전쟁이라고 명명되기도 했다.

1914년 초여름 유럽의 주요 민족들은 두 진영으로 나뉘어 서로 적대했는데, 두 진영 모두 그 이전 10~15년 동안에 발생한 사건들로 인해 덧난 상처를 입은 상태에서 과거에는 상상할 수 없는 파괴력을 가진 무기들로 중무장하고 있었다. 이런 맥락에서, 게다가 위에서 언급한 강력한 비인격적인 힘들까지 고려하면, 누구라도 전면전이 불가피하다거나 최소한 전면전이 발발할 가능성이 농후하다는 결론을 어렵지 않게 받아들일 수 있을 것이다. 이전 장들에서 다룬 주요한 주제는 유럽사의 파우스트적인 딜레마였다. 과연 유럽인들의 두드러진 역동성과 창조성, 생산성은 1914년 직전 수십여 년 동안 절정에 다다랐다. 그러나 여기에는 무모함이 있었고, 고대 그리스 비극에서처럼 '응징'(nemesis)을 불러온 '오만'(hubris)이 있었다.

불가피한 전쟁인가?

20세기의 탁월한 정치가로 손꼽히는 윈스턴 처칠은 1914년 이전의 여러 저술과 연설에서 전쟁을 불가피할 뿐더러 유익한 어떤 것으로 묘사했다. 그는 1899년의 헤이그평화회의를 비난하면서 이렇게 내다봤다. "이 세상에서 평화를 구하기란 무망한 노릇이다." 그는 스마일스와 스펜서를 떠올리게 하는 말투로 민족들 간의 경쟁이 그 모든 고통과 상처에도 불구하고 '향상과 진보'를 위한 것이라고 덧붙이기까지 했다. 그 시절 처칠에게는 비방자들이 많았다. 사실, 빌헬름 2세와 함께 처칠은 종종 많은 부분에서 똑같이 무책임한 전쟁광이라는 비난을 한 몸에 받았다. 그렇기는 해도 처칠은 전쟁의 효과를 평가하는 문제에서 특별한 면을 보여 주지는 않았다. 에밀 졸라 같은 좌파 인사조차도 이렇게 말했으니 말이다. "오직 호전적인 민족들만이 번영해 왔다. 민족은 무장을 해제하자마자 죽는다. 전쟁은 규율과 희생, 용기의 학교다."

그럼에도 1914년 여름에 이루어진 구체적인 결정들에 초점을 맞춰 보면, 전쟁이 불가피했다는 느낌은 옅어진다. 그 당시에 이루어진 결정들을 조사해 보면, 빌헬름 2세를 포함하여 당시 유럽 지도자들 가운데 대다수까지는 아니더라도 상당수가 전면전을 원하지 않았다는 인상을 강하게 받게 된다. 더욱이 그들은 전쟁을 예방하려는 조치까지 취했고, 막상 전쟁이 발발하자 깜짝 놀랐고 심한 정신적 충격까지 받을 지경이었다. 이와 유사하게, 가능한 한 당대의 여론을 측정해 보면, 유럽 인구의 압도적 다수가 전면전을 원치 않았다는 증거가 있다. 대다수 유럽인들, 특히 사회주의적 좌파에 속한 이들은 1914년 7월의 반전 시위들에 참여하기도 했다. 전쟁을 예방하기 위해서라면 총파업도 불사하겠노라고 위협하면서 말이다.

사회주의자들을 비롯한 좌파 진영은 국가들 간의 점증하는 긴장에 대한 책임이 자본주의에 있다고 비난했지만, 몇몇 관찰자들은 정반대 주장을 했다. 곧 유럽 자본주의가 유럽 경제들을 공동의 이해관계로 한데 결속시켰으므로 전면전은 완전히 불합리한 것이었다는 말이다. 1914년 이전 5년 동안 가장 많이 회자되며 언제나 베스트셀러 자리를 지켜 온 노먼 에인절의 《거대한 환상》(The Great Illusion)이 정확히 그런 주장을 펼쳤다.

그렇기는 해도 의심할 여지없이 특히 독일 최고사령부의 지도자들 사이에는 전면전이 불가피하며 1914년에 이르러 마침내 전면전을 위한 때가 무르익었다고 결론을 내린 사람들이 있었다. 그들의 결론에 따르면, 그와 같은 전쟁에서 독일이 승리할 수 있는 가능성은 점점 더 줄어들고 있었고, 그래서 1914년 여름의 사건들이 다시는 찾아오지 않을 절호의 기회가 되었다. 특히 그들은 독일 주민들에게 독일이 러시아에 대항하여, 그리고 불가피하게 러시아의 동맹국인 프랑스에 대항하여 방어전을 수행하고 있다는 인상을 줄 수 있는 기회를 포착했다.

정확히 **왜** 이 지도자들이 전면전의 불가피함을 믿었는지는 간단명료하게 설명될 수 없다. 그러나 가장 근본적인 수준에서 독일이 유럽의 새로운 주요 강국이 될 운명이라는 생각이 그들에게는 신줏단지처럼 받들어진 것으로 보인다. 그들은 이와 유사하게 유럽의 다른 열강이 그런 독일의 운명을 결사적으로 방해하고 있다고 믿었다. 프랑스와 러시아, 영국이 서서히 독일의 목을 조르면서 독일을 포위하고 있다는 것이었다. 이와 관련하여 독일의 군부 지도자들은 당시 급속하게 성장하던 러시아의 산업적인 저력도 두려워했다. 러시아의 땅덩어리와 인구를 고려하면, 그런 잠재력은 실로 거대한 것이 아닐 수 없었다.

1914년 여름경 유럽 지도자들의 행동을 평가해 보면, 의도되지 않은 결과들이나 '우발적 사건'(accident)이라는 쟁점이 또한 떠오른다. 의심할 여지없이, 어떤 사람들에게는 다른 사람들보다 우발적 사건이 더 많았고, 만일 국가수반들이 좀 더 자질이 뛰어났더라면 전쟁을 피할 수도 있었을 거라는 결론의 유혹을 피하기 어렵다. 어쨌거나 출생과 관련된 우발적 사건은 프란츠 요제프가 1914년에 84세 생일을 맞이하려는 동안에 우연찮게도 빌헬름 2세와 니콜라이 2세가 그토록 결정적인 시기에 권좌에 앉아 있었다는 것이다. 바로 그런 '우발적' 이유들 때문에 좀 더 유능한 국가수반들이 있었더라면 사태가 전혀 다른 방향으로 진행될 수도 있었건만 실제로 전쟁을 원한 장군들과 민족주의적 정치가들이 손쉽게 기회를 잡을 수 있었던 것이다.

전쟁 기간과 그 직후에 전쟁을 도발한 책임자들을 꼭 집어내는 것이 극히 중요한 문제가 되었다. 오늘날의 시각에서 보면, 그렇게 책임자들을 솎아 내는 방식은 별로 좋지 못한 착상처럼 보인다. 오늘날 전쟁의 기원은 너무도 복잡하게 보여서(너무도 많은 요인들과 행위자들이 있었다) 법정에서 가려지듯이 '무죄 아니면 유죄'라는 단순한 판결에 이를 수 없다. 그럼에도 법정에서조차 책임의 경중은 가려진다(예컨대 계획적 살해로부터 우발적 살인까지). 이런 법정의 정신에서 전쟁의 기원을 평가하면 생각할 거리가 많아진다. 비록 우리가 개인적이건 민족적이건 복수의 피고인들을 심문해야 한다는 점에서 문제가 좀 더 복잡하기는 하지만 말이다. 나라마다 전쟁을 수행하려는 결정은 어느 짧은 순간에 어떤 개인에 의해 이루어진 것이 아니라 각국의 경합하는 당파들에 의해 쌓여 가는 사건들에 대한 누적된 대응의 결과로 이루어진 것이다.

페르디난트 대공 암살

1914년 여름에 내려진 지도자들의 결정에 초점을 맞추다 보면, 자연스럽게 '위로부터의' 역사 쪽으로 기울게 된다. 오늘날 우리는 당시 99퍼센트가 남성인 유럽 엘리트들이 어떻게 '역사를 만들었고' 인구의 절대 다수의 역할을 무시했는지에 대해 질문하고 있다. 그럼에도 당시 공적인 감시를 받지 않고 일했을 뿐 아니라 감정적이고 무지한 대중들을 통상 경멸하곤 했던 엘리트들조차, 비록 조작된 것이라 할지라도 당대 여론을 진지하게 고려해야 한다고 주저 없이 인정했다는 것은 의미심장하다. 어쨌거나 가장 평범한 개인들에 의한 '아래로부터의' 자발적 행위들이 제1차 세계대전의 경우에 '역사를 만들었다'는 점은 의심할 여지가 없다.

그런 보통 사람들 가운데 가브릴로 프린치프가 있었다. 이 보스니아계 세르비아 청년은 1914년 6월 28일에 보스니아-헤르체고비나의 수도 사라예보에서 합스부르크가의 계승자 프란츠 페르디난트 대공 부부를 암살했다. 9남매 중 6명이 어려서 죽은 빈곤한 가정 출신인 그는, 19년의 생애를 살아오면서 개인적으로 숱한 곤경과 실패와 냉대를 몸소 겪은 인물이었다. 어느 정도는 신체나 외모가 보잘것없던 그는 자신의 용기와 남성다움을 증명하기 위해 그런 단호한 결정을 내린 것처럼 보이기도 한다. 그는 남슬라브 민족주의의 대의에 다소 광적으로 심취했고, 1912년에는 세르비아 관료 집단과 연결되어 있던 민족주의 비밀결사인 '검은 손'(Black Hand)에도 가담했다. '검은 손'의 회원들은 보스니아-헤르체고비나에 대한 오스트리아·헝가리의 지배에 격렬하게 반대했고, 이 지역이 세르비아에 편입되어야 한다고 믿었다. 프린치프는 이 비밀결사에서 훈련을 받고 무기와 폭탄을 제공받았다. 그는 또한 암살후 체포될 경우에 '검은 손'에 대한 정보를 자백하지 않도록 자살용 독약 캡슐까지 지급받았다.

암살은 계획대로 진행되지 못했다. 처음에 투척한 폭탄은 큰 피해를 입히지 못했는데, 그 직후에 대공의 운전기사가 길을 잘못 들어 잠깐 정차한 사이에 프린치프는 자신이 대공의 전용차 바로 옆에 서 있음을 깨달았다. 때마침 기회를 잡은 프린치프는 표적 거리에서 발포하여 프란츠 페르디난트 대공의 목과 대공 부인의 복부를 맞추었다. 경정맥을 관통당한 프란츠 페르디난트는 피를 뿜으면서 "소피, 죽지 마! 아이들을

그림 12 호송되는 가브릴로 프린치프(1914년 6월 28일)
보스니아의 사라예보에서 프란츠 페르디난트 대공을 암살한 후 오스트리아 관헌에 체포되었다.
ⓒ Pictorial Press Ltd / Alamy.

위해 살아 있어야 해!"* 하고 외쳤다고 한다. 프린치프는 자기 머리에 총을 쏴 자결하려고 했지만 그를 에워싼 군중이 자살을 가로막았고, 자살용 캡슐을 삼켰지만 곧 토해 냈다. 프란츠 페르디난트와 소피는 곧 사망했으나 프린치프는 살아남았다.

전쟁의 기원을 평가하는 과정에서 마주치는 어려움들 중에는 가브릴로 프린치프를 이해하는 문제에 내포된 어려움도 포함되어 있다. 그는 어떻게 냉혹한 살인을 저지르면서 자신의 목숨까지 기꺼이 희생할 수 있을 정도로 추상적인 민족주의 이상에 집착할 수 있었는가? 최근에도 볼 수 있는 악명 높은 자살 폭탄 테러리스트들과는 달리, 그는 외형상으로는 내세에서의 어떤 보상이나 영원토록 자신을 어루만져 줄 검은 눈을 가진 천사와 같은 여성들도 기대하지 않았다. 그의 삶이 너무도 비참하고 그 미래는 너무도 암울해서 이런 종류의 죽음은 어떤 의미에서는 오히려 환영할 만한 것이었던가?

이런 정치적 살인 행위는 상호 연관된 일련의 사건들을 발생시켰던 바, 유럽의 주요 열강을 삼킬 듯한 소용돌이를 만들어 냈던 것이다. 전쟁은 오스트리아·헝가리와 (암살 책임으로 비난받은) 세르비아 사이의 국지적 갈등을 넘어 유럽의 나머지 국가들로 비화되었는데, 이는 부분적으로 세르비아가 슬라브족의 큰형인 러시아에게 동생뻘로 간주되었기 때문이다. 그리하여 러시아 지도자들은 세르비아를 방어해 주는 것이 자신의 명예가 걸린 일이라고 느꼈다. 빌헬름 2세가 신속하고도 경솔하게 자신의 동맹자인 오스트리아·헝가리에게 세르비아인들을 처벌하는 일이라면 무엇이든 독일이 지지할 것이라면서 '백지수표'를 남발함에 따라 전쟁으로 치달을 공산은 한층 더 높아졌다. 그리하여 러시

---

* 소피는 프란츠 페르디난트 대공의 부인인 소피 코텍(Sophie Chotek)을 말한다. 그는 지위로 따지면 대공비였지만 한미한 출신으로 인해 백작부인의 호칭밖에 받지 못했다고 한다.

아가 군대를 동원하자 독일인들은 오래전부터 세워 놓은 '슐리펜플랜' (Schlieffen Plan)을 발동하여 서부전선에서 러시아의 동맹국인 프랑스를 공격했다. 슐리펜플랜에 따르면, 서부전선에서 공격은 6주 안에 완수되어야 했고, 그다음에는 다시 독일 본토를 가로질러 부대를 동부전선으로 이동시켜 기동성이 떨어지는 러시아 군대를 처리하도록 되어 있었다. 이리하여 오스트리아·헝가리의 선전포고는 독일의 선전포고를 이끌어 냈고, 이는 다시 프랑스와 러시아를 전쟁에 끌어들였으며, 일단 독일군이 벨기에의 중립국 지위를 침해하자 영국까지 전쟁에 휘말리게 되었다.

이 시점에서 다시금 당시에 이루어진 결정들을 근거리에서 관찰해 보면, 그런 결정들이 서로 치밀하게 연관되어 있던 것 같지는 않아 보인다. 오늘날 역사가들 대부분은 더 이상 암살이 예전만큼 결정적인 요인이라고 생각하지 않는데, 그 이유는 부분적으로 오스트리아·헝가리 지도자들이 이미 암살 사건이 발생하기 **이전에** 세르비아를 척결할 계획을 세워 놓았기 때문이다. 그렇다면 이들은 대공 살해 사건에서 전쟁을 위한 적당한 핑계거리를 찾았던 셈인데, 그런 점에서 암살은 전쟁의 근본적인 원인이나 정당화 수단은 아니었다. 오스트리아의 지도적인 정치가들은 실제로 암살 사건으로 비탄에 빠지거나 정당한 분노에 휩싸여 세르비아를 공격한 것은 아니었다. 왜냐하면 프란츠 페르디난트는 정부 핵심층에게 별로 사랑받지 못했을 뿐더러 그의 임박한 황제 등극에 대해 많은 사람들이 우려의 눈길을 보내고 있었기 때문이다.

오늘날 우리는 세르비아 정부 지도자들이 암살을 직접 부추기지 않았다는 사실을 알고 있다. 비록 몇몇 하위 관리들이 '검은 손'과 접촉하고 있기는 했지만 말이다. 역사가들은 또한 독일의 군부 지도자들, 특히 독일군 총사령관 헬무트 폰 몰트케가 전쟁이 불가피하며 전쟁 개시

일이 더 늦기 전인 1914년 여름이 적당하다는 결론을 내렸다는 유력한 증거를 갖고 있다. 그런가 하면 예전의 역사가들은 그 무렵 러시아 지도자들이 러일전쟁과 1912~1913년 두 차례의 발칸전쟁에서 당한 굴욕 때문에 빌헬름 2세가 남발한 백지수표에 버금갈 정도로 부주의하고도 무비판적으로 세르비아를 지지하지 않을 수 없다고 느꼈다고 생각했는데, 이 점에 대해 오늘날의 역사가들은 예전보다 훨씬 더 유보적인 태도를 취하고 있다.

니콜라이는 암살 사건에 충격을 받았고, 확실히 자신과 자기 아버지가 숱한 암살 시도의 대상이 되어 온 관계로 암살자들에 대해 신속하고 엄격한 처벌을 내려야 한다고 주장할 충분한 이유가 있었다. 앞에서도 언급한 것처럼, 니콜라이의 두 대신인 플레베와 스톨리핀도 니콜라이의 할아버지인 알렉산드르 2세의 전철을 밟아 얼마 전에 암살된 적이 있었다. 사실 폭탄과 총알은 벨 에포크 시대 숱한 유럽의 왕족과 고위 귀족, 지도적인 정치적 인물을 죽음으로 몰고 갔다. 누구라도 1914년의 시점에 니콜라이가 그런 문제에 대해 당연히 감정적으로 대처할수밖에 없다는 결론을 내릴 수 있을 것이다.

오스트리아·헝가리 지도자들은 남슬라브 민족주의가 허용되면 이중 왕국의 종말이 오리라고 믿었는데, 그런 믿음은 충분히 이해할 수있는 것이었다. 물론 이 지도자들이 바로 그 민족주의를 말살하려는 노력의 일환으로 기꺼이 유럽 전체를 전쟁으로 끌고 들어간 것 같지는 않지만 말이다. 이제 독일은 산업화하는 러시아에 대한 두려움으로 잔뜩긴장해 있었지만, 전쟁이 일어나면 의문의 여지없이 러시아의 저 악명높은 포악한 '카자크 무리들'이 독일을 유린할 거라는 예상이 독일 주민들 사이에 깊숙이 둥지를 틀고 있던 두려움을 일깨웠다. 1914년 7월말 러시아의 군사적 동원을 독일인들이 감지하면서 그런 두려움이 커졌지만, 독일의 군사 지도자들이 이미 자신들 역시 전쟁을 향해 나아간 조치들을 정당화하기 위해 러시아의 동원을 넌지시 과장했다는 것도 의심할 여지없는 사실이다.

독일 지도자들은 러시아와 프랑스를 동시에 상대하며 이중 전선에서 싸우는 부담을 몹시 두려워했기 때문에 독일의 전쟁 계획은 호기심이 일 정도로 상궤를 벗어나 거창하게 입안되었다. 앞에서 언급한 슐리펜플랜은 독일의 힘에 바탕을 두고 세워졌다. 즉 독일의 내부 교통망과 효율적으로 잘 발전한 철도망, 잘 훈련된 부대에 기대고 있었다는 말이다. 플랜(혹은 일련의 반복된 개정으로 이루어진 복수의 플랜들)은 1906년에 은퇴하고 전쟁 직전에 사망한 장군 알프레트 폰 슐리펜의 이름을 따서 붙여졌다. 그의 기본적인 이념은 독일 군대를 서부전선에 집중시키는 것이었는데, 특히 (독일 편에서 볼 때) 우익에 대규모 군대를 집중시켜 프랑스를 전면적으로 기습 공격하여 파리를 향해 남쪽으로 밀고 들어가면서 6주 안에 승리를 쟁취하는 것이었다. 일단 이렇게 프랑스군을 제압한 후에 대규모의 독일 군대는 즉각 동부전선으로 이동하여 기동성이 떨어지는 러시아를 상대할 것이었다.

이 슐리펜플랜은 대담한 개념에 입각해 있었지만, 그 세부 사항들이 극도로 복잡하여 아무리 출중한 독일 군대라고 할지라도 추측컨대 수행하기 어려운 종류의 전쟁 계획이었다. 더군다나 플랜은 실수나 예기치 못한 돌발 변수를 위한 여지도 마련해 놓지 못한 상태였다. 또 다른 문제점은 플랜에 따라 독일 군대가 벨기에를 관통해야 한다는 데 있었다. 적어도 공식적으로 독일이 벨기에의 중립국 지위를 정면으로 무시함으로써 영국이 전쟁에 개입할 명분을 주게 된 것이다. 비록 대부분의 역사가들이 동의하듯이, 이미 영국인들은 독일이 다시금 프랑스를 패퇴시킴으로써 영국해협 맞은편 해안을 통제할뿐더러 나머지 유럽을 독일이 지배하게 되는 것이 자신들의 이해관계에 심히 위배된다고 생각하고 있었지만 말이다.

도취에서 교착으로

8월 초 선전포고가 이루어지고 군대가 이동하기 시작하자, 전쟁에 대한 광적인 도취의 물결이 대부분의 나라를 휩쓸었다. 이렇듯 애국적인 민족 단결을 과시하는 것은 보수 우파 쪽 사람들이 본디부터 원하던 바이기도 했다. 독일에서 전선으로 향하는 열차에 탑승한 병사들은 군악대와 환호하는 군중, 꽃과 키스 세례를 퍼붓는 여성들의 배웅을 받았다. 빌헬름 황제는 이렇게 선포했다. "나는 더 이상 그 어떤 정파도 인정할 수 없다. 오직 독일인들만이 있을 뿐이다!"

사회주의자들이 위협한 총파업도 물거품이 되고 말았다. 당시 분위기는 프랑스의 한 아나르코생디칼리스트의 일기가 잘 전해 주고 있다. "8월 첫째 날 도덕은 한줌 먼지가 된 채 나는 '베를린으로! 베를린으로!'라고 외치는 다른 병사들과 함께 가축 수송용 차량에 올라탔다." SPD의 지도자들도 재빨리 독일의 전쟁 수행에 지지를 표명했다. (훗날 한 사회민주주의 지도자는 회상하기를, 만일 그때 전쟁을 지지하지 않았더라면 자신은 동료 당원들에게 몰매를 맞아 죽었을지도 모를 일이라고 했다.) 그때까지 시온주의 운동에 투신하던 한 젊은 독일 유대인도 "인류의 미래는 독일의 승리에 달려 있다"라고 신념을 표명할 정도였다. 러시아에서도 믿기 힘든 민족 간 화해의 장면이 언론에 보도되기도 했다. 즉 반유대주의자로 악명 높은 블라디미르 푸리쉬케비치가 유대교 회당에 들어가 눈물이 그렁그렁한 채로 랍비를 껴안았다고 한다. 그들은 하나가 되어 러시아 모국을 방어해야 했던 것이다.

이처럼 종종 기묘하게 보인 열정들은, 의심할 여지없이 참여자들 거의 대부분에게 있던 믿음, 즉 자신들이 무시무시한 적들의 임박한 침공에 직면해 있고 방어전을 수행한다는 믿음과 큰 관련이 있었다. 또한 이 전쟁이 짧은 시간 안에 결판이 나는 최종적인 전쟁이 될 거라는 믿음도 널리 확산되어 있었다. 그러나 1914년 8월 애국적 열정의 발작적 분출에는 거의 신비적인 무언가가 있었다. 훗날 관찰자들은 그런 발작적 분출에서 전쟁 직전 시절의 좌절감과 불확실성으로부터의 심리적 위안감과 해방감을 발견했다. 바야흐로 민족 단결과 이타적 영웅주의의 빛나는 전망이 출현하여 당시 많은 이들이 참아내고 있던 당파적 반목과 지루한 실존에 종지부를 찍는 것처럼 보였다. 당시 영국 시인 루퍼트 브루크가 "길고 졸렬한 삶을 참지 못하는…… 금발의 청년"으로 묘사된 데서도 나타나듯이, 실로 수많은 젊은 이상주의자들이 깜짝 놀랄 만한 열정으로 경쟁하듯이 싸움에 합류했다. 수백만 명에 달하는 보통의 유럽인들이 당시 25세의 청년인 아돌프 히틀러의 감정과 같았을 것으로 보이는데, 히틀러는 이렇게 쓰고 있었다. "나는 그런 시대를 살 수 있게 해주신 것에 대해 무릎을 꿇고 하늘에 감사드렸다."

7월 말 점점 확대되는 전쟁 위협에 맞서 캠페인을 벌이던 프랑스의 저명한 사회주의 지도자 장 조레스가 한 민족주의 광신자에게 암살당하고 말았다. 조레스의 살해 소식을 듣자마자, 샤를 페기는 야만적이게도 만족감을 터뜨렸다고 한다. 그는 한때는 드레퓌스를 옹호하는 문제에서 조레스의 동맹자였지만, 이제는 프랑스 민족이 그의 신비가 된 것이다. 그리고 얼마 안 가 페기는 영웅적인 자기희생의 기회를 찾을 것이었다. 마른 전투에서 독일군의 총탄이 그의 이마를 관통하여 즉사했던 것이다. 당시 그의 나이는 41세였다.

프랑스인들과 독일인 침략자들 사이의 충돌이 전쟁에서 결정적 국면을 이룬다는 사실이 곧 분명해졌다. 만일 슐리펜플랜이 성공적이어서 프랑스가 신속하게 굴복했다면, 삼국협상 국가들은 가망 없는 상태에 내몰렸을 것이다. 처음에 슐리펜플랜은 어느 정도 스케줄에 따라 진행되었다. 독일군은 벨기에를 경유하여 진격로를 뚫었는데, 생각보다 어려움이 크긴 했어도 8월 중순께 프랑스 수도에서 25킬로미터 떨어진 곳까지 진출했다. 파리 시민들이 강력한 신형 대포 소리를 멀리서 들을 수 있을 정도였다. 그러나 9월 초 '마른의 기적'(폐기가 전사한)으로 알려진 전투에서 프랑스군은 소규모 영국 분견대의 도움을 받아 마른 강 근처에서 반격을 가해 독일군을 퇴각시켰다. 그 뒤 양쪽 군대는 공방을 이어 가며 12월 말까지 스위스 국경에서 영국해협에 이르는 지대에 긴 참호선을 형성하게 되었다. 교착 상태를 깨뜨리려는 반복적인 공격이 이루어졌으나 결과는 무익했다. 전선은 3년이 지나도록 거의 변동 없이 남아 있었다.

프랑스군은 작전 계획 17호로 알려진 나름의 독자적인 계획을 진행시켰는데, 이는 독일군이 상대적으로 취약하다고 판단된 북동부, 즉 알자스와 로렌에 공격력을 집중시키는 것이었다. 그러나 프랑스의 작전 계획 17호는 독일의 슐리펜플랜에도 한참 못 미쳤고, 프랑스군은 독일 국경 근방에서 저지되었다. 심신이 지친 폰 몰트케가 마른의 반격 과정에서 사임했고, 에리히 폰 팔켄하인 장군이 자리를 대신했다. 이제 독일 장성들은 두 개의 전선에서 장기전을 펼치는 것에 따르는 우려스러운 결과에 대면했다. 특히 러시아의 방대한 자원과 세계 제국 영국의 자원을 자유로이 활용할 수 있게 만든 영국의 해상 통제권을 고려하면, 그와 같은 전쟁에서 시간은 삼국협상의 편이라는 것이 점점 더 자명해 보였다.

8월 말과 9월 초 동프로이센에서 전개된 사태도 하등 이상할 것은 없었다. 당시 독일군은 서부전선에서 보충대가 도착하기도 전에 대승을 거두었는데, 이는 현대 전쟁사에 길이 남을 전투에 속한다. 독일군은 파울 폰 힌덴부르크와 에리히 루덴도르프의 지휘 아래 타넨베르크와 마수리안 호수의 전투에서 대략 25만 명에 달하는 러시아군을 살상하거나 생포했다. 동부전선의 살육전은 12월에 러시아군이 보급품이 떨어져 완전히 방어 태세로 웅크리게 될 때까지 계속되었다. 그러나 동부전선에서는 서부전선에서처럼 참호전이 펼쳐지지는 않았는데, 어느 정도는 동부전선의 거리가 방대하기도 했거니와 러시아군의 대포와 기관총이 낙후되어 있었기 때문이다. 그렇기는 해도 동부전선에서 발생한 최종적인 사망률은 서부전선에서 나온 사망률에 육박했다.

개전 초기에 온 나라가 들썩인 바 있는 세르비아는 11월에 반격을 가해 곧 수도인 베오그라드를 되찾았다. 그리고 나서 세르비아군은 러시아군이 북쪽에서 오스트리아령 갈리치아의 대부분을 장악한 것과 거의 같은 시점에 남부 헝가리 국경으로 밀고 올라갔다. 그리하여 오스트리아·헝가리는 이중 전선에서 싸워야 할 지경에 몰렸다. 엎친 데 덮친 격으로 제3의 전선도 곧 열릴 것이었다. 이탈리아는 원래 독일 및 오스트리아·헝가리와 삼국동맹 조약을 체결하고 있었는데, 독일과 오스트리아·헝가리가 조약을 발동시킨 것과는 대조적으로 이탈리아 측은 삼국동맹 조약이 오직 방어전에만 적용된다고 주장하면서 8월에 중립을 선언했다. 이탈리아인들은 삼국협상 측과 정규적으로 접촉하고 있었고, 이듬해 4월에는 비밀리에 체결된 조약의 조항에 따라 5월에 오스트리아·헝가리에 선전포고하기에 이른다(독일에 대해서는 8월에 선전포고했다). 여기에는 베네치아 북서쪽의 알토-아디제 또는 트렌티노라고 불리는 영토를 포함한, 이른바 '실지(失地) 이탈리아'의 수복을 바라는 이탈리아인들의 오랜 염원이 작동하고 있었다.

전쟁 첫해에만도 새로운 전선들이 속속 열리고 있었다. 예컨대 오스만제국의 지도자들은 삼국협상이 자신의 제국을 분할할지도 모른다는 두려움에 사로잡혀 10월에 중유럽 열강(즉 독일과 오스트리아·헝가리) 편에 합류했다. 그 후 삼국협상은 11월에 오스만제국에 선전포고했다. 오스만인들이 (지중해와 흑해를 잇는 길고 좁은 해협인) 다르다넬스를 봉쇄하여 삼국협상 측의 선박이 통과할 수 없게 만들자, 보급품 부족에 시달리던 러시아가 서방 동맹국들로부터 단절되어 버리는 심각한 위협이 초래되었다. 이리하여 해군장관 윈스턴 처칠은 1915년 3월 해협을 뚫기 위해 대규모 병력을 파견하기로 결정했다. 이 파견군은 총 50여만 명에 이르렀는데, 그 대부분은 영국군이었고 약 8만 명의 프랑스군과 소수의 오스트레일리아군 및 뉴질랜드군이 가세하고 있었다. (해협에 붙어 있는 반도의 명칭에 따른) 이 갈리폴리 전투에서 터키군이 처칠의 파견군에 덫을 파 놓음에 따라 영국의 위험천만한 작전은 결국 재앙이 되었고, 처칠의 긴 경력에서 최악의 것으로 평가됨에 따라 상당한 기간 동안 많은 사람들이 처칠한테서 등을 돌리게 되었다. 이 재앙으로 삼국협상 측은 대략 20만 명의 사상자(전사자 43,000명), 터키 측은 대략 25만 명이 사상자(전사자 65,000명)가 나왔다.

다르다넬스는 계속 삼국협상 측에는 봉쇄된 상태로 남았고, 단기전의 전망은 요원해졌다. 유럽 역사에 새로운 시대가 시작된 것이다.

| 더 읽을거리 |

제1차 세계대전의 기원이라는 쟁점, 특히 개전 책임에 대한 것은 방대하고 오

랫동안 논쟁적인 연구들이 이루어진 분야다. 니얼 퍼거슨의 《전쟁의 연민》(Pity of War, 1999)은 논쟁적이지만 여러 쟁점들, 특히 미국의 참전이 정당한지(그리고 영국의 참전이 실수인지) 여부 등에 대해 재고하게 하는 인상적인 사료들을 참고하고 있다.

바버라 터치먼의 가독성이 뛰어난 《8월의 총포》(The Guns of August)는 유려한 문장과 흥미로운 일화들로 가득 차 있으나(1964년 퓰리처 상 수상), 전문 역사가가 보기에는 해석적으로 안이해 보인다. 전쟁의 기원이라는 쟁점에 대해서는 전문 역사가들이 쓴 두 권의 뛰어나고 상대적으로 간명한 연구서가 있는데, 제임스 졸의 《제1차 세계대전의 기원들》(The Origins of the First World War, 1992)과 요아힘 레막의 《사라예보: 어느 정치적 살인에 대한 이야기》(Sarajevo: The Story of a Political Murder, 2011)가 바로 그것들이다.

유럽 내전

1914~1943

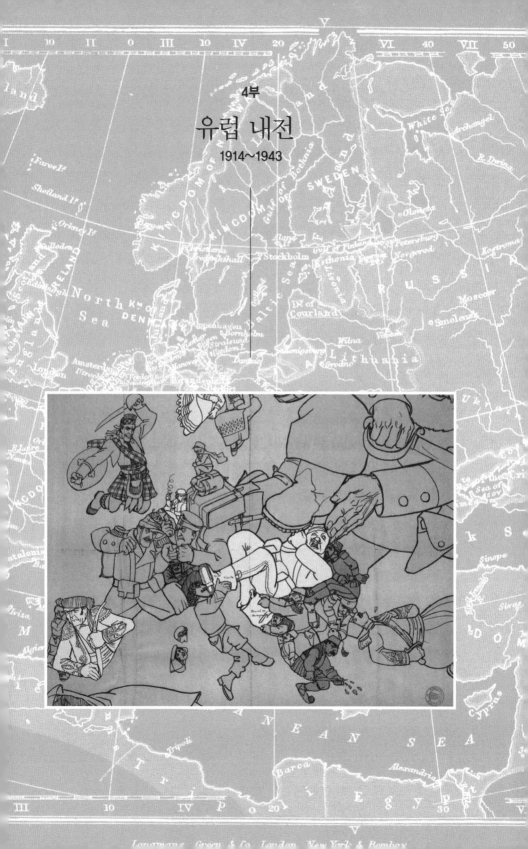

4부(13장~20장)는 제1차 세계대전의 개전 단계에서 나치 독일의 패전 전야에 이르는 시기를 다룬다. 소요와 불길한 파괴, 대량학살로 점철된 30여 년이 될 것이다. 이 시기는 두 차례의 끔찍한 파괴 국면, 즉 두 차례의 세계대전(1914~1919년, 1939~1945년)으로 특징지어진다. 1919년의 불편한 평화에 이어 유럽 나라들 대부분에게 절망과 자포자기를 확산시킨 대공황으로 야기된 또 다른 종류의 위기로 점철된 10년이 뒤따랐다. 많은 나라들이 파시스트까지는 아니더라도 권위주의적인 방향으로 이끌렸다. 과연 1929년부터 제2차 세계대전 발발까지 일어난 전개 과정을 보면 이미 지금까지도 숱한 의문의 대상이 되어 온, 유럽 민족국가 체제의 내구성뿐 아니라 자유주의적 의회주의의 지배와 자유시장 자본주의의 진실성에 대해 또 하나의 물음표를 붙이지 않을 수 없다.

나치즘과 볼셰비즘은 명백히 제1차 세계대전에 그 뿌리를 두고 있었다. "히틀러 없이 홀로코스트도 없다"라고 충분히 주장할 수 있듯이, "제1차 세계대전 없이 히틀러나 스탈린의 대량학살도 없다"라고 간명하게 주장할 수도 있을 것이다. 제1차 세계대전을 통해 유럽은 이성과 인간성을 거역하는 자멸적인 갈등 속에 빠져 들어간 것으로 보인다. 전쟁은 무엇보다 1917년 초 러시아 제국의 붕괴에 결정적으로 기여했고 궁극적으로는 오스트리아·헝가리 제국과 독일 제국의 해체에 기여했으나, 그 밖에도 거의 모든 나라가 전쟁으로 심각하게 약화된 것이 사실이다. 심지어 주요 열강 사이에 공식적인 강화가 확립되었음에도 불구하고, 러시아에서 일어난 내전은 1921년까지 계속되었다. 그리하여 1914년 8월에 처음 도미노가 넘어가기 시작한 이래로 다음 20년 동안 계속 넘어가서 국지적이지만 치명적인 전쟁들이 무수히 잇따랐다고 할 수 있다. 그런 전쟁들 가운데에서도 1934년에 발발한 이탈리아의 에티오피아 침공과 1936년 여름에 시작된 에스파냐 내전이 가장 주목할 만한 전쟁일 것이다.

1917년 3월 러시아에서 차르 지배가 붕괴한 후 전쟁이 계속되고 질서를 재확립하려는 임시정부의 노력은 별다른 성과를 내지 못했다. 곧이어 11월에 일어난 볼셰비키의 권력 장악은 유럽의 나머지 나라들에게 하나의 충격으로 다가왔는데, 그 사건이 갖는 의미는 1917년 말의 시점은 물론이고 그 이후 시기에도(러시아 바깥에서는 물론이고 그 안에서도) 널리 오해되고 있었다. 이렇듯 오해가 발생한 이유는 부분적으로 볼셰비키 지도자들도 자신들이 실제로 무슨 일을 했는지, 그래서 미래가 어떻게 될지 확실하게 알지 못했기 때문이다. 레닌이 몇 차례 뇌졸중(1922년에 처음 발발)을 일으켜 1924년 1월에 사망하자 측근들 사이에 권력투쟁이 뒤따랐고 스탈린이 승자로 등극하기에 이르렀다. 그 후 소비에트러시아는 1928년부터 1934년까지 농업 집산화와 급속한 공업화를 위한 5개년계획과 함께 '제2의 혁명'을 경험하게 되었다. 1930년대 말 또 다른 종류의 혁명이 소비에트 제국 전역에 발발했는데, 바로 수천 명의 보통 시민들을 강제수용소에 이송한 엄청난 사건은 물론이고 1917년 이래로 자리를 지켜 온 당 지도자들 대다수를 제거한 대량 체포와 전시성 재판이 그것이다.

1919년의 강화 협정은 실질적인 해결책이 되지 못한 것으로 드러났다. 돌이켜 보면 그것은 오히려 미래의 전쟁을 보증한 것처럼 보인다. 1920년대 중반 무렵의 뚜렷한 경제 회복도 짧게 끝나고 환상에 불과한 것으로 입증되었다. 유럽 바깥, 무엇보다 중동에서 이루어진 협정도 특히 토착민들에게는 몹시도 불만족스러운 것으로 판명 났다. 국제연맹과 유럽 자유민주주의 국민들의 무기력함도 1930년대 중반 무렵이 되면 명백해졌는데, 무솔리니의 에티오피아 공격이나 에스파냐 내전에서 프란시스코 프랑코의 승리를 막아 내는 데 실패했던 것이다.

1930년대 소비에트러시아에서 일어난 극적인 사건들과 거칠게 비교할 때, 1933년 1월 말 독일에서 히틀러의 권력 장악도 좌파 지도자들의 체포와 수감으로 이어졌다. 비록 1933년부터 1939년까지 독일에서 자행된 폭력과 학살이 같은 시기에 소련의 경우보다는 명백히 규모가 작기는 했지만 말이다. 그럼에도 일단 제2차 세계대전이 개시되자, 전쟁 포로에 대한 나치의 처우는 물론이고 유대인 문제에 대한 이른바 '최종 해결책'이 그 고의적인 잔학성과 인명에 대한 참혹한 경시라는 면에서 1917년 이래로 소련에서 진행되어 온 것에 필적하게 되었다.

　　두 차례의 세계대전 사이에 우파 진영에서는 카리스마 강한 지도자들이 출현했다. 이들 가운데 무솔리니와 히틀러가 가장 유명할 텐데, 이 두 인물은 수많은 부류의, 또 다양한 성공과 실패를 겪은 모방자들을 낳았다. 1922년 권좌에 오른 무솔리니는, 당시 레닌과 스탈린의 리더십 아래에서 새로운 형태를 취한 공산주의에 대한 투쟁을 강조하면서 파시즘을 새로운 이데올로기로 제시했다('공산주의자'라는 용어는 1919년 공산주의인터내셔널의 첫 번째 회합에서 공식 채택되었는데, 공교롭게도 같은 해 '파시스트'라는 용어도 무솔리니가 이끈 운동의 공식 명칭이 되었다). 비록 주제가 얼마간 다르기는 했으나, 리더십 숭배도 레닌과 스탈린 둘레에서 점점 더 강해졌다.

　　돌이켜 보면, 독일이 나치 지배 아래에 들어간 바로 순간에 이 새로운 이데올로기들과 그것에 지배되는 나라들 사이에 폭력적인 충돌이 일어나리라는 것은 명약관화했다. 마침내 1939년 9월 유럽인들은 다시 한 번 '총력전' 속에 휩쓸려 들어갔는데, 1941년 12월 초 이래로 공공연하고 명시적으로 미국이 재차 전쟁에 휘말리게 되면서 곧 세계대전으로 비화될 것이었다.

13장

제1차 세계대전

1914~1918

　최초의 전투가 벌어진 뒤에도, 이 전쟁이 역사에서 전례 없는 정도로 전투력과 물자를 집중시킬 능력이 있는 민족들 사이에서 현대식 무기를 사용한 장기전이 될 것이며, 나아가 이 장기전의 파괴적 함의가 어마어마할 것이라는 점을 당시 그 어떤 관찰자도 제대로 평가하지 못했다. 더욱이 모든 정부는 일반 주민들이 전선에서 오는 최악의 뉴스들을 듣지 못하도록 차단하는 데도 성공했다. 이 전쟁에서 예기치 못한 또 다른 국면, 즉 당시 군사학에서 새롭게 나타난 것은 바로 군사적 방어 기술이 공격 기술보다 더 우월하다는 점이 입증되었다는 사실이다. 개전 후 몇 주 동안 이런 변화가 심오하고도 비극적인 결과를 가져오리라는 점은 분명치 않았다. 서부전선에서 철조망이 둘러쳐지고 기관총이 엄호하는 복잡한 참호의 그물망은 거의 돌파할 수가 없었다. 전쟁은 수백만 명을 죽음으로, 극심한 고통과 결핍으로 몰아넣으면서 쉬지 않고 헐떡거리며 나아가고 있었다.

서부전선의 교착과 동부전선의 팽창

'기관총'이라는 용어는 기계화된 죽음이나 파괴의 생산과 같은 현대 산업의 상징주의를 가져왔다. 당시 '뚱뚱한' 또는 '비대한' 베르타포*라고 알려진 독일의 거포가 벨기에 요새들을 파괴하는 데 처음 도입되었는데, 이 대포야말로 단연 현대 공업의 상징이었다. 제1차 세계대전은 과거의 다른 전쟁들보다 더 산업적이었을 뿐 아니라 유럽사에서 전례 없는 정도로 민간인들을 동원하고 소모한 전쟁이었다. 새로운 무기가 유일한 쟁점은 아니었거니와 심지어 주요 쟁점도 아니었다. 몇몇 요인들의 중요성이 나중에 과장되기는 했어도 일련의 많은 요인들이 주요한 쟁점이었다. 비행기는 아직 걸음마 단계에 있었고, 독가스도 사용되기는 했으나 믿을 만한 무기는 아니었으며, 전차도 기껏해야 전쟁 말기에 제한적으로 사용되었다. 전투의 대부분은 휴대용 무기를 소지한 병사들에 의해 지상에서 수행되었다.

제1차 세계대전 동안 양 진영의 장성들은 변함없이 공격전을 믿었다. 승리는 오직 더 많은 의지력과 용기, 화력이 집중될 때만 찾아올 것이라고 자신했다. 그들은 끝없이 병사들을 무리지어 참호 밖으로 '돌격'시켰고, 이들이 적군의 기관총 세례 앞에 대책 없이 고꾸라지는 것을 지켜보기만 했다. 부상병들은 종종 '무인 지대'로 불린 진흙 수렁에 누워 오랫동안 끔찍한 고통에 시달리면서 죽음을 맞이했다. 그래도 전선은 수백 야드 이상 이동한 적이 없었다.

당시 야심에 가득 찬 장성들이 매일 저녁을 잘 먹은 후 깨끗한 시트 안에서 두 다리를 뻗고 잠에 들 정도로 냉담했다는 사실에 관해서는

---

* Berthas, 당시 이 거포를 생산한 기업 크루프(Krupp)의 여사장 이름에서 나왔다.

지도 7 제1차 세계대전 무렵의 유럽

북해

영국

런던

파스샹달

파리

서부전선

프랑스

유틀란트

발트해

동프로이센

타넨베르크

베를린

독일

룩셈부르크

벨기에

베르됭

아르곤

빈

스위스

오스트리아-헝가리

이탈리아
전선

카포레토(코바리드)

아드리아해

이탈리아

로마

몬테네그로

알바니아

세르비아

그리스

지중해

싱트페테르부르크

독일 최대 진격선,
1918

리가

러시아

브레스트-리토프스크

폴란드

프리페트 습지대

동부전선

우크라이나

오데사

루마니아

흑해

불가리아

갈리폴리

콘스탄티노플

터키

다르다넬스

발칸전선

중유럽 열강

점령지역

주요 지상전투 지역

500 miles

많은 글들이 고발하고 있다. 그러나 수많은 병사들은 춥고 습한 참호의 환경을 견디며 죽은 자들과 죽어가는 자들 사이에서도 대의에 대한 강건한 믿음을 지켜 나갔던 것으로 보인다. 적어도 개전 초기에 그들은 명령에 복종했을 뿐 아니라 사악한 적들에 대한 투쟁이 정의롭다는 수사학을 받아들인 것 같다. 영국에서 징병이 시작되기 전인 1915년 초에 열정적인 자원병들이 군대 징병소들에 몰려들었다.

그러나 한편으로 많은 이들은 또 1914년 가을에 확산된 "크리스마스는 집에서!"라는 소문을 믿었다. 장기전에 대한 계획은 대개 부재했고, 즉흥적이고 불확실한 조치들만이 판을 치는 상태에서 전쟁은 어느 쪽에도 확실한 승리의 전망을 주지 않은 채 지루하게 이어졌었다. 북프랑스에 발이 묶여 있던 독일의 폰 팔켄하인 장군은 관심을 동부전선에 돌렸는데, 어느 정도는 갈리치아에 포위되어 있던 오스트리아·헝가리군을 구해 내기 위함이었다. 일찍이 독일군이 타넨베르크에서 거둔 최초의 빛나는 성공이 다시 대규모로 재연되었다. 1915년 러시아군은 대거 퇴각하여 러시아 영토 내부로 거의 500킬로미터까지 후퇴했다. 2백만 명이 넘는 러시아 병사들이 붙잡히거나 부상당하고 목숨을 잃었다. 다음 몇 년 동안 독일 군부는 러시아 인구의 20퍼센트가량을 통치하게 될 터였다.

전쟁 이전에 건함 경쟁이 벌어졌음을 고려하면, 영국과 독일의 함대들이 거대한 충돌을 벌이리라고 기대하는 것은 자연스러운 일이었으나, 여기서도 역시 실제로 발생한 일은 교착 상태에 가까운 것이었다. 전쟁이 장기전으로 가면 해군력에 대한 고려가 결정적으로 중요해지리라는 점은 누가 봐도 명백했다. 프랑스와 영국은 독일을 봉쇄하면 결국 독일이 강화를 요청해 올 거라고 오판하면서 독일과 그 동맹국들로 향하는 모든 항해를 봉쇄했다. 네덜란드와 스웨덴, 노르웨이, 덴마크 등 독일과의 무역에 경제적으로 크게 의존하던 중립국들은 미국인들과 마찬가지로 봉쇄에 항의했다. 그 당시 중립국들의 권리와 '해상의 자유'가 커다란 쟁점으로 떠올랐다.

1915년 2월 독일인들은 봉쇄에 대한 대응으로 영국제도와 북프랑스로 통하는 서쪽 진입로를 전쟁 지대로 간주하겠다고 선포했다. 말하자면, 이 지대에 진입한 중립국 선박들은 언제라도 공격받을 수 있다는 경고나 다름없었다. 다음 달 독일 잠수함이 영국 여객선 '루시타니아'(Lusitania)를 어뢰로 공격하여 1,200여 명의 승객이 목숨을 잃었는데, 그중에 118명이 미국 시민이었다. 미국의 윌슨 대통령은 앞으로 그와 같은 어떤 행위도 '고의적인 비우호적' 행위로 간주할 것이라고 경고했고, 다음 2년 동안 독일은 잠수함 전투를 억제했다.

사실, '루시타니아'는 여객선이기도 했지만 민간 승객 외에 전쟁 군수품도 운반한 선박이었다. 독일 지도자들은 이 절망적인 전쟁에서 생존하기 위해 스스로를 방어하려면 극단적인 수단을 사용해도 정당화될 수 있다고 느꼈고, 자신들이 믿기로는 여객선이 군수품을 운반하는 것은 자기 이익만을 고려한 계략에 불과했다. 미국인들도 전쟁에 개입한 뒤로는 군수품을 운반하는 것으로 여겨진 여객선에 대해 독일인들이 취한 입장과 유사한 태도를 견지할 터였다. 다른 많은 점에서와 마찬가지로 이 점에서도 민간인과 군인 사이의 구별은 허물어졌다.

이 초기의 잠수함 공격과는 별개로, 독일 해군 최고사령부는 공해상에서 영국군에 도전하는 것은 망설였다. 예외가 있었다면 개전 이후 거의 2년 만인 1916년 5월 31일부터 6월 1일까지 덴마크 근처 해상에서 벌어진 유틀란트 해전이었다. 독일 지도자들은 영국 함대에 타격을 주어 북해의 봉쇄를 약화시킬 수 있으리라 기대했다. 유틀란트 해전은 전쟁 기간에 전함들 사이에 전면적으로 벌어진 유일한 전투였다. 이 해전은 무려 250여 척의 선박을 동원했으나 뚜렷한 결론을 내지 못한 채 끝났다. 몇 가지 점에서 이 전투는 독일군이 영국군보다 더 많은 선박을 격침했고 인명 손실도 더 적었기 때문에 독일군의 승리로 볼 수 있다. 그러나 좀 더 광범위한 견지에서 보면 영국군의 승리였는데, 왜냐하면 그 후 독일 함대는 다시는 이런 방식으로 영국 함대에 도전장을 내밀지 못했기 때문이다.

1916년, 베르됭 전투와 솜 전투

전쟁의 공포가 예전의 상상을 뛰어넘는 단계로 고조된 것은 베르됭과 솜에서 전투가 벌어지면서부터였다. 폰 팔켄하인은 1915년 동부전선에서 거둔 승리로 고무되어 이번에는 시선을 서쪽으로 돌려 3면이 독일군에 에워싸인 프랑스 북동쪽에 위치한 요새 베르됭에 엄청난 화력을 집중시키려고 했다. 독일의 포격은 2월 21일에 개시되었다. 일제 포격 이후 시간당 10만여 발에 가까운 포탄이 베르됭 요새에 작렬했다. 무려 다섯 달 동안 프랑스군(영국 보충대와 함께)과 독일군은 거대한 자원을 이 전투에 쏟아 부었다. 프랑스군에게 베르됭은 전설이 되었다. 프랑스 장군 앙리 필리프 페탱은 독일군이 "통과하지 못할 것!"이라는 유명한 맹세를 했다. 폰 팔켄하인 쪽에서도 프랑스군이 '소진'될 때까지 베르됭에서 프랑스군을 공격할 거라고 맹세했다. 결국 두 장군의 맹세는 지켜졌다. 독일군은 베르됭을 점령하는 데 실패했고 프랑스군은 소진되었으니 말이다. 물론 독일군도 소진되기는 매한가지였다. 양측은 어느 쪽의 군사적 우위도 가리지 못한 채 무려 40만 명의 전사자만을 낳았다.

그림 13 제차 세계대전 기간의 프랑스, 솜 전투 당시 영국 측 전선(1916. 7. 1~11. 15)
전투는 솜 강 양안을 따라 대략 30킬로미터에 걸친 전선에서 독일군과 프랑스-영국 연합군 사이에 전개되었다. 전차가 사용된 것도 군사사에서는 이 전투가 처음이다. Album / Prisma / akg-images.

북부 전선의 다른 쪽 극단에서도 또 다른 거대한 충돌이 벌어졌는데, 영국군과 프랑스군은 이를 베르됭에 대한 압박을 완화하기 위한 작전으로 이해했다. 7월 1일 영국군이 솜 강 인근에서 최초의 주요 공격을 감행했다. 전투는 닷새 동안의 포격으로 개시되었는데, 독일군 참호에 대략 2백만 톤의 폭약이 비처럼 쏟아졌다. 바로 이 솜 전투는 베르됭 전투처럼 영국 군사사에 기록을 남기며 악명을 떨치게 될 터였다. '하루에만' 5만8천 명의 사상자(전사자는 2만 명)가 발생한 것이다. 솜 근방에서 전개된 전투 또는 일련의 전투들은 11월까지 이어져, 무려 100만 명의 사상자를 냈다. 베르됭 전투와 솜 전투 모두 사람들에게 참호전의 무익함과 현대 산업 전쟁의 광란을 고스란히 보여 주었다. 2년 동안 프랑스 북부의 여러 곳이 분화구로 가득 찬 달 표면 같은 풍경을 갖게 되었고, 수백만 명이 목숨을 잃거나 불구가 되었다. 그럼에도 군

장성들은 새로운 공격을 준비하기 위한 계획을 수립하는 데 여념이 없었다.

1917년, 전환점

1916년의 전투들은 한 가지 의미에서 예전의 전투들과 차이가 있었다. 이 전투들 이후에 열정이 사라진 것이다. 사람들은 계속 싸우기는 했으나, 로봇처럼 싸우며 우선은 생존하는 데만 관심을 두었다. 군인들과 민간인들 사이에 사기와 규율을 유지하는 것이 권력자들의 주된 관심사가 되었다. 군인들은 전선에서 복무하는 것을 피할 수만 있다면 자해를 해서라도 피하려고 애썼고, 아직 징집되지 않은 자들은 점점 더 병역을 피하기 위한 온갖 방법을 강구해 냈다. 후방에서도 계급적 증오가 점점 높아짐에 따라 노동자들의 파업도 늘어났다. 민간인들의 편한 생활에 대한 전선병들의 불평도 확산되었다. 독일에서는 우파 좌파 할 것 없이 불만이 황제 빌헬름 2세로 향했는데, 많은 이들이 믿기로(근거가 없지 않은) 황제는 점점 미쳐 가고 있던 '절반의 영국인' 군주였던 것이다. 프랑스에서는 누구라도 강화 협상을 주장하면 '패배주의자'로 몰리게 되었다. 1917년 말 '호랑이' 클레망소가 권력을 인수하여 독일의 군사독재에 얼추 비견될 만한 사실상의 민간 독재라고 불릴 수 있을 만한 체제를 수립했다.

1917년 들어 여러 지역들, 특히 동부전선에서 극적인 변화가 일어났다. 예상할 수 있듯이, 전쟁에 대한 열정이 먼저 러시아에서 잦아들었다. 차르 체제는 어느 정도의 장기전에 대비해 효과적으로 군사력을 집중할 수 있는 역량을 갖추지 못한 채 현대전을 감당할 수 없다는 것이 판명되었다. 1916년 말에 대부분 농민 가운데서 징발된 러시아군은 거의 훈련받지 못한 상태였고 지휘부도 무능했으며, 창피할 정도로 엉망진창인 보급 상태 속에서 허우적대면서 장병들을 의기소침하게 만드는 일련의 패배를 경험했다. 1916년 가을에는 노동자들의 사회적 불안도 불길한 수준으로 고조되었다. 마침내 그런 불안 상태에 불을 지른 사건이 발생했다. 처음에는 인내심의 한계에 다다른 주부들 사이에서 시작되어 점차 확산된 빵과 석탄 부족에 항의하는 폭동이 일어났던 것이다. 치안 세력은 이 폭동을 통제하는 데 실패했다. 정부군이 개입하여 처음에는 시위대에 발포했으나, 병사들은 그 이후로 더 이상 명령을 따르지 않았다. 니콜라이 2세는 자신의 권위가 추락했음을 보여 주는 이 명백한 증거 앞에서 자신의 동생인 마하일 대공에게 양위했지만, 대공 역시 퇴위하고 말았다. 로마노프 왕조가 카드로 만든 집처럼 무너지면서 문을 닫은 것이다.

이와 관련된 이야기는 다음 장에서 더 자세히 살펴보도록 하자. 러시아의 전쟁 지속 노력에 이 사건이 미친 함의는 처음에는 불투명했다. 여하튼 이제 민중이 권력에 접근했기 때문에 임시정부의 지도자들은 좀 더 효율적이고도 건전한 군사적 노력을 기울일 거라고 공언했다. 이와 유사하게, 러시아가 부패하고 전제적인 지배자들을 몰아냈기 때문에 미국인들의 입장에서도 단지 경합하는 제국주의 가운데 하나로서가 아니라 민주주의를 위한 전쟁의 일부로서 (러시아가 포함되어 있는) 삼국협상 측에서 참전하는 쪽이 좀 더 명분에 맞는 일이 되었다.

또 잠시 동안이기는 했지만 러시아의 몇몇 새로운 지도자들은 강화협상의 가능성도 저울질했는데, 이렇다 할 성과를 내지는 못했다. 그러나 이런 실패는 그 무렵 러시아에서 권력 실세가 누구인지 불확실했음을 고려하면 그리 놀라운 일도 아니었다. 더욱이 독일 장성들은 여전히 자신들이 전쟁에서 승리할 수 있을 거라고 믿고 있었고, 그렇기에 강화 협상은 그다지 매력적인 대안이 아니었다. 그리고 러시아 병사들 절대 다수가 기성 장교단을 탐탁지 않게 여길 뿐 아니라 때때로 폭력적 반란까지 일으켰음을 고려하면, 그들이 이 장교단 지휘 아래에 전쟁을 다시 시작할 분위기는 결코 아니었고, 따라서 독일 장성들의 계산은 충분히 정당화될 수 있는 것처럼 보였다.

러시아 군 당국이 사실상 붕괴하자, 이는 프랑스와 영국에도 심난한 일이 되었다. 이미 1917년 2월 초에 독일 장성들은 더 이상 러시아군의 공격이 없을 거라고 느끼면서 재차 서부전선에 병력을 집중함으로써 승리를 앞당기기 위한 광범위한 전략적 결정의 하나로서 무제한 잠수함전을 다시 감행하려고 했다. 이 결정은 도박이나 다름없었다. 미국인들이 선전포고를 해도 미국의 원조가 전세에 영향을 미치기 전에 독일이 프랑스군과 영국군을 패퇴시킬 수 있을 거라는 가정에 바탕을 두고 있었다.

프랑스군도 새로운 공세를 위한 비장의 계획이 있었다. 그러나 이번 프랑스의 '니벨 공세'*는 프랑스 육군 내부에 하극상만 불러일으키면서 유혈 낭자한 실패로 끝나고 말았다. 베르됭의 영웅 페탱 장군이 상황을 통제하기 위해 호출되었는데, 그는 하극상을 단호히 진압함과 동시에 미군이 합류하기 전에는 더 이상 새로운 공세가 없을 거라고 약속함으로써 상황을 수습했다.

러시아혁명 말고도 1917년의 또 다른 의미 있는 변화는 미국이 삼국협상 측에서 참전한 일이었다. 물론 미군이 전세를 바꿀 만한 정도로 충분히 유럽에 파견되려면 앞으로도 몇 달이 더 필요했다. 1914년에 전

---

* Nivelle Offensive, 당시 로베르 니벨 장군의 이름을 딴 작전이다.

쟁이 발발했을 때, 미국인 대다수는 미군의 참전에 확고하게 반대했다. 더욱이 미국 내 다양한 종족 집단들 사이에 심각한 분열이 있었고, 심지어 많은 미국인들 사이에는 중유럽 열강에 동조하는 경향도 있었다. 처음부터 독일은 선전전에 서툴기 짝이 없었는데, 이는 부분적으로 미국인들이 대다수의 전쟁 소식을 주로 영국 쪽에서 얻었기 때문이다. 독일군이 벨기에에서 자행한 잔혹 행위가 세간의 관심을 끌었고(물론 얼마간 과장된 채로), 독일 제국이 국제 조약을 위반하면서까지 중립국 벨기에를 공격했다는 사실은 미국인들에게 독일의 군국주의와 냉소적인 '현실 정치'에 대한 부정적인 인상을 오랫동안 심어 주었다.

그럼에도 동부전선에서, 특히 유대인 주민들과 관련된 차르 군대의 처사는 독일군의 행위보다 더하지는 않았을지라도 그에 못지않게 불명예스러운 일이었다. 또한 미국인들 사이에는 초창기에 영국의 봉쇄에 대한 적대감도 있었고, 1916년 초 아일랜드의 얼스터 봉기에 대한 영국의 진압이 수많은 아일랜드계 미국인들의 반감을 일으켰다. 미국의 오랜 전통이라고 할 고립주의 입장이 고개를 들었고, 미국인들은 유럽인들 대부분과는 달리 침공에 대한 극심한 공포를 경험하지도 않았다. 결국 미국인들은 좀 더 시간을 두고 전쟁이 불러온 수백만 명의 인명 살상과 무의미한 파괴, 참호전의 무익함 등을 심사숙고한 끝에 참전했던 것이다.

돌이켜 보면, 미국인들의 여론이 한 순간에 참전을 지지하는 쪽으로 선회했다는 사실은 거의 믿기 힘든 일처럼 보인다. 우드로 윌슨은 1916년 가을에 치른 대통령 선거 캠페인에서 "그는 전쟁을 피할 수 있게 해주었다!"라는 슬로건을 사용했는데, 이듬해 4월 초 의회를 설득하여 465표 대 56표로 삼국협상 측에서 참전하는 것을 결정했다. 독일군이 무제한 잠수함전을 재개함으로써 미국 상선들의 손실과 미국인들의 인명 피해가 급증한 것이 미국의 참전을 이끈 중요한 요인이었다. 그러나 미국의 참전을 가능하게 한 마지막 퍼즐 조각은 1917년 3월 1일에 날아든 소식이었다. 이는 곧 '치머만 전보사건'(Zimmermann Telegram)으로 알려지게 되는데, 독일 외무장관이 멕시코 주재 독일 대사에게 보낸 비밀 훈령이 판독된 사건이 바로 그것이었다. 이 훈령은 미국이 독일에 선전포고하면 멕시코가 일찍이 1848년 미국과 치른 전쟁에서 빼앗긴 영토를 수복하는 데 독일이 멕시코를 지원할 거라는 내용을 담고 있었다.*

특히 중요한 점은 윌슨이 이 전쟁에 참여하는 결정을 미국인들에게 국익의 보호(물론 방어적인)일 뿐 아니라 고상한 도덕적 원칙의 문제로 제시할 수 있었다는 사실이다. 그는 이런 목표들을 의회 연설에 효과적으로 담았는데, 자유민주주의와 약소민족의 권리, 자유로운 민중들을 위한 세계 평화 등 '우리가 항상 가슴 속에 간직해 온' 가치들의 일람을 제시했던 것이다. 비록 영국이 약소민족의 처우와 관련하여 비난을 면할 수 없었던 것이 사실일지라도 어쨌든 윌슨의 오랜 친영국 입장이 미국의 참전에서 중요한 역할을 했다는 점에는 의심의 여지가 없다. 또한 여기에는 미국의 국익을 고려하는 차원에서 만일 중유럽 열강이 삼국협상에 대해 우위를 점하게 될 때 장차 어떤 종류의 세계 질서가 펼쳐질 것인지에 대한 계산도 작용했다.

결국 '민주주의를 위한 전쟁'이라는 관념이 '다른 나라 일에 얽혀 드는 것'을 조심하라는 조지 워싱턴의 경고를 압도했다. 어떤 이는 이 변

---

* 1917년 1월 11일 독일 외무장관 아르투어 치머만은 멕시코 주재 독일 대사인 폰 에카르트에게 멕시코가 독일 편에 서면 일찍이 미국에 빼앗긴 텍사스와 뉴멕시코, 애리조나를 되찾는 데 도움을 주겠다는 내용의 비밀 전보를 쳤다. 그러나 영국 첩보부가 이를 가로채 해독하여 3월 1일 대중적으로 알려졌다. 3월 3일 치머만이 이 내용이 사실임을 인정한 후, 이 전보는 미국인들의 공분을 불러일으켜 미국 참전의 결정적 명분을 제공하게 되었다.

화를 오래도록 지속되는 함의를 갖게 될, 현대의 가장 중요한 사건들 중 하나로 묘사할지도 모른다. 이제 미국은 유럽의 일에 흠뻑 빠져들게 되었다. 제1차 세계대전은 처음엔 제국주의 열강 사이의 전쟁이었지만, 적어도 선전의 차원에서는 전제정에 맞서 민주주의를 지키는 전쟁이 되었다. 미국 또한 전쟁에 지속적으로 반대한 미국인들을 가차 없이 탄압하기 시작했다.

멕시코를 구슬려서 독일 편에 가담시키려고 한 치머만의 어설픈 시도는, 당시 독일 지도자들이 얼마나 정보가 부족했고 형편없는 결정을 내렸는지를 전형적으로 보여 주는 사례라고 할 수 있다. 상당수의 독일인들은 점점 반항적으로 되어 갔는데, 특히 러시아에서 혁명이 발생한 후에는 더욱 심해졌다. 독일 노동자들은 당장의 결핍에 항의하면서 대규모 파업을 일으켰다. 1917년 7월 제국의회는 영토의 병합이나 금전적 보상 없이 분쟁 종식으로 이어질 협상을 즉각 개시할 것을 촉구하는, '평화 해결책'으로 불린 법안을 큰 표 차이로 통과시켰다. 독일의 군부와 우파 정치권은 이 해결책을 '패배주의'라고 일축하면서 완전히 무시했다. 어쨌거나 그들은 손에 패를 쥐고 있었는데, 러시아에서 발생하고 있는 사태들이 바로 그것이었다.

11월 초 볼셰비키의 권력 장악은 오랜 협상 끝에 1918년 3월 중유럽 열강과의 독자적인 강화조약에 조인하는 것으로 이어졌고, 이로써 독일의 군사 지도자들은 독일 병력 대부분을 서부전선으로 이동시킴으로써 다시금 전면적 승리를 거둘 수 있다는 자신감에 들뜨게 되었다. 그 무렵 서유럽 관찰자들 가운데 공산주의 체제가 몇 달 이상 지속되리라고 믿은 사람은 거의 없었다. 러시아로부터 나머지 유럽과 세계에 혁명을 확산시켜야 한다는 공산주의 지도자들의 호소 역시 터무니없는 것으로 치부되었다. 비록 1919년 초에 이르면 상당히 진지하게 다루게 될 것이기는 했어도 말이다.

돌이켜 보면 1917년 11월에 심오한 역사적 의미가 있다고 널리 인정되는 또 다른 발전이 있었다. 11월 2일 영국 외무장관 밸푸어 경이 영국 정부가 팔레스타인에 '유대 민족의 고향'을 만든다는 관념을 "호의적으로 전망한다"라고 공식적으로 선언했다. 한 줄짜리 짧은 텍스트가 양립하기 어려운 목표들을 동시에 제안한 것이다. 즉 그것은 한편으로 압도적 다수의 아랍인들이 거주하는 지역에 유대인의 고향을 만들고자 했고, 다른 한편으로 어떤 것도 다수 주민의 권리를 침해하거나 약화시켜서는 안 된다고 규정했던 것이다. 1916년에 비밀리에 협의된 사이크스-피코 협정(Sykes-Picot Agreement)은 일단 오스만제국이 패배하고 팔레스타인이 (밸푸어선언에서 암시되었듯이) 영국 단독으로가 아니라 국제적으로 관리된 후에 중동에서 영국과 프랑스, 러시아의 영향권을 확립하고자 했다. 밸푸어선언에는 팔레스타인에서 궁극적으로 주권적 유대 민족국가가 수립될 것인지 여부와 관련해서는 아무런 언급도 없었으나, 밸푸어를 비롯한 많은 이들이 장기적으로 그런 목표가 암묵적으로 깔려 있다고 믿었다.

영국 정부는 여러 가지 이유로 이 계획을 수용했는데, 특히 중요한 이유로는 독일도 밸푸어선언에 비견될 만한 유사 선언을 할지도 모른다는 우려가 깔려 있었다. 영국의 지도자들은 대부분 유대인들이 전 세계적인 사건에 강력한 영향력을 행사한다고 확신했고, 따라서 그들을 삼국협상 측에 붙들어 두는 것이 중요하다고 판단했다. 그럼에도 유럽이 억압받는 유대인 주민들에 대한 공감을 확산시킨다는 고상한 도덕적 원칙이 아랍 관찰자들에게도 그대로 받아들여질 리는 만무했다. 당시 밸푸어선언을 비판하는 사람들 중에는 유대인들도 많았는데, 이들은 아랍인들이 그렇게도 무례하고 무심한 방식으로 대우받았으니만큼 폭력적 저항에 나서는 것도 당연하리라고 경고했다. 일부 시온주의자들도 만일 아랍인들이 팔레스타인에서 유대인 정착 문제에 평화적으로 합의할 수 없다면 시온주의의 미래도 암울할 거라며 우려를 표명했다. 하지만 그와 같은 평화적 합의는 처음부터 가능할 것 같지 않았고, 그 뒤로도 계속해서 그럴 것이었다. 다시 살펴보게 되겠지만, 그럼에도 유대인들에게 피난할 장소가 있어야 한다는 느낌은 앞으로도 점점 더 절박하게 다가왔다.

전쟁의 마지막 날들, 독일의 붕괴

독일군은 1914년 8월에 그랬듯이 최대한 대규모로 병력을 집결시켜 1918년 봄 프랑스 북부를 향해 신속하게 전진했다. 하지만 대규모 인명 피해를 대가로 지불해야 했고(3월부터 7월까지 거의 100만 명에 달하는 독일 병사들이 전사했다), 그나마 얼마 안 가 전진한 만큼 다시 후퇴해야 했다. 비록 미국 부대들이 본격적으로 독일군과 교전을 벌인 것은 1918년 6월 무렵이었지만, 미군이 충분히 유럽에 도착하기 전에 프랑스를 패퇴시킬 수 있다는 기대는 무모한 도박으로 판명되었다. 그럼에도 미국의 잠재력이 거대하다는 사실은 이미 널리 공유되어 있었다. 6월 무렵부터 매달 25만 명에 달하는 미군이 속속 도착하고 있었다. 7월 무렵에는 독일군이 마른 강변까지 도달했으나, 다시 이번에도 '기적'이 일어났다. 미군 9개 사단이 지원함으로써 독일의 진격이 결정적으로 저지된 것이다. 그런 뒤에 미군은 9월의 반격에서 중요한 역할을 수행했던 바, 사기가 떨어진 독일군을 전쟁 이전의 국경까지 후퇴시켰던 것이다.

9월 말 루덴도르프 장군은 프랑스와 영국, 미국 연합군이 독일에 침공 태세를 갖추고 있다고 정부에 보고했다. 그의 재촉으로 독일 정부는 윌슨이 1918년 1월에 제시한 14개 조항(15장에서 논의될 것이다)에 바탕을 둔 강화 협정을 요청했다. 루덴도르프의 역할은 결정적이었고, 독일 군이 겁쟁이 정치인들에게 "등 뒤에 칼을 꽂았다"라는 훗날의 그의 주장은 터무니없는 허구에 불과했다. 그럼에도 많은 독일인들이 그 전설을 믿었는데, 어느 정도는 전시 독일의 언론 통제 아래에서 독일인들에게는 패전이 마치 아닌 밤중에 홍두깨처럼 다가왔기 때문이다. 윌슨은 오직 독일인을 대표하는 지도자들과만 협상하겠다고 천명했고, 그래서 새로운 온건한 총리 막스(막시밀리안) 폰 바덴 공이 권좌에 올랐는데, 그는 일찍이 1917년 7월 평화 해결책을 지지한 중도좌파 정당들의 입장을 얼마간 대변했다.

그러나 바야흐로 혁명 세력이 형성되고 있었다. 독일 '대양함대'의 수병들이 최후의 절망적인 자살 공격으로 영국군을 공격하라는 명령을 받았을 때, 그들은 명령을 거부했다. 이 항명 사태는 (당시 독일에서 러시아의 '소비에트'에 해당하는 기구인) 혁명적 평의회들(Räte)이 형성되고 있던 본토로, 특히 주요 항구 도시들과 수도에 확산되었다. 빌헬름 황제는 장성들로부터 더 이상 독일군에 대한 통수권을 유지하기 어렵다는 말을 듣고 네덜란드행 기차에 올랐고, 거기서 여생을 망명자로 보냈다. 곧 공화국이 선포되었고, 11월 9일 독일 '인민위원평의회'가 구성되었다. 14장에서 살펴보겠지만, 이 기구의 명칭은 일찍이 1917년 11월에 볼셰비키들이 소비에트의 이름으로 권력을 장악했을 때 채택한 것과 놀라울 정도로 흡사했다. 독일 인민위원평의회는 모두 사회민주당 당원인 6명의 위원으로 구성되었다. 말하자면, 하나의 급진적 독일 혁명, 곧 '소비에트 독일'이 형성되고 있는 것처럼 보였다.

전쟁의 대차대조표

제1차 세계대전의 폭넓은 함의들을 추출하려는 노력은 여러 면에서 부족해 보인다. 소름끼치는 통계들이 쉽게 이해할 수 없는 방식으로 쌓이기만 한다. 복무 연령의 남성 가운데 전쟁 마지막 해까지 살아남은 자는 얼마나 되었을까? 오늘날까지도 북프랑스를 여행하는 사람은 오와 열을 맞춰 십자가들이 끝없이 펼쳐져 있고 그 아래에 수십만 명의 젊은이들이 누워 있는 군인 공동묘지를 보며 적어도 어렴풋하게나마 비감을 느끼지 않을 수 없다. 마찬가지로, 프랑스의 지방 소도시들을 여행하는 사람이라면 도시 광장마다 당시 전선에서 스러져 간 고향 사람들의 명단을 새긴 제1차 세계대전 기념물을 어디서나 발견할 수 있을 것이다. 여기에 비하면 프랑스-프로이센전쟁 당시에 프랑스가 입은 손실은 그저 약간의 생채기에 불과할 정도다. 물론 이런 진술은 다른 나라들에도 그대로 적용될 수 있다.

20세기 유럽사의 대부분은 당시의 표현대로 '대전'(Great War)의 반향에 근거하여 이해될 수 있을지 모른다. 어떤 이들에게 전쟁의 흉터는 공포의 표식이었다. 또 어떤 사람들에게 전쟁의 흉터는 부끄러운 것이거나 경고성 고발장이었다. 어떤 이들은 "두 번 다시 전쟁은 없어!"라고 외쳤고, 또 어떤 이들은 전쟁 속에서 자신들이 경험한 가장 고상한 무언가를 발견했다. 미국의 참전으로 전세는 삼국협상에 소속된 열강 쪽으로 기울었는데, 전쟁이 끝나기까지 미국인들은 대략 115,000명을 잃었고 그중에 절반 이상은 질병으로 희생되었다. 유럽 주요 국가들의 경우에는 1914년 8월부터 1918년 11월까지 벌인 전투에서 대략 1천만 명이 전사하고 2천만 명이 부상당했다.

다른 측면에서도 미국인들이 전쟁에서 지불한 대가는 상대적으로 경미했다. 1918년에 삼국협상 측이 포격한 포탄 100발당 미국은 6발만을 책임졌고 프랑스와 영국은 대략 47발을 책임졌다. 미국 영토는 전쟁 터와는 동떨어져 종전 당시 미국은 참전했을 때보다 더 강해지고 생산력이 높아지고 물질적으로 더 부유해졌다. 채무국 입장이던 미국은 이제 유럽에 대한 채권국이 되었다. 반면, 전쟁에 휘말린 모든 유럽 국가는 대체로 1914년 당시보다 상대적으로 약해지고 비생산적이며 가난해졌다. 미국인들 대부분은 더 잘 먹고 더 안락한 주거 환경을 누리게 된 반면, 유럽 주민 대다수는 끔찍한 결핍을 겪으며 바야흐로 위험스러운 미래와 직면하게 되었다.

옛 러시아 제국에 살던 사람들은 최악의 환경 아래에 놓였는데, 그들에게 사태는 1917년 이래로 악화일로에 있었다. 이 나라는 곧 1921년 초에 가서야 간신히 해결될, 혼돈과 살인적 내전에 빠져들었다.

그러나 이제 러시아 제국의 새로운 지배자들은 자신들에 대해서뿐 아니라 세계에 대해서도 하나의 혁명적 전망을 가지고 있었다.

| 더 읽을거리 |

아래 책들은 (12장에서 제시된) 전쟁의 기원과는 구별되는 주제인 전쟁의 경험과 그에 대한 장기적 기억의 문제를 강조한다.

제이 윈터의 《전쟁의 경험》(The Experience of War, 1988)은 오랫동안 전쟁에 대한 표준적인 설명으로 인정받아 왔다. 폴 퍼셀의 《거대한 전쟁과 근대적 기억》(The Great War and Modern Memory, 2001)은 널리 격찬을 받았고 전쟁 당시 전투들에 대한 설명을 훌쩍 뛰어넘는 이야기를 담고 있다.

《레오폴의 유령》(Leopold's Ghost, 11장을 보라)의 저자인 애덤 호크실드의

《모든 전쟁을 끝장낸 전쟁》(The War to End All Wars, 2012)은 전쟁에 대한 또 다른 혹독한 고발장이다.

밸푸어 선언과 그것의 함의에 대한 가장 최신의 뛰어난 연구로는 조너선 슈니어의 《밸푸어 선언: 아랍-이스라엘 갈등의 기원들》(The Balfour Declaration: The Origins of the Arab-Israeli Conflict, 2012)을 꼽을 수 있다.

14장

러시아혁명

1917~1921

제1차 세계대전에 대해 제기된 것과 유사한 질문들이 러시아혁명에도 제기되었는데, 바로 비인격적 힘들과 '위대한' 개성들 가운데 어느것이 더 중요한 역할을 했느냐는 질문이 그것이다. 러시아혁명의 볼셰비키적 단계는 명백히 강력한 비인격적 힘들에 의해 구축되었지만, 동시에 부정할 수 없을 정도의 결정적인 방식으로 개인들의 행동에서 큰 영향을 받기도 했다. 이 경우에 특히 놀라운 것은 블라디미르 레닌과 레온 트로츠키의 행동이었다.

서로 긴밀하게 관련되어 있으나 종종 제대로 이해되지 못한 하나의 쟁점이 있다. 볼셰비키의 권력 장악은 실제로 어떤 **종류**의 혁명을 대표했는가? 그것은 마르크스주의 이론의 유효성을 입증해 주었는가? 아니면 이론의 부적절성만을 지시하고 있을 뿐인가? 이 대목에서 다시금 '마르크스가 실제로 뜻한 바는 무엇인가'라는 문제가 제기된다. 그리고 마르크스가 볼셰비키혁명을 환영했을지, 아니면 거부했을지 여부를 둘러싸고 상당히 다양한 견해들이 제출되었다. 레닌주의 이론의 복잡한 내용을 1917년부터 1922년까지의 볼셰비키적 실천의 현실과 화해시키려고 하는 시도는 궁극적으로 헛고생에 불과할지도 모르지만, 그럼에도 많은 좌파 지식인들이 그동안 놀라울 정도로 묵묵히 감당해 온 고생이다.

프롤레타리아혁명?

1917년 11월 직후부터 마르크스주의자들과 반마르크스주의자들은 모두 볼셰비키혁명이 엄격한 의미에서 프롤레타리아혁명이 아니라는 데 동의하는 경향이 있었다. 반마르크스주의자들은 그런 혁명은 애초에 불가능하다고(물론 바람직하지도 않다고) 생각했다. 많은 마르크스주의자들은 혁명 속에서 일부 우려스러운 요소와 더불어 미래를 약속해 주는 요소도 발견했다. 그들은 서유럽에서 잇따를 좀 더 진정한 의미의 마르크스주의 혁명을 손꼽아 고대했다. 일부는 그와 같은 혁명을 이끌 지도자들이 러시아의 고립된 볼셰비키들과 손을 맞잡을 순간을 희망에 차서 내다보았다. 실상, 그런 종류의 기대는 볼셰비키들이 권력을 장악했을 때 이를 정당화하는 데 결정적으로 기여했다.

유럽의 모든 열강 가운데 러시아는 1914년 이전 세대에 이미 급속한 경제 발전이 이루어졌음에도 여전히 농민이 인구의 압도적 다수를 차지하는, 산업적으로 가장 낙후한 나라였다. 농민이 지배적인 나라인 러시아는 마르크스주의 용어를 빌리자면 프롤레타리아-사회주의혁명에 필요한 '객관적 조건들'이 결핍되어 있었다. 그런 조건에는 계급의식을 갖춘 프롤레타리아 다수파와 풍부한 근대 산업 기업들, 높은 수준의 생산성 등이 포함되었다. 그럼에도 러시아에 적용된 마르크스주의 이론은 1917년 3월 차르 정부의 붕괴가 일찍이 1789년 프랑스에서 일어난 것과 얼추 유사한 **부르주아혁명**의 개시 단계로 간주되는 한 일정한 의미를 지닐 수 있었다. 이 예비적 부르주아혁명은 러시아에서 다음 단계로 발전을 인도할 터였는데, 그 기간에 지금까지는 서유럽에서 러시아에 이식된 것에 불과한 자본주의가 급속하게 발전할 것이었다.

이상이 1917년 초 러시아에서 발생하고 있던 것에 대해 일부 이론가들이 내린 결론이었다. 비록 당시 조건들, 특히 11월 볼셰비키의 권력 진입이 갖는 정확한 성격에 관해 믿을 만한 정보가 적어도 1920년 말 이후에야 간신히 서유럽에서 이용될 수 있었지만 말이다. 그때 이후로도 볼셰비키 지배에 관한 많은 내용이 당혹과 기망을 일으키곤 했다. 마르크스주의자들 사이에서 일어난 논쟁은 전쟁 이전의 유럽 사회주의 정당들을 서로 적대적인 공산주의 당파와 민주주의적 사회주의 당파로 분열시키는 데 결정적으로 기여했다. (앞에서 언급되었듯이, 러시아 정당에 대해 '공산주의자'라는 명칭이 부활하여 볼셰비키라는 명칭을 대체하면서 1918년 3월 공식적으로 채택되었는데, 이는 공산주의인터내셔널의 모든 회원에게도 적용될 것이었다.)

3월 혁명*을 부르주아혁명으로 개념화하는 것은 러시아가 아마도 몇 세대의 시간이 더 필요한 발전 단계에 진입하고 있고, 그런 후에 사회주의혁명이 충분히 가능할 정도로 객관적 조건들이 진화하게 될 것임을 뜻했다. 그런데 볼셰비키들은 불과 아홉 달 만에 권좌에 진입했으니, 그런 일이 어떻게 일어날 수 있겠는가? 그런데다 볼셰비키들은 인구의 다수가 농민이고 볼셰비키 정당에 적대적일 게 확실한데 어떻게 권력을

---

* 러시아 구력으로 '2월 혁명'이라고도 부른다.

유지할 수 있겠는가? 이와 유사한 맥락에서 자본주의적 서구가 이 비자본주의적 체제를 전력을 다해 뭉개 버리려고 하지 않겠는가? 요컨대 프롤레타리아혁명은 **먼저** 서유럽에서 성공한 뒤 러시아로 확산되어야만 하지 않겠는가? 그 반대가 아니고 말이다.

이런 질문들에 대해 레닌을 비롯한 볼셰비키들이 나름의 답변을 내놓았다. 비록 이 답변들은 이미 전쟁 전에 나온 레닌의 여러 저술에서 명백히 확인되듯이 마르크스주의 이론을 기묘한 형태로 왜곡시키는 것처럼 보였지만 말이다. '마르크스가 실제로 뜻한 바는 무엇인가'라는 오랜 문제와 나란히 이와 연관된 또 다른 문제가 제기되었다. '1917년 11월에 실제로 발생한 바는 무엇인가?'

3월 혁명, 임시정부와 소비에트

니콜라이 2세 개인의 무능함은 이미 1914년 이전에도 분명했지만 전시에 훨씬 더 고통스럽게 증명되었다. 그의 인기는 1905년 러일전쟁의 굴욕적인 패배와 잇따른 혁명 이후에 이미 곤두박질쳤다. 같은 해에 니콜라이와 황후 알렉산드라는 1904년에 태어난 외아들이자 제위 계승자인 알렉세이가 상처 난 후 피가 응고되지 못하는 심각한 유전병인 혈우병을 지니고 있음을 알았다. 절망에 빠진 차르 부부는 이 질병 사실을 숨기면서 러시아 전역과 해외에서 의사들을 모셔 왔으나 효험을 보지 못했다. 그런 뒤에 부부는 신앙 치료사들과 돌팔이 의사들에 의지했는데, 그중에 알렉세이의 흐르는 피를 멈추게 해줄 사람으로 러시아 사제인 그리고리 라스푸틴을 찾아냈다. 라스푸틴은 차르 부부에 대해, 특히 알렉산드라를 통해 국가 업무에까지도 자신의 조언을 관철시

그림 14 1910년 차르 궁정에서 여성들에 둘러싸인 라스푸틴
ⓒ World History Archive / Alamy.

킬 수 있을 정도로 부적절한 영향력을 행사했다.

  라스푸틴은 궁정 여성들과 연루된 성적 난잡함은 물론이거니와 사교 모임에서 심한 술버릇으로도 악명이 높았다. 라스푸틴 같은 출신과 개성을 지닌 남자가 니콜라이 치하에서 그 정도로 높은 자리까지 올라갔다는 사실 자체가 보수적 군주제주의자들에게는 일종의 경고였다. 1916년 12월 16일 라스푸틴은 한 무리의 귀족들에게 살해되었는데, 당시 노동자들의 파업을 필두로 사회 불안의 징후가 위기 수준으로 격상되어 군대 안으로까지 확산되고 있었다. 니콜라이는 결국 퇴위했고 3월 중순께 임시정부가 권력을 인수했다. 임시정부는 처음에 전쟁 이전의 두마(국회) 출신 인물들, 그러니까 입헌민주당(카데트) 출신 인물들을 중심으로 구성되었다. 그들은 러시아가 전제주의 과거와 결연히 단절하고 서유럽 모델의 의회주의 지배를 따라야 한다는 희망을 대변하는, 온건하고 자유주의적인 지향성을 띤 사람들이었다. 잘 차려입은 이 신사들은 경제적으로 안락하고 서구화된 정치인들로서 부르주아혁명이 러시아에서 진행되고 있다는 믿음을 확고하게 다졌다. 그럼에도 그들을 두마로 보낸 지지층은 전체 인구에서 보자면 단지 소수일 따름이었다. 따라서 특히 2년 반 동안의 참혹한 전쟁을 겪은 러시아 제국의 민중 여론을 대표하기에는 역부족일 수밖에 없었다. 임시정부의 구성원들은 민주적 제헌의회 선거가 될 수 있으면 빨리 이루어지도록 하겠다고 약속함으로써 암묵적으로 자신들의 불안한 정당성을 유지했다. 선거는 악의적인 방식으로 연기된 끝에 결국 1917년 가을에 이루어졌다. 그 사이에 임시정부에는 사회주의자 알렉산드르 케렌스키가 합류했다.

이미 1905년 혁명에서 일정한 역할을 수행한 조직들, 즉 혁명적 평의회 또는 소비에트들이 출현하여 자신들이 러시아 전체, 특히 하층 신분과 제복 입은 사람들을 대표한다는 그럴 듯한 주장을 제기했다. 처음부터 소비에트 평의원들은 임시정부 사람들을 자신들과는 아무런 관계도 없는 특권적 상층 카스트에 속한 자들―'신사들'이나 '부르주아들'(일반민들의 화법에서 생소한 프랑스어 'bourgeois'의 복수는 'burzhui'로 불렸다)―로 보는 경향이 있었다. 케렌스키도 교육받은 상층 중간계급 출신이었다. 그는 공식적으로 사회주의자였지만 비마르크스주의적이고 사회주의혁명당보다는 덜 과격한 소수 정당인 트루도비크(Trudovik)에 소속되어 있었다. 이 정당은 나로드니키 전통의 상속자로 자처하면서 1917년 당시 러시아에서 가장 인기 높은 정당으로 떠오르고 있었다.

소비에트 내부에서도 당파적인 신생 정당이 다수 존재했다. 대부분의 병사와 노동자, 농민들에게 혁명적 지식인들에게 초미의 관심사였던 미묘한 이데올로기적 구분은 구체적이고도 절박한 쟁점들(노동조건과 식량 분배, 토지 분배, 전쟁 종식)에 비하면 거의 아무런 의미도 없었다. 소비에트 내부에서 이루어진 투표도 대표자들이 쉽게 마음을 바꾸었을 뿐 아니라, 이 형태가 갖추어지지 않은 기구에서 대표자로 선출된 자들도 수시로 교체되었기 때문에 널뛰기하듯 변덕스러웠다. 이런 과정에서 종종 변호사나 언론인 출신의 교육 수준이 높은 소수의 젊은 인사들이 소비에트 내부에서 지도력을 발휘하는 경향이 있었다. 일반 농민과 노동자, 병사들은 할 수 없었던 효과적인 연설이나 선언문 작성을 주도한 이들이 바로 그런 인사들이었다.

어느 정도는 이미 1905년의 선례가 있었기 때문에, 1917년 초봄에 소비에트들은 상당히 빠른 속도로 페트로그라드(상트페테르부르크)에서 제국 곳곳으로 확산되었다. 임시정부에서는 오직 한 명의 사회주의자만이 존재한 반면, 소비에트 대부분에서는 곧 사회주의자들이 다수파를 이루었고 자유주의자들은 소수파로 위축되고 있었다. 1905년 상트페테르부르크 소비에트의 대표자로 선출된 바 있는 레온 트로츠키가 다시 부각되었다. 그는 처음에 볼셰비키당 외부에 있었다. 트로츠키와 레닌은 일찍이 개인적으로는 사이가 좋지 않았으나 늦여름에 당에 합류하여 11월에 볼셰비키의 권력 장악 과정에서 핵심적인 역할을 했다.

소비에트 지도자들은 초기에 직접 정부의 권위를 자임하고 나서는 데 망설임을 보였다. 그렇게 자임하고 나서면 군 장성들이 군사적 권력 장악에 나설지도 모른다는 두려움이 얼마간 있었기 때문이다. 최초 국면에 그들은 확고하거나 단호한 지도자들이라기보다는 사실상의 거부권을 가진, 임시정부에 대한 감시자들로 활동하는 경향이 있었다. 소비에트의 미래가 불투명했던 또 다른 이유도 있었다. 소비에트 회합은 이따금 혼돈의 나락으로 떨어지곤 했다. 즉 지도부와 운영 절차가 계속 바뀌었던 것이다. 소비에트 대표자 선거도 일반적으로는 도시 노동자계급에 유리하고 시골 농민에게는 불리한 방식으로 돌아갔는데, 어쨌거나 내부 구성원들 사이의 분열을 심화시키는 방식으로 불규칙하게 이루어졌다. 소비에트 선거의 기본 원칙은 급진적이고 민주적이었으나, 정확히 '1인 1표'는 아니었다. 소비에트는 하층 신분의 직접적인 목소리를 대표하는 기구로 간주된 만큼 명시적으로 '부르주아들'(burzhui), 즉 자본가와 대토지 소유자들을 비롯해 군 장교와 교회 관리들, 차르 체제에서 관직에 있었던 사람들을 모조리 배제했던 것이다.

혁명의 첫 몇 달 동안 임시정부와 소비에트의 '이중권력'은 당연히 불안정했는데, 그도 그럴 것이 프랑스혁명에서처럼 지속적으로 소비에트 대표자들을 압박하며 펄펄 끓어오르는 도시 군중이라는 제3의 권력이 있었기 때문이다. 당시 러시아 제국 전역에서 비등한 비타협적이면서도 모순적인 요구들을 적절하게 조율할 수 있는 정부가 가능했겠냐는 의구심이 든다. 성난 혁명의 요정이 활개를 쳤고 쉽사리 진정될 성싶지 않았다. 당국은 도처에서 도전받고 있었는데, 특히나 중요했던 것은 여름 내내 군대에서 사병들에 대한 장교단의 권위가 실종되어 갔다는 사실이다. 노동자들은 때때로 경영자들을 공격하면서 공장을 점거했다. 농민들은 대지주들의 토지를 폭력적으로 빼앗고 있었고, 농민 병사들은 자기 몫을 얻기 위해 손에 무기를 든 채 전선을 이탈하여 고향으로 향했다. 소수민족들도 요란하게 독립을 주장했다. 부정의와 비효율과 전쟁의 고통에 대한 억눌린 분노가 온갖 기대가 난무하는 도취 상태와 기묘하게 뒤섞였다. 1789년 혁명과 1848년 혁명의 개막 단계에서도 그러했듯이 말이다. 즉 '혁명'이 모든 것을 해결할 것이었다.

하지만 혁명은 모든 것을 해결하지도 못했고 해결할 수도 없었다. 정확히 그 반대로 혁명은 모든 것을 더 악화시키면서 사회적 규율과 경제적 생산성을 총체적으로 붕괴시키고 말았다. 시골에서 도시로 식량 수송이 어려워져 대규모 기아 사태를 걱정해야 할 판이었다. 임시정부를 구성한 온건한 유산자들은 계속해서 전시 동맹국들에 대한 러시아의 신뢰를 유지하고 혼돈을 예방할 수 있다고 희망하는 한 결코 해결할 수 없는 종류의 심각한 압박을 도처에서 받고 있다고 느꼈다.

1917년 5월 대대적인 개각이 이루어져 임시정부에 사회주의자 세 명이 추가 합류하고 케렌스키가 리더십을 장악했다. 그러나 개각은 너무 늦었고 너무 약했다. 합류한 사회주의자들의 활동에도 불구하고 잇따른 몇 달 동안 의미 있는 어떤 변화도 나타나지 않았다. 임시정부의 결정들 중 가장 극심한 분열을 불러일으키고 결국 치명적인 것으로 입증된 것은 바로 전쟁을 지속한다는 결정이었다. 7월 초 갈리치아에서 약화된 오스트리아·헝가리군에 대한 새로운 공세가 교착 상태에 빠진 뒤에 러시아군은 결딴이 나고 말았다. 러시아군의 전선은 더 이상 존재하지 않았고, 러시아군 대부분은 더 이상 믿을 만한 전투력으로 간주될수 없었다.

케렌스키는 적어도 혁명이 온건한 한계 안에 유지될 수 있기를 바란 사람들에게는 한동안 최선의 인물처럼 보였다. 그는 뛰어난 웅변술로 주목을 끌었으나, 자신의 맞은편에 있는 볼셰비키 상대들이 지녔던 단호함과 예리함, 무모함 같은 성격은 부족했다. 갈리치아 공세가 실패한 뒤 곧 7월 폭동으로 알려진 페트로그라드의 반란이 잇따랐는데, 대체로 반란의 책임이 볼셰비키에게 덧씌워졌다. 그러나 반란은 사실 페트로그라드 군중들에 의해 자생적인 행동으로 발생했다. 볼셰비키들은 반란을 낳은 대중적 불만을 활용하기는 했어도 반란을 계획하지도 않았거니와 통제할 수도 없었다. 레닌의 관점에서는 옳은 방향이라도 혁명적 대중에 거스르는 것보다는 틀린 방향이라도 혁명적 대중의 편에서는 것이 더 나았고, 볼셰비키당 지도자들도 주저하기는 했지만 어쨌든 폭동의 편에 정렬했다.

케렌스키는 볼셰비키들이 반란 주모자들임을 확신하면서 볼셰비키당 지도자들에 대한 체포 명령을 내렸다. 레닌은 변장한 채 핀란드로 탈출할 수 있었으나, 다른 많은 볼셰비키 지도자들은 검거되어 수감되었다. 대략 200명의 반란자들이 시가전에서 목숨을 잃었다. 이 시점에서 볼셰비키를 비롯한 급진적 혁명가들이 자기 역량을 과신하다가 치명적 타격을 입었다는 결론이 널리 통용되었다.

그러나 이런 견해는 완전히 잘못된 결론이었다.

레닌의 귀환, 볼셰비키 이론과 실천의 역설들

1917년 4월 레닌은 망명지 스위스에서 페트로그라드로 극적이고도 의미심장하게 귀환했는데, 이 사건은 나중에 볼셰비키 선전물에서 부풀려 꾸며졌다. 그때 레닌을 따랐던 세력은 실상 소규모였고, 그의 당도 혼란 속에 허우적대고 있었다. 레닌의 충직한 측근들조차 임시정부를 혹독하게 공격하며 소비에트가 지도하는 정부를 즉각 요구한('모든 권력을 소비에트로!') 레닌의 파격적인 '4월 테제'(April Theses)에 당혹감을 금치 못했다. 그 무렵 레닌의 생각이 어떻게 진화해 나갔는지를 기술하기란 쉽지 않은데, 이는 부분적으로 레닌이 그렇게도 자주 입장을 바꾸었음에도 불구하고 마르크스주의는 물론이고 그 자신과 그의 당이 미래 공산주의 혁명의 모델로 내세우게 될 혁명을 대표하는 가장 저명한 이론가로서 수백만 명의 세계인들에 의해 받아들여지게 되었기 때문이다. 어쩌면 당시에 어느 누구도 그의 이론이나 행동을 이해하지 못했고, 오늘날까지도 학자들은 그의 이론과 행동 모두에 대해 논쟁을 벌이고 있다. 물론 대다수 학자들은 레닌과 그의 측근들이 의견에서 분열되고 자신들이 실제 어디로 가고 있는지 확신하지 못한 채, 말하자면 악보 없이 혁명을 연주했다는 점에 동의한다.

레닌은 러시아가 자본주의 단계를 거쳐야 한다는 마르크스주의 입장을 받아들인다고 주장했지만, 그 부르주아적 단계의 성격을 다양하게 개념화한 것을 보면 실제로는 그럴 필요성을 부정한 쪽(혹은 부르주아적 단계라는 것이 아무런 의미도 없을 정도로 단축시킨 것)에 가까웠다고 하겠다. 그는 러시아의 토착 부르주아계급이 역사적으로 취약하고 기생적인 계층에 불과하므로 러시아에서는 그 어떤 부르주아혁명도 반동적인 방향으로 미끄러지고 말 것이라고 주장했다. 그렇다면 부르주아 지도자들이 계속해서 하층계급들에 의해 레닌 자신이 '프롤레타리아트와 농민의 혁명적 민주주의 독재'라고 부른 것을 확립하는 방향으로 인도될 수 있겠느냐는 것이 관건이었다. 그것은 마르크스와 엥겔스가 개념화한 프롤레타리아적-사회주의 독재가 **아니라** 러시아에서 진보적인 부르주아혁명을 확실히 수립하기 위해 고안된, 프롤레타리아와 농민 사이의 특수하고도 아마도 전술적인 동맹을 말하는 것이었다.

이처럼 아리송한 공식은 널리 이해되지 못했다(이해될 리 만무했다!). 그것은 무수한 함의들로 가득 찬 판도라의 상자를 연 것이나 다름없었다. 그런 함의들 가운데 특히 중요한 것은, 서로 동맹한 프롤레타리아트와 농민이 급진적-민주주의 공화국을 수립하는 데 성공한 후에 현실적으로 자신들의 정치권력을 계급의 적에게 순순히 양보해야 하느냐 하는 문제였다. 자본가들에게 이렇게 말하면서 말이다. "좋아, 우리는 당신 같은 약골들을 위해 혁명을 했어. 이제 우리에게서 권력을 인수해서 착취해 봐!" 이와 유사하게, 레닌과 볼셰비키들이 내세운 "토지와 빵과 평화!"라는 슬로건도 그저 권력을 얻기 위해 잘 속아 넘어가는 대중들에게 제시한 모순적인 약속(이론적 일관성 따위는 안중에도 없이)이었다는 점에서 마르크스주의와는 별로 관련도 없고 그래서 아마도 순수한 기회주의로 치부될 법하다.

일관된 이데올로기적 원칙과 기회주의적인 권력에 대한 굶주림 가운데 어느 것이 더 큰 역할을 했느냐 하는 쟁점은 20세기 나머지 기간 동안에 현대 공산주의 운동의 진정한 성격을 둘러싼 논쟁에서 중심적인 주제로 남아 있었다. 볼셰비키들 사이에 혁명적 신비에 심취하여 자신들이 민중의 장기적 이해관계에 따라 행동하고 있다는 확신을 지닌 진정한 신도들이 많았다는 점에는 의심의 여지가 없다. 그럼에도 여러 저명한 볼셰비키들이 권력에 대한 굶주림으로 자극받았거나 때로는 권력을 행사하고 유지하는 과정에서 나타난 엄혹한 현실들에 의해 부패하게 되었다는 것에도 역시 의심의 여지가 별로 없다.

어떻게, 그리고 왜 볼셰비키들이 권력을 차지할 수 있었느냐를 평가하려면, 1917년 가을 무렵에 어찌해서 러시아에서 정치권력이 접근 가능한 상태가 되었는지를 인식해야 한다. 좀 더 정확하게 말하자면, 당시 중앙 정치권력을 에워싸고 현실적으로 존재하는 기관들(군대, 경찰, 사법부)을 형식적으로 통제하고 있다고 주장해 본들 아무런 의미도 없을 만큼 정치적 권위는 치명적으로 약화되고 해체된 상태였다. 이와 연관되어 예측할 수 없는 사건들과 뜻밖의 결과도 볼셰비키들에게 유리하게 작용했다.

예컨대 케렌스키가 1917년 7월 폭동을 진압함으로써 그가 러시아에서 소비에트들을 파괴하고 확고한 권위를 재확립할 요량으로 군사독재 수립을 목표로 장성들과 기꺼이 협력하면서 프랑스혁명기에 나폴레옹이 행한 역할을 꿈꾸고 있는 것이 아니냐는 두려움이 나타났다. 9월 초의 시점에 케렌스키가 염두에 두고 있던 것이 무엇이든지 간에, 케렌스키 자신은 러시아군의 총사령관인 라브르 코르닐로프 장군이 자신을 제거하는 것을 포함하는 반동적 의도를 품고 있다고 염려했다. 그런 공황 상태에서 케렌스키는 지지 기반을 확충하기 위해 태도를 바꾸어 그

그림 15 군중 속에서 연단에 올라 연설하는 레닌(1920년 5월 6일)
Moscow, Theatre Square. Wikimedia Commons.

자신이 얼마 전에 감옥에 가두었던 매우 혁명적인 지도자들을 석방하고 그들의 재무장도 허용했다.

'코르닐로프 사건'으로 알려지게 된 군부의 권력 장악 위협은 곧 흐지부지되고 말았다. 철도 노동자들이 코르닐로프의 부대들을 수도 페트로그라드로 수송하는 작업을 거부했고, 코르닐로프의 병사들도 대부분 소비에트들을 억압하는 데 거의 열정이 없었다. 10월 초에 레닌은 은신처에서 돌아왔고, 볼셰비키당은 수많은 도시 소비에트에서 다수파를 이루기 시작했는데, 그중 가장 중요한 것이 바로 페트로그라드와 모스크바의 노동자 및 병사 소비에트들이었다. 이와 더불어 레닌은 동료 당 지도자들에게 즉각 권력을 장악할 계획을 세워야 한다고 다그치기 시작했다. 코르닐로프의 실패에 뒤이어 그렇게 할 수 있는 기회를 놓쳐서는 안 된다고 그는 주장했다. 이와 유사한 기회는 두 번 다시 찾아오지 않으리라는 얘기였다.

마르크스주의적 필연성이나 비인격적 세력들의 힘이란 것이 모두 말하기 나름이지만, 레닌의 추론은 마르크스주의 이론과 불분명한 관계에 있기는 해도 어쨌거나 모종의 실천적 의미가 있었다. 다른 주요 정당들은 혁명의 도전에 응전하는 과정에서, 특히 초기의 무정부 상태와 온갖 기대가 난무하는 상황을 다루는 과정에서 무능력함을 드러냈을 뿐이다. 바야흐로 재빨리 대중적 지지를 받으며 적어도 상대적으로 잘 조직된 볼셰비키당이 할 수 있는 것을 실제로 보여 줄 시간이 왔다.

그렇다면 볼셰비키들**이라면** 자신들의 지배력을 갖고서 실제로 무엇을 할 것인가? 레닌의 추론에는 또 다른 핵심 요소가 있었다. 러시아의 프롤레타리아 사회주의혁명은 볼셰비키들의 리더십 아래에서 서유럽의 사회주의혁명과 접속될 수 있어야 할 것이었다. 러시아는 여전히 충분히 대담하지 못한 서유럽 프롤레타리아트에 결정적으로 영감을 주는 역할, 즉 필수적인 발화점 역할을 수행해야 했다. 러시아는 자본주의적 제국주의의 가장 취약한 고리였고, 이제 볼셰비키들이 주장하고 있듯이 그 고리를 파열시킴으로써 유럽과 궁극적으로 전 세계에서 공산주의의 승리로 이어질 새로운 혁명의 시대를 열어젖힐 수 있을 터였다.

짜릿한 전망이기는 했으나, 서유럽에서 프롤레타리아혁명이 실제로 발발하기 전에 러시아에서 권력을 장악해야 한다는 레닌의 권고에 대해 지도적인 볼셰비키들이 크게 저항할 정도로 무모한 도박이기도 했다. 그들은 그와 같은 혁명이 일어날 전망이 별로 없다고 주장했다. 이와 유사한 맥락에서 농민들에게 토지를 분배하자는 것도 예전에 대지주들이 소유한 토지 조각들을 농민들이 사적으로 소유할 권리를 인정하는 것이었으므로 '부르주아적' 요구들에 위험천만하게 양보하는 것으로 보일 수 있었다. 그렇듯 토지가 수백만 명의 사적 소유자들에게 양도되는 것은 '혁명적'이라고 선포될 수야 있었겠지만, 그 후 곧바로 잇따라야 할 마르크스적인 사회주의혁명에서 건전한 토대로 기능하기는 어려웠다. 프랑스의 경우에 1789년의 사건들 이후 토지가 농민들에게 분배됨으로써 결과적으로 19세기 내내 좌파와 도시 노동자계급에 완강하게 대립하는 농촌의 정치적 보수성이 확립되었던 것이다.

물론 나로드니키들은 러시아 농민들의 심성이 좀 더 집산주의적이라는 점에서 서유럽 농민들과는 다르다고 오래전부터 주장해 왔고, 실제로 당시 농민들은 사회주의혁명당에 표를 몰아주기도 했다. 더욱이 볼셰비키들도 예컨대 공장에 대한 노동자 통제권과 나라의 광물 자원에 대한 국유화를 통해 좀 더 명시적으로 사회주의적인 조치들을 취하기도 했다. 모든 권력을 소비에트로 넘기는 것, 즉 소비에트 지배 역시 1917년 말 대다수 소비에트들에서 사회주의자가 (느슨한 의미에서) 다수파였으므로 흐름상 사회주의적인 성격을 띤다고 말할 수 있다. 그럼에도 농민들이 나라의 압도적 다수를 형성하고 있던 상황에서 '객관적으로 부르주아적인' 일부 볼셰비키 강령들은 대단히 의미심장한 것으로 보아야 한다고 결론지을 수 있을 것이다. 이런 결론은 러시아 경제에서 좀 더 산업적으로 발전한 부문, 즉 프롤레타리아의 수가 가장 많고 그래서 볼셰비키에 대한 지지가 상대적으로 견고한 부문이 그 시기의 혼란 속에서 극적으로 위축되었다는 사실을 고려하면 한층 더 그럴 듯해 보인다. 이런 경향은 점점 악화되어, 결국 1917년 말 이후 도시에서 농촌으로의 대량 탈출로 이어질 터였다.

볼셰비키 권력 장악

레닌이 옹호한 혁명이 이론적으로 아무리 혼란스러웠을지라도, 11월 6~7일에 벌어진 볼셰비키들의 실제 권력 장악은 꽤 순탄했던 것으로 보인다. 실제 교전도 거의 없었고 유혈 사태도 최소한에 그쳤다. 케렌스키는 지지를 너무나 크게 상실한 상태여서 볼셰비키들에게 효과적으로 저항할 수 없었다. 그가 페트로그라드 주둔 병사들을 전선으로 보내려고 했기 때문에 이들의 도움을 받을 수 없었다는 점도 결정적인 패인이었을 것이다. 이 병사들은 이제 케렌스키의 적들에게 무기를 공급했다. 페트로그라드 외곽 만(灣)에 있던 크론슈타트 해군기지의 수병들도 한동안 볼셰비키들에 대한 가장 열렬한 지지자들 축에 속했다. 그들은 순양함 '오로라'(Aurora)를 네바 강으로 파견해 당시 케렌스키와 임시정부가 회합을 갖고 있던 겨울궁전(Winter Palace)에 함포를 조준했다. 볼셰비키가 이끄는 세력들은 도시 전역에서 교량과 전신소를 비롯한 주요 거점을 신속하게 장악해 나갔다.

트로츠키는 일찍이 코르닐로프가 수도로 진입할 것을 대비하여 수립된 기관인 페트로그라드 소비에트의 혁명적 군사위원회 수장이라는 자신의 지위를 이용하여 권력 장악 과정에서 중심적인 역할을 수행했다. 케렌스키는 약간의 미미한 저항을 했으나 곧 도망칠 수밖에 없었다. 그는 한동안 수도 밖에서 세력을 규합하려고 했으나 합류하려는 사람을 거의 찾을 수 없었다. 그는 1918년 서유럽으로 도피했고, 나중에는 미국으로 건너가 망명 생활을 이어 가야 했다.

볼셰비키가 주도한 권력 장악은 미리 계획된 제2차 전국소비에트대회(제1차 대회는 6월에 개최)의 일정과 겹쳤다는 점에서 시의적절했다. 일단 대회가 소집되자, 소비에트 평의원들은 볼셰비키가 임시정부를 해체하는 작업을 추인했다. 새로운 지배 기구로 인민위원평의회(Council of People's Commissars)가 수립되었는데, 이 기구는 소비에트들에 대해 직접적인 책임을 졌다. 인민위원평의회는 레닌을 수반으로 하고 트로츠키를 외무장관으로 하는, 그 구성에서 완전히 볼셰비키적인 기구였다.

이제 '모든 권력'은 소비에트들이 인수했다. 그런데 과연 정말로 인수했는가? 실제로 전체 작동을 기획한 세력은 소비에트 지도자들이 아니라 볼셰비키당 지도부였고, 이제 볼셰비키당원들이 소비에트 정부의 행정부를 통제했다. 그러나 권력 내부에는 미묘하고도 결정적인 또 다른 요소가 있었다. 볼셰비키당은 제2차 대회에서 확실한 다수파가 되지 못했다(670명의 대표자들 가운데 대략 300명만이 볼셰비키였다). 대표자들은 대부분 권력을 임시정부에서 소비에트로 이관하는 데 찬성했지만, 케렌스키를 권좌에서 폭력적으로 쫓아내고 완전히 볼셰비키적인 성격의 인민위원평의회를 수립하는 과정에서 보인 볼셰비키당의 주도권까지 반드시 인정한 것은 아니었다. 사실, 소비에트대회에 참석한 수많은 멘셰비키들과 사회주의혁명당 당원들은 볼셰비키들의 행동을 쿠데타라고 표현하면서 신랄하게 비판했다. 심지어 일부 볼셰비키들도 처음에는 레닌이 저돌적으로 제시한 요구들에 맞서 광범위한 사회주의 연립이라는 대안에 호감을 보였다. 그러나 볼셰비키들의 독점에 대한 효과적인 반대는 나타나지 않았다.

공식적으로는 러시아 나머지 지역과 전 세계를 향해 (볼셰비키당이 아니라) '소비에트'가 임시정부로부터 권력을 인수했다고 선포되었다. 그러나 볼셰비키당만이 20세기 대부분의 기간 동안 러시아를 지배할 것이었다. 이 지배는 순전히 공식적인 의미에서는 늘 소비에트를 통해 관철되었지만, 점점 더 소비에트 대표자 선거를 조작하고 레닌주의 일당 지배의 원칙들을 추종하는 방식으로 이루어졌다. 그런 원칙들에 따르면, 공식적인 다수파는 실질적인 의미가 없는바, 고도의 '의식성'(soznanie)으로 인도되는 전문 혁명가들은 다수파를 무시할 수 있었다.

제헌의회

11월 한 달 내내 치러진 제헌의회 선거와 함께 러시아 전체를 대변하는 강력한 반대 요구가 제기될 기회가 왔다. 원래 선거 준비는 임시정부에 의해 봄부터 시작되었고, 볼셰비키당을 포함하여 모든 정당이 이를 지지했다. 국토의 면적에서 보나 1917년 당시 많은 지역들을 휩쓴 소요 사태를 보건대, 그런 선거를 실시한다는 것은 정말이지 대단히 야심적인 기획이었다. 하지만 대부분의 관찰자들은 당시 러시아 제국의 주민 대다수가 제2차 전국소비에트대회를 위한 투표에 참여한 것보다 제헌의회 투표에 훨씬 더 많이 참여했다는 점에서 성공적이었던 것으로 보고 있다.

제헌의회 선거는 소비에트 선거와는 달리 20세 이상의 남녀 보통선거, 단 군인 신분의 경우에는 18세 이상의 보통선거에 따라 치러졌다. 일반적으로 농민당으로 간주된 사회주의혁명당은 전체 득표의 40퍼센트, 볼셰비키들은 25퍼센트를 얻었다. 볼셰비키들이 전체 득표의 단지 4분의 1만을 얻었다고 해서 생각만큼 실망한 것은 아니었다. 왜냐하면 그들은 이미 도시 노동자들과 병사들 사이에서 종종 인상적인 다수파를 확보하고 있었고, 이 두 세력 기반은 산재해 있는 농민들보다는 상대적으로 응집력이 있고 그래서 좀 더 쉽게 동원될 수 있었기 때문이다.

마침내 1918년 1월 5일 제헌의회가 소집되었을 때, 의회는 인민위원평의회 지배의 합법성을 받아들이기를 거부했다. 그럼에도 레닌은 오히려 제헌의회를 반혁명적 기구로 몰아붙이면서 제헌의회의 재회합을 방해하는 조치를 취했다. 일반 주민들이 제헌의회 해산에 대해 보인 무관심한 반응 탓에 볼셰비키들의 자신감이 팽배해졌다. 다른 사회주의 정당들의 지도자들은 해산을 비난했으나, 그럼에도 볼셰비키 지배에 대한 무장투쟁에 가담하는 것은 거부했다.

좌파에서 볼셰비키들에 대한 반대가 미미한 데는 여러 가지 이유가 있었다. 아마도 가장 중요한 이유는 내전이 일어나 반동 세력의 승리로 귀결될지 모른다고 좌파 지도자들이 우려했기 때문이다. 이와 유사하게, 다른 사회주의 정당들도 자기들끼리 첨예하게 분열되어 있어서 적절한 행동 통일을 이룰 수 없었다. 좌파들은 대부분 볼셰비키 지배가 강력한 노동자계급의 지지에 바탕을 두고 있는 한에서, 비록 방법에서는 비합법적이라고 비판할 수야 있었겠지만 근본적으로는 '진보적인' 일보 전진을 대표하는 것으로서 옹호하지 않을 수 없다고 느꼈을 것이다. 혁명 초기 볼셰비키의 성공은 1917년 11월 이후에 점점 더 부각될 요소인 볼셰비키의 규율과 단호함에서 비롯된 것이라기보다는 당시 좌파가 분열하고 새로운 노동자 국가로 간주된 어떤 실체에 대해 폭력을 불사하고라도 저항할 의지가 결여된 상황에서 비롯된 것이었다.

내전과 적색테러

1917~1918년 가을과 초겨울 볼셰비키들이 공식적으로 승리했다고 해서 그들이 옛 차르 제국 전체에 대해 효과적인 지배권을 확립한 것은 아니었다. 한동안 볼셰비키들은 나라 곳곳의 지방 소비에트들조차 제대로 통제하지 못했다. 러시아에서 정치적 우파와 중도파 지도자들은 볼셰비키 지배를 일종의 유별난 사건 정도로, 그러니까 범죄 분자들('진정한 러시아인들'이 아니라 대부분 광신적인 유대인들)이 1917년의 혼란을 이용하여 일시적으로 국가권력의 고삐를 쥔 사건 정도로 보았다. 프랑스와 영국, 미국의 지도자들도 이와 유사하게 볼셰비키들에 대해 러시아

전체를 오랫동안 지배할 수 없는, 아무 생각 없는 광신도 무리로 간주하는 경향이 있었다.

그럼에도 새로운 볼셰비키 정부가 유럽의 교전국 정부들에게 병합이나 배상 없는 즉각적인 강화를 협상하자고 요청했을 때, 유럽의 지도자들 대부분은 깜짝 놀랐고 볼셰비키들이 일찍이 차르 정부가 다른 삼국협상 열강과 체결한 비밀 조약을 공개했을 때 난처해졌다. 12월 초 볼셰비키들은 독일과 강화 협상을 시작했으나, 독일의 군사 지도자들은 워낙 넓은 영토를 점령하고 있었기 때문에 병합 없는 강화 제안에 관심이 없었다. 그리고 볼셰비키들은 비록 독일인들이 제안한 가혹한 강화 조항들에 극구 반대하기는 했지만 당시 러시아의 군사력이 붕괴된 상태였음을 고려하면 아무런 협상력도 가질 수 없는 상태였다. 1918년 3월 볼셰비키 대표단은 브레스트-리토프스크에서 머뭇거리며 강화 협정을 조인했는데, 이에 따라 폴란드와 우크라이나, 핀란드, 발트 해 연안의 막대한 영토 손실을 감수해야 했다.

프랑스와 영국, 미국은 곧 당시 볼셰비키 지배력이 취약한 주변부 지역들에서 점차 형성되고 있던 반볼셰비키 군대를 지원하기 시작했다. 반볼셰비키 군대가 행군을 시작하기 전에도 볼셰비키들은 숱한 암살 시도들을 포함한 내부 저항에 직면했다. 1918년 1월 1일 레닌은 가까스로 암살자의 총탄을 피했고 그의 동료가 부상을 입었다. 당 기관지 《프라브다》는 "우리 동지들 한 명이 죽을 때마다, 우리의 적들은⋯⋯ 백 명의 희생을 감수해야 할 것"이라고 경고했다. 아홉 달 뒤에도 레닌은 "우리에게는 단지 승리하느냐 죽느냐, 한 가지 선택만이 있다"라는 연설을 마친 뒤에 한때 사회주의혁명당과 관련이 있었던 파니아 카플란이라는 젊은 여성의 공격을 받고 중상을 입었다. 같은 날(8월 30일) 또 다른 저명한 볼셰비키 지도자인 모이세이 솔로모노비치 우리츠키가 마찬가지로 한때 사회주의혁명당과 관련이 있었던 젊은 혁명가 레오니드 카네기서에 의해 암살당했다.

우리츠키는 페트로그라드의 비밀경찰 체카(Cheka)의 수장이었다. 그는 볼셰비키 지배에 반대하는 우파 쪽으로부터 '러시아 민중에 대한 유대인들의 테러'를 온몸으로 상징하는 인물이라고 비난받아온 인물이었다. 그럼에도 그를 암살한 카네기서 역시 카플란과 마찬가지로 유대인이었다. 체카는 1917년 12월에 창설되었는데, 그 이름은 '반혁명, 투기, 사보타주에 맞선 비상투쟁위원회'의 러시아어 이니셜인 '체'(che)와 '카'(ka)에서 유래했다. 체카는 재빨리 새로운 체제의 가장 무서운 기관으로 떠올랐다. 체카의 창설로 볼셰비키들은 나라 전역에서 중앙 지배력의 와해 사태에 휘말리게 된 것과는 별개로 실제 무력으로 권력을 행사하는 방향으로 중요한 발걸음을 내디뎠다. 권력 행사라는 견지에서 또 다른 중요한 진전이 다음 달에 이루어졌다. 1918년 1월 트로츠키를 수장으로 하는 적군(赤軍)이 창설된 것이다.

'테러리스트'라는 용어는 1793~1794년 로베스피에르의 공포정치로 거슬러 올라가는 유럽의 혁명 전통과 오랜 관련성이 있다. 볼셰비키들은 명시적으로 그런 관련성을 받아들였고, 공공연하게 그 즈음 나타나고 있던 반혁명가들의 '백색테러'에 맞서 노동자 국가를 방어하려면 '적색테러'가 필요하다고 주장했다. 로베스피에르의 공포정치는 대략 1년 정도 지속되며 수천 명의 목숨을 앗아갔다. 반면, 적색테러는 그보다 훨씬 더 무자비하고 광범위하게 지속적으로 이루어져, 수십만 명의 목숨을 앗아가고 그보다 더 많은 사람들을 고문하고 감금했다.

전체적으로 볼 때, 1918년 3월 무렵 볼셰비키들은 자신들의 의지를 무자비한 폭력으로 관철시키기 시작했을 뿐 아니라 1917년 슬로건의 요소들인 '빵'과 '평화'로 사태를 수습하려고 했다. '빵'은 공급하기 한

결 어려운 요소였으나, '전시 공산주의'의 형태로 공급하려는 노력이 펼쳐졌다. 러시아의 새로운 지배자들은 식량 배급을 정규화하고 물품 할당을 공평하게 하려고 노력했다. 전시 공산주의 아래에서 도시를 위해 식량을 얻는 일은 농민들이 저장한 식량을 징발하는 것이었으니만큼 무장한 노동자 부대를 파견하여 때때로 총구를 들이대야 가능했다.

곳곳에서 난폭한 계급 갈등이나 도시와 농촌 사이의 전쟁이 이어졌다. 그렇기는 해도 적어도 일부 농민들은 전시 공산주의 정책에 협력하는 모습을 보였는데, 이는 볼셰비키의 적이 되면 새로운 체제가 인정해 준 토지 보유권을 상실하게 될지 모른다고 두려워했기 때문이다. 그러나 도처에 불확실성과 혼란만이 가득했다. 내전으로 서로 적대적인 당파들이 대립했고, 여기에 종종 새로운 소비에트 체제에서 독립하려는 비러시아계 소수민족들의 열망까지 가세했다. 그리하여 곳곳에서 역겹기 그지없는 잔혹함이 판을 쳤다.

많은 외국 관찰자들은 트로츠키가 얼기설기 기워 놓은 오합지졸에 불과한 적군(赤軍)이 내전에서 생존할 수 있으리라고 생각하지 않았다. 당시 내전에서 백군(白軍)은 서양 열강의 지원을 받아 사방에서 적군을 공격하고 있었다. 그럼에도 적군은 생존했고 결국 승리했다. 적군의 승리는 1917년 11월의 공식적인 국가권력 인수보다 더 인상적이고도 결정적인 사건으로 평가되어야 마땅하다. 이렇듯 사건이 놀랍게 바뀌게 된 이유는 여러 가지였다. 아마도 가장 중요한 이유는 볼셰비키 부대들이 내부 통신선으로부터 이득을 취하고 있었던 반면, 반볼셰비키 군대들의 경우는 서로 반목하면서 협력하지 못했기 때문이다. 트로츠키는 군 배경이 전무했음에도 불구하고 뛰어난 리더십으로 적군을 이끌었고, 적어도 상당수의 병사들이 단호한 각오로 전투에 임했다. 그렇기는 해도 적군은 무력이 형편없는지라 절대적으로 강하다고 말할 수준은 아니었다. 내전 시기에 유명해질 군가의 사기충천한 가사 "적군은 최강의 군대다!"를 좀 더 진실에 가깝게(비록 사기는 떨어지겠지만) 바꾸면, 다음과 같이 될 것이다. "적군은 그 어떤 부대보다도 약하지 않다!"

볼셰비키들의 권력 인수와 지배를 가능하게 한 것이 본질적으로 기만적인 약속과 무자비한 테러라고 할 수 있겠지만, 그들이 궁극적으로 권력을 유지하는 데 성공한 이유를 설명하면서 상당수의 주민들로부터 지지를 얻었다는 사실을 빼놓을 수는 없다. 그럼에도 1920년 말~1921년 초 무렵에 볼셰비키들은 그나마 확보하고 있던 노동자들의 지지마저도 흔들리고 있다고 느꼈고, 농민들의 태도도 바뀌어 묵인은 적극적 반대로 변모했다. 1921년 3월 페트로그라드에서 노동자들의 파업에 뒤이어 크론슈타트 해군 요새가 반란에 휩싸였을 때, 결정적 전환점이 찾아왔다. 수병들은 볼셰비키들이 '11월 혁명'*의 약속을 배신했다고 비난했다. 반란자들은 볼셰비키당의 전제정이 아니라 진정한 소비에트 지배를 요구했던 것이다.

트로츠키는 한때 크론슈타트에서 반란을 일으킨 수병들의 위대한 영웅이었지만 곧 반란을 진압하기 위해 분견대를 파견했다. 피의 학살이 잇따랐다. 즉각적인 위기는 타개했지만, 레닌과 여러 당 동료들은 중요한 양보 조치가 이루어지지 않으면 볼셰비키 지배는 얼마 가지 못할 것임을 간파했다. 1921년에 전시 공산주의가 끝나고 시장 원칙을 부분적으로 인정한 신경제정책, 즉 나중에 알려진 대로 네프(NEP)가 개시되었다. 농민들은 더 이상 총구 앞에서 억지로 자신들의 작물을 넘겨주지 않아도 되었고, 점차 생산물의 일부를 공개 시장에 내다파는 것이 허용되었다. 비록 레닌의 표현대로 경제의 '기간산업'(commanding heights)

---

* 러시아 구력으로 '10월 혁명'이라고도 부른다.

을 국가가 보유하고 있기는 했지만, 소규모 도시 사업가들도 이윤을 위해 사고파는 것이 허용되었다.

서유럽 혁명의 실패

1918년 말에서 1920년 초까지 부풀었던 서유럽 혁명에 대한 희망은 환상에 불과한 것으로 밝혀졌고, 전시 공산주의와 함께 1921년 초에 이르면 물거품처럼 사라졌다. 그런 희망이 끈질기게 지속된 것도 부분적으로 볼셰비키들이 유럽 상황에 대한 믿을 만한 정보를 충분히 갖고 있지 못했기 때문이다. 1918년 늦여름 독일의 상황은 볼셰비키들에게는 전도양양한 것처럼 보였고, 이는 마르크스주의 관점에서 볼 때 독일이 높은 수준의 산업화를 달성한 나라라는 점에서 아주 중요한 의미가 있었다. 그럼에도 독일의 인민위원평의회는 단지 이름만 볼셰비키들의 것과 유사했을 뿐이다. 우선, 그 기구는 막스 폰 바덴 공으로부터 권력을 강제로 빼앗기는커녕 오히려 인정했다(정당성 요구라는 면에서 미묘하지만 결정적인 대목이다). 더욱이 정규 선거가 이루어질 때까지만 일시적인 정부 역할을 하기 위해 구성되었다. 독일 평의회를 대표한 6인은 모두 사회민주주의자이고 공식적으로 마르크스주의자였지만, 혁명파와 온건파로 반씩 나뉘어 있었다. 평의회 지도자(훗날 신생 독일 공화국 대통령) 프리드리히 에베르트는 SPD의 완고한 반혁명파에 속해 있었다. 그는 조금도 과장하지 않고 말하자면 레닌이 아니었고, 러시아 모델은 그에게 아무런 호소력도 없었다. 에베르트가 보기에는 서유럽 스타일의 선거만이 유일하게 받아들일 수 있는 장기적 정당성의 토대였다.

에베르트는 러시아에서 일어난 사건들이 독일에서 재연되는 것을 기필코 막고자 했다. 그는 일찍이 케렌스키가 코르닐로프에 대해 그러했듯이 군부의 동맹자와 등지기는커녕 독일의 혁명적 좌파를 억누르는 데 도움을 받기 위해 독일 군부의 지지를 받아들였다. 이 시점에서 바로 그 좌파는 통일된 리더십과 합의된 혁명적 교리를 결여하고 있었다. 많은 사람들이 "그들이 러시아에서 했던 대로 한다"라고 모호하게 말했지만, 러시아에서 실제로 어떤 일이 일어났는지는 거의 이해하지 못했다. 1919년 1월 (고대 로마의 노예 반란의 지도자인 스파르타쿠스의 이름을 딴) '스파르타쿠스단'(Spartakusbund)으로 자처하는 한 그룹이 관련된, 무모하게 기획된 혼란스러운 폭동이 일어났다가 우익 세력에 의해 유혈적으로 진압되고 말았다.

그리하여 처음부터 독일 혁명은 볼셰비키들의 혁명과는 완전히 다른 경로를 밟았다. 이렇게 독일이 다른 경로를 걸어간 것은 그 지도자들의 결정뿐 아니라 좀 더 심오한 어떤 현실 때문이었다. 당시 독일 군부는 휘청거리기는 했어도 러시아 군부에 비할 때 그리 약하다고도 불신당한다고도 할 수 없는 상태였다. 기실, 독일 참모본부는 나치 시대까지도 높은 위엄을 누리며 독립적인 권력을 보유했다. 이와 마찬가지로, 독일의 국가 관료제도 차르 관료제가 그러했듯이 해체되지도 않았고, 독일의 주요한 정당들도 1917년 내내 러시아의 정당들이 그러했듯이 불신을 경험하지도 않았다. 순전히 실천적인 견지에서만 보면, 당시 식량 공급이 줄어들고 여전히 봉쇄당한 채 패전한 독일인들은, 풍부한 식량 공급 능력을 지닌 미국인들이 공산주의화된 독일에 적대적일 거라는 사실을 아주 잘 이해하고 있었다. 이 시점에서 소비에트러시아를 모방하거나 그와 동맹한다는 생각은 사회주의 좌파에 속한 많은 사람들을 포함하여 많은 독일인들에게 자충수로 보였다.

오스트리아·헝가리의 붕괴로부터 시작된 중유럽 혁명은 볼셰비키 스타일의 혁명에 또 다른 기회를 열어 주었지만, 종전과 함께 수립된 새로운 체제들이나 계승국들은 대부분 민족주의적 반공산주의의 입장을 견지했다. 그리하여 폴란드 프롤레타리아트는 적군(赤軍)이 1920년에 폴란드 영토에 진공했을 때 적군에 힘을 실어 주기 위한 봉기를 조직하는 데 실패했다. 그런 뒤에 폴란드의 반격이 이루어져, 적군은 전쟁 이전의 국경으로 퇴각해야 했다. 헝가리에서는 공산주의 스타일의 소비에트 체제가 1919년 3월부터 8월까지 잠깐 동안 권좌에 올랐으나, 헝가리의 권력 장악은 러시아 모델과 겉모습만 비슷했다. 주요한 유사점은 헝가리 공산주의자들이 권좌에 오른 것은 그 적들이 나약했기 때문이라는 점이었다. 헝가리소비에트공화국은 8월에 반공산주의 세력에 의해 가차 없이 진압되고 말았다. 옛 바이에른 왕국(독일 제국의 일부)에서도 또 다른 공산주의자들의 권력 장악이 잠깐 동안 발생했으나 쉽사리 진압되었다. 헝가리와 바이에른의 공산주의 지도자들 대부분이 유대인이었고, 그것도 러시아의 경우보다 수적으로 더 많았다는 사실은 널리 알려져 있다. 때마침 그 무렵에 아돌프 히틀러는 바이에른에서 자신의 정치적 경력을 시작하고 있었다.

영국과 프랑스의 지도자들은 제1차 세계대전에서 승리하면서 상대적으로 우위에 서서 반항적인 좌파 정당들과 대면했다. 비록 서유럽의 좌파가 의심의 여지없이 1914년 이전보다 더 크고 더 분노에 휩싸여 있었던 것은 맞지만, 폭력 혁명의 옹호자들은 조직되지 못한 소수파로 남아 있었다. 이런 사실들은 영국과 프랑스의 압도적 다수의 일반 주민들이 프롤레타리아독재에 반대할 것이라는 점을 암시했다. 자유선거에서 많은 유권자들이 극민족주의적이고 반공산주의적인 정당들에서 출마한 후보들에게 표를 주었다. 독일과 휴전이 체결된 직후인 1918년 12월에 치른 영국 '카키 선거'*에서 주된 쟁점은 "독일은 배상하라!"와 "독일 황제를 교수대로!" 같은 슬로건들이 보여 주듯이 단연 독일에 대한 복수였다. 프랑스에서도 그에 못지않게 제노포비아적인 분위기가 지배하고 있었다. 1919년 10월 선거에서 우파 정당들이 지배했던 연립인 민족 블록은 공산주의에 대한 공포와 분노에 찬 민족주의를 요령껏 결합시켰다. 당시 프랑스 전역에는 여기저기 무시무시한 포스터가 나붙었는데, 그림에는 수염투성이 유대인 혁명가로 보이는 사람이 피 묻은 칼을 입에 물고 있었다. 이는 좌파에 투표하면 어떤 일이 뒤따를지를 경고하는 그림이었다. 프랑스 사회당(SFIO)은 이 선거에서 완패하고 말았다.

1919년 볼셰비키들은 서유럽에서 볼셰비키 원칙에 근거해 공산주의 정당을 수립하기 위해 분투했으나 결과는 보잘것없었다. 볼셰비키들은 공산주의인터내셔널(코민테른, 제3인터내셔널)을 창립하여 1920년 여름 모스크바에서 각국의 야심만만한 혁명가들을 모아 인상적인 대회를 개최하기도 했다. 이와 동시에 적군(赤軍)은 승전보를 울리며 폴란드로 진군하고 있었다. 코민테른은 모든 유럽 나라에서 공산주의 정당의 창립을 관장했으나, 새로 창립된 공산주의 정당들은 민주주의적 사회주의 분파들과 분열하며 혁명을 하는 과정에서 초라한 실패를 맛보았다. 예컨대 폴란드인들은 적군에 맞서 성공적으로 반격했다. 1921년 초 소비에트러시아가 신경제정책의 방향으로 움직임에 따라, 서유럽 공산주의 정당들도 다음 번 혁명의 물결을 기다리는 입장으로 기울어 갔다. 그들은 마르크스주의 신념에 따라 장담컨대 새로운 혁명적 조건들이 출현할 거라고 믿었고, 따라서 이에 준비되어 있어야 했다.

---

* 전쟁 도중이나 직후에 비상으로 치러지는 정략 선거를 말한다.

러시아에서 '실제로 일어난' 일은 무엇인가?

오늘날의 시점에서 당시를 조망하건대, 유럽의 마르크스주의와 러시아의 볼셰비즘은 모두 역사적으로 실패했다고 판정할 수 있다. 이런 판단은 20세기 말 소비에트 제국 붕괴 이후에 당연시된 것과는 달리 20세기 초만 해도 널리 공유되지 않았다. 그렇기는 해도 11월 혁명과 1920년대 및 1930년대의 볼셰비키 지배를 '성공적'이었다고 묘사하는 것은 문제가 있다. 기껏해야 볼셰비키 체제는 미래의 가능성을 상징했을 따름이다. 볼셰비키혁명의 약속이나 그 심오한 의미는 공산주의 운동의 대오 안에서도 여전히 논란을 불러일으켰다.

1921년의 러시아가 전쟁이 발발한 시점보다 훨씬 더 빈곤해졌다는 점은 의심할 여지가 없다. 옛 러시아 제국의 국경 안에 살던 2천만 명 가량이 죽었고, 수백만 명 넘는 사람들이 끔찍한 비극으로 고통 받았다(가옥은 파괴되고 고아가 양산되며 연인을 잃고 꿈이 산산조각 났다). 1890년부터 1914년까지 그렇게도 전도유망했던 산업 성장은 없던 일이 되었고, 옛 러시아 제국은 거대 열강의 지위에서 대규모 기아 사태가 속출하는 몹시 취약한 농민 공화국쯤으로 전락했다.

러시아에서 농민 다수파는 프롤레타리아 소수파의 독재, 더 정확히 말하자면 프롤레타리아트의 다수가 볼셰비키 지배에 맞서 적대적인 태도로 바뀌었음에도 여전히 프롤레타리아트를 대변한다고 주장하는 당의 독재에 지배받고 있었다. 그리고 볼셰비키당 내부에서도 이른바 '민주집중제'는 견고한 당 엘리트에 의한 위로부터의 지배를 의미했고, 다시 당내 엘리트 구성원들 모두는 당의 통일성과 일관성을 보장하기 위해 레닌에게 의존하게 되었다.

역설적이게도, 이른바 이 프롤레타리아트 정당은 러시아에 일종의 자본주의를 다시 도입하는 과정을 관장했다. 서유럽의 선진 경제들에 프롤레타리아혁명이 확산되지 않는 한, 불확실하고 모순적인 볼셰비키 체제는 실패할 운명이었던 것처럼 보인다. 그럼에도 소비에트러시아의 상황은 아마도 근본적으로 새로우면서 역설적으로 근대적이며 실제로는 마르크스주의적이지는 않고 나중에는 '전체주의적'(totalitarian)이라고 불릴 수 있는 어떤 것이었다. 만일 그렇다면, 그것은 여전히 '진보적'이라고 불릴 수 있을 것인가? 그렇지 않으면 오히려 그와는 상당히 다른 어떤 것의 시작, 그러니까 계몽사상의 이상들에 대한 끔찍한 패러디의 시작이었는가?

| 더 읽을거리 |

에릭 홉스봄의 《극단의 시대》(The Age of Extremes, 1996)의 앞 장들은 러시아혁명에 관해 폭넓고 상세한 설명이 담겨 있다.

그 다음 단계의 발전에 대해서는 리처드 파이프스의 《러시아혁명 약사》(Concise History of the Russian Revolution, 1995)가 같은 저자의 더 방대한 분량의 저작인 《러시아혁명》(Russian Revolution, 970쪽)보다는 일반 독자들에게 더 적합할 것이다. 뛰어난 수준의 좌파적 일반론으로 참고할 만한 것은 실라 피츠패트릭의 《러시아혁명, 1917~32》(The Russian Revolution, 1917-32, 2001)이다.

로널드 수니(Ronald Suny)와 아서 애덤스(Arthur Adams)가 엮은 《러시아혁명과 볼셰비키의 승리》(The Russian Revolution and the Bolshevik Victory, 1990)는 현대 혁명사가들의 분석이 갖는 복합적인 의미를 보여 준다.

주요 볼셰비키 지도자들에 대한 최근의 학술적 전기들 가운데 가장 유명한 것으로는 소비에트 문서고에서 발견한 수많은 새로운 정보들을 담고 있는 로버트 서비스의 《레닌: 전기》(Lenin: A Biography, 2000)를 꼽을 수 있다. 트로츠키에 대해서는 (그 자신도 왕년의 트로츠키주의자였던) 아이작 도이처가 오래전에 쓴, 널리 격찬 받은 세 권짜리 전기가 일반 독자들이 원하는 것 이상으로 트로츠키에 대한 많은 정보를 담고 있다. 곧 《무장한 예언자》(The Prophet Armed, 1954), 《무장하지 않은 예언자》(The Prophet Unarmed, 1959), 《추방된 예언자》(The Prophet Outcast, 1963)가 그것인데, 이 전기들은 생생한 필치로 쓰이고 매력적인 일화들로 가득 차 있다(또한 23장을 보라). 니콜라이 부하린도 자신의 일생을 경탄할 만한 솜씨로 학술적으로 연구한 전기와 전기 작가를 거느리고 있는데, 바로 스티븐 F. 코언의 《부하린과 볼셰비키 혁명》(Bukharin and the Bolshevik Revolution, 1980)이 그것이다.

15장

파리강화조약

　　1919년 1월부터 6월까지 30여 민족의 대표자들이 회합한 파리강화회의는 극도의 무질서 속에서 질서를 확립해야 하는 불가능할 법한 헤라클레스의 임무를 떠맡았다. 전승국들의 '4인위원회'(Council of Four, 우드로 윌슨 대통령, 조르주 클레망소 총리, 데이비드 로이드조지 총리, 비토리오 에마누엘레 오를란도 총리)로 불리기도 이 회의는, 예전에는 존재하지 않았던 자유민주주의 체제들을 수립하면서 유럽 지도의 상당 부분을 과감하게 다시 그렸다. 강화회의에서 협상 과정은 프란츠 페르디난트의 암살이 발생한 지 정확히 5년 만인 1919년 6월 28일에 베르사유조약이 조인됨으로써 전쟁을 종식시키며 공식적으로 완료되었다. '베르사유'가 대개는 파리강화회의에서 확정된 전체 협정에 대한 약칭으로 사용되기는 하지만, 베르사유조약은 기본적으로 독일과 맺은 강화 조항들을 담고 있다. 한편, 베르사유조약의 조문에 근거하되, 다른 패전국들에 적용된 독자적인 일련의 조약들이 잇따라 체결되었다.

1815년의 협정과 1919년의 협정 비교: 독일의 책임을 둘러싼 쟁점

훗날 역사가들은 세대를 거슬러 올라가 회고하면서 파리강화회의가 실패했다고 평가해 왔다. 전승국들이 내린 결정들은 평화를 보장하기보다는 오히려 미래에 전쟁을 필연적으로 야기하는 것까지는 아니더라도 최소한 조장하는 것처럼 보였다. 그럼에도 당시 유럽 민족들 사이에 증오심이 끓어오르고 있었음을 고려하면, 제아무리 깨어 있거나 정치적으로 기민한 지도자라고 한들 실패를 면치 못했을 듯하다. 패전국들은 말할 것도 없고 전승국들도 서로 날카롭게 상충하는 목표를 추구했다. 그럼에도 프랑스인들과 영국인들이 한 가지 점에서는 동의했다. 독일이 전쟁을 도발하고 그 후 수많은 전쟁 범죄를 저지른 것에 책임을 져야 한다는 것이었다. 그리하여 독일은 전쟁 손실에 대해 배상해야 했다. 그럼에도 미국을 포함하여 다른 여러 나라 지도자들은 독일인의 개별 책임을 고발하는 것에 만족하지 않았고, 이에 독일인들은 분개했다. 전시 지도부에 비판적이던 많은 독일인들마저도 그러했다. 그들은 모든 독일인이 지도부 아래에서 행해진 일에 집단 책임을 져야 한다는 것을 받아들일 수 없었다.

더욱이 1919년 당시 독일의 새로운 지도자들은, 일찍이 1918년 11월에 막스 폰 바덴 공이 조인한 휴전 조항들을 위반하는 협상 불가한 일련의 요구에 직면해 있었다. 이 조항들은 (아래에서 요약될) 윌슨의 원칙들에 근거한바, 독일인들은 이 조항들의 어조가 처벌보다는 화해를 지향한다고 보았다. 독일의 전시 지도자들이 권력에서 배제되었기 때문에, 많은 독일인들은 독일 민중이 좀 더 호의적인 방식으로 대우받기를 기대했다. 그러나 실제로 독일 민중은 전시 지도자들과 마찬가지로 집단 책임을 져야 하는 범죄자 민족으로 다루어지고 있었다.

노르웨이

오슬로 •

스웨덴

스톡홀름 •

핀란드

헬싱키 •

탈린 •

레닌그라드
(상트페테르부르크)

에스토니아

북해

아일랜드

영국

런던 •

코펜하겐 •

흑해

라트비아

리가

리투아니아

러시아 제국

네덜란드

암스테르담 •

킬 •

단치히

동프로이센

알투스 •

폴란드

브뤼셀 •

벨기에

독일

베를린 •

바르샤바

• 키예프

루르
콜론 •

바이마르

룩셈부르크 •

프랑크푸르트

프라하

갈리치아

베르사유
파리 •

로렌

스트라스부르

알자스

체코슬로바키아

빈 •

부다페스트

베사라비아

대서양

프랑스

제네바 •

스위스

오스트리아

헝가리

루마니아

밀라노 •

티롤

자그레브

부쿠레슈티 •

이탈리아

베네치아 •

트리에스테

크로아티아

흑해

몬테네그로
(유고슬라비아 통합, 1921)

유고슬라비아

베오그라드

세르비아

불가리아

소피아

이스탄불
(콘스탄티노플)

에스파냐

코르시카

• 로마

알바니아

그리스

터키

사르데냐 •

나폴리 •

아테네 •

0   400 km

0   400 miles

크레타 섬

시칠리아 •

지중해

—— 독일
       러시아
       오스트리아 – 헝가리
       국경선(1914)

▦ 비무장지대

▨ 오스트리아 – 헝가리 제국이 상실한 영토

▧ 러시아 제국이 상실한 영토

▨ 독일 제국이 상실한 영토

■ 불가리아가 상실한 영토

–·– 1926년의 국경선

지도 8 1919년 무렵의 유럽

바로 이 점에서 파리강화회의는 1814~1915년의 빈회의와 현저하게 달랐다. 1919년에 파리에 모인 대표자들은 그 이전 52개월 동안 벌어진 사건들 속에서 일찍이 빈에 모인 대표자들이 목격했던 것보다 훨씬 더 극심하고도 끔찍한 차원의 학살과 파괴를 목격했다. 그리하여 독일인들을 향한 복수심에 가득 찬 분노가 일찍이 프랑스인들을 향했던 분노를 완전히 압도해 버렸다. 1815년 빈에서도 프랑스를 처벌하고 장래에 프랑스의 팽창을 방지할 조치를 취해야 한다는 욕구가 있었지만, 나폴레옹이 엘바 섬을 탈출한 뒤에도 유럽 민족들의 협조 체제에서 프랑스를 기꺼이 파트너로 받아들이려는 태도가 존재했다. 반면, 1919년 파리에서는 독일을 처벌하려는 욕구가 우세하여 하나의 주요 열강으로서 독일을 어떻게 하면 분할하고 파괴할 수 있을지만을 궁리했다. 이처럼 승전한 유럽 열강은 독일 민중을 완전히 소외시킴으로써 장기적으로 어떤 대가를 치러야 할지에 대해서는 별로 관심이 없었다.

대중적 압력, '새로운 외교,' 러시아의 고립

아마도 두 차례의 전후 협정 사이에 가장 근본적인 차이는 '민중'의 역할에 있었을 것이다. 1814~1815년에 주요 열강 지도자들에게 보통 사람들이 원하는 것 따위는 별로 고려의 대상이 아니었다. 그러나 1919년에는 대중적 분노의 뜨거운 입김과 조직화된 압력 집단들의 완강한 행동이 이 '새로운 외교'의 시대의 의사 결정 과정에서 중요한 역할을 했다(낡은 외교는 특권적 지배 신분들이 대중 여론에 별로 개의치 않고 자신들의 이해관계에 따라 의사 결정을 하는 외교였다).

1814~1815년 차르 알렉산드르 1세는 "이제 우리 모두는 유럽인이

다"라고 선언하면서 빈에서 최종 협정이 타결되는 과정에 주요한 역할을 했다. 그러나 1919년 러시아는 광신도들이 이끄는 '불량 민족'(pariah nation)으로 다루어졌고, 파리 회의에 초대받지도 못했다. 빈회의의 작동에서 중심적인 역할을 한 유럽 지배자들의 확대가족이 1919년에는 핵가족으로 오그라들었다. 영국은 군주정을 유지하기는 했지만, 1870년대 이래로 프랑스에는 공화국이 들어섰고 러시아와 오스트리아·헝가리, 독일의 황제들은 얼마 전에 퇴위한 상태였다.

과연 메테르니히는 예언자였다. 유럽은 하층계급의 분노와 종족적·민족적 증오의 분출, 기독교 가치의 약화, 전통적 권위의 파괴 등을 경험했다. 메테르니히는 이미 1848년에 자신의 세계가 전복되는 것을 지켜보았지만, 그 세기 후반부에 자유주의적 민족주의자들은 자신들의 취약성, 무엇보다 안정되고 생명력 있는 민족국가를 형성하지 못하는 무능함을 드러냈다. 1919년 초에 많은 사람들은 1848년 이후 자유주의적 민족주의의 실패가 치유되고 민중의 동의에 바탕을 둔 주권적인 민주주의 민족국가가 궁극적으로 중유럽과 동유럽에 수립될 수 있기를 희망했다.

윌슨의 역할과 14개 조항

그런 희망을 품었던 사람들에게 우드로 윌슨은 현자의 풍모를 띠고 있었다. 세계에서 가장 강력한 민주주의 국가의 대통령으로서 윌슨이 자유민주주의를 확산시킬 과업을 떠맡는 것은 너무도 자연스러웠다. 그는 현실 정치가로서 1917년 4월 무렵 선전포고에 유리한 방향으로 미국의 대중 여론을 움직일 줄 아는 능력도 과시했다. 그는 전쟁을 지속하는 명분을 "민주주의를 위해 안전한 세계를 만드는 것"에서 찾고자 했다. 윌슨은 1918년 1월 초의 연두교서에서 정의롭고 지속 가능한 평화를 수립하는 데 필요한 지침으로서 14개 조항을 제시했다.

14개 조항의 여러 항목은 해당 영토 안에 거주하는 민중의 의사에 따른 국경선과 일반 공중에 개방된 정부를 갖춘 새로운 민족국가들의 창출을 제시했다. 14개 조항은 독일이 전시에 점령한 영토에서 철수해야 하고 알자스-로렌이 프랑스에 반환되어야 한다는 점을 규정했다. 그럼에도 베르사유조약에 깔린 복수의 정조, 특히 모든 책임을 독일에 지우려는 시도는 14개 조항에 없었다. 오히려 반대로 프랑스인들과 영국인들에 대한 암묵적 비판이 담겨 있었다. 맨 마지막 제14항은 "강대국이나 약소국 모두의 정치적 독립성과 영토적 통합성에 대한 상호 보장"을 가능하게 하는 "민족들의 총연합"을 제시했다.

윌슨의 조항들은 어느 정도 '민주주의'의 의미(미국의 경우처럼 자유주의적-입헌주의적인 것이든, 소비에트러시아의 경우처럼 사회주의적-공산주의적인 것이든)와 관련하여 볼셰비키 러시아와 유럽의 혁명적 좌파에 의해 광범위하게 제기된 도전에 대한 응전으로서 공식화되었다. 1917년 12월과 1918년 1월에 서로 대립하는 레닌과 윌슨의 선언에서 이미 '냉전'이 포문을 열었음을 감지할 수 있다. 아니나 다를까 '윌슨이냐, 레닌이냐?'의 문제가 무수한 사설과 연설, 팸플릿, 정치 집회를 지배했다. 유럽 대부분의 지역에서 이 문제에 대한 답변은 단연코 '윌슨!'이었다. 1919년 1월 파리에 도착하기 전에 이 미국 대통령은 유럽을 순방하며 자신을 흠모하는 환영 인파의 영접을 받았다.

그럼에도 1년이 채 못 되어 윌슨의 인기는 곤두박질쳤다. 이 갑작스러운 변화의 이유는 여러 가지였다. 그러나 가장 명백한 이유는 14개 조항이 폭넓은 대중적 지지를 이끌어 낸 조치들을 제안하면서도, 아무리 완곡하게 말해도, 쉽게 해결될 수 없는 문제들에 대해 안이하고도 모호한 표현으로 얼버무리는 해결책을 내놓았기 때문이다. 로이드조지와 클레망소, 오를란도는 14개 조항의 여러 항목에 대해 단호히 반대했고, 윌슨이 14개 조항을 발표하기 전에 먼저 자기들에게 자문을 구하지 않았다는 사실 때문에 심기도 불편한 상태였다. 결국 파리강화회의의 조약들에서 14개 조항은 무대 뒤안길로 사라졌다. 일부 조항은 상당히 수정되거나 단서 조항이 붙은 반면, 나머지 조항들은 간단히 무시되었다.

영국인들은 특히 제2항, 즉 평시와 전시 모두에 공해상의 자유를 요구한 조항에 놀랐다(영국의 봉쇄가 1917년 이전에 미국인들과 영국인들 사이에 심각한 긴장을 낳았음을 떠올려 보라). 또한 외교 협정이 "솔직하게 공중이 보는 가운데 이루어져야" 한다고 규정한 제1항에서 비난의 손가락질은 중유럽 열강은 물론 삼국협상도 가리키고 있었다. 그런가 하면 제5항은 전후 식민 협정에서 원주민들의 의사가 "앞으로 그 지위가 결정될 정부의 공평한 주장과 같은 비중을 가져야" 한다고 요구함으로써 암묵적으로 영국과 프랑스의 제국주의를 비판하고 있었다.

계승국들과 민족자결이라는 쟁점

특히 계승 민족국가들*의 국경을 결정하는 과정에서 이런저런 복잡한 쟁점이 떠올랐다. 특히 폴란드가 주요한 문제를 제기했다. 18세기 말 폴란드를 분할한 세 열강이 붕괴됨으로써 재통일된 폴란드 국가를 수

---

* 계승 민족국가(successor nation-state)란 제국 등 기성 국가에 포함되었다가 기성 국가가 사라지면서 새로이 창설되거나 독립한 민족국가를 말한다. 본문에서는 간단히 계승국으로도 표기된다.

립할 절호의 기회가 찾아왔다. 윌슨의 제13항도 "이론의 여지없는 폴란드 주민들이 거주하는 영토들을 포함하는 독립된 폴란드 국가가 건립되어야" 한다고 규정하고 있었다. 그러나 제13항은 폴란드가 "자유롭고 확실한 공해 접근을 보장받아야" 한다고도 규정했다. 문제는, 그렇게 하려면 상당수의 비폴란드인들을 신생 폴란드 국가에 편입시켜야 한다는 데 있었다. 또 "이론의 여지없는 폴란드 주민들"이 거주하는 지역도 폴란드인들과 비폴란드 주민들이 뒤섞여 살아가고 있는 수많은 변경 지대들에서는 구별해 내기가 어려웠다.

중유럽과 동유럽의 다른 여러 지역에서처럼 폴란드에서도 응집력 있고 균질하며 독자 생존이 가능한 민족국가들을 경계 짓는, 보편적으로 공인받는 국경을 획정하려는 노력은 헛일에 불과했다. 이와 유사하게, 파리강화회의에서 조약을 입안한 사람들은 자신들도 별 영향력을 행사할 수 없는 지역들의 현실에 직면해야 했다. 신생 폴란드 국가의 국경은 동서남북 거의 모든 방향에서 폭력적인 분쟁의 대상으로 남았고, 그래서 1919년 강화 회담이 논의되던 기간에 이미 수많은 국지적 전투가 벌어지고 있었다. 1920년 대부분 시기 동안 폴란드와 소비에트러시아 사이에 전쟁이 지속되었다. 두 나라 사이에서 최초의 극적인 공격과 이에 맞선 반격을 주고받은 끝에, 결국 1921년 3월 어느 편도 만족할 수 없지만 1939년까지 지속될 불편한 러시아-폴란드 국경을 획정하는 강화조약이 체결되었다. 이 국경조차도 대부분 우크라이나인과 벨로루스인으로 이루어진 다수의 비폴란드인들을 포함하고 있었다.

신생 폴란드 국가의 북서부에 대해 파리강화회의는 결국 '폴란드 회랑 지대'(Polish Corridor)로 알려지게 된 영토를 승인했다. 회랑 지대는 폴란드의 공해 접근을 보장하기 위해 동프로이센을 나머지 독일과 분리시키고 구독일의 항구도시 단치히(그단스크)에 국제연맹의 감독을 받는 자유도시를 창출함으로써 구독일의 영토를 예리하게 절단했다. 이에 따라 폴란드 시민권을 받아들이라고 요구받았을 때 폴란드 회랑 지대에 살고 있던 대다수 독일인들은 대규모로 이주했다.

신생 민족국가들의 창출: 체코슬로바키아와 유고슬라비아

폴란드 회랑 지대라는 쟁점은 민족자결의 원칙과 자연적이고 방어 가능한 국경을 마련한다는 원칙을 어떻게 화해시킬 것인가 하는 더 큰 쟁점을 건드리고 있었다. 이와 관련하여 새롭게 획정된 국경이 신생 국가들의 경제적 번영을 가능하게 할 것인지도 고려해야 했다. 폴란드 남부에 새로 창출된 체코슬로바키아 국경은 폴란드의 경우보다도 훨씬 더 국가 창출의 딜레마를 잘 요약해서 보여 준다. 비록 이 새로운 국가에 붙여진 이름이 서로 연결되어 있는 두 모국어를 사용하는 민족, 즉 체코인과 슬로바키아인의 통합을 암시하기는 했지만, 체코슬로바키아 역시 종종 수데텐 독일인(독일인들이 특히 다수를 차지하는 서부 국경에 펼쳐져 있는 산맥들 가운데 한 곳의 이름을 딴)이라고 지칭된 대략 3백만 명에 달하는 독일인들을 포함하고 있었다. 이에 덧붙여, 신생 국가 전역에 상당수의 독일인 거주 지역들이 분포되어 있었다.

수데텐 독일인들은 예전에는 오스트리아령 보헤미아와 모라비아 지역에 집중 분포하고 있어서 애초에 비스마르크의 독일 제국에 속하지 않았다. 그렇기는 해도 이 독일인들의 다수는 1919년 초에 신생 체코슬로바키아 민족국가 내부의 소수 주민이 되는 것을 내켜하지 않았다. 만일 민족자결의 원칙이 일관되게 적용되려면, 독일과 서부 국경을 맞대고 있는 독일어 사용권도 신생 독일 공화국에 포함될 선택 대안이 주어져야 했을 것이다. 그러나 체코 지도자들은 수데텐 지역이 경제적으로 생산력이 높기도 하거니와 독일 국경을 따라 펼쳐진 산맥 지역이 미래에 군사적 효용성이 있는 자연 국경이었으므로 오래전부터 확고했던 수데텐 국경 지역을 포기할 마음이 털끝만큼도 없었다. 그리하여 체코슬로바키아의 모양은 특이해져, 중부 독일(베를린의 서쪽)로부터 동유럽(바르샤바의 동쪽)까지 뻗친 형국이 되었다. 또한 신생 국가는 북동쪽의 폴란드인, 남동쪽의 마자르인, 대다수 도시 지역과 동쪽 끝의 유대인은 물론이요, 동쪽 끄트머리(옛 루테니아)에 상당수의 우크라이나인까지 포함하고 있었다.

체코인과 슬로바키아인으로 이루어진 이 신생 민족국가가 전쟁 이전의 다민족국가들을 빼닮았다는 사실은 어색하기 짝이 없는 일이다. 체코슬로바키아의 전체 인구 1,350만 명 가운데 비체코슬로바키아계 소수민족들이 대략 45퍼센트를 차지하고 있었다. 게다가 단일한 체코슬로바키아 민족성의 관념이라는 것도 완전히 인위적으로 만들어진 것이었다. 대부분 농민인 슬로바키아인들은 오랫동안 헝가리의 지배를 받아 왔다. 반면, 단연코 도시적이고 경제적으로 앞서 있던 체코인들은 오랫동안 오스트리아의 일부였다. 진실은 이 두 민족이 서로에 대해 애정이 거의 없었다는 것이다. 통합된 체코슬로바키아 민족이라는 관념은 새로운 국가의 헌법을 통해 확립되었는데, 그럴 수 있었던 것은 부분적으로 체코인들만으로는 다수파를 이룰 수 없었기 때문이다. 독일인들이 (전체 인구의 20~25퍼센트를 차지할 정도로) 비중이 크다는 것은 독일어 사용자들이 일반적으로 체코인들보다 교육을 더 잘 받았고 경제적으로도 더 앞서 있었다는 점에서 역시 어색한 일이 아닐 수 없었다. 독일인 소수민족은 전간기 동안 체코인들의 차별적 대우에 크게 반발하면서 반항적인 태도를 견지했다.

그림 16 1919년 5월 27일 파리에서 개최된 강화회의에 참석한 '4거두'
왼쪽부터 데이비드 로이드조지 총리(영국), 비토리오 오를란도 총리(이탈리아), 조르주 클레망소 총리(프랑스), 우드로 윌슨 대통령(미국). © GL Archive / Alamy.

  유고슬라비아도 이 무렵에 수립된 또 다른 신생 민족국가였다. 이 나라는 어떤 의미에서 윌슨의 원칙에 근거하면서도 약간의 언어적 유사성은 있지만 공통의 역사적 경험도 일천할 뿐더러 서로 애정도 전무하다시피 한 민족들을 인위적으로 조합하여 만들어진 것에 불과했다. 처음에 이 신생 국가는 '세르비아·크로아티아·슬로베니아 왕국'이라는 이름이 붙었다가, 1929년에야 '유고슬라비아'라는 이름을 갖게 되었다. 세르비아인들이 이 신생 국가를 지배했는데(혹은 지배하려는 야심을 품고 있었는데), 이 때문에 비세르비아인들, 특히 자신들이 세르비아인들보다 문화적으로 더 우수하다고 생각한 크로아티아인들의 저항과 분노를 자아냈다. 이미 앞에서 살펴보았듯이, 제1차 세계대전의 기원은 남슬라브 민족주의라는 쟁점과 깊은 관련이 있었지만, 전쟁 이전에 장차 남슬라브 국가의 국경과 정치적 성격이 어떻게 될 것인지는 불확실했다. 국경이 새로 그어진 곳마다 이웃 국가들과 폭력적인 갈등이 빚어졌다.

세르비아-크로아티아 언어는 유고슬라브(남슬라브) 민족의 통일성을 담보하기에는 취약했다. 세르비아인들은 키릴 알파벳을 사용한 반면, 크로아티아인들은 라틴 알파벳을 사용했다. 세르비아인들은 그리스정교인 반면, 크로아티아인들은 로마 가톨릭을 믿었다. 여러 면에서 세르비아-크로아티아 언어와는 다른 남슬라브 언어를 사용한 슬로베니아인들은 오스트리아·헝가리제국에서 오스트리아 지배령의 일부였던 반면, 크로아티아인들은 헝가리령의 일부였다. 이와 유사한 차이들이 이 신생 국가의 나머지 많은 지역들의 주민들을 분명하게 갈라놓고 있었다. 이 시민들 다수에게는 보스니아-헤르체고비나 지역의 종족 정체성과 언어, 종교(이슬람을 포함하는) 등이 복잡하게 뒤섞인 오스만제국의 신민이었다는 생생한 기억이 있었다.

종족적·언어적 국가들의 딜레마와 모순

폴란드와 체코슬로바키아, 유고슬라비아는 통째로건 부분으로건 공히 예전의 오스트리아·헝가리제국의 지역들로 구성되었다. 두 잔여 국가로서 이제는 공화국이 된 오스트리아와 헝가리의 새로운 국경은 종족적으로나 언어적으로 동질적인 독일인과 마자르인을 포괄했지만, 이들의 경우에서도 윌슨의 원칙을 적용하면서 동시에 독자 생존이 가능한 국가를 창출하는 일은 불가능하다는 점이 입증되었다. 오스트리아와 헝가리 모두 이제는 내륙 국가로 쪼그라들어 경제적 전망도 어두워졌다. 많은 오스트리아계 독일인들은 과거 제국에서 누리던 주도적인 역할을 상실한 후에 신생 독일 공화국과 함께함으로써 더 밝은 미래를 모색하고자 했다. 1914년 이전에 합스부르크 제국에서 전개된 범게르만주의 운동은 비스마르크 제국과의 '합병'(Anschluss) 또는 연합(union)을 선동했으나 그리 성공적이지는 않았다. 그러나 파리에서 전승국들은 그런 연합으로 신생 독일 국가가 1914년의 독일 제국보다 오히려 더 커질 것으로 우려하여 연합을 인정할 마음이 눈곱만큼도 없었다.

파리강화회의는 해당 영토의 다수 거주민이 원하는 방식대로 국경을 수립하려는 시도로서 주민들이 혼합되어 있는 국경 지역에서 주민 투표를 실시할 것을 권고했다. 그러나 다시 이 원칙은 실제로 적용될 수 없다는 것이 분명해졌다. 프랑스인들은 독일어 방언을 말하고 두 세대에 걸쳐 독일 제국의 일부로 남아 있던 알자스인들에게 프랑스에 다시 합류할지 어쩔지를 묻는 투표를 할 선택 대안이 주어진다는 생각 자체를 참을 수 없었다. 만일 1919년 당시 운명에 그처럼 먹구름이 끼지만 않았더라면 실제로 많은 사람들이 독일을 선호했을 것이다. 그럼에도 윌슨의 제8항이 "1871년에 알자스-로렌 문제에서 프랑스에 대해 프로이센이 저지른 잘못은…… 바로 잡아야 한다"라고 선언하고 있었으므로 그 쟁점은 고려할 가치가 없었다.

신생 헝가리 국가의 마자르어 사용자들은 민족자결과 관련하여 자신들에게 적용된 이중 기준에 대해 독일인들보다 훨씬 더 큰 불만을 품고 있었다. 이제 헝가리 국가는 1914년의 영토에 비해 얼추 3분의 1 수준으로 쪼그라들었고, 거주민 수도 대략 800만 명으로 크게 줄어든 신세였다. 즉 헝가리는 체코슬로바키아 및 유고슬라비아와 국경을 맞댄 곳에서 수십만 명의 마자르어 사용자들을 잃었을 뿐 아니라 과거 헝가리에 속했던 트란실바니아의 대규모 마자르어 사용자 거주 지역에서 루마니아에게 (그보다 더 많은 수인 대략 300만 명) 또 인구를 잃었다.

헝가리가 감수해야 한 가혹한 운명은 제1차 세계대전에서 패배한 편에 서 있었다는 것은 물론이거니와 전쟁 말기에 루마니아에게 침공당하고 1919년 3~8월에 소비에트 공화국에 의해 통치되었다는 것과도 관계가 있었다. 8월 초 반공산주의 세력이 부다페스트를 재점령했을 때 극도로 혼란스럽고 유혈 낭자한 '백색테러'가 헝가리를 휩쓸었다. 보수 세력들은 이에 대해 그 앞서 자행된 몇 달 간의 적색 테러에 대한 적절한 대응이었다고 보았다. 백색테러는 특히나 흉포하게 유대인들을 겨누었는데, 어느 정도는 헝가리 소비에트 체제의 공산주의 지도자들이 거의 대부분 유대인 출신이었기 때문이다. 그리하여 헝가리는 1867년부터 1914년까지 유대인을 자국에 동화시켰다는 측면에서 볼 때 가장 개방적인 나라에서 전간기에 반유대주의가 악명을 떨친 나라로 전락했다.

소수민족 조약들

비단 유대인뿐 아니라 다른 모든 민족적·종교적 소수파들이 새로이 창출된 민족국가들 내부에서 부당하게 대우받을 수도 있다는 두려움이 파리강화회의에서 책임 있는 위치에 있던 사람들에게 진지하게 고려되었다. 그래서 신생 민족들의 기초를 확립하는 조약에 따라붙는 부록 격의 조약들을 공식화함으로써 신생 국가들의 헌법에서 소수민족의 권리를 보호하려는 노력이 이루어졌다. 그럼에도 그런 권리를 규정하려는 시도는 거의 극복할 수 없는 장해물에 맞닥뜨리게 되었는데, 무엇보다 신생 민족국가의 지도자들이 소수민족 조약을 자국 주권에 대한 침해이자 존엄성에 대한 모욕으로 여겼기 때문이다.

그들의 주장도 일리가 있었는데, 왜냐하면 미국인과 영국인, 프랑스인들 모두 정작 자기들 내부의 소수민족들과 관련된 유사 조약은 허용하지 않을 것이었기 때문이다. 이런 이중 기준을 정당화하기 위해 신생 민족국가들에 거주하는 주민들의 후진적 성향을 근거로 공공연히 들먹이기도 했는데, 이는 신생 민족들 사이에 일고 있던 분노에 기름을 끼얹는 구실을 했다. 영국과 프랑스, 미국이 자기들 내부의 소수민족들(흑인, 중국인, 아일랜드인, 이탈리아인, 유대인)에 대한 대우와 관련하여 별로 훌륭한 선례를 보여 주지 못했다는 사실에도 불구하고 어쨌거나 이 나라들의 지도자들은 1919년 조약들의 관련 쟁점을 기꺼이 고려했다.

문제의 소수민족 조약들은 참으로 지대한 영향을 몰고 올 것이었다. 조약들은 민족적 소수파가 국가와의 공식 관계에서 자기 자신만의 언어를 사용할 권리가 있는 독립적인 집합체라는 사실을 인정했다는 점에서 시민적 평등의 보장 원칙을 훌쩍 뛰어넘는 것이었다. 이와 유사하게, 소수민족들은 자신의 언어를 쓰고 자신의 종교에 우선권을 주는 분리된 초등학교를 갖되, 재정적으로는 국가의 지원을 받을 수 있는 권리를 인정받았다. 그렇듯 확대된 집합적 소수의 권리들은 역사적으로 미국인들과 영국인들, 프랑스인들이 자기 나라에서 인정한 적이 없었던 것들이다. 이와는 반대로 그들은 자기 나라 내부의 소수민족들이 민족적 이상에 순응해야 하며, 특히 각국의 표준어로 가르치는 초등학교에 다녀야 한다고 위압적으로 주장했다.

신생 민족국가들 안에서 특히 지위가 취약하다고 느끼던 유대인들에게 소수민족 조약들은 엄청난 중요성이 있었다. 영국과 프랑스, 미국의 유대인 대표들은 이 조약들이 비준될 수 있도록 협력했다. 그들은 때로 최종 문안의 상당 부분을 직접 작성했는데, 다른 한편으로는 자기 나라들에서 유사한 조치들을 도입한다는 발상에 대해서는 지지하지 않는다는 것도 분명했다. 반유대주의 관찰자들이 이런 활동을 가리켜 전 세계의 유대인들이 종종 비유대인들의 이해관계와 날카롭게 척지며 자신들의 이해관계를 위해 막후에서 돈과 고위직 연줄을 이용하면서 그들만의 우의를 다지고 있다는 증거라고 주장한 것도 놀라운 일은 아니다.

국제연맹의 위임통치

소수민족 조약들은 국제연맹 회원국들이 과거 오스만제국과 독일이 통치한 비유럽 지역을 관할할 권한을 부여하는 '위임통치'(mandates)를 수립한다는 발상을 나란히 선보였다. 소수민족 조약들 및 위임통치와 더불어 서유럽은 명백한 문화적·정치적 우월성을 행사했다. 파리강화회의의 지도자들에게는 유럽의 여러 지역에서도 적용되기 힘든 민족자결의 원칙이 비유럽 지역에 적용된다는 것은 도대체가 비현실적으로 보였다. 위임통치를 제안하는 한 문건이 지적하고 있었듯이, 이 지역의 주민들은 "현대 세계의 가혹한 조건 아래에서 아직 스스로 두 발로 설 수 없는" 상태였던 것이다. 이 주민들은 일정한 시간이 지나야 가능할 자치 정부가 준비되기까지 보호받을 시간이나 자비로운 유럽의 지배가 필요했다.

중동에서 프랑스와 영국의 이해관계가 충돌했고, 전시에 특히 옛 오스만제국의 지배를 받던 아랍 주민과의 관계에서 모순적인 정책들이 펼쳐졌다. 이런 모순적인 정책들을 해결하려는 일환으로 국제연맹의 'A급 위임통치'라는 형태의 정책이 나타났다. 이에 따라 시리아는 프랑스가 인수했고, 영국은 티그리스 강과 유프라테스 강 사이 지역(당시에 그리스어로 '두 강 사이의 땅'이라는 뜻으로 메소포타미아로 불린)은 물론 팔레스타인의 통제권까지 손에 넣었다. 팔레스타인은 처음에는 요르단 강 동안(당시 트랜스요르단으로 불린)에 부속된 지역으로 이해되었다. 그러나 1922년 9월 영국은 트랜스요르단을 팔레스타인에서 분리했다. 이 분리와 함께 밸푸어선언에 근거하여 팔레스타인의 유대인 정착과 관련된 임시 조항이 트랜스요르단에는 적용되지 않을 거라는 규정도 동시에 나왔다. 시온주의 지도자들은 여러 해에 걸쳐 이에 강력히 항의했으나 허사였다.

1932년 영국 메소포타미아 위임통치령은 처음으로 독립국으로 인정되어 이라크라는 새로운 명칭으로 불린 군주국이 되었다. 비록 영국이 이라크 안에 군사기지를 계속 유지하기는 했지만 말이다. 시리아에 대한 프랑스의 위임통치는 1943년에 두 독립국인 시리아와 레바논이 수립되면서 끝났다. 트랜스요르단은 1946년에 독립국이 되었다. 영국 팔레스타인 위임통치령의 미래는 각별히 골치 아픈 문제를 제기했는데, 왜냐하면 이곳이 이슬람교도뿐만 아니라 기독교도에게도 '성지'를 포함하고 있었기 때문이다. 그러나 팔레스타인은 밸푸어선언에서 역시 이곳을 성지로 여기던 유대인들을 위해 민족의 고향으로 기획된 바가 있었다. 그리고 나서 이런 기획안은 국제연맹이 영국 지배 아래에서 팔레스타인 위임통치령을 수립하기 위해 작성한 문서에 통합되어 있었다.

1917년의 밸푸어선언이 섣부르지 않느냐는 우려를 표명한 당시 많은 관찰자들은 상당수의 유럽 유대인들을 팔레스타인에 정착시키려는 시도가 과연 현명한 일인지 의혹의 눈길을 보내고 있었다. 밸푸어선언이 모호하기 짝이 없는 언어로 표현되었다는 점이 점점 더 분명해졌는데, 특히 "팔레스타인 기존 비유대인 주민들의 시민적·종교적 권리를 침해할지도 모를 그 어떤 것도 행해져서는 안 된다"라는 문구가 그러했다.

이미 수백만 명에 달하는 유대인들이 그 지역에 이주한다는 것, 특히 이들을 위해 궁극적으로 유대 민족국가가 창출된다는 것 자체가 기성 아랍 다수 민족의 권리를 심각하게 침해하는 일임은 의심할 여지가 없었다. 비판자들 역시 대체로 황량한 불모지로 여겨진 팔레스타인이 궁극적으로 이곳에 이주할 억압받고 빈곤한 동유럽 출신 유대인 대중들의 삶에 도움이 될 것인지 의구심을 품고 있었다.

팔레스타인에서 영국의 후원 아래 수립될 유대인 고향이 조만간 엄청난 부담으로 돌아올 거라고 예상한 사람들은 자기들의 예상이 현실화되는 것을 지켜볼 수 있었다. 심지어 윈스턴 처칠처럼, 밸푸어선언을 처음부터 지지했던 사람들도 시간이 흐르면서 점점 더 우려를 표현했다. "팔레스타인 사업은…… 물질적인 종류의 아무런 이익도 가져오지 못할 모험이다. …… [유대인들은] 자신들의 편의에 따라 기성 토착민들이 일소되어야 한다는 점을 당연하게 여기고 있다." 한편, 밸푸어 경은 "시온주의는 옳건 그르건…… 아주 오랜 과거의 전통과 현재의 필요, 그리고 70만의 아랍인들보다 훨씬 더 심오한 중요성이 있는 미래의 희망에 뿌리를 두고 있다"라고 언급함으로써 아랍인들의 공분을 사기도 했다.

악화일로의 유대인 문제를 둘러싼 다른 해결책들도 더 이상 유망하거나 결정적인 것처럼 보이지 않았다. 팔레스타인 위임통치가 1919년 이후에 어떻게 발전했는지는 각자의 판단에 맡길 문제지만, 적어도 단기적 전망이 비관적이라는 점은 널리 공유되었다. 이라크의 경우처럼 팔레스타인을 단기간에 주권국가로 전환시키는 모델은 단지 또 다른 아랍인 다수파 국가를 만들되, 그 안에 점증하는 수의 실체적인 유대인 소수민족을 지닌 국가를 만든다는 것을 의미했다(1920년대 초 시점의 팔레스타인에서 유대인 수는 아랍인들에 비해 대략 10분의 1을 차지했다). 이처럼 예견할 수 있는 미래에 아랍인이 다수파를 차지하는 팔레스타인 국가를 수립한다는 발상은 시온주의자들의 격렬한 반대에 부닥쳤다. 그들의 계획은 유대인들이 결정적 다수를 구성하기 위해 충분한 수의 유대인들이 이주할 때까지 유대인 국가 건설을 뒤로 미루는 것이었는데, 이는 모두가 동의할 수 있는 장기적 전망처럼 보이기는 했으나 아랍인들의 처지에서는 아무리 완곡하게 말해도, 결코 환영할 만한 계획이 아니었다.

그리하여 팔레스타인 위임통치의 미래는 불확실해졌고, 1920년대 팔레스타인으로의 유대인 이주는 늦춰지고 불투명해졌다. 많은 경우에 유대인 이주자들은 도착한 뒤에 대부분 그곳에서 생활을 영위한다는 것이 얼마나 힘겨운지를 깨닫고 곧 떠나곤 했다. 또 이주자들은 다수 아랍인의 적대감을 마주하고 충격에 빠졌다. 많은 유럽계 유대인들은 미국을 선호했지만, 미국의 문호가 1920년대 중반에는 대체로 닫혀 있었다. 많은 유대인 지도자들과 반유대주의를 금지하는 엄격한 법을 갖춘 소비에트러시아가 유대인 문제에 나름의 해결책을 마련했지만, 오직 소수의 이상주의자들만이 그곳으로 이주했다. 즉 소련은 그 전망이 불확실한 가난한 나라임이 너무도 분명했던 것이다. 신생 독일 바이마르 공화국에서 독일계 유대인들은 경제적으로 번영했고, 그들 중 많은 이들이 1920년대에 주도적인 정치적·문화적 역할을 수행했지만, 나치의 권력 장악 이전에도 이미 독일로의 이주는 제한되어 있었다. 폴란드와 루마니아처럼 상당한 유대인 주민을 거느리고 있던 다른 나라들에서도 유대인들은 소수민족 조항들의 실효성이 별로 없다는 사실을 깨달았다. 이 두 나라에서 대부분이라고 할 수는 없지만 상당수 유대인이 이주를 떠날 수 있다면 행복했겠지만, 실제로 가능한 대안은 거의 없었다.

유대인 문제에 대한 다양한 해결책들의 장단점이 무엇이든지 간에, 1920년대에 대부분의 관찰자들은 그 해결책들이 실제로 문제를 해결할 수 있을 거라고는 전혀 생각하지 않았다. 1930년대에 들어 유럽 유대인들 대부분의 상황이 근본적으로 악화되자, 팔레스타인 위임통치령이 다시금 매력적인 해결책으로 떠올랐다. 적어도 나치의 권력 장악 이후 상대적으로 부유한 독일계 유대인들에게는 그러했다. 하지만 유럽 유대인 주민의 절대 다수에게 팔레스타인은 현실적인 대안이 아니었다.

| 더 읽을거리 |

파리강화회의에 대한 가장 뛰어난 통론 중에서 특히 마거릿 맥밀런의 《파리 1919년: 세계를 바꾼 6개월》(Paris 1919: Six Months that Changed the World, 2003)을 꼽을 수 있다.

소수민족 조약들이라는 복잡한 쟁점을 매우 매력적인 새로운 사료들을 이용하여 천착한 연구서로는 캐럴 핑크의 《타자의 권리를 옹호하며: 초열강, 유대인, 국제 소수파 보호, 1878~1938》(Defending the Rights of Others: The Great Powers, the Jews, and International Minority Protection, 1878-1938, 2006)가 있다. 그러나 이 책(450쪽)은 이 주제에 이미 친숙한 독자들을 위해 쓰인 것이다.

조너선 슈니어의 《밸푸어 선언: 아랍-이스라엘 갈등의 기원들》(The Balfour Declaration: The Origins of the Arab-Israeli Conflict, 2012)보다 더 넓은 지역을 아우르는 연구서로는 데이비드 프롬킨의 《모든 평화를 끝내는 평화: 오스만 제국의 몰락과 현대 중동의 형성》(A Peace to End All Peace: The Fall of the Ottoman Empire and the Creation of the Modern Middle East,

2009)이 있다.

존 밀턴 쿠퍼의 《우드로 윌슨: 전기》Woodrow Wilson: A Biography(2011)
는 유럽인이 아니면서 유럽사와 세계사에 대한 심오한 충격을 가한, 난해한 개
성을 지닌 한 인물에 대한 예리한 학술적 설명을 담고 있다(736쪽 분량.)

16장

1920년대 자유민주주의의 딜레마들

19세기 말경 자유시장 경제와 유럽 자유민주주의의 힘은 부정할 수 없는 것이었으나, 그 취약성과 딜레마 또한 점점 명백해져 갔다. 1917년 결정적으로 미국의 지원을 받은 프랑스와 영국이 제1차 세계대전에서 세력이 커지고 권위주의 체제들이 모두 붕괴했다는 사실은 자유로운 제도의 우월성을 확실하게 입증해 주는 듯했다. 그럼에도 전쟁 말기의 시점에 자유민주주의의 승리가 무조건적이거나 의문의 여지없는 것은 아니었다. 프랑스와 영국은 군사적으로는 전승국으로 떠올랐지만, 경제적으로나 정치적으로는 가라앉고 있었다.

1920년대 중반에서 후반까지는 경제 회복의 시기이거나 적어도 그렇게 보이는 시기였다. 하지만 전쟁으로 경제 제도들이 입은 손실과 국제적 경제 관계의 혼란이 쉽사리 복구되지는 못했다. 전쟁에서 미국이 입은 손실이 나라에 끼친 피해는 비할 데 없이 적었으나, 그렇다고 미국이 세계적 리더십이라는 막중한 책무를 떠맡을 준비가 되어 있던 것은 아니었다. 1929년 말 미국에서 발생한 주식시장의 붕괴는 궁극적으로 가뜩이나 위태로운 유럽의 경제에 재앙을 몰고 올 것이었다.

지속 가능한 평화를 확보하려는 시도가 실패했다는 것은 1920년대에 목격할 수 있는 가장 근본적인 실패로 꼽을 만한 것이었지만, 유럽 경제를 건전한 토대 위에 올려놓지 못한 무능함 또한 결정적인 실패라고 볼 수 있을 것이다. 대공황의 원인은 여러 가지였다. 4년이 넘도록 지속된 전쟁의 피해와, 일단 종전된 후에는 좀 더 계몽적이고 멀리 내다보는 방식으로 경제적 쟁점들을 처리하지 못한 유럽인들과 미국인들의 무능함과 긴밀하게 연관되어 있었다.

그러나 좀 더 깊은 의미에서 그런 실패는 앞서 유럽의 무모한 역동성이라고 부른 것과 관계가 있었다. 외교적 관계와 경제적 결정 모두에서 혼란을 조장하게 될 경향이 수면 아래에 잠복해 있었다. 바야흐로 도래한 혼란은 정확히 마르크스주의자들이 예상한 것과 같은 것은 아니었으나, 자본주의의 교조적 옹호자들이 자유시장의 자기 규제력의 효과가 곧 나타날 테니 안심하라고 했음에도 불구하고 그 효과가 너무도 더디게 나타나 자본주의 아래에 살던 수백만 명의 사람들이 정작 그 자본주의에 대한 신념을 잃게 되었다는 것은 어쨌거나 사실이다. 1932년 무렵에 그 수백만 명의 사람들 중 다수는 경제적인 것이든 다른 어떤 것이든 기꺼이 극약 처방을 받아들일 준비가 되어 있었다.

독일 봉쇄와 전쟁 배상금

일찍이 빈회의에서 주된 관심이 프랑스를 봉쇄하는 것이었듯이, 파리 강화회의의 주된 관심은 독일을 봉쇄하는 것에 있었다. 독일에 전쟁 배상금을 부과한 결정과 나란히 미래의 독일을 약화시키려는 결정이, 특히 프랑스 지도자들 사이에서 강하게 나타났다. 몇몇 프랑스 지도자, 특히 군부 지도자들은 초기에 라인란트를 독일 제국에서 분리하려는 의향을 내비쳤다. 라인란트는 가톨릭 인구 밀도가 높은 지역으로서, 역사적으로는 프랑스의 문화적 영향력 아래에 있었고 나폴레옹 시기에는 프랑스 국가에 완전히 편입되어 있었다. 라인란트 안에서도 독일과 분리한다는 이념을 지지하는 사람들이 꽤 있었는데, 특히 베를린의 권좌에 있는 사회민주주의자들이 노동자계급의 이해관계를 편들지도 모른다고 두려워한 기업가들이 그러했다. 다른 이들은 라인란트가 프로테스탄트-프로이센 독일과 단절함으로써 강화 협정에서 좀 더 관대하게 대우받기를 희망했다. 그럼에도 이 지역 주민의 절대 다수가 오스트리아와 나란히 또 다른 독립적 가톨릭-독일 민족이 되는 것에는 반대했다는 것이 곧 분명해졌다.

마지막 타협책은 라인란트를 라인 강 동쪽 제방을 따라 50킬로미터가량 뻗어 있는 지역뿐 아니라 라인 강 서안의 독일 영토를 모두 비무장지대로 만드는 방안이었다. 이곳에서 군사적 설비는 영구히 금지되었고, 연합군이 다음 15년 동안 라인 강 서안의 독일 영토에 주둔할 것이었다. 그 밖에도 독일을 군사적으로 취약하게 만들 갖가지 조치가 베르사유조약에 삽입되었다. 독일 육군은 내부 질서를 유지할 수는 있되 공격전을 감행할 수는 없는 정도라고 할 10만 명 이하로 병력 수를 제한당했다. 독일 해군의 함대도 기본적으로 축소되었고, 그 밖에 잠수함과 전차, 군용기를 제조하거나 이미 제조된 것을 유지하는 것도 금지되었다.

이런 조치들은 모두 독일 주민들의 분노를 자아냈지만, 배상금이라는 쟁점이 특히 일방적 전쟁 책임론과 관련되어 가장 논란이 컸다. 독일이 전쟁 피해를 배상해야 한다는 발상은 이미 여러 선례가 있었다. 프랑스는 1871년에 배상금을 지불해야 했고, 그것도 예정보다 빨리 지불했다. 그럼에도 제1차 세계대전에서 발생한 피해는 프랑스-프로이센전쟁 때의 피해를 월등히 압도했다. 최종 금액을 내놓기까지 상당한 시간이 필요했지만(독일 협상가들은 아무런 제한도 설정하지 못한 채 최종 금액이 얼마든 간에 받아들일 수밖에 없었다), 1,320억 금마르크라는 금액은 1914년 독일 국부의 거의 곱절에 달하는 액수였다.

어떤 이들은 당시 독일인들이 1871년 이후 프랑스인들이 느낀 심정으로 자신들의 의무를 받아들였다면 배상금을 모두 지불할 수도 있었을 거라고 주장해 왔다. 하지만 비록 그런 주장을 받아들이더라도 독일인들은 사태를 그런 식으로 바라볼 수 없었는데, 왜냐하면 전쟁 개시에 대한 일방적 책임론을 받아들이지 않았기 때문이다. 좀 더 현실적인 견지에서 한 나라에 모든 피해를 다 배상하게 하는 것은 경제적으로도 가능한 요구가 아니었다. 독일은 이미 취약할 대로 취약해졌거니와 배상금을 갚을 수 있을 정도로 각별히 생산적인 경제를 발전시킬 거라고 기대하기도 어려웠다. 1920년대 내내 배상금을 둘러싼 갈등이 지속되었고, 궁극적으로 프랑스인들이 기대한 정도껏 지불되지도 않았다.

미국 리더십이 안고 있는 딜레마

미국인들은 배상금 심의에 참여하지도 않았고 대개는 독일에 대한 복수심으로 가득 차 있지도 않았다. 물론 미국은 자국에 직접 피해를 입은 것도 아니었고, 전선에서 입은 손실도 상대적으로 적었다. 윌슨의 희망은 일관되게 강화 협정의 불완전함, 그리고 자신이 어쩔 수 없이 승인한 다양한 타협들(심지어 배상금의 부당함과 비합리성)을 나중에 국제연맹을 통해 교정하는 것이었다. 국제연맹은 아마도 윌슨의 14개 조항에 포함된 항목들 가운데 가장 거창한 전망이었을 텐데, 그럼에도 그 실효성 때문에 가장 큰 의구심을 불러일으킨 것이기도 했다. 유럽 민족들은 미국인들이 실상 그러했듯이 여전히 자신들의 절대적 주권에 집착했고, 서로에 대해 너무도 경계했기에 전쟁을 예방할 만큼 충분한 권력을 보유한 국제기구를 진지하게 환영할 만한 입장이 아니었다. 독일을 처벌하려는 완강한 결의에 비하면 국제 화해의 관념은 여전히 취약했다.

휴전기 이전은 아니더라도 적어도 휴전기 동안에는 '민족들의 총연합'이라는 윌슨의 꿈이 불길한 운명을 맞이할 것임을 알려주는 조짐이 짙었다. 1918년 11월의 중간선거에서 윌슨은 미국 상하 양원의 과반수를 공화당에 빼앗겼다. 당시 공화당 지도자들은 '분쟁에 휘말리게 하는 동맹들'(entangling alliances)에 대해 적대적인 입장을 고수했다. 이런 측면에서 그들은 의심할 여지없이 윌슨보다 미국의 일반 주민들의 입장을 더 잘 대변했다. 1년 후에 상원은 베르사유조약과 국제연맹 규약의 비준을 거부함으로써 윌슨의 계획을 망쳐 놓았다.

윌슨이 정치적 경직성을 탈피하지 못함으로써, 특히 상원 지도자들과 타협하지 못함으로써 궁극적으로 표를 잃게 되었다는 것은 의심의 여지가 없다. 그러나 1919~1920년에 미국인들이 조금이라도 세계적 리더십을 떠맡을 준비가 되어 있었는지, 특히 파리강화회의의 의심쩍은 약속들과 실행 불가능한 타협들을 수습하거나 교정하는 데 필요한 확신에 찬 역할을 떠맡을 준비가 되어 있었는지 여부는 의문에 부칠 수밖에 없다.

1919년에 미국을 휩쓴 제노포비아의 물결은 공화당 출신의 워런 G. 하딩과 캘빈 쿨리지 대통령 재임 시절에 펼친 완강한 고립주의와 뒤섞였다. 이런 분위기는 미국의 뿌리 깊은 전통을 반영하는 것이었다. 유럽의 골치 아픈 문제들에 휘말리는 것에 대해 미국인들이 느끼는 극도의 반감을 효과적으로 반전시키기 위해서는 제아무리 우드로 윌슨보다 훨씬 더 유연하고 박식한 사람이라고 해도 한 사람의 노력으로는 불가능했을 것이다. 흥미롭게도, 1945년 이전에 미국이 해외에서 좀 더 능동적인 역할을 수행한 지역인 라틴아메리카에서는 윌슨의 원칙을 지지하는 방향이 아니라 오히려 독재를 수용하는 방향으로 사태가 진전되었다. 어쨌거나 미국은 다른 여러 나라에서 나타난 심각하게 반민주주의적인 정치 전통들을 바꿀 만큼 충분히 강력하지도 못했거니와 그렇듯 강력해질 마음도 없었다. 기껏해야 실현 가능하다고 생각되는 것과 미국의 이해관계에 부합하는 것처럼 보이는 사안에 따라 이런저런 파당들을 부추기는 정도였다. 미국 대통령들은 해외, 심지어 전쟁으로 완파된 지역들은 말할 것도 없고 자기 나라에서도 뿌리 깊은 정치 패턴을 바꾸어 볼 의향이 현실적으로 없었다(이는 냉전기에 훨씬 더 명료하게 나타나게 되는 특징이었다).

반동적 경향과 여성 문제

종전 직후 미국에서처럼 유럽에서도 사회혁명에 대한 극좌파의 드높은 기대와 1848년 혁명의 자유주의적 이상을 완전히 실현하는 온건 좌파의 희망은 반동적 경향과 우파의 정치적 승리, 그리고 제노포비아에 맞닥뜨렸다. 19세기부터 비롯된 다른 수많은 문제들처럼 여성 문제와 관련해서도 좋은 소식과 나쁜 소식이 동시에 있었다. 적어도 좀 더 선진적인 산업국가에서 투표권을 획득하려는 여성들의 바람에 대해 느릿하지만 점증하는 합의가 있었다. 그럼에도 남성들은 물론 여성들 사이에서도 투표권을 갖고 무엇을 할 것이며, 또 일단 형식적인 시민적 평등이 성취된 후 젠더 역할의 적절한 재조정이 어떻게 이루어져야 할 것인지를 둘러싸고 실질적인 견해차가 있었다. 대부분의 나라에서 성 역할의 근본적 변화를 요구하는 교조적 페미니스트들은 극소수였고, 그나마도 대개 경제적으로 특권적이고 좋은 교육 배경을 가진 계층들 출신이었다. 여성들은 산업 노동자들이 사회문제에 대해서, 또 유대인들이 유대인 문제에 대해서 그런 것만큼 여성 문제에 대해 무엇을 해야 하는지 합의되어 있지 못했다.

1920년대 독일의 정치 발전은 특히 역설적이었다. 세속적 좌파(무엇보다 민주주의적 사회주의자들과 자유주의 좌파)는 오랫동안 여성 투표권의 가장 강력한 지지자였으나, 일단 여성 선거권이 1919년 헌법에 포함된 뒤로 여성들은 가톨릭중앙당과 정치적 온건파들, 그리고 전통적인 권위적 인물들에게 남성들보다 더 많은 표를 몰아주었다. 만일 여성 투표권 허용이 10년 정도 연기되었다면, 1920년대에 독일의 정치적 좌파는 틀림없이 더 강력해졌을 것이다.

에스파냐의 독재자 미겔 프리모 데 리베라가 여성들이 세속적인 좌파적 대의에 이끌리는 경향이 덜하다고 믿었기에 1920년대 말에 고려되고 있던 새로운 헌법에서 여성 투표권의 허용 방안을 선호했다는 사실은 의미심장하다. 적어도 에스파냐 여성들과 관련하여 그의 믿음은 거의 확실히 옳았다. 제2차 세계대전 이후 보수적 지도자들이 여성참정권에 지지를 보낸 것도 그와 비슷한 결론에 근거를 두고 있었다.

전간기 소비에트러시아에서 여성들의 경험 또한 역설적이었다. 거의 완전히 남성들 수중에 장악된 공산주의 독재에서 투표권을 획득하는 것은 상대적으로 별 의미가 없는 일이었다. 그럼에도 이 나라에서 전간기에 나타난 헌법들에는 서유럽의 헌법들보다 더 확대된 여성의 권리와 보호 조항이 포함되어 있었다. 이와 유사한 맥락에서 여성들은 전례 없는 규모로 소비에트 작업장에 참여했고, 원칙적으로 모든 고용 기회가 여성들에게 열려 있었다.

그러나 문제가 하나 있었다. 실제로 소비에트 여성들은 자신들이 여전히 요리하고 아이를 양육하며 살림을 꾸리는 전통적인 가사노동을 거의 전부 책임져야 한다는 점을 깨달았다. 공식적으로는 해방되었으나 동시에 가사의 책임 부담에 짓눌린 상황에 대해 부당하다고 느끼는 경험은 나중에 산업적으로 선진적인 모든 비공산주의 나라들에서도 자주 논의되는 쟁점이 될 것이었다. 그럼에도 성 역할이라는 쟁점이 당시 러시아 여성들의 일차적인 관심사는 아니었다는 사실을 덧붙여야 한다. 소비에트 시민들에게는 여성이건 남성이건 공히 대량 기아와 무자비한 농업 집산화, 이른바 정치범 검거 등 훨씬 더 절박한 걱정거리가 많았다. 그런 재앙과 참담한 사태들은 거의 모든 확대가족이라면 피할 수 없는 일이었다.

여성들에게 투표권을 부여하면 공격적인 태도가 조금은 누그러진 세상이 도래하리라는 것이 존 스튜어트 밀 같은 19세기 자유주의 사상가들이 신봉한 믿음이었는데, 그런 믿음은 그럴듯했으나 너무도 낙관적인 것이었음이 드러났다. 어쨌거나 투표권을 획득하려는 투쟁은 전쟁이 끝날 무렵에 오직 부분적으로만 성공했다. 네덜란드에서 여성들은 1917년에 투표권을 획득했고, 영국에서는 1918년에 (30세 이상 여성들이) 투표권을 획득했다. 그러나 프랑스에서 여성들은 1944년까지 기다려야 했고, 이탈리아에서는 1946년, 스위스에서는 1971년까지 기다려야 했다. 스칸디나비아의 대부분 지역에서 여성참정권은 종전 직후에 인정되었지만, 남유럽과 동유럽 지역에서는 훨씬 더디게 수용되었다. 에스파냐에서 여성참정권은 1931년의 제2공화정 헌법과 함께 공식적으로 인정되었지만, 내전과 프랑코가 이끄는 우파 세력의 승리가 뒤따르면서 여러 해 동안 선거를 치르지 않았기에 별다른 의미가 없었다.

1919년 초 여성참정권 협회들은 파리강화회의가 여성과 관련된 쟁점에 유리한 입장을 표명해 주리라는 희망으로 대표들을 파리에 파견했다. 여성 대표들은 윌슨 대통령과의 만남을 성사시켜, 그로부터 강화회의에 여성 투표권을 다루는 위원회를 설립하는 문제와 관련하여 우호적인 답변을 끌어냈다. 하지만 결과적으로 윌슨은 이 프로젝트에 대해 강화회의에 참석한 다른 지도자들로부터 그저 미지근한 반응만을 얻어 냈을 뿐이다. 밸푸어 경은 여성 투표권을 허용하는 것에는 우호적이지만 개별 국가의 결정에 따라야 한다는 다른 지도자들의 견해에 동의한다고 확언했다. 윌슨은 그 문제를 파리에 그냥 방치해 버렸다. 당시 그 문제는 미국 의회에서 심의되고 있었고 미국 여성들은 1920년에 투표권을 획득했다.

1919~1920년 무렵에는 전쟁 이전의 반페미니즘적 태도에서 현대 민족의 공적 생활에서 여성들의 능동적인 참여를 수용하는 방향으로 틀림없는 발전이 이루어졌다. 그럼에도 그런 발전은 여전히 신중하고 제한적인 합의에 바탕을 두고 있었다. 예컨대 여성들이 정치 지도자로 받아들여지는 것은 여전히 먼 미래에나 가능했고, 전간기에 거의 어떤 여성도 주요 선출직에 진출할 수 없었다. 이와 유사하게, 비록 성 역할에 대한 전통적 신념이 전쟁 경험을 통해 결정적으로 도전받았다고는 해도, 여전히 유럽 남성들 대부분은 가사 영역에서 평등한 책임을 인정할 준비가 전혀 되어 있지 않았고, 그 시점에서 거의 어떤 여성도 그런 변화를 진지하게 요구하지 못하고 있었다.

총력전에 대한 긴급한 요구로 인해 수백만 명에 달하는 여성들이 방위산업에서 육체적으로 고된 노동이 필요한 자리에 진출했다. 예전이라면 남성들에게만 적합하다고 간주되거나 남성들이 전선에 가면서 공석이 되어 긴급하게 충원되어야 할 자리였다. 다시 평시가 되면서 생산이 항상 차질을 빚기는 했으나, 1918년 말과 1919년 초에 전선에서 귀환한 남성들은 자신들이 찾거나 복직하기를 희망한 직업들이 여성들로 채워진 것을 발견했다.

이탈리아에서는 귀환한 제대병들이 성난 어조로 여성 혐오 슬로건을 외치고 여성들을 광범위한 실업에 책임이 있는 당사자라고 비난하고 있다는 보고들이 있었다. 다른 나라들에서도 이에 비견할 만한 장면들이 발생했다. 비록 많은 여성들이 좀 더 전통적인 위치로 되돌아가는 것에 만족했음에도 불구하고 그러했다. 그럼에도 이는 확실히 모든 여성에 적용되는 말은 아니었다. 여기에는 물론 구체적인 이유가 있었다. 즉 많은 여성들은 전쟁으로 남편을 잃고 아이들과 딸린 식구들을 부양하기 위해 가장으로서 역할을 해야 하는 현실에 직면했다. 수백만 명의 미혼 여성들도 그와 유사하게 수백만 명의 남성들이 전선에서 목숨을 잃었음을 고려하면 자신들이 남성 배우자를 만날 기회가 크게 줄어들었다는 사실을 인정해야 했다. 남성들이 할 수 있는 일은 무엇이든 하면서 스스로를 부양하는 자립 여성, 바로 그것이 페미니스트의 이상이었다. 하지만 이런 이상을 그런 경로를 통해 실현하는 것은 잔인할 정도로 비극적이었다.

그렇게도 수백만 명의 남성들이 사라지고 그만큼의 많은 다른 남성들이 불구의 몸으로 전선에서 귀향했으므로, 1919년의 시점에 여성들은 전쟁 이전에 비해 잠재적 유권자와 신체 건강한 노동자 가운데 상당한 다수를 이루고 있었다. 요컨대 여성들도 법 앞에, 그리고 작업장에서 완전히 평등하게 대우받아야 한다는 요구에는 음울한 현실적 배경이 있었던 셈이다. 더욱이 여성들도 역시 의심할 여지없이 조국으로부터 고통을 받았다. 그들은 가혹한 노동조건과 식량 배급을 견뎌야 했다. 그들은 남편과 아들, 아버지와 형제자매를 잃었다. 조국 때문에 받은 고통은 고상한 것으로 간주되었고, 그에 대한 특별한 보상은 자연스러운 일이었다. 그러나 정확히 여성들이 어떻게 보상받아야 하는지는 불분명했다. 전선에서 복무한 남성들에 견주면 여성들이 겪은 고통의 혹독함이 분명히 덜하기는 했다. 물론 초창기 유럽사 연구들은 전시에 여성들의 희생과 고통을 무시했다고 비판받아 왔고 또 이런 비판은 정당한 것이지만, 수많은 남성들이 정말로 형언할 수 없을 정도로 고통을 겪었다는 점 역시 사실이다. 그런 이유 때문에 뿌리 깊은 성 차별 태도와는 별개로, 많은 남성들은 정신적으로 변화에 적응하고 보상과 인정에 대한 여성들의 요구를 수용하는 데 어려움을 겪었던 것이다.

전쟁이 혁명적인 효과를 나타내고, 또한 혁명적 목표가 종종 끔찍하고 심지어 자멸적인 대가를 치르고 나서야 비로소 이루어지는 것은 흔히 있는 일이다. 이런 혁명적 전쟁의 반향은 공식적인 조약들이 조인되고 난 뒤에도 오랫동안 지속되었다. 파시즘과 나치즘의 특징인 반페미니즘은 그 이데올로기들을 추동한 주요한 내적 요소였다기보다는 그 이데올로기들이 페미니즘에 대해 반동적으로 대응하는 과정에서 나타난 한 양상이었다. 그러나 현대 유대인들의 등장으로 수많은 비유대인들이 위협을 느꼈던 것과 꼭 마찬가지로, 그 시절 여성들의 역할 변화로 많은 남성들이 위협을 느꼈던 것이 사실이다. 현대 유대인들과 현대 여성들은 유사하게도 현대라는 한 시대의 질병으로 간주되곤 했다. 1919년에 이탈리아 파시즘이 여성들에게 투표권을 부여하는 정책을 선호했다는 점은 의미심장하지만, 그런 대의가 파시스트 운동이 끌어들이려고 한 사람들 대부분에게 받아들여질 수 없게 되면서 조만간 포기되고 말 것이었다.

베르사유조약의 충격과 독일 민주주의

많은 유럽인들에게, 특히 민주주의적 좌파 계열의 유럽인들에게, 1919년 이후 미국이 리더십을 발휘하지 않은 것은 일종의 배신이자 잇따른 20여 년 동안 유럽의 민주주의적 좌파의 실패를 불러온 중요한 요인으로 간주되었다. 이런 비난은 특히 독일의 경우에 타당성이 있었는데, 거기서 좌파는 윌슨을 너무도 열렬히 믿었고 또 베르사유조약에 너무도 큰 충격을 받았던 것이다. 하지만 그런 비난은 당시 프랑스와 영국이 겪은 온갖 실망을 고려하면 이 두 나라의 경우에도 어느 정도 타당성이 있었다.

또한 미국을 비난하는 것은 미국인들이 1929년 11월 주식시장의 붕괴와 잇따른 공황(아래에서 논의될)에 책임이 있음을 고려하면 어느 정도 근거가 있는 것이기도 했다. 그러나 이런 고발이 얼마나 유효한지와는 별개로, 전간기 유럽의 민주주의와 유럽 국가들 사이의 관계에 대한 이야기는 극도로 비참한 실패까지는 아니더라도 의심의 여지없이 실망스러운 것이었음에 틀림없다. 그럼에도 유럽 역사를 오래도록 결정한 요인들이 무시할 수 없는 역할을 했다. 자유민주주의는 예전부터 기능하던 의회민주주의를 갖춘 지역들, 주로 영국과 프랑스, 네덜란드, 스칸디나비아 국가들에서 생존했다. 전쟁 이전에 의회 체제는 독일과 이탈리아, 에스파냐에서 어려움을 겪었다. 즉 파시즘과 나치즘이 각각 1922년과 1933년에 이탈리아와 독일에서 권좌에 입성했고, 에스파냐에서는 1920년대 대부분의 기간 동안 군사독재가 지배하다가 1938년 에스파냐 내전에서 프랑코의 승리가 뒤따랐다. 전쟁 이전에 자유민주주의의 경험이 보잘것없는 지역에서는 곧 권위주의 체제가 전쟁 직후에 수립된 자유민주주의 국가들을 대체했다. (체코슬로바키아는 얼마간 예외였다. 이 나라는 서유럽과 중유럽과 동유럽에 걸쳐 있고 1938년까지 의회민주주의를 유지했지만, 여기서도 민주주의 관행이 가장 두드러진 곳은 나라의 서쪽 지역이었다.)

만일 파리에 모인 열강의 의도가 독일에서 자유민주주의의 지배를 침해하는 것이었을지라도, 열강은 갓 수립된 독일 공화국에 베르사유조약을 부과하는 것 이상의 효과적인 조치를 취하지는 못했다. 1918년과 1919년에 러시아에서 독일에 이르기까지 공산주의 혁명을 확산시키려는 시도는 실패했지만, 권력을 차지하려는 공산주의자들과 우파 장성들의 노력은 1920년과 1921년에도 계속되었다. 1923년 초 프랑스가 (독일에게 전쟁 배상금 지불을 압박하기 위해) 루르 공업지대를 점령함으로써 악화된 걷잡을 수 없는 인플레이션으로 바이마르공화국은 다시 붕괴 문턱까지 내몰렸고, 극우파와 극좌파 세력이 서로 돌아가며 권력을 장악하려는 무모한 시도를 감행했다.

만일 베르사유조약이라는 심각한 부담과 걷잡을 수 없는 인플레이션이 없었더라면 전후 자유민주주의적 독일은 어떻게 발전했을까 가늠해 보는 것은 불가능하겠지만, 그런 요인들이 없었더라도 온갖 권위주의 제도들이 부활했을 뿐더러 독일 주민 사이에 확고한 자유주의 가치가 결여되어 있던 상황이 독일 공화국의 역사에서 주된 역할을 했으리라고 추정할 수 있다. 앞서 살펴보았듯이 전쟁은 좌파를 압도했다. 즉 전쟁의 발발과 더불어 좌파에서 가장 강력한 세력인 SPD는 1914년 이전의 정치적 주변인 역할을 그만두고 민족 방어의 이름으로 (독일 정당들의 당쟁을 중지하는) 이른바 '성내 평화'(Burgfriede) 정책을 받아들였다. 그 후 SPD는 전쟁 노력을 조직하는 데 독일의 군부 지배층과 협력적인 관계를 맺었다.

1918년 말 SPD의 지도자인 프리드리히 에베르트는 혁명적 좌파에 맞서는 방편으로 군부의 지원을 받아들였다. 그가 맺은 비밀 협약은 훗날 에베르트-그뢰너 협정(그뢰너는 군부의 고위 장성)으로 불렸는데, 이를 통해 에베르트는 기득권 세력의 특권과 군부의 독립성을 건드리지 않겠다고 약속했다. 그리하여 곧 받아들여지게 될 바이마르공화국의 헌법이 자유민주주의 헌정 문서의 모델이었음에도 불구하고, 전후 독일에서 일부 물밑의 현실들은 독일의 경제 구조, 특히 대기업의 핵심적 역할이 부활할 뿐 아니라 독일-프로이센 전통이 지속되는 상황을 반영하고 있었다.

독일 자유민주주의의 진화

그렇기는 해도 최초에 전후 독일에서 자유민주주의의 미래를 유망하게 만든 많은 요인들, 특히 전쟁에서 패배한 낡은 군주정 체제에 대한 깊은 불신이 있었다. 이탈리아의 사회주의 좌파와 종교적 중도파와는 달리(여기서 파시스트들은 1922년의 정치적 교착 상태 속에서 권좌에 입성했다), SPD와 가톨릭중앙당은 전쟁 직후에 서로 정치적으로 협력했다. 1919년 1월의 제헌의회 선거는 훗날 '바이마르연립'(Weimar Coalition)이라고 지칭될, (독일의 양대 정당인) SPD와 가톨릭중앙당, 그리고 군소 좌파-자유주의 성향의 민주당으로 이루어진 세력의 승리로 귀결되었다. 이 세 정당의 득표율은 전체 투표의 3분의 2가량을 차지했다. 1919년 2월 SPD의 지도자 에베르트가 공화국의 초대 대통령으로 선출되었다. 그런 다음 바이마르연립을 구성한 정당들은 새로운 헌법 작성을 관할할 수 있었고, 이는 1919년 8월 공식적으로 채택되었다.

그럼에도 바이마르연립에 대한 독일 유권자 다수의 지지는 오래가지 못했고, 1920년 초에 치른 선거에서 전체 투표의 40퍼센트밖에 득표하지 못했다. 1933년 1월 말 나치의 권력 장악 때까지 공화국의 남아 있는 나날들 동안에 바이마르연립은 점점 우파 쪽 정당들과 제휴했는데, 이 정당들은 공화국에 대한 미온적인 지지 세력이었다. 이런 측면에서 수많은 아이러니들 가운데 하나는 중도우파인 독일 인민당의 지도자 구스타프 슈트레제만이 공화국의 현자로 여겨졌다는 사실이다. 그런 평판은 '위기의 해'였던 1923년에 총리로 재임했을 때, 그리고 잇따른 8개 내각에서 외무장관으로 재임했을 때 수행한 역할에서 비롯되었다. 그는 '광범위한' 바이마르연립(즉 4개 주요 정당으로 이루어진)으로 불린 세력을 이끌었는데, 이는 1923년에 공산주의자들과 나치당원들의 폭동을 분쇄하고 경제를 회복시키는 데 기여했다. 그 후 슈트레제만은 국제적 이해관계 증진을 위해 꾸준히 노력했다. 특히 베르사유조약의 조항들에 대한 수동적 저항 정책을 '이행' 정책으로 변경했는데, 새로운 정책은 좀 더 현실적인 방향으로 조약을 재협상하는 것까지 포함하고 있었다. 그는 프랑스의 지도자 아리스티드 브리앙과 함께 1926년에 노벨평화상을 수상하기도 했다.

슈트레제만의 정당은 독일을 '세계 강국'(Weltmacht)으로 만들려는 전망에 집착했던 사람들과 사업가들의 정당으로 간주되었다. 슈트레제만은 일찍이 너무 우파적이라고 해서 중도좌파인 민주당에서 추방되었고, 바이마르공화국의 수립을 놓고도 초기에는 명확히 부정적 입장을 견지했다. 그러나 그는 다른 많은 독일인들처럼 공화국을 '차악'(lesser evil)으로 간주했는데, 최악은 나치와 반공화주의 반동적 민족주의자들을 포함하는 인종주의적 우파였다(자기 아내가 유대인이었다). 그가 대공황 전야인 1929년 10월, 51세의 나이로 급작스럽게 심장마비로 타계하자, 그를 회고하는 상징적인 추도사가 잇따랐다. 독일은 급작스럽게 가장 유능한 정치가를 잃은 셈이었다. 하지만 이미 그는 수년 전부터 기진맥진한 상태였다. 죽음 직전에 그는 한 영국 외교관에게 이렇게 말했다고 한다. "지금 우리는 평화와 재건을 위해 우리 편으로 만들어야 할 독일 청년들을 [나치당원들과 공산주의자들에게] 빼앗기고 있습니다. 이것이 나의 비극이자 연합국의 범죄입니다."

1928년 사회민주당원인 헤르만 뮐러를 수반으로 하는 또 다른 '광범위한' 연립내각이 들어섰지만, 1929년 말의 경제 위기에 효과적으로 대처하지 못했다. 물론 다른 일련의 정당들과 총리들도 대처하지 못하기는 매한가지였다. 기실, 독일의 의회 정부는 1930년 봄이 되면서 기능 정지 상태에 빠졌다. 의회 정부는 비상대권을 허용한 헌법 제48조에 따라 대통령 권한으로 대체되었다. 1933년 초 나치를 연립에 초대하는 방향으로 불길한 사태 진전이 이루지게 되는데, 이에 관해서는 18장에서 살펴보기로 한다.

제3공화정의 발전

1920~1930년대 프랑스 제3공화정의 운명 또한 장기지속적인 정치 전통과 큰 관련이 있었다. 프랑스는 1870년대 중반 이래로 남성 보통선거권에 기초한 공화정을 유지해 왔지만, 국내의 반공화주의 우파가 지속적인 위협으로 남아 있었다. 전쟁 발발과 함께 '프랑스 사회주의자들'(SFIO)은 조국 방위를 기치로 모든 정당의 '신성동맹'(Sacred Union)이라고 할 만한 것 주위에 집결했으나, 그런 애국적 전력에도 불구하고 전쟁 직후 우파의 발흥으로부터 SFIO를 보호하기는 힘들었다. 1919년 10월의 의회 선거에서 우파와 중도파 정당의 광범위한 연립인 민족 블록이 SFIO에 완승을 거두었다. 당의 운명은 1920년 12월에 한층 더 암울해

졌는데, 이때 당은 분열되어 친공산주의 당파가 당내 다수파의 지지를 얻게 되었던 것이다.

민족 블록은 파리강화회의 이후 독일에 대한 프랑스의 대결 정책을 주도한 데 책임이 있었다. 그러나 1919년부터 1924년까지 민족 블록의 권력 남용에 대한 프랑스 여론의 혐오감이 점점 커지면서 1924년 5월의 선거에서 일차적으로 SFIO와 급진당에 기반을 두고 결성된 '좌파동맹'(Cartel des gauches)이 승리를 거두었다. 당시 급진당은 중도좌파의 주요 정당으로서 전간기 제3공화정의 지배적인 정당이었다. 1920년대 당시 프랑스에서 '급진적'(radical)이라는 말은 더 이상 '극단적'(extremist)이라는 의미가 아니었다. 오히려 그것은 프랑스 자코뱅 전통의 '급진적'이라는 의미를 가리키되, 사회주의적 민주주의를 뜻하지는 않았다. 사실, 자코뱅주의의 주된 교리(남성 보통선거권, 교회와 국가의 분리, 자유로운 중등교육)는 이미 20세기로 넘어올 무렵 성취되었다. 1920년대 중엽에 급진당과 SFIO가 서로 달랐던 지점은 소유권과 국가 행위를 둘러싼 쟁점과 관계가 있었다. 급진당 당원들에게는 소생산자가 신줏단지나 다름없었고 국가가 경제에 적극적으로 개입하는 것, 무엇보다 사회적 평등을 이룩하기 위해 국가의 세금을 사용하는 데 저항했다.

19세기 후반 이래로 급진당 좌파와 SFIO 우파 사이에는 개별 당원 차원에서 노선이 중첩되기도 하고 실제로도 서로 당적을 오가는 경우가 많았다. 1920년 12월 SFIO가 좌익 분파를 공산주의자들에게 빼앗기면서 당은 사회주의로 가는 의회주의적이고 점진주의적인 노선을 좀 더 자유롭게 추구할 수 있었다. 그럼에도 당 지도자들은 여전히 당의 마르크스주의 기원과 의절하거나 친숙한 혁명의 수사학을 포기할 준비가 되어 있지 않았다. 그리하여 SFIO 지도자들은 1924년 5월 급진당과의 선거 동맹에 참여하는 데 동의하면서도 자신들이 여전히 '부르주아' 정부라고 규정한 내각의 요직을 받아들이는 것은 한사코 거부했다. 공화국을 유지하려는 사회주의자들과 급진주의자들의 연립은 가능했지만, 그런 연립에서 생산수단의 사회화와 관련된 '실질적인' 또는 근본적인 변화까지 기대하는 것은 불가능했을 것이다.

프랑스의 의회 좌파 연립에는 대외 정책에서 중요한 함의가 있었는데, 특히 영국에서도 역시 비슷한 변화가 진행되고 있었기에 더욱 그러했다. 1924년 1월 영국에서 노동당이 이끄는 정부가 권력을 인수했다. 이 정부는 예전 '강압의 시절'과는 대조적으로 '국제 화해의 시절'이라고 불리게 될 다른 선택 대안을 프랑스 좌파에 제시하면서, 그럼으로써 독일의 슈트레제만에게도 다른 선택 대안을 제시하면서 화해적인 대외 정책을 선언했다. 독일은 1926년 프랑스와 영국의 지지로 국제연맹에 회원국으로 받아들여졌다. 프랑스와 영국은 모두 소련과도 외교 관계를 수립했다.

그 무렵 '고르디우스의 매듭'으로 남아 있던 전쟁 배상금이라는 쟁점은 훗날 캘빈 쿨리지 대통령 재임기에 부통령을 역임하게 될 미국의 금융가 찰스 C. 도스가 이끈 한 국제위원회의 노력으로 해결되는 방향으로 가닥을 잡아 갔다. 1924년에 독일의 지불 능력이 참작됨으로써 독일의 배상금 지불은 경제적으로 좀 더 현실적인 방식으로 바뀌었다. 즉 처음에는 독일이 회복할 수 있도록 지불유예가 승인되고 그런 다음에는 지불액이 조금씩 늘어나 1928~1929년 무렵에는 연간 20억 마르크가 되는데, 바로 이 시점에서 지불액 총액을 결정하기 위한 또 다른 협상이 이루어질 터였다. 이 '도스 방안'은 실제로 독일에서 인기가 없었고, 극우파와 극좌파 모두 격렬하게 반대했다. 그러나 적어도 어느 정도의 합리성이 그런 노골적인 도덕적 분노를 대체하고 대결보다 협상의 방향으로 가닥을 잡아 가고 있는 것처럼 보였다.

1925년 10월에는 이른바 로카르노협정(Locarno Agreements)을 통해 프랑스와 독일 사이의 광범위한 외교적 교착 상태가 해결되었다. 협정에는 무력으로 알자스-로렌을 재획득하거나 라인란트를 재무장하려는 그 어떤 시도도 하지 않겠다는 독일의 약속이 포함되어 있었다. 적어도 원칙상으로 이 협정은 독일이 자유롭게 서명한 것이었지, 베르사유조약처럼 '강제 조약'(Diktat)의 결과는 아니었다. 그러나 많은 부분이 여전히 잠정적인 채로 남아 있었다. 프랑스 공중, 특히 우파 쪽에서는 새로운 조약에 대해 독일 공중보다 더 큰 불만에 휩싸였다. 짧았던 로카르노 시대의 우호 감정은 일부 사람들을 진정시켜 미래에 대한 낙관적 감정을 북돋웠으나, 그 후의 사태 전개는 그런 낙관주의의 기반이 취약하다는 사실만을 보여 줄 터였다.

영국 노동당의 짧은 집권

영국은 물론 오랫동안 자유민주주의의 모델이 되어 온 나라였지만, 이 경우에도 전간기 좌파는 분열되어 있어서 국내 정책이든 대외 정책이든 효과적인 리더십을 발휘할 수 없는 형편이었다. 그럼에도 영국에서 '좌파'에 대해 말한다는 것은 프랑스와 독일, 또는 이탈리아의 경우와는 상당히 다른 의미가 있었다. 과거에 보수당이나 자유당을 찍던 수많은 하층계급 유권자들이 이제 노동당 쪽으로 이동해 가고 있었다. 노동당은 전쟁 이전에 창당되었으나 당시만 해도 많은 표를 끌어모을 수준은 못되었다. 노동당 지도자들은 대부분 처음에는 사회주의 이데올로기와 연결되는 것을 피했지만, 전쟁 말기에 이르러서 당은 사회화된 경제와 자본주의 폐지를 추구하는 새로운 강령을 채택했다. 이와 동시에 노동당은 당원 수에서도 극적인 도약을 경험하고 있었다. 즉 1917년에 250만 명이던 당원 수는 1919년에 350만 명, 1920년이 되면 440만 명으로 증가하게 되었다. 이와 긴밀하게 연관되어 노동조합 조합원 수도 1920년 무렵 650만 명으로 늘어났다. (새로운 영국 공산당은 비록 많은 주요 지식인들을 끌어들이기는 했지만 전간기 내내 대중적 지지 기반은 빈약했다.)

데이비드 로이드조지의 리더십 아래에 형성된 전시 연립정부는 1918년 12월의 '카키 선거'(454쪽 참조)로 강화되었으나, 오래전부터 그의 리더십에 불만이 팽배했으므로 결국 동맹자인 보수당이 1922년 말 지지를 철회했다. 그런 다음 보수당은 안정된 다수파를 이루며 단독으로 집권했다. 그러나 1922년 무렵 노동당이 급속히 성장하여 자유당을 제치고 영국에서 두 번째로 큰 정당으로 부상했다. 그리하여 노동당은 전통에 따라 공식적인 제1야당이 되었다. 1923년 12월의 선거에서 보수당이 보호관세를 핵심 강령으로 내세우기로 결정했을 때(영국의 정당이 평시에 관세를 옹호한 것은 1846년 이래 처음이었다), 보수당은 다수파 지위를 잃었다. 그리하여 당시 영국에는 세 정당이 경합하는 가운데 어느 정당도 단독으로 집권할 수 없었다.

1924년 1월 자유당의 미온적 지지를 받으며 노동당 정부가 들어섰다. 이 특별한 상황에서 노동당이 무엇을 이룰 수 있을지는 불확실했다. 한편으로는 노동당 지도자들이 스스로를 입증하고 권력 실행의 경험을 쌓으며 영국 중간계급 유권자들의 폭넓은 인정을 얻을 수 있는 기회라고 볼 수 있었다. 다른 한편으로는 노동당 지도자들이 전혀 준비되어 있지 않은 상태였음이 드러날 우려도 컸다(몇 년 전에 처칠은 오만하게도 노동당의 하층계급 지도자들을 두고 '통치 부적합자'라고 일축하기도 했다). 공식적으로 정치권력을 획득했다고 해서 새로운 정당 강령에서 명시한 사회주의를 실천에 옮길 수 있었던 것은 아니었다. 자유당과 보수당 다수파가 눈을 부릅뜨고 버티고 있었기 때문이다. 자유당이 관용할 수 있는 개혁의 한계는 엄밀히 규정하기는 어렵지만, 대체로 비사회주의적인 급진적-민주주의 개혁 정도였다.

노동당이 가장 큰 행동의 자유를 누렸던 영역은 역시 대외 정책이었는데, 왜냐하면 자유당 역시 독일에 대한 예전의 징벌적 입장에 반대했기 때문이다. 그러나 좀 더 화해적인 대외 정책을 개시한 것과는 별개로, 노동당의 최초 집권 경험은 안 좋게 끝났고 고작 10개월만 지속될 수 있었을 뿐이다. 노동당은 소련을 공식적으로 인정했는데, 이는 노동당에 대한 반감을 불러와 보수당은 노동당이 "공산주의에 물렁한"(soft on Communism) 정당이라고 맹비난을 퍼부었다. 1924년 10월의 선거에서 노동당과 자유당 모두 의석을 잃었고, 보수당이 권좌에 복귀했다. 보수당은 전간기 대부분의 기간 동안 계속 권좌를 지킬 터였다. 1926년 탄광 노동자들의 파업이 총파업으로 번져 영국사에서 가장 완전하고도(적어도 국민의 일부에게는) 가장 위협적인 노동계급 연대성을 과시했을 때, 혁명적 좌파의 위협이 가장 뜨거운 쟁점으로 떠올랐다. 겁에 질린 유산자 대중의 상상력을 붙잡은 대안은 조직화된 파업 파괴자들이었는데, 이들은 대개 중간 및 상층계급 출신 대학생들로 이루어졌다. 결국 파업 노동자들은 오히려 더 낮은 임금과 더 긴 노동 시간을 감수한 채 일터에 복귀할 수밖에 없었다.

주식시장의 붕괴와 대공황

미국에서 공화당은 주식시장이 붕괴하는 시점에 집권 세력이었으므로 그 사태에 대한 책임 공방으로 비난받고 있었다. 아닌 게 아니라 근본적으로 자유시장의 자기 조정 능력에 내맡기려는 허버트 후버 대통령의 대응이 부적절해 보였기 때문에 더욱 그러했다. 그런데 다행히도 때마침 영국에서는 노동당이 집권해 있었고(이번에도 의회에서 자유당의 지지에 기대고 있었지만), 독일에서는 광범위한 바이마르연립의 수반이자 사회민주당원인 헤르만 뮐러가 총리로 있었다. 그러나 사실상 스칸디나비아 사회민주주의자들만이 부분적이나마 예외라고 할 수 있었지(이에 관해서는 23장에서 좀 더 논의할 것이다), 정치적 우파나 좌파 모두 시장 붕괴와 그에 잇따른 공황에 효과적으로 대처하는 방안을 몰랐던 것은 말할 것도 없고 세계경제에 무슨 일이 발생하고 있는지도 전혀 이해하지 못하고 있었다.

오늘날의 시점에서 전후 경제 협정이 외교 협정에 못지않게 근시안적이었다는 점은 분명해 보인다. 즉 경제협정도 외교협정도 모두 관련된 나라들이 얼마만큼 상호 의존적으로 연결되어 있었는지를 인식하지 못했고, 다만 민족 주권에 완고하게 집착함으로써 궁극적으로 자기 파괴적인 결과만을 불러왔다. 여기서도 미국의 영향력은 역설적이었다. 일찍이 윌슨은 정치적 민주주의뿐 아니라 팽창하는 미국 경제가 주요한 역할을 담당할 것으로 예상되는 자유시장 자본주의를 위해서도 안전한 세계를 만들기를 원했다. 그러나 윌슨의 국제연맹은 미국 리더십 약해지면서 불안정하게 기우뚱해졌다. 더욱이 다른 나라들의 처지에서 보면 자국의 경제적 이해관계와 미국의 이해관계가 항상 양립할 수 있는 것으로 보이지도 않았다. 어지러울 정도로 복잡한 숱한 쟁점들에 대해 적어도 확실하게 말할 수 있는 점은, 미국의 경제적 발흥을 막을 것은 아무것도 없었다는 사실이다. 당시 미국 경제를 유럽 무대에 끼워 맞추는 것은 급속하게 발흥하는 독일 경제를 끼워 맞추는 것만큼이나 많은 딜레마를 야기했다. 비록 미국인들이 명백히 독일인들보다 훨씬 더 성공적으로 유리한 위치를 차지하기는 했지만 말이다.

　제1차 세계대전 동안 미국의 농부들은 생산을 어마어마하게 확대했고, 1919년 이후 농산물을 비롯한 생산물의 교역과 관련하여 전쟁 이전의 패턴으로 돌아가는 것은 불가능한 것으로 드러났다. 왜냐하면 많은 신생 국가들이 관세장벽과 경제적 민족주의를 내세웠을 뿐 아니라 미국 농업의 '과잉생산'이 유럽에서 농산물 가격을 하락시켜 대부분의 나라에서 이미 오래전부터 자유무역 원칙에 불편함을 느껴 온 유럽의 농민 계급을 격앙시키고 급진화했기 때문이다. 자유시장의 가격 등락에 대한 유럽 농민층의 불만은 일찍이 1815년과 1914년 사이 기간에도 충분히 익숙한 것이기는 했으나, 1929년 11월의 가격 폭락은 그 강도와 지속 기간이라는 면에서 대지진에 비유될 수 있을 '천재지변'(the big one)이나 다름없었는데, 이로써 상대적으로 낙관적이던 1920년대가 저물고 심각한 어려움으로 점철된 1930년대가 시작되었다.

　1930년대 초에 자유민주주의적 의회 지배는 거의 도처에서 심각하게 불신당하고 있었다. 유럽의 주요 경제들은 직간접적으로 미국의 투자에 의존했고, 미국 투자자들이 유럽으로부터 투자 자금을 회수했을 때(실제로 투자 자금 회수는 1928년에 시작되었으나 주식시장 붕괴 이후 급박하게 이루어졌다) 많은 유럽 경제들은 자유 낙하로 곤두박질쳤다. 1932년 무렵 독일과 미국의 산업 생산은 거의 50퍼센트 하락했다. 실업자도 독일에서 600만 명, 미국에서는 1,200만 명에 달했다. 또 급진적 우파와 좌파의 정당들이 새로운 호소력을 발휘했다. 반면, 옛 차르 제국에서 스탈린의 리더십은 '소비에트 실험'이라고 명명될 터였는데, 이는 궁극적으로 모순적이고 놀라우며 아무리 생각해도 이해 불가능한 전인미답의 영토로 우리를 안내할 것이다. 다음 장에서 이 문제를 살펴보도록 하자.

| 더 읽을거리 |

현대 독일의 전 역사(예컨대 메리 풀브룩의《독일사: 분단된 민족 1918~2008》(A History of Germany: The Divided Nation 1918-2008, 2008)와 나치 시기의 전 역사(18장을 보라)를 다룬 책들은 바이마르 공화국에서 민주주의가 어떻게 그리고 왜 몰락했는지를 상당한 지면을 할애하여 설명한다. 낡았지만 오랫동안 표준적인 설명으로 인정되는 것은 W. 윌리엄 핼퍼린의《독일이 민주주의를 이루려고 노력했다》(Germany Tried Democracy, 1965)이다.

조엘 콜턴의 전기《레옹 블룸: 정치의 휴머니스트》(Leon Blum: A Humanist in Politics, 1987)는 전간기 프랑스 좌파의 역사(특히 인민전선 시대(19장을 보라)뿐만 아니라 1936년 직전 시기에 대한 매력적인 소개를 담고 있다.

이 시기 영국의 경험은 새뮤얼 H. 비어의《집산주의 시대의 영국 정치》(British Politics in the Collectivist Age, 1969)에서 자극적으로 설명되고 있다. 전간기 경제 분야에서 자유주의의 실패에 대해서는 C. P. 킨들버거의《대공황의 세계, 1929~1939》(The World in Depression, 1929-1939, 1973)를 보라.

17장

스탈린주의 러시아와 국제 공산주의

1921년부터 1928년까지 신경제정책(NEP) 시기는 소비에트러시아에서 상대적으로 평온한 시대였다. 1921년 이후 이 나라는 경제적으로 회복되기 시작하여 1927년 말에 이르면 전쟁 이전의 생산성에 도달하게 된다. 이는 온화한 기후 조건과도 관계가 있기는 했지만, 많은 사람들이 믿기에 무엇보다 실용적인 입장에서 시장 인센티브를 허용한 데 따른 것이었다. 그럼에도 볼셰비키 지배의 모순과 딜레마는 해결되지 못했다. 그런 모순과 딜레마는 1922년에 시작된 일련의 심각한 뇌졸중으로 결국 1924년 1월 레닌이 때 이르게 사망함으로써 한층 더 가중되었다. 레닌 측근들 사이에서 혼란과 경쟁의 몇 년이 흐른 다음, 1920년대 말쯤 되면 스탈린이 당과 나라의 통제권을 확실히 틀어쥐게 된다. 1928년부터 1939년까지 스탈린은 혁명적 변화를 개시하여 나라의 경제적 토대를 재편성하고 '피의 숙청'을 통해 그동안의 유력 간부층 대다수를 제거함으로써 세상을 놀라게 했다.

스탈린주의

많은 관찰자들에게 스탈린은 역사 속에서 악의적 의지로 권력을 행사한 사례로서는 히틀러에 이어 2인자로 평가되는 인물이다. 두 인물 모두 출신이 미천하고 모호했다. 두 인물은 무솔리니와 나란히 대중들과 '위대한 독재자들'의 새로운 시대를 몸소 보여 준 인물로 평가할 수 있다. 스탈린은 히틀러보다 더 많은 죽음과 인류의 고통에 책임이 있다고 볼 수 있다. 히틀러가 단지 12년 동안 상대적으로 작은 땅덩이에 대해 권력을 행사한 반면(비록 마지막 5년 동안 통치한 영토가 급속히 확대되기는 했지만), 스탈린은 대략 25년 동안 훨씬 넓은 땅덩이를 지배했기 때문이다.

그렇다면 스탈린과 스탈린주의적 공산주의를 이해하는 것은, 히틀러와 나치즘을 이해하는 것과 같은 중요성을 지닐 텐데, 아닌 게 아니라 공산주의가 스탈린의 사망 이후에도 거의 반세기 동안 러시아를 지배했기에 더더욱 그러하다. 게다가 나치즘의 호소력은 히틀러의 자살 이전은 아니더라도 그 이후에는 소진된 반면, 공산주의는 제2차 세계대전 이후에도 동유럽과 아시아, 쿠바로 확산되었다. 러시아와 독일은 제1차 세계대전의 패전국 가운데에서도 가장 큰 피해를 입은 나라였다. 특히 1928년 초 러시아에서 집산화와 5개년계획이라는 '제2의 혁명'이 개시되고, 나아가 1929년 말 대공황이 시작되면서 각기 공산주의와 나치즘의 화신으로서 많은 사람들에게 미래의 목소리를 대표하는 세력으로 떠올랐다.

스탈린과 히틀러는 처음에는 2선급 인물이었고 심지어 조롱의 대상으로 치부되었지만, 결국에는 거의 신성한 존재로 숭배되기까지 극적으로 정상의 자리에 올랐다. 하지만 여러모로 두 사람의 인생사와 개성은 크게 달랐다. 차르 제국의 남쪽 변경 지대인 조지아(그루지야) 출신의 혁명가로 활동한 스탈린은 처음에는 주도적인 볼셰비키 지도자들 중에서 비교적 알려지지 않은 인물이었다. 레닌이야말로 인정받는 당의 지도자였다. 1920년대 초의 시점에서 특히 러시아 바깥에서는 그레고리 지노비에프나 니콜라이 부하린 같은 지도자들이 스탈린보다 훨씬 잘 알려져 있었다. 그때까지만 해도 '스탈린주의' 관념은 기이한 것으로 여겨졌었을 것이다. 그런데 10년이 채 되지 않아 스탈린은 당내 다른 지도자들을 제치며 부상했고, 이어지는 10년 동안 자신의 지위를 공고히 해서 1939년 당대회 시점에는 최고 존재가 되었다. 바로 그해에, 레닌 생전에 볼셰비키당의 유력자들이던 거의 모든 구 볼셰비키들은 감옥에 있거나 망명 중이거나 무덤 속에 있었다.

19세기 러시아에서 자유화를 반대하던 이들은 나라의 규모가 너무 크고 민족도 너무 다양해서 무소불위의 권력을 지닌 1인 지배자만이 차르 제국이 해체되어 혼돈에 빠지는 것을 막을 수 있다고 주장했다. 그런 주장은 역설적으로 1920년대 중반에도 적용될 수 있었다. 바야흐로 공산주의 지배를 유지하고 '혁명'을 구원하기 위해 전제적 리더십이 더욱 더 절실해진 듯 보였기 때문이다. 요컨대 1924년 무렵 러시아의 역사와 볼셰비키 지배의 모순 때문에 모종의 막강한 지도자가 필요해진 것이었다. 그러나 프랑스혁명에 종지부를 찍은 사람으로서 나폴레옹 같은 유형의 지도자는 **아니었다**. 스탈린은 새로운 역사적 모델을 제시할 텐데, 혁명을 극단적인 방식으로 앞으로 밀고 나간 나폴레옹, 바로 그가 스탈린의 모델이었다.

1920년대, 네프와 산업화 논쟁

1919~1921년의 '붉은 시절'(Red Years)이 끝나고 난 뒤 러시아 바깥의 많은 관찰자들은 한때 차르들이 지배했지만 이제는 많이 축소된 제국의 새로운 지배자들의 성격을 파악하는 법을 여전히 알지 못했다. 볼셰비키들은 예상을 뛰어넘는 생존 능력을 보여 주었지만, 1921년 3월 네프(NEP)가 도입되면서 볼셰비키 지배는 적어도 일부 관찰자들의 눈에는 그 성격이 변화하고 있는 것으로 보였다. 왜냐하면 그 정책이 서유럽에는 공산주의 원칙에서 누그러진 태도로 철수하여 정상 상태로 복귀하는 과정의 일환으로 널리 간주되었기 때문이다.

유럽의 주요 민족국가들은 소비에트러시아와 외교 관계를 확대하기 시작했다. 1922년에 처음으로 독일이, 그다음 1924년에는 프랑스와 영국이 외교 관계를 열었다. 다른 민족들도 잇따라 외교 관계를 텄는데, 미국은 뉴딜정책이 발효된 후인 1933년 11월에야 다소 늦게 외교 관계를 맺었다. 1920년대 중반 무렵 유럽 자본주의 나라들은 경제적으로 회복세를 타고 있었고, 따라서 전 세계 프롤레타리아혁명은 꿈도 꿀 수 없을 정도로 퇴조하는 모습을 보이고 있었다.

그럼에도 대부분의 볼셰비키 지도자들이 보기에는 지배자와 피지배자의 부조화, 부르주아-농민적 나라를 지배하는 프롤레타리아혁명가들의 딜레마는 결코 해결되지 못한 상태였다. 초기 단계의 네프도 볼셰비키 지배에 대한 폭력적 반대가 점증하는 가운데 실행된, 미온적이고 다소간 비일관된 대응이었다. 1921년 3월 이후 볼셰비키들은 경제와 사회, 문화 영역에서 화해적인 입장을 취하는 것처럼 보였다. 그렇기는 해도 볼셰비키 지배는 더욱 더 독재적으로 변해 갔다. 볼셰비키당 내에서 준군사적인 규율의 필요성이 점점 강조되었는데, 이는 당에 대한 지지가 하락하고 있음을 고려하면 심각한 당파주의의 위험을 당 지도자들이 확실히 감지한 정황과 관계가 있었다.

그렇다면 1920년대 초 볼셰비키 지도자들은 나머지 세계에 모순적인 얼굴을 내밀었다고 할 수 있다. 한편으로 그들은 소비에트러시아 정상적인 주권국가로 인정받게 하려는 욕구를 표현했다. 그런가 하면 공산주의인터내셔널은 볼셰비키의 지도 아래에서 다른 주권국가들의 폭력적 전복이라는 명백한 궁극적 목표와 더불어 러시아 바깥에서 공산주의 정당을 수립하려는 활동을 이어 갔다. 네프 역시 고유한 모순이 있었는데, 바로 그 성격상 네프의 경제 회복은 당내에서 미래에 대한 불안과 점증하는 의견 차이를 낳는 데 기여했다. 이런 차이들은 종종 '산업화 논쟁'으로 묘사된 과정에서 표현되었다. 이 논쟁에서 당의 우파 또는 자유주의 세력은 네프 아래에서 점진적인 산업화를 지속시켜 나가자고 요구했고(일국사회주의), 당의 좌파는 세계혁명의 시도에 다시 박차를 가하자고 하면서 가속적이고도 '강제적인' 산업 성장을 추구하는 전망을 제시했다(영구혁명).

그럼에도 러시아 마르크스주의 자체가 종종 그렇듯이 논쟁에서 사용된 용어들은 오해되기 십상이었다. 그 무렵 소비에트러시아에서 사용된 '좌파'와 '우파'라는 표현이 다른 지역에서 사용된 같은 용어들과 별로 관련이 없었다는 사실은 차치하고라도, 모든 볼셰비키 지도자들은 소비에트러시아가 당장 눈앞의 미래와 관련하여 나라 바깥으로부터 일정한 원조 없이 스스로의 힘으로 산업화해야 할 필요가 있다는 점에 동의했다. 모두가 동의한 또 다른 내용은, 러시아에서 공산주의의 궁극적 승리가 오직 적대적인 자본주의 세계가 그 자체 프롤레타리아혁명에 굴복하게 된 연후에야 찾아오리라는 것이었다.

볼셰비키당에서 우파와 좌파의 차이는 근본적으로는 농민에 대한 태도와 관계가 있었다. 농민들한테서 나올 것으로 예상되는 막대한 수익을 중공업 투자에 활용하려면 국가는 농민들을 얼마만큼 강제해야 하는가? 트로츠키와 좌파는 중공업과 산업 기반구조를 최대한 급속하게 성장시킬 것을 강조하면서 농민들에 대한 강제를 가속화해야 한다고 생각했다. 반면, 부하린이 이끈 우파는 상대적으로 자유로운 시장과 농민 수요를 충족시켜 주는 소비재 생산을 강조하면서 농민들에 대해 좀 더 협력적인 입장을 견지하는 것이 필요하다고 믿었다. 부하린은 농민들을 지나치게 '쥐어짜면' 이들을 위험천만한 수준으로 소외시킬 우려가 있다고 주장했다. 부하린과 당의 우파는 볼셰비키 리더십 아래에서 공식 교의에 따라 러시아의 농민과 프롤레타리아트가 수립한, 미묘한 성격의 특수한 협력적 '동맹'(smychka)을 유지할 필요성을 잘 이해하고 있었다.

'협력'과 '강제'라는 용어도 당내 모든 당파가 두 가지 다 필요하다고 승인했으므로 지나치다 할 만큼 단순한 방식으로 사용되는 경향이 있었다. 그리하여 적어도 1928년 초까지 그런 차이는 발전 경로를 둘러싼 첨예한 차이가 아니라 단순히 강조점의 차이로 인식되었다. 그러나 경제적으로 필요한 것이 무엇인가를 둘러싼 서로 다른 인식이 레닌 측근들 사이의 권력투쟁과 뒤얽히면서 문제가 한층 복잡해졌다. 레닌은 약간의 심근경색이 온 1921년 중엽 이래로 건강이 안 좋았다. 그러나 1922년 중엽 그는 심각한 뇌졸중으로 고통을 받았고, 누구도 대신할 수 없는 이 독보적 지도자가 회복과 재발을 거듭하며 1년이 넘도록 병상을 지킴에 따라 당 지도자들도 숨죽이며 추이를 지켜보고 있었다. 1924년 1월 21일, 다시 한 번 뇌졸중을 일으켜 레닌은 결국 영면에 들었다. 당시 그의 나이 54세에 불과했다.

레닌의 죽음은 엄청난 분열과 극히 논란이 많은 유산을 남겼다. 볼셰비키들은 마르크스주의자들로서 개별적 인격이 아니라 객관적이고 구조적인 힘들을 주저 없이 믿었으나, 그럼에도 레닌의 개인적 역할이 볼셰비키당 건설과 11월 혁명의 성공, 그리고 그 후 볼셰비키 체제의 생존에 결정적이었다는 사실을 기탄없이 인정했다. 레닌은 전쟁 이전에 종종 '분열주의자'로 비난받기도 했지만, 1917년 이후에는 비록 쉽지는 않았어도 당내 여러 차이들을 처리 가능한 한계 속에 묶어 두었다고 평가받았다. 레닌은 이미 40대 중반에 '노인'(starik)으로 불릴 정도였다. 그는 자신과 다르기는 했으나 종국에는 자신의 결정을 받아들인 젊은 측근들의 존경을 받게 되었다.

첫 번째 뇌졸중이 왔을 무렵에 레닌은 이론의 여지없이 당은 물론 전체 소비에트 국민의 '영도자'(Vozhd')였다. '영도자'란 카리스마적 함의를 내포한 용어로서, 1920년대 초 파시스트 이탈리아에서 사용된 '두체'(Duce)나 더 나중에 히틀러에 붙여진 '퓌러'(Führer)와 흡사한 용어였다. 비록 레닌이 아첨과 과찬을 물리치기는 했지만, 이 남다른 인격에 대한 숭배가 그의 주변에서 만개했다. 그를 기념하는 동상과 포스터, 책들이 우후죽순처럼 나타났다. 페트로그라드는 1924년에 레닌그라드로 도시 이름을 바꾸었다. 방부 처리된 그의 유해가 러시아 대중들이 경의를 표할 수 있게끔 공개 전시되었다. 과연 레닌의 영묘는 이 체제의 모순을 잘 보여 주는 또 다른 상징물이다. 과거에 미신을 경멸했지만 필요할 때는 이런 미신을 완벽하게 이용할 줄 알았던 현대적 혁명가가 이끈 체제의 모순이 바로 그것이다.

일부 관찰자들은 만일 레닌이 좀 더 오래 살았더라면 그가 누린 권위를 통해 나라를 잘 지도하여 다음 20여 년 동안 겪은 참혹한 고통을 덜어 줄 수도 있었을 거라고 생각한다. 또 어떤 관찰자들은 당시 나라가 너무도 거대한 도전들에 직면해 있었기에 아무리 유능한 사람이라하더라도 그런 도전들에 맞서 타개해 나가려면 가혹한 수단을 사용할 수밖에 없었으므로, 차라리 그때 사망한 것이 레닌의 명성을 보아서는 행운이었다고 보기도 한다. 1914년부터 1921년까지 입은 파멸적인 물질적 손실은 차치하고라도, 레닌이 사망하던 무렵에 당과 국가에 만연한 부패와 냉소주의, 명백한 무능력은 정말로 심각한 상태였다. 많은 사람들의 뇌리 속에는 이런 생각이 떠올랐다. 과연 볼셰비키혁명은 모종의 끔찍한 실수, 즉 왜 그런지는 모르겠으나 '역사'가 만들어 낸 '잘못된 전환'은 아니었던가?

권력투쟁과 스탈린의 승리

1924년 1월 레닌의 측근들 중 누구도 그를 대체할 수 없으리라는 점이 명백했다. 그들은 다소간 성의 없이 '레닌주의 원칙'에 따른 '집단 리더십'이 유지될 것이라고 발표했다. 그럼에도 이런 원칙은 모호함의 수렁에 빠져 있었다. 즉 원칙은 오직 레닌이 종종 그 자신이 가장 최근에 선포한 원칙까지도 아무렇지 않게 어기면서 '올바른' 해석과 지침을 제공해 줄 때에만 '작동했다.'

레닌이 자신과 다른 당내 인사들에 대한 폭력이나 위협이 아니라 지성과 개성의 힘으로 당을 지배했다는 것은 중요한 사실이다. 그럼에도 당내의 비폭력적 지배는 그의 당이 소비에트 주민에 대해 행사한 독재권과 날카로운 대조를 이루는데, 그런 독재 권력을 통해 폭력이 심지어 노동자계급에게도 거침없이 행사된 것이다. 그런 폭력은 당 지도자들이 역사의 올바른 편에 서 있다는 확신, 무슨 수를 써서라도 '혁명'을 수호하는 것이 정당한 목적이라는 확신에 바탕을 두고 있었다.

그림 17 첫 뇌졸중 이후의 레닌과 스탈린
이 사진은 스탈린이 레닌과 가깝다는 것을 강조하기 위해 사용되었다. SSPL / Getty Images.

　지금 와서 돌이켜 보면, 당을 어떻게 이끌고 갈 것인가에 대한 새로운 모델이 레닌이 죽어 가고 있을 때 새로이 나타나고 있었던 것으로 보인다. 이 모델은 적어도 처음에는 폭력의 위협에 의존하지 않는 것으로 보였다. 즉 스탈린은 당 서기로서 자신의 지위와 소비에트 국가의 다른 요직들을 이용해 자신에 충성하는 측근 세력을 조용하게 형성하고 있었다. 그는 그런 활동을 레닌에 견줄 만한 지적 기량이 아니라 직무에 대한 일상적 통제를 통해 수행했다. 서유럽 스타일의 민주주의에서도 당의 책임자들이 당 기구를 구성할 때 그런 방식을 취하기는 했으나, 일당독재 국가에서 그런 방식은 비할 데 없는 중요성을 갖는 것이었다.

스탈린이 등장하던 초기에 이와 똑같이 중요한 사실은, 그가 온건하고 화해적이며 충실한 레닌주의자의 태도를 취했다는 점이다. 그런 태도는 당시 레닌의 계승자로서 가장 유력한 레온 트로츠키의 이미지와 날카롭게 대조되는 것이었다. 트로츠키는 지적 명민함을 인정받고 혁명과 내전 과정에서 수행한 결정적인 역할로 널리 알려져 있었으나, 다른 많은 당 지도자들 앞에서 자신의 경멸감을 잘 숨기지 못하는 것은 말할 것도 없고 오만함으로도 악명이 자자했다. 트로츠키는 평당원들 사이에서 널리 존경받았지만, 여러 당 지도자들은 그를 혐오하고 두려워했다.

스탈린은 다른 지도자들이 트로츠키에게 품고 있던 불안을 교묘하게 이용했는데, 그는 종종 1914년 이전에 트로츠키가 레닌과 벌인 치열한 교리 논쟁을 효과적으로 다시 끄집어내곤 했다. 트로츠키는 레닌이 사망할 무렵에 적군(赤軍)의 수장으로서 권력을 둘러싼 최후 결전에서 군대를 궁극적 권력 기반으로 동원할 수 있는 잠재적 위치에 있었음에도 그것을 이용하지 않았다. 오히려 반대로 그는 자신이 나폴레옹 같은 야심(마르크스주의자에게는 용서받을 수 없는 죄)이 없음을 보여 주려는 의도가 강해서 1925년 초 자신이 차지하고 있던 군사 직책을 내려놓았다.

트로츠키는 명백히 자신에 대해 당 지도자들이 느끼던 불안의 정도를 오판했고, 스탈린의 교활함을 알아채는 데에도 다른 볼셰비키 지도자들처럼 똑같이 실패했다. 스탈린은 개인 스타일에서 의심의 여지없이 트로츠키 같은 명민함을 갖고 있진 않았다. 반스탈린주의자들은 훗날 스탈린의 특징 없고 단순하며 반복적인 문장을 가리켜 '주가시빌리답다'(스탈린의 고향인 조지아식 이름이 요세프 주가시빌리)고 무시할 것이었지만, 단순한 진실은 스탈린이 너무도 꾸준해서 지겨울 정도였음에도 그의 스타일이 겉으로 보이는 것보다 실제로 더 효과적인 것(결국에는 더 지적인 것)이었다는 데 있었다. 트로츠키를 비롯한 여러 당내 지식인들은 그런 종류의 지성을 결코 파악할 수 없었을 것이다.

다양한 당내 투표로 측정해 보건대 당에 대한 스탈린의 통제권은 1927년 무렵에 확장되었다. 코민테른을 통한 러시아 바깥의 공산주의 정당들에 대한 통제권 역시 그러했다. 이 정당들에서 스탈린이 일종의 아이콘 같은 존재로 급속히 부상한 것은, 그가 혁명 당시에 중요한 역할을 하지 않아서 알려져 있지 않았고 코민테른의 최초 회합에도 참석하지 못했다는 점에서 놀라운 일일 수 있다. 스탈린은 서유럽 언어를 구사하지 못했고 일정 기간 동안 유럽에 체류한 적도 없었다. 또 1920년대 러시아에 다양한 당 지부들을 설치하고 있던 서유럽 공산주의 정당들의 요직과 관련된 종류의 직무를 수행하는 위치에 있은 적도 없었다.

스탈린이 러시아 바깥 정당들 사이에서 그렇게도 신속하게 유명해지고 인기를 얻게 된 이유를 가장 단순하게 설명하면, 그 정당들과 코민테른이 '스탈린화'되었기 때문이라고 할 수 있다. 당시에 비록 이 과정이 '볼셰비키화'로 묘사되기는 했지만 말이다. 이 점이 스탈린이 레닌주의 원칙을 얼마만큼 왜곡했는가를 둘러싼 오랜 논쟁에서 말해 주는 바는 의미심장하다. 실제로는 이미 처음부터 다른 볼셰비키들은 코민테른을 '스탈린적으로' 지배했던 것이다. (코민테른이 회원 공산주의 정당들에 의해 지배되었다는) 공식적인 입장과는 반대로, 실제로는 러시아 안의 볼셰비키당이 당 엘리트에 의해, 위에서 아래로, 반대를 조금도 관용하지 않으면서 지배된 만큼 바로 그렇게 지배된 것이었다.

스탈린과 볼셰비키당의 유대인 문제

소련의 지도자로서 스탈린은 지금껏 자기 나라에서 혁명을 만들어 내지 못한 러시아 바깥의 공산주의자들에게(무든 수를 써서라도 보호해야 할) '혁명'의 화신이 되어 있었다. 러시아 바깥 공산주의 정당들의 스탈린화 과정은 초창기에 당을 지도한 사람들보다 하위 계급 출신에다 교육 수준이나 지적 수준이 상대적으로 낮은, 다른 계급 출신의 지도자들을 고위직으로 등용하는 과정이기도 했다. 이 새로운 당 지도자들의 면면을 보면, 1920년대 러시아 안에서 예전에는 부르주아적이고 '세계 시민적인'(cosmopolitan) 지식인들이 지배했던 당 고위직에 '작업대의 노동자들'을 등용하려는 경향을 반영이라도 하듯이 유대인 출신이 줄어들었음을 알 수 있다.

그렇다면 트로츠키에 대한 스탈린의 승리는 많은 것들을 상징하는 사건이었다. 물론 레닌의 사망 직후에 형성된 반트로츠키 동맹에서 스탈린의 일시적 동맹자들이었던 지노비에프와 레프 카메네프가 스탈린에게 굴복한 것도 같은 맥락이었다. 이로써 러시아의 당 지도부와 유럽 공산주의 정당 지도자들의 구성에서 프롤레타리아 색채는 짙어지고 유대인적 색채는 옅어졌다. 이런 변화가 갖는 상징성은 1937~1938년의 숙청 재판에서 반역죄로 고발당한 유대인의 수를 고려하면 1930년대 말에 특히 뚜렷해졌다. 스탈린은 오랫동안 사석에서 유대인에 대한 거친 험담을 자주 한 것으로 유명했으나, 여전히 지도부에 상당수의 유대인들이 남아 있었음을 고려하면 스탈린을 유대인들에 대한 적대감을 뻔뻔하게 이용한 인물로 묘사하는 것은 설득력이 떨어질 것이다. 볼셰비키 지도자 자신들은 종족적 배경과는 상관없이 반유대인 감정이 일반 주민 사이에 광범위하게 유포된 상황에서 당이 대중성을 강화하려고 하는 찰나에 트로츠키(또는 지노비에프나 카메네프) 같은 유대인이 레닌의 계승자로서 권력을 장악하는 것이 얼마나 위험 부담이 큰 일인지를 완벽하게 알고 있었다. 그보다는 비록 러시아인은 아니더라도 스탈린이 좀 더 받아들일 만한 지도자였던 것이다.

앞에서 살펴보았듯이, '부상하는' 유대인들에 대한 불안은 1880년대 유럽의 많은 지역에서 정치적 형태를 띠게 되었다. 과연 그런 불안은 전쟁 직후에 절정에 달했는데, 일단 러시아에서 볼셰비키 지배가 지속될 것처럼 보이고 심지어 '유대-볼셰비즘'(Judeo-Bolshevism)이 나머지 유럽에 확산될 것이 분명해 보였을 때 특히 더 그러했다. 윈스턴 처칠은 1919년에 유대인들이 "모든 전복적 운동의 주모자이고…… 자신들의 머리카락으로 러시아인들을 칭칭 감아서…… 그 거대한 제국에서 이론의 여지없는 주인이 [되었다]"라고 썼다.

그렇다면 여기에 볼셰비키혁명과 관련된 또 다른 놀라운 역설이 있다. 그 혁명은 인류를 인종주의적 증오로부터 인류를 해방하는 방향으로 한걸음 내디딘 것이라고 선포되었지만, 혁명적 유대인들에 대한 점점 더 심해지는 공포가 '소비에트 실험'에 대한 경이로움과 경합하거나 그 경이로움을 압도했다는 점에서 실제 혁명의 결과는 달랐다고 할 수 있다. 인종적 공포와 환상은 점점 더 계급 정체성과 우파적 정치 신념과 긴밀하게 뒤얽히게 되었다. 그리고 그런 공포가 명백히 과장된 것이기는 해도, 현실에서 유대인들조차 그런 공포의 정도를 냉정하게 파악하거나 평가하기 어려운 형국이었다. 유럽에서 유대인들의 지위와 존재감, 그리고 그들이 장악하고 있다고 생각된 권력은 1917년 이래로 상당히 강화되었다. 특히 1929년 이후 유대인 주민 대중이 가난하고 무력하며 무방비 상태에 있던 때조차도 그러했다.

이 시점에서 밸푸어선언은 즉각 현실에 적용할 수 없는 잠재적 구상에 불과했지만, 그래도 유대인들이 훗날 파리강화회의에서 소수민족 조약의 체결 과정에서 주요한 역할을 했듯이 선언을 위해서도 무대 뒤에서 영향력을 행사하고 있다는 식으로 많은 사람들이 믿고 있었다. 신생 바이마르공화국도 그 적들에게 '유대인 공화국'으로 인식되었는데, 이는 공화국이 형성되는 과정에서 유대인들의 역할이 있었기 때문이다. 한 유대인 법률 전문가가 바이마르공화국 헌법의 많은 부분을 작성했고, 과거 군주정 치하보다 훨씬 많은 유대인들이 바이마르공화국의 초창기 정부에서 활약했다. 많은 보수적 관찰자들에게 더욱 두려웠던 것은, 과거에는 정부 요직에 유대인이 단 한 명도 없던 러시아가 처칠이 비난했듯이 유대인들이 좌지우지하는 나라가 되었다는 사실이다.

유대인들이 소련을 통제한다는 믿음은 반유대주의 우파 쪽의 과장이 있었음에도 불구하고 완전히 날조된 망상이라고 치부될 수는 없었다. 유대이 출신들이 신생 소비에트 국가의 중요한 권력 핵심부 가운데 두 곳인 군대와 비밀경찰에 지도적인 위치에 있었다. 한 유대인이 소비에트 국가의 대통령이 되었고, 또 다른 유대인이 공산주의인터내셔널의 수반이 되었다. 유대인들은 특히 당 산하 언론에 많이 포진해 있었고, 1917년부터 1922년까지 볼셰비키당 서기도 유대인이었다(뒤에 스탈린으로 대체되었다). 말하자면, 새로운 체제에서 권위와 영향력이 있는 영역들 가운데 인구 비율로 따질 때 유대인들이 과도하게 진출하지 않은 영역은 거의 없을 정도였다. 그럼에도 러시아 유대인의 다수는 볼셰비키가 아니었고, 볼셰비키 유대인은 종교적 유대인이 아니었다. 기실, 종교적 유대인들은 적어도 기독교도들이 그러했듯이 볼셰비키들을 두려워하는 경향이 있었는데, 이는 볼셰비키들이 모든 종교에 반대한다는 단순한 이유뿐 아니라 혁명적 유대인들이 모든 유대인들에게 불신과 그리고 점증하는 폭력의 위협을 몰고 온다고 믿었기 때문이다.

집산화와 5개년계획

스탈린이 볼셰비키당의 리더십을 장악한 것은 레닌의 죽음이 남긴 딜레마(당이 어떻게 기능할 것인가의 문제)에 대한 일종의 해결책이었다고 볼 수 있다. 더 큰 딜레마는 여전히 남아 있었다. 즉 프롤레타리아트 당의 지배를 압도적으로 농민적인 나라에서 어떻게 화해시킬 것인가 하는 문제가 바로 그것이었다. 트로츠키를 제압하는 과정에서 스탈린의 동맹자였던 부하린은 네프를 유지하는 것이 일국사회주의를 건설하는 가장 좋은 방식이라고 줄기차게 주장했다. 그런가 하면 네프와 관련된 갖가지 문제가 불거지면서 입장이 난처해지자 자기 태도를 일부 바꾸기도 했다. 특히 하나의 중요한 문제는 자본주의 열강이 소비에트 체제를 무너뜨리려는 의도가 있다는 당내의 널리 확산된 믿음을 고려하면 네프가 중공업 기반을 너무 더디게 건설하고 있다는 점이었다. 전쟁 공포도 러시아가 침공당하기 쉽다는 점을 부각하며 반복적으로 나타났다.

부하린에게는 기본적인 관심사가 하나 있었다. 즉 1917년의 농민·프롤레타리아 동맹(smychka)을 될 수 있으면 오래 유지하는 것이었다. 1927년 말 식량 조달이 평년에 비해 절반으로 줄어들자 그의 관심사는 갑자기 정당한 것으로 부각되었다. 이유는 분명했다. 잉여 식량이나 그 밖의 판매할 농산물을 가진 농민들이 더 이상 판매하지 않았던 것이다. 그 이유는 대체로 국가 규제 아래에 있던 농산물의 시장 가격이 폭락했기 때문이다. 부하린은 위기를 극복하려면 농산물 가격을 좀 더 높게 책정하고 (국가가 중공업에 집중하고 하부구조를 구축하는 대신에) 산업 부문 생산을 농민층이 구매할 수 있는 종류의 소비재를 더 많이 공급하는 쪽으로 유도해야 한다고 주장했다. 그러나 많은 당 지도자들은 식량 조달의 급작스러운 감소에 위기의식을 느끼고 심지어는 공황 상태에 빠지기도 했다. 스탈린은 그런 식량 비축이 볼셰비키 지배에 대한 음습한 도전을 대표하며, 따라서 부하린이 선호한 양보와 타협이 아니라 단호한 대응이 필요한 문제라고 결론지었다.

1920년대 말에 이루어진 다른 사태 진전도 좀 더 불길한 방식으로 식량 조달을 감소시키면서 당내에서 항의와 불만을 야기하는 데 기여했다. 당의 사기는 땅에 떨어졌는데, 이는 부분적으로 네프가 1917~1921년의 혁명 투쟁에서 그렇게도 많은 것을 희생한 활동가들에게 모욕적으로 다가왔기 때문이다. 그들은 네프를 통해 부도덕한 소자본가들('네프맨'으로 불린)과 탐욕스러운 부농들(러시아어로 '꽉 쥔 주먹'이라는 뜻의 쿨라크[kulaks])이 하루하루 더 많은 부와 자신감, 권력을 획득하는 경제 속에 내동댕이쳐졌다고 생각했다.

스탈린을 비롯한 당 지도자들은 1928년 1월 최소한 단기간에 걸친 '비상조치들'을 의결했다. 이는 식량을 비축한 것이 발각된 사람들을 체포하고 식량을 강제로 징발하는 등 1917년부터 1921년까지 전시 공산주의의 특징을 이루던 그 모든 것을 연상시키는 조치들로서 완전히 강압적인 어떤 상황을 몰고 왔다. 단기적인 의미에서 1928년 1월의 비상조치는 성공적이었다. 징발된 식량은 그 이전 3년 동안에 거둔 연간 식량의 양보다 많았다. 그럼에도 장기적인 의미에서 이 비상조치에는 불길한 함의가 있었는데, 왜냐하면 그에 대한 연쇄적인 반동을 촉발시켜 얼마 안 가 네프의 협력적 기조로 복귀하는 것이 불가능해졌기 때문이다.

1928년 1월 이후 다른 선택 대안이 얼마나 다양하게 열려 있었는지는 역사가들 사이에 논쟁거리지만, 그 후 몇 달, 몇 년 동안 스탈린은 1928년 이전에 그 자신이 옹호했던 경로를 손바닥 뒤집듯이 바꾸어 버렸다. 부하린과 그의 지지자들에게는 공포스럽게도 스탈린은 국민을 완전히 '좌익' 방향으로 이끌어 갔는데, 이는 일찍이 트로츠키가 옹호한 것보다도 더 극단적으로 농민층을 쥐어짜는 것이었다. 스탈린은 자신이 취하게 될 조치들을 미리 치밀하게 구상했을 것 같지 않다. 증거가 말해 주는 바는, 1921년 초 네프의 경우에서처럼 1928년 1월의 최초 조치들도 잠정적인 것이었으나, 그 후 '사건들'(예측 불가능한 많은 사건들)이 스탈린을 비롯한 당 지도자들을 휘몰고 갔다는 것이다.

스탈린이 농민층을 그토록 철저하게 소외시키는 조치, 즉 '동맹'을 취약하게 할 뿐 아니라 아예 파괴하는 조치가 얼마나 큰 파멸적 함의를 갖는지 이해하고 있었다고 믿기는 특히나 어렵다. 이보다 더 가혹한 조치들도 필요하다고 생각했는데, 스탈린과 다른 당 지도자들이 일단 '하나의 계급으로서 쿨라크를 해체할'(당의 상투어에서 '탈쿨라크화'로 불린) 필요성을 공공연하게 선언한 다음 농업을 집산화하는 조치들이 이어지게 되면 그들로서도 이 과정을 통제할 수는 없는 노릇이었다. 몇 년 전만 해도 스탈린은 트로츠키와 당내 좌파가 프롤레타리아트와의 동맹을 환영하는 '러시아 농민층을 과소평가'했다고 거듭 비난한 것으로 유명했다.

다음 4~5년 동안 사태는 불규칙하게 전개되어 갔는데, 이는 그 모든 것이 명료한 방식으로 미리 계획된 것이기보다는 혼란스럽게 이루어진 것임을 암시한다. 집산화는 원칙적으로 개별 농민의 소규모 땅뙈기를 좀 더 큰 토지 단위에 결합시키고 '부유한' 쿨라크의 토지와 가축, 농기구를 몰수한다는 전망을 제시하며 극빈농들을 끌어들이려고 한 시도였다. '콜호즈'(kolkhoz, 러시아어에서 집단농장을 뜻하는 'kollektivnoe khozyaistvo'에서 유래)는 대부분의 농민들에게 아마도 한결 매력적일 거라고 기대되었는데, 왜냐하면 국가가 현대식 트랙터를 비롯한 농기계들을 공급할 것이었기 때문이다. 그 밖에도 많은 사람들이 단정했듯이,

집단농장에는 스탈린을 더욱 거침없이 좌익 쪽으로 나아가게 만든 결정적인 다른 이점들이 존재했다. 즉 러시아 농민들을 대단위로 모을 수만 있다면 이들을 좀 더 효과적으로 국가 통제 아래에 둘 수 있다는 점이 스탈린을 집단농장 쪽으로 움직였던 것이다.

추상적인 경제적 의미에서 소규모의 비효율적 단위들을 그런 방식으로 결합시키는 것은 규모의 경제를 가능케 하고 현대식 농업 기술(대규모 기계류와 비료, 살충제 등)의 이용을 용이하게 한다는 점에서 합리적인 조치라고 볼 수도 있었다. 그러나 이런 경제 이론은 특히 집산화의 초기 단계에서는 실제로 일어난 일과 상관없는 탁상공론에 불과했다. 극빈농을 포함하여 거의 모든 농민이 종종 격렬하게 저항했다. 많은 농민들이 식량을 내다 버리고 설비와 헛간 등을 불태우며 꼴 보기 싫은 인민위원들에게 가축을 인계하느니 차라리 도살하는 편을 택했다. 쿨라크들(실제에서는 고무줄처럼 사용된 용어)이 대량으로 체포되어 상상할 수 있는 가장 끔찍한 조건 아래에서 시베리아로 유배되거나 강제수용소에 수감되었는데, 이로써 수십만 명, 나아가 수백만 명을 이루 말할 수 없는 비참과 죽음 속에 몰아넣었다.

집산화 시절에 전체 농업 생산은 크게 추락했다. 분노에 찬 농민들이 수많은 동물들을 도살하여 1927년의 가축 수는 1950년대에 가서야 회복될 수 있을 정도였다. 그렇기는 해도 농민층을 쥐어짜는 무자비한 조치들은 놀랍게도 도시 공업 부문의 급속한 성장을 떠받칠 수 있을 만큼 충분히 효과적이기도 했다. 이 도시 공업 부문 또한 이제 '5개년 계획' 방식으로 근본적으로 재편성되었다. 민간 기업은 불법화되고 계획경제가 도입되었다. 도시 부문의 공업과 인구 성장을 위한 대규모 투자에 필요한 자본을 농촌에서 뽑아낸다는 이 외관상 불가능한 위업은, 노예제나 다름없는 새로운 집단농장을 구축함으로써 성취되었다. 농촌의 소비 수준은 근본적으로 위축되어 때때로 주민들을 기아 사태로 몰고 갔다. 정확한 수치를 알기는 어렵지만, '탈쿨라크화'와 강제 집산화, 대량 처형, 고의적인 기아 등의 직접적인 결과로 남녀노소 포함하여 대략 800만 명이 목숨을 잃은 것으로 추산된다. 이는 제1차 세계대전 때 전선에서 사망한 남성들의 수와 얼추 비슷한 수치였다.

나라의 지배계급으로 알려진 프롤레타리아트(이들 중 수백만 명이 집산화가 개시되면서 도시로 이주한 농민들이었다)는 새로운 공장에서 장시간 저임금 노동에다 주말과 휴일의 '자발적' 노동에 시달렸다. 물질적인 견지에서 하층 신분들 중에서 그나마 형편이 나은 사람들에게도 당시는 내핍의 시대였다. 하물며 다른 사람들에게는 아예 재앙의 시대였다고 할 수 있다. 그렇기는 해도 어쨌거나 사회주의 경제가 수립되고 자본주의가 사라졌다고 말할 수 있었다.

목표가 대가를 지불할 만큼 가치가 있었는지 여부는 완전히 별개의 문제다. 러시아에서 구세계의 많은 것들이 1917년 이래로 파괴되었다. 차르주의의 정치 구조는 사라졌고 부유한 계급은 재산을 몰수당했다. 그럼에도 앞서 14장에서 언급했듯이, 볼셰비키들이 농민들에게 개별적인 토지 소유를 허용했을 때 사적 소유권이 인정된 듯 보였다는 점에서 부르주아혁명과 유사한 어떤 일이 발생했다. 1920년대의 생산관계는 전반적으로 사회주의라고 볼 수 없었다(또는 네프의 '소부르주아 자본주의'로 미끄러졌다). 그렇다면 1928년부터 1934년까지의 '제2의 혁명'이야말로 **진정한** 사회주의혁명이었다고 할 수 있다. 여전히 소련 인민 대부분이 살고 있던 농촌은 가차 없이 사회화되었다. 경제적 개인주의와 토지의 사적 이용은 근본적으로 제한되었다. 도시-공업 부문에서 네프맨과 시장경제가 중앙에서 계획된 사회주의 경제로 대체되었다.

이런 변화들을 '사회주의'라고 지칭하는 것은 '사회주의'라는 개념으로 포괄할 수 있는 범위를 넘어서는 경향이 있다. 확실히 그것은 마르크스가 그리고 있었던 사회주의, 그러니까 높은 수준의 생산성과 개인적 자유, 잠깐 동안의 프롤레타리아독재 이후 국가 소멸 등으로 특징지어지는 그런 사회주의는 아니었다. 그것은 차라리 18세기 초 표트르 대제가 개시한 국가 주도의 러시아 사회의 변종과 닮았거나, 주민의 굴종이라는 면에서는 오히려 고대 노예 사회에 훨씬 더 가까운 것처럼 보인다.

볼셰비키혁명 자체를 개념화하는 경우에도 그렇듯이, 마르크스주의 범주들은 1928년부터 1934년까지 일어난 일을 묘사하는 데 적합하지 않을 듯하다. 그리고 1917년 11월 볼셰비키의 집권이 불과 7개월 전만 해도 생각할 수 없는 일이었듯이, 제2의 혁명과 같은 어떤 것도 볼셰비키들이 악몽과도 같은 내전을 방불케 하는 농민층에 대한 전면적 공격을 개시하기에 충분한 권력을 10여 년에 걸쳐 집중시키지 않았더라면 성공할 수 없었을 것이다.

제2의 혁명이 궁극적으로 목표를 성취했다는 사실은 20세기, 아니 모든 시대를 망라하여 가장 놀라운 발전들 가운데 하나로 간주될 수 있다. 그럼에도 그것이 성공했다고 말하는 것은 성공이라는 말의 의미를 남용하는 것이다. 그것의 성공은 11월 혁명의 역설적인 성공과 닮아 있다. 그 자체 계몽사상의 휴머니즘에 기초한 사회주의 목표의 공식적인 성공에는 잇따른 잔혹함과 끔찍한 인간적 고통, 대량학살이 뒤따랐다. 보통 사람들은 성공이 그런 종류의 성공이라면 제발 성공을 면하게 해달라고 기도할 것이다.

과연 1934년 제17차 당대회는 '승자들의 대회'로 선포되었다. 승패를 결정하는 전투에서 승리하여 생산수단의 집단 소유권이 확립된 것이다. 그에 못지않게 중요한 것은 산업 생산이 급등했다는 사실이다. 이로써 1930년대 나머지 기간 동안 다른 많은 세계에게는 도무지 믿기 힘들 정도로 꾸준히 상당한 수익이 났다. 그럼에도 그런 수익은 몇 가지 의미에서 '신뢰하기 힘든' 것이었다. 공식 통계는 믿기 어렵고 종종 노골적으로 부풀려졌으며, 작업 기능은 조야하고 품질 관리는 최소한에 그쳤는데, 이는 잦은 사고와 장비 고장으로 이어졌다. 그러나 이런 유보 조건들을 받아들인다고 해도 실제로 이룬 성취는 분명했다. 대략 20년 만에 소비에트러시아는 총체적인 군사적 패배와 국토를 초토화한 내전, 거의 총체적인 경제적 파국 상태에서 벗어나 일정한 수준의 산업 생산력을 보유한 나라가 되었다. 생산력 수준에서 볼 때 미국과 독일의 바로 다음 순번을 차지하게 되었다.

러시아의 격변은 여기서 끝나지 않았다. 제2차 5개년계획이 잘 진행되고 있었을 때, 이 나라는 또 다른 종류의 혁명을 경험했으니 이는 볼셰비키 승리의 역설과 공포를 한층 더 심화시킬 것이었다.

피의 숙청

승자들의 대회와 더불어 상황이 이완되는 조짐, 심지어 자유화되는 조짐이 곳곳에서 나타났다. 나라 전체와 적어도 일부 당 지도자들은 이전 5년 간 쏟아 부었던 '영웅적' 노력이 끝난 후에 상대적 이완의 시대가 올 거라고 기대하고 있었다. 권력투쟁에서 스탈린에 패배하여 당에서 쫓겨난 수많은 이들도 당원으로 가입하여 새로운 책임을 맡는 것이 허용되었다. 새로운 헌법이 준비되고 있었고, 헌법 작성에는 부하린이 핵심 역할을 맡고 있었다. 이 헌법은 서구에서도 널리 인정받은 주목할 만한 문서였다. 그것은 소비에트 시민들에게 프랑스와 미국의 헌법에 포함되어 있는 종류의 시민적 권리들을 보장했고, 여기에 고용과 건강,

은퇴 이후의 보장까지 포함하여 다른 폭넓은 권리들과 보호 조항들까지 아우르고 있었다. 투표할 수 있는 자격 조건도 크게 확대되었다. 일찍이 투표권이 박탈된 유산층과 예전의 특권층도 자격을 회복했다. 최소한 원칙상으로 모든 성인 남녀가 투표권을 갖게 되었다.

국제적 차원에서도 이와 비슷한 발전이 나란히 이루어졌다. 코민테른은 일찍이 1928년에서 1934년 사이에 선포한 바 있는 계급 전쟁 정책을 철회하고 모든 반파시스트 세력을 결집하기 위해 고안된 정치 연합으로서 인민전선(Popular Front)의 대의를 받아들였다. 스탈린은 한 서구 언론인과의 인터뷰에서, 앞으로 소련이 평화적이고 비공격적인 대외 정책에 헌신할 것임을 강조하기도 했다. 그는 세계혁명의 발상을 '희비극적 오해'로 일축했다. 적어도 일부 서구 관찰자들은 소련 체제가 장기적인 평화로운 발전의 시대에 진입할 가능성을 기꺼이 환대했다. 이와 유사하게, 많은 서유럽 관찰자들은 소련의 경제적 성취에 강한 인상을 받았는데(그런 경제적 성취의 대가로서 강요된 고통의 정도에 관해서는 당시 서구에 널리 알려지지 않았다), 이는 특히 그런 성취가 여전히 대공황의 충격에서 헤어나지 못하고 있던 유럽 자본주의 세계의 발전과 선명하게 대조되는 것처럼 보였기 때문이다.

그럼에도 공산당 안에서 완전히 화해와 용서가 이루어진 것은 아니라는 점이 곧 분명해졌다. 1928년 이래 스탈린은 당과 나라에 대해 좀 더 강력한 통제권을 구축했음에도 불구하고, 제17차 당대회에 참석한 대표들의 대략 4분의 1이 스탈린이 계속 당 서기직을 맡는 것에 대해 반대투표를 했고, 이에 스탈린은 좌불안석이 되었다. 스탈린은 그런 반대파가 활보할 수 있게 내버려 둘 인간형이 아니었다. 그의 혁명적 필명인 스탈린이 '강철'(stahl')을 뜻하는 러시아어에서 유래했음을 떠올려 보기만 해도 그의 됨됨이를 짐작할 수 있다. 그는 집산화라는 어려운 임무를 수행하면서 예전보다 더 단단해졌다. 스탈린과 가까운 사람들은 그의 편집중 성향이 점점 심해졌다고 관찰했다. 당시 그의 마음속에 정확히 어떤 생각이 떠올랐는지는 물론 알 수 없지만, 일찍이 자신이 지명한 젊고 유망한 당원들을 포함하여 당내 온건파와의 연립이 자신의 지배에 한계를 부과하고 심지어 자신을 몰아내기 위해 획책하고 있다고 믿은 것 같다. 레닌의 뇌졸중 이후 전개된 권력투쟁에서도 그러했듯이, 스탈린은 처음에는 자신의 냉혹한 의도와 무자비한 후속 계획을 숨기면서 상대방을 안심시키는 미묘한 행보를 보였다.

1934년 12월 1일 레닌그라드 당서기인 세르게이 키로프가 암살당했다. 키로프는 스탈린의 총애를 받으며 '새로운 소비에트형 인간'으로 널리 홍보된 인물로서, 평범한 집안 출신으로 공산주의 지배 아래에서 성장하여 1930년대에 지도부의 요직을 맡은 경력의 소유자였다. 스탈린은 외관상 이 암살에 비통함과 분노를 감추지 못했는데 음모가 계획되고 있다는 걸 넌지시 암시했고, 음모에 연루된 자들을 발본색원하겠노라고 맹세했다. 그럼에도 스탈린의 사후에 개봉된 증거는 스탈린 스스로 음모를 부추겼음을 보여 준다. 왜냐하면 스탈린은 키로프가 자신의 자리를 넘보지 않을까 두려워하고 있었기 때문이다.

스탈린은 과거에는 계획적으로 정적들에게 모욕을 주고 출당시킨 반면, 이제는 범죄적 음모를 비난하고 사형이나 장기형을 선고했다. 연쇄적인 반동이 개시되었다. 수많은 사람들이 체포되었고, 다른 사람들을 지목하는 고발장들이 신문에 정기적으로 게재되었다. 일련의 전시성 재판들이 개최되어, 수많은 옛 볼셰비키들을 포함하여 저명한 당 지도자들이 말도 안 되는 고발(예컨대 수년 전에 레닌을 암살하기 위해 음모를 꾸몄다는 식의 고발)에 대해 자백해야 했다. 이와 유사하게, 러시아 내전 당시의 공적으로 존경받았던 미하일 투하체프스키 원수 같은 군부 지도자들도 체포되어 반역죄로 기소되었다. 기소된 거의 모든 사람이 결국에는 자백했다. 이따금 재판이 끝난 지 며칠 만에 처형이 이루어졌다. 당시 많은 관찰자들은 자백한 사람들이 고문을 당했다고 의심했고, 잇따라 공개된 증거는 그런 의심이 옳음을 입증했다. 그럼에도 아주 저명한 몇몇 인물들은 섬뜩한 육체적 학대보다는 심리적 압박에 못 이겨 자백하거나, 만일 자백하면 가족들만큼은 체포되거나 고문당하지 않을 거라고 믿고 자백한 것으로 보인다.

'반혁명적 범죄'와 다양한 음모에 연루되었다고 하는 비난들이 심지어는 당과 정부의 하층에도 만연하여, 공개 비난과 공개 반박, 대량 체포의 파노라마를 보여 주었다. 보통 시민들도, 실제 범죄와는 무관한데도 예컨대 스탈린을 헐뜯는 정치 농담 같은 행위로 기소되었다. 수백만 명의 소비에트 시민들이 사형이나 중노동형(종종 죽음에 이르는)을 선고받았다. 아마도 2천만 명이나 되는 사람들이 수감되어 거대한 노예 노동 인구의 일부가 되었는데, 이는 나중에 노벨문학상 수상자인 알렉산드르 솔제니친의 1973년작 《수용소 군도》(The Gulag Archipelago)로 유명해질 약칭인 굴락(Gulag)*으로 알려지게 되었다.

북극해의 광산촌인 보르쿠타(Vorkuta) 같은 가장 악명 높은 수용소들에서 벌어진 학살은 나치 독일처럼 명시적인 대량 절멸 정책으로서 발생한 것이 아니라 오히려 표현할 길 없는 가혹한 노동조건(체온 저하와 부적절한 음식, 경비원들의 가혹한 학대) 때문에 발생했다. 이 시절에도 집산화 시절처럼 여성과 고령자, 심지어 어린아이들까지 포함하여 아무리 적게 잡아도 수만 명이 보통 뒤통수에 총을 맞고 즉결 처형되는 경우가

---

* '굴락'(Gulag)은 '교정노동수용소 관리국'(Glavnoye uplavleniye ispravitel'no-trudovykh lagerey i koloniy), 짧게는 'Glavnoye uplavleniye lagerey'의 이니셜 문자들로 이루어진 약칭이다.

헤아릴 수 없이 많았다.

일부 연구자들은 1930~1940년대에 두 전체주의 국가에서 나란히 중요한 일이 벌어졌다고 주장했다. 히틀러의 나치 제국은 수백만 명의 유대인을 살해했는데, 그 이유는 그들이 위험한 인종으로 간주되었기 때문이다. 반면, 스탈린의 소련은 수백만 명의 쿨라크를 비롯하여 '부르주아' 분자들을 살해했는데, 그 이유는 그들이 위험한 사회 계급의 일부였기 때문이다. 그러나 이런 비교가 아무리 유효할지라도, 숙청 재판과 연관된 대량학살이 이미 당과 국가의 고위직으로 올라간 수많은 유대인들까지 포함하여 모든 계급과 종족에 속하는 수백만 명을 대상으로 이루어졌다는 점에서 단순 비교가 불가능하다. 또 다른 차이점은 소련의 대량학살이 제3제국의 지도자들이 명령한 대량학살보다 절대적 수치에서도 더 많은 인명을 앗아갔을 뿐 아니라 1919년부터 1939년 사이에 한 번씩 몰아쳐서 이루어지는 등 시기적으로도 오래 지속되었다는 데 있다. 그런가 하면 또 다른 차이는 나치 강제수용소들이 전쟁 말기에 적군에 의해 장악되어 그 실상이 만천하에 드러났던 반면, 소비에트러시아의 수용소들은 거기서 살아남은 일부 사람들에 의해 훗날 묘사되었을 뿐 여전히 나치 수용소들과 같은 방식으로 연구자들의 철저한 진상 조사 대상이 되지 못했다는 데 있다.

이 대중적 히스테리, 혁명이 스스로를 집어삼키는 이 극단적 사건을 추동한 힘은 무엇이었을까? 대부분의 연구자들은 처음에는 스탈린의 편집증(혹은 당내 온건파가 자신을 거꾸러뜨릴지도 모른다는 아마도 근거가 없지 않은 불안증)으로 시작된 것이 나중에는 다른 어떤 것으로, 즉 일부 연구자들이 '제3의 혁명'으로, 또는 1917년에 촉발된 거대하나 서로 접속되지 못한 혁명적 힘들의 세 번째 발전 단계로 지칭하는 어떤 것으로 전이되었다는 데 동의한다. 스탈린에게 궁극적 책임이 있다는 점은 틀림없지만, 스탈린이 실제로 키로프 암살 이후 펼쳐진 모든 과정을 의도했다고 믿기는 어렵다.

피의 숙청에 대한 좀 더 흥미로운 분석은, 이 숙청이 소비에트 국가와 사회에 누적된 압력을 때마침 낮춰 주는 효과를 냈다는 점에서 왜곡되기는 했으나 모종의 합리성이 있었다고 주장해 왔다. 즉 지배 엘리트들 사이에 갈등을 해소하고 신분 상승의 기회도 제공했다는 것이다. 현대 전체주의 국가들의 특수한 역동성을 파악한 사람들은 선거가 무의미하고 견고한 관료제가 질식할 듯한 지배력을 행사하게 될 때 정규적인 숙청이 필요해졌다고 주장해 왔다. 숙청이 없다면 그런 나라는 정체되고 말 것이라는 얘기다. 그렇기는 해도 다른 사람들은 숙청을 단순히 공산주의 절대 권력 체제의 고유한 악으로, 요컨대 영국의 역사가 존 액턴 경의 유명한 공리를 빌리면 권력은 부패하는 경향이 있고 절대 권력은 절대적으로 부패할 수밖에 없다는 식으로 설명해 왔다.

역설들과 예측할 수 없는 변수들

1914년 이전에 사회혁명의 개념에 우호적이던 많은 사람들이 목적과 수단의 딜레마에 대해 고민하기 시작했다. 폭력이 사회 부정의와 인간적 고통을 이어 온 수세기에 종지부를 찍을 수 있다면 상대적으로 짧은 폭력의 시기는 정당화될 수 있을까? 그럼에도 폭력이 정당화될 수 있다고 믿는 사람들조차도 의도된 짧은 폭력의 시기가 통제를 벗어나고 오래 지속되면 무슨 일이 벌어질지에 대해 자문해야 했다. 게다가 사회정의마저 실현하지 못하면 어떻게 될 것인가?

민족적 이해관계라고 생각된 것을 방어하기 위해 제1차 세계대전을 벌이고난 뒤 지불한 대가는 가히 충격적(결국 계산 불가)이었지만, 소비에트러시아에서 공산주의를 고안해 냄으로써 '사회주의의 성취'를 위해 지불한 대가는 그보다 훨씬 더 컸다. 만일 훗날 중국과 북한, 베트남, 캄보디아에서 공산주의 지배 아래 목숨을 잃은 수천만 명의 희생이라는 대가를 포함하면 더욱 그러할 것이다. 소비에트 공산주의는 전간기에 계속해서 유럽에서 자신을 찬미하는 추종자들을 거느리고 있었지만, 그만큼의 변치 않는 두려움 또한 양산했다. 그런 두려움은 이탈리아식으로건 독일식으로건 변이된 형태를 통해 특히 위협적인 차원을 띠었는데, 결국 또 다른 세계대전으로 정점에 달하여 다시금 또 다른 대량학살을 낳을 터였다.

| 더 읽을거리 |

소비에트 문서 보관서들이 서방 학자들에게 문을 열기 전에 출간된 인상적인 스탈린 연구서들은 지금은 많은 개정을 거듭했는데, 그중에 중요한 것으로는 사이먼 시백 몬티피오리의 《스탈린: 붉은 차르의 법정》(Stalin: The Court of the Red Tsar, 2005)과 《젊은 스탈린》(Young Stalin, 2007)을 꼽을 수 있다. 또한 출간된 지는 오래되었으나 여전히 많은 정보를 주는 연구서로는 로버트 C. 터커의 《혁명가 스탈린, 1879~1929》(Stalin as Revolutionary, 1879-1929, 1973)과 《권좌의 스탈린, 1928~1941》(Stalin in Power, 1928-1941, 1992)을 꼽을 수 있다. (또한 23장을 보라.) 1930년대 소련에 대한 '아래로부터의 역사'의 의미와 관련해서는 실라 피츠패트릭의 《일상의 스탈린주의: 특별한 시대 보통 사람들의 생활》(Everyday Stalinism: Ordinary Life in Extraordinary Times, 2008)을 보라.

18장

파시즘과 나치즘의 발흥

1919~1939

서유럽과 중유럽에서 공산주의가 호소력을 뿜어낼 수 있었던 것은 전쟁 이전 사회주의 정당들의 열망이 실패로 돌아간 탓도 있다. 그러나 공산주의의 호소력은 무엇보다 옛 러시아 제국에서 볼셰비키들이 권력을 장악하고 유지하는 데 성공함으로써 강화되었다. 공산주의와 파시즘은 그 기원이 민주주의적 좌파의 숱한 실패의 산물이라고 볼 수 있다. 공산주의는 극좌파의 산물이고 파시즘은 극우파의 산물이라고 할 수 있을지 모르는데, 다만 공산주의가 파시즘의 호소력을 드높이는 데 중요한 요소였다는 점을 덧붙여야 한다.

이미 14장과 17장에서 살펴보았듯이, 혁명은 1917년 이후 러시아 바깥으로 확산되지 못했다. 러시아에서 공산주의의 지배는 혁명을 세계 곳곳에 확산시키겠다고 약속했음에도 불구하고, 볼셰비키에게서 영감을 받은 극좌파의 강령이나 각국의 토착 극좌파의 강령에 대한 기존의 불안감을 도처에서 증폭시켰다. 사실 무솔리니는 집권하고 10년 동안

(1922~1932) 이탈리아 바깥의 보수주의자들, 특히 윈스턴 처칠 같은 인사들에게 인기가 많았다. 히틀러도 처음에는 독일 안팎의 여러 보수주의자들(1930년대 중반까지 처칠을 포함하여) 사이에서 사회민주주의적 좌파 지배나 공산주의적 좌파 지배의 대안으로 우호적인 반응을 얻었다.

급진적 우파를 강화시킨 요인들 중에서 가장 결정적인 요인은 바로 1929년 말에 시작된 대공황이었다. 독일에서 좌파연립, 우파연립 할 것 없이 모두 공황에 효과적으로 대처할 수 없는 상황에서 1933년 1월 말 나치가 권력을 인수하게 되었는데, 이는 이탈리아에서 무솔리니의 권력 인수보다 훨씬 더 중요한 함의를 띤 사건이었다.

이탈리아 파시즘의 기원

1920년대 초 파시즘은 처음에는 그 용어 자체가 보여 주듯이 어떤 국제 운동의 기수라기보다는 철저히 이탈리아적인 조건에서 파생한 운동으로 인식되었다. 과연 이탈리아에서 의회민주주의가 강력한 적은 없었다. 1922년 무솔리니가 총리로 취임할 수 있게 만든 거의 완전한 의회 마비 사태가 처음에는 다른 나라들에서 큰 불안을 야기하지는 못했는데, 그 이유는 대체로 무솔리니와 그의 운동이 무엇을 대표하는 것인지 분명하지 않았기 때문이다. 더욱이 처음에 무솔리니의 정당은 작았고 이탈리아는 거대 열강으로 간주되지 않았다.

파시즘을 만족스럽게 정의하는 일이 복잡한 까닭은, 파시즘을 대표하는 이탈리아의 전위 정당이 1919년에서 1939년 사이에 많은 관찰자들을 당혹스럽게 하고 혼란에 빠뜨리면서 중대한 변신을 거듭했기 때문이다. 파시즘은 진행형의 운동으로서 사회 밑바닥의 분노와 원대한 수사학, 우파와 좌파를 기회주의적으로 뒤섞은 잡동사니처럼 보이는데, 그렇기에 파시즘을 19세기적 의미에서 일관된 이데올로기로 규정하기에는 의심쩍은 면이 많다. 그런 혼합에도 불구하고 가장 광범위하고 가장 지속적인 관심을 받은 요소는, 이탈리아 파시스트 운동이 혁명적 좌파를 성공적으로 제압했다는 점이다. 이탈리아 사회당(PSI)은 당시 유럽에서 가장 혁명적인 사회주의 정당 가운데 하나로 여겨졌다. 1921년 초 사회당이 친공산주의 당파와 비공산주의 당파로 분열함으로써 사회주의 좌파 세력은 눈에 띄게 취약해졌지만, 그런 분열로 사회혁명의 위험에 대한 당시 이탈리아 유산계급들의 불안감이 줄어들지는 않았다. 새로운 이탈리아 공산당(PCI)은 볼셰비즘을 하나의 모델로 받아들이고 그래서 러시아 야만주의가 수출되고 있음을 보여 줌으로써 오히려 그런 불안감을 증폭시키는 경향이 있었다.

'파시즘'이라는 용어가 도덕적으로 공격적인 함의를 띠고 있었기 때문에, 최초에 파시즘에 매력을 느낀 다수의 사람들이 이상주의자였다는 점이 흔히 간과되곤 했다. 그들은 볼셰비즘이야말로 근본적인 도덕적 악을 대표하는 것으로 보았기에 파시즘의 난폭한 방법들을 눈감아 주는 성향이 있었다. 그들의 눈에 볼셰비즘은 스스로 엘리트를 자임하는 자들이 테러리즘과 무신론, 전제적 지배를 공공연하게 받아들여 기독교적 도덕성과 계몽사상의 가치 모두와 단절한 운동이었다. 공황 상태에 빠진 상층 및 하층 유산자들은 1919~1920년 '붉은 2년간'(biennio rosso) 벌어진 혼돈스러운 하층계급의 소요 사태에 충격을 받았다. 이탈리아에서 수백만 명의 일반 시민들도 결코 냉소적이거나 반동적인 금권정치가가 아님에도 그런 소요에서 자신들의 물질적 소유뿐 아니라 개인적 안전과 종교적 믿음에 대한 위협을 느꼈다.

폭력적인 사회혁명에 대한 불안감이 이탈리아의 민족적 자부심이라는 쟁점과 혼합되었다. 이탈리아의 애국심이 전쟁과 전후 협정들에 의해 전쟁터에서 굴욕을 겪은 일뿐만 아니라, 파리강화회의에서 승전에 따른 온전한 전리품을 요구한 이탈리아의 뜻이 거부됨에 따라 깊은 상처를 받았던 것이다. 이탈리아가 19세기 중엽에 민족 통일을 미지근한 방식으로 성취한 이래로, 이탈리아인들은 다른 유럽인들의 무시를 받으며 고통스러워했다. 역사가 앨런 캐슬스는 19세기와 20세기 이탈리아가 안고 있던 상당수의 고뇌도 좀처럼 사라지지 않는 이탈리아인들의 '열등 콤플렉스'(inferiority complex)와 관련되어 있었다고 주장했다.

무솔리니의 집권

결과적으로 보면, 무솔리니는 그런 불안과 분노를 이용하는 데 능숙한 솜씨를 발휘한 게 확실하다. 총리로 재임한 첫해에는 자신이 이끄는 운동 내부의 적대적인 당파들을 잘 통제하려고 애쓰면서 스스로 합리적이고 고상한 인물로 보이려는 주의 깊은 행보를 보였다. 요컨대 무솔리니가 처음으로 공식적인 정치권력을 떠맡게 된 과정에는 혁명적이랄 것이 거의 없었다. 1922년 초가을에 있은 파시스트들의 '로마 진군'조차도 실재라기보다는 선전에 불과했다. 무솔리니가 총리가 된 것도 바리케이드의 결전이 아니라 정치적 뒷거래를 통해서였다. 비록 점점 폭증하는 파시스트 폭력의 위협이 누가 봐도 그런 정치적 거래에서 중요한 역할을 했지만 말이다.

1922년 말 이탈리아가 정치적 교착 상태에 빠졌다는 점이야말로 아주 중요한 사실이었다. 전쟁 직후 선거에서 등장한 두 거대 정당인 사회당(PSI)과 신생 가톨릭인민당(통상 '인민당원들'[Popolari]로 알려진)*은 의회에서 서로 협력하기를 거부했다. 그들은 눈앞의 사회적·경제적 개혁과 관련된 여러 쟁점에 대해서는 동의했지만, 실제로 가톨릭 종교라는 쟁점을 둘러싸고는 치열하게 대립하고 있었다. 무솔리니를 총리로 지명한 것도 그런 교착 상태를 해소하기 위한 승산 없는 도박에 불과했다. 그러나 결국 이탈리아 국왕 비토리오 에마누엘레 3세는 당시 파시스트당이 의회 전체 의석 535석 중 고작 35석만을 차지하고 있었음에도 불구하고 무솔리니를 총리로 지명하라는 측근들의 조언에 굴복했다.

무솔리니의 집권은 어떤 면에서 볼셰비키의 승리와 의미심장한 유사성이 있었다. 두 경우 모두 다른 정당들이 효과적으로 지배할 수 없다는 점이 드러나게 된 연후에야 가능해졌다는 점이다. 또 무솔리니가 총리에 오른 것도 파시스트당 자체의 힘 덕분이라기보다는 당시 권력층의 오판 때문에 가능했다고 할 수 있다. 이와 관련하여 러시아의 상황과 비슷한 점은, 당시 어떤 관찰자도 레닌이나 무솔리니가 그렇게 오래 갈 거라고 예상하지 못했다는 점이다. 많은 사람들은 파시스트들과 볼셰비키들이 실질적인 정치 경험이 보잘것없기 때문에 이탈리아나 러시아 같은 유럽의 주요한 민족을 그렇게 오래 지배하기란 불가능할 것이라고 결론지었다. 그리하여 일부 관찰자들은 무솔리니와 그의 당이 스스로 무능함을 드러내도록 하는 편이 그들과 싸우며 피를 보는 것보다는 현명할 것이라고 인식하기도 했다.

그럼에도 이탈리아와 러시아의 상황 사이에는 두드러진 차이점이 있었다. 러시아에서 차르든 자유민주주의든 권위가 붕괴한 과정은 총체

---

* 공식 명칭은 '이탈리아 인민당'(Partito Popolare Italiano)인데 'PPI'로 약칭되었다.

적인 파국이나 다름없었다. 볼셰비키들은 기성의 사회적·경제적 관계를 폐지하려는 뜻을 품은 교조적 마르크스주의자들이었던 반면, 1922년 당시 무솔리니의 장기적 의도가 무엇인지는 불확실했다. 그렇기는 해도 무솔리니가 총리가 되는 것을 지지한 사람들은 대부분 기성의 사회적·경제적 질서를 전복하는 것이 아니라 유지하는 데 헌신적이었다. 볼셰비키들은 케렌스키의 임시정부를 폭력적으로 뒤엎은 다음 제헌의회의 선거 결과를 거부했다. 반면, 무솔리니는 국왕에 의해 지명되고 경찰과 군부를 포함하는 기성 질서 세력의 반대 없이 합법적으로 총리가 되었다.

무솔리니를 지지한 사람들 다수는, 그가 스스로 바보 같은 짓을 실제로 하지는 않겠지만 어쨌거나 이탈리아 의회의 관행에 따라 '변신될' (transformed) 것이라고 확신했다(이탈리아에서는 1870년대 이래로 부패한 의회의 권모술수를 묘사하기 위해 '변신 정치'[trasformismo]라는 용어가 사용되었다). 어떤 관찰자들은 파시즘의 에너지와 역동성, 결정적 행동의 잠재력에 큰 인상을 받았는데, 이를 집약해서 보여 준 것이 파시스트당의 준군사 조직인 이른바 '행동대원들'(squadristi, 가리발디의 붉은셔츠단을 연상시키는 '검은셔츠단'으로도 불렀다)이었다. '행동대원들'의 다수는 전시에 (대담한 자들이라는 뜻의 '결사대'[arditi]로 불린) 특공대에서 복무했다. 전후에 그들은 이탈리아 북동부에서 테러 통치를 개시했다. 1922년 말 그들은 많은 도시들에서 사실상의 지배권을 행사하며 합법적으로 선출된 지방정부들을 폭력적으로 농단했다. 당시 어떤 책임 있는 중앙정부도 '행동대원들'의 광란이 지속되는 것을 허용하지 않았으나, 어떤 정치인도 그들을 제압하기 위해 용감하고 단호하게 나서지 않았던 것 또한 사실이다. 바로 이것이 결국 국왕이 무솔리니를 총리로 지명한 하나의 이유이기도 했다.

일단 무솔리니가 공식적으로 정치권력을 떠맡게 되자 '행동대원들'은 선동을 강화하며 '제2의 혁명'을 요구했다. '제2의 혁명'은 그 무렵에 좌파와 우파 모두에서 널리 상용된 용어였다. '행동대원들'은 이 용어를 마르크스주의적 의미의 사회혁명이 아니라 다소 모호하고 이념적인 성격도 탈색된 의미로 사용했는데, 처음에는 부패한 '부르주아' 관리들에 대한 숙청으로 시작해서 나중에는 이탈리아의 무기력한 의회 시스템을 권위주의 체제로 대체하는 것을 뜻했다. 히틀러를 따르던 자들도 이런 비슷한 용어로 자신들의 주장을 표현하게 된다.

파시즘, 초창기 나치즘과의 관계

제2의 혁명에 대한 신묘한 주장은 무솔리니가 진정으로 새로운 운동을 지도하고 있으며 혐오스러운 과거는 물론이고 닳고 닳은 이데올로기들과도 단절한다는 태도와 연관되어 있었다. 그런 주장들은 특히 젊은이들에게 호소력이 컸다. 1919년 레닌은 마르크스의 《공산주의자 선언》의 혁명적 정신으로 되돌아가고 있음을 강조하기 위해 '공산주의자'라는 용어를 되살린 바 있다. 무솔리니는 이상화된 교조로 되돌아간다는 주장을 펼치진 않았으나, 그 대신 새 시대와 새로운 필요를 강조하기 위해 '파시스트'(fascista)라는 용어를 빚어냈다. 그는 공식적 이데올로기들, 특히 좌파 이데올로기들이 책상물림에 불과하다고 조롱했다. 그는 덜 말하고 더 행동하기를 요구했다. 이는 이탈리아에서 특히 호소력이 컸는데, 이탈리아 정치인들이 결과에 책임지지 않으면서 감언이설로 일관하는 경향을 고려하면 충분히 이해할 수 있는 일이다. 무솔리니는 이렇게 선언했다. "산다는 것은 생각하는 것이 아니라 행동하는 것이다!"

무솔리니가 빚어낸 용어에는 다양한 의미가 담겨 있었다. 그 무렵 이탈리아어에서 '파쇼'(fascio)는 1919년 무솔리니가 최초로 결성한 단체인 '이탈리아 전투단'(fasci italiani di combattimento)에서 사용되었듯이 '집단'(group)이나 '단체'(band)를 의미했다. 그런가 하면 이 용어는 고대 로마의 '파스케스'(fasces), 즉 로마의 최고 권위를 나타내는 상징과도 직접 관련이 있었다. 그렇다면 '파시스트'라는 말에는 반개인주의('집단주의'[groupist])와 권위주의라는 이중의 메시지가 있었다. 무솔리니를 카리스마적 지도자 '두체'로 점점 숭앙하게 된 것도 우파 전통과 관계가 있었다. 언젠가 파시즘의 정의에 대해 질문을 받았을 때, 무솔리니는 이렇게 대답했다. "내가 곧 파시즘이오!" 어떤 경우에 그는 조르주 소렐이나 프리드리히 니체 같은 전쟁 이전 시기 반실증주의자들의 이념을 파시즘 교리에 통합시켰다고 주장했다. 그는 또한 레닌과 트로츠키를 높이 평가하기도 했는데, 이는 그들이 보여 준 혁명적 대담성 때문이었다. 말하자면, 그들은 전쟁 이전 시기의 너무나도 결정론적인 마르크스주의 이론으로부터 벗어나 있었다.

무솔리니의 개인사를 보아도 대립하는 이미지들이 충돌하고 있음을 알 수 있다. 시골 대장장이의 아들인 그는 하층계급 출신이라고 할 수 있다. 무솔리니는 전쟁 이전의 이탈리아 사회주의 운동에서 혁명적 좌파의 지도자로서 특히 불을 뿜는 연설로 유명했다. 그러나 1915년 초 그는 전쟁을 지지하지도 않고 전쟁에 적극적으로 반대하지도 않는다는 PSI의 노선과 극적으로 단절하고 이탈리아가 삼국협상 편에서 참전해야 한다는 노선을 내놓았다. 이 전향 때문에 무솔리니는 PSI로부터 출당되었다. 그 후 무솔리니는 전선에서 복무했고 부상을 입고 귀향하여 전쟁을 지지하는 언론 활동에 복귀했다. 그는 다른 제대병들과 더불어 부유한 사업가들과 반사회주의 정치인들, 열렬한 민족주의자들과 긴밀한 관계를 발전시켰다. 그렇다고 해서 자신의 출신 배경이나 오랫동안 지켜 온 사회주의적 이상으로부터 완전히 벗어난 것은 아니었다. 그는 아주 여러 해 동안 이탈리아 노동자계급을 사회주의 및 공산주의 정당들로부터 떼어놓기 위해 노력했는데, 이런 시도는 대부분 실패했다.

1919년 초 파시스트 운동이 공식 출범했을 때(1921년 말에 공식적인 정당이 되었다), 그 강령에는 파시즘이 나중에 대변하게 될 내용들과는 각별히 반대되는 많은 좌파적 요소들이 포함되어 있었다(예컨대 여성참정권을 지지하는 조항과 부유층에 대한 중과세 조항이 있었다). 파시스트 운동이 전개되던 첫 10여 년 동안 무솔리니는 종종 인종주의와 특히 반유대주의를 이탈리아적인 전통과는 전혀 어울리지 않는 것이라고 비난했다. 그러나 어쨌든 파시스트들이 유명해진 이유는 그들의 세세한 강령 때문이 아니라 PSI와 그에 부속된 조직들(노동조합과 일간지, 협동조합)과의 폭력적인 충돌에서 보여 준 행동 때문이었는데, 이 충돌에서 파시스트들은 보통 승리자로 등장했던 것이다.

그 첫 10여 년 동안 파시즘은 좌파적이면서도 민족주의적인 면모를 보이는 모호한 성격의 반기득권 운동으로부터 점점 더 우파적 대의들과 연관되고 부유한 후원자들의 지지를 받는 운동으로 진화해 나갔다. 1929년 무렵에 이르면 1919년 강령의 많은 부분이 암묵적으로 부정되었다. 1939년이 되면 파시스트 운동 내부의 변화는 훨씬 더 확대되어, 나치즘과 동맹이 이루어지고 1938년에는 반유대주의 인종법이 도입되었다. 그럼에도 무솔리니가 총리로 재직한 첫해에는 선택할 만한 대안이 별로 없었다. 그는 우파와 중도파 정당들로 얼기설기 기워진 의회 연립을 이끌었다. 비록 무솔리니 스스로 총리는 물론 외무장관과 내무장관까지 맡았음에도 불구하고, 당시 내각의 총 14개 직책 가운데 파시스트들은 고작 네 자리만을 차지했을 뿐이다. 1922년 말부터 1924년 4월의 선거까지 무솔리니는 신임을 받았고, 그의 당은 위신을 얻어 나갔다. 그 선거에서 파시스트당은 의회의 총 535석 가운데 275석을 차지했고, 파시스트들이 참여한 선거 연합은 374석을 획득했다. 선거는 자유민주주의 절차에 따른 모델에 근거한 것은 아니었지만, 나중에 비난받았던 만큼의 노골적인 부정선거는 아니었다.

그것이 무엇이든지 간에, 무솔리니에게는 자신의 완전한 강령을 행동에 옮길 재량권이 주어졌다. 그럼에도 그는 곧 '마테오티 사건'으로 알려진 중대 위기에 직면했다. 1924년 6월 파시스트들에 대한 통렬한 비판으로 유명했던 사회주의자 의원인 자코모 마테오티가 갑자기 실종되고 나중에 변사체로 발견되었다. 곧 이 범죄에 무솔리니의 측근 가운데 한 명이 책임이 있다는 증거가 나타났다. 무솔리니 본인의 역할이 무엇이었는지는 오늘날까지도 논쟁이 이어지고 있지만, 당시 이탈리아의 정치적 좌파와 우파 모두 마테오티 암살에 대해 혐오감을 표현했다. 심지어 일부 저명한 파시스트들도 자신들의 두체가 추종자들 가운데 섞여 있는 준범죄자 분자들을 통제할 수 있느냐에 대해 걱정할 정도였다. 무솔리니는 스스로를 방어하는 과정에서 평소답지 않게 동요하고 주저하는 모습을 보였다.

그럼에도 무솔리니는 이내 평정을 되찾아 사태의 추이 속에서 자신이 살아남으려면 지금보다 훨씬 더 큰 권력을 자기 수중에 집중시킬 필요가 있다는 결론을 내렸다. 그는 이탈리아를 일당 국가 또는 '전체주의적' 국가(그가 도입한 '전체주의적'[totalitario]이라는 용어는 그의 지지자들과 비판자들 모두가 사용했다)로 바꾸는 일련의 법령을 반포했다. 1926년 들어 파시스트당은 유일한 합법 정당으로 군림하게 되었다. 다른 정당의 지도자들 중 다수는 체포되거나 망명을 떠났다. 무솔리니가 획책한 의회민주주의 파괴는 이탈리아 안팎의 무솔리니 찬미자들을 불편하게 만들지는 않은 듯 보였다. 오히려 반대로 이탈리아를 방문하고 돌아온 사람들은 파시즘의 지배가 질서를 회복시키고 "기차를 정시에 도착하게 했다!"(이탈리아에서는 기적 중의 기적)라고 보고했다. 윈스턴 처칠도 1927년에 이탈리아를 방문하고서 무솔리니에게 칭찬을 아끼지 않았다. "두체, 만일 내가 이탈리아 사람이라면, 나는 레닌주의의 야수적인 취향과 감정에 맞서 초지일관 진심으로 당신 편에 설 것입니다!"

이 시점에서 이탈리아 파시즘과 독일 나치즘의 관계는, 특히 이탈리아 쪽에서 싸늘했다. 파시스트 지도자들은 히틀러의 운동이 고대 문명의 후예 민족인 이탈리아인들의 취향에는 맞지 않는 일종의 역겨운 현대적 야만주의를 대표한다는 확신을 숨기지 않았다. 대략 200명의 유대인이 1922년 파시스트들의 로마 진군에 참여했고, 수많은 유대인들이 파시스트 정부의 요직에 지명되었다. 파시즘의 지지자들 사이에는 이탈리아의 부유한 유대인 사업가들과 지주들이 많았는데, 그중에는 무솔리니의 오랜 유대인 정부(情婦)이자 어용 전기 작가인 마르게리타 사르파티도 있었다. 그리고 파시즘의 지배는 비록 '전체주의적'이라고 수식되었지만 나중에 이 용어가 내포하게 될 의미에서처럼 그렇게 전체주의적이지는 않았다. 이는 당시 이탈리아 상원은 물론이고 군부를 비롯한 여러 기관들이 그러했듯이 국왕도 상당한 정도의 독립적인 권력을 보유하고 있었기 때문이다. 더욱이 1920년대 말까지만 해도 파시즘과 나치즘의 관계는 결코 동등하지 않았다. 당시 무솔리니는 세계적인 유명 인사였던 반면, 히틀러는 소규모 비주류 정당의 우스꽝스러운 지도자에 불과했다. 그 무렵 무솔리니는 제발 만나 달라는 히틀러의 요구에도 일언반구 대꾸하지 않을 정도였다.

파시즘의 확산, 1922~1933

무솔리니의 권력이 점차 확대됨에 따라 10여 년 동안 유럽 전역에 걸쳐 파시스트 이탈리아에서 영감을 받았다고 주장하는 온갖 운동과 정당이 우후죽순처럼 증식했다. 이 운동과 정당들은 나름의 민족적 특수성을 반영하면서 이탈리아 모델과는 차별성을 보였으나, 모두 기존에 수립된 제도나 이상들에 대한 분노를 표현했다는 점에서 일치된 모습을 보였다. 대부분의 운동과 정당들은 제복 취향과 상징, 슬로건, 음악, 화려한 행진을 만들어 내는 재능을 과시했다. 다 그런 건 아니지만, 무솔리니한테서 영감을 받았다고 주장하는 사람들 대부분이 무솔리니보다 더 인종주의적이고 특히 반유대주의적인 태도를 드러내곤 했다. 예외가 있다면 우파 시온주의 지도자 제브 자보틴스키 정도였다. 자보틴스키는 무솔리니의 연설 스타일을 모방하고 공공연히 파시스트적인 조직 기술을 채택했다. 비록 그가 무솔리니와 사적으로 접촉하려고 무던히도 애썼지만 히틀러처럼 번번이 좌절되곤 했다. 좌파 시온주의자들이 자보틴스키를 혐오한 것은 다른 좌파들이 파시스트들을 혐오한 것만큼이나 놀라운 일이 아니다.

이탈리아 파시즘의 찬미자들은 저마다 자기 나라에서 전쟁 이전의 반실증주의와 포퓰리즘적인 경향들에 기반을 두고 있었다. 유대인들과 공산주의의 연계가 비난의 대상이 된 만큼 반공산주의가 주요한 테마였다. 1929년 이후 파시스트 동조자들은 일반적으로 금융계의 유대인들이 세계경제 위기에 책임이 있다고 비난했지만, 좀 더 일반적으로는 좌파든 우파든 모든 유대인이 자신들이 몸담고 있는 민족국가를 좀먹는 파괴적 인종의 구성원들로 묘사되었다. 밸푸어선언 이후 수많은 우파 지도자들은 시온주의 프로젝트가 유대인들을 유럽에서 팔레스타인으로 이주시키는 것인 한 시온주의 프로젝트를 선호하게 되었다.

오직 무솔리니의 운동을 대놓고 모방한 일부 사람들만이 '파시스트'라는 명칭을 채택했다. 1920년대 중엽 무렵에 이 용어는 좌파에 의해 부정적인 욕설로 널리 사용되었으므로 이미 정쟁의 불씨가 되었다. 특히 마르크스주의자들은 파시즘을 위기에 몰린 자본주의가 고안해 낸 장치라고 비난했다. 이미 1922년 아돌프 히틀러는 자신의 추종자들 중 한 명으로부터 '독일의 무솔리니'라고 묘사된 바 있었고, 경력 처음부터 마지막 순간까지 무솔리니와 이탈리아 파시즘에 찬사를 보냈다. 그럼에도 히틀러는 1922년에 채택한 이름을 고수했는데, 바로 '민족사회주의독일노동자당'(NSDAP, Nationalsozialistische Deutsche Arbeiterpartei) 또는 독일어 명칭의 첫 두 음절의 독일식 발음을 딴 나치(Nazi)가 바로 그것이었다.

히틀러의 운동과 무솔리니의 운동 사이의 관계가 어떠했는지는 1930년대까지 분명하지 않았다. 1932년 무솔리니는 주이탈리아 오스트리아 대사와의 회견에서 유대인들이 모든 곳에서 그토록 엄청난 영향력을 행사하고 있으므로 "그들을 내버려 두는 편이 낫다. 히틀러는 반유대주의 때문에 이미 필요 이상으로 많은 적을 만들어 냈다"라고 자신의 확신을 피력했다. 심지어 히틀러가 독일에서 권력을 장악한 후인 1934년 무렵에 무솔리니가 새로운 이 '퓌러'와 사적으로 만났을 때도 히틀러한테서 별다른 감흥을 받지 못했다. 무솔리니는 사석에서 히틀러가 "수록곡이 7곡뿐인 축음기 음반"과 닮아서 똑같은 곡들을 지겹게 틀어 대고 있다고 조롱했다.

무솔리니와 다른 주도적인 파시스트들이 그렇게 비웃음을 보냈어도, 이에 히틀러가 분노하거나 소외감을 느끼지 않았다는 사실은 주목할 만하다. 그가 그들의 적대적인 언사들에 대해 얼마나 많이 전해 듣고 있었는지는 불분명하지만, 일부 언사들은 틀림없이 알고 있었을 것이다. 무솔리니가 거느리고 있던 유대인 출신 금융 후원자들과 조언자들, 파시스트 당원들—이탈리아 지도자의 유대인 연인(그리고 젊은 시절 유대인 여성들과의 로맨스)은 말할 것도 없이—에 대해 히틀러가 어떻게 생각했는지는 미스터리로 남아 있다. 히틀러의 내면적 신념과 관련해서는 당혹스러운 점들이 많지만, 특히 이탈리아 파시스트 운동에서 유대인들의 역할에 대한 그의 생각만큼 헤아리기 힘든 것도 없을 것이다.

한편, 에스파냐는 자유민주주의 제도가 이탈리아보다 훨씬 더 취약했고 전쟁 말기에는 폭력적인 하층계급의 소요 사태까지 가세했다. 1923년 9월 미겔 프리모 데 리베라 장군이 군사정권을 수립했다. 그런 다음 무솔리니가 이탈리아 국왕에 의해 총리로 지명된 지 1년이 채 안 되었을 때, 그도 마찬가지로 쿠데타에 정당성을 부여해 주기를 희망한 에스파냐 국왕 알폰소 13세에 의해 총리로 지명되었다. 프리모 데 리베라는 실제로 파시스트를 자처하지는 않았으나 이탈리아 파시즘에 대해 대단히 우호적인 입장을 표명한 또 하나의 인물이었다. 그는 에스파냐를 근대화하고 근로 대중을 돕기 위한 방법으로서 당시 무솔리니가 추진하고 있던 것과 같은 대규모 공공사업 프로그램을 개시하겠다고 선언했다. 유대인들에 대한 이 에스파냐 지도자의 태도는 이 대목에서 무솔리니처럼 일반적으로 관대했다. 그는 심지어 15세기 말 에스파냐에서 '추방된 자들'(세파르딤)*을 다시 불러들이는 등 에스파냐계 유대인들에게 시민권을 허용하는 전향적인 자세를 취했다.

그럼에도 프리모 데 리베라가 무솔리니의 정치적 명민함을 결여하고 있었다는 점이 곧 명백해졌다. 프리모 데 리베라는 유능한 연설가일 뿐

---

* Sephardim, 에스파냐와 포르투갈에 정착한 유대인들과 그 자손을 말한다.

그림 18 차에 올라 군중 속을 이동하는 무솔리니와 히틀러(1940년 6월 18일) akg-images.

아니라 매력적이고 다채로운 개성을 지닌 인물이었지만, 무솔리니가 만들어 낸 종류의 광범위한 지지를 창출할 수는 없었다. 그는 토지 소유 귀족 출신의 군인으로서 무솔리니보다 기성 엘리트층에 더 단단히 결속되어 있었고, 특히 장성들과 교회 고위층을 다루는 과정에서 별로 성공적이지 못했다. 그리하여 무솔리니가 1920년대 말 권력과 인기를 끌어모으고 있을 때, 프리모 데 리베라는 점점 좌절만을 경험하게 되었다. 결국 그는 사임했고 1930년에 에스파냐를 떠난 뒤 몇 달 만에 망명지에서 객사했다. 그의 아들인 호세 안토니오 프리모 데 리베라는 명백히 이탈리아 모델에 준거하되, 여전히 그것과는 실제로 구별되는 조직인 '팔랑헤'(Falange)를 결성했다. 그는 훗날 1936~1939년 에스파냐 내전 동안에 세간에 널리 파시스트로 알려진, 그러나 실은 전통적 군주제주의자라고 할 수 있는 프란시스코 프랑코 장군과 동맹을 맺었다(에스파냐 내전에 관해서는 19장에서 자세히 살펴보기로 한다).

한편 오스트리아 공화국에서 기독교사회당의 지도자들은 이웃 파시스트 이탈리아를 선망의 눈길로 바라보고 있었는데, 그들은 비공식적으로는 '교권주의 파시스트'(clerico-Fascists)라거나 '오스트리아 파시스트'(Austro-Fascists)라고 자처하기까지 했다. 그들의 눈에 무솔리니가 대단하게 보인 지점은, 그가 1929년 '라테란화약'(Lateran Accords or Concordat)을 체결하여 교황청과 이탈리아 국가 사이의 해묵은 적대감에 종지부를 찍고 평화를 가져왔다는 데 있었다. 그러나 무엇보다 오스트리아의 기독교사회당 지도자들에게 이탈리아 파시즘이 가장 매력적으로 다가온 지점은, 무솔리니가 마르크스주의적 좌파를 일소했다는 데 있었다. 이는 당시 오스트리아에서 사회민주당이 기독교사회당의 주요 적수였음을 고려하면 충분히 이해할 수 있는 일이다. 이 두 정당은 1934년 초 빈에서 유혈 충돌을 벌이기까지 했다. 이 충돌에서 기독교사회당 당원들이 승리했다는 사실은 그들이 이탈리아 파시스트들과 마찬가지로 무신론적 마르크스주의를 일소했다고 주장할 수 있게 되었음을 의미했다.

그럼에도 오스트리아의 교권주의 파시스트들이 아무리 이탈리아 파시스트들과 닮았다고 할지라도, 그들은 가톨릭 종교를 포용하고 있었으므로 좀 더 노골적으로 파시즘을 모방하기는 어려웠다. 무솔리니와 교황청의 화약은 틀림없이 기회주의적인 타협이었다. 무솔리니와 그의 측근들 중 다수는 예전에는 반가톨릭 태도로 유명했다. 흥미롭게도, 권좌의 오스트리아 기독교사회당 당원들은 마르크스주의자들을 일소할 뿐 아니라 1933년에 불법화된 '이교적인' 오스트리아 나치당에 단호히 반대하는 자들이기도 했다. 그 당시에 나치 음모자들은 1934년 기독교사회당 당원 총리인 엥겔베르트 돌푸스를 살해했다. 오스트리아의 사례는 비록 마르크스주의자들이 대개 나치즘을 파시즘의 변종으로 간주함에도 불구하고 이탈리아 파시즘과 독일 나치즘의 차이가 1930년대 중엽까지 상당했다는 점을 분명히 보여 주고 있다. 많은 이들이 무솔리니에게는 찬사를 보내면서도 히틀러와 나치 인종주의에 대해서는 확연한 역겨움을 표현했던 것이다.

나치즘, 호소력의 원천

한때 그렇게도 보잘것없는 세력에 불과했던 나치가 어떻게 권좌에 올랐는가 하는 문제는 유럽사를 연구하는 역사가들을 끈질기게 따라다니며 마음을 사로잡는 주제다. 나아가 나치가 그런 권력을 갖고서 무슨 일을 했는가의 문제(형용할 수 없는 잔혹한 행위들과 대량학살)도 많은 역사가들이 인상적인 방식으로 연구해 왔다. 쟁점은 인간이 그런 일을 저질렀다는 것 자체가 아니었다. 역사 속에서 줄곧 인간은 그런 기괴한 잔혹함과 대량학살을 범해 왔기 때문이다. 오히려 쟁점은 그런 일이 유럽, 그것도 교육 수준과 문명 수준이 가장 높다고 하는 민족국가에서 발생한 이유였다. (과연 독일의 경우보다 훨씬 더 잔혹한 일과 대량학살이 더 오랜 시간에 걸쳐 공산주의 러시아에서 발생했다는 사실은 놀라운 일이 아니었다. 왜냐하면 러시아는 독일보다 상대적으로 덜 문명화된 지역이라고 간주되었기 때문이다.) 나치 시대는 종종 범죄자들이 근대 민족에 대한 통제권을 얼마간 획득했던 정상이 아닌 시대로 묘사되곤 했다. 나치 체제와 공산주의 체제 모두에서 제정신이 아닌 것처럼 보이는 게 많았음은 의심의 여지가 없다. 그러나 나치 시대를 비정상으로 묘사하는 것은 적절하지 않다. 아니나 다를까 비정상적인 '그들'과 정상적인 '우리' 사이의 편리한 구분을 설정하는 것은 진지하고 개방적인 분석을 방해할 수 있다.

나치 독일은 점점 더 강력해져서, 파시스트 이탈리아보다 더 위협적이고 더 매력적으로 보이기 시작했다. 무솔리니가 공식적 이데올로기를 노골적으로 경멸했다면, 히틀러는 나치 이데올로기를 진지하게 취급할 것을 요구했다(비록 그가 사석에서는 당의 공식 이데올로그인 알프레트 로젠베르크의 저술들을 대놓고 무시하곤 했지만 말이다). 히틀러는 결코 1921년의 나치당 본연의 강령을 공식적으로 바꾼 적이 없었다. 비록 궁극적으로는 그 강령의 많은 부분을 무시하게 될 것이기는 했지만 말이다. 유대인과 관련된 부분에 대한 히틀러의 해석은 1920~1930년대 내내 끝없는 추측을 불러일으킨 원천이었는데, 왜냐하면 그가 공적이든 사적이든 그 주제를 두고 냉탕과 온탕을 드나들었기 때문이다. 그럼에도 그는 권력 획득의 문제에 대한 접근법을 바꿀 필요가 있음을 분명히 인식했다. 1923년 11월 이른바 '비어홀 폭동'(Beer Hall Putsch)의 실패를 경험하면서 히틀러는 합법적인 수단을 통해 권력에 다가갈 필요가 있다고 확신하게 되었는데, 이는 곧 자유선거에 참여하여 독일 주민 다수의 지지를 얻는다는 것을 의미했다. 히틀러는 이런 목표를 달성하기 위해서는 좀 더 온건하게 보일 필요가 있다고 생각했는데, 이는 다른 청중들에게 말한 것과는 모순되더라도 다양한 청중들이 듣고 싶어 하는 것을 말하는 법을 배워야 함을 의미했다.

히틀러는 1925년 감옥에서 나온 후에 자신의 연설을 윤색하고 광택내는 데 몰두했다. 그는 특히 혁명에 대한 언급과 인종주의 선동을 싫어한 (학자들과 종교 지도자들, 또는 사업가들과 같은) 청중들에게 말할 때에는 급진적 수사학을 누그러뜨렸다. 1920년대 말 유대인에 대해서도 어조를 누그러뜨렸다는 것은 널리 알려진 사실인데, 1923년 폭동에서 히틀러와 함께한 저명한 장성 에리히 루덴도르프는 1928년에 히틀러가 반유대주의적 대의를 져버렸다고 공개적으로 비난할 정도였다. 히틀러는 그런 비난에 거의 대응하지 않았고, 다만 '법을 준수하는 유대인들'은 나치 운동을 두려워할 필요가 없다고 논평했을 뿐이다.

독일이 번영하는 한 히틀러는 나라의 정치 생활에서 변두리에 남아 있을 수밖에 없었다. 그러나 그와 그의 당은 1920년대 말 일정한 진전을 일구어 냈다. 1925년 27,000명이던 나치당의 당원 수는 1928년에 108,000명으로 불어났고, 히틀러는 당내에서 지도자로서 또는 퓌러로서 자신의 지위를 공고하게 다졌다. 또한 1920년대에는 독일 공산당(KPD)이 강력한 카리스마적 지도자 에른스트 탤만을 중심으로 재조직되고 있었다. 그렇다면 나치당과 공산당 모두 일단 '객관적 조건'이 무르익으면 행동에 나설 채비가 되어 있었다고 할 수 있다.

이미 살펴보았듯이, 실패한 자유민주주의와 실패한 자본주의의 강력한 상징으로서 대공황은, 나치당이 독일에서 가장 큰 정당으로 변모하여 결과적으로 득표수에서 SPD와 중앙당을 추월하는 데 결정적인 계기가 되었다. 그런 경제적 붕괴가 없었다면, 히틀러와 그의 운동은 현대사에서 각주로만 남았을 게 거의 틀림없다. 독일은 대공황으로 엄청난 손상을 입고 대규모 실업 사태로 치달았다. 바이마르공화국의 지도자들은 효과적인 치유책을 제시할 수 없음이 드러났고, 1929년 가을부터 1932년 초까지 점점 더 혼돈스러워진 시기에 NSDAP(나치당)는 선거 과정에서 난생 처음으로 투표하는 젊은 유권자들을 대거 끌어들이며 지지율이 전체 투표의 대략 2퍼센트에서 37퍼센트까지 치솟았다. 1933년 초의 시점에 NSDAP는 볼셰비키들이나 파시스트들이 처음 정치권력을 인수했던 때보다 더 잘 조직되고 훨씬 더 많은 대중적 지지를 누리고 있었다. 마음을 휘젓는 연설과 당시 큰 곤란에 처한 사람들의 감정을 교묘하게 이용하면서 자신을 흠모하는 굳건한 충성파를 자기 주위에 집결시키는 능력은, 누가 봐도 히틀러의 성공에서 가장 중요한 요소였다. 그럼에도 나치는 어떤 자유선거에서도 국민적 다수파가 된 적은 없었는데, 어떤 대도시에서도 사정은 마찬가지였다. 그들의 힘은 어디까지나 농촌과 중소 도시, 특히 독일의 프로테스탄트 지역에 있었다.

1929년과 1932년 사이에 KPD(공산당) 또한 급속하게 성장했고, 그런 성장으로 인해 공산주의를 두려워한 사람들은 공산주의의 가장 가차 없는 적인 나치 쪽으로 몰려가는 경향이 있었다. 반면, 나치의 성장으로 왕년의 수많은 '온건' 좌파들은 거꾸로 '강성' 반파시스트 정당인 공산당 쪽으로 몰려드는 경향이 있었다. 이는 전형적인 악순환의 사례였다.

히틀러의 반유대주의

반유대주의가 나치의 성공에, 나아가 히틀러의 개인적 세계관에 근본적인 요인이었다는 믿음이 오랫동안 통용되었다. 이와 유사한 맥락에서 많은 사람들은 전쟁 이전의 반유대주의가 나치즘에서 논리적 정점에 도달했다고 주장해 왔다. 아마도 유대인에 대한 증오는 비합리적이고 유사종교적인 믿음으로 기능했을 텐데, 통상 적대적 집단들을 한데 결집시키고 이 집단들이 자신들의 실질적인 이해관계만을 맹목적으로 추구하게 만들었다. 노동자와 자본가, 종교인과 세속인, 북부 독일인과 남부 독일인, 아마도 이들 모두가 자신들이 아리아 인종에 속한다는 점에서 연대감을 발견한 반면, 유대인은 파괴성의 상징, 소외된 '타자'의 상징으로 기능했다.

이상으로 간단히 묘사한 반유대주의의 풍경은 실상 많은 부분 그럴 듯하고, 또 주민의 여러 계층들에 대해서도 의심의 여지없이 진실일 것이다. 그러나 최근 수십 년 동안 연구자들은 유대인에 대한 증오가 얼마만큼 독일 주민을 한데 뭉치게 하는 정서적 결집의 요인으로 기능했는지에 대해 의혹의 눈길을 던져 왔다. 많은 증거들은 반유대주의가 독일 주민들을 통합한 만큼 분열시키기도 했음을 가리키고 있다. 이미 9장에서 살펴보았듯이, 전쟁 이전의 정치적 반유대주의는 독일에서 주목할 만한 실패를 경험했다. 심지어 19세기에 유대인들에게 허용된 시민적 평등권을 무효화하려는 '온건한' 강령도 제국의회에서 통과된 적이 없었다. 히틀러에게 모델이 된 무솔리니의 파시즘도 무솔리니가 명시적이고도 반복적으로 반유대주의를 거부한 1920년대에 성공을 거두었는데, 이는 히틀러가 무솔리니와 파시즘을 자신의 모델로 묘사한 한에서 각별히 흥미로운 사실이 아닐 수 없다. 많은 전문 연구서들은 나치당원들 대부분에게 당원 가입의 가장 중요한 동기가 반유대주의는 아니었음을 보여 주었다. 경제 문제나 민족주의적인 다른 쟁점들이 더 중요했던 것이다. 물론 그런 쟁점들이 반유대주의와 겹치기는 했지만 말이다.

반유대주의에 사람들을 정서적으로 결속시키는 신비로운 힘이 있었다는 주장을 반박하는 가장 설득력 있는 논점은, 아마도 히틀러(청중들의 마음을 읽을 수 있다고 많은 사람들이 증언한 남자) 자신이 그런 주장을 믿지 않았다는 점이다. 그는 1920년대 말 유대인들에 대한 공격을 누그러뜨렸다. 급진적 반유대주의가 히틀러의 생각에 반드시 끌어들여야 할 다른 많은 사람들을 소외시키면서 그저 소수의 독일인들에게만 호소력이 있다고 판단했기 때문이다. 권좌에 오른 뒤에도 히틀러는 유대인 문제가 어떻게 해결되어야 하는가를 두고 계속 모호하게만 언급했다. 초창기의 폭력적인 반유대주의 수사학은 보통 그 쟁점에 대한 온건한 해결책의 가능성을 암시하는 순화된 표현들로 대체되었다. 히틀러는 사석에서 독일인들이 유대인들이 가하는 위험의 심각성을 깨닫지 못하고 있으며 따라서 급진적인 반유대인 조치에 대한 대중적 동의를 이끌어낼 수 없다는 불만을 토로한 것으로 알려져 있다.

어쨌거나 1938년 말 많은 사람들은 히틀러가 실제로 온건한 해결책을 믿고 있기를 희망했는데, 결국 그런 희망이 헛된 것임을 인정하지 않을 수 없었다. 1939년 전쟁이 발발했을 때, 폭력적인 해결책이 훨씬 더 쉽게 실행되었으니 말이다. 그렇기는 해도 최종 해결책(모든 해결책 가운데 가장 급진적이고 폭력적인 해결책)은 히틀러에 의해 공공연하게 언명되지 않았다(비록 많은 경우에 모호하지만 넌지시 위협적인 언사를 구사했지만 말이다). 기실, 최종 해결책은 대중적 승인을 얻지 못하리라고 암묵적으로 가정된 상태에서 끝까지 비밀리에 봉인되어 있었다.

유대인들에 대한 히틀러의 개인적 믿음의 기원과 성격, 그 진화 과정에 대한 수많은 논쟁적인 연구서들이 축적되어 있다. '히틀러가 실제로 뜻한 바는 무엇인가'를 둘러싼 논쟁은 성격상 '마르크스가 실제로 뜻한 바는 무엇인가'에 대한 논쟁과는 다르지만, 둘 다 히틀러와 마르크스가 공적이건 사적이건 종종 불명확하고도 혼란스럽게 진술했다는 사실과 관계가 있다. 히틀러는 《나의 투쟁》(Mein Kampf)에서뿐 아니라 이런저런 사적인 대화에서 자신이 아주 이른 시기에 유대인들과 가졌던 개인적 만남들에 관해 다양하게 진술했는데, 이런 진술들에 가장 중요한 세부 사항들은 누락되어 있었다. 연구자들은 히틀러가 여러 유대인 개인들을 존중하면서 드러낸 표현들뿐 아니라 1919년 이전 유대인들과 친밀하게 접촉한 것을 보여 주는 아주 흥미로운 증거들을 발견해 왔다. 《나의 투쟁》에도 비록 유대인에 대한 부정적인 인상이 광범위하고도 아주 생생하게 나타나 있기는 하지만 때때로 긍정적인 인상도 암시되어 있다. 그는 빈에서 유대인 예술가들, 특히 음악가들에 찬사를 보냈다.

히틀러는 《나의 투쟁》에서 유대인들이 종교적 공동체라기보다는 이질적인 인종임을 깨달았을 때 경험한 진실의 순간을 묘사하고 있다. 그것은 소설 같은 결론은 아니었는데, 왜냐하면 그것이 1880년대 반유대주의자들의 주요한 테마였기 때문이다. 그럼에도 히틀러는 빌헬름 마르 같은 1914년 이전의 유명한 반유대주의 이론가들을 언급하지 않았다. 히틀러가 자신에게 중요한 지적 영향력을 행사했다고 믿은 사람은, 히틀러가 1913년 빈에서 뮌헨으로 옮겼을 때 만난 '아버지 같은 친구'이자 외부 세계에는 잘 알려져 있지 않던 보헤미안 예술가 디트리히 에카르트였다. 그럼에도 유대인들에 대한 이 친구의 묘사는 히틀러와 나치즘이 훗날 악명 높게 표명할 노골적인 생물학적 묘사와는 달랐다. 확실히, 에카르트는 유대인들이 유물론적이고 파괴적이라고 생각했지만, 동시에 그런 성향이 모든 민족, 심지어 고도로 영적이고 창조적인 아리아인들에게도 존재한다고 믿었다. 에카르트는 결론짓기를, 어떤 민족이든 생존하기 위해서는 어느 정도 '유대인적인 것'(Jewishness)이 필요하다고 말했다. 그렇다면 대량학살은 확실히 유대인 문제에 대한 에카르트의 해결책이 아니었다. 그 대신, 그는 유대인들의 유물론적인 성향에서 자유로워지기 위해서는 유대인들에 대한 폭력이 아니라 아리아인들의 영적인 내면 투쟁이 필요하다고 강조했다.

전쟁 이전 시절에 히틀러는 다른 많은 유형의 반유대주의자들과 접촉했지만, 그들에 대한 히틀러의 진술만 참고해서는 비록 그가 어떤 명확한 결론에 도달했다고 하더라도 그가 실제로 믿게 된 것이 무엇인지를 자신 있게 결론내리기는 힘들다. 히틀러가 언제 '최종' 해결책을 받아들였는지는 확실히 알려져 있지 않지만, 많은 증거들이 제2차 세계대전이 한창 진행될 때에야 비로소 그런 해결책을 받아들였음을 가리키고 있다. 그 이념이 실제로 무엇이었든지 간에 1920년대에 히틀러는 자신의 이념을 현실에 옮길 힘이 없었다. 1930년대에 그의 권력이 거대하게 성장했을 때도 그에게는 명백히 다양한 종류의 구체적인 선택 대안들이 있었다. 물론 진정으로 '온건'하거나 유대인들 자신이 환영할 만한 대안은 거의 확실히 없었지만 말이다. 그가 이따금 스스로를 가리켜 '광신적'이라고 지칭한 것은 의미심장하다.

유대인들과 관련하여 히틀러의 의도가 무엇이었는지를 둘러싼 학자들의 논쟁('의도주의-기능주의 논쟁')은 1920~1930년대 히틀러의 반유대주의가 (진정한 증오심을 반영하는) '진실한' 것이었는지, 아니면 (선동적이고 기회주의적으로) '진실하지 않은' 것이었는지 여부를 둘러싼 논쟁과 닮았다. 그런 용어들은 히틀러가 《나의 투쟁》에서 경탄스럽게 묘사한 또 다른 인물에 적용하는 과정에서 이미 전쟁 이전 시절에 친숙해진 표현들이었다. 이 인물은 바로 히틀러가 빈에 거주할 당시 무척 인기가 높았던 빈 시장인 카를 뤼거였다. 비록 뤼거는 때때로 유대인들을 악독하게 공격하기도 했지만, 주위에 유대인 조언자들과 친구들이 있었고 온갖 수사학적 엄포를 가했음에도 불구하고 결과적으로는 빈의 유대 주민들에게 별달리 큰 해를 끼치지는 않았다. 기실, 유대인들은 뤼거가 시장이던 시절에 대규모로 계속 빈으로 이주했다. 뤼거는 유대인들에 대한 적대적인 표현과 유대인들과의 우호적인 만남을 어떻게 조화시킬 수 있겠냐는 질문을 받자, 이렇게 재담을 했다. "누가 유대인인지는 내가 결정하오!"(이 구절은 훗날 나치 제국의 2인자로서 유대인들과 우호적인 만남을 자주 갖던 헤르만 괴링이 다시 인용했다.)

히틀러가 유대인 문제와 관련하여 기회주의적이었다(혹은 진실하지 못했다)고 단정한다면, 이런 결론은 히틀러를 정치적으로는 기민하지만 지적으로는 깊이가 얕고 일차적으로 권력을 획득하는 데에만 골몰하는 인물로 보는 견해와 잘 어울린다. 그는 대부분의 중요한 정치적 결정 과정에서 자신이 예측할 수 없고 또 때때로 자신이 표명한 이데올로기적 헌신성에 반대되는 것처럼 보이는 경우에 맞닥뜨렸을 때 어김없이 기회주의적으로 반응했다. 이처럼 암묵적으로 각각의 경우에 맞는 시의적절한 행동을 추구하는 성향이 강하다는 점에서 히틀러는 무솔리니나 레닌과 닮았다고 할 수 있다. 그런 성향은 히틀러가 1933년 1월 총리에 오르던 방식에서 가장 명료하게 드러났다. 역사가 이언 커쇼는 널리 격찬 받은 히틀러 전기에서 이렇게 통찰하고 있다. "히틀러가 권좌에 오르는 과정에서 큰 역할을 한 것은 이 나치 지도자 자신의 행위보다는 우발적 사건들과 보수주의자들의 오판이었다."

권좌의 히틀러

결국 무솔리니가 그러했듯이 대단히 어려운 시절이었음에도 불구하고, 히틀러는 합법적으로 권좌에 올랐다. 그를 권좌에 초대한 사람들은 보수적인 권력 브로커들이었는데, 이들은 자신들의 이해관계를 지키기 위해 히틀러를 조종할 수 있다고 생각했다. 그럼에도 히틀러는 무솔리니가 1920년대 초에 선거에서 누렸던 지지보다 훨씬 더 광범위한 지지를 1930년대 초에 누렸고, 전국적 소요도 이탈리아보다 독일에서 훨씬 더 심각했다. 1929년 말부터 1932년 초까지 기진맥진한 일련의 선거 투쟁에서 한때 변두리에 있던 히틀러의 정당이 압도적 다수를 얻어 선두로 치고 나아갔는데, 이는 히틀러와 당의 다른 지도자들이 이미 호언장담한 것이기도 했다.

그림 19 아돌프 히틀러(1936년 9월)
급진적 선동가가 아닌 고상한 정치가로 보이려는 노력을 반영이라도 하듯이 신사복 정장을 차려입고 있다. © ullsteinbild / TopFoto.co.uk.

그러나 1932년 11월의 선거에서 NSDAP는 전체 득표의 37퍼센트에서 갑자기 33퍼센트로 떨어졌다. 붕괴라고까지 말할 수는 없겠지만, 그런 하락세는 히틀러가 이끄는 당에 대한 대중적 지지가 한계에 다다랐음을 암시하는 것이었다. 많은 사람들은 이런 후퇴를 보고 히틀러와 나치즘의 종말이 시작된 것으로 해석하기도 했다. 그의 성공은 용두사미가 된 것으로 보였다. 히틀러의 선동 정치와 그의 당이 남발한 모순된 약속들은 부메랑이 되어 그를 괴롭혔다. 당의 재정도 고갈되었고 사기도 땅에 떨어졌으며, 당내에는 당파주의가 창궐했다. 수천 명이 실망하여 당을 떠났고, 수십만 명이 더 이상 당에 투표하지 않았다. 그런 후에 1933년 1월 말 총리직을 제의받자 곧 히틀러는 제의를 수락했다. 비록 히틀러의 내각에 나치당 당원이 아닌 자들을 다수로 포함해야 한다는 조건이 붙었고, 이런 조건은 일찍이 히틀러 자신도 받아들일 수 없는 것이라고 말했음에도 불구하고 그는 총리직 제의를 수락했다.

히틀러는 흔히 말하듯이 총리로 '선출된' 것이 아니었다. 바이마르 헌법 아래에서 총리는 대중이 선출하는 것이 아니라 제국의회에서 정당 연합으로 구성된 다수파를 배경으로 하여 대통령에 의해 임명되었다. NSDAP는 바이마르공화국에서 마지막으로 치러진 자유선거에서 전체 투표의 3분의 1을 얻었다. 히틀러는 나중에 자신의 당이 얻은 인기보다 훨씬 더 크고 실로 엄청난 인기를 얻을 테지만, 1933년 초 당시 그와 그의 당은 광범위한 우려와 의혹의 시선을 감수해야 했다. 이 엉뚱한 오스트리아 출신 하사관과 준범법자나 다름없는 그의 측근들이 곧 통치에 부적합하다는 점이 폭로될 것이라는 자신만만한 예측도 많았다. 모스크바의 공식 입장은 그런 예측들보다 훨씬 멀리 나아가 히틀러의 총리 지명을 아주 만족스러운 것으로 간주했으니, 이 사건은 필경 독일 지배 엘리트의 완전한 절망(독일 자본주의의 '단말마의 비명')을 반영한 것으로 보인 것이다. 당시 독일 공산당이 채택한 슬로건도 "히틀러 다음에는 우리다!"(nach Hitler uns!)였다. 프롤레타리아혁명이 코앞에 있었다.

그런데 현실은 상당히 다른 것으로 드러났다. 히틀러는 총리로 지명된 직후 몇 달 만에 무솔리니가 몇 년 동안에 걸쳐 했던 일을 해치웠다. 혁명적 좌파 척결과 다른 정당들의 제거, 독재적인 유일 정당 국가 수립 등이 히틀러가 단기간에 해치운 일들이었다. 그러나 다시금 히틀러는 세밀한 계획을 세워 작업해 나갔다기보다는 매번 뜻밖에 맞닥뜨린 사건들에 대응하면서 즉석에서 결정을 내리곤 했다. 예컨대 그와 그의 조언자들은 2월 27일 제국의회 의사당이 화염에 휩싸였다는 소식을 듣고 놀라 두려운 마음을 숨기지 못했다. 심지어 히틀러는 이 화재가 공산주의자들의 혁명적 반격이 개시되었음을 알려 주는 신호라고 단정하여 공황 상태에 빠지기 일보직전까지 갔다고도 한다. 그러나 그는 화재를 KPD(공산당)를 제압하는 구실로 이용하면서 사건을 나치에 유리한 쪽으로 바꿔 나갈 수 있었다. 곧이어 3월 5일에 치러진 선거에서 KPD는 불법화되고 공산주의에 대한 두려움의 물결이 독일 전역을 휩쓰는 상황에서 나치는 전체 투표의 44퍼센트 남짓 득표했다. 물론 이 득표율로는 여전히 히틀러가 희망한 절대적 다수파를 차지하지는 못했지만, 몇 주 안에 그는 SPD(사민당)를 제외한 가톨릭중앙당과 우파 민족주의자들, 그 밖에 잔존 정당들을 설득하여 히틀러에게 다음 4년 동안 직접 법령을 제정하여 통치할 권한을 허용하는, 이른바 '수권법'(Enabling Act)에 찬성 투표하도록 유도할 수 있었다.

히틀러는 이런 권력을 독일에서 '획일화'(Gleichschaltung)의 목표를 성취하기 위해 사용했는데, 이 목표는 대략 '일사불란하게 정렬시키기'나 좀 더 단순하게 '나치화'로 번역할 수 있겠다. 예전에는 사적이든 공적이든 다양한 종류의 독립 기구들이 나치 지배에 종속되었다. '획일화' 는 때때로 나치 혁명이라고 불리기도 하지만, 실제로는 바리케이드를 사이에 둔 결전이 아니라 점진적이고 합법적인 방식으로 진행된 과정 이었다. 그 과정에서 소유권에 대한 주요한 공격이나 소득 재분배 조치, 심지어 유대인이 관직을 차지하고 있는 경우를 제외하면 국가 관료제 에 대한 숙청도 없었다.

그렇기는 해도 히틀러는 총리가 된 지 1년이 조금 넘은 뒤에도 여전 히 '전체적인' 통제권을 장악하지는 못했다. 더욱이 그는 곧 심각한 위 기에 직면했는데, 이탈리아에서 발생한 마테오티 사건에 비견될 만한 위기였다. 그 무렵 나치당 내에 소란스럽고 불법적인 분자들이 골칫거리 였다. 이런 상황은 1924년 이탈리아 파시스트당의 경우에 쟁점이 된 것 보다 더 큰 쟁점으로 불거졌고 과연 히틀러가 그들을 통제할 수 있겠 느냐는 것이 훨씬 더 결정적인 문제로 제기되었다. 마침내 1934년 6월 '장검의 밤'(Night of the Long Knives)으로 알려지게 된 사건을 통해 히 틀러에게 진실의 순간이 다가왔다. 이 사건은 히틀러가 집권 초기에 맞 닥뜨린 가장 심각한 내부 위기였고, 그런 만큼 이 위기는 상징성도 강 하고 반향도 상당했다고 할 수 있다.

무솔리니가 이탈리아의 비파시스트 정당들을 척결한 후에도 여전히 국왕을 독립적 권력으로 대면한 것처럼, 히틀러도 별로 인기 없는 힌덴 부르크 대통령을 대면해야 했다. 이보다 더 중요한 것은 독일 군부 엘리 트 지도자들이 히틀러와 그의 운동을 점점 더 불안한 시선으로 보게 되었다는 사실인데, 이것이야말로 히틀러에게는 힌덴부르크와의 냉랭 한 관계보다 더 신경 쓰이는 문제였다. 이와 관련하여 종종 제대로 평 가되지 못한 사실이 있는데, 바로 히틀러가 집권 초기에 정부 각 부처 를 '일사불란하게 정렬시키고' 있었음에도 부처 내부의 기존 엘리트 전문가들에게 대부분 의존할 수밖에 없었다는 점이다. 기실, 히틀러와 그의 측근들이 경험이 보잘것없어 통치에 적합하지 않다는 독일 엘리트들의 믿음은 전혀 근거 없는 것은 아니었다. 역사가 한스 몸젠은 1933년 1월 나치당의 사례처럼 주요 근대 민족을 통치하는 복잡한 과제에 직면한 당이 그토록 아무런 준비가 되어 있지 않은 경우도 찾아보기 힘들 것이라고 보았다. 권위 있는 프로이센 국가 전통에서 훈련된 경험 많은 엘리트들의 도움이 없었다면, 나치 지배는 실제보다 훨씬 더 큰 어려움에 봉착했을 것이다. (이와 비교할 만한 준거점이 바로 1918년 독일 혁명 당시에 있었는데, 그때 사회민주주의 지도자들은 주로 군부를 중심으로 하는 똑같은 엘리트들에 의존하지 않을 수 없다고 느꼈다. 일부 역사가들은 효율적일 뿐 아니라 권위적인 기성 엘리트들을 미리 숙청하지 않은 것이 바이마르공화국의 궁극적 몰락에 결정적인 요인이 되었다고 주장해 왔다.)

히틀러의 집권 초기를 '신중하다'고 표현하는 것은, 제국의회 방화 사건 이후 그의 행보를 보건대 이상하다고 느껴질 수도 있다. 그러나 '수권법'이 통과된 이후에도 그가 실제로 자기 권력의 불확실성을 잘 알고 있었다는 점에는 거의 의문의 여지가 없다. 히틀러 추종자들 사이에서도 당장에라도 폭발할 것만 같은 불만이 비등했는데, 특히 나치의 준군사 조직인 이른바 '갈색셔츠단' 또는 '돌격대'(SA, Sturmabteilungen)의 경우가 그랬다. '획일화'는 그들의 눈에 너무 느리고 타협적인 태도로 보였으며, 지도자 에른스트 룀은 직업적인 '제국군'(Reichswehr)을 갈색셔츠단의 '국민군'에 편입하고 종속시켜야 한다고 선동하기 시작했다. '제국군'은 베르사유조약의 조항에 따라 병력을 10만 명 이내로 유지해야 한 반면, 1934년 무렵 SA의 대원수는 100만 명이 넘었다. 구식 군대와 신식 군대 사이에 공공연한 전쟁이 발발할 조짐이 보였다.

히틀러는 구식 군대의 장성들이 에른스트 룀(부패는 물론 동성애 때문에도 악명이 높은)의 요구를 용납할 리가 없음을 잘 이해하고 있었다. 더욱이 이 장성들은 일단 힌덴부르크가 사임하거나 사망할 경우에(힌덴부르크는 1934년에 86세였고 건강도 좋지 않았다), 히틀러가 공공연히 언명했듯이 대통령직을 인수하기 위해 군부의 지지를 받으려면 갈색셔츠단을 확실히 통제해야 한다는 점을 히틀러에게 분명하게 알렸다. 히틀러는 결국 그들의 요구를 따랐는데, 그것도 아주 확실하게 따랐다. 그는 룀과 SA가 폭력적인 권력 장악 음모를 꾸몄다고 비난하면서 자신의 개인 경호대로 출범했으나 제3제국에서 급속히 주요 권력이 될 엘리트 부대, 즉 검은 셔츠를 착용한 친위대(SS, Schutzstaffel, 문자 그대로 '경호여단')에 의존했다. SS의 지도자 하인리히 힘러는 룀에게는 가장 매서운 경쟁자들 중 하나였다. 1934년 6월 30일 밤을 기점으로 하여 SS 부대들이 룀을 비롯해 100여 명을 학살했는데, 죽임을 당한 이들 중에는 갈색셔츠단과 아무런 관련도 없으나 이런저런 이유로 히틀러의 살생부에 오른 사람들도 있었다.

히틀러는 한때 '역전의 용사들'로 알려진 동지들(그중에 다수가 히틀러와 아주 가까운 친구들이었던 왕년의 나치당원들)을 무참하게 숙청함으로써 보통 알려진 것 이상으로 엄청난 일을 해치웠다. 어떤 사람들은 이 도살에 몸을 떨었으나 또 어떤 사람들은 환호했다. 히틀러는 수많은 인사들로부터 찬사를 받았는데, 그들 중에 '제국군'의 지도자들이 있었다는 것은 당연한 일이고 그 밖에도 힌덴부르크를 비롯해 사업계와 금융계, 심지어 일부 종교계의 저명한 지도자들도 그를 찬양했다. 그들의 열정은 히틀러의 가차 없는 행동이 정당하다는 믿음에서 우러나온 것이었는데, 그도 그럴 것이 히틀러의 행동은 독일에 드리워져 있던 내전의 싹을 잘라 버렸던 것이다. 그런 내전이 일어났다면 아마도 거의 확실히 '장검의 밤'에 죽은 수백 명 훨씬 넘는 인명 피해를 불러왔을 것이다. 히틀러의 지지자들은 그가 더 큰 폭력을 막기 위해 폭력을 사용함으로써 공산주의자들을 다룬 방식과 똑같이 갈색셔츠단을 다루었다고 단정했다. 체제의 다른 반대자들은 다음과 같은 사실을 덧붙이는 것을 잊지 않을 것이었다. 히틀러는 필요하다고 느끼면 자신의 추종자들도 인정사정 봐주지 않을 것이다.

유대인 문제에 대한 온건한 해결책?

SA 지도부에 대한 숙청은 명시적으로는 유대인들과 관련이 거의 없었으나, 이전 시기의 소란스러운 반유대주의 폭력이 종종 갈색셔츠단과 연관되어 있었다는 것은 사실이다. 더욱이 갈색셔츠단의 당면한 의제에는 부당하게 얻은 유대인들의 부와 재산을 몰수하는 방안이 명시적으로 포함되어 있었다. 그럼에도 아무리 유대인의 사적 소유라지만 사적 소유권의 원칙을 공격하면, 나치를 우호적으로 받아들일 많은 이들에게 오히려 경계심을 품게 만들 우려가 있었다. 그런 많은 사람들을 위해 히틀러는 자신을 강철 같은 의지로 위기의 시대를 돌파해 나가는 정치가로 치장했고, 그래서 독일을 구원하고 소유권을 보호하며 거리의 안전을 확보하기 위해서라면 좌파와 우파 모두의 급진파를 척결하는, 불쾌하지만 필요한 일을 하는 인물로 자처했다.

그리하여 많은 사람들은 1935년 9월에 '뉘른베르크 법'이 통과되는 모습도 이와 똑같은 정신 상태에서 바라보는 경향이 있었다. 뉘른베르크 법은 유대인들의 시민적 평등권을 박탈하고 유대인들과 아리아 인종인 독일인 사이의 성관계를 불법화함으로써 나치 독일에서 반유대주의 강령을 고조시키는 데 기여한 것으로 묘사되어 왔다. 그럼에도 많은 독일인들은 말할 것도 없고 심지어 일부 유대인들조차도 이 법이 유대인들에 대한 증오를 심화시키기보다는 오히려 가라앉히기 위해 고안된, 히틀러 특유의 정치가다운 행보를 보여 주는 것이라고 해석했다.

돌이켜 보면 그런 판단은 환상에 지나지 않는 것처럼 보이지만, 그럼에도 정확히 히틀러의 의향과 부합하는 것이기도 했다. 즉 그는 뉘른베르크 법을 옹호하는 연설에서 자신이 내무부 전문가들이 작성한 좀 더 극단적인 법 초안을 받았으나 초안을 최대한 온건하게 수정하기로 결정했다고 그간의 경과를 보고했던 것이다. 이어서 그는 뉘른베르크 법의 통과와 함께 "독일 민족이 유대 민족과 관대한 관계를 맺어 나갈 수 있으리라는" 희망을 피력했다. 그는 법을 준수하고 폭력을 피해야 하는 것의 중요성을 강조했다. 그는 이 법이 '유대인 문제에 대한 마지막 단어'가 될 것이라는 말로 연설을 끝맺었다.

1934년 6월 30일부터 1938년 3월까지 얼추 4년 동안의 시기(룀의 숙청에서 나치의 오스트리아 합병까지)는 히틀러와 나치 체제의 정점, 즉 위세가 점차 높아지고 경제 회복이 뚜렷해지던 황금기라고 볼 수 있다. 1936년 여름 나치 독일은 성대한 팡파르와 함께 베를린 올림픽을 개최했다. 여행객들은 올림픽 경기를 관람하고 돌아와 그 새로운 체제를 입이 닳도록 칭찬했다. 그 누구도 유대인들에 대한 박해를 목격했노라고 말하지 않았다. 산업화된 세계의 나머지가 대공황의 수렁에 빠지고 정치적으로 균열되며 파업과 가두 폭력으로 몸살을 앓는 동안, 나치 독일은 경제적으로 번영하고 그 민중들은 사랑하는 퓌러를 앞세워 하나로 단합해 있는 것처럼 보였다. 베를린 올림픽에서 독일 선수들은 89개의 메달을 획득했는데, 이는 단연코 압도적인 메달 수였다(미국은 56개, 프랑스는 19개, 영국은 14개를 땄다).

나치와 소비에트

1938년까지 많은 관찰자들에게는 공산주의가 나치즘보다 단연코 더 심각한 악으로 떠올랐다. 나치 체제는 수백 명(최대 수천 명)의 죽음에 책임이 있는 반면, 소비에트 체제는 수백만 명의 죽음을 관장했으니 말이다. 강제수용소에 수감된 사람들의 수에서도 그에 비견될 만한 차이가 있었다. 당시 노예 노동이 소비에트 경제의 본질적 일부가 되었으나, 나치 독일에서는 적어도 1939년 이전까지는 그렇지 않았다.

서구 자유민주주의 진영의 많은 관찰자들은 스스로가 두 전체주의 열강, 즉 저마다 미래의 목소리를 대표한다고 주장하는 '두 개의 악 사이에 포박된' 처지에 있는 것으로 묘사했다. 서유럽 좌파들은 소련에, 우파들은 나치 독일에 각기 동조하는 경향이 있었다. 온건파들은 이 두 전체주의 열강이 궁극적으로 서로를 파괴할 것이라는 희망에 기울어지고 있었다. 그러나 1939년 8월에 실제 일어난 어떤 일로 말미암아 모든 사람이 망연자실했다. 바로 나치와 소비에트가 상호 불가침조약에 서명했던 것이다. 이제 두 전체주의 열강이 서로 동맹국으로 힘을 합친 셈이다. 그런 불길한 반전이 어떻게 일어날 수 있었는지를 이해하려면 1930년대 유럽 외교의 전개 과정을 살펴볼 필요가 있다. 바로 다음 장에서 다룰 주제다.

| 더 읽을거리 |

이탈리아의 상황에 대한 충실하고 간략한 소개는 앨런 캐슬스의 《파시스트 이탈리아》(Fascist Italy, 1985)와 앤서니 L. 카도자의 《무솔리니: 최초의 파시스

트》(Mussolini: The First Fascist, 2006)에서 찾아볼 수 있다. 로버트 O. 팩스턴의 《파시즘의 해부》(The Anatomy of Fascism, 2005)는 이탈리아와 독일을 넘어 다양한 파시즘의 변종들에 대한 야심적이고도 학문적인 종합의 시도다. 나폴레옹을 제외한다면, 근대 유럽사의 어떤 개인보다 더 많은 전기를 낳은 장본인이 바로 히틀러다. 일반적으로 인정받는 결정판의 히틀러 전기는 이언 커쇼의 《히틀러 1889~1936: 의지》(Hitler 1889-1936: Hubris, 1998)와 《히틀러 1939~1945: 몰락》(Hitler 1936-1945: Nemesis, 2000)이다. 2010년에 커쇼는 이미 출판한 두 권짜리 전기(2,000쪽)를 한 권짜리로 축약한(1,000쪽) 판본(《히틀러: 전기》(Hitler: A Biography))을 선보였다. 커쇼의 책 외에도 특히 히틀러에 대한 새로운 자극적인 시각을 담은 책으로는 비르기테 하만(Birgitte Hamann)의 《히틀러의 빈: 독재자의 도제 수업》(Hitler's Vienna: A Dictator's Apprenticeship, 2000)과 프레더릭 스포츠의 《히틀러와 미학의 권력》(Hitler and the Power of Aesthetics, 2002)을 꼽을 수 있다.

홀로코스트에 대한 연구서들도 엄청나게 풍부하다(19장, 20장, 21장의 더 읽을거리를 보라). 커쇼의 2010년 판본이 이 문제에 대한 가장 최근의 학문적 성과들을 참조하고 있다. 그 이전에 나온 책들 가운데 가장 진지하고 유력한 내용을 담고 있는 가장 훌륭한 연구서로는 마이클 매러스의 《역사 속의 홀로코스트》(The Holocaust in History, 2000; 1st ed. 1987)를 꼽을 수 있는데, 이 책은 홀로코스트에 대한 광범위한 해석의 문제를 탐구하고 있다. 시사점이 풍부한 해석을 제공하는 책은 카를 슐로이네스의 《아우슈비츠로 가는 뒤틀린 길, 1933~39》(The Twisted Road to Auschwitz: Nazi Policy toward German Jews, 1933-39, 1990)이다.

19장

제2차 세계대전의 기원

1929~1939

제2차 세계대전에 대한 히틀러의 책임은 제1차 세계대전에 대한 독일 지도부의 책임만큼 논란의 여지없이 훨씬 명확해 보이기 때문에, 연구자들은 마땅히 제1차 세계대전의 기원을 규명할 때와는 다른 시각과 마음가짐으로 제2차 세계대전의 기원을 연구한다. 과연 제2차 세계대전의 기원을 둘러싼 논쟁은 대부분 프랑스와 영국이 히틀러에게 보인 유화적인 태도, 말하자면 히틀러 앞에서 드러낸 일종의 순진함이나 비겁함에 시각을 고정시켜 왔다. 그런 비난은 냉전 시대 동안 흔히 되풀이해 강조되곤 하던 역사의 교훈과 한데 뒤섞였다. "전체주의 독재자들과는 타협 불가!" 그리하여 전간기, 특히 1930년대 중후반의 외교사는 20세기 나머지 시기에 긴 그림자를 드리웠다.

홀로코스트에 대한 히틀러의 책임은 훨씬 더 명확해 보인다. 이 문제에서도 역사의 교훈은 제2차 세계대전의 교훈에 못지않게 열정적으로 표명되어 왔고, 이 또한 짙은 그림자를 드리웠다. "두 번 다시 안 돼!"

"반유대주의와는 타협 불가!" 그 어떤 곳에서도 대량학살 금지!"

유럽 외교, 1929~1934

1919년 이후 프랑스는 체코슬로바키아, 유고슬라비아, 루마니아와 동맹 체제(소협상[Petite or Little Entente])를 구축했고, 독일을 '에워싸기' 위해 폴란드와 따로 동맹을 맺었다. 독일 또한 1922년에 또 다른 불량국가인 소비에트러시아와 '라팔로조약'을 체결함으로써 전쟁 이전 현실 정치의 방향으로 이동해 갔다. 라팔로조약은 두 나라 사이에 외교 관계를 정상화하고 "양국의 경제적 필요를 충족하기 위해 상호 선린의 정신으로 협력한다"라고 규정했다. 이 움직임에 다른 나라들은 대부분 분개했는데, 이 두 나라 사이에 좀 더 비밀리에 확대된 외교적·군사적 협력이 협상되고 있지는 않은지 (정당하게) 의심했다.

1924년부터 1929년까지의 로카르노 시대(16장 참조)에 긴장은 완화되고 상황은 호전되기 시작했다. 독일을 포함하여 거의 모든 나라에서 주목할 만한 경제 회복이 이루어졌다. 그러나 주식시장의 붕괴와 그에 잇따른 공황은 모든 것을 뒤바꿔 놓았다. 소련에서는 '모든 것'이 이미 1928년 초 농업 집산화와 5개년계획이 개시되면서 뒤바뀌고 있었다. 그럼에도 1938년 초까지 파리강화회의에서 획정된 국경들은 조금씩 변경된 경우를 제외하면 대개 원안대로 유지되었다.

분노에 찬 민족주의는 히틀러의 연설을 구성하는 주성분이었다. 어쩌면 히틀러가 1840년대를 떠올리는 방식으로 독일 문제를 다시 제기했다고 할 수도 있다. 왜냐하면 그가 비스마르크의 '소독일적'(kleindeutsch) 제국에서 배제된 독일인들의 '대독일적'(grossdeutsch)

통일을 완수하겠노라고 다짐했기 때문이다. 히틀러가 이른바 '생활권' (Lebensraum)이라는 독일식 표현을 사용해 가며 염두에 둔 것도 다름 아닌 동부 슬라브족이었는데, 이 또한 노골적인 인종주의 내용이 덧붙기는 했어도 기본적으로는 19세기의 테마와 연관된 것이었다. 그렇기는 해도 변두리 출신으로 오랫동안 무시당해 온 선동가인 히틀러의 분노에 찬 공중 연설과 당시 추진되던 대외 정책의 구체적 현실은 별개의 문제였다. 그가 총리로서 처음 기울인 노력은 어쨌거나 대외 정책보다는 국내 정책에 집중되었다. 히틀러 내각의 비나치당 출신 외무장관으로서 직전 내각들에서도 봉직한 보수주의자 콘스탄틴 폰 노이라트는, 새로운 체제 아래에서는 "대외 정책 분야에서 결코 실험적 시도는 없다"고 천명하기도 했다.

  1933년 초 히틀러는 다른 나라들도 독일의 군사비 수준에 도달하는 것을 목표로 군비 축소를 시작해야 한다고 제안하면서 세계를 향해 평화의 사도임을 자처했으나, 다른 나라들은 그런 제안을 결코 진지하게 고려하지 않았다. 이렇듯 다른 나라들이 거부함으로써 히틀러는 1933년 10월 국제연맹은 물론 이와 연관된 군비축소 회의에서 탈퇴할 핑곗거리를 얻었다. 히틀러는 자신의 요구가 민족들 사이의 긴장을 완화시키려는 선의에서 나왔다고 꾸며 대면서 1934년 1월 폴란드와 상호불가침조약을 체결했다. 1919년의 영토 변경으로 동부 독일을 관통하는 폴란드 회랑 지대가 만들어짐으로써 독일인들을 쓰라린 분노에 빠뜨렸음을 고려하면 특히 주목할 만한 행보였다. 한편, 1935년 1월에 치른 자르 지역의 주민 투표 결과 압도적 다수가 독일 지배에 귀속되는 것을 찬성한 후에, 히틀러는 알자스-로렌에 대한 프랑스의 지속적인 영유를 암묵적으로 인정하면서 프랑스에 더 이상의 요구를 하지 않을 것임을 분명히 했다(자르 지역은 1920년 이래 국제연맹 위임령으로서 프랑스와 영국이 관리한, 룩셈부르크 바로 남쪽의 작은 석탄 매장 지역이다).

이 시기 내내 히틀러는 자신이 참호전을 치른 노병으로서 전쟁의 공포를 잘 알고 있으며 그런 공포가 다시 출몰하지 않도록 예방하는 데 헌신할 거라고 거듭 다짐했다. 그렇다면 초기의 대외 정책은 '뉘른베르크 법'이 통과된 이후 그의 이런저런 진술에서 드러나던 '온건한' 어조와 잘 어울리는 것처럼 보일 수 있다. 그리고 유대인 문제와 관련하여 사용한 '합리적인' 표현을 마찬가지로 대외 정책에 대해서도 사용했다. 말하자면 그는 '합리적인 반유대주의'(Antisemitismus von Vernunft)를 선호했다. 많은 관찰자들은 물론 그런 모습을 그대로 믿지 않았고 또 돌이켜 보아도 히틀러가 합리적이었다고 표현하는 것은 우스꽝스러워 보이지만, 당시 많은 사람들은 히틀러가 일단 권력의 책임을 떠맡은 상황에서 진실로 과거의 급진적 수사학에서 탈피하여 책임 있는 정치가의 모습을 보여 주고 있다고 판단했다.

대외 정책에서 긴장감이 뚜렷하게 나타난 또 다른 지역은 독일 남동부에 위치한 이웃 국가 오스트리아 공화국이었다. 히틀러는 총리가 되기 전에는 오스트리아를 독일 제국에 편입시키는 게 자신의 생각이라고 공공연하게 말하고 다녔지만, 오스트리아와의 '합병'은 베르사유조약 제80조에 의해 엄연히 금지된 내용이었다. 히틀러의 그런 의도를 훨씬 더 분명하게 방해한 요소들이 많았다. 앞서 보았듯이, 오스트리아의 기독교사회당 출신 총리인 엥겔베르트 돌푸스가 1934년 7월 말 폭동을 유발하려는 오스트리아 나치의 어처구니없는 시도 때문에 살해당하면서 나치즘에 대한 오스트리아 기독교사회당원들의 적대감도 더욱 고조되었다. 폭동이 실패하고 잇따라 나치에 대한 일제 소탕 작업이 이루어진 것도 히틀러에게는 당혹스러운 일이었다. 앞으로도 상황은 점점 더 당혹스러워져 갔다.

반면, 무솔리니는 오스트리아의 기독교사회당원들과 좋은 관계를 구축하고 있었다. 더욱이 이탈리아 북쪽 국경에 강력한 독일 국가가 들어서지 못하게 하는 것이야말로 오래전부터 이탈리아 지도자들이 추구한 대외 정책의 핵심 목표였다. 무솔리니는 10만 명에 달하는 이탈리아 병력을 오스트리아-이탈리아 국경에 위치한 브레너 통로*에 파견하여 유사시에 오스트리아의 기독교사회당원들을 보호하기 위한 만반의 준비 태세를 갖추었다. 그리하여 히틀러는 오스트리아 나치의 행위에 연루되지 않았음을 해명하면서, 그리고 독일과 오스트리아를 통합하려는 기획을 적어도 겉으로는 포기하면서 머리를 숙이지 않을 수 없었다.

히틀러의 퇴각, 스트레사 전선

전체적으로 손익 계산을 해볼 때, 1934년이라는 해는 국내 문제에서 히틀러의 눈부신 승리로 기록될 수 있음에도 불구하고, 대외 정책에서 히틀러는 그만큼 성공적이지는 못했다고 할 수 있다. 돌이켜 보면, 그가 대외적으로 선언한 평화적 의도가 가식적이고 단기적인 것에 지나지 않았다는 것은 분명하다. 그러나 히틀러는 일찍이 《나의 투쟁》에서 구상한 장기적인 대외 정책의 목표가 독일 군대가 재건되기 전에는 성취될 수 없다는 점을 잘 이해하고 있었다. 또한 그런 목표를 달성하려면 일정한 시간이 필요하며 그 기간에는 대외 정책에서 될 수 있으면 긴장관계를 피해야 할 필요가 있음을 잘 알고 있었다.

국내 문제에서도 히틀러는 때때로 나중에 기억할 수도 없는 방식으

---

* Brenner Pass, 이탈리아와 오스트리아를 관통하는 알프스 산악로를 말하는데, 브레너는 이 통로상에 있는 마을의 이름이다.

로 뒷걸음치곤 했다. 예컨대 그는 1933년 봄에 미리 계획했던 유대인 상점들에 대한 대규모 불매운동이 별다른 대중적 지지를 받지 못하는 것이 분명해지자, 유대인들에 대한 공격 개시를 뒤로 미뤄야 한다고 결정했다. 불매운동은 단지 '상징적인' 하루 동안의 운동으로 바뀌었고, 몇 년 동안 반유대주의 불매운동이라는 주제는 대체로 히틀러의 연설에서 자취를 감추게 되었다.

1935년 3월 히틀러는 독일이 공군 재건(베르사유조약이 금지함)에 나설 것이며 육군 병력도 (베르사유조약이 허용한 한도의 5배에 달하는) 50만 명으로 증강할 것이라고 선언했다. 이에 대응하여 4월 프랑스와 영국 총리가 이탈리아 북부에서 회합하여 무솔리니와 함께 합의에 도달함으로써 비공식적으로 '스트레사 전선'(Stresa Front)*을 수립했다. 세 지도자는 미래에 독일이 베르사유조약을 위반할 경우 독일의 시도에 맞서 군사력을 동원하여 맞설 것을 약속했다.

스트레사 전선은 명백히 자유민주주의 열강 사이의 연합이 아니라 민족적 이해관계에 바탕을 둔 연합이었다고 할 수 있다. 이는 제1차 세계대전 이전 공화주의 프랑스와 차르주의 러시아가 맺은 동맹과 얼마간 닮은 구석이 있었다. 그 자체 독재적이고 팽창주의적인 파시스트 이탈리아는 오스트리아의 독립성을 위협하는 나치에 맞서 세 나라 가운데 병력을 동원할 수 있는 유일한 나라였다. 스트레사 전선은 떠오르는 나치 독일이라는 최악에 반대하기 위해 차악으로 간주된 체제와 동맹했다는 점에서 프랑스와 영국의 지도자들이 추구한 현실 정치로 묘사될 수 있을지도 모른다. 처칠 같은 인물들은 대체로 무솔리니의 독재가

---

* 북부 이탈리아 마조레 호숫가의 작은 마을인 스트레사(Stresa)에서 영국과 프랑스, 이탈리아의 3자 회담이 개최되어 독일에 맞선 3국 간 동맹이 체결되었다고 해서 '스트레사 전선'으로 불린다.

'볼셰비즘의 악마적 열정'과 싸우는데 효과적이라는 이유로 이탈리아를 지지했다. 히틀러의 독재와 독일의 재무장이 처칠 같은 관찰자들에게는 공산주의보다 훨씬 더 위협적인 악이 나치즘의 형태로 부상하고 있음을 입증하는 사실이었다.

이 시기 각국의 국내 상황 변화에도 상당히 장기적인 대외 정책상의 함의들이 있었다. 예컨대 대공황 초기에 불안정하고 추문으로 얼룩진 프랑스 제3공화정은 사면초가에 몰려 있었고, 제3공화정에 대한 실망감은 '스타비스키 사건'으로 알려진 일로 정점에 이르렀다. 세르주 스타비스키는 수백만 프랑이나 되는 엄청난 액수의 불법 채권을 발행했고, 몇 년 동안 자신의 행위를 감추기 위해 관료들과 의원들을 매수했다. 스타비스키는 유대인이었고, 그래서 프랑스의 반공화주의적이고 반유대주의적인 우파에게 그는 '마리안'*에게 안 좋은 모든 것을 집약하여 상징하는 인물이었다. 말하자면, 부도덕한 유대인들이 '마리안'을 포옹하고 모욕한 것이었다. 몇 년에 걸쳐 무익한 법정 공방이 오가고 마침내 스타비스키가 법의 심판을 받을 수 있을 듯했지만, 1934년 1월 초 그는 총에 맞은 변사체로 발견되었고 경찰은 자살로 발표했다.

1934년 2월 대규모 반공화주의 시위가 파리의 콩코르드 광장에서 조직되었는데, 이때 '파시스트동맹'이라는 단체를 포함하여 다양한 우파 집단들이 결집했다. 시위자들은 정부 고위 관료들의 부패 혐의가 드러나는 것을 막기 위해 사실은 경찰이 스타비스키를 살해했다고 비난했다. 시위는 치안 병력과 충돌하여 유혈 사태로 번졌고, 시위대가 진압될 때까지 17명이 사망하고 수백 명이 부상당했다.

프랑스의 반동적 우파는 그때까지 카리스마나 정치적 기량 면에서

---

* Marianne, 군주제와 모든 형태의 독재에 반대하는 프랑스 공화국의 상징으로서, 보통 자유의 여신으로 형상화된다.

무솔리니나 히틀러에 견줄 만한 지도자를 찾지 못하고 있었다. 비록 1934년 '불의 십자가'(Croix du feu)라는 단체의 지도자 프랑수아 드 라 로크 대령이 100만 명에 달하는 지지자들을 끌어모았다고 주장하기는 했지만 말이다. 그의 단체는 그 무렵 프랑스에서 느슨하게 파시스트적이라고 지칭된 여러 '동맹들' 가운데 하나였다. 그런 많은 단체들은 이탈리아 파시즘이나 독일 나치즘보다는 전쟁 이전의 우파적 반공화주의 운동 쪽에 가까웠다. 드 라 로크는 나치 독일에 대항한 군사행동을 선호했지만, 우파의 다른 많은 이들은 독일과 이탈리아의 독재자들에게 찬사를 보내고 있었다.

프랑스의 좌파들은 대부분 1934년 2월 폭동을 공화국에 맞서 떠오르고 있던 우파에서 오는 불온한 위협의 증거로 여겼다. 파리의 오랜 반란의 역사로 인해 반공화주의 모략가들이 실제로 권력을 장악하려는 계획을 꾸미고 있다는 믿음이 쉽사리 통용되었다. 당시 그런 음모의 증거가 나온 적은 없었지만, 그럼에도 '파시스트' 쿠데타를 간신히 피했다는 강력한 믿음이 마르크스주의 좌파 사이에 통용되었다. 만일 그런 쿠데타가 성공했더라면 우파의 반공화주의자들이 이탈리아와 독일, 오스트리아, 프랑스에서 권좌에 오르게 될 뻔했다는 것이다(뒤에 설명하겠지만, 에스파냐의 상황도 심상치 않았다). 1년 전에 독일 좌파가 완전히 척결되었다는 점도 프랑스에서는 대단히 인상적인 사실이었다. 과연 프랑스의 주도적인 좌파들은 독일 좌파가 히틀러에 맞서 효과적으로 단결하지 못한 채 실패하고 말았다는 사실에 개탄했다. 프랑스의 분열된 좌파도 정신을 차려야 했던 것이다.

거대한 전환점, 코민테른의 정책과 에티오피아 전쟁

1934년 2월 6일의 폭동은 일련의 후폭풍을 불러일으켜 결국 1936년 프랑스와 에스파냐 양국에서 권력을 장악한 반파시스트 연합인 '인민전선'(Popular Front)의 형성으로 이어졌다. 이런 전환에 결정적인 요소가 바로 코민테른의 정책 변화였다. 그 무렵 코민테른 지도자들은 1928년 이후 제시한 혁명적 교리가 완전히 실패했음을 인정하지 않을 수 없는 처지였다. 히틀러의 권력 장악 이후에 프롤레타리아혁명이 뒤따르지 않았던 것이다. 그리하여 프랑스마저 우파의 손에 넘어가 독일과 이탈리아에 합류함으로써 광범위한 반공산주의 동맹을 결성한다는 것은 생각만 해도 소비에트 지도자들에게는 악몽이나 다름없었다. 코민테른은 1917년 이래 유럽의 주요 열강을 분열시키려고 분투해 왔다. 자본주의 세계가 일치단결하면 소련쯤은 손쉽게 무너뜨릴 수 있을 것이라고 생각할 충분한 이유가 있었으니 말이다.

소비에트 지도자들은 다른 이유들 때문에라도 변화를 환영할 처지에 있었다. 17장에서 살펴보았듯이, 1934년 여름에 개최된 승자들의 대회는 소련 내부에서 새로운 계급 조화의 시대가 열렸음을 선포했다. 이제 세계 전역의 공산주의자들은 조화를 앙양하는 방향으로 나아가야 했고, 적어도 민주주의적 사회주의자들뿐 아니라 비사회주의적 민주주의자들, 반파시스트가 분명하다면 심지어 보수주의자들까지 포함하는 모든 세력들과 동맹하는 방향으로 나아가야 했다. 1934년 9월 소비에트러시아는 국제연맹에 참여했다. 코민테른의 주도적 대변인들, 즉 과거에는 자유민주주의를 희극으로 조롱했던 지도자들이 프롤레타리아 국제주의라기보다는 애국적 주제들을 강조하고 나섰다. ·

프랑스에서 인민전선을 위한 협상이 처음에는 신중하게 전개되었다.

아닌 게 아니라 공산당(PCF)과 사회당(SFIO), 급진당 등 좌파 주요 정당들 사이에 해묵은 의심이 많았던 것이다. 이와 동시에 스트레사 전선이 균열될 조짐을 보이기 시작했는데, 이런 사정 또한 인민전선의 형성에 어느 정도 영향을 주었다. 무솔리니는 한동안 아프리카 에티오피아로 제국적 팽창 가능성을 저울질하고 있었다. 북쪽으로는 이탈리아령 에리트레아와 남쪽으로는 이탈리아령 소말리아와 붙어 있는 에티오피아는, 당시 아프리카의 주요 지역 가운데에는 유럽인들이 통제하지 않는 유일한 곳이었다. 에티오피아는 일찍이 1896년 이탈리아가 굴욕적인 패배를 당한 무대였기 때문에 에티오피아를 정복하는 과업에는 또다른 매력이 있었다고 할 수 있다.

무솔리니는 군사적 영광을 성취함으로써 이탈리아 주민들, 특히 젊은이들 사이에 팽배한 우려스러운 불만을 누그러뜨릴 수 있기를 희망했다. 그런 목표로만 보면 그는 성공했다. 1935년 10월부터 1936년 5월까지 치른 이른바 제2차 에티오피아 전쟁 동안에 무솔리니는 이제까지 받은 가장 열렬한 대중적 지지를 누렸으니 말이다. 그가 지난날 권고한 "민족의 자부심은 인종의 망상을 필요로 하지 않는다"라는 말은 이제 완전히 망각되었다. 무솔리니를 비롯한 파시스트 지도자들은 에티오피아 공격을 정당화하면서 아프리카인들에 맞서 노골적인 유럽 인종주의를 동원했다. 그리고 파시스트 선전 기구가 전쟁을 영웅적이고 영광스러운 것으로 포장한 반면, 전쟁의 현실은 대개 열등한 무기를 지닌 분열되고 때로는 당황한 현지 주민들에게 비행기와 독가스로 무장한 민족이 무자비한 살육전을 펼치는 것이었다.

무솔리니는 프랑스인들과 영국인들이 결국 에티오피아에서 저지를 무모한 과업을 눈감아줄 거라고 확신했다. 기실 이 두 나라에는, 나치 독일을 봉쇄하려면 이탈리아를 반드시 스트레사 전선에 묶어 두어야 한다고 믿으며 이탈리아에 대한 관용을 주장하는 사람들이 있었다. 어쨌거나 이탈리아의 공격에 대해서는 국제연맹뿐 아니라 프랑스와 영국의 비난이 있었지만, 이탈리아의 에티오피아 정복을 막는 데 필요한 구체적인 후속 조치 따위는 없었다. 결국 이탈리아에 대해 취해진 미적지근한 제재 조치들은 자신들이 다른 제국주의 민족들의 부당하고 위선적인 기준에 휘둘린다는 이탈리아인들의 불신감에 불을 지르는 결과만을 낳았다.

공격에 대한 부적절한 반응은 훗날 '유화정책'(appeasement)으로 치부될 것이었지만, 스트레사 전선의 해체는 공격에 반대하는 것이 얼마나 복잡한 문제였는지를 보여 준다. 과연 아이러니하게 보이는 점이 있었는데, 1923년 이탈리아는 프랑스와 영국의 강한 반대에 맞서 에티오피아가 국제연맹에 가입하는 데 결정적인 역할을 했던 것이다. 당시 프랑스와 영국의 대표들은 국제연맹의 기준을 정면으로 위반하는 에티오피아의 갖가지 관행들, 특히 노예제가 공공연히 통용되는 관행을 지적하면서 에티오피아의 국제연맹 가입에 반대했다. 어쨌거나 이탈리아의 에티오피아 정복을 막지 못한 국제연맹의 무력함은 이 국제기구가 민족주의적 공격에 맞서 싸우는 문제에서 별무신통임을 입증하는 하나의 증거였다.

제2차 에티오피아 전쟁은 여론과 외교 동맹에 변화를 가져왔다는 점에서 하나의 전환점이었다. 나치 독일은 이탈리아의 공격에 항의하지 않았으며 이탈리아와 독일이 서로 접근하기 시작했다. 1936년 말 무솔리니는 '로마-베를린 추축'(Rome-Berlin Axis)을 언급하기 시작했는데, 이는 1939년 5월 '강철 조약'(Pact of Steel)이 되었다. 무솔리니와 여러 이탈리아 대변인들은 더 이상 히틀러와 나치즘에 대해 경멸적인 언급을 하지 않았다. 1938년 말 반유대인 인종법이 이탈리아에도 도입되었다.

유럽 전체가 이데올로기화되고 양극화된 외교적 상황, 즉 파시스트 대 반파시스트의 대결로 요약되는 상황으로 치닫고 있는 것처럼 보였다. 그럼에도 이런 움직임은 끊임없이 저항에 부딪쳤다. 여러 지도자들이 여전히 다수 민족국가들 사이의 세력균형이라는 낡은 관념에 집착하고 있었다. 물론 제1차 세계대전 이전에 새로운 위협으로 떠오르는 전제적 독일에 맞서 (더 이전에는 서로 적수였던) 프랑스와 영국이 민주주의 연합을 구성한 데는 필경 이데올로기적 경향이라고 부를 수 있는 어떤 측면이 존재하기는 했다. 그러나 민주주의적인 프랑스와 영국의 반독일 연합이 전제적 러시아를 끌어들인 것은 민족적 이해관계가 이데올로기에 우선한다는 점을 분명히 보여 주었다. 그럼에도 나치 독일에 맞서 공산주의 러시아와 견고한 외교 동맹을 수립한다는 관념은 서유럽의 많은 보수주의자들로서는 참으로 받아들이기 어려운 발상이었다. 1935년 프랑스와 러시아가 상호방위조약을 놓고 협상했는데, 조약안은 프랑스 하원에서 강력한 저항에 직면했다가 결국 아슬아슬한 표차로 승인되었다. 그리하여 1935년부터 1938년까지 많은 것들이 결정되지 못한 채 어중간한 상태로 표류하고 있었다.

그 무렵 민족적 이해관계와 이데올로기적 신념의 관계를 비롯한 서로 연관된 일련의 문제들이 전면에 부각되었다. 잦은 전술적 변화와는 무관하게 나치즘과 공산주의가 실제로 추구한 장기적 목표는 무엇일까? 서구 민주주의는 나치즘과 공산주의 가운데 어느 하나라도 계속 관용할 수 있을 것인가? 그리고 그럴 수 없다면, 최악의 것에 효과적으로 반대하기 위해 두 가지 악 가운데 어느 '악'과 동맹할 필요가 있는가? 앞에서 언급했듯이, 이런 문제들은 스트레사 전선과 관련하여 이미 제기된 바 있다. 이 문제들에 대한 광범위한 차원의 각 민중과 민족의 대응 방식은 1933년부터 1939년까지 전개된 일련의 극적인 변동에 달려 있었다.

어떻게 보면 이런 문제들은 1919년과 1920년에 제기된 문제들과도 닮은 점이 있었지만, 이제는 민주주의와 공산주의 가운데 하나를 선택하는 문제가 아니라 오히려 두 가지 역동적인 전체주의 체제, 그러니까 외형상 '새로운' 성격을 띠며 어디로 튈지 모르는 불안정한 방향으로 진화하고 있던 두 체제 사이의 선택이 문제라는 게 많은 사람들의 눈에 분명해 보였다. 미국 대통령을 찬미한 사람들에게 '윌슨이냐, 레닌이냐?'의 문제는 또 다른 의미를 함축하고 있었다. 즉 '서구 문명이냐, 러시아 야만주의냐?'의 문제였다. 1919년에 독일에 대한 증오가 어떠했던지 간에 그 이전까지 서구 문명을 비추는 불빛으로서 독일이 차지한 위상은 부정할 수 없었고, 제1차 세계대전 당시의 증오가 누그러짐에 따라 민주주의 독일이 유럽의 다른 선진적인 자유민주주의 대열에 안전하게 합류할 수 있으리라는 희망이 부풀었다. 이와는 반대로 소비에트러시아는 많은 관찰자들에게 비유럽적인 불량 국가로서 과거 차르 시대 러시아보다 더 야만적이고 더 위험스러운 나라로 남아 있었다. 심지어 나치가 독일을 장악한 후에도 나치의 집권보다 소비에트러시아의 경우가 훨씬 더 위험하다고 판단하는 유럽인들이 많았는데, 이는 대체로 독일인들이 좀 더 높은 수준의 문명화된 민족이라는 평판을 얻고 있었기 때문이다.

그렇기는 해도 매우 강력한 소수의 유럽인들은 소비에트러시아에 대해 비록 그 실망스러운 왜곡에도 불구하고 여전히 얼마간 '혁명'을 대표하는 것으로, 비자본주의적인 성격의 인간적인 미래를 위한 오랜 숙원을 대표한다고 생각하고 있었다. 유럽 좌파들 대부분에게는 자기 나라에서 소비에트러시아와 공산주의 정당들이 동맹을 결정한다고 해서, 그런 결정이 반드시 소련의 시스템과 똑같은 것을 바란다는 뜻은 아니었다. 게다가 1936년 초의 시점에 널리 찬사를 받은 소비에트 헌법과 모스크바의 도드라진 타협적 언사들을 고려하면, '공산주의 시스템'이 실제로 무엇인지를 규정하기는 더 어려워졌다. 그러나 자유주의 좌파와 민주주의적 사회주의자들은 일차적으로 인민전선 연합에 이끌리게 되었다. 그들이 자기 나라에서 파시즘의 위협에 맞서려면 좌파의 통합이 필수적이라고 믿었기 때문이다. 대부분의 보수주의 우파와 중도파 다수에게 히틀러와 나치즘은 차악으로 보였다.

프랑스 인민전선

1935년 7월 14일, 프랑스의 바스티유 함락 기념일에 인민전선을 구성한 세 주요 정당이 반파시스트 동맹을 조직했다. 100만 명에 가까운 인파가 바스티유 광장을 가득 메운 채 파시스트 위협에 맞서는 낭랑한 연설들에 귀를 기울였다.

이 집회는 다가올 봄에 예정되어 있던 의회 선거를 내다보고 있었고, 그 선거에서 인민전선은 하원의 총 618석 가운데 370석을 획득하게 된다. 149석을 얻어 가장 큰 승리를 거둔 사회주의자들이 원내 제1당이 되고, 처음으로 급진당을 앞질렀다. 공산주의자들의 의석은 12석에서 72석으로 늘어났으나, 급진당의 의석은 실제로 157석에서 109석으로 감소했는데, 이는 그런 감소가 급진당을 지지하던 과거의 중도파 표심이 우파 쪽으로 이동했음을 암시하는 것이라서 우려스러운 징후였다. 그리하여 비록 인민전선이 전체 투표의 58퍼센트를 얻었음에도(이전 선거에서는 같은 정당들이 동맹을 결성하지 않은 상황에서 49퍼센트를 얻었다) 이 득표는 프랑스에서 우파와 좌파의 한결 첨예화된 양극화를 드러냈으니, 좌파에 대한 지지표가 의미 있게 급증한 것은 아니었다.

그 뒤로 정치적 양극화는 5월 3일의 투표와 6월 4일 사회주의자 레옹 블룸의 총리 취임(블룸은 프랑스에서 총리직에 오른 최초의 유대인이었다) 사이의 기간에 프랑스 곳곳에서 파업의 물결이 이어지면서 심화되었다. 비록 우파 쪽 많은 사람들은 공산주의자들이 파업을 이끌었다고 믿었지만, PCF(공산당) 지도자들도 다른 정당 지도자들 못지않게 놀랐고 파업 세력을 누그러뜨리려고 나름대로 최선을 다했다. 6월 첫째 주에 대략 200만 명의 노동자들이 파업에 나섰는데, 그중에 일부는 공장을 점거한 채 떠나기를 거부했다.

　프랑스 경제는 거의 개점휴업 상태였다. 일부 극좌파에게 파업은 오래 기다려 온 서유럽 혁명의 첫 단계를 보여 주는 흥분할 만한 사건이었으나, 그런 들뜬 전망을 입증해 줄 만한 증거는 거의 없었다. 이 파업은 볼셰비키혁명보다는 1871년의 파리코뮌과 더 공통점이 많았다. 아닌 게 아니라 파업은 1871년 봄에 나타난 코뮌의 기묘한 상황과 유사한 데가 많았다. 즉 당시 코뮌이 임시정부 수반인 아돌프 티에리를 지지하는 세력에 의해 무자비하게 진압되기 직전에 '억압받는 자들의 축제'의 양상을 띠었듯이, 파업도 곧 진압당할 운명을 미처 알지 못한 채 이제 막 시작되려는 환희와 자생적인 세력 과시에 나섰던 것이다.

　인민전선의 승리는 의심할 여지없이 하층계급의 기대감을 일깨웠으나, 파업 참가자들은 장기적이고 통일적인 강령과 전국적 리더십을 확보하지는 못하고 있었다. 더욱이 레옹 블룸은 봄 선거 유세 기간에 프랑스에서 인민전선의 목표가 자본주의 아래에서 권력을 '연습'하는 것이지, 미래에 도래할 사회혁명의 경우처럼 권력을 '정복'하는 것은 아니라고 못 박았다. 블룸에 따르면, 그런 미래의 혁명은 오직 주민의 결정적 다수가 혁명에 찬동할 때만 가능할 터였는데, 1936년의 경우는 그렇지 않다는 얘기였다. 권력 연습이라는 블룸의 개념은 무엇보다 파시즘의 위협에 대처하는 것과 관계가 있었지만, 그 역시 사회적·경제적 불공정을 시정하되 시장경제와 생산수단의 사적 소유권은 유지하면서 미국의 뉴딜 같은 어떤 것을 이룩하려는 희망을 피력했다.

블룸은 당시 공황 상태에서 침울한 체념에 이르기까지 다양한 태도를 보인 프랑스 산업계 대표자들과 회합을 가졌고, 그런 가운데 '마티농협정'(Matignon Agreements)이 타결되었다. 마티농협정과 그에 뒤따른 관련 입법에는 주당 40시간 노동과 평균 12퍼센트 임금 인상, 2주간의 유급휴가 등이 포함되었다. 군수산업은 국유화되었고 파시스트 동맹들을 해산시키는 법이 통과되었다. 비록 많은 경우에 동맹들은 단순히 정당으로 탈바꿈하여 그 자체 헌법에 의해 보호받게 되었지만 말이다. 예상대로, 산업계 지도자들 다수는 마티농협정을 제한하거나 침해하기 위해 할 수 있는 모든 일을 했고, 많은 노동자들도 생활비가 치솟아 임금 인상 효과가 없다고 불평했다. 산업계 지도자들은 또 그들대로 생산성 하락을 불평하고 있었다. 양 쪽 모두 틀린 말은 아니었다.

프랑스 투자자들은 미래를 두려워하며 자본을 해외로 옮겼다. 정부는 복지 사업을 지속해 나가려면 세수를 늘리는 수밖에 없었으나, 노동 생산성은 정체되고 과세표준은 하락했다. 1937년 초 블룸은 체제의 경제개혁에 '일시 멈춤' 버튼을 누를 수밖에 없다고 느꼈다. 총리에 취임한 지 겨우 1년이 지난 후 봄에 블룸은 외형상 사면초가에 몰려 사임하지 않을 수 없었고, 급진당이 이끄는 의회 연립이 그 자리를 대신하게 되었다.

이와는 대조적으로 1936~1937년은 나치 독일에게 눈부신 시절이었다. 히틀러는 1936년 3월 라인란트의 재무장*이라는 도박을 성공적으

---

* 히틀러는 1936년 3월 7일 당시 비무장지대였던 라인란트에 3개 대대를 파견했는데, 이는 베르사유조약과 로카르노협정을 정면으로 위반하는 행위였다.

로 이끌었고 여름에는 베를린 올림픽을 성황리에 끝마쳤다. 독일 경제는 호황을 누리고 있는 듯 보였다. 노동자들은 이제 더 이상 독립적인 노동조합들이 없는 상태에서 실제로 생산성을 증대시켰는데, 어느 정도는 그들이 더 오랜 시간 일했기 때문에 가능한 일이었다. 독일의 산업계 지도자들과 투자자들은 인민전선 아래 프랑스 산업의 지도자들과 투자자들보다 훨씬 더 자신들의 나치 정부를 지지했다. 나치 청소년들은 기쁨에 넘쳐 "미래는 우리의 것!"이라고 노래했다.

레옹 블룸이 대외 정책에서 직면한 도전은 국내 정책에서 맞닥뜨린 어려움보다 훨씬 더 사람을 위축시키는 것이었고, 그의 실패도 똑같이 의기소침하게 만들었다. 1936년 3월 초 프랑스에서 임시 관리 정부가 5월 선거를 기다리며 권좌를 지키고 있는 동안, 히틀러는 장성들의 조언을 무시하고 로카르노협정을 위반하면서 라인란트의 재무장이라는 대외 정책 상의 중요한 도박을 감행했다. 권좌에 있던 6월에 블룸은 독일의 행동에 대응하기에는 때가 너무 늦었다고 판단했다. 그러나 독일의 라인란트 침공이 있던 3월에 권좌에 있었더라도, 그는 독일군을 라인란트에서 쫓아내려고 할 때 강력한 반대에 부딪쳤을 것이다. 1923년 프랑스의 루르 점령이 낭패로 돌아간 일은 여전히 프랑스 주민들의 뇌리에 선명하게 남아 있었다. 그런 일이 있고 난 뒤에 프랑스인들은 독자 행동에 나서는 것을 망설이게 되었고, 영국인들도 라인란트의 재무장이라는 쟁점을 둘러싸고 독일에 대한 군사적 공동 행동에 참여하지 않을 것임을 분명히 했다.

총리에 취임한 지 겨우 한 달 만인 1936년 7월, 블룸은 프랑코 장군이 에스파냐 인민전선에 맞서 군대를 일으켜 순식간에 내전으로 비화되었다는 소식을 들었다. 프랑스 인민전선 내부의 일부 좌파들, 특히 공산주의자들은 에스파냐 인민전선에 대한 전면적인 군사 원조를 주장하고 나선 반면, 블룸 자신의 사회당 내부 여러 지도적 인물들과 급진당은 거기에 단호하게 반대했다. 프랑스 주민들 대다수에게도 그렇지만 블룸 등에게도 에스파냐 내전에 휘말리는 것은 일찍이 1914년 8월 발칸반도의 나쁜 기운 속에 휘말린 것과 유사해 보였다.

1923년 이래로 프랑스인들이 단독 행동을 벌이는 것을 망설였다는 것은, 그들이 어떤 중요한 대외 정책의 주도권을 잡아 나가려면 반드시 영국의 지지가 필요했다는 사실을 의미한다. 그러나 그런 지지는 뚜렷하게 없었다. 1930년대 초 영국 의회에서는 보수주의 세력이 강했던 반면, 노동당과 자유당은 영국 안에서 현실적인 파시즘의 위협에 직면하지 않았기 때문인지 영국에서 인민전선을 형성하는 일에 별다른 관심이 없었다. 당시 영국파시스트연합(BUF, British Union of Fascists)은 대략 4만 명의 회원을 거느리고 있었는데, 이는 영국 공산당과 같은 수치였다. 두 당 모두 영국 정치의 변두리로 내몰려 있던 당파에 불과했다.

영국 지배계급 사이에 반파시스트 감정이 약했다는 것은, 일찍이 불운한 스트레사 전선이 형성된 지 두 달 만인 1935년 6월에 영국이 나치 독일과 체결한 해군 협정에서도 입증되었다. 이 협정을 통해 독일은 영국 해군의 35퍼센트 규모까지 해군 규모를 키우고 잠수함까지 건조할 수 있게 되었다. 그리하여 히틀러의 재무장은 어느 정도 정당성을 얻었다. 나아가 영국이 에스파냐 내전에서 인민전선을 도와야 한다는 생각에 극히 부정적인 반응을 보인 것도 영국의 보수적 지배층이 어떤 형태든 반파시스트 십자군에 연루되는 것을 꺼려했음을 잘 보여 준다.

에스파냐 내전

한 나라가 다른 나라의 내전에 개입하는 것은 늘 위태로운 일이다. 1919~1920년 반볼셰비키 세력에 대한 프랑스와 미국의 지지는 쓸데없는 일로 판명되었고, 심지어 러시아 내전에도 역효과를 불러일으킨 게 분명하다. 그런 개입은 볼셰비키들로 하여금 외국 침략자들로부터 자신들이 모국 러시아를 방어한다고 내세울 수 있는 명분을 주었기 때문이다. 에스파냐 내전도 러시아 내전과 닮았는데, 두 경우 모두 중앙 정부가 붕괴한 상태였고 군사적 오합지졸을 긁어모은 정당들이 난장판을 이루며 서로 싸우고 있었다. 에스파냐에서도 러시아에서처럼 외국의 간섭에 대단히 적대적이었음은 물론이다.

1920년대 대부분의 기간 동안 에스파냐 정치사는 소란스럽기 그지없어서 종종 내전 문턱까지 가곤 했다. 그런 이유로 프리모 데 리베라는 1923년 독재자로서 집권했고, 알폰소 국왕은 결국 1931년 초 에스파냐를 떠나야 했다. 대공황의 영향을 받은 1930년대 초 계급 긴장은 악화일로에 있어서, 에스파냐의 모든 지역이 만일 선택권이 있다면 마드리드로부터의 독립에 찬성투표를 했을 것이다. 에스파냐에서 근대적 정치 공동체 정서는 오랫동안 취약했고, 상층 신분과 하층 신분 사이의 감정적 거리도 특히나 극명했다. 1931년 봄 국왕이 나라를 떠났을 때, 급진 민주주의자들과 개량적 사회주의자들의 연합이 새로운 헌법을 작성하는 과정에서 협력했다. 헌법은 바이마르공화국 헌법과 여러 면에서 닮아 있었지만, 훨씬 더 좌파적이었다. 국민투표로 비준된 새로운 헌법이 1931년 12월에 공식 선포되었다.

그러나 그렇게도 오랫동안이나 나라를 갈가리 찢어 놓은 열정이 누그러진 것은 아니었다. 사실 상황은 더 악화되었다. 헌법 채택과 1936년

2월 인민전선의 선거 승리 사이 4년 동안 폭력적인 소요 사태가 확산된 가운데 공식 선거 승리는 좌파에서 우파로, 다시 우파에서 좌파로 변동했다. 좌파 연립정부와 우파 연립정부 모두 내부의 광신적 추종자들을 통제할 만한 능력(또는 의사)이 없었다. 좀 더 심각한 것은 상대편에 대해 합법성을 인정해 줄 용의가 거의 없었다는 사실이다. 물론 유럽의 거의 모든 곳에서, 특히 1929년 이후에 근대적 정치 공동체 정서는 쇠퇴하고 있었으나, 정적들에 대한 악마화는 에스파냐에서 훨씬 더 널리 확산되어 있었다. 그런 악마화는 프랑스에서 한때 유행한 "블룸보다 히틀러가 낫다!"라는 우익 슬로건에서 분명히 나타난 바 있다.

에스파냐 인민전선의 의회 연합은 많은 정당들로 이루어졌는데, 프랑스의 공산당-사회당-급진당 동맹과는 전혀 다른 모습을 띠었다. '연합'이라는 표현 자체가 과장일지도 모른다. 왜냐하면 에스파냐의 좌익 당파들과 다양한 반체제 소수민족들은 프랑코의 '파시스트들'을 증오한 만큼이나 서로를 증오하는 경우가 많았기 때문이다. 프랑스에서 5월 선거를 통해 사회주의자들이 제1당이 된 반면, 에스파냐에서는 아나키스트들이 가장 큰 대중적 지지를 누리고 있었다. 그럼에도 아나키스트들은 단일한 정당으로 대표되지 않았다. 아나키스트 조직들, 특히 노동조합들(sindicatos)은 의회 지배를 깊이 불신하면서 그 대안으로 '아나르코생디칼리스트적'이라고 지칭된, 근본적으로 탈중앙화되고 다소간 국가 없는 미래를 내다보았다.

에스파냐 인민전선의 수반은 이미 1931년에 총리를 지냈을 뿐 아니라 교회를 약화시키고 군부를 개혁하려고 애쓰다가 우파로부터 특별히 미움을 산 급진 민주주의자 마누엘 아사냐였다. 그렇다면 아사냐와 블룸이 제시한 당장의 의제는 급진적·민주주의적 개혁과 관련된 것이었다. 그러나 에스파냐에서 급진 민주주의는 상당한 변화가 필요하고 기성 이해관계를 건드려야 한다는 점에서 여전히 요원한 과제로 남아 있었던 반면, 프랑스에서는 이미 언급했듯이 19세기 급진적(자코뱅적) 의제들 가운데 많은 것이 1936년 이전에 여전히 유효했다.

1936년 2월 에스파냐 인민전선의 선거 승리와 함께 많은 지역들에서 하층계급의 기대감이 폭주했다. 에스파냐 역사상 가장 강력한 파업 물결이 나라 곳곳에 휘몰아쳤다. 석 달 뒤 프랑스에서도 강력한 파업 물결이 일렁일 것이었지만, 에스파냐의 경우에 파업은 수백만 명에 달하는 빈궁하고 절망적인 토지 없는 노동자들을 결집시켰다. 더욱이 근본적인 사회혁명이 에스파냐에서 개시되었다는 믿음이 프랑스에서보다 훨씬 더 강했다. 비록 에스파냐에서 일사불란한 혁명적 리더십과 널리 합의된 목표가 프랑스보다 훨씬 더 미약했지만 말이다.

에스파냐 인민전선은 '억압 받는 자들의 축제'라기보다는 폭력적이고 파괴적인 '억압 받는 자들의 복수'를 촉발한 것처럼 보인다. 당시 우파 정치 지도자들과 군 장교들에 대한 테러 행위, 교회와 대성당에 대한 약탈, 수녀들에 대한 성폭행, 거리에서 마주치는 잘 차려 입은 사람들에 대한 무차별적 공격이 벌어졌다. 이렇듯 민중 폭력이 분출하면서 좌파에 맞선 우파의 대응 테러 행위를 불러왔다.

훗날 소설《1984년》과《동물 농장》을 펴내 세계적으로 유명해질 영국 작가 조지 오웰은, 1936년 말 바르셀로나에서 혁명이 자기 눈에 어떻게 보였는지 그 인상을 이렇게 기록했다.

실제로 모든 건물이…… 노동자들에게 장악되고, 붉은 깃발이나 아나키스트를 상징하는 붉고 검은 깃발이 내걸렸다. …… 모든 상점과 카페에도 집산화되었다는 문구가 걸려 있었다. …… 확성기가 하루 종일 밤 늦게까지 혁명가를 틀어 대고 있었다. …… 실제로 모든 사람이 허름한 노동자계급 의복을 입었다. …… 일부는 변형된 민병대 제복을 입었다.

앞에서 언급한 호세 안토니오 프리모 데 리베라의 '팔랑헤'는 곧 프란시스코 프랑코의 기치 아래에 집결했다. 팔랑헤주의자들은 궁극적으로 인민전선에 반대하는 폭동에서 가장 중요한 요소가 되었으니, '파시스트'라는 별칭이 무색하지 않았다. 비록 프랑코와 그 주변의 많은 이들이 이탈리아와 독일에서 실현된 파시즘보다는 반동적 군주제주의에 충실한 전통적인 가톨릭 군인들로 남았지만 말이다. 그러나 일단 프랑코가 무솔리니와 히틀러가 제공한 원조를 받아들이자, '파시스트'라는 용어는 스스로를 유럽 차원의 반파시스트 투쟁의 일원이라고 믿은 사람들에게 적절한 표현으로 보였다. 무솔리니는 궁극적으로 10만여 명의 병력을 파견했고, 히틀러는 콘도르 군단을 제공했다. 콘도르 군단은 작은 시골 도시 게르니카를 폭격하여 수많은 민간인들을 살해했는데, 파블로 피카소는 이 사건을 그림으로 그려 영원히 기억에 남겼다. 영국과 프랑스는 전쟁이 확산되는 것을 막기 위해 외교적으로 동분서주했고, 그런 가운데 대략 20개국이 불간섭 조약에 조인했다. 그러나 나치 독일과 파시스트 이탈리아는 소비에트러시아와 마찬가지로 이런 움직임을 간단히 무시했다.

에스파냐 인민전선 정부의 구성원들 사이에 군 지휘권을 중앙 집중화하고 전선의 당파적 지지자들, 특히 노동자 민병대와 국제여단(파시즘에 맞서 싸우기 위해 다른 나라들에서 온 의용병들로 구성됨)에 대한 규율을 강화하려는 문제를 둘러싸고 곧 심한 분열이 일어났다. 공산주의자들은 오직 국가권력을 엄격하게 중앙집권화하고 구성원들에게 군사적 규율을 부과함으로써만 승리를 이끌어 낼 수 있다고 주장했다. 그들은 또 인민전선을 지지하는 성향이 강하다고 생각되는 중간계급 시민들을

그림 20 에스파냐 내전에 참전한 의용병 by Robert Capa.

소외시키지 않기 위해서는 사회혁명을 제한해야 한다고 강조했다. 본디 아나키스트들은 권위와 중앙 집중화에 적대적이었으므로, 만일 목표가 단지 국가주의적 지배와 권위주의적 계급 사회로 복귀하는 것이라면 대중들은 자신의 생명을 무릅쓸 하등의 이유가 없다고 하면서 공산주의자들의 주장을 맞받아쳤다.

공산주의자들에 대한 불신은 아나키스트들에게만 국한되지 않았다. 에스파냐 인민전선 내부의 다른 정당들도 대부분 공산주의자들의 방식에 대해, 그리고 아마도 훨씬 더 그들이 이 전쟁에서 추구한 목적에 의구심을 품게 되었다. 소비에트러시아가 에스파냐 공산주의자들을 통해 인민전선에 군사적 원조를 제공한 덕분에 에스파냐 공산당의 힘과 대중적 지지도가 내전 개시 이래로 강화되었다. 그럼에도 스탈린은 무기와 물자뿐 아니라 비밀경찰 첩자들까지 에스파냐에 파견하여 '트로츠키주의자들'(매우 광범위하게 적용된 용어)을 색출하여 심야에 체포하고 고문하여 자백을 끌어내 새벽녘에 즉결 처형했다. 에스파냐 내전 시절은 대체로 러시아에서 있었던 숙청 재판을 연상시키는데, 러시아에서는 트로츠키주의자들과 지노비에프주의자들, 그 밖에도 불한당으로 간주된 자들이 법정에 세워져 약식으로 처형되거나 백만 명 단위로 노예 노동 수용소로 이송되었다. 에스파냐 내전 이후에 스탈린은 에스파냐에서 복무한 소비에트 장군들을 거의 모두 체포하여 사형에 처하기도 했다.

에스파냐 내전은 오래 끌다가 1939년 초 프랑코의 승리로 막을 내리게 된다. 최종 사망자 수는 전체 인구 2,500만여 명 가운데 무려 50만명 이상을 기록했다. 프랑코 세력이 승리를 거둘 수 있었던 이유를 둘러싸고 논쟁이 있다. 그러나 문제를 좀 더 명료하게 제기할 필요가 있다. '에스파냐에서 인민전선은 왜 실패했는가?' 전쟁은 언제나 예측할 수 없는 법이다. 내전은 특히나 더 그렇다. 그러나 공식적으로 인민전선을 지지한 사람들 사이의 분열이야말로 승리를 어렵게 했을 뿐 아니라 실제로 불가능하게 했을 정도로 근본적인 요인이었음이 드러났다. 비록 인민전선이 프랑코 세력보다 우세했더라도, 인민전선의 당파들 사이에 또 다른 내전이 발생했을 것 같다. 설령 에스파냐에서 반파시스트 세력이 승리했더라도 에스파냐가 상당한 정도의 군사적 열강이 아니었다는 단순한 이유 때문에 그런 승리가 국제 전선에서 세력균형의 추를 기울게 할 정도는 아니었을 것이다. 좀 더 근본적인 사실은 나치 독일과의 관계에서 유럽 나머지 지역의 자유민주주의자들과 온건파들의 분열이 에스파냐에서 프랑코에 대항한 반파시스트들의 분열만큼이나 치명적이었다는 것이다.

조지 오웰은 목에 총탄을 맞아 심각한 부상을 입고 전쟁터에서 돌아온 후 회복하고 있던 중에 소련 첩자들에 의해 체포될 뻔했다가 가까스로 화를 면했다. 그는 훗날 "그 모든 것으로부터, 정치적 의심과 증오의 끔찍한 분위기로부터, …… 에스파냐와 연관시킬 수 있는 거의 모든 것으로부터 벗어나고 싶다는 압도적인 욕구"에 관해 쓰기도 했다. 물론 그는 파시즘에 대한 혐오감과 에스파냐의 일반 민중에 대한 애정 어린 감정을 잃어버리지는 않았다. 비록 에스파냐 일반 민중이 얼마나 속아 넘어가기 쉬운 사람들이었는지, 또한 얼마나 빨리 놀라울 정도의 잔인함에 휩싸일 수 있는 사람들이었는지에 주목하지 않을 수 없었지만 말이다.

에스파냐 내전은 제2차 세계대전의 예행연습이라고 묘사되어 왔다. 한편으로 그것은 국제적인 사건이었던 것으로 보이지만 다른 한편으로는 각별히 에스파냐적인 난제들이 분출된 사건이었고, 그래서 외부인들은 이해할 수 없는 어떤 것으로 보인다. 에스파냐 내전은 좌파와 우파의 추한 속성을 부각하는 가운데 양쪽 모두에 대해 촉매 작용을 했다는 점에서 드레퓌스 사건과도 닮았다. 오웰이 에스파냐 내전을 보고 느낀 실망감이 많은 좌파들을 계속해서 괴롭혔다. 이제 스탈린과 코민테른이 인간성과 민주주의, 정의의 수호자라고 계속 믿기란 훨씬 어려워졌다. 그렇기는 해도 파시스트들이 우세해진 상황에서 인종 박해에 직면한 사람들이나 강경한 좌파들에게 이제 선택지는 극히 제한적이었다. 그리하여 다른 우파들이 나치즘의 어두운 면을 묵인하는 경향이 있듯이, 좌파들은 스탈린주의의 어두운 면을 묵인하는 경향이 있었다. 적어도 그런 어두운 면들을 더 이상 모른 체하는 것이 불가능해질 때까지 말이다.

유화정책의 시대, 1936~1938

유화정책과 인민전선은 서로 중첩되지만 나치즘의 도전에 대한 상반된 반응이기도 했다. 인민전선을 지지한 사람들은 통합된 좌파가 나치즘을 막아 낼 수 있을 거라고 기대했다. 반면, 유화정책에 매력을 느낀 사람들은 공산주의를 나치즘보다 더 큰 위험으로 간주한 이들이었다. 이 두 가지 대응 모두 궁극적으로 실패했는데, 그 이유는 부분적으로 제1차 세계대전과 같은 규모의 또 다른 전쟁(무슨 수를 써서라도 피해야 할 절대 악)은 용납할 수 없다는 믿음이 광범위하게 퍼져 있었기 때문이다. 에스파냐 내전의 살육이 그런 결론을 정당화했다. 또한 근본적인 수준에서 인민전선과 유화정책은 정당화되기 어려운 두 가지 주장으로부터 나온 것이었다. 첫 번째 주장은 파리강화회의가 정의로운 평화를 확립했다는 것이고, 두 번째 주장은 볼셰비키혁명이 일반적 수준에서 사회주의와 계몽사상의 가치에 대한 마르크스주의적 전망을 실현했다는 것이다.

1938년 이전에 '유화정책'이라는 말이 지닌 함의는 긍정적이었는데, 대충 '평화에 이바지하는 조치'라는 의미가 있었다. 이런 초기 의미에서 유화정책의 관념을 이보다 더 익숙한, '도덕을 초월하는'(amoral) 대외 정책의 관행과 구분하는 것은 어려웠다. 명백히 파시즘에 대한 관대함은 처칠의 경우에도 확인되듯이 오래도록 지속되었다. 비록 처칠이 궁극적으로는 영웅적인 반유화주의자가 될 것이기는 했지만 말이다. 앞에서 언급했듯이, 무솔리니를 '구슬리려는'(또는 현실 정치의 관행) 영국 정치가들의 노력은 스트레사 전선에서 분명히 확인되었고 에티오피아 전쟁 이후까지도 지속되었는데, 그런 노력 뒤에는 무솔리니가 히틀러에게 접근하는 것을 예방하거나 방해하려는 동기가 깔려 있었다.

오늘날에는 유화정책을 명백히 부정적으로 보는 경향이 있는데, 이는 스트레사에서의 무솔리니에 대한 관대함(그런 관대함이 여전히 기억되고 있다는 전제에서) 때문이 아니라 히틀러를 구슬리려는 광범위한 노력 때문이다. 1935년 6월 영국이 독일과 해군 협정을 체결한 일은 나치 독재자에 대한 초기의 명백한 유화정책 사례라고 볼 수 있다. 라인란트의 재무장을 허용한 것은 훨씬 더 중요한 유화정책이었고, 독일과 이탈리아가 프랑코를 지원하지 못하도록 막지 않은 것도 또 다른 유화정책이었다고 할 수 있다. 그럼에도 유화정책은 1938년에 그 가장 유명하고도 결정적인 단계에 도달했으니, 첫 번째는 3월의 오스트리아 '합병'이고 두 번째는 9월에 수데텐란트에 대한 히틀러의 요구에 굴복한 일이다.

앞에서 살펴보았듯이, 1934년 7월 히틀러는 오스트리아를 편입시키려는 시도에서 한 발 물러났다. 1938년 초에 이 쟁점이 다시 수면 위로 떠올랐는데, 맥락은 예전과 상당히 달랐다. 히틀러는 군사적인 견제나 개인적 인기 면에서 예전보다 더 강해져 있었다. 1938년 무렵 많은 오스트리아인들에게 독일에 편입된다는 것은 예전보다 더 매력적인 제안으로 받아들여지게 되었다. 무솔리니가 오스트리아의 독일 편입에 더 이상 반대하지 않겠노라고 명시적으로 밝혔을 때, 히틀러는 두체와 주목할 만한 전화 통화에서 자신은 이런 양보를 "무슨 일이 있어도 절대로, 절대로, 절대로" 잊지 않겠노라고 거듭 맹세할 정도로 한껏 고무되었다.

이 쟁점을 둘러싸고 압력이 가중되자, 히틀러는 치밀한 계획에 따라 움직이기보다는 예기치 않은 상황에 유연하게 대응하는 익숙한 모습을 다시 보여 주었다. 2월 초 히틀러는 자신의 산중 별장인 베르히테스가덴(Berchtesgaden)에 오스트리아 기독교사회당 총리인 쿠르트 슈스니크를 초대했는데, 이 자리에서 히틀러는 세 시간에 걸쳐 그를 협박했다. 결국 슈스니크는 오스트리아의 나치 지도자를 내무장관에 임명한다는 데 동의했다. 그럼에도 귀국한 슈스니크는 뜻밖에도 오스트리아 시민들이 실제로 독일과 연합을 바라는지 여부를 묻는 국민투표를 실시하겠다고 선포했다. 히틀러는 이 계획이 실행에 옮겨지기 전에 군대에 오스트리아 진주를 명령했다. 독일군은 거의 저항에 부딪치지 않았고, 히틀러는 자신의 고향인 린츠와 수도인 빈을 차례로 방문하여 열광적인 환영을 받았다. 당시 관찰자들은 대부분 국민투표도 '합병'을 지지할 것이고, 어떤 외국 권력도 히틀러의 행동이 아무리 조약을 제멋대로 위반한 것일지라도 이를 되돌리려고 전쟁을 불사할 뜻은 없다고 결론지었다.

그리하여 나치 제국은 갑자기 8천만 명의 인구를 거느린 나라로 몸집이 불어났다. 독일 역사가 한스 몸젠은 '합병'이 나치즘 내부에서 끓고 있던 급진적 에너지를 결정적으로 해소했다고 주장했다. 1938년 3월 이후부터 국내 정책과 대외 정책 모두에서 나치는 가차 없을 정도까지는 아니지만 점점 더 대담해졌다. 이는 빈에서 발생한 반유대주의 군중 폭력에서도 잘 나타났다. 다른 나라들에서도 불만에 찬 독일 소수민족들은 히틀러가 별다른 노력 없이 오스트리아의 독일인들을 '제국의 고향' 품으로 껴안은 과정을 지켜보면서 자기들의 상황도 치유될 수 있다는 새로운 희망을 보았다. '합병'이 완료되자마자, 히틀러는 오래전부터 부글부글 끓고 있던 체코슬로바키아의 수데텐란트 독일인들에게 관심을 돌렸다.

대략 350만 명을 헤아리는 수데텐 독일인들은 자신들이 오래전부터 체코의 지배자들한테서 받은 차별이 대공황이 시작된 이래로 한층 더 노골화되었다고 비난했다. 15장에서 언급했듯이, 체코슬로바키아가 윌슨주의 원칙에 입각한 민족국가를 이루지 못했다는 것은 불편한 진실이 아닐 수 없었다. 1938년 무렵 체코슬로바키아는 독일인들을 비롯한 자국 내 소수민족들을 체코인 지배와 화해시키는 데 성공하지 못했다. 더욱이 '합병' 이후 체코슬로바키아의 독일어권 서부 지역이 나치 제국에 에워싸인 형국으로 눈에 확 들어오는 핵심부가 되었다. 1938년 늦여름 히틀러는 3월에 오스트리아에서 그러했듯이 체코슬로바키아를 침공할 태세를 갖췄다.

이런 상황에서 영국의 보수당 총리 네빌 체임벌린은 가장 열성적으로 유화정책을 적용하려고 했는데, 이런 시도가 있은 이래로 체임벌린의 이름은 유화정책이 상징하는 오명을 뒤집어쓰게 되었다. 체임벌린은 실제로 보수당 내 좌파에 속했고, 그래서 당내 우파만큼 파시즘에 관대하거나 공산주의에 대해 단호하지는 않았다. 그는 두 이데올로기 모두 혐오했지만, 독일의 정당한 불만을 인정하고 그 과정에서 절묘하게 협상함으로써 체코슬로바키아 위기를 합리적이고 비폭력적으로 해결할 수 있을 거라고 믿었다.

그런 믿음으로 체임벌린은 자신이 러시아 공산주의보다 독일 나치즘에 더 우호적이라는 점을 명확히 보여 주었다. 과연 체임벌린이 소비에트러시아가 파리강화회의에서 불공정한 대우를 받았고 소비에트러시아의 정당한 불만을 인정함으로써 스탈린의 합리적인 결정을 촉구할 수 있다는 믿음을 갖고 (기억을 떠올리건대, 당시 전시성 재판이 한창 진행되고 있던) 모스크바를 방문한다는 그림은 거의 떠올릴 수가 없다. 어떤 경우든 체임벌린은 당내 우파가 받아들일 수 없는 어떤 그림도 그릴 수가 없었을 거라는 점은 분명하다. 영국의 보수당 총리를 지낸 스탠리 볼드윈이, 히틀러가 공산주의 러시아를 공격해도 자기의 마음은 조금도 아프지 않을 거라고 말했을 때, 이 말은 보수당 내 많은 사람들의 견해를 대변한 것이었다. 영국과 프랑스의 보수주의자들 모두 히틀러가 러시아에 대해 공격을 개시하는 장면을 보며 흡족해했을 것임에는 의심의 여지가 없다. 이와 유사하게, 우파의 많은 사람들은 독일에 대항한 프랑스와 영국의 전쟁은 곧 '스탈린의 전쟁', 즉 독일과 프랑스, 영국을 있는 대로 소모시켜 소련 적군이 (이미 제1차 세계대전 이후에도 그러려고 했듯이) 부서진 자본주의 세계의 잔해들을 수거하는 전쟁으로 바뀔 거라고 경고했다.

초기 단계에서 펼친 체임벌린의 노력에도 불구하고 협상은 뒤틀리고 뒤집어지며 결국 교착 상태에 빠지게 되었고, 1938년 초가을 한동안 유럽 민중들은 음울한 마음으로 다가오는 전쟁에 대비해야 했다. 그러나 그 무렵 무솔리니의 최후 노력이 있었다. 무솔리니는 일찍이 이탈리아가 전쟁에 준비되어 있지 않다고 히틀러에게 경고한 바도 있었는데, 이번에는 9월 마지막 주에 뮌헨에서 회담 자리를 마련하는 데 성공했다.* 여기서 히틀러는 그동안 자신이 주장해 오던 것을 결국 얻어 냈다. 즉 독일 주민이 다수를 차지하는 서부 체코슬로바키아의 모든 지역이 나치 제국으로 이양된 것이었다. 체임벌린은 뮌헨에서 돌아와 기쁨에 들뜬 군중을 향해 자신이 "우리 시대의 평화"를 가져왔노라고 선포했다. 한편, 뮌헨 협상에서 부차적이지만 지지를 피력한 프랑스 총리 에두아르 달라디에 역시 자국에서 환영을 받았다.

얼마 안 가 히틀러는 축소된 체코슬로바키아의 주권을 존중해야 한다는 협정 조항을 위반했다. 또 6개월 만에 체코인 다수 민족이 거주하는 지역을 차지하여 '보헤미아-모라비아 보호령'으로 만들었다. 이게 전부가 아니었다. 이 나치 지도자는 곧 폴란드 회랑 지대를 둘러싼 또

---

* 뮌헨회담은 1938년 9월 28-29일 뮌헨에서 영국과 프랑스, 이탈리아, 독일 사이에 개최된 정상회담이다. 이 회담을 통해 체코슬로바키아의 수데텐란트가 독일에 이양되는 것을 주요 내용으로 하는 뮌헨협정이 체결되었다.

다른 현안을 뜨겁게 달굴 것이었다(20장에서 살펴보기로 한다). 9월에 전쟁은 피했으나, 평화는 1년짜리에 불과했다. 그것도 영국과 프랑스로서는 훨씬 불리한 조건으로 피할 수 있었을 따름이다.

1938년 말 히틀러가 대외 정책에서 보인 대담한 행보는 독일 국내에서도 마찬가지로 확인된다. 한 독일 외교관이 독일 태생의 폴란드계 유대인에게 암살당한 후인 11월 9~10일 밤에 영어로는 '깨진 유리의 밤'(the Night of Broken Glass), 독일어로는 '제국 수정의 밤'(Reichskristallnacht)으로 불린 대규모 광란 내지는 학살이 독일에서 발생했다. 이 폭동과 관련하여 나치 지도자들이 조사한 것과는 달리, 이 폭동이 얼마만큼 정말로 자생적인 대중 폭동인가를 둘러싼 논쟁이 벌어진 바 있다. 과거에 히틀러는 동유럽의 학살을 유대인 문제를 잘못 다룬 사례라고 묘사한 적이 있었다. 게다가 혼란스런 군중 폭력은 독일의 전통에도 위배되는 것이었고, 의심할 바 없이 독일 주민 대다수는 그런 군중 폭력에 참여하지도 않았다. 대부분은 단지 폭동자들을 지켜보았을 뿐이다. 그럼에도 히틀러의 선전장관 요제프 괴벨스는, 비록 히틀러가 당이 그런 폭력 시위를 조직한 거라는 인상을 주기 싫어했음에도 불구하고 암살에 대한 분노의 표현이 자생적으로 분출했던 한 그런 표현을 가로막는 것은 없을 것이라고 공식적으로 선언했다.

실제 양상은 제국 곳곳마다 상당히 달랐다. 그러나 대부분의 지역에서 폭력과 파괴는 '대중적'이지 않았고 오히려 종종 경찰에 의해 '인도되고' 지원받은, 한낱 엉성하게 조직된 나치 무리의 활동이었다. 그 후 당 위원회에서 몇몇 나치 지도자들은 폭동이 공공 영역의 재앙이라고 신랄하게 비난했다. 친위대장 하인리히 힘러는 이 폭동을 가리켜 "괴벨스의 과대망상과 멍청함"이 낳은 결과라고 보았다. 그런가 하면 당시 독일 경제를 관할하던 헤르만 괴링은 나라의 경제 회복을 방해하는 몰지각한 파괴 행위라고 개탄했다. 나치 지도자들 가운데 도덕적 근거를 바탕으로 폭동을 반대한 사람은 거의 없었다. 유대인 상점 창문과 회당들에 대한 난폭하고 고의적인 파괴가 나치 제국 곳곳에서 발생했던바, 파괴가 과거 독일 지역들에서 그런 규모로 발생한 것은 처음이었다. 대략 100명의 유대인이 사망했고 수만 명이 체포되어 강제수용소에 수감되었는데, 이들 중 대부분은 즉시 독일을 떠난다는 조건으로 나중에 석방되었다.

'제국 수정의 밤'이 보여 주는 당혹스러운 모습과 특히 히틀러에게 직접적인 책임을 묻기 어려운 측면이 있다는 사실은 의미심장하다. 왜냐하면 훗날의 대량학살도 나치 지도자들과 다양한 부서들 사이의 책임 분산과 경쟁이 심해졌을 때 발생했기 때문이다. 어떤 이들은 11월 9~10일을 홀로코스트의 출발점이라고 보았다. 하지만 이 날은 유대인들에 대한 폭력이 급증했음을 보여 주기는 해도 한 가지 중요한 점에서 잘못 설정된 것이라고 할 수 있다. 말하자면 이 '해결책'의 주된 초점은 그 과정에서 유대인들의 부를 빼앗고 독일을 떠나게 하려는 것이었지, 그들을 살해하려는 것은 아니었다. 그 뒤로 전쟁 발발 직전까지 115,000명이 넘는 유대인이 확장된 나치 제국을 떠났다. 그러나 유대인들을 독일에서 떠나게 하는 것은 유럽 유대인의 압도적 다수가 여전히 독일 바깥에 살고 있었다는 단순한 이유 때문에라도 유대인 문제에 대한 최종 해결책이 되지는 못했다. 유대인들이 가장 집중적으로 분포한 곳은 동쪽의 슬라브 지역이었다. 히틀러에 따르면, 이곳은 독일이 운명적으로 '생활권' 즉 '삶의 공간'(living space)을 발견하게 될(또한 가장 거대한 '죽음의 공간'[killing space]을 발견하게 될) 지역이었다.

유화정책에 대한 평가

선의를 가진 합리적인 인물로서 체임벌린이 퓌러에게 속은 유일한 사람은 아니었지만, 체임벌린의 순진함과 히틀러의 음흉함을 넘어서는 그 이상의 것이 작동하고 있었다. 유화정책은 당시 영국과 프랑스의 일반 주민들 사이에서 폭발적인 인기를 얻었다. 이에 반대하는 것은 정치적으로 불가능했다. 만일 처칠이 1936년 초와 1938년 말 사이에 총리 자리에 있었다면, 그도 자신이 나중에 했던 방식으로 국민들을 결집할 수 없었을 공산이 크다. 처칠이나 다른 어떤 총리도 여론을 무릅쓰고 나라가 전쟁에 준비되어 있지 않다는 영국 장성들의 심각한 경고를 무시하면서까지 히틀러에 대한 군사행동을 취하려고 했다면, 아마도 의회에서 불신임을 받거나 자리에서 내쫓겼을 게 거의 틀림없다.

처칠은 타협적 평화를 위한 모든 노력이 수포로 돌아가고 영국이 전쟁을 준비하기 위한 시간을 확보한 뒤에야 나라를 한데 결집할 수 있었다(그는 1940년 5월 10일 총리에 취임했다). 심지어 그때도 그가 얻은 지지는 일반적으로 이야기되는 것보다는 미약했다. 1939년 이전에 처칠은 거의 정치적 주변인, 즉 아주 명민하기는 하되 일찍이 파국적인 군사적 결정에 자주 연루된 성급한 도박가에 가까웠다.

만일 유대인들에 대한 히틀러의 행동에 더 일찍 더 적극적으로 반대했더라면 무슨 일이 일어났을까, 거칠게 몇 마디 언급할 수 있다. 나치 독일에 대한 경제 제재 위협은 1933년 초의 시점에 히틀러에게 압박을 준 것 같지만, 유대인 사업에 대한 불매운동에서 그가 한 발짝 물러난 것은 오직 전술적인 고려 때문이었다. 즉 히틀러는 자신의 체제가 인기를 얻으려면 독일 경제를 향상시킬 필요가 있다고 이해하고 있었던 것이다(그리고 그는 경제를 부흥시킨 것이 의심의 여지없이 중요한 인기 비결이었다고 믿었다). 그 직후(1934~1937년) 나치 체제가 유대인들에게 취한 조치들은 독일에 대한 경제 제재를 정당화할 정도로 공분을 사지는 않았는데, 하물며 경제 제재보다 더한 조치가 가능할 리는 만무했다. 1930년대 중반 나치 독일은 경제 회복과 대중적 지지, 국제적 위신이라는 삼박자를 갖추며 '황금 시절'의 따뜻한 햇볕을 쬐고 있었다. 다른 나라들이 상당수의 독일 피난민들을 받아들이는 문제는 오직 1938년 3월 이후에야 심각한 쟁점으로 부각되었으나, 유대인들에 대해 악의가 없는 나라들도 대공황의 한복판에서 수십만 명의 유대인들에게 문호를 개방하는 문제 앞에서는 망설이지 않을 수 없었다.

독일 유대인들의 박해에 대한 민주주의 세계의 비효율적 대응이 유화정책의 개념과 쌍둥이처럼 함께 있었던 한, 이 민주주의 세계가 나치 체제의 근본적인 범죄적 본질을 재빨리 인식하고 히틀러가 말한 모든 것이 믿기 어렵다는 것, 나아가 대외 정책에서든 국내 정책에서든 히틀러의 자신감은 그에게 양보하면 할수록 더 커진다는 점을 간파하기 어려웠다. 그런 깨달음은 오직 뮌헨 협정과 '제국 수정의 밤' 이후에야 얻을 수 있었다. 그러나 심지어 그때도 자국으로 밀려드는 대규모 유대인 이민자들에게 문호를 개방하는 것에 반대한 사람들은, 유대인이 독일에 있다는 것이 얼마나 치명적인 위험인지를 제대로 이해하지 못하고 있었다.

근본적인 범죄적 본질을 지닌 또 다른 강력한 체제가 있었으니, 이는 나치 독일보다 더 오래됐고 그 시점에는 나치 독일보다 더 비인간적인 체제로 입증된 스탈린주의 러시아였다. 세계는 이 체제의 그런 본질을 인식하거나 이 체제에 맞서 효과적으로 대응하고 조직하는 데 실패했다. 그럼에도 스탈린주의 러시아 문제를 나치 독일에 대한 대응과 비교하는 것은 완전히 부적절하다. 왜냐하면 1930년대 러시아는 나치 독일이 1938년 무렵 그러했던 정도로 공격적인 팽창에 나서지 않은 것처럼 보이기 때문이다. 그렇기는 해도 의심의 여지없이 수백만 명의 소비에트 시민들은 역시 수백만 명에 달하는 독일과 폴란드의 유대인들처럼 기회가 생기면 다른 나라로 이주해야 할 터였다.

어쨌든 유럽의 좌파 다수에게 인민전선 시대의 소비에트러시아는 파시즘이라는 역병에 맞서기 위한 인간성의 마지막 보루로 떠올랐다. 그럴진대 대관절 그들 중 누가 히틀러와 스탈린이 서로 동맹을 맺는 데 합의할 거라고 꿈이라도 꿀 수 있었겠는가?

| 더 읽을거리 |

제2차 세계대전의 외교적 기원을 잘 다루고 있는 책은 이언 커쇼의 책들과 그 이전 장들에서 언급된 책들이다(18장의 더 읽을거리를 보라). 그 책들은 또한 홀로코스트를 다루고 있지만, 이와 관련하여 가장 추천할 만한 책은 사울 프리틀랜드의 책인 《나치 독일과 유대인들: 박해의 시절, 1933~1939》(Nazi Germany and the Jews: The Years of Persecution, 1933-1939, 1997)과 《절멸의 시절, 1939~45》(The Years of Extermination, 1939-45, 2007)이다. 인민전선에 관해서는 조엘 콜턴의 전기 《레옹 블룸: 정치의 휴머니스트》(Léon Blum: A Humanist in Politics, 1987)와 존 키건의 《제2차 세계대전》(The Second World War, 1990), 고든 라이트의 《총력전의 시련, 1939~45》(The Ordeal of Total War, 1939-45, 1990; 1st ed. 1968), 니얼 퍼거슨의 《세계 전쟁》(The War of the World, 2007)을 보라.

20장

제2차 세계대전과 홀로코스트

1939~1943

제1차 세계대전이 아무리 끔찍했다고 한들 제2차 세계대전만큼 많은 나라와 특히 유럽 민간인들에게 끔찍한 타격을 주지는 않았다. 제2차 세계대전은 팽팽한 긴장의 순간들과 놀랍고 예기치 않은 발전들로 가득 찬 좀 더 극적인 갈등이었다. 19장에서 살펴보았듯이, 제2차 세계대전의 기원을 둘러싼 논쟁은 제1차 세계대전의 기원을 둘러싼 논쟁만큼 치열하지 않다. 그리고 오랫동안 서구 역사가들과 공산주의 역사가들 모두에 의해 '좋은 전쟁' 또는 적어도 그 이전 전쟁보다 선악이 좀 더 분명해 보이는 전쟁으로 개념화되었다. 그러나 이 '좋은 전쟁'이 벌어진 시기 동안 근대 시대를 통틀어 가장 간담이 서늘한 공포가 발생했다. 그런 공포 가운데 일부는 '좋은' 편의 찬조 아래에서 발생하기도 했다.

제2차 세계대전 기간에는 놀라운 발전들뿐 아니라 역설들 또한 많았는데, 그 가운데 가장 유명한 것은 처칠이 전투적인 반공산주의자에서 스탈린과 소비에트 시스템에 대한 일종의 찬미자로 돌변한 일이다. 물론 나치즘에 대항한 역설적인 자본주의-공산주의 동맹이라는 맥락에서 말이다.

그러나 가장 거대한 롤러코스터라고 할 만한 반전은 역시 소련과 나치 독일의 관계였다. 이 두 나라는 1933년부터 1939년까지 불구대천의 원수였다가 1939년 8월 말에는 동맹국이 되어 각자 폴란드를 공격하여 이 나라를 자기들끼리 분할했다. 그런 다음 히틀러는 유럽 대부분의 지역을 석권한 뒤 1941년 6월 말에 소련을 공격하여 적군(赤軍)을 궤멸시키며 독일군을 레닌그라드와 모스크바 코앞까지 진격시켰다. 소련의 종말은 그저 시간문제로 보였다. 그러나 1942~1943년 초가을에서 겨울에 걸쳐 벌어진 스탈린그라드 전투에서 소련군은 강력한 반격을 개시했다. 그때 이후로 독일군은 방어전을 수행해야 했다.

전쟁 시작 때부터 전쟁 포로건 민간인이건 나치 지배 아래에 있던 사람들에 대한 처우는 야만적이었으나, 일단 나치 독일이 총력전의 압박을 느끼고 그 뒤로 패배가 임박하자, 역사상 유례를 찾아볼 길 없는 잔혹한 인종 학살 의도를 드러냈다.

동쪽으로부터의 유화정책과 제2차 세계대전의 발발

베르사유조약에서 영토와 관련된 모든 조항 가운데 폴란드 회랑 지대와 이곳에 위치한 도시 단치히(그단스크)*의 지위만큼 독일에서 가장

---

* 독일어로 단치히, 폴란드어로 그단스크는 베르사유조약에 의해 탄생하여 1920년부터 1939년까지 존재한 자유도시였다. 단치히 자유도시는 독일과도, 폴란드와도 분리되었는데, 독립 국가는 아니고 국제연맹의 관리 아래에 있으면서 폴란드와 관세동맹으로 연결되어 있었다. 주민은 독일계 다수파와 폴란드계 소수파로 구성되어 있었다.

광범위한 분노를 불러일으킨 것은 달리 없었다. 만일 히틀러가 1938년에 처음 그 쟁점을 제기했다면, 그는 체임벌린으로부터 수데텐란트의 경우보다 훨씬 '합리적인' 반응을 얻어 냈을 것이다. 그러나 1939년 초 히틀러가 회랑 지대와 단치히의 지위에 대한 변경을 요구하기 시작했을 때, 체임벌린은 공식적으로 영국과 프랑스가 독일의 위협에 맞서 폴란드를 방어하기로 결정했다고 선언했다. 이때는 그처럼 확고한 입장을 견지할 만큼 유리한 시기는 아니었지만, 체임벌린 쪽 분위기는 히틀러에게 더 이상 영토를 순순히 빼앗기지 않겠다는 것이었다.

히틀러는 체임벌린의 위협을 심각하게 받아들이지 않았다. 즉 독일이 폴란드에게 신속한 승리를 거둘 수 있고 일단 승리가 기정사실화되면 영국과 프랑스는 다시 한 번 체면을 살리기 위해 타협에 나설 것이라고 믿었다. 그는 영국군이 전쟁 준비가 되어 있지 않고 프랑스에서도 "블룸보다 히틀러가 낫다!"라는 노래가 "왜 단치히를 위해 죽어야 하지?"로 바뀌고 있다는 점을 알고 있었다. 더욱이 프랑스인들은 독일의 공격으로부터 스스로를 방어하기 위해 준비하면서도 폴란드를 지원하기 위한 하나의 방법으로서 독일이 이제 막 재무장시킨 라인란트에 대한 역공을 개시할 수 있는 상태는 아니었다.

실천적인 견지에서 볼 때, 영국군과 프랑스군이 그 멀리 떨어진 폴란드의 방어를 위해 직접 파견되는 것은 극히 어려운 일이었다. 그러므로 필요한 다음 단계는 명백히 폴란드의 동쪽 이웃인 소련과 동맹 협상을 벌이는 것이었지만, 이와 관련한 오랜 난제가 남아 있었다. 즉 폴란드인들과 소비에트인들은 서로를 극도로 불신했고, 공산주의 러시아와 동맹을 맺는다는 것은 프랑스와 영국의 수많은 보수주의자들에게 어쩔 수 없이 삼켜야 할 쓰디쓴 약과 같았다. 소련은 일찍이 체코슬로바키아와 조약을 맺은 적이 있었고 그만큼 명백한 이해 당사자였음에도 불구하고 뮌헨회담에 초대받지도 못했다. 폴란드 지도자들도 그들대로 적군(赤軍)이 자기들 땅에 주둔하는 것을 결코 허용하지 않았다.

과연 '유럽의 그리스도 민족'(Christ among nations)에 비유될 만한 폴란드는 나치 독일의 지배 아래에서 엄청난 고통을 경험하게 될 터였다. 그럼에도 '그리스도 같다는 것'은 아마도 폴란드 지도자들에 대해서는 그리 적절한 묘사가 아닐 텐데, 그들 자신들도 팽창주의적이어서 뮌헨회담 이후 일찍이 1919년에 체코군과 폴란드군이 서로 자기네 땅이라고 주장하면서 충돌한 테셴(Teschen)의 국경 지대를 점령함으로써 영악하게도 체코슬로바키아의 약점을 파고드는 모습을 보여 주었다. 헝가리도 마찬가지로 대규모 마자르어 사용권인 체코슬로바키아의 남동쪽 국경 지대를 차지할 기회를 놓치지 않았다.

영국과 프랑스 대표단은 조약을 협상하기 위해 모스크바로 날아갔으나, 1939년 봄과 여름에 걸쳐 양측 모두 만족할 만한 조약을 이끌어 낼 수는 없었다. 바로 그때 마른하늘에 날벼락 같은 소식이 전해졌다. 나치 독일과 소비에트러시아라는, 서로 간에 최대의 적수인 두 나라가 상호 불가침조약에 서명한 것이었다! 1939년 8월 23일의 나치-소비에트 조약은 종종 두 무원칙한 독재자들 사이의 거래로, 그리고 히틀러에게 폴란드를 공격할 계획을 착착 진행시키고 그럼으로써 제2차 세계대전을 도발할 수 있도록 재량권을 부여한 것으로 묘사되어 왔다. 물론 양측이 무원칙한 독재자였다는 것은 사실이지만, 조약은 이데올로기적 적대성을 초월하고 민족적 이해관계를 고려하는 현실 정치의 실행이라고 간단히 설명할 수 있을 것이다. 다른 견지에서 보면, 독일과 러시아는 이 시점에 서로에게 줄 것이 많았던 반면, 소비에트러시아의 처지에서는 프랑스 및 영국과의 동맹으로부터 별로 얻을 것이 없었던 것이다.

스탈린과 측근들은 적어도 1934년 이래 영국과 프랑스가 히틀러의

그림 21 히틀러와 스탈린을 풍자하는 만화

히틀러: '인간 쓰레기라고 믿소만?' 스탈린: '노동자들의 도살자가 맞지요?' 삽화 작가 데이비드 로의 〈랑데부〉. 원래는 1939년 9월 20일자 《이브닝 스탠다드》(Evening Standard)에 실린 것이다. British Cartoon Archive, University of Kent, www.cartoons.ac.uk/London Evening Standard.

공격적 행동에 대해 효과적으로 반대하지 못했음을 고려할 때 양국의 은밀한 동기가 따로 있을지도 모른다는 의구심을 품게 되었다. 이렇듯 서방 세계가 기꺼이 전쟁을 무릅쓸 의향이 없다는 것이 히틀러가 러시아를 향해 팽창주의 본능을 발산하여 오래전부터 추구하던 '생활권'의 목표를 성취할 수 있도록 암묵적으로 조장하는 것으로 해석될 수 있었을까? 앞에서 언급했듯이, 많은 보수주의자들이 그런 사태 진전을 위한 희망을 피력한 바도 있었다. 그렇다면 나치-소비에트 조약은 영국과 프랑스의 처지에서는 마키아벨리적인 탁자 뒤엎기로 보였을 만했다. 말하자면, '동쪽으로부터의 유화정책' 내지는 '어디 너희 마음대로 되지는 않을 테다'라는 배짱이나 다름없었다. 소비에트의 입장에서 볼 때, 비록 프랑스 및 영국과의 동맹이 타결될 수 있더라도 이 나라들은 주저하는 동맹자들로서 나중에 독일과 독자적인 강화조약을 체결할 수도 있었다.

이와 유사하게, 영국인들과 프랑스인들에게도 스탈린은 독일에 맞서 싸우는 믿음직한 동맹자로 잘 믿기지 않았다. 동맹이 지속되려면 단지 서류 조각 위의 서명을 넘어 상호 신뢰와 변치 않는 상호 이익이 필수적이었지만, 양쪽 사이에 신뢰는 부재했고 이익은 변화할 것이었다. 스탈린의 입장에서 볼 때, 히틀러와 동맹하는 것은 '악(나치 독일)으로 악(서구 자본주의 민족들)과 싸우는 것'에 비견될 법했다. 볼셰비키들이 대외 정책에서 처음 움직인 일도 독일과 브레스트-리토프스크 조약을 체결한 것이었고, 전후에도 바이마르공화국과 라팔로조약을 체결했다(그리고 그 이전에도 차르 러시아는 비스마르크의 독일과 동맹을 맺었다). 러시아-독일 동맹은 양국이 서로 유리한 것으로 보였던 한 희귀한 사건은 결코 아니었다.

나치-소비에트 조약은 적군(赤軍) 지도부에 대한 지속적인 숙청 탓에 소비에트러시아가 특히나 취약해진 시점에 폴란드를 둘러싼 임박한 전쟁에서 한 발 물러날 수 있다는 거대한 이점을 스탈린에게 주었다. 더욱이 조약의 조항에 따라 러시아의 서쪽 국경이 상당 정도로 확장되었다. 부록으로 첨부된 기밀문서 초안에는 일찍이 러시아가 제1차 세계대전 당시에 잃었던 상당한 지역을 소련이 다시 차지하는 것이 허용되어 그 영향권이 대략적으로 제시되어 있었다. 또한 그 무렵 동아시아 만주 국경에서 일본과의 긴장이 팽팽했으므로 조약을 통해 서구의 갈등에서 한 발 물러나 동쪽에 전념할 수 있다는 점도 스탈린에게는 상당히 매력적으로 다가왔다.

제2차 세계대전의 개전 국면

나치-소비에트 조약은 의심할 여지없이 세계대전으로 향해 나 있는 수문을 열었다. 6년 동안 유럽과 북아프리카, 아시아 등지에서 벌어진 전투들의 결과, 전시에 강제수용소와 전쟁 포로수용소에 감금된 수백만 명이 겪은 끔찍한 고통은 말할 것도 없고 군인과 민간인을 합쳐 1914~1919년에 나온 사망자보다 훨씬 더 많은 사망자(6천만 명으로 추산)가 나왔다. 1939년 말부터 1943년 초까지 히틀러의 제국이 수많은 유럽인들의 눈에는 잇따른 전투에서 빛나는 승리를 거두면서 독일 민중들 사이에 엄청난 인기를 누리는 가운데 오랫동안 유럽을 지배할 것처럼 보였다.

나치-소비에트 조약 또한 지속적으로 확대되는 전쟁이 대량학살의 가능성까지 점점 높이고 있었기 때문에 유럽 유대인들에게는 불길한 조짐으로 다가왔다. 나치 지도자들은 수백만 명의 유대인들에 대한 생사여탈권을 쥔 상태에서 더 이상 국제적 공분을 살지도 모른다는 생각에 연연하지 않게 되었다. 1941년 말에 이르면 폴란드 내 옛 차르 제국 영토에 사는 유대인과 집단 거주 지역의 유대인 거의 전부를 포함하여 유럽 유대인의 과반수에 가까운 인구가 나치 수중에 들어간다. 총력전의 한복판에서 이처럼 수백만 명의 유대인을 처리해야 하는 딜레마 때문에 나치 지도자들은 점점 더 무자비한 폭력적 해결책으로 기울게 되었다.

1939년 9월 초(9월 1일 독일이 폴란드를 침공했고 9월 3일 영국과 프랑스가 독일에 선전포고했다) 제2차 세계대전의 시작을 알린 일련의 선전포고들이 오고갔는데, 이는 1914년 8월 초에 그랬던 것처럼 기쁨에 들뜬 군중들의 대대적인 환호를 받지는 못했다. 심지어 베를린에서도 대중들의 분위기는 차분했는데, 히틀러로서는 실망스럽고 화가 나는 반응이 아닐 수 없었다. 기실, 이 시기에 유일하게 열에 들뜬 행복한 군중이 있었다면, 아마도 1년도 채 되기 전에 유화정책을 통해 '우리 시대의 평화'가 성취되었다는 말을 듣고 열광한 사람들이었을 것이다. 이제 히틀러는 독일 대중들은 물론이요, 독일 군부가 의욕적으로 추구한 전쟁이 아니라 **자신의** 전쟁으로 지칭되어야 할 어떤 전쟁을 개시했다. 비록 다음 두 해에 걸쳐 돌풍을 일으킨 일련의 승리가 잇따르면서 독일 대중들이 의심할 여지없이 신이 보낸 퓌러에 대해 광적인 찬사를 드러내고 히틀러의 장성들이 점점 더 그에게 아첨하게 된 것이 사실이기는 했지만 말이다.

폴란드에서 나치가 거둔 승리는 2주 후 소비에트의 폴란드 동부 진격도 어느 정도 그러했듯이 계획에 따라 이루어진 것이었다. 독일군의 빛나는 성공은 항공기와 집중된 기갑 부대, 특히 제1차 세계대전에서 방어하는 측이 누리던 이점을 지워 버린 전차들의 정밀한 협동 공격에서 비롯되었다. 제1차 세계대전에서 처음 사용된 공군은 이제 기갑 사단들의 공격력을 극대화했다. 이 새로운 '전격전'(Blitzkrieg)에서 전문화되고 집중된 기갑 사단들이 폴란드 전선을 돌파하여 전대미문의 속도로 진군함으로써 적의 보급선을 끊고 후방에 혼란을 주면서 자신들이 추월해 버린 적군 부대들을 고립시켜 에워쌌다. 제1차 세계대전 당시에는 보병의 공격이 개시되기 전 몇 주에 걸쳐 일제 포격이 이루어졌지만, 이제는 더 이상 그럴 필요가 없었다. 공습이 기갑 부대의 전진을 준비하는 데 기여했는데, 기갑 부대는 어쨌거나 예전처럼 적의 기관총 세례에 별다른 영향을 받지 않았고 그렇기 때문에 적의 기관총 진지에 대한 포병의 사전 파괴 작업이 별로 필요없었다. 이와 마찬가지로, 전차들은 예전의 무인 지대에 둘러쳐진 철조망을 쉽사리 짓이기며 전진할 수 있었고 제1차 세계대전 때 파 놓은 참호들을 거뜬히 가로지를 수 있었다. 악명 높은 독일의 급강하 폭격기인 '슈투카'(Stuka)가 내는 무시무시한 사이렌 소리도 폴란드의 군인들과 민간인들 사이에 공황 상태를 불러일으켰다. 불과 한 달도 채 안 되어 독일군은 바르샤바에 입성함으로써 효과적인 승전을 거두었다.

만일 프랑스 및 영국과 조약을 체결했더라면 모르겠으나 어쨌든 독일과 동맹을 맺었으므로 스탈린은 자신의 군대가 독일군의 '전격전'을 경험하지 않아도 된다고 안도하고 있었음에 틀림없지만, 그래도 무시무시한 속도로 진격하는 독일군에 서구 관찰자들보다 훨씬 더 놀란 것처럼 보인다. 9월 17일 스탈린은 군에 명령을 내려 폴란드 동부를 공격했고, 결국 1920~1921년의 전쟁 당시에 잃어버린 러시아 영토 대부분을 회복할 수 있었다.

폴란드의 패배는 대체로 히틀러의 계획에 따라 진행된 것이었지만, 영국과 프랑스 지도자들의 대응은 그 계획에 없었다. 그들은 히틀러의 휴전 제의를 거부했는데, 이는 히틀러에게 생각보다 심각한 문제를 제기했다. 당시 독일로서는 장기간의 전면전에 제대로 준비되어 있지 않은 까닭이다. '전격전'으로 진행되는 작전 계획의 성패는 얼마나 신속하게 승리할 수 있느냐에 달려 있었다. 히틀러는 장기간에 걸친 전면적 소모전을 기대하지 않았기 때문에 독일 경제도 그런 종류의 전쟁을 감당할 수 없었다. 또한 히틀러는 장기전에 대비하여 독일 주민들에게 허리띠를 졸라매라고 강요하기도 싫었다. 그런 긴축 경제에는 으레 히틀러 스스로 여성들에게 적합하지 않다고 생각한 군수공장에 여성 노동력을 배치하는 조치들도 포함될 것이었으니 말이다.

여기서도 다시 히틀러는 신중하고 노련한 전략가라기보다는 자신에게 주어진 카드들에 따라 즉흥적으로 행동하는 임시변통에 능한 사람이라는 점이 드러났다. 히틀러는 그런 능력으로 1933년 1월 이래로 처음에는 국내 정책에서, 다음에는 대외 정책에서 승리를 거머쥐었다. 그러나 그런 즉흥성이 도박꾼의 행운까지 겹치며 기본적인 현실을 계속 은폐할 수 있을지의 여부는 결국 또 다른 문제였다. 히틀러가 장기전 계획이 없는 상태에서 전쟁이 길어짐에 따라 점점 더 많은 문제가 수면 위에 떠오르게 되었다. 그러나 1939년 9월의 시점에 나치 제국의 인구가 1938년의 6천200만 명에서 8천만 명으로 증가했음에도 불구하고 나치 제국은 매우 거대한 도전에 직면하지 않을 수 없었다. 그도 그럴 것이 영국과 프랑스, 폴란드를 모두 합친 인구(대략 1억2천만 명)는 전체 독일 인구를 가볍게 압도하고 있었다. 단순한 인구수보다 더 중요한 요인은 영국과 프랑스가 여전히 바다를 장악하고 있었고, 그런 이유 때문에 독일이 더 넓은 세계의 자원들에 접근하는 것이 어려웠다는 점에 있었다.

그러므로 비록 '전격전'이 전쟁터의 역동성을 근본적으로 뒤바꾼 것처럼 보이기는 했지만, 영국과 프랑스 편에서도 제1차 세계대전 당시에 독일을 취약하게 만든 봉쇄 조치를 이번에도 효과적으로 활용할 수 있겠다는 희망이 되살아났다. 그럼에도 그런 초기 상황과는 달리 이탈리아가 독일로 물자가 전달되는 배송관 역할을 하고 있었다. 더욱이 소비에트러시아도 나치-소비에트 조약 비밀 협정의 일부로서 계속해서 독일에 식량과 원자재를 배달하고 있었다. 심지어 미래의 전투와 관련해서도 폴란드의 패전이 갖는 함의는 불확실했다. 폴란드는 상대적으로 저개발 국가였고 폴란드 특유의 탁 트인 개활지는 '전격전'에 더 없이 좋은 지형이었기에 1939년 9월의 전술이 다른 지역들에서도 먹혀들리라는 보장은 없었기 때문이다. 그런 전술은 나중에 영국에 대한 공격이 보여 주게 되듯이 해상 수역에서는 작동하지 않을 게 뻔했고, 북

프랑스와 인근 벨기에에서도 지형이 해안가 근처는 평평했지만 그 밖의 여러 지역이 폴란드와는 달랐다. 그리고 거대한 '마지노선'(Maginot Line)의 요새들은 항공기와 기갑 부대의 공격도 거뜬히 견뎌 낼 수 있는 것처럼 보였다.

폴란드의 패배 직후에 전시 몇 개월 동안 기묘한 국면이 찾아왔는데, 이 국면은 '가짜 전쟁'(Phony War)이라거나 '웃기는 전쟁'(Funny War, drôle de guerre), 또는 '앉은뱅이 전쟁'(Sitting War, Sitzkrieg) 등 다양한 명칭으로 불리었다. 확실히, 이 기묘한 국면은 당시 프랑스와 영국이 결국 타협에 나설 것이라는 히틀러의 굳건한 믿음을 반영한 것이기도 했다. 그리하여 히틀러가 할 수 있는 것은 그저 인내심을 갖고 기다리는 일이었다. 프랑스군과 영국군에게 독일을 패퇴시킬 수 있는 가장 훌륭한 방책은 직접적인 군사 공격보다는 봉쇄 조치를 통해 독일을 약화시키는 것이었다. 이 시점에서 양측 모두 먼저 공중전을 개시할 것인지를 두고 망설이고 있었다. 민간인들이 사는 도심을 폭격하는 것은 특히나 꺼림칙한 선택이었다. 아닌 게 아니라 그런 폭격은 똑같은 종류의 폭격으로 보복당하기 십상이었고, 양쪽 다 폭격 사정권 안에 대도시들이 있었기에 더욱 더 고민스러운 선택이었다. 11월부터 이듬해 3월까지 이어진 겨울은 몹시 춥고 눈 폭풍까지 잦았다. 독일군은 이 몇 개월을 훈련 기간으로 이용했고, 프랑스군과 영국군은 대안을 고심하여 빠른 속도로 무장을 구축하며 대기했다.

양측 모두 당시에 상대방을 관찰하고 고심하는 데 유용한 자료들이 있었다. 예컨대 1939년 12월부터 이듬해 3월 중순까지 핀란드와 소련 사이에 벌어진 이른바 '겨울 전쟁'(Winter War)이 있었다. 그것은 가짜이거나 웃긴 것과는 거리가 멀다. 스탈린은 옛 차르 제국에 속했던 폴란드 영토를 차지하고 난 뒤에 구제국의 다른 영역들에 대한 통제권을 강화하는 방향으로 움직였다. 그는 발트 3국인 에스토니아와 라트비아, 리투아니아를 '상호원조' 조약으로 묶어 놓고 리투아니아에 적군(赤軍)의 주둔지를 건설할 요량이었다. 그러나 핀란드는 레닌그라드에서 30킬로미터 남짓 떨어진 국경 지대에 위치한 핀란드 만의 맨 앞에 있는 비보르크(Vyborg)를 포기하라는 요구에 완강히 저항했다. 핀란드인들의 저항은 1932년에 적군(赤軍)이 선전포고 없이 두 나라 사이에 체결된 불가침조약을 위반하며 갑자기 공격했을 때 전면전 양상을 띠며 전개되었다.

수치로만 보면, 이 전쟁은 완전히 불균등했다. 적군(赤軍)은 핀란드군보다 30배도 넘는 항공기와 아마도 100배 이상 많은 전차를 보유했으나, 최근 벌어진 숙청으로 장교단의 대부분을 잃어버린 상태였다. 세계 여론은 이 공격으로 국제연맹에서 쫓겨난 소련에 대해 거의 완전히 적대적으로 돌아섰다. 이미 나치-소비에트 조약을 옹호해야 할 부담 때문에 망연자실했던 전 세계의 공산주의 정당들도 다시금 핀란드인들을 (비공산주의 계열의 관찰자들이 지칭했듯이, "작지만 용감한 핀란드인들") 이 전쟁의 악당 편으로 비난해야 한다는 부담을 짊어져야 했다. 유럽에서 공산주의 정당들의 당원 수는 인민전선 시기에 대부분의 나라에서 급속히 증가했다가 나치-소비에트 조약의 서명과 함께 급속히 감소했는데, 이제 겨울 전쟁 과정에서 곤두박질쳤다.

이 전쟁은 국제적 당혹감을 불러일으켰고 소련에게는 군사적 재앙을 안겨 주었다. 핀란드군은 자기들이 입은 손실보다 많은 수의 소비에트 병사들을 살상했다. 그럼에도 적군(赤軍)은 핀란드 전체를 점령하지는 못했으나 자신의 의지대로 비보르크 지역을 획득할 수 있었다. 작지만 '용감한 핀란드인들'이 그 직후 나치 독일의 동맹자가 되었다는 사실은 이 확대되는 전쟁에서 다소간 어색할 뿐더러 제대로 부각되지 않은 일화였다. 물론 나중에 영국과 미국이 소비에트러시아와 동맹을 맺은 것보다야 실제로 더 불편하거나 도덕적으로 더 부적절한 것은 아니었지만 말이다. 영국인들과 나중에 미국인들은 한때 자신들이 찬사를 보낸 핀란드인들(머지않아 나치 군대가 소련을 공격하는 과정에서 독일에 합류하게 된다)의 공식적인 적이 되었다. 그렇다면 악을 규정하고 악과 싸우는 과정에서 선악이 자리바꿈하는 역설이 좀 더 명시적으로 드러나거나 현실 정치의 매력이 좀 더 설득력 있게 예시되는 경우는 드물었다고 하겠다.

19세기 차르 지배 아래에서 폴란드인들은 번번이 자신들의 독립 정신을 파괴하려는 시도를 견뎌내야 했다. 이제 공산주의자들과 나치들이 그런 임무를 대신 떠맡았는데, 그것도 좌고우면하지 않고 폴란드 엘리트들(지식인과 종교 지도자, 민족주의 정치가, 군사 지도자들)을 절멸시키려는 가차 없는 의지를 과시하면서 말이다. 이런 엘리트 중에는 유대인들이 많았으나, 공산주의자들이 차지한 지역에서 원칙적으로 표적이 된 유대인은 오직 유대인 부르주아지였다. 이와는 대조적으로, 나치가 차지한 지역에서 위험한 범주는 부르주아계급이 아니라 유대 인종이었다. 그럼에도 폴란드에서 유대인 대다수는 공산주의자들의 기준에서 보면 부르주아(즉 아무리 소규모라도 재산 소유자)였으므로, 유대인들에 대한 나치의 조치와 공산주의의 조치가 모두 어느 정도 평행을 이루며 전개되었다. 소련인들은 폴란드 동부에서 농업을 '소비에트화'하거나 집산화하는 과정에서 대부분 농민이거나 비유대인인 수천 명의 폴란드인들을 죽음으로 내몬 반면, 나치의 목표는 생존한 폴란드인들과 기타 슬라브인들을 내쫓거나 노예 노동력으로 탈바꿈시킴으로써 지역 전체를 '독일화'하는 것이었다.

이로써 인종 학살 또는 '홀로코스트'(개인적 신념이나 행동과는 상관없이 광범위하게 규정된 인류의 특정 범주에 속한 사람들에 대해 저지르는 냉혹한 대량

학살)가 나치 독일과 소비에트러시아 **모두**에 의해 1939년 가을에 개시되었다고 말할 수 있다. 으스스하면서도 지금은 널리 입증된 사례들 중하나는 대략 22,000명에 달하는 폴란드 장교들 및 지도적 위치에 있던 폴란드인들이 1940년 4~5월 소비에트 비밀경찰에 의해 '반소비에트 분자들'로 몰려 살해당한 사건이다. 이 특별한 소비에트의 잔혹 행위는 수천 구에 달하는 시신들이 1943년 4월 나치 침공군에 의해 우크라이나의 카틴(Katyn) 숲에서 발견되었다는 점에서 훗날 엄청난 중요성을 띠게 될 것이었다. 스탈린은 펄쩍 뛰며 책임을 부정했고, 대신 나치를 비난했다. 그것은 속속 드러나는 압도적인 증거에도 불구하고 소련이 몰락할 때까지 소련 당국이 한결같이 부정한 사실이었다.

서유럽 전쟁, 1940

'가짜 전쟁'은 독일군이 덴마크와 노르웨이를 공격하여 신속하게 점령한 1940년 4월 초에 갑자기 끝났다. 5월 10일 '전격전'이 전략과 전술의 대담한 변경이 이루어진 상태에서 저지대 국가들과 프랑스에 대해 개시되었다. 그런 작전 변경은 히틀러의 장성들이 이미 주장한 것이었고, 히틀러가 개인적으로 그들에게 재량권을 준 것이었다. 당시 전투계획은 일찍이 슐리펜플랜에서 그러했던 것처럼 벨기에를 관통해 평평한 해안 개활지를 따라 공격을 집중하기보다는 정예 기갑 사단들을 좀더 동쪽에 있는 아르덴 숲의 구릉지로 밀어 넣는 것이었다. 이 지역은 대규모의 집중된 기갑 차량들이 통과할 수 없는 지역으로 여겨져 적군의 방어가 허술한 곳이었다. 그러나 종종 수 마일에 걸쳐 전개한 독일사단들은 일정을 앞당겨 아르덴 숲을 헤치고 나온 뒤에 영국해협을 향해 트여 있는 시골 지역을 통과해 마침내 5월 말 해안가 됭케르크에 도달했다.

벨기에군과 네덜란드군은 물론 프랑스군과 영국군 모두 번번이 독일군의 기습 공격에 시달렸다. 대략 33만 명에 달하는 프랑스군과 영국군이 됭케르크에 갇혀 끔찍한 운명을 기다려야 했다. 그러나 이들은 수백 척의 소형 선박들을 동원한 영국 해군의 도움으로 구원되었는데, 이는 전쟁에서 가장 극적인 일화들 가운데 하나였다. 병사들 대부분은 영국 해안으로 안전하게 수송되어 또 다른 전투에 동원될 수 있었다. 그러나 이들은 엄청난 양의 귀중한 군수품을 해안가에 버리고 빠져나와야 했다.

그 무렵 독일군은 방향을 틀어 전속력으로 파리로 향하고 있었다. 제1차 세계대전 때와는 달리 이번에는 마른의 기적도 없었고, 이미 10만여 명의 사상자를 낸 프랑스군은 더 이상 전투를 이어 갈 힘이 없었다. 제1차 세계대전의 영웅인 필리프 페탱 원수의 리더십 아래 새로 구성된 정부는 곧 강화를 요청했다. 프랑스군과 영국군은 폴란드군보다 더 오래 '전격전'을 견디지 못했다. 마지노선은 무용지물로 판명 났다. 독일군은 마지노선을 직접 돌파할 필요 없이 나중에 배후에서 공격했다.

프랑스는 모욕을 당했다. 독일의 군사적 명성은 다시금 정점에 도달했고, 영국의 미래는 극도로 암울했다. 여기서 다시 히틀러는 영국인들이 타협해 오리라고 기대했다. 하지만 그러기는커녕 영국인들은 윈스턴 처칠의 리더십을 중심으로 결집했다. 그는 전설이 된 일련의 연설에서 끝까지 싸우겠다고 맹세했다. 비록 나치즘에 궁극적으로 승리하려면 "피와 고역과 눈물과 땀"이 필요하겠지만, 다가올 세대들은 이것을 영국의 "가장 훌륭한 시절"로 볼 것이라고 처칠은 선언했다. 그러나 처칠은 용기를 북돋우는 수사학과 승리에 대한 불굴의 신념을 영국민들에게 불어넣은 것과는 별개로, 한때 그렇게도 무솔리니를 칭찬하고 히틀러에 대해서도 한동안 신중하게 개방적인 태도를 취했던 저명한 우파 정치가로서는 다소 뜻밖이라고 할 만한 어떤 것을 제공했다. 바로 독일 퓌러와 나치 추종자들을 가리켜 도무지 타협 불가능한 철두철미한 악이라고 요란하게 선언하고 나선 것이다. 처칠은 나치즘을 "잔혹함과 흉포한 공격성이라는 측면에서 모든 종류의 인간적 사악함"을 능가하는 것으로 규정했다. 그가 보기에 자신보다 더 공산주의의 악에 일관되게 반대하는 사람은 달리 없겠지만, 나치즘의 공포는 그보다 더 심각한 것으로 드러났다. 아마도 더 중요한 것은 소비에트러시아가 영국에 맞서 정복 전쟁을 수행할 역량이 충분치 않은 것으로 보였다는 점이다. 그러나 이제 영국은 자국을 침공할 의중을 노골적으로 드러내고 있는 나치라는 훨씬 더 심각한 악을 퇴치하기 위해 사악한 공산주의자들을 필요로 했다. 요컨대 또 다른 악과의 타협이 필요해진 셈이다.

비록 '전격전'에 중심이 되는 기갑 부대와 항공기의 협동 작전이 영국 침공에는 적합하지 않았지만, 영국 침공의 막을 올린 전투들은 새로운 전쟁 양상을 띠었으니, 바로 공군력이 침공 계획에서 결정적인 요소로 떠올랐던 것이다. 영국 해군은 여전히 세계 최강인 반면, 소규모에 불과한 독일 해군은 4월의 노르웨이 침공 작전 때 소모된지라 그마저도 약화된 상태였다. 결국 거의 완전히 하늘의 전쟁터에서 벌어진 영국 전투는 그 규모나 드라마에서 유례가 없는 공중전이었다. 독일 공군 (Luftwaffe)의 수장인 헤르만 괴링은 히틀러에게 지킬 수 없는 약속을 했다. 괴링은 자신의 퓌러, 즉 듣고 싶은 것만을 들으려고 하는 이 청취자에게 공군의 공격만으로도 영국을 굴복시킬 수 있을 것이며, 이로써 침공은 아주 수월해지거나 아예 침공 자체가 불필요해질 거라고 장담했다.

많은 역사가들은, 만일 괴링이 영국의 비행장들과 레이더 기지들을 폭격한다는 원래의 계획을 밀고 나갔더라면 영국을 무릎 꿇리는 데 성공할 수도 있었을 거라고 결론을 내리기도 한다. 그러나 괴링은 영국 폭격기들이 8월 말 독일 도시들에 대한 야간 공습을 감행한 후(영국의 처지에서는 독일 비행 중대가 실수로 폭탄을 런던에 떨어뜨린 것에 대한 대응으로 시도한 공격), 그에 대한 보복으로 표적을 변덕스럽게 바꾸어 런던을 집중적으로 폭격했다. 그 후 독일 공군은 9월 둘째 주부터 11월 초까지 런던을 무차별 공습했고, 이에 따라 15,000명이 사망하고 수많은 역사적 건물들과 함께 하원 건물이 거의 완파되었다.

그러나 당시 런던은 비행장과 레이더 기지, 군수 공장 같은 중요한 군사적 표적이 아니었다. 그렇다고 런던에 대한 '강습'(Blitz)으로 영국인들이 강화를 요청하고 나서지도 않았다. 반면, 영국 나머지 지역의 공장들은 항공기를 비롯해 갖가지 전쟁 물품 생산을 꾸준히 늘려 나가고 있었다. 이와 유사한 맥락에서 영국의 새로운 테크놀로지인 레이더(독일인들이 오랫동안 그 중요성을 부정했다)의 효율적인 운용과 결합된 탁월한 성능의 전투기인 '스핏파이어'와 '허리케인'이 독일 항공기에 심각한 타격을 주기 시작했다. 다시 처칠의 기념비적인 말을 빌리면, "인간들 사이에 벌어지는 전쟁이라는 영역에서, 그렇게도 많은 사람들이 그렇게도 적은 사람들에게 그렇게도 많이 빚진 적은 결코 없을 것이다."*

독일이 심각한 항공기 손실을 입고 그때까지 히틀러에게 익숙한 신속한 승리가 더 이상 불가능해졌다. 그러자 히틀러는 눈을 다른 곳으로(혹은 내심으로 가장 열렬히 정복하기를 바랐던 곳으로), 즉 소비에트러시아로 돌렸다. 이미 1940년 12월 중순 무렵 히틀러는 장성들에게 러시아

---

* 전체 영국민들이 소수 조종사들의 영웅적 분투에 의해 결정적으로 구원받았음을 표현한 말이다.

침공 계획, 즉 코드명 '바르바로사 작전'(Operation Barbarossa)을 준비하라는 명령을 하달했다. 이로써 히틀러는 독일이 두 개의 전선에서 싸워서는 안 된다는 자신의 원칙을 정면으로 위배하고 말았다. 영국 전투에서 처음 겪은 이 큰 실패야말로 '무오류의' 퓌러에게는 종말의 시작처럼 보였다. 그렇지 않으면 단순히 도박 중독자의 행운이 다했음에도 히틀러는 도박을 계속했다고 말할 수 있을 것이다. 결국 그가 요란하게 떠들어 댄 '의지의 승리'는 '객관적 조건의 승리' 내지는 '충동적인 결정에 대한 분별 있는 결정의 승리'라는 적수와 마주친 것이다. 그럼에도 히틀러의 군대에게는 여전히 훨씬 더 빛나는 일련의 승리가 기다리고 있었는데, 그런 승리들이 지나간 뒤에야 퓌러의 리더십과 나치 전쟁 기계의 작동에 내재한 심각한 결함들이 비로소 감지되기 시작할 터였다.

유대-볼셰비즘에 대한 전쟁

폴란드와 서유럽에서 히틀러의 전쟁은 수십만 명의 인명을 앗아갔으나, 영국과 질질 끈 공중전을 제외하면 신속하고 확실하게 마무리되었다. 그러나 러시아와 치른 전쟁은 달랐다. 그것은 1941년 6월 말부터 1945년 봄까지 이어졌고, 그런 가운데 벌어진 수많은 잔혹한 전투들은 사망자와 고의적 잔인함, 대규모 파괴라는 면에서 그때까지 벌어진 모든 전투를 완전히 능가했다. 나치 제국과 공산주의 제국의 이 거대한 충돌은 인류 역사에서 벌어진 그 어떤 전쟁보다 더 많은 죽음과 파괴로 귀결되었다. 나치 병사들과 소비에트 병사들 모두 전쟁 포로와 민간인 할 것 없이 소름끼칠 만큼 비인간적으로 다루었다. 이 4년간의 전쟁에서 수백만 명에 달하는 '열등 인종'에 대한 나치의 학대와 체계적인 살인은 그 이전 20여 년 동안 볼셰비키 체제가 자행한 '계급의 적들'에 대한 대량학살에 못지않았다(그 집약도에서는 오히려 능가했다). 나치의 인종적 교리들이 슬라브인과 유대인 같은 '인간 이하'(Untermenschen) 또는 열등 인종에 대한 비정한 학대를 부추겼다. 먼저 슬라브인들은 종족 청소와 그 엘리트들의 살해, 노예화 등의 상황에 처했다. 이윽고 유대인들은 절멸의 상황에 처하게 되었다. 이는 두 인종에게는 '무자비한 전쟁'(war without mercy)이었는데, 이 표현 자체는 미군과 일본군 모두 서로를 인종적으로 악마화하며 끝없이 잔혹한 전투를 벌인 태평양전쟁을 두고 만들어진 유명한 문구다.

히틀러와 군 장성들은 러시아 공격을 개시하기 전에 영국이 발칸반도를 통해 역습을 펼칠 가능성에 대비하여 남쪽 방면을 확보하는 것이 중요하다고 판단했다. 그리하여 '전격전'이 또 다른 시험을 기다리고 있었으니, 이번에는 '전격전'에 완전히 부적합하다고 본 발칸의 험준한 산악 지형이 바로 그 시험 무대였다. 그럼에도 다시금 독일군은 놀랄 만한 승리를 거두었다. 유고슬라비아에 대한 공격은 4월 6일에 시작되었고, 유고슬라비아 군대는 4월 17일에 항복했다. 도시에 대한 무시무시한 공습 또한 새로운 시험을 받았다. 유고슬라비아의 수도 베오그라드는 폭격으로 단 하룻밤에 무려 2만 명의 시민을 잃었다. 그러고 나서 독일군은 일전에 무솔리니가 침공했다가 패배를 당한 바 있는 그리스를 향해 밀고 들어갔고, 5월 말에는 독일 공수부대의 과감한 작전으로 크레타 섬까지 장악했다.

6월 22일 무렵, 히틀러가 장장 3천 킬로미터가 넘는 러시아 서부 국경 지대에 집결해 놓고 있었다. 이 군대는 역사상 가장 거대한 침공군으로서 대략 175개 사단과 300만 명 이상의 병력, 차량 60만 대, 말 75만 필로 이루어져 있었다(1812년 나폴레옹의 전설적인 위대한 군대는 러시아 침공 당시 65만 명의 병력으로 이루어져 있었다). 북쪽 끝에서 대기하는 침공군에는 핀란드군 14개 사단이 포함되었고, 남쪽에는 독일군의 외국 동맹군이 파견한 소규모 부대들이 있었다. 공격은 전체 전선에 걸쳐 일시에 개시되었지만, 주된 공격은 이번에도 독일 기갑 부대가 맡았다. 이들은 신속하게 적군의 방어선을 돌파하여 내륙으로 진격했다. 소비에트 공군 대다수는 지상에 대기한 채 침공 초기에 파괴되었으며 적군(赤軍) 병사들 사이에 혼란과 공황 상태가 야기되었다.

그처럼 거대한 군사력이 러시아의 국경에 집결하면서도 기습 공격의 이점을 취할 수 있었다는 것은 오늘날에도 이해하기 어렵다. 스탈린은 침공군이 집결하고 있다는 경고를 누차 받고 있었지만, 그런 경고가 나치 동맹국에 대한 불신을 조장하기 위해 영국과 프랑스 쪽에서 고의로 퍼뜨리는 소문일 뿐이라고 일축했다. 연전연패 소식이 크렘린에 당도했을 때, 스탈린이 받은 엄청난 충격은 회복하는 데 상당한 시간이 필요할 정도였다. 첫 100일간의 전투에서 무려 300만 명이 넘는 적군(赤軍)이 전사하거나 부상당하고 생포되었다. 포로들 다수도 그 후 나치 포로 수용소에서 제대로 된 치료도 받지 못한 채 헐벗고 굶주리며 고통스럽게 죽어 갔다. 그러나 수천 명의 적군(赤軍) 간부들은 아예 포로가 되기도 전에 즉석에서 총살당했다.

1939년 9월 이래 벌어진 모든 전투에서처럼 쌍방의 단순한 병력 차이보다는 독일군이 우위를 점한 군사적 리더십과 무기, 훈련, 전술의 차이가 더 중요했다. 적군(赤軍)은 독일군보다 2배나 많은 항공기와 3배나 많은 전차를 보유하고 있었지만, 당시 소비에트 병사들의 사기는 상대적으로 낮았고 지도부도 경험이 없었으며 무기 수준 역시 열악했다. 1941년 11월경 나치 군대는 모스크바 앞 32킬로미터 지점까지 진격했고, 독일의 전설적인 군부가 종내 우세를 굳힐 것이라는 결론이 자명해 보였다. 일찍이 1914~1918년에 양은 많으나 질은 떨어지는 러시아군에 대해 우세했듯이 말이다.

또 다른 결론도 널리 받아들여졌다. 즉 나치즘이 전쟁터에서 부패한 서구 자유민주주의에 대한 우월성을 과시한 후에 이제 소비에트 공산주의에 대한 훨씬 더 결정적인 우월성을 입증하고 있다는 결론이 그것이다. 유럽 곳곳의 관찰자들은 1941년 6월부터 11월까지 치른 전투들에서 독일이 연전연승했다는 소식에 충격까지는 아니더라도 강한 인상을 받았다. 나치 침공군이 소비에트의 여러 지역에서 해방자로 환영받고 있다는 소식이 날아들었을 때도 충격은 거의 없었다. 집산화의 공포가 우크라이나 주민들의 기억 속에는 여전히 생생했던 반면, 30여 년 전에 이 지역을 점령했던 독일군에 대한 기억은 대체로 우호적이었다. 적군(赤軍)의 전투 준비 상태를 보여 주는 최근의 유일한 사례는 1939~1940년 겨울 전쟁 때였고, 인종적 견지에서 생각했던 유럽 관찰자들에게는 이제 하나의 예측이 충분히 확증되고 있었다. 즉 소비에트 러시아, 즉 광적인 유대인들이 지배하는 슬라브 권역은 몰락할 운명이라는 것이었다.

1941년과 1942년 사이 대부분의 기간 동안에 히틀러 제국은 일찍이 나폴레옹의 제국이 그러했던 것보다 훨씬 더 광범위하고도 억압적으로 유럽을 지배했다. 이른바 '대독일제국'(Grossdeutsches Reich)의 광범위한 경계선 안에는 이제 오스트리아와 체코슬로바키아의 상당수 지역, 폴란드 서부, 알자스-로렌까지 들어가 있었다. 더욱이 이 제3제국은 히틀러가 이미 1940년에 유럽의 새로운 질서라고 선포한 것, 즉 몇 가지 유형의 국가들을 아우르는 일종의 '유럽합중국'(united states of Europe)을 통치하고 있었다. 즉 군사적으로 정복된 국가들(폴란드와 덴마크, 노르웨이, 프랑스 북부, 세르비아, 그리스)과 공식적으로 독일과 동맹한 국가들(이탈리아와 핀란드, 크로아티아, 헝가리, 슬로바키아, 루마니아), 그리고 우호적이라고 간주된 국가들(프랑코의 에스파냐와 비시 프랑스)이 그것이었다. 심지어 공식적으로는 중립국인 스웨덴과 스위스도 비우호적인 나라로 보이지 않으려고 신중하게 처신했다. 스웨덴은 전쟁 기간 내내 중요한 원자재들, 특히 철광석을 독일로 수송했다. 1941년 말 유럽 러시아의 광범위한 지역이 히틀러의 '생활권'에 대한 전망에 따라 독일 수중에 들어갔다. 이제 대독일 제국의 잠재적 가용 자원들을 고려하면, 독일을 봉쇄 정책으로 격퇴할 수 있다는 초기의 희망은 물 건너간 듯했다. 그리고 영국이 실질적인 침공에 맞서 한동안 성공적으로 방어전을 펼치고 있었지만, 점점 요새화되는 대륙을 홀로 침공한다는 생각은 어불성설에 불과했다.

흐름의 반전

만일 히틀러가 1941년 초가을에 전폭적인 승리를 거둔 후 겨울 동안 안전한 방어선으로 물러나 그동안 획득한 영토를 확고히 하는 데 집중했더라면, 그 후 유럽의 역사는 근본적으로 달라질 수도 있었다. 그렇듯 일정 기간의 휴식과 공고화가 필요했다는 것은 틀림없는 사실이었는데, 왜냐하면 소비에트군에 대한 '전격전'은 단기적 계산, 즉 몇 달간의 압도적 세력 과시와 결정적 승리에 바탕을 두고 있었기 때문이다. 그것은 겨울 동안의 확전을 위한 비상 계획을 포함하지 않았고, 확실히 몇 년간의 소모전을 위한 것도 아니었다. 늦가을에 독일군 부대들은 그토록 방대한 거리를 내달리면서 소모되었고, 오래 지속된 전투로 병력도 줄어들었으며, 보급선도 위험할 정도로 길어졌다. 더욱이 러시아에 겨울이 다가오기 시작했다. 독일 병사들은 방한복도 지급받지 못한 것은 물론이요, 독일 차량화 부대들도 러시아의 겨울이 몰고 오는 극단적인 추위에 준비되어 있지 못했다. 전차와 항공기들이 꼼짝없이 얼어 버리곤 했다.

지난 날 나폴레옹의 패배는 수많은 요인들의 결과였다. 특히 자만과 지나치게 늘어난 보급선, 러시아의 겨울, 패배를 인정하지 않는 러시아 장성들의 완고한 저항이 중요한 요인들이었다. 독일의 경우에도 이와 유사한 요인들이 있었지만, 아울러 몇 가지 중요한 차이도 있었다. 스탈린은 평정을 되찾았고, 1941년 12월 첫 주에 적군(赤軍)은 본격적으로 반격을 개시하여 자만심에 빠진 독일군을 모스크바 목전으로부터 밀어냈다. 독일군이 실제로 궤멸된 것은 아니었지만, 그때까지 육지에서는 패배를 몰랐던 독일군이 처음으로 주요한 실패를 경험했던 것이다. 이는 영국과 격돌한 공중전에서 맛본 실패에 비견될 만했다. 1월 무렵 소진된 양쪽 군은 겨울 내내 참고 견뎌냈다.

1941년 12월은 다른 몇 가지 측면에서도 주요한 전환점이다. 12월 7일 일본군이 태평양을 건너 하와이 진주만의 미국 해군에 대한 충격적인 공습을 개시했다. 나치 독일은 이미 1936년 이래로 일본과 동맹을 맺은 상태였으므로 나흘 후에 미국에 대해 선전포고했다. 이 선전포고는 오늘날의 관점에서 보면 오판으로 보인다. 그러나 히틀러와 그의 군사 고문들은 미국이 신속하게 군대를 동원하여 유럽 전쟁의 전황을 바꿀 수 있으리라고 생각하지 않았다는 점에서, 1941년 당시 그들의 계산법은 일찍이 1917년 당시 독일 장성들의 계산법과 공통점이 있었다. 조금 비딱하게 말하면, 히틀러는 오히려 루스벨트 대통령에게(그리고 처칠에게는 훨씬 더) 울고 싶은 데 뺨을 때려 준 격이었다. 독일의 그런 선전포고가 없었다면 미국은 일본을 격퇴하는 데 집중하면서 당연히 유럽의 분쟁에 직접 연루되는 것을 회피하거나 연기하려고 했을 것이다. 그 대신, 이제 루스벨트와 그의 측근들은 주요한 전략적 결정에 다다랐다. 즉 독일을 패배시키는 것을 가장 우선적 과제로 설정한 것이다. 이는 영국에 대한 원조를 대대적으로 증강하는 것을 뜻했는데, 왜냐하면 영국제도가 나치 수중에 떨어진다면 미국이 궁극적으로 독일을 침공한다는 발상도 헛된 희망에 지나지 않을 것이기 때문이다.

1941년 12월 초 미국은 대부분의 미국인들이 또 다시 유럽 전쟁에 개입하는 것에 반대했음에도 불구하고 사실상 중립적 열강이라고 할 수는 없었다. 유화정책이 실패하고 나치-소비에트 조약과 폴란드에 대한 독일의 선전포고가 충격을 몰고 온 뒤로 한때 나치 독일을 경탄의 눈으로 바라보았던 미국인들의 수는 현격하게 줄어들었다. 영국 전투가 한창이던 때, 미국인들은 나치에 대해 일말의 동정심도 내보이지 않았다. 비록 미국인들 대부분이 여전히 또 다른 세계대전에 얽혀드는 것을 피하기를 바라기는 했지만 말이다.

이미 1년 전인 1940년 12월에 루스벨트 대통령은 "미국을 직접 방어하는 최선의 방법은 영국이 스스로를 방어하는 데 성공하는 것이다"라고 공식적으로 선언한 바가 있다. 1941년 3월 초 미국 연방의회는 무기대여법(Lend Lease Act)을 통과시켰는데, 이로써 "대통령이 미국의 방위에 결정적으로 중요하다고 평가하는 나라라면 어디에나" 군수품을 판매하거나 대여하는 것이 허용되었다. 1941년 여름 무렵 미국 정부는 대략 100만 명의 병력을 모집하고 주요한 선박 건조 프로그램을 개시하면서 본격적인 전쟁 준비에 나섰다. 1941년 6월 말 독일이 러시아를 공격한 후에 무기대여법이 러시아에도 적용되었다. 1941년 8월 중순에 루스벨트와 처칠은 비밀리에 회동하여 대서양헌장(Atlantic Charter)에 합의했는데, 헌장은 "나치 폭정의 최종적 척결"을 추구하고 "모든 민족이 자신이 살아갈 정부 형태를 선택할 권리"를 보장하겠다고 약속했다. (그럼에도 다음 달 처칠은 한 연설에서 헌장이 오직 **독일** 점령 아래의 민족에게만 적용되지, 영국 지배 아래의 민족에게는 적용되지 않는다고 논평했다.)

이미 앞에서 살펴본 것처럼, 히틀러의 이른바 '의지의 승리'는 궁극적으로 그의 충동적인 결정에 대한 합리적인 결정의 승리로 역습을 당했다. 심지어 효율성이라는 면에서 독일이 자랑하는 명성도 나치 지배 아래에서는 생각보다 대단한 것이 아니라는 게 판명되었다. 제3제국과 새로운 질서는 특히 권력의 요직을 잘못 차지한 일부 나치 고관대작들 사이에 만연한 무능과 부패는 말할 것도 없고 서로 경합하는 부서들과 개인들 사이의 치열한 경쟁 탓에 곤경에 빠졌다. (일부 영국 지도자들은 실제로 히틀러를 암살하는 계획에 반대했는데, 그 이유는 다름 아닌 히틀러 자신이 영국의 '비장의 무기'였기 때문이다. 즉 그가 사라지면 좀 더 유능한 리더십이 등장할 수도 있을지 모를 일이었다.)

적군(赤軍)의 12월 공세 이후 히틀러는 장기전을 위한 계획을 염두에 두고 있는 듯한 명령서들을 하달하기 시작했다. 하지만 한동안 독일의 경제와 사회는 영국에 비해 완벽하고도 효율적으로 전쟁에 동원될 수 없었다. 더욱 놀랍게도, 소련 경제는 1941년 여름과 가을의 충격적인 손실에도 불구하고 궁극적으로 자신의 초인적인 회복 능력을 과시하며 독일의 새로운 질서보다 더 풍부하고도 효과적으로 전쟁 물자를 생산해 냈다. 심지어 양이 아닌 질적인 측면에서도 소비에트군은 러시아나 공산주의 체제의 생산품이 조악하기 짝이 없다는 오명을 깨끗이 씻어 버릴 만한 성능의 무기들, 특히 전차와 대포 등을 현장에 배치하기 시작했다. 요컨대 러시아의 겨울은 러시아의 반격이 성공하는 과정에서 확실히 중요한 요인이기는 했지만 정말로 결정적인 요소는 아니었다. 심지어 양군의 전투력이라는 측면에서도 새로 임명된 소비에트 장성들이 자신들이 발 딛고 있는 군사적 기반과 적군(赤軍) 신병들의 전투 준비 태세가 향상되었음을 깨닫게 되면서 점점 양쪽의 우열을 가리기가 힘들어졌다.

그런데 또 다른 측면에서도 1941년 12월은 결정적인 전환점으로 간주되어 왔다. 바로 이때 최종 해결책에 대한 히틀러의 명령서가 단 한 번이기는 하지만, 그것도 대략적인 것에 지나지 않았지만 어쨌든 하달되었다는 것이 거의 틀림없다. 이렇듯 전환점으로 간주된 시기에 새로운 현실을 만들어 낼 프로그램이 나타났다. 즉 나치 독일은 수백만 명의 유대인들을 노리며 그물을 던진 것이다. 예전에는 유대인 문제의 해결 방법에 대해 불확실성과 의견 대립이 있었다면, 이제는 대량학살을 향한 포괄적인(반드시 일관된 것은 아닌) 움직임이 나타났다. 그럼에도 그런 움직임이 정확히 언제 나타났느냐를 둘러싸고는 논란이 있다. 왜냐하면 유대인들에 대한 대량학살은 1941년 12월 이전에 시작되었기 때문이다. 이미 6개월 전인 1941년 6월 6일 하달된 이른바 '인민위원 명령서'(Commissar Order)는 전쟁 포로 가운데 발견된 "소비에트 정치위원은 누구라도 …… 즉각 총살되어야 한다"고 명시하고 있었다. 나아가 그것은 "철두철미하게 볼셰비키화된" 것으로 확인되는 "모든 전쟁 포로" 역시 즉각 처형되어야 한다고 명령했다.

일부 히틀러의 장성들(대표적으로는 에르빈 로멜)은 이런 무차별적인 범죄적 명령 앞에서 뒷걸음치기도 했다. 그럼에도 나치 통제권 아래 나치 이데올로기가 횡행하는 조건에서 유대인들에 대한 살인 면허를 내준 것은 바로 그런 명령이었다. 이른바 '특임보안대'(Einsatzgruppen)가 정규 군대 명령권 밖에서 여성과 어린이, 노인을 포함하여 유대인 수십만 명을 살해했다. 이 부대는 1939년에 힘러의 친위대가 창설한 특수 파견 부대로서, 전진하는 정규군을 따라가면서 전선 후방의 지속적인 저항을 일망타진하는 임무를 띠고 있었다. 폴란드와의 전쟁에서 '특임보안대'는 주로 폴란드 지도자들을 겨냥했으나, 동시에 유대인들도 표적이 되었다. 이제 주된 표적은 소비에트 지도자들과 유대인들이었다.

이와 같은 대량 처형은 강제수용소나 절멸수용소에서가 아니라 '현장에서' 실행되었다. 때로는 반유대주의 성향의 현지민들이 대량 처형을 도왔는데, 이들은 왕년의 공산주의 억압자들이나 '유대인 인민위원들'로 매도된 사람들에 대한 복수를 실행할 기회를 잡았던 셈이다. 이런 학살은 과거 전쟁에서 파르티잔이나 게릴라에게 저지른 '통상적'이고 투박한 방식의 처형과 관계가 있었다. 그러나 이제 규모가 거대해져 살인자들은 중앙의 지도 아래 움직였다.

이 현장 살인자들은 점차 그 규모와 방법에서 완전히 전례 없는 어떤 것(기계화된 대량학살)으로 진화해 나갔는데, 이는 학문적으로 상당한 논쟁을 불러일으킨 주제였다. 나치는 근대 산업이 낳은 가장 악명 높은 독가스 따위를 강제수용소에서 이용했는데, 그보다는 오히려 각종 수용소와 게토의 끔찍한 조건 아래에서 죽어 간 사람들이 더 많았다. 이들은 질병 창궐과 풍찬노숙, 영양 부족, 과잉 노동, '통상적' 총살형이나 교수형으로 목숨을 잃었다.

1942년 봄 무렵 단순히 강제수용소를 넘어 수많은 절멸 수용소가 폴란드에 건설되었다. 정치범들을 수감하는 강제수용소는 이미 1933년부터 독일에 존재했고, 그 비슷한 수용소들도 그 이전에 다른 나라들에서 활용되었다(예컨대 보어전쟁 시기 영국이 세운 수용소와 쿠바에서 에스파냐가 세운 수용소의 경우). 이런 초기 형태의 나치 수용소에서 특히 전쟁 막바지에 수천 명이 사망했지만, 역시 영국과 에스파냐의 수용소에서도 대부분 질병과 영양 부족, 풍찬노숙 등으로 수천 명이 사망한 게 사실이다. 반면, 한 민족이나 인종 전체 또는 인류의 특정 범주에 속한 사람들을 될 수 있으면 신속하고 효과적으로 살해하려는 명시적 목적으로 설계된 수용소는 거의 전례가 없는 것이었다. 그것도 개인의 책임 여부와 무관하게 말이다. 소련의 수용소나 굴라크는 나치 독일의 절멸 수용소에 비하면 2선급으로까지 보인다. 소비에트 굴라크에서 벌어진 죽음은 주로 가혹한 처우와 방치, 질병, 또는 처형자의 총알과 공장식이 아닌 대량학살 등을 통한 것이었지만, 굴라크로 보내진다는 것 자체가 사실상 사형선고를 받는 것이나 마찬가지였다. 그렇기는 해도 이데올로기적 광신과 인간적 고통이나 개인적 책임에 대한 무관심을 고려하면, '하나의 계급으로서 부농'(혹은 '불온한' 소수민족들)에 대항하며 소련 당국이 취한 행동은, '하나의 인종으로서 유대인'에 대항하며 나치가 취한 행동과 무척 가까웠던 것이 사실이다.

스탈린그라드와 쿠르스크 전투

추측컨대, 1941년 12월 들어 이 전쟁에서 패배할지도 모른다는 생각이 히틀러의 의식을 갉아먹기 시작했다. 즉 그 시점에 패전의 그림자가 어른거렸던 것이, 아마도 나치 통제권 아래의 모든 유대인이 될 수 있으면 신속하게 처형되어야 한다고 히틀러가 결정한 것과 큰 관계가 있었을 것이다. 그는 영국인들을 제압하는 데 실패했다. 적군(赤軍)은 성공적으로 반격해 왔고 이제 '유대인들이 통제하는' 미국이 전쟁에 발 벗고 나섰다. 이 대목에서 다시 추측의 나래를 펴면, 히틀러는 수백만 명의 유대인들이 완벽하게 자신의 권력 아래에 있었기 때문에 유대인에 대한 전쟁에서 승리할 힘을 여전히 보유하고 있다고 결론지었을 것이다.

그럼에도 히틀러가 하달한 특별 명령서들을 보아도 그렇듯이, 히틀러의 마음에서 전쟁의 우선권이 어디에 있었는지를 확실하게 말하기는 어렵다. 그와 나치 지도자들이 때때로 중대한 자원들을 동부전선에서 빼내어 절멸 수용소로 돌렸다는 증거가 있지만, 그럼에도 당혹스러울 정도로 복잡하고 모순되는 사실들이 뒤얽혀 있는 탓에 문제는 수렁에 빠지고 만다. 과연 이런 곤란은 나치 제국 전체를 관통했는데, 표면적인 효율성과 질서에도 불구하고 물밑의 현실은 모순과 비합리성, 관료적 혼란으로 점철되었던 것이다. 어쨌거나 죽음의 수용소들은 1942~1943년에 고속으로 치달았고, 그런 대규모 사업이 히틀러의 승인과 지시 없이 전개되었으리라고 상상할 수는 없다.

1942년 봄 무렵 좀 더 복잡한 요인이 있었는데, 바로 퓌러가 이번에는 러시아 남부를 겨냥하여 적군(赤軍)에 대한 전면 공세를 펼치는 쪽으로 관심을 돌린 것이다. 1942년 여름 나치 군대는 다시 한 번 캅카스 산악 지역의 유전 지대를 향해 거침없이 전진하며 승리를 구가했다. 그러나 독일군은 마지막 순간에 카스피 해 근처 볼가 강 유역의 스탈린그라드에서 멈춰야 했고, 이번에 적군의 반격은 1년 전 모스크바 외곽에서 치른 전투보다 훨씬 더 결정적이었다. 적군은 11월에 이미 지칠 대로 지치고 보급선이 끊긴 24만 명의 독일군을 포위했고, 이들의 장군인 프리드리히 폰 파울루스는 항복하고 말았다. 히틀러에게는 통탄할 노릇이었다. 독일군이 항복한 1943년 1월 말의 시점에 24명의 장군들을 포함하여 고작 9만 명의 병사들만 생존해 있었을 뿐이다. 그들도 거의 대부분은 살아서 독일 땅을 밟지 못할 운명이었다.

스탈린그라드 전투는 현대사에서 가장 파괴적인 전투 가운데 하나였다. 100만 명을 웃도는 소비에트 병사와 민간인들이 절망적인 5개월 간의 투쟁에서 목숨을 잃었다. 그러나 이 전투는 강한 상징성으로 인해 유명해졌다. 즉 지켜보는 나머지 세계에게는 놀랍게도, 공산주의가 나치즘을 패퇴시키는 장면으로 보였다. 유명한 러시아 내전 당시의 노래가 바야흐로 우렁차게 불리고 있었다. "적군(赤軍)은 최강의 군대다!" 1942~1943년에 흐름이 결정적으로 바뀌었음을 알려주는 뉴스는 그밖에도 또 있었다. 즉 1942년 초여름 북아프리카에서 펼친 전차전에서 '사막의 여우'라고 불린 독일의 에르빈 로멜이 영국군에게 일련의 쓰라린 패배를 안겨주기는 했지만, 그 후 로멜에 대한 전차전은 점차 영국군과 속속 도착하는 미군의 우세로 바뀌었던 것이다. 이와 유사하게, 1943년의 첫 몇 달 동안 독일 잠수함대가 미국에서 영국으로 가는 선박들에게 놀랄 만한 피해를 입혔지만, 그 후에는 잠수함을 탐지하는 기술적 진보가 이루어지고 효율적인 호송 시스템이 도입되면서 점점 더 많은 미국 선박들이 영국 항구에 안전하게 도착할 수 있었다. 태평양에서도 1942-1943년 과달카날 전투에서 일본의 패배는 하나의 전환점이라고 볼 수 있는데, 이는 소비에트군의 일부를 독일군과의 전투로부터 빼내어 일본 전선에 배치해야 할 부담을 줄여 주었다는 점에서 유럽 전선에도 상당히 중요한 함의가 있었다.

　전체적으로 볼 때, 유럽에서 1943년 초부터 1945년 6월까지 제2차 세계대전의 전개 과정은 독일이 퇴각하는 이야기로 요약될 수 있다. 그러나 어디로 보나 궤멸은 아니었다. 동부전선을 따라 치열한 전투가 그 후 2년 동안이나 계속되었다. 그중에 가장 유명한 것이 바로 적군(赤軍)이 점령한 쿠르스크 돌출부(서쪽으로 불쑥 튀어나온 지역) 주변에서 1943년 7~8월에 벌어진 전투다. 이 전투는 역사상 가장 거대한 전차전으로 기록되었다. 또한 이 쿠르스크 전투는 단 하루 동안 벌어진 공중전으로는 가장 피해가 막심한 전투이기도 했다. 아마도 쿠르스크 전투의 가장 상징적인 대목은 주요 전투들 가운데 저 유명한 독일 기갑 부대가 적 방어선을 뚫지 못한 최초의 전투였다는 점이다. 요컨대 땅과 바다, 하늘에서 그리고 독일 군부가 적들에게 가장 큰 두려움을 안겨 준 기갑전 등의 영역에서 나치 제국은 고통스러운 연패의 늪에 빠지기 시작했다.

| 더 읽을거리 |

존 키건의 《제2차 세계대전》(The Second World War, 1990)은 최고의 통사로 널리 평가된다. 《현대 프랑스》(Modern France)의 저자 고든 라이트는 《총력전의 시련, 1939-45》(The Ordeal of Total War, 1939-45, 1990; 1st ed. 1968)에서, 개별 전투들에 대한 생생한 기술보다는 더 깊고 구조적인 쟁점들에 특별한 관심을 돌린다.

니얼 퍼거슨의 《전쟁의 연민》(The Pity of War, 1999)도 언급할 필요가 있다. 그는 또한 제1차 세계대전과 제2차 세계대전 당시 유럽과 아시아를 아우르는 매우 자극적인 책 《세계 전쟁》(The War of the World, 2007)의 저자이기도 하다.

5부

재건과 냉전

1943~1989년, 그 이후

과거 30년에 걸친 재앙의 시기에 비하면, 제2차 세계대전이 끝나고 45년 동안(1945~1989)은 전면전이 없는 주목할 만한 경제 회복의 시대였다. 냉전 종식 이후 25년 동안(1989~2012)에는, 한때 공산주의자들이 지배하던 땅에서뿐 아니라 당시 경제 연합을 향해 의기양양한 발전을 이루던 서유럽에서도 예전이라면 상상할 수 없는 변화가 몰아쳤다. 아마도 가장 상상하기 힘들었던 변화가 있었다면 그것은 바로 독일의 재통일이었다. 새로운 독일 제국은 과거 비스마르크의 제국보다 확실히 작았지만, 그럼에도 독일은 유럽에서 인구가 가장 많고 경제적으로 생산력이 뛰어난 나라였다.

1943년 1월 스탈린그라드에서 거둔 승리 이래로 제3제국의 종말이 얼마 남지 않았음이 점점 더 분명해졌다. 1945년 여름 연합국이 최종적으로 승리함으로써 수많은 유럽인들은 기쁨을 만끽했지만, 그럼에도 종전 직후의 첫 몇 년 동안, 특히 원자폭탄을 비롯한 갖가지 대량 살상 무기와 관련하여 또 다른 전쟁이 다가오는 것처럼 보였을 때, 광범위한 절망과 체념의 분위기가 두드러지기도 했다. 그래서 과거 연합군 전승국들 사이에서 끓어오르는 긴장이 이따금씩 불길하게 폭발하기도 했지만, 결과적으로 유럽에서 전면전에 돌입하는 일은 없었다. 위기가 거듭되면서 원자폭탄 시대의 홀로코스트가 다가오는 것이 아니냐는 두려움을 품기도 했지만, 그다음 반세기 동안 유럽인들이 경험한 전쟁은 대개는 '차가운'(cold) 것으로 남았다. 그런 위협적인 수사학과 불길한 군비 확장에도 불구하고, 대규모 군대들 사이에 벌어지는 무시무시한 충돌과 민간인 대량학살을 수반하는 도시 공습 사태가 적어도 유럽에서는 없었다. 물론 냉전 종식 이후 발칸반도에서 부분적인 예외가 있기는 했지만 말이다. 이렇듯 냉전 초기의 열정들은 45년 동안 점차 식어 갔다. 유럽인들 사이, 특히 공산주의 진영에서 경합하는 주요 이데올로기들에 집착하는 성향도 분산되고 약화되었다. 1980년대 말부터 1990년대 초에 걸쳐 소비에트 제국은 단번에 폭발한 것이 아니라 서서히 꺼져 감으로써 종식되었다.

공산주의의 지배를 받은 동유럽에서 치유의 과정이 자유시장에 바탕을 둔 서유럽만큼 신속하고 효율적이며 완벽한 것은 아니었는데, 그런 차이는 1989~1991년 소비에트 제국의 붕괴에 결정적인 요인이 되었다. 그렇기는 해도 유럽 바깥 대부분의 세계에 비하면, 동유럽은 어느 정도 물질적으로 안락하고 물리적으로 안전한 지역으로 발전했다. 현대 경제를 운영하는 최선의 방법이 무엇인지를 둘러싼 논쟁이 이어졌다. 특히 서유럽에서 쟁점은 자유시장의 파괴적 국면을 완화시키려는 시도에서 복지국가가 얼마만큼 확대되어야 하는가, 또 경제적 역동성을 촉진하기 위해 시장을 얼마만큼 보호해야 하는가를 둘러싼 문제였다. 심지어 공산주의의 지배를 받은 국가들에서도 경제를 운영하는 최선의 방법이 무엇인지를 둘러싸고 현격한 차이들이 나타났고, 여기서도 '자본주의적' 인센티브가 생기기 시작했다. 하지만 그런 논쟁에도 불구하고 유럽의 거의 모든 국민경제가 폭넓게 재건되었다. 한때 폭격으로 쑥대밭이 된 도시들이 조금씩 복구되기 시작했고 수백만 에이커에 달하는 땅이 개간되었다. 유럽 역사에서 물질적 향상으로만 보자면 최고의 시대였다.

의심할 여지없이, 유럽인들의 지배력과 자부심도 꾸준히 높아 갔다. 1914년 이전에 유럽이 세계에서 누리던 압도적인 지위는 미국과 그보다는 약간 덜한 정도로 소련이 대신 차지했지만, 이 두 비유럽 내지는 준유럽 열강도 대체로 유럽 문명의 후예라고 볼 수 있었다. 그렇기는 해도 과거 유럽사의 그림자는 어둡고 음울했다. 점점 더 많은 유럽인들, 특히 1945년 이후에 태어난 유럽인들은 자신들의 과거를 근본적으로 다른 방식으로 바라보게 되었다. 이런 차이를 잘 보여 주는 것이 바로 '과거 청산'(mastering the past)이라는 키워드인데, 예전에는 이와 비슷한 뜻으로 쓰인 구절이 '역사의 교훈 배우기'였다. 뒤의 구절은 책임을 '타자'에 넘기는 데 초점을 맞추는 경향이 있는 반면, 이제 강조점은 점차 내적 성찰과 자기 규제, 심지어 자기비판 쪽으로 옮겨가기 시작했다.

자연스레 홀로코스트가 궁극적으로 하나의 중요한 테마로 떠올랐는데, 일부 관찰자들이 보기에 그것은 유럽 현대사를 **대표하는** 사건이기도 했다. 일부 역사가들 사이에서는 홀로코스트의 뿌리를 저 멀리 과거 유럽의 기독교적인 배경에서 찾거나, 아니면 유럽 역사를 유독 인종 학살과 자기 파괴의 경향으로 더럽혀진 어떤 구성물로 바라보는 경향이 나타났다.

이렇듯 뼈를 깎는 자기반성의 결과로, 1980년대 들어 유럽은 세계에서 가장 번영하는 지역일 뿐 아니라 세계에서 가장 관대한 지역으로 평가받기에 이르렀다. 유럽인들의 관용과 자기비판에는 물론 결정적인 한계(민족주의적 분노에 기반을 둔 우익 운동이 다시 출현했다)가 있었지만, 특히 유럽 자유민주주의 국가들의 지식인 세계에서 확인되는 전반적으로 개방적인 분위기는 예전 시기와 비교하여 더욱 인상적인 수준이었고, 나머지 세계 대다수와 견주어 보면 훨씬 더 인상적인 수준이었다고 할 수 있다. 유럽의 민족들은 독재와 종족적·종교적 박해, 그리고 무엇보다 빈곤을 피해 탈출한 수백만 명의 비유럽인들을 위한 피난처가 되었다.

유럽 통합을 향한 움직임은 비교적 구체적인 경제적 쟁점들에서 민족주의적 집착과 윤리적 가치, 사법적 규준 등 좀 더 구체적으로 규정하기 어려운 쟁점에 이르기까지 폭넓게 논쟁을 불러일으켰다. 유럽인들은 수백 년 동안 '기독교 공화국'(Christendom)이라는 느슨한 수준의 공통된 정체성을 배양해 왔고, 그런 뒤에는 다양한 종류의 경제적·문화적 유대감을 공유하는 유럽 민족국가들의 협조 체제를 이루어 갔다. 1914년부터 1945년까지 겪은 비극에 대한 공포심이 좀 더 거대한 통합체를 향해 나아가는 움직임과 밀접한 관련이 있었다. 과거에는 적대적인 나라들, 대표적으로는 프랑스와 독일을 공동의 위협인 공산주의에 맞서 한데 뭉치게 했다는 점에서 물론 냉전도 유럽 통합에 큰 영향을 끼쳤다. 동유럽에서도 소비에트 제국의 팽창이 불러온 효과 가운데 하나는 동유럽 각국의 '극민족주의'(hypernationalism)를 억제했다는 점이다.

여러 단계를 거치며 경제 통합을 성취하려던 노력은, 때때로 고생스럽기도 했고 미약하기도 했지만 대체로 성공담을 써 나갔다. 유럽에서 민족주의적 반감은 상당히 줄어들었다. 그러나 21세기 초의 시점에도 유럽이 단일한 지배적 정체성, 즉 기성의 민족 정체성을 하나의 광범위한 유럽 정체성으로 결정적으로 흡수할 수 있는 그런 정체성은, 이제껏 약해져 왔고 상당수의 유럽인들도 그런 정체성이 현실화될 수 있다거나 바람직한 것이라고 보지 않았다.

1968년은 흔히 1848년과 비교되어 왔다. 가장 밀접한 관련성은 지독히도 비현실적인 희망들이 넘실댔다는 대목에 있다. 1970~1980년대는 전쟁 이래 가장 심각한 경기 침체를 겪었는데, 여기에는 이스라엘과 전쟁을 겪고 나서 1973년에 아랍 국가들이 단행한 석유 금수 조치가 촉매제로 작용했거니와 다른 경제적 흐름도 영향을 주었다. 그리고 냉전의 성격을 바꾼 중요한 변화가 생겼다. 소비에트 블록 나라들이 소비에트 지도자들의 엄격한 감시로부터 조금씩 벗어나고, 서유럽 민주주의도 냉전 초기 시절에 미국이 행사한 종류의 리더십과 거리를 두면서 양극성이 해체되고 있었다. 그럼에도 1970년대 말과 1980년대 초에는 다시 미국과 소련 사이에 새로운 긴장이 감도는 가운데 미국의 두 대통령 카터와 레이건이 소련의 국내 인권 문제와 군비 경쟁에 강조점을 두면서 좀 더 공격적인 대외 정책을 추진했다.

돌이켜 보면, 동유럽 공산주의 지배 구조에서 여기저기 균열이 나타났던 것도 바로 그때였다. 미하일 고르바초프가 1985년 소련 지도자로 나섰을 때, 공산주의 지배 구조 전반은 이미 붕괴 직전에 와 있었다. 앞선 소비에트 지도자들도 소련 공산당의 지도적인 역할이 유지되는 한 어느 한도까지는 공산주의 내부의 다양성을 허용했지만, 고르바초프의 관용은 급기야 그런 지도적인 역할을 더 이상 주장할 수 없는 한계까지 확장되었다. 1980년대 말 끝내 유럽에서 공산주의는 붕괴되고 새로운 시대가 열렸다.

21장

승전, 평화, 처벌
1943~1946

 1943년 후반기에 권력의 지각변동이 진행되고 있었다. 천년만년 갈 것 같던 나치 제국은 고작 12년 만에 붕괴되리라는 것이 분명해졌다. 유럽의 새로운 질서는 허물어졌다기보다는 애초에 세워지지도 않았다. 처음에는 체면을 구겼으나 실제보다 과소평가된 적군(赤軍)은 끊임없이 서쪽을 향해 가차 없이 진격했고, 미국이라는 거인은 영국과 러시아에 치명적인 중요성을 갖는 물자들을 공급하면서 직접 시합에 뛰기 위해 몸을 풀고 있었다. 미군 부대가 최초로 북아프리카에 상륙했고(1942년 11월) 그다음엔 시칠리아에 상륙했다(1943년 7월). 이윽고 오랫동안 별러 오던 노르망디에 마침내 상륙하고(1944년 6월 D-day) 8월에는 남부 프랑스에서 또 다른 상륙작전을 감행했다. 유럽에서 거둔 최종적 승리, 즉 유럽 전승기념일(VE-day)은 1945년 5월 초에 찾아왔다.
 이 시점에서 미래 유럽의 구상은 장님 코끼리 만지는 격이었다. 나치와 그 동맹자들(지도자와 대중, 군인과 민간인들)을 어떻게 처리해야 할 건

지도 불확실했다. 전시에 저질러진 잔혹 행위의 전모는 당시까지만 해도 여전히 알려져 있지 않은 상태였고, 그런 잔혹 행위에 어떤 깊은 의미가 담겨 있는지를 철저하게 탐구하지도 못하는 형편이었다. '홀로코스트'는 여전히 확립되지 못한 용어였고, 정의를 일정하게 바로 세우려고 한 전후 뉘른베르크 전범재판도 많은 사람들에게 분노를 일으킬 정도는 아니었지만 여전히 만족스럽지 않았다.

승전에 따른 문제와 역설

전후 유럽 세계의 구상이 권력관계의 변동으로부터 나타났고, 전쟁이 끝난 지 1년이 지나도 여전히 많은 것들이 정해지지 않은 상태였다. 1941년 8월 중순에 나온 대서양헌장은 자유민주주의의 가치와 나치즘의 완전한 척결이라는 목표를 강조했으나, 헌장이 발표된 시점에서 미국은 전쟁에 참여하지 않고 있었다. 심지어 12월 7일 일본의 진주만 공격이 벌어진 후에도 나치 독일에 맞선 전쟁을 정확하게 조직하고 편성하려는 노력은 여전히 걸음마 단계였다.

전후 합의에 도달하는 문제는 미국인들과 영국인들 자신의 역사적 기록이 대서양헌장의 원칙들과 양립하지 않는다는 점에서 한층 문제의 소지가 많았다. 그러나 훨씬 더 문제가 된 것은, 소련이 그런 원칙들을 오래전부터 명시적으로 거부해 왔다는 점이다. 이 세 나라만큼 추구하는 가치와 목표, 역사적 경험에서 그렇게도 다른(혹은 자기 묘사에서 그렇게도 위선적인) 동맹국들이 일시적이고 기회주의적인 수준의 합의 이상의 것에 도달할 수 있었을까? 전쟁의 압력으로 어쩔 수 없이 이를 악다문 상태에서 공산주의와 반공산주의 사이의 타협이 성사되었지만, 정

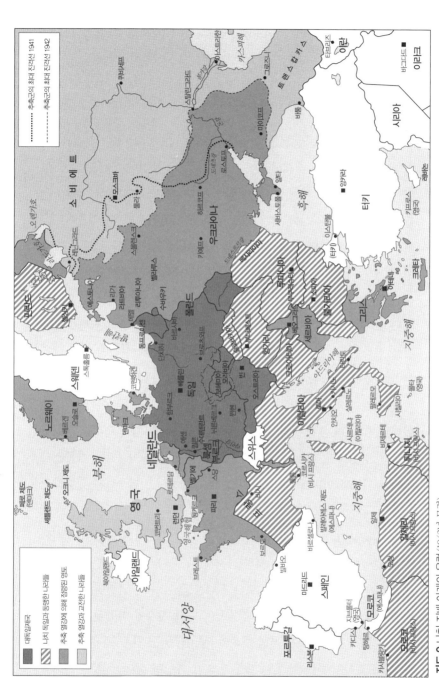

지도 9 나치 지배 아래의 유럽 (1942년 무렵)

범례 (좌상단):
- 독일제국
- 나치 독일과 동맹한 나라들
- 축축 영강에 의해 점령된 영토
- 축축 영강과 교전한 나라들

범례 (우상단):
- ····· 축축군의 최대 진격선 1941
- ----- 축축군의 최대 진격선 1942

지도 내 주요 지명:
대서양, 북해, 발트 해, 지중해, 아드리아 해, 흑해, 카스피 해

소 비 에 트, 영국, 아일랜드, 스웨덴, 노르웨이, 네덜란드, 스위스, 독일, 폴란드, 우크라이나, 헝가리, 루마니아, 불가리아, 유고슬라비아, 이탈리아, 그리스, 터키, 시리아, 이라크, 이란, 스페인, 포르투갈, 에스토니아, 리투아니아, 라트비아, 벨라루스, 프랑스, 벨기에, 오스트리아, 알바니아, 키프로스

도시: 모스크바, 스탈린그라드, 레닌그라드, 키예프, 하르코프, 스몰렌스크, 오데사, 세바스토폴, 바르샤바, 베를린, 프라하, 빈, 부다페스트, 부쿠레슈티, 소피아, 베오그라드, 파리, 런던, 마드리드, 리스본, 로마, 나폴리, 앙카라, 이스탄불, 베이루트, 스톡홀름, 오슬로, 코펜하겐

넝 놀라운 것은 이른바 '3거두'(Big Three)가 서로에게 보인 호의와 상호 존중, 특히 스탈린에게 처칠과 루스벨트가 보여 준 애정과 존중이었다. 반면, 처칠과 루스벨트에 대한 스탈린의 실제 감정을 알려주는 믿을 만한 증거는 부족하다.

불신 받았던 민족의 집단 책임이라는 개념은 이제 나치 '전범들' 개인 책임의 개념으로 대체되었다. 그러나 여전히 불편한 문제는 남아 있었다. 즉 전범들에 의해 지도된 '민중'은 그런 책임으로부터 자유로운 존재, 또는 그들 자신이 나치 폭정의 희생자로 간주될 수 있는가? 이와 유사하게, 지도부의 책임과 범죄라는 개념은 얼마만큼 정확히 규정될 수 있는가? 사실대로 말하자면, 연합국 진영의 많은 사람들은 여전히 독일 민중의 집단 책임(그리고 특별한 사악함)을 확신했다. 그런 믿음은 1919년에 가해진 것보다 훨씬 더 가혹한 집단 처벌이 정당하다는 것을 함축했다. 그럼에도 독일 주민들 중에는 여전히 수백만 명에 달하는 열렬한 나치들과 히틀러의 기억을 숭배하는 또 다른 수백만 명이 있기는 했다. 하지만 그렇다고 그들 모두가 범죄 행위에 책임이 있는 것은 아니었다. 또 다른 수백만 명은 자신들이 조용히 나치의 행위를 거부했다고 주장했지만, 그들이 나치에 반대하면서 한 일이라고는 아무것도 없거나 있어도 미미했다. 이처럼 다양하고 중첩되는 범주들과 관련하여 어떻게 대처해야 했는가?

많은 독일 병사들은 공식적으로 나치 당원이든 아니든 간에 전시에 입에 담을 수 없는 난폭한 행위를 저지른 게 사실이다. 그럼에도 정의의 문제(전쟁 범죄란 '무엇'인가?)로 보거나 그들이 나치 국가 지도자들이 하달한 범죄 명령에 입각하여 장교들이 내린 지시에 따랐을 뿐이라는 점에서 보건대 그들에게 전쟁 범죄의 책임을 묻는 것은 복잡한 문제를 불러일으켰다. 대서양헌장은 "**모든 민족**이 자신이 살아갈 정부 형태를

그림 22 바르샤바 게토에서 유대인들을 체포하고 있는 나치들
1943년 놀란 유대인 가족들이 나치 병사들에게 항복하고 있다. 그해 1월에 게토 거주자들은 나치에 맞서 봉기를 일으키고 몇 달 동안 완강히 버텼으나, 4월과 5월의 격렬한 전투 끝에 패배하고 말았다. 사진은 1943년 5월부터 하인리히 힘러에 보낸 위르겐 슈트로프의 보고서에서 찾은 것이다. Wikimedia Commons.

선택할 권리"를 지지했지만, 그런 이상을 전쟁 직후에 바로 적용하는 것은 현실에 부합하지 않았다. 왜냐하면 종전 당시 연합군 진영의 어느 누구도 수백만 명의 나치들에게 새로운 정부를 선택할 권리가 있다고 믿지 않았기 때문이다.

독일인들이 다른 민족들과 똑같은 민족자결권을 가질 수 없다는 관념에서 보이듯이, 윌슨식 민족자결의 이상에 담겨 있는 역설은 새삼스러운 것이 아니었다. 여전히 더욱 복잡한 문제는 다양한 동유럽 민족들이 처한 상황이었다. 많은 민족들이(일부는 열정적으로) 나치 독일에 협력했고, 전후에 정부 형태를 선택하라고 하면 거의 틀림없이 극민족주의적이고 반소비에트적이며 반유대주의적인 정부 형태에 표를 몰아줄 형국이었다. 소련인들의 입장에서 그런 투표의 결과로 수립된 우익 국가를 이웃으로 둔다는 것은 도저히 묵과할 수 없는 일이었다. 그리고 유럽의 제국주의적 지배로부터 해방되기를 갈망하는 전 세계 곳곳의 민족들에게 대서양헌장이 실제로 의미하는 바가 무엇이었겠는가? 기실 말이 나왔으니 말이지만, 전쟁이 끝난 뒤에도 오랫동안 자신이 살아갈 정부 형태를 두고 투표할 권리가 부정된 아프리카 혈통의 미국 시민들이나 팔레스타인의 아랍인 다수파는 또 어떠했겠는가? 지금 제기한 문제들에 대한 현실성 있는 해답은 결과야 어찌 되든지 간에 무조건 투표권을 부여하는 것을 넘어서는 지극히 복잡한 것이었다. 악마는 디테일 속에 있었던 셈이다.

1939년에 전쟁이 발발했을 때, 비록 전쟁 범죄에 대한 정의가 부재했을 뿐더러 전시 선전으로 인해 독일인들을 각별히 범죄자라고 보는 견해가 강화된 것이 사실이었지만, 제3제국의 범죄적 성격에 대해 토를 다는 사람은 거의 없었다. 그러나 실제 범죄의 차원이 밝혀진 것은 종전 이후였고, 그 후에도 여러 해 동안 그 전모는 밝혀지지 않았다. 전시에 나치의 잔혹 행위를 말해 주는 수많은 보고서들이 있었고, 연합군 측에서는 전쟁 범죄자들을 처벌하겠다고 엄포를 놓았다. 그러나 제1차 세계대전 동안과 그 이후에 양 쪽 모두에서 사실을 과장하고 날조하는 관행이 비일비재했으므로, 이번에도 그런 보고서들을 모두 믿을 수는 없다는 미온적인 태도 또한 존재했다. 전시 보고서들 다수가 믿기 어려운 것으로 보였거나 일말의 이해도 구하기 어려운 심각한 역겨움을 불러일으켰던 것이다.

처칠, 루스벨트, 스탈린

제2차 세계대전 직후에는 일찍이 1814~1815년의 빈회의나 1919년의 파리강화회의에 비견될 만한 강화회의가 소집되지 않았다. 그럼에도 연합국들 사이에 주목할 만한 일련의 전시 회담이 열려 전쟁 노력을 조율하고 전후 협정에 적용될 원칙들을 작성했다. 이런 회담은 결과적으로 사실상의 강화 협정이나 다름없었다. 물론 이 강화 협정은 너무도 결함이 많아 전시에 억제되어 있던 거대 열강 간의 긴장감이 얼마 안가 위협적인 형태를 띠며 불거지게 되었지만 말이다. 빈회의와 파리강화회의에서처럼 이번 회합들에서도 강한 개성을 지닌 인물들 사이에, 또한 외관상 화해 불가능한 민족적 이해관계들 사이에 충돌이 나타났다. 이 회담들 가운데 가장 유명한 네 차례의 회담이 있었는데, 이 카사블랑카와 테헤란, 얄타, 포츠담에서 열린 회담에서 핵심적인 역할을 한 것은 '개인 외교'였다. 이를 잘 보여 주는 일종의 아이콘이 바로 이들 회담에서 자리에 앉아 있는 지도자들을 찍은 사진들이다. 이런 사진 속의 지도자들은 일찍이 1815년 빈과 1919년 파리에 모인 지도자들이 행사했던 것을 훨씬 능가하는 권력을 휘둘렀다. 한 저명한 역사가는 '군벌들'(war lords)이라고 부르기도 했다.

처칠과 스탈린의 대면 만남은 특히 주목할 만한데, 왜냐하면 처칠이 그때까지 세상에서 가장 비타협적인 반공산주의자로 알려져 있었기 때문이다. 그럼에도 영국 전투 당시 처칠은 나치즘에 대해 묘사하기를 공산주의를 포함하는 "모든 종류의 인간적 사악함"을 압도하는 지배 형태로 보았다. 나치 독일의 위협을 진지하게 취급하게 되면서 그는 소련과의 동맹이 그런 위협을 격퇴할 수 있는 유일하게 효과적인 방법이라고 믿게 되었다. 일단 나치 독일이 소련을 공격하자, 처칠은 예전에 모든 종류의 인간적 사악함을 압도하는 지배 형태라고 직접 묘사한 바 있는 공산주의자들과 즉각 동맹을 맺었다. 사실 그는 지난날의 반공산주의를 포기했을 뿐 아니라 스탈린의 리더십과 소비에트 시스템의 성취에 대해, 자신이 한때 무솔리니와 파시즘에 대해 보낸 열렬한 칭찬의 말로 아낌없는 찬사를 보냈다. 사석에서 처칠은 '늙은 곰' 스탈린에 대해 주저 없이 개인적 애정을 표현하기도 했다.

스탈린은 1943년 1월 카사블랑카(모로코)에서 개최된 최초의 연합국 회담에는 참석하지 못했지만, 그 후 3거두는 처음에는 1943년 11월 말 테헤란(이란)에서 그다음에는 1945년 2월 얄타(소련)에서 모두 두 차례 만났다. 7월 포츠담회담(독일 패전 이후였으나 일본과 전쟁이 계속되던 때)이 열리기 전에 루스벨트는 얄타회담이 열리고 한 달 만인 1945년 4월 사망했다. 당시 부통령이던 해리 트루먼이 그의 뒤를 이었다. 처칠은 포츠담회담이 진행되던 7월 중순의 영국 선거에서 패하여 자리를 노동당 지도자인 클레멘트 애틀리에게 내주어야 했다.

미국과 영국, 소련의 '대연합'(Grand Alliance)은 1942년 1월로 거슬러 올라간다. 미국의 루스벨트와 전시 선전가들 역시 오래지 않아 '용감한 소비에트 민중'과 그들의 지도자 '엉클 조'(Uncle Joe)를 칭송할 것이었다. 추축국에 대항하고 자유민주주의적 가치를 옹호하는 대연합의 공식 언어는, 1936년부터 1939년까지 이어진 반파시스트 인민전선의 언어와 상당히 닮은 데가 있었다. 그러나 인민전선 시기는 실패와 환멸의 시절이었음이 드러났고, 곧 2년 동안 나치즘-공산주의 연합 시절이 이어졌다. 그런 선례가 있었기 때문에 적어도 최근 5년간의 기억을 갖고 있는 사람들에게 친소비에트 수사학의 진정성을 신뢰할 리가 없었다. 비록 1942년 초부터 종전 당시까지는 모두들 태연한 척했지만, 대연합이 얼마 전까지 서로 으르렁대던 적들로 이루어졌고 더 거대한 공동의 적인 나치 독일(그리고 독일의 동맹국인 제국주의 일본)에 맞서 급조되었다는 사실을 무시할 수는 없었다. 연합국들은 그 적들을 패퇴시킬 때까지는 함께할 테지만 그 이상은 아니었다.

처칠과 루스벨트 사이의 의미심장한 정치적·개인적 차이는 상대적으로 공중의 이목을 끌지도 못했고 은폐되어 있기도 했다. 두 사람은 협력 관계와 돈독한 우정을 발전시켜 나갔다. 처칠은 1941년 12월 말 워싱턴을 방문했고, 백악관에서 미국 대통령과 함께 3주 동안 머무르면서 전쟁 전략을 토론하고 1942년 8월의 대서양헌장이 될 내용을 작성했다. (미국 대통령 부인 일리노어는 자기 딸에게 보내는 편지에서 영국 총리가 "사랑스럽고 감성적이며 무척이나 인간적"이지만 술을 너무 많이 마시고 늦은 밤에도 몇 시간 동안이나 남편을 잡아 둔다고 썼다. 더욱이 그녀는 이 영국 지도자가 진정으로 민주주의적인 평화를 일구어 내는 과정에서 얼마나 신뢰할 만한 인물인지에 대해서도 의구심을 품고 있었다. 이는 그녀의 남편 역시도 공유한 의구심이기도 했다.)

1943년 1월 14~24일에 회합한 카사블랑카회담은 유럽 전쟁의 전반적인 전략과 관련하여 치열한 논쟁 끝에 이루어진 여러 결정을 비준하기 위해 소집되었다. 처칠과 루스벨트는 추축국들에 대해 무조건적인 항복을 요구한다는 합의에 도달했는데, 이는 독일과 독자적인 협상을 통해 강화조약을 맺는 가능성을 암묵적으로 배제했다는 점에서 핵심적인 결정이었다. 그러나 일부 측근들은 이 결정 탓에 독일인들이 더 강력한 결사항전에 나서 전쟁이 연장되고 불필요한 인명 피해가 늘어날지도 모른다고 비판하기도 했다. 또한 무조건적인 항복은 연합군이 절대 악에 맞서 싸운다는 믿음을 반영한 것이었다. 즉 연합군은 절대 악과 타협함으로써 자신들의 순수성을 훼손할 수 없다는 것이었다.

스탈린은 회담 장소에 나오지 못했다. 그의 나라가 여전히 스탈린그라드에서 생사를 건 사투를 벌이고 있었기 때문이다. 그럼에도 그는 회담이 열리기 전에 영국인들과 미국인들이 나치 독일과 독자적인 강화조약을 체결할 가능성에 대해 자신이 우려하고 있다는 사실을 여러 차례 전달했다. 그런 우려는 영국인들과 미국인들이 서유럽에서 제2전선을 여는 시점을 계속 연기함으로써 독일군과 소련군이 가능한 오래 전투를 벌이게 하여 양군 모두 지쳐 나가떨어지게 하려는 속셈이 있다는 의구심과도 연관되어 있었다. 그런가 하면 이런 의구심은 유화정책의 진정한 동기가 히틀러의 관심을 동쪽으로 돌리게 하려는 데 있다는 해묵은 믿음과도 관련이 있었다. 이런 의구심들은 스탈린의 잘 알려진 편집증적 성향은 말할 것도 없고 그의 마르크스주의 세계관과도 잘 맞아떨어졌다(물론 이미 앞에서 언급했듯이 많은 서구 지도자들이 나치와 공산주의자들이 서로를 파괴하기를 희망**했다**는 게 의심의 여지없이 사실이기는 하지만 말이다).

그럼에도 서부전선을 여는 시점을 연기한 데는 충분한 이유가 있었다. 군대 전체가 영국해협을 건넌다는 것은 결코 쉬운 일이 아니었고, 많은 사람들이 관찰했듯이 프랑스 해안선을 따라 구축된 나치 독일의 '유럽 요새'(Festung Europa)를 돌파하는 일은 극히 지난한 과제였다. 그러나 동부전선에서 전쟁이 점점 더 확전되는 가운데 스탈린과 그의 측근들에게 심각하게 다가온 문제는 바로 적군(赤軍)이 가장 무거운 전쟁 부담을 짊어지고 있다는 사실, 나치와 소련군이 서로를 파괴하고 있다는 사실이었다. 심지어 북아프리카와 이탈리아, 나아가 궁극적으로 노르망디 상륙작전이 개시된 후에도 여전히 전투가 대규모로 벌어지고 그에 따라 피해도 가장 막심한 곳이 동부전선이었음은 거의 의문의 여지가 없었다. 히틀러는 노르망디 상륙작전 이후에도 자기 군대의 4분의 3을 동부전선에 계속 배치해 놓고 있었다. 처칠은 훗날 특유의 화통한 어조로 그 문제에 대해 이렇게 말했다. "나치 전쟁 기계의 지구력을 바닥나게 만든 장본인은 바로 적군(赤軍)이었다." 그 과정에서 적군과 소련 민간인들의 지구력도 바닥났는데, 소련 지도자들은 바로 그 점을 일반적으로는 강조하면서도 정작 구체적인 현실은 숨겼다. 그 이유는 전쟁이 끝나게 되면 자신들이 입은 피해가 너무도 끔찍해서 영국-미국인들에 대해 무방비 상태에 노출될지도 모른다고 느꼈기 때문이다.

이상의 진실들, 특히 연합국과 소련이 감수한 고통의 불균형은 어둡고도 긴 그림자를 드리웠다. 전쟁 직후의 시절에도 그러했듯이, 전시 회담들도 그런 그림자 아래에 있었다. 일반적으로 말해서, 서구 연합군은 진격이 더뎠고 충격적인 패전도 많이 겪지 않았기 때문에 그런 불균형이 한층 가중되었다. 비록 북아프리카 전투가 1943년 초 영국군과 미군의 승리로 돌아갔지만, 이곳에서 펼친 진격은 예상보다 훨씬 느렸고 이는 다음 2년 동안 이탈리아와 프랑스, 독일에서 영·미군이 진격할 때에도 자주 되풀이된 말("예상보다 느린")이었다.

개인 외교와 현실 정치

루스벨트는 스탈린과 사적으로 만나는 것이 중요하다고 생각했는데, 독대 자리에서 강철 같은 독재자의 의구심을 가라앉힐 수 있다고 확신했다. 요컨대 루스벨트는 자신의 경탄할 만한 매력과 함께 자본주의 세계 또는 적어도 자본주의 세계에서 미국과 관련된 부분은 공산주의 교리가 선포한 바와 같은 방식으로 행동하지 않으리라는 점에 대해 스탈린을 설득할 수 있다고 믿었다. 그것은 무리한 요구이기는 했지만, 만일 조금이라도 성공할 가망이 있다면 루스벨트는 불필요하게 적대하거나 최근의 불행한 과거에 연연하는 것을 피함으로써 스탈린의 관심사에 적극적인 공감을 내보일 필요가 있다고 생각했다. 루스벨트는 특히 자본주의적이건 공산주의적이건 간에 주요 열강이 평화 유지를 위해 협력해야 할 전후 세계의 구상과 관련하여 스탈린을 자기편으로 끌어들일 수 있기를 기대했다. 하지만 그런 구상은 스탈린 같은 기질을 가진 사람에게는 물론이거니와 확신에 찬 마르크스주의자에게도 말이 안 되는 것이었다.

스탈린은 루스벨트와 처칠이 문화적 친밀함과 개인적 친분을 통해 자신을 배제하며 서로 협력할 것이라고 의심했는데, 이런 의구심은 근거가 없었다. 실제로는 정반대의 일이 발생했는데, 루스벨트와 처칠은 서로 경쟁적으로 스탈린의 환심을 사려고 애썼던 것이다. 루스벨트는 전후에 유럽 제국주의의 보유지들이 해체되어야 한다는 점과 관련하여 공산주의자들과 합의했음을 스탈린에게 비밀리에 알렸다. 반면, 영국 제국을 유지하는 것이 무엇보다 급선무였던 처칠은 테헤란에서 가졌던 스탈린과의 사적 대화에서 미국인들이 대외 정책에서 보인 순진함을 얕잡아보며 언급했는데, 그들은 영국인들이나 소련인들의 현실주의적인 태도와 달라도 너무 다르다는 것이었다.

1943년 11월 28일부터 12월 1일까지 테헤란에서 회담이 열렸다. 이 회담은 권력을 장악한 이후 스탈린이 소련 영토 바깥으로 나간 최초의 행보였다. 이 회담이 주목을 끄는 것은 여기서 궁극적으로 합의된 공식적 결정의 성격 때문이라기보다는 3거두 사이의 비공식적인 거래들이 보여 주는 특이한 분위기 때문이다. 무엇보다 이를 잘 보여 주는 상징적인 쟁점이 있었는데, 즉 루스벨트와 처칠이 공산주의 동맹자에게 어디까지 물리적인 편의를 제공할 것인가의 문제가 있었다. 당시 스탈린은 수천 킬로미터를 날아왔으면서도 여전히 소련 땅을 벗어나고 싶어

하지 않았으니 말이다. 그래서 회의는 대부분 미국이나 영국 대사관이 아니라 소련 대사관에서 이루어졌는데, 이는 어느 정도 소련 측이 보안 책임을 맡는 문제에 예민하게 반응한 스탈린을 배려한 결과였다. 그런가 하면 또 다른 상징적인 사건이 있었으니, 처칠이 성대한 연회 자리에서 스탈린그라드 시민들과 소련 민중에게 국왕 조지 6세의 개인 선물로 준비한 명예의 검을 수여한 일이 바로 그것이다. 스탈린은 이 검에 의례적인 입맞춤을 하고 검을 받았다. 그러나 미국이나 영국의 민중이나 그 지도자들에게 그에 비견될 선물을 제공하지는 않았다.

그럼에도 스탈린 역시 직접적인 대립은 피했다. 확실히 그는 영국과 미국을 동맹자로 계속 붙들어 두기를 원했고, 스탈린이야말로 어쩌면 개인 외교에서 가장 매력적이거나 가장 효과적인 인물이었다고 주장할 수 있을지도 모른다. 즉 그는 자신이 본디 온건하고 합리적인 부류의 인간이며 건전한 유머 감각도 갖춘 인물이라는 점을 자본주의 세계의 대화 상대자들에게 설득했다. 돌이켜 볼 때, 테헤란회담에는 비현실적인 아우라가 있었다. 루스벨트는 공산주의 세계의 지도자인 스탈린에게 마르크스주의 이론이 맞지 않으며 자본주의 지도자들이 믿을 만한 친구들임을 납득시켰다고 믿었다. 스탈린은 또 그 나름대로 불과 몇 년 전만 해도 강력한 반공산주의 성향을 띠던 자본주의 세계의 지도자인 루스벨트와 처칠에게 자신이 가치 있는 동맹자로서 자신 있게 미래를 함께 구상할 동반자임을 납득시키려고 애썼다.

스탈린의 목적이 비현실적인 것이 아니었음은 루스벨트가 이 소련 지도자를 경계하라고 강력하게 권고한 측근에게 한 다음과 같은 말에서도 잘 드러난다.

스탈린이 그런 종류의 인간은 아니라는 예감이 들었다네. …… 내가

그림 23 얄타회담에서 함께 자리한 '3거두' (1945년 2월)
© Trinity Mirror / Mirrorpix / Alamy.

그에게 가능한 모든 것을 주고 그 대가로 아무것도 돌려받기를 요구하지 않는다면…… 그는 어떤 단서도 달지 않고 나와 함께 민주주의와 평화의 세계를 위해 일할 거라고 생각하네.

처칠은 루스벨트만큼 안이하지는 않았지만, 그런 처칠조차도 스탈린과 몇 차례 만난 뒤에 다음과 같이 논평한 것을 보면 루스벨트와 비슷한 견해를 갖고 있었던 것 같다. "가엾은 네빌 체임벌린은 히틀러를 신뢰할 수 있을 거라고 믿었다. 그는 틀렸다. 하지만 나는 스탈린에 대해 틀렸다고는 생각하지 않는다."

테헤란에서 3거두가 주고받은 기묘한 농담들도 마찬가지로 비현실적으로 보인다. 스탈린은 처칠의 오랜 반공산주의 전력과 관련하여 그의 신경을 거듭 건드렸다. 보통은 거침없고 화통한 처칠이었지만, 이때만큼은 맥없이 이렇게 대꾸했다. "나를 용서했겠지요?" 전투적 무신론자인 스탈린은 이렇게 답했다. "오직 신만이 용서할 수 있겠지요." 어느 순간엔가 스탈린이 종전이 되면 5만에서 10만 명에 달하는 독일 참모 장교들을 즉결 총살해야 한다고 제안했을 때, 처칠은 이의를 제기했고, 루스벨트는 타협안을 제의했다. 타협안은 아마 4만9천 명이었나? 스탈린은 수천 명에 달하는 자신의 군 지도자들도 체포하고 처형하는 과정을 감독했고, 1940년 봄에는 수천 명의 폴란드 장교들에 대한 학살을 승인했다. 수천 명의 독일 장교들을 처형하겠다는 발상은 스탈린에게는 대수롭지 않은 것이었으나, 테헤란에 모인 3거두는 나치 군 장교들에게 정확히 얼마만큼의 처벌을 가할 것이냐에 대한 결정을 유예했다.

1814~1815년과 1919년에도 그러했듯이, 폴란드 문제는 3거두를 돌이킬 수 없이 분열시킬 우려가 있었다는 점에서 특히 골치 아픈 사안이었다. 여기서 다시금 그들은 결정을 유예했다. 심지어 테헤란회담이 끝난 지 1년 이상이 흐른 후인 1945년 2월의 얄타회담에서도 신생 폴란드가 어떠해야 할지도 얼버무리고 지나갔는데, 작성된 문안도 폴란드의 현실을 아는 사람에게는 완전히 모순투성이였다. 즉 자유선거가 있겠지만, 폴란드는 소련과 '우호적'으로 남을 것이라는 식이었다. 스탈린만이 폴란드 주민들이 뼛속 깊이 반러시아적일 뿐 아니라 심지어 반공산주의적이라는 사실을 잘 이해하고 있었다. 누가 봐도 폴란드에서 소련에 우호적인 체제란 민주적으로 선출된 정부일 수 없었다. '우정'은 적군(赤軍)과 소비에트 비밀경찰을 통해서만 보장되어야 할 것이었다.

스탈린의 주된 관심은 서유럽에서 영·미군이 강력한 상륙작전을 펼치는 것이었고, 이런 그의 관심은 거듭 결정이 연기된 끝에 테헤란회담에서 얼마간 충족되었다. 상륙은 6개월 쯤 후인 1944년 5월 초로 잠정

결정되었다. 루스벨트도 한 가지 양보를 얻어 냈다. 역시 잠정적이기는 하지만 스탈린으로부터 국제연합 기구(United Nations Organization)를 지지하는 발언을 끌어낸 것이다. 훗날 얄타에서 스탈린은 당시까지 좀 더 명확하게 규정된 미래의 기구에 대한 전면적 지지를 선언하게 된다. 그 첫 회의가 1945년 봄 샌프란시스코에서 개최되었는데, 이때 총회의 최초 회원국 44개국이 참여했다. 그러나 결정적인 영향력은 5대 주요 열강의 수중에 있었는데, 각국에게는 15개 회원국으로 이루어진 안전보장이사회에서 영구 의석이 주어졌다. 이 5대 열강은 다름 아닌 미국과 영국, 소련, 중국, 프랑스였다.

스탈린은 국제연합(UN) 결성에 함께 할 것을 합의했는데, 그 이유는 부분적으로 전쟁 마지막 해 소비에트러시아의 상황이 처참했기 때문이다. 그는 대외 정책에서 이미 오래전에 확립된 군사적 정복권까지 포함하는 '현실주의'(또는 현실 정치)의 비타협적인 사도였다. 그는 훗날 한 유고슬라비아 공산주의자에게 이렇게 말한 적이 있었다. "모두가 자신의 군대가 닿을 수 있는 범위에 자신의 시스템을 세우려고 한다. 그렇지 않다고는 생각할 수 없다." 1944년 10월 중순 (루스벨트 없이) 모스크바를 방문했을 때, 처칠은 자신도 인정했듯이 "유럽을 절반씩 분할함으로써…… 미국 대통령을 포함한 미국인들을" 충격에 빠뜨릴 만한 조치를 스탈린에게 제안했다. 이 제안에 따르면 루마니아에서 소련은 90퍼센트의 영향력을, 영국은 10퍼센트의 영향력을 행사할 터였다. 그리스에서는 영국이 90퍼센트, 러시아가 10퍼센트의 영향력을 행사할 것이었다. 그 밖의 다른 곳들은 75 대 25 또는 50 대 50의 영향력을 행사할 것이었다.

이 수치들과 이 "무례한"(처칠 자신이 스탈린에게 제안을 묘사하면서 사용한 표현) 제안 전체는 아무런 구속력이 없었다. 그러나 이 수치들은 처칠이, 민족들이 자기 자신의 정부를 선택할 권리보다 군사적 힘의 현실이 더 중요하다고 믿었다는 점을 분명하게 보여 주었다. 스탈린은 여기에 동의했다. 심지어 루스벨트도 전쟁 초기에 민중 자치의 원칙에 헌신하겠노라고 고백한 적이 있음에도 적어도 몇 년 동안만큼은 미국과 영국이 일종의 경찰력으로 활동하면서 잠재적으로 호전적인 민족들을 잠재운 연후에만 미래의 국제기구가 평화를 성공적으로 유지할 수 있다는 주장을 받아들였다고 덧붙여야 한다. 국제연합에 대한 루스벨트의 전망이 좀 더 구체적인 형체를 갖추어 감에 따라, 그는 전 세계의 모든 민족이 아니라 이제 소련을 포함한 세계의 거대 열강이 국제연합에 대한 실질적인 통제권을 보유해야 한다고 주장했다.

승전의 신화와 현실

모든 곳에서 자유선거가 이루어질 것이라고 믿은 유럽인은 거의 없었다. 미국인들도 마찬가지였다. 그들은 전쟁으로 "자신들의 군대가 닿을 수 있는 범위에" 자신들의 정부 시스템이 이식된 후에 이탈리아 같은 지역에 우호적인 체제가 수립될 수 있도록 만반의 조치를 취했다. 당시 이탈리아는 공산주의 추종 세력이 강했으되, 미군(그리고 미국 첩보부)이 통제권을 행사하는 곳이었다. 물론 의심할 여지없이, 미국식 민주주의는 소비에트 스타일의 민주주의보다는 그래도 덜 노골적이었다. 그 이유는 부분적으로 빈궁한 소련인들과 공산주의가 동유럽에서 얻은 인기보다 부유한 미국인들과 자유민주주의가 서유럽에서 얻은 인기가 단연 높았기 때문이다.

미국인들의 경제적·군사적 힘은 제1차 세계대전 동안 삼국협상 측의 승리에 기여했고, 그런 힘은 다시 제2차 세계대전 동안에도 균형추를 기울게 한 결정적 요소였다. 비록 이 두 경우에 미국인들 스스로는 그렇게 믿지 않는 경향이 강했지만 말이다. 서유럽의 상륙작전은 특히 미국의 강력한 힘을 결정적으로 과시하는 무대가 될 거라는 기대가 확산되었고, 히틀러가 살아남을 수 있는 유일한 희망도 독일이 미군 상륙을 격퇴할 능력이 있느냐 여부에 달려 있었다. 히틀러는, 상륙작전이 실패하면 영국과 미국의 지도자들이 강화를 요청하지 않겠느냐고 믿고 있었다. 아닌 게 아니라 상륙작전의 성공은 한동안 의심스러워 보였다. 6월 5일 폭풍우로 마지막 순간에 연기된 후 6월 6일에는 날씨가 얼마간 도움을 주었다. 날씨가 좋지 않았기에 아이러니하게도 독일군은 최고 경계 상태에 있지 않았고, 영·미군은 결정적인 기습 공격을 감행할 수 있었다. 더욱이 독일군은 상륙작전의 주공이 영국해협에서 가장 짧은 루트인 파드칼레 지역일 거라고 쉽게 속아 넘어갔다. 그런데 실제 주공은 그보다 남쪽인 노르망디였다.

오마하 해안을 필두로 노르망디 해안을 따라 전개된 일련의 전투는 격렬했고 유혈이 낭자했다. 상륙작전에서 영·미군의 전체 사상자 수는 대략 1만 명에 달했고, 그중 절반 이상이 사망했다. 독일 측 피해도 엇비슷했는데, 동부전선에서 벌어진 주요 전투에 견주어 이 수치가 과히 큰 것은 아니었다. 상륙작전은 한동안 숨 막히는 상황의 연속이었지만 결국 주요 목표를 달성했다. 즉 6월 6일 이후 석 달 안에 대략 220만 명의 병력과 50만 대의 군용 차량이 해협을 건너갔다. 6월 22일 적군(赤軍)도 100개 이상의 사단(각 사단마다 1~3만 병력)과 4천 대의 전차로 동부전선 북쪽 끝에서 주요 공세를 개시했다. 한 달 만인 7월 말 적군은 560킬로미터를 주파하고 적에게 50만 명이 넘는 인명 피해를 입히며 나치 방어선을 바르샤바 근교로 밀어냈다.

여기서 다시금 동부전선과 서부전선의 차이점에 주목할 필요가 있다. 영·미군은 안전한 해안 교두보를 마련한 다음 천천히 기동했다. 미군은 아무리 보급이 좋다고 하더라도 신병의 비율이 상당했고, 이 신병들이 전투에 단련된 적들을 상대해야 했다. 12월 독일군은 미군을 기습하며 독일판 동계 공세를 개시했다. 이 전투는 일찍이 1940년 봄에 독일군이 돌파한 바 있는 아르덴 숲에서 벌어졌는데, 나중에 벌지 전투(Battle of the Bulge)로 알려지게 된다. 미군은 대략 9만 명의 사상자를 내고서야 독일군의 반격을 저지하고 봉쇄할 수 있었다.

영·미군은 프랑스 영토를 해방시켜 나감에 따라 점차 프랑스인들 사이에서 병력을 충원하기는 했지만, 노르망디 상륙작전에 대한 프랑스인들의 기여도는 높지 않았다. 프랑스의 굴욕적인 패배 이래로 샤를 드골 장군은 자신을 비시 정권에 반대하는 자유 프랑스의 지도적 인물로 열심히 내세웠지만, 루스벨트와 처칠은 모두 그를 불신했고 심지어 혐오하기까지 했다. 특히 처칠은 특별히 악감정이 있었다. 그는 전쟁이 한창이던 때 "내가 짊어져야 하는 십자가들 가운데 가장 무거운 것이 바로 로렌의 십자가"라고 농담을 던지기도 했다(가로 막대가 두 개인 십자가가 자유 프랑스와 드골의 상징이었다). 드골은 노르망디 상륙작전의 날짜도, 그 이전 북아프리카 상륙 날짜도 통고받지 못했다. 그러나 종전될 무렵 드골의 부대는 125만 명으로 증강되었고 그중에 10개 사단은 독일에서 싸우고 있었다. 그는 일반에는 프랑스의 지도자로 알려지게 되었지만, 프랑스를 주요 열강의 반열에 다시 올려놓는 것은 어려운 작업이었다.

서방 연합군은 1945년 초까지도 프랑스-독일 국경을 넘지 못했다. 그들이 독일로 진격하는 길을 뚫고 있는 동안 소비에트 군대는 다뉴브 강 계곡으로 밀고 들어가고 있었다. 1945년 1월 그들은 북쪽에서 공세를 재개하여 폴란드 영토로 진입했다. 1945년 2월에는 3거두의 얄타회담이 개최되었고, 바로 이때 게오르기 주코프 원수의 부대들이 베를린에 접근하면서 독일의 패배는 시간문제가 되었다.

모호한 평화

얄타는 훗날 가장 유명해진 전시 회담이었고 가장 널리 악명을 떨쳤다고도 할 수 있다. 많은 사람들이 비판하기로는, 루스벨트가 스탈린에 대한 안이한 믿음과 건강 악화, 나아가 그의 수행단에 소련 스파이들이 침투함으로 인해 얄타에서 동유럽을 "내주었기" 때문이다. 그럼에도 2월 무렵 소비에트러시아의 인상적인 군사적 승리라는 요인에 비하면 그런 요인들은 상대적으로 중요하지 않았다. 더욱이 루스벨트는 일찍이 테헤란에 갈 때도 애원할 것들이 많았지만(스탈린의 마음을 누그러뜨리고 국제연합에 대한 지지를 얻어 내는 것) 이번 얄타에서는 좀 더 실질적인 것을 염두에 두고 있었다. 바로 소련의 일본전 참전이 그것이었다(1945년 4월부터 6월 중순까지 이어진 오키나와 전투는 그 격렬함과 민간인 희생이라는 점에서 태평양전쟁의 스탈린그라드 전투였다고 하겠다).

루스벨트의 한 측근은 훗날 1945년 초 당시의 쟁점이 "러시아인들에게 무언가를 해도 좋다고 **허락**하는 것이 아니라, 러시아인들에게 무언가 해달라고 **부탁**하는 것"이었다고 술회했다. 그런 상황은 실제로 오래 이어졌다. 비록 루스벨트가 건강이 호전되었더라도 또는 스탈린에 마음먹고 도전할 수 있었더라도 또는 그의 수행단에 스파이들이 침투하지 않았더라도, 사태는 적어도 동유럽에 대한 협정과 관련하여 실제 진행된 대로 흘러갔을 공산이 크다. 그럼에도 만일 루스벨트가 좀 더 공격적이었다면, 그는 아예 일본에 선전포고하겠다는 스탈린의 약속도, 국제연합에 대한 스탈린의 지지도 얻지 못했을 것이다.

4월에 루스벨트가 사망하고 5월 초 독일이 항복한 후에 새로운 미국 대통령은 분명히 좀 더 적대적인 태도를 취했고, 그래서 의미심장하게도 일부 역사가들은 그가 불필요하게 스탈린을 적대시함으로써 피할 수도 있었을 냉전 수준의 적개심을 불러일으켰다고 혹독하게 비판하기도 했다. 트루먼이 적대적인 태도를 드러낸 데는 명백한 이유들이 있었다. 그는 루스벨트와는 다른 이력과 다른 선택 대안을 가진 다른 인물이었다. 그는 개인적인 매력에서나 정치적 능란함에서 루스벨트의 자신감을 지니지는 못했다. 트루먼은 전시 리더십의 부담이 갑자기 자기 어깨에 지워지자, 처음에는 자신이 적임자가 아니라는 느낌에 사로잡혀 있었다. 또한 그는 포츠담회담이 열리던 시점에 모순적인 태도를 보이기도 했는데, 이를 설명하려면 그 무렵 미국이 일본에 원자폭탄을 투하하기 직전이었다는 사실을 고려해야 한다. 일본에 맞선 러시아의 참전은 더 이상 중요하지 않은 것으로 보였고, 아마도 더 이상 바람직한 것으로 보이지도 않았다.

포츠담회담이 소집된 7월 중순 무렵 과거의 반나치 협력 감정에서도 변화가 감지되었다. 적군(赤軍)이 정복한 동유럽 지역에서 소련이 벌인 가혹 행위들, 특히 대량 강간에 대한 보고서들이 미국에서 특히 민주당의 표밭이었던 동유럽 출신의 미국인들 사이에 분노를 불러일으켰다. 그렇다면 원자폭탄을 투하하기로 한 트루먼의 결정은 다목적 노림수를 염두에 둔 것이었다고 하겠다. 비록 역사가들이 각각의 목적이 얼마만큼 결정적이었는지를 둘러싸고 논쟁을 벌여 오기는 했지만 말이다. 거기에는 일본을 강제로 굴복시키려는 명백한 목적 말고도 미국의 급속도로 강화된 힘을 보여 주어 스탈린에게 강한 인상을 심어 주려는 목적도 있었다.

테헤란과 얄타에서 결정되지 못한 채 질질 끌어 온 수많은 문제가 포츠담에서 좀 더 확실하게 타결되었다. 그런 문제들 중에는 소련에게 공식적으로 100억 달러나 되는 배상금을 지급하는 것도 포함되어 있었다. 물론 현실에서 연합국 회담들이 광범위한 주제들에 대한 진정한 합의를 도출했다고 말할 수는 없다. 곧바로 이듬해 구체적인 세부 사항들을 둘러싼 논쟁이 벌어졌고 파기된 약속들도 많았던 것이다. 포츠담에서 미국인들과 영국인들은 독일의 영구적인 동부 국경이 '오더-나이세 선'(Oder-Neisse line)이 되어야 한다는 안을 받아들이지 않았지만, 이 안이 영구화되었다. 이렇게 된 데는 그런 문제들을 해결할 후속 회의가 열리지 않았기 때문이다. 그럼에도 주요 나치 지도자들에 대한 전범재판과 그 밖의 탈나치화 조치들을 위한 계획과 더불어 군사 점령 지대에 대한 합의가 포츠담에서 타결되었다.

복수, 홀로코스트의 최종 단계

이미 언급되었듯이, 최초의 절멸 수용소들은 1942년 초에 건설되었다. 다음 두 해에 걸쳐 집약적인 대량학살과 인종 학살이 나치에 의해 자행되었다. 동유럽의 게토와 죽음의 수용소로 이송하는 일이 절정에 달한 것은 1944년 여름이었다. 이 전쟁 막바지 해의 5월에서 7월 사이에 그때까지 헝가리 당국이 보호해 오던 헝가리계 유대인들이 죽음을 향해 아우슈비츠를 비롯한 수용소들로 실려 갔다. 전쟁 마지막 몇 달 동안 유대인들 외에도 수천 명의 사람들이 다양한 작업반과 수용소 바깥의 여러 공간에서 죽임을 당했다. 거기에는 집시와 전쟁 포로, 반나치 저항 운동가들도 포함되어 있었다.

처형당하거나 나치 억압의 직접적 결과로 사망한 유대인의 총수는 때때로 치열한 논쟁의 주제가 되어 왔지만, 400만~600만 명이라는 추산이 학자들 사이에 가장 널리 받아들여진다. 유대인들이 1939년부터 1945년까지 실로 다양한 원인으로 죽음을 당했으므로, 나치 억압의 직접적 결과로 죽은 사람의 수를 추산하는 일은 그 원인들을 어떻게 분류하느냐에 따라 수치도 달리 나오기 때문에 어려울 수밖에 없다. 다른 사망자들의 수를 추산하는 일도 마찬가지다. 가장 주목할 만한 사례로서 폴란드와 소련의 비유대인들 경우에 비록 전체 인구에서 사망자가 차지한 비율은 유대인의 경우보다 크지 않지만 절대 수치에서는 훨씬 더 크다.

1944년 11월 적군(赤軍)이 접근해 오면서 나치 당국은 아우슈비츠의 수용소들을 폐쇄하고 파괴했다. 폴란드 이곳저곳의 수용소에서 잔존 수감자들은 종종 서쪽의 수용소들을 향한 '죽음의 행진'을 강행해야 했다. 그러나 그 후에도 특별히 죽음의 수용소가 아니라 본디 노동 수용소로 설계된 서쪽의 수용소들에서도 수천 명(특히 최근에 동쪽 수용소들에서 이동한 사람들)이 과잉 노동과 방치, 영양실조, 질병 등으로 연합군이 도착하기 전에 사망했다. 이보다 더 많은 사람들이 이미 허약해질 대로 허약한 상태에 있었기 때문에 해방 이후에 곧 사망했다.

동쪽이건 서쪽이건 공히 나치 지배에서 해방된 대부분의 지역에서 자생적이거나 자경단 스타일의 응징 행위들이, 생포된 독일인들이나 지방 협력자들에 대해 한동안 아무런 거리낌 없이 저질러졌다. 프랑스에서는 대략 10만 명의 협력자가 특별재판에 회부되었고 그중에 1,500여 명이 사형선고를 받았다. 체코슬로바키아에서는 대략 700명의 "반역자와 협력자, 파시스트 분자들"이 특별재판에서 사형을, 같은 수의 사람들이 종신형을, 그리고 대략 2만 명이 종신형 이하의 징역형을 받았다. 또한 포츠담에서 합의된 협정에 따라 체코슬로바키아에 반환된 지역에 사는 압도적 다수의 독일인들은 나치 당원으로 활동했건 아니건 상관 없이 종종 무법 상태에서 폭력을 당하며 추방되었다. 심지어 이제 폴란 드에 귀속된 과거 동부 독일 지역들에서도 그보다 훨씬 더 많은 독일 인들이 추방당했다. 전체적으로 대략 1,200만 명에 달하는 독일 종족 이 동유럽과 중유럽을 떠나 대개 나중에 서독이라고 불리게 되는 지역 으로 이주했다. 이 과정은 현대사에서 발생한 가장 광범위한 종족 청소 (ethnic cleansing)의 사례 가운데 하나였다.

그 밖에 해방된 여러 지역들에서 자생적인 행위와 특별재판이 얼마 나 정당한 것이었느냐의 문제는 당시에 주된 관심사가 아니었다. 분노 가 들끓었고 군중의 지배가 맹위를 떨쳤으며, 심지어 공식적으로 공판 이 열린 곳에서도 적법한 절차에 따른 엄격한 규준은 찾아볼 수 없었 다. 종종 평결이 난 지 한 시간 만에 처형이 집행되곤 했다. 심지어 예전 에 사형제를 폐지한 나라들에서도 가장 혐오스러운 협력자들을 재빨 리 처형할 수 있도록 일시적으로 사형제가 부활하기도 했다. 독일 안에 서는 포츠담회담에서 결정된 대로 서로 다른 점령 지대들(각각 미국, 영 국, 프랑스, 소련 관할)에서 다양한 지방 차원의 재판이 진행되었다. 그러 나 이 재판들도 항상 엄정한 사법 절차를 따르지는 않았고 처벌의 일 관성도 거의 유지하지도 못했다.

뉘른베르크재판

연합국 측은 좀 더 효과적인 방식으로 나치 지도자들의 범죄 행위를 공개하기를 원했다. 오랜 협상 끝에 합의된 내용은 뉘른베르크에서 일련의 공개된 재판들이 개최되고 이런 재판은 대략적이라도 서유럽 기준, 특히 미국의 기준에 따라 적법한 절차를 존중한다는 것이었다. 소비에트 지도자들은 실제로 공개재판을 가장 선호한 쪽이었으나, 그들이 염두에 두고 있던 것은 1930년대 말 자기 나라에서 이루어진 전시성 재판에 가까운 것이었다. 최종 타협안은 영국과 프랑스, 소련, 미국이 저마다 두 명씩 판사를 추천하여 모두 8명의 판사로 이루어진 국제군사재판을 구성하는 것이었다.

최초의 가장 유명한 재판들은 공식적으로 핵심 전범재판(Trial of the Major War Criminals)으로 알려졌는데, 여기에는 22명이 회부되었다. 검찰 측에서는 할 일이 산적해 있었다. 아닌 게 아니라 당시에 나치 국가가 내부적으로 어떻게 작동했는지 이해가 부족했다. 검찰 측이 이용한 수많은 정보는 재판 이전에 피의자들을 심문하는 과정에서 얻었지만, 그런 다량의 정보가 갖는 의미를 제한된 시간 안에 적절하게 파악할 수 있었을 성싶지는 않다. 마찬가지로, 재판의 구체적 절차와 사법적 원칙에 대해 합의된 결정들도 판사들 사이 세계관의 근본적 차이와 민족적 이해관계의 차이를 조정하는 과정에서 흠집이 났다. 그런 가운데 수많은 복잡한 도덕적 쟁점과 사법적 세부 조항들이 부각되었다.

뉘른베르크에서 정의 또는 정의의 결여는 쓰라린 논쟁을 촉발한 쟁점이 되었다. 일부 관찰자들은 처벌이 부적절하다고 개탄했고 또 어떤 이들, 특히 저명한 법률 전문가들로서 결코 친나치 성향이 아닌 관찰자들은 널리 인정되는 사법적 원칙이 전범재판에서 위반되는 것에 당혹스러워했다. 그 유명한 사례가 뉘른베르크재판이 어떤 행위들을 '사후에'(ex post facto) 범죄로 규정하는 것, 즉 어떤 행위가 저질러질 당시에 그런 행위를 범죄로 규정하는 법이 존재하지 않았음에도 불구하고 소급 적용하여 그런 행위를 범죄로 규정하는 것이었다. 또 다른 사례는 연합국 자신도 저지른 범죄들(예컨대 민간 중심지들에 대한 폭격과 스파이 고문, 전쟁 포로 처형, 또는 전쟁 포로를 노예 노동에 동원한 행위)에 대해 독일인들을 처벌하는 이중 기준의 적용이다. 전범재판에 실제로 적용된 공식 원칙은 **오직** 나치 범죄자들만이 재판받을 것이고, 이런 맥락에서 나치 피고들은 자신들이 연합국들도 행한 것을 행했을 뿐이라고 변론할 수 없다는 것이었다.

이중 기준을 적용한다는 비난은 특히 소련의 경우에 타당했는데, 왜냐하면 소련은 1939년 당시 나치 독일의 동맹국으로서 뉘른베르크 검사들이 가장 명시적으로 비난한 바로 그 '평화에 반하는 범죄'에 참여했기 때문이다(제2차 세계대전을 개시하며 폴란드에 대한 공격에 참여했다). 이와 유사하게, 소비에트 판사들을 지명한 것도 소련에 사법부의 독립이 완전히 결여되어 있음을 고려할 때 옹색한 생색내기에 불과했다. 많은 사람들이 보기에 소련인들도 나치가 저지른 '반인륜적 범죄'보다 더 중하지는 않더라도 그에 못지않은, 그것도 훨씬 더 오랜 시기에 걸쳐 범죄를 저질렀던 것이다.

그럼에도 뉘른베르크재판은 고상한 사법적 정의의 이상에는 부응하지 못했을지라도 나치 지도자들을 벽에 한 줄로 세워 총살하는 것을 선호하는 불안한 합의를 도출한 것처럼 보였다. 만일 재판이 적법한 절차를 준수하는 데 좀 더 엄격했다면, 특히 미국식 시스템에서 보통의 범죄자들이 누릴 수 있는 권리를 피의자들에게도 인정해 주었다면, 최악의 나치 지도자들을 포함하여 대단히 많은 나치들이 자유의 몸이 되었을 공산이 크다.

훨씬 더 근본적인 쟁점들과 연관된 다른 딜레마도 나타났다. 유럽 국가들은 오래전부터 주권국가임을 자처했는데, 이는 이른바 '폭력의 독점'을 행사하는 것과 관련이 있었다(주권국가는 예컨대 시민들을 수감하고

그림 24 뉘른베르크 전범재판에 출석한 피고인들
Wikipidia commons

그들에게 사형을 선고하며 전쟁을 선포하는 권리를 행사한다). 어떤 의미에서
주권적인 현대 국가들의 지도자들은 국가의 이해관계를 방어할 때 개
별적 도덕성을 초월한다는 점에서 지난날의 국왕들처럼 '악을 행할 수
없었다.' 이 대목에서 알렉산드르 1세의 신성동맹이 빈회의에 모인 대
부분의 정치가들에게 조롱의 대상이 되었다는 사실을 떠올려 볼 필요
가 있다. 이때 비웃음거리가 된 것은 바로 기독교적 기준을 국가의 행위
에 적용한다는 발상이었다. 특히 서구 민주주의의 경우에는 폭력의 독
점이 행사되는 방식에서 많이 개선되었지만, 그럼에도 유럽의 국가들은
특히 민족의 방위나 생존이 문제시될 때 자신들의 주권에 대해 외부로
부터 제한이 가해지는 것을 인정하려들지 않았다.

  이와 관련하여 종종 제대로 주목받지 못한 점이 있는데, 그것은 제1

차 재판을 담당한 검사 로버트 H. 잭슨이 유대인 학살을 나치 체제의 가장 근본적인 범죄로 간주하지 않았을 뿐더러 반유대주의가 그런 학살을 촉발한 원인이라고 생각하지도 않았다는 점이다. 대신에 그는 가장 근본적인 범죄가 침략 전쟁을 수행한 것('평화에 반하는 범죄')이라고 믿었다. 그가 믿기로는, 국가가 자신의 주권에 한계를 설정하지 않고 전쟁을 통해 민족의 권력 강화를 추구하는 것이야말로 현대의 가장 심각한 범죄였다. 이에 비해 소수파에 대한 학살 같은 다른 범죄들은 그것으로부터 파생한 것이었다. 이런 추론에 따르면, 유대인들이 죽임을 당한 것은 당시 전쟁이 나치 지도자들이 보기에 생존을 위한 전쟁으로 비화되고 있었을 때 효과적으로 팽창 전쟁을 수행하는 데 유대인들이 방해가 되었기 때문이다.

잭슨의 추론은 미래 세계의 평화가 오직 침략 전쟁을 수행하는 것이 범죄로 인정될 때에만 보장될 수 있다는 믿음과 연관되어 있었다. 그런 추론은 군사적 정복이 승전국에게 권리를 수여해서는 안 된다는 논리와 결부되어 있었다. 과연 이런 논리에는 (잭슨 자신의 나라도 그러했듯이) 유럽 국가 대부분까지는 아니더라도 많은 경우가 민족의 권력 강화를 위해 한두 번씩은 침략 전쟁을 수행한 적이 있다는 점에서 틀림없이 난점이 있었다. 영국인들과 프랑스인들의 제국은 부분적으로 정복할 권리에 바탕을 두고 있었고, 제국을 유지하는 과정에서 유럽 제국주의자들은 '평화에 반하는 범죄'와 '반인륜 범죄'를 공히 저질렀다. 1945년의 상황과 훨씬 더 관계가 있었던 난점은, 종전 당시 미리 계획된 숱한 영토적 변경이 3거두의 정복할 권리에 바탕을 두고 있었다는 것이다. 예컨대 국경과 주민 이동에 대한 결정들은 전시 회담에 모인 3거두에 의해 이루어졌고, 그것도 그런 결정에 영향을 받는 주민들이 원할 법한 사안에는 거의 주의를 기울이지 않은 채 이루어지곤 했던 것이다.

로버트 H. 잭슨의 추론은 다양한 방향에서 저항에 직면했다. 또 어떤 군사적 행동을 받아들일 만한 것으로 만드는 요인은 무엇인가와 같은 유명한 정의의 문제를 제기했다. 1914년 8월 독일이 전쟁에 뛰어든 이유는 주권 민족으로서 스스로를 방어할 권리에 있었다. 독일 지도자들의 그런 추론은 자신을 에워싸는 적들, 특히 러시아가 완전히 군사적으로 동원되기 전에 예방적 공격을 가하는 것이 민족을 방어하기 위해 필수적이라는 얘기였다. 소련인들도 나치 독일과의 동맹을 적대적인 자본주의 세계에서 민족 방어의 필요조건으로 정당화했다.

앞에서 살펴보았듯이, 여러 저명한 연구자들이 유대인에 대한 증오가 독일인들이 나치당에 가입하거나 히틀러에 투표한 주된 이유였는지 여부에 대해 의문을 제기해 왔다. 또 다른 연구자들은 민족 팽창을 위한 좀 더 근원적인 충동과는 구별되는 것으로서 공산주의에 대한 공포가 1930년대 독일인들을 움직인 주된 힘이었는지 여부에 대해 의문을 제기해 왔다. 이런 관점에서 보면 히틀러는 동쪽으로 팽창하려는 욕망을 품었다는 점에서 예전의 독일 정치가들과 사업가들, 군부 지도자들과 공통점이 많았다. 이런 시각에서 두 차례의 세계대전은 독일의 거침없는 발흥과 이런 움직임을 용납하지 못하거나 거기에 평화적으로 적응할 수 없었던 유럽의 다른 주요 열강의 저항으로 설명될 수 있다. 이는 사실상 이 책의 중심 주제이기도 하다.

그럼에도 이렇듯 대단히 논쟁적인 쟁점들은 배경으로만 남아 있었고, 최초의 뉘른베르크재판에서 세간의 관심을 끌지는 못했다. 오히려 나치 지도자들이 법정에 세워지고 완전한 조사를 받게 된 것은 사실 전쟁이 끝나고 1945년 봄과 여름에 강제수용소와 관련한 충격적인 공개가 있은 이후였다. 이제 권력과 완장을 잃어버린 이 사람들이 자신들에 대한 고발과 관련하여 말할 것이 무엇이었겠는가? 그들은 차례대로 일어서서 스스로를 '무죄'라고 선언했다. 그들 중에 상당수가 심지어 자신은 수용소에서 자행된 잔학 행위에 관해 몰랐다고 주장했다. 이보다 훨씬 더 믿을 수 없었던 것은, 그들 중 외무장관 요아힘 폰 리벤트로프 같은 이가, 히틀러가 다른 민족들과의 전쟁과 유대인들에 대한 인종 학살과 관련하여 무슨 계획을 갖고 있었는지 알지 못했다고 부인한 점이다.

오늘날 역사가들은 지도자건 대중이건 상관없이 독일인들이 당시 수용소에서 벌어지고 있던 일에 대해 정확히 무엇을 알고 있었는지를 둘러싸고 논쟁을 벌인다. 그들은 또한 홀로코스트가 얼마나 중앙 집중적으로 통제되었는지 또는 잘 조직되어 있었는지를 둘러싸고 이견을 보인다. 그러나 뉘른베르크재판이 열리던 시기에는 히틀러와 그의 최측근들이 무엇을 생각하고 무엇을 벌이고 있었는지 거의 알지 못했다는 피고들의 주장은 거의 신빙성이 없었다. 몇몇 경우에는 그들이 거짓말을 하고 있음을 보여 주는 풍부한 증거가 제시되었다. 그럼에도 훗날의 관찰자들에게 인상적으로 보이는 것은 이 사람들이 나치 지도자들이 떠들어 댄 천편일률적인 유형들에 들어맞지 않는다는 점이다. 예컨대 상스럽고 준포르노그래피적인 반유대주의로 악명 높은 율리우스 슈트라이허의 경우에 불편한 진실이 있었다. 나치들이 떠들어 댄 천편일률적인 인간 유형들 중에서도 가장 부정적인 유형에 **들어맞았던** 슈트라이허는 자신이 죽음의 수용소와는 아무런 관계가 없다고 주장했는데, 이 주장은 정확했다. 왜냐하면 히틀러가 슈트라이허의 무능함을 지적하는 거듭된 불평들에 당혹스러웠던 나머지 그를 책임 있는 지위에서 배제해 버렸기 때문이다. 슈트라이허는 히틀러가 말한 '이성의 반유대주의'를 실행할 만한 그런 인간이 아니었다. 연합군 정신과 의사들이 뉘른베르크 피고들에 대해 실시한 지능검사에서도 슈트라이허는 가장 낮은 점수를 기록했다.

독일 공군의 수장이자 한동안 히틀러 다음으로 서열 2위로 간주된 헤르만 괴링 또한 슈트라이허와는 정반대의 이유였기는 하지만 불편한 피고였다. 그는 예전에는 호화롭게 살면서 살만 찐 건방진 대식가로 비웃음의 대상이었다. 그럼에도 증인석에서 그는 지적인 면에서 잭슨보다 한 수 위에 있음을 입증했다. 미국 판사들 가운데 한 명은 자기 아내에게 보낸 서한에서 "밥 잭슨*이 괴링에 대한 반대 심문에서 끔찍하게 무너졌다"라고 쓸 정도였다. 괴링은 지능 검사에서 138(천재 수준)을 기록했고, 증언하는 과정에서 위축되지도 않고 죄의식을 갖지도 않은 것으로 보였다. 더욱이 그는 수많은 유대인 친구들이 있고 이들 중 일부를 도와주기도 했다고 주장했다(자신들이 다양한 경우에 개별 유대인들을 원조했다는 주장은 나치 지도자들 사이에서 유별난 것은 아니었다).

그러나 특히 최종 해결책에서 괴링이 맡은 역할에서 온갖 불리한 증거가 압도적으로 많이 나왔고, 그렇기에 제3제국의 2인자는 가벼운 형을 받을 도리가 없었다. 그는 마침내 교수형을 선고받았다(그럼에도 청산가리가 든 유리 캡슐이 그에게 전달되었고, 그는 독방에서 자살했다). 슈트라이허의 경우에도 범죄 행위를 입증하는 증거들은 적었지만 사형이 선고되었다. 그는 반유대 이념과 출판에 관련된 범죄에 책임이 있는 것으로 간주되었다. 하지만 특히 처벌이 사형일 경우, 행동이 아니라 이념을 갖고 누군가를 벌주는 것은 근본적으로는 표현의 자유라는 미국식 관념에는 배치되는 것이었다.

제1차 재판에서 주요 나치 전범으로 비난받은 사람들 대부분은 광신자라는 인상을 주지 않았다. 대부분은 상습 범죄자의 친숙한 이미지와도 닮지 않았다. 기껏해야 그들은 (파시즘에 대한 소비에트 해석 노선에 따

---

* 로버트 H. 잭슨을 말한다. '밥'(Bob)은 '로버트'의 애칭이다.

르면) 위기에 빠진 자본주의의 대리인들이나 분노에 찬 '소인배들' 또는 편견에 찌든 소부르주아 정도로 묘사될 수 있었다. 그들 다수가 나치 시대 이전에 이미 전도유망한 경력의 소유자였고, 대부분은 당시 유복하다고 인정받는 계층에 속했으며 누구보다 좋은 교육을 받고 뛰어난 지능을 갖고 있었다. 뉘른베르크 제1차 재판의 피의자들 사이에서 눈에 띄는 나치 유형을 식별해 내는 일은 궁극적으로 어렵다. 결국은 12명이 사형 선고를 받았고 7명이 징역형을 받았다. 3명은 무죄를 선고받았는데, 이 무죄 선고는 피의자들에게 어떤 형태로든 자신들을 변론할 공정한 기회가 주어졌다는 인상을 강화하는 데 기여했다.

이어진 덜 유명한 주요 전범들에 대한 제2차 재판에서 또 다른 24명의 유명한 나치들이 사형선고를 받을 것이었고, 100여 명이 징역형을, 그들 중 20명은 종신형을 선고받았다(22장에서 논의될 탈나치화 과정의 일환으로서 '평범한' 사람들에 대한 다른 재판들도 있었다). 사형이 선고된 경우는 처칠이 즉결 처형해야 한다고 제안한 경우의 절반도 되지 않았다. 그리고 수많은 저명한 나치들이 부끄럽게도 가벼운 형을 선고받거나 아예 처벌을 피했다는 느낌이 만연했다. 그렇기는 해도 일반 독일 주민들 사이에서 뉘른베르크의 판결은 일반적으로 '승자들의 정의'로 치부되었는데, 이는 여러 자유민주주의 국가의 법률 전문가들을 포함하여 상당히 많은 비독일인들도 공감한 견해이기도 했다.

처벌의 딜레마와 역설

좀 더 심오한 진실은 그 당시의 형언할 수 없는 비극과 부정의에 대한 적절한 판결에 도달할 방법이 없었다는 점이다. 나치 책임의 성격을 규정하는 일이 어렵다는 문제는 차치하고라도, 미래 독일 세대들이 어떻게 나치 과거를 '청산'할 수 있는가 하는 문제와 관련해서도 비슷한 딜레마가 존재했다. 어떻게 독일 민족은 '정상성'을 회복하고 다른 민족들에게 인정받을 수 있는가? '과거 청산'(mastering the past)이라는 관념도 오래전부터 독일식으로 변형되었는데(독일식 표현인 '과거 극복'[Vergangenheitsbewältigung]도 인상적이다), 거기에는 문제를 안고 있는 개인이 거의 참을 수 없는 고통스러운 과정일지라도 그(그녀)의 과거를 합리적으로 이해하는 것이야말로 개인의 정신 건강이나 상대적으로 심리적 안정을 되찾는 데 열쇠가 된다는 프로이트식 관념이 모호하게 암시되고 있었다. 또 다른 은유로서 불쾌한 민족적 과거를 '대면하기'(coming to grips)도 물론 충분히 익숙한 개념이었지만, 나치 과거의 경우에는 홀로코스트가 전례 없고 비교 불가능한 것이라는 주장과 관련하여 개념적 도약이 필요한 것처럼 보였다.

이처럼 형이상학적인 방식으로 규정된 범죄와 연루된 책임은, 말하자면 제1차 세계대전을 도발한 책임의 수준 정도는 훌쩍 뛰어넘는 종류의 것이었다. 그것은 역설적이게도 십자가형의 개념과 공통점이 더 많은 편이었다. 즉 역사 바깥에 신비적으로 존재하고 그럼으로써 (유대인들이 그리스도를 죽인) 신성 살해의 책임과 유사한 것이었다. 그야말로 독일인들은 선택받은 민족을 죽이려고 했던 셈이다. 이보다 좀 더 신비적인 접근은 히틀러가 모종의 악마적 권력을 행사하여 그렇지 않았으면 고상한 민족이었을 독일인들이 도덕적 자제력을 잃게 하고 심지어 독일인들이 비도덕적이라고 알고 있는 행위들을 강요하는 명령에 따르게 했다는 주장과 관련되어 있었다. 제3제국에서 히틀러의 의지가 곧 법이었다는 평계는 일리가 없지 않았고, 일부 나치 지도자들은 자신이 암묵적으로건 명시적으로건 단지 그 의지에 순응하도록 이끌렸을 뿐이라고 주장했다('퓌러를 위해 일하기'라고 알려진 것, 즉 퓌러가 명시적인 명령을 내리지 않아도 그가 원하는 바를 하는 것을 뜻한다).

직접적으로 홀로코스트에 연루된 히틀러의 최측근들이 죽었듯이 히틀러도 이제 죽고 없다는 사실은 물론 모종의 편안함을 주었다. 히틀러는 자신의 56세 생일이 열흘 지난 4월 말일에 베를린의 벙커에서 오랜 정부인 에바 브라운과 함께 자살했다. 선전장관 요제프 괴벨스 역시 벙커에서 목숨을 끊었다. 그의 아내는 자신의 여섯 자녀들에게 독약을 주어 청산가리가 든 유리 캡슐을 깨물게 했고, 그런 뒤에 자신도 목숨을 끊었다. 친위대장 하인리히 힘러 역시 체포된 지 얼마 안 가 숨겨 놓은 청산가리 유리 캡슐을 사용하여 자살했다.

히틀러의 의지가 곧 법이었다는 논리는 이제는 죽고 없는 히틀러를 제외하고 어느 누구도 책임이 없다는 결론을 암시하고 있었다. 말하자면, 전체 민족이 일종의 마법에 걸렸던 셈이다. 또는 다른 은유를 사용하자면, 나치 지도자들은 개인 책임이라는 모든 개념을 해체하고 비인간적 논리에 따라 작동한 거대한 전체주의 기계에서 독립적 의지가 없는 톱니에 불과했다. 히틀러유겐트의 지도자 발두르 폰 시라흐는 자신의 반유대주의 신념도 부인했고, 유대인들을 독일에서 추방한 행위도 부인했다. 하지만 자신이 유대인들에 대한 지나치게 가혹한 처우에 항의했다는 점을 성공적으로 부각했다. 그는 20년 징역형을 선고받았다. 이와 유사하게, 다른 지도자들의 명백한 도덕적 결함들(맹신과 탐욕, 이중성, 야망, 오판, 시민적 용기 결여)은 다른 사회들에서도 공히 존재했고, 지금도 여전히 그러하다. 그렇다면 우리는 그런 도덕적 결함들을 어떻게 제2차 세계대전의 범죄와 나치 범죄의 '독특한' 의미와 결부시켜야 한다는 말인가?

이는 다음 세대들의 머릿속에서 떠나지 않은 문제였고, 현대 반유대주의의 성격과 목표를 둘러싸고 오랫동안 논쟁이 벌어진 쟁점(물론 그 자체 유대인 문제의 일부인)과도 깊은 관련이 있었다. 그런가 하면 유대인들에 대한 대량학살은 명백히 반유대주의의 산물로 보인다. 다른 한편으로 홀로코스트라고 불린 것은 반유대주의의 산물 이상의 것이었다. 그것은 가장 반유대주의적인 나라들, 즉 소련과 국경을 접하고 있는 나라들에서 개시되지 않고 오히려 최소한 1914년 이전에는 유럽에서 반유대주의가 가장 약하다고 간주된 나라인 독일에서 개시되었다. 대량학살로 전환한 것은 독일 민중으로부터 나온 대중적 압력에 대한 반응으로 이루어진 것이 아니었다. 기실, 나치 지도자들은 일반 독일 주민들에게 알려지지 않도록 조심하려고 애썼고, 전쟁 이전에 히틀러는 대중의 인기를 얻으려고 애쓰면서 자신이 유대인 문제에 대해 상대적으로 온건한 인물이라는 인상을 주려고 했다. 독일의 선진적인 산업화 수준과 이에 연관된 효율성, 독일인들의 규율, 특히 국가 권위에 대한 존중 또한 홀로코스트를 가능하게 한 명백한 요인이라고 볼 수 있다. 그러나 모더니즘 자체는 지나치게 일반적인 요인으로 보인다(독일과 마찬가지로 선진 공업국인 영국이 유럽 민족들 가운데에서 반유대주의가 가장 약했다는 점에 주목하라).

　어떻게 홀로코스트가 발생할 수 있었는가를 설명하기 위해 다른 많은 요인들을 언급할 수 있겠지만, 독립변수로서 단일 요인(특히 반유대주의)에 의존하는 것은 명백히 부적절하다. 또한 인종 증오를 부추긴 또 다른 이데올로기 세력으로서 파시즘도 (무솔리니 치하에서) 반유대주의에 명시적으로 반대하는 것으로 출발했고, 실상 (1930년대 중엽까지 파시즘에 대한 가장 유명한 찬미자인 윈스턴 처칠은 말할 것도 없고) 이탈리아 내부와 시온주의 운동 우파에서 수많은 유대인 찬미자들을 끌어당겼다. 특히 유대인들에 대한 대량학살이 수천만 명의 비유대인들이 목숨을 잃은 전시에 발생했던 한에서, 홀로코스트를 가능하게 한 것은 히틀러의 개인적 역할이라는 쟁점을 넘어서 바로 '역사' 그 자체였다고 할 수 있다. 더욱이 유대인들에 대한 대량학살은 한 시대(1914~1939)의 막바지, 그러니까 소련 전선과 후방에서 대량 살육과 인간성에 반한 끔찍한 범죄가 전례 없는 규모와 강도로 벌어지던 때 시작되었다.

| 더 읽을거리 |

앞에서 소개한 나치즘과 홀로코스트에 대한 문헌들은 전쟁 말기와 전쟁 직후 시기 또한 다루고 있다.

앤 투사와 존 투사의 《뉘른베르크재판》(The Nuremberg Trials, 2010)은 생생하고 포괄적인(520쪽 분량) 설명이다.

허버트 페이스의 《처칠, 루스벨트, 스탈린: 그들이 수행한 전쟁과 그들이 추구한 평화》(Chuchill, Roosebelt, Stalin: The War They Waged and the Peace They Sought, 1957)는 낡았지만 세부 내용이 충실한 영향력 있는 연구다.

데이비드 시서라니의 《아이히만-되기: '책상물림 학살자'의 생애와 범죄와 재판을 다시 생각한다》(Becoming Eichmann: Rethinking the Life, Crimes, and Trial of a 'Desk Murderer', 2004)는 개인적이건 집단적이건 독일인 책임이라는 중심적인 쟁점을 다룬다. 데보라 립스타트의 《아이히만 재판》(The Eichmann Trial, 2012)은 분량이 적고 가독성이 뛰어나다.

22장

독일 문제와 냉전의 기원
1945~1950

전쟁이 끝났을 때 유럽의 드넓은 지역은 폭격으로 파괴되어 연기 자욱한 폐허로 변했다. 민간인 희생과 도시 파괴는 제1차 세계대전의 피해를 훌쩍 뛰어넘었고, 수백만 명의 집 잃은 피난민들과 '뿌리 뽑힌 개인들'이 무리를 지어 여러 수용소에 수용되거나 이곳저곳을 구걸하며 떠돌아다녔다. 그런가 하면 길거리에는 여기저기 난폭한 무법 청년들로 이루어진 폭력단들이 배회하고 있었다. 적군(赤軍)의 점령지에서는 질서를 잡아야 할 군 장교들도 상황을 방치하는 가운데 200만 명가량으로 추산되는 여성들이 종종 남편이나 가족이 보는 앞에서 성폭행을 당했다.

21장에서 살펴보았듯이, 3거두의 전시 회담들은 그들 사이의 근본적인 차이점을 은폐하거나 드러내기 꺼려하는 경향이 있었으나, 나치 독일의 패전과 함께 그런 차이점은 숨김없이 드러나고 말았다. 어떤 의미에서 쟁점은 예전에 히틀러가 직면한 것과 닮아 있었다. 스탈린과 공산주의는 힘으로 맞서야 할 상대인가, 아니면 타협을 통해 함께할 동반자인가? 이 문제는 1953년 초 스탈린이 사망한 후에 좀 더 복잡해졌지만, 1930년대에 '체득한 교훈들'이 이어지는 반세기 동안 국제 관계를 채색했다.

군인과 민간인 희생

제2차 세계대전에서 전사한 군인의 수는 제1차 세계대전보다 약간 적었다. 그 이유는 부분적으로 1914~1918년에 오랫동안 교착 상태에 빠진 참호전의 살육이 1939~1945년에 신속하게 전선을 누빈 차량화된 기갑 부대들의 기동으로 대체되었기 때문이다. 그럼에도 두 전쟁 다 사망자 총수는 깜짝 놀랄 만큼 많았다. 희생이 나라마다 크게 달랐으므로 비교는 무의미할 수도 있다. 홀로코스트의 사망자 수 추산처럼 전쟁 사망자 수에 대한 추산도 복잡한 정의의 문제라는 부담을 떨쳐 버리기 어렵다. 그러나 승전국 소련의 수치가 패전한 독일의 수치보다 훨씬 더 컸다는 점은 가장 큰 논란을 불러일으키기는 했지만 거의 의심할 여지가 없다. 1990년대에 소련 문서보관소들이 서방 학자들에게 개방된 후에 널리 인정받는 통계치는 제2차 세계대전 동안에 대략 2,600만 명에 달하는 소련 시민들(절반 이상이 민간인)이 사망했다는 것이다. 유럽의 전시 사망자 총수는 대략 4,500만 명(전 세계적으로는 6,500만 ~8,000만 명)이었고, 이는 소련 한 나라가 다른 유럽 국가들을 모두 합친 것보다 훨씬 많은 사망자를 냈음을 의미했다. 전쟁 이전 10여 년 동안 죽거나 고통 받은 수백만 명의 소련 시민들까지 포함하면, 수치는 대경실색할 만한 수준이다.

독일 제국의 국경이 상당히 많이 바뀌었기 때문에 독일의 손실을 추산하는 일은 쉽지 않다. 그러나 연구자들의 추산은 800만 명 정도의 독일인들이 사망했고, 그 가운데 수백만 명이 민간인이었다는 것이다. 폴란드인들도 역시 전시에 가장 큰 피해를 입은 민족 가운데 윗자리를 차지했다. 거꾸로 군인이건 민간인이건 사망자 수가 상대적으로 적은 나라는 바로 이탈리아였다. 이탈리아의 경우에 사망자는 전체 주민의 대략 1퍼센트였는데, 폴란드가 전체 주민의 16퍼센트, 소련은 14퍼센트, 독일은 9퍼센트가 사망한 것과 비교된다. 프랑스는 제1차 세계대전(140만 명)보다 제2차 세계대전(대략 20만 명)에서 군인 사망자 수가 훨씬 더 적었는데, 그 이유는 대략 4년 동안 전쟁에서 중도하차해 있었기 때문이다. 그러나 프랑스 민간인들은 나치 점령자들의 지배 아래에서, 그리고 영·미군의 폭격 때문에 큰 고통을 겪었는데, 이런 고통으로 인해 프랑스에서는 민간인 사망자가 군인 사망자보다 훨씬 더 많은 수치를 기록했다. 1940년 6월과 1941년 9월 사이에 영국인들의 경우도 군인 사망자보다는 민간인 사망자가 더 많았는데, 이는 영국 전투가 대개 민간인 중심지들에 대한 폭격을 수반한 공중전으로 전개되었기 때문이다. 그러나 영국의 최종적인 전시 사망자 수는 전체 인구의 대략 1퍼센트 남짓이었다. 미국 본토에는 아예 전투가 벌어지지 않았기 때문에, 미국의 민간인 사망자는 거의 없었다. 유럽 전선과 태평양 전선에서 전사한 미군의 수는 대략 42만 명이었다. 이는 전체 주민의 0.32퍼센트로서, 모든 주요 교전국 가운데 가장 낮은 수치였다. 미국에 비해 소련이 입은 피해는 거칠게 잡아도 45배나 더 컸다.

전쟁으로 사망자와 불구자가 수백만 명에 달하고 광범위한 물질적 파괴가 벌어짐에 따라 전후 생산은 수많은 지역에서 겨우 연명할 정도의 수준으로 곤두박질쳤다. 유럽 인구의 상당수가 1948년까지 굶주리거나 아사 직전 상태에서 살아갔고, 겨울에는 몇 달씩 풍찬노숙하며 살아야 했다. 정치적 혼란 또한 위협적이었는데, 특히 주요 전투가 벌어졌던 지역들이 그러했다. 독일과 오스트리아에서 연합군 점령 기간은 다른 나라들에 비해 오래 지속되면서 어느 정도 잠재적 혼란이 진정되었다. 그러나 1945년 5월 무렵 독일 도시 지역들은 중단 없는 연합군의 폭격 때문에 철저하게 파괴되었고, 대략 1,200만 명에 달하는 절망적인 독일인 피난민들이 유입되면서 상황이 통제 불능이라는 비관적 감정이 만연했다. 어떤 사람들은 유럽 문명이, 특히 유럽의 독일적 요소가 나락으로 떨어졌다고 결론지었다. 독일인들은 마치 독일적인 모든 것이 일소되어 버린 양, 당시 상황을 '0시'(Stunde Null)라고 표현하기도 했다. 이는 과잉 반응이었음에 틀림없지만 종전 당시의 암울한 분위기를 잘 보여 준다.

독일의 국경들

전쟁 직후 2~3년 안에 재수립된 유럽 국가들의 성격은 불확실했지만, 일반적으로 1919년에는 기성 주민들을 언어와 종족성에 맞게 배치하기 위해 국경을 획정하려고 노력한 데 비해, 이번에는 주민 강제 이송 정책이 실시되었다. 이는 유럽 민족국가들에서 비유대인 소수민족 문제에 대한 또 다른 종류의 '최종 해결책'이라고 불릴 만했는데, 과연 처음에는 나치가 시작하고 나중에는 종전시 연합국에 의해 인정된 해결책이었던 것이다. 궁극적으로 유럽 국가들은 대부분 1939년 이전보다 종족적으로 좀 더 동질적으로 바뀌었다. 또한 당시에는 각 민족이 '자신의 군대가 닿을 수 있는 범위에' 자신의 시스템을 세우라는 스탈린의 공리가 냉혹하게 적용되곤 했는데, 이는 1948년 무렵 동유럽의 거의 전부가 공산주의의 지배 아래에 들어가는 것으로 귀결되었다.

서방 연합국과 소련 사이의 긴장이 종전 이후 배가되었지만, 양측 모두 한 가지 점에는 동의했다. 즉 독일이 1919년 이후 그러했듯이 재기해서는 안 된다는 것이었다. 그리하여 독일 제국을 가톨릭이 우세한 남부와 프로테스탄트가 지배적인 북부로 분할하는 등 1919년에 고려된 것과 유사한 방안들이 다양하게 제기되었다. 18세기 프로이센 영토 가운데 많은 부분이 제1차 세계대전의 종전과 함께 폴란드에 양도된 이래로, 비스마르크 제국의 영토 감축이 이미 히틀러가 권력을 차지하고 대규모 팽창을 개시하기 전에 발생했다. 그렇다면 독일이 재통일되는 것이 허용되더라도 독일이 원상태로 돌아갈 국경은 무엇인지에 대한 문제가 남아 있었다.

1938년 오스트리아와 체코슬로바키아를 포함한 나치 제국의 팽창은 연합국 측의 시각에서 보자면 도무지 정당성이 없었고, 그런 의미에서 이 두 나라는 전후에 재수립되어야 했다. 비록 체코슬로바키아는 대규모 우크라이나 주민이 살던 동쪽 끝 영토를 소련의 우크라이나 소비에트공화국에 양도해야 했지만 말이다. 오스트리아는 재수립되었을 뿐더러 나치의 범죄에 대해 전혀 책임 없는 것으로 대우받았다. 오히려 오스트리아는 나치 독일이 추구한 영토 팽창의 '첫 희생양'이라는 지위를 얻었는데, 이런 지위는 오스트리아인들이 1938년에 나치 독일과의 통일을 열렬하게 환대했다는 사실을 고려하면 대단히 의심쩍은 것이 아닐 수 없었다.

독일 문제를 완벽하게 해결하려는 가장 과감한 계획 가운데 하나는 루스벨트의 재무장관이었던 헨리 모겐소의 방안이었다. 그 역시 나치 지도자들이 법정에 세워지기보다는 즉결 처형되어야 한다고 주장한 사람들 편에 속해 있었다. 그는 독일이 다수의 소단위들로 해체되고 각

단위는 현대전을 수행할 수 없는 전근대적 농업 국가로 전환되기를 바랐다. 모겐소는 처음에는 루스벨트와 처칠의 호감을 얻었지만, 일단 그의 계획이 갖는 실천적인 함의가 충분히 검토되자 계획은 백지화되었다. 그 이유는 간단히 말해 산업 발전 이전 단계의 국가가 독일의 방대한 인구를 부양할 수 있을 턱이 없었기 때문이다. 수백만 명의 독일인들이 일부 비유럽 지역들로 이송되어야 한다는 모겐소의 다른 제안도 터무니없는 것으로 기각되었다.

탈나치화

독일의 정치적 미래를 결정하는 일은 독일의 보통 시민들을 적절하게 대우해야 한다는 곤혹스러운 쟁점과 연관되어 있었다. 주요 전범들은 뉘른베르크재판으로 처리될 것이었지만, 당원으로 활동한 수백만 명의 독일인들은 어떻게 처벌해야 하느냐는 문제가 남아 있었다. 그리고 이 문제는 불편하게도 집단적 처벌로 기울어지는 어떤 것으로 보였다. 그러나 주요 전범들에게 유죄 판결을 내리기 위해 필요한 정보를 충분히 수집하는 작업만도 어려운 일임이 이미 드러났다. 하물며 책임이 있으나 제3제국에서 상대적으로 미관말직에 있던 수백만 명의 독일인들에 대해 그와 비슷한 조취를 취한다는 것은 명백히 불가능했고, 수백만 명을 수감해야 한다는 것도 비현실적이고 불쾌한 일이었다. 보통 시민들에 대한 적절한 처우라는 쟁점은 제1차 뉘른베르크재판에서 로버트 H. 잭슨 검사장의 개막사 탓에 뒤죽박죽되었다. 그는 독일 지도자들의 책임과 독일 민중의 책임을 구별하고 독일 민중을 나치 폭정의 희생자로 묘사했는데, 이는 오스트리아를 나치 독일의 최초 희생자로 지정한 것보다 훨씬 더 문제가 많은 설정이었다.

의심할 여지없이, 오스트리아인들을 포함한 많은 비유대 독일인들, 특히 자유주의와 사회주의, 공산주의 좌파에 있던 사람들은 나치즘의 희생자였다. 대략 300만~400만 명에 달하는 비유대 독일인들은 경찰의 감시를 받고 직업을 잃으며 강제수용소에 수감되거나 징역형을 받아 목숨을 잃거나 심신을 다치는 등 나치 박해의 고통을 감내했다. 나치의 억압이 너무도 철저했으므로 전후에 책임 있는 지위를 맡을 자격이 있는 독일인들 가운데 나치 결사체에 가입하여 경력을 더럽히지 않은 사람을 찾기란 여간 어려운 일이 아니었다. 다른 나라들에서 신생 정부의 핵심은 보통 전시 반나치 또는 반파시스트 저항운동 경력이 있는 사람 가운데 충원되었으나, 1945년 무렵 독일 내부의 조직화된 반대 세력은 보잘 것 없었다.

1944년 7월 20일 클라우스 폰 슈타우펜베르크 대령이 주도한 히틀러 암살 미수 사건의 결과로 군부의 저명인사들을 비롯한 비나치 성향의 전통 엘리트들 수천 명이 체포되고 처형되었다. 힘러의 게슈타포(Gestapo)는 이 대규모 체포를 기회로 삼아 비록 히틀러 암살 음모에 참여했다는 증거가 발견되지 않아도 단지 반나치 동조자라는 혐의만으로도 연루자들을 처형했다. 그전의 '백장미'(Weiße Rose) 운동은 대개 지식인과 대학생들을 중심으로 이루어졌는데, 1942년 6월부터 1943년 2월까지 팸플릿 공세를 통해 비폭력적인 방식으로 나치즘을 비판하려고 했지만, 대중적 반응은 미온적이었다. 백장미 운동의 주요 지도자들은 쉽사리 발각되었고 긴 심문을 거쳐 단두대에서 처형되었다.

탈나치화 프로그램은 독일 주민의 대다수가 나치화되었다는 암묵적인 가정과 함께 각 점령 지대에서 실행되었으나, 미국 점령 지대에서 가장 열정적으로 실행되었다. 그럼에도 탈나치화는 한편으로는 안이한 것으로 조롱의 대상이 되고, 다른 한편으로 독일 주민들에게는 부당한 것으로 분노의 대상이 되면서 실패한 것으로 간주되었다. 더욱이 수백만 명의 독일인들이 자신들의 과거에 대해 정교한 설문지에 답변했기 때문에 탈나치화 프로그램은 산더미 같은 서류 작업의 수렁에 빠져 버렸다. 나치당을 불법화하고 과거 나치 당원들을 책임 있는 지위에서 배제하며 거리 이름을 새로 짓고 히틀러 동상을 파괴하는 것과 같은 좀 더 실질적인 일부 탈나치화 조치들은 적절한 것으로 받아들여졌다. 그러나 독일 주민들이 오랜 권위주의 지배의 역사를 경험한 것은 말할 것도 없고 12년 동안 전체주의의 교리에 세뇌된 이후 불과 몇 년 만에 재교육을 받아 다른 가치들을 포용할 수 있다는 생각은 비현실적인 것으로 드러났다. 전후에 이루어진 여론조사들은 일반 독일 주민들의 상당 부분에 나치즘에 우호적인 태도와 신념이 얼마만큼 다양하게 유지되고 있는지를 반복적으로 보여 주었다. 시간이 꽤 흐른 뒤인 1962년에도 서독에서 실시된 여론조사에서 절반 이상이 1944년 7월 20일의 히틀러 암살 미수 사건이 '반역자들'의 음모였다고 믿었다. 폰 슈타우펜베르크와 백장미 운동의 지도자들이 새로운 독일의 긍정적 상징으로 널리 포용된 것은 수십 년이 지나고 난 뒤였다.

뉘른베르크의 법정에 서지 않았던 나치 지도자들에 대한 후속 재판들이 독일 당국의 권한 아래에서 이루어졌는데, 그 과정이 전반적으로 만족스럽지는 않았다. 그럼에도 제아무리 선의를 갖고 하더라도 재판 임무 자체는 이런저런 유권자들을 공격할 수밖에 없었다. 덜 심각한 경우를 먼저 재판에 회부하는 것이 편했는데, 이는 상대적으로 경미한 범죄자들이 신속하고 철저하게 처벌받은 반면 좀 더 심각하고 복잡한 경우는 계속 연기되었음을 의미한다. 이 소송 사건들의 서류들은 산더미처럼 쌓이게 되었고, 일련의 일반 사면으로 이어졌다. 수백만 명의 독일인들이 범죄에 연루된 것으로 확인되는 동안 오직 수천 명만이 실제로 구금되었고 1949년 무렵이 되면 이 수천 명 가운데 수백 명을 제외한 나머지 사람들은 석방되었다. 참으로 아이러니하게도 프랑스와 네덜란드, 노르웨이에서 나치 지배자들에 협력한 사람들에 대한 처벌이 오히려 서독에서 나치 지배자 당사자들에게 가해진 처벌보다 훨씬 더 가혹한 경우가 많았다.

탈나치화는 공식 종료 시점이 따로 없었다. 비록 최초에 체포를 면한 가장 악명 높은 나치들에 대한 다양한 재판이 1980년대까지 지속되기는 했지만, 탈나치화는 서서히 사라졌다. 독일인들 대부분이 더 이상 나치즘을 긍정적으로 간주하지 않는다고 결론내리기 위해서는 수십 년이 필요했다. 그런 변화는 점진적이었고, 아마도 독일인들을 재교육하려는 공식적 노력의 결과였다기보다는 왕년의 나치들이 사망하면서 다른 역사적 경험과 신념을 가진 더 젊은 세대가 나타난 결과였을 것이다. 유럽의 모든 나라에서 젊은 세대들의 태도에서 강력한 변화가 일어난 것은 특히 1960년대 말이었다. 그러나 세대 간 거리는 특히 독일에서 심각했다.

소련 점령 지대(많은 사람들이 서쪽으로 탈출했다)에 있던 나치들을 처리하기 위한 소련 관리들의 계획은 적어도 엄격하고 단호하게 독일 경제를 근본적으로 재조직하려고 했다는 점에서 모겐소 계획과 유사했다. 그러나 소련 지도자들은 탈산업화를 추구하기보다는 자본주의의 산물로 간주된 나치 경제 구조를 소비에트 공산주의 모델로 대체하려고 했다. 마르크스주의적 교리 역시 범죄자인 지도자들(자본주의의 대리인들)과 희생자들(노동자 대중들)을 구별했다. 그럼에도 독일의 공산주의 지도자들은 독일 프롤레타리아트가 어떻게 '자신의 역사적 임무에 실패'했

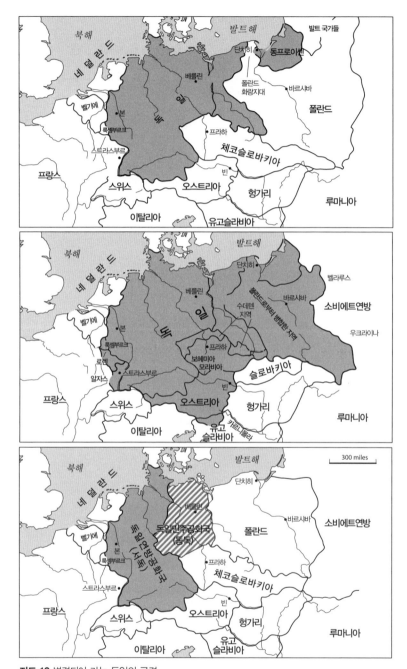

지도 10 변경되어 가는 독일의 국경

전간기 독일(1919~1939), 대독일(1941~1945), 분단된 독일(1949~1990).

는지에 대해 공공연하게 말했다. 이제 공산당은 대중들에게 자신만의 고유한 리더십을 제공할 것이었다. 그 대중들을 재교육하는 임무는 하나의 전체주의 체제가 다른 전체주의 체제로 대체됨에 따라 더 수월해진 것처럼 보였다. 그러나 소련 점령 지대에서 공산주의 지도자들 또한 인기를 얻으려는 희망에 망각과 타협으로 이끌리는 경향이 강했다.

1948년 말 들어 제2차 세계대전의 기억은 이제 막 불붙기 시작한 냉전의 열정에 의해 밀려났다. 소비에트 팽창의 잠재적 위협에 맞서 독일을 동맹자로 묶어 두려는 미국 지도자들의 관심이 커지면서 나치에 대한 예전의 단호한 태도도 약해졌다. 일부 사람들은 전반적인 탈나치화 경험을 눈가림에 불과한 것이라고 비난하기도 했는데, 이들의 비판은 의심의 여지없이 뉘른베르크재판이 '승자들의 정의'를 대표한 것에 불과하다고 비판한 사람들과 마찬가지로 일리가 있었다. 그러나 두 경우모두 비판자들은 더 나은 대안을 확실하게 제시하지 못했다. 무엇보다이제 막 불붙기 시작한 냉전의 열정이 나치들이 처벌을 면했다는 해묵은 감정을 불살라 버렸다.

두 개의 독일, 동독과 서독

포츠담회담 이후 미국과 영국, 프랑스, 소련 4개국 군사 점령 지대의 행정은 각자의 역할과 권리를 둘러싼 상호 비방의 수렁에 빠졌다. 점령국의 주장이 정당성이 있느냐 하는 문제가 지속적인 논쟁의 원천이었는데, 이는 명백히 냉전의 책임이라는 쟁점과 연관되어 있었다. 소련 지도자들은 전쟁으로 서방 연합국에 비교할 수 없을 정도로 큰 고통을 받았기 때문에 독일에 대해 자신들이 요구할 수 있는 몫이 더 크다고 단언했다. 이런 단언은 반박하기도 어려웠을 뿐더러 조정이 가능하지도 않았다. 전쟁 직후 소련 당국은 독일의 재화를 대규모로 징발하고 수십만 명에 달하는 노동자들을 징용했다. 종전 1년 만에 거대한 독일 산업의 하부구조가 소련 당국에 의해 깡그리 제거되었다. 또한 종전 5년 만에 어림잡아 100억 달러어치의 농산품과 공산품이 독일 땅에서 소련으로 옮겨졌다. 이는 전시에 나치가 소련에 입힌 손실의 단지 일부에 불과했지만, 많은 지역들에서 독일 주민들을 훨씬 더 곤궁한 상태로 내몰기에 충분했다.

1948년 초에 4개 독일 점령 지대는 서부 국가와 동부 국가로 점차 재편되고 있었는데, 이 과정은 공식적으로는 1949년 가을에 완결될 터였다. 미국 점령 지대와 영국 지대, 프랑스 지대는 연방공화국(Bundesrepublik)이 되어 비공식적으로 서독 또는 라인 강변의 수도 이름을 따서 '본 공화국'으로 알려질 것이었다. 소련 지대는 규모가 좀 더 작고 베를린을 수도로 하는 독일민주공화국(DDR, Deutsche Demokratische Republik)이 되어 비공식적으로는 동독으로 알려지게 된다. 연방공화국의 기본법은 연방적 질서 아래 결합한 준국가들(Länder)로 이루어진 탈중앙 집권적인 자유민주주의 국가를 수립했다. 이 준국가(주)들 중 일부, 특히 바이에른은 과거 바이마르공화국 때와 유사했지만, 연방공화국에는 바이마르공화국과 비스마르크 독일에 공히 존재했던 거대하고, 한때 지배적으로 군림한 프로이센적 요소가 없었다. 나아가 바이마르 헌법이 취약하다는 점이 지적되어 광범위한 권리장전이 포함되었다.

동독은 '인민공화국'이 되었는데, 이 용어는 궁극적으로 소비에트 지배 아래에 들어간 대부분의 동유럽 나라들('소비에트 블록')에 사용되었다. 이 공화국들을 지도한 것은 공산주의 원칙이었는데, 이는 생산수단의 소유권이 국가에 있음을, 그리고 국가 자체는 공산당에 의해 '지도'되는 것을 의미했다. 동독에는 나치 지배 이전에 공산당(KPD)과 사민당(SPD)이 강했던 지역들이 포함되었는데, 이 두 정당은 대중의 지지를 얻으려고 노력하는 과정에서 조만간 공식적으로 독일사회주의통합당(SED, Sozialistische Einheitspartei Deutschlands)으로 합칠 것이었다. 그럼에도 모스크바의 지령을 받는 구 공산당 지도자들이 SED의 통제권을 쥘 것이라는 점은 누가 봐도 분명했다. 이 지도자들 가운데 가장 유명한 인물인 발터 울브리히트는 동독 공산주의를 대표하는 얼굴이자 무미건조한 스탈린주의자였다.

서독에서는 최초의 총선을 통해 두 개의 주요 정당이 출현했다. 그중 하나인 기민당(CDU, Christlich-Demokratische Union)은 나치 지배 이전의 가톨릭중앙당에 뿌리를 두고 있었지만, 이제는 프로테스탄트들에게도 명시적으로 호소했다. 또 다른 사민당(SDP, Sozialdemokratische Partei Deutschlands)은 나치 지배 이전의 SPD가 부활한 것이었다. 중앙당과 SPD는 최초의 바이마르연립에서 가장 큰 두 정당이었지만, 두 정당은 뒤이은 시절에 믿을 만한 다수파를 구성하지 못했다. 1949년 들어 상황은 크게 변했고, 두 정당은 기민당이든 사민당이든 단독으로 과반수를 득표할 수 있을 만큼 대중적 호소력에서 눈에 띄게 성장했다. 물론 두 정당 모두에게 안정적 다수파를 이루는 일은 여전히 손에 잡히지 않는 목표로 남아 있었지만 말이다. 바이마르 시절의 우파 정당들은 대부분 사라졌다. 바이마르 시절에 민족주의자나 나치에 투표한 서독의 프로테스탄트 보수주의자들은 이제 기민당에 투표하는 경향이 있었다. 서독에서 공산주의자들은 거의 대중적 호소력이 없었고, 오래지 않아 공산당은 불법화되었다. 신생 군소 정당으로서 바이마르 시절의 민주당과 인민당에 뿌리를 둔 자유민주당(FDP, Freie Demokratische

Partei)도 결성되었다. 뒤이은 수십 년 동안 자유민주당은 기민당 및 사회당과 번갈아 동맹을 맺으며 각 거대 정당에게 연방의회에서 좀 더 안정적인 다수 의석을 제공했다.

슈마허와 아데나워

두 주요 정당의 지도적인 개성들은 바이마르 시절의 모태 정당을 대표한 인물들과는 좀 달랐다. 사회민주주의자인 쿠르트 슈마허는 제3제국의 강제수용소에서 12년을 복역하고 살아남았다. 건강이 크게 상하기는 했으나 놀라운 용기와 흔들림 없는 신념을 지닌 인간으로서 슈마허는 자신이 독일을 폐허에서 민주주의적 사회주의라는 약속의 땅으로 이끌 수 있다는 신념을 품고서 수용소에서 나왔다. 그는 제1차 세계대전 때 전선에서 오른팔을 잃고 명예훈장을 받은 베테랑으로서 나치 당국으로부터 비교적 관대한 대우를 받기도 했지만, 수감 시절에 완강하게 내보인 불온한 태도로 말미암아 큰 대가를 치러야 했다.

콘라트 아데나워도 그에 못지않게 주목할 만한 인물이었다. 그는 기민당의 당권을 차지했을 때 이미 70대의 고령이었기 때문에 '노인네'(Der Alte)라고 불리게 되었다. 그는 바이마르 시기에 쾰른 시장을 지냈고 비록 두 차례에 걸쳐 짧게 수감되기도 했지만, 강제수용소로 끌려갈지도 모를 위험을 무릅쓸 정도로 나치 지배에 대해 공공연하게 반대하지는 않으면서 자신의 독실한 가톨릭 신앙을 훼손하지 않고(적어도 노골적으로 훼손하지 않고) 정도를 걸어감으로써 나치 시절을 견뎌 낼 수 있었다.

아데나워는 신생 연방공화국의 초대 총리로 취임하여, 연방의회(선출된 하원)에서 근소한 다수파를 이루고 난 다음 1949년부터 1963년까지 14년 동안 총리로 재직하면서 훗날 '독일의 기적'으로 불린 경제 발전을 주도했다. 독일에 대한 그의 전망은 서구 스타일의 열린사회와 자유시장 경제에 기초하여 국제사회의 존중을 받는 지위로 복귀하는 것이었다. 아데나워는 비스마르크처럼 강경한 견해와 교활한 정치적 본능을 겸비한 인물이었다. 또한 비스마르크처럼 자신을 따르는 사람들에 대해서도 전혀 환상을 품지 않았는데, 하물며 일반 독일인들에 대해서는 훨씬 더 그러했다. 그는 필요할 때 타협할 줄 알았지만(그리고 필요할 때를 잘 알았다), 완고하고 간단명료한 지도자였다.

많은 관찰자들은 오직 그와 같이 권위주의적이면서도 정치적으로 민첩한 인물만이 당시에 심각한 외상을 입고 쪼개진 서독 사회를 효과적으로 통치할 수 있었을 것이라고 단정했다. 그럼에도 아데나워와 비스마르크의 닮은 점은 피상적일 뿐이었고, 실제로는 둘 사이에 심오한 차이가 있었다. 아데나워는 프로테스탄트가 아니라 가톨릭교도였고, 프로이센인이 아니라 라인란트인이었으며, 융커(대지주) 출신이 아니라 상층 중간계급 출신이었다. 1949년 당시 서독은 거칠게 추산하여 가톨릭교도와 프로테스탄트가 반반이었던 반면, 비스마르크 제국에서는 프로테스탄트가 다수였다. 1949년 무렵 프로이센의 융커 지배계급이 파괴됨에 따라 역사적 프로이센도 파괴되었다. 일찍이 1815년 프로이센이 획득한 서쪽 영토들은 이제 앞에서 언급된 준국가 내지는 주(州)로 재편성되었다.

아데나워는 탈나치화를 '무리하게' 추진하는 것이 정치적으로 현명치 못하다고 믿었다. 그리하여 그는 연방공화국에서 중요한 직책을 맡게 될 많은 사람들의 나치 전력에 관심을 두거나 판단을 내리려고 하지 않았다. 그러나 그는 신생 이스라엘 국가와 좋은 관계를 유지하기 위해 애썼는데, 이는 세계에서 독일의 도덕적 입지를 회복하기 위한 노력의 일환이었다. 독실한 가톨릭교도인 아데나워는 당연히 반공주의자였고 그런 입장이 미국과 긴밀한 동맹을 유지하는 데 결정적이라고 믿었다. 전쟁 직후 서독인들을 진실한 미국 찬미자들로 묘사하는 것이 너무도 자연스러운 일이었듯이, 서독인들은 대부분 복수심에 불타고 빈궁한 '루스키들'(러시아인들)보다는 너그럽고 부유한 미국인들을 훨씬 더 좋아했다.

미국 지도자들의 처지에서도 슈마허보다는 아데나워가 훨씬 좋았다. 슈마허가 귀에 거슬리게 표명하곤 했던 사회주의 신념으로 인해 조만간 슈마허와 미국의 군정 당국이 충돌했다. 그는 냉전에서 중립을 표방하는 통일된 사회주의 독일을 꿈꾸었다. 그는 독일의 자본주의 엘리트가 히틀러를 결정적으로 지지했다고 믿었기 때문에 대규모 산업체들을 국유화하기를 원했다. 1949년의 총선에서 실제로 SPD는 기민당보다 근소하게 더 많은 연방의회 의석을 차지했지만, 아데나워는 자유민주당과 바이에른 기독교사회당(기민당의 자매 정당)의 지지를 얻어 냈다.

슈마허는 아데나워의 승리에 분개했고, 그 후 기민당이 추진하는 일마다 사사건건 반대했다. 슈마허의 용기는 당내에서는 아낌없는 찬사를 받았지만, 당 지도자들 다수는 슈마허의 비타협적인 반자본주의에 미온적이었다. 그 대신, 자신들의 정당을 민주주의적 개량주의와 '생기 넘치는'(vital) 정치적 중도로 변형시키기를 바랐다. 슈마허의 건강이 악화되면서 결국 그들의 딜레마는 해결되었다. 그는 (제1차 세계대전 때 팔을 잃은 것에 더해) 다리 하나를 절단해야 하는 고통을 겪었고, 1951년 12월 뇌졸중으로 쓰러져 1952년 8월에 56세의 나이로 사망했다.

1959년 무렵 SPD는 기민당의 리더십 아래 이루어진 놀랄 만한 경제적 성공에 직면하여 바이마르 시절보다 훨씬 더 분명하게 마르크스주의 계급갈등론이나 경제결정론과 절연한 새로운 강령을 채택했다. 새로운 강령은 고전 철학과 기독교 윤리에 바탕을 두면서 휴머니즘의 전통을 강조했다. 이런 맥락에서 SPD는 시장의 인센티브와 생산수단의 사적 소유에 대해서도 훨씬 더 개방적이라는 점을 내세웠다. 당의 새로운 선거 슬로건은 "가능한 만큼 많은 경쟁, 필요한 만큼 많은 계획"이었다. 사회민주주의자들은 여러 지방 선거에서 승리했는데, 특히 베를린에서 거둔 승리가 가장 주목할 만했다. 그러나 1949년부터 1969년까지 집권하는 데는 실패했다.

기독교민주주의자들은 반사회주의를 강조했지만 오로지 자본주의만 고지식하게 옹호한 사람들은 아니었다. 독일의 경제 회복은 아무리 '자유로운' 것이었다고 할지라도 자본주의의 과잉을 규제하고 하층 신분들을 원조하는 국가 개입을 우호적으로 보는 비스마르크 전통에 결부되어 있었다. 기독교민주주의자들은 '사회적 시장경제'(Soziale Marktwirtschaft)를 표방했는데, 실상 이는 다른 선진적 산업 경제의 흐름과 닮은 것이었다. 잘 조율된 자본주의, 즉 사회적 연대감을 침해할지도 모를 자유시장의 경향을 통제할 수 있는 자본주의에 대한 관념에는 사회민주주의와 기독교민주주의라는 두 갈래가 있었던 것이다. 기실, 자본주의를 규제하는(혹은 '계획하는') 국가의 역할을 인정하는 분위기가 제2차 세계대전 이후 유럽의 모든 주요 정치적 경향에 정도의 차이는 있을지언정 지배적이었다.

전후 오스트리아

전쟁이 끝나면서 특히 오스트리아의 정체성이 주목할 만한 정도로 부활했다. 오스트리아 또한 4개 점령 지대로 분할되었는데, 수도인 빈도 베를린처럼 소련 점령 지대로 에워싸인 채 4개 지대로 하위 분할되어 있었다. 오스트리아의 첫 선거에서 출현한 두 주요 정당은 일찍이 제1공화정 시절의 사회민주당과 기독교사회당에 뿌리를 두고 있었으나, 이제는 사회당과 인민당이라는 새로운 이름을 갖고 있었다. 인민당은 한때 가톨릭교회와 동일시된 경향에서 탈피하면서 좀 더 광범위하고 세속적인 성격의 보수적 가치를 강조했다.

양당 시스템과 비슷한 어떤 것이 오스트리아에 출현했으나, 두 주요 정당은 일찍이 1930년대의 모태 정당을 괴롭혔던 폭력적인 적대감을 극복할 수 있었다. 이 두 정당은 번갈아 집권하기보다는 조만간 '오스트리아의 길'(the Austrian Way)로 널리 홍보된 복잡한 공식에 따라 나란히 집권했다. 유럽 나라들에서는 최근 과거의 기억을 억압하고 신비롭고 좀 더 참을 만한 과거를 창출하는 경향이 일반적이었다. 그러나 그런 경향은 오스트리아가 나치즘의 최초 희생자라는 명분을 강화하는 요소로서 특히나 놀라운 양상을 띠었다. 그런 명분은 두 정당이 반나치 성향이었고 두 정당 지도자들도 나치가 1938년 오스트리아를 합병할 때 박해받았다는 점에서 매력적이고(어느 누구도 희생자를 비난하지 않는다) 그럴듯했다. 그런 공통의 박해 경험은 어떤 경우에는 같은 감옥에 갇혔다거나 같은 강제수용소에 수감되었다는 것을 의미했는데, 명백히 전후에 각 정당이 상대방 쪽으로 확장해 나가는 데 기여했다.

새로운 정치적 배치는 상당히 잘 기능했다. 전쟁 직후의 몇몇 어려운 시기를 지나면서 오스트리아는 고전적 자본주의의 원칙이 아니라 오히려 자본과 노동의 '사회적 파트너십'이라는 정신에 기초하여 자신만의 고유한 경제 기적을 경험했다. 독일과는 달리, 오스트리아는 전쟁이 끝나고 10년 만에 전쟁 이전의 통합성을 회복할 수 있었다. 그런 통합을 보여 주는 하나의 양상은, 바로 오스트리아가 이웃 스위스처럼 냉전 시기에 중립국으로 남아 있었다는 점이다.

냉전의 기원과 성격

분단된 두 개의 독일은 소련과 미국 사이에 아직 긴장이 높지 않았을 때 형체를 갖추었지만, 곧 긴장이 점증하면서 머지않아 냉전으로 **굳어진** '차가운' 전쟁으로 불림에 따라 과거의 모양새를 계속 유지할 수는 없게 될 것이었다. 유럽에서 냉전은 더 이상 '뜨거운' 것이나 총을 쏘는 것이 아니라 군사적 위협과 군비 경쟁 등 머리카락을 곤두서게 하는 대결들로 이루어져 있었다. 냉전적 대결이 벌어진 최초의 무대들 중 하나는 특히 베를린의 지위를 둘러싸고 논쟁이 벌어진 두 개의 독일이었지만, 유럽의 대부분도 그런 대결에 휘말려들었다. 더욱이 '공산주의 대 민주주의'의 형태를 띤 갈등이 나머지 세계 곳곳에도 영향을 미쳐 전면전이 발생하기도 했는데, 특히 한반도의 경우(1950년 6월~1953년 7월)가 중요했다. 1949년에는 공산주의가 중국에도 확산되었는데, 처음에 이는 공산주의와 소련의 거대한 승리로 보였고, 나중에는 미국과 유럽에서 반공주의의 불길을 당겼다.

공식적인 선전포고가 없었기에 냉전이 정확히 언제 시작되었는지는 단정하기 어렵다. 이미 포츠담회담에서 트루먼은 루스벨트보다 더 단호한 대결 자세를 취했지만, 연합국들 사이에 지속적인 협력의 희망은 1945년 후반기에도 여전히 살아 있었다. 그럼에도 1946년 3월 초 동서 관계의 분위기가 점점 호전적으로 변해 갔다. 처칠은 스탈린을 신뢰할 수 있다는 예전의 자신감을 잃었고, 미주리 주 풀턴에서 한 유명한 연설에서 "발트 해의 슈테틴에서 아드리아 해의 트리에스테에 이르기까지 철의 장막이 유럽 대륙을 드리웠다"라고 단정했다.

종종 망각된 사실은 당시 처칠의 '철의 장막' 연설이 당혹감을 일으키며 비외교적인 선동이라고 간주되었다는 점이다. 특히 전후 협력의 희망을 철석같이 믿었던 사람들의 반응이 그러했다. 이제 영국에서 권좌를 내준 처칠은 온건파와 좌파로부터 무책임한 전쟁광이라고 비난받고 있었는데, 그런 비난은 1930년대에 그를 비판했던 언어와 유사했다. (만일 처칠의 비방자들이 알았더라면 더욱 분개했을 법한 일이 있었다. 그것은 처칠이 무대 뒤에서 소비에트 지도자들에게 최후통첩을 보내라고 권고하기 시작했다는 사실이다. 이 최후통첩에 따르면, 만일 그들이 서유럽과 관련하여 팽창주의 계획을 포기하지 않는다면, 모스크바에 원자폭탄이 떨어질 것이었다. 처칠은 그런 최후통첩을 보냄으로써 소련을 순종적으로 만들 수 있다고 자신했다.)

여러 해 동안 통용된 여론에 따르면, 냉전은 소비에트의 공격에 대한 서방세계의 저항으로부터 출현했다. 그리하여 처칠은 당시 많은 사람들이 믿기로 일찍이 나치 독일에 대한 유화정책을 경고했던 것과 마찬가지로, 철의 장막 연설에서도 자신의 선견지명을 보여 주었다. 당시에, 아니 21세기에 이르기까지 다음과 같은 변치 않은 '역사의 교훈'이 거듭거듭 강조되었다. "전체주의 독재자들에게 당근은 그들의 구미만 돋우어 줄 뿐이다. 그들에게는 채찍이 약이다." 서방세계, 특히 미국의 많은 관찰자들에게 소련은 새로운 나치 독일이었고 스탈린은 새로운 히틀러였다. 그럼에도 세월이 흘러 이와는 반대되는 설명이 호소력을 얻었다. 새로운 설명은 미국 자본주의를 진정한 트러블메이커로 강조한 반면, 소련에 대해서는 전쟁으로 심각하게 약화되어 미국의 공세에 대항하여 방어적으로 행동하는 나라로 간주했다.

냉전의 기원에 대한 학계 여론의 변동 또한 제1차 세계대전의 기원에 대한 변동하는 해석들과 몇 가지 점에서 유사성을 보여 주었다. 즉 초기 해석의 특징인 쌍방 간에 고도로 당파적인 설명에서 한 발씩 물러나 냉전의 역사가들은 팽창주의적 국가들 간의 충돌을 강조하는 경향이 있었는데, 각국은 자신이 고상한 원칙을 용감하게 옹호한다고 내세우면서 보편주의 이데올로기와 함께 상대방을 악마화했다는 것이다. 이런 시각에서 냉전은 형편없는 리더십의 결과라기보다는 완전히 예견된 어떤 현상처럼 보이게 되었다. 진실을 말하자면, 제2차 세계대전 이후 공산주의 세계와 자본주의 세계 사이에서 조화가 이루어졌다면, **그것이야말로** 오히려 냉전 자체보다는 냉전을 분석하는 후대 역사가들에게 엄청나게 당혹스러운 문제였을 것이다.

제1차 세계대전에 대한 초기 설명처럼 냉전의 기원에 대한 초기의 당파적 설명에서 쌍방 간의 비난은 악마적 개성이 행한 중심적 역할에 초점을 맞춘 도덕적 분노 일색이었다. 제1차 세계대전과 관련해서는 빌헬름 2세가 그런 악마적 개성이었고, 냉전에서는 스탈린이 그러했다. 의심할 여지없이, '개인 외교'가 테헤란과 얄타에서 핵심적인 역할을 했고, 포츠담에서는 루스벨트가 죽고 처칠이 권력을 상실하면서 사태가 일변했는데, 그 이유는 부분적으로 예전과는 다른 개성을 지닌 인물들이 등장했기 때문이다. 만일 1945년 4월 스탈린이 죽고 루스벨트가 살아 있었다면 역사가 다른 방식으로 전개되었을지도 모른다고 의문을 제기하는 것은 지극히 타당하다. (소비에트 독재자는 사실 미국 대통령보다 나이가 네 살이나 더 많았다.) 조금 더 화해적이고 능수능란했던 루스벨트가 조금 덜 편집증적인 소비에트 지도자와 협력할 수 있었더라면, 위험천만한 냉전 대립을 약간이나마 피할 수 있지 않았을까? 다시 말해, 지속적인 위기들과 군비 지출이 가져온 엄청난 낭비, 언제나 어른거리는 원자폭탄과 홀로코스트의 악몽을 피할 수 있거나 최소한 상당 정도로 완화할 수 있지 않았을까?

그런 사색과 연관된 기본 가정이 바로 냉전에 대한 이른바 '수정주의적'(일차적으로 소련을 비난하는 해석을 수정한다는 의미에서) 해석의 배경이었다. 그럼에도 개인들의 역할을 인정한다고 해도 현실적으로 기대할 수 있는 최대치는 진정한 또는 지속적인 조화가 아니라 약간 덜 위험하고 약간 덜 극성스러운 대립 정도가 아니었을까 한다. 전쟁 직후에 오직 2대 주요 열강만이 존재했다는 사실에는 이른바 '조울 증후군'(bipolar syndrome)이라는 것이 내재하고 있었다는 점에서 필경 불길한 함의가 있었다. 최근에 '조울증'(bipolar)은 심리적 불안과 위험스러운 감정 기복을 가리키는 대중적 용어가 되었다. 외교에서도 양대 권력 극단을 가리키는, 좀 더 문자 그대로의 의미에 가까운 '양극성'(bipolarity) 자체도 위험스러운 것으로 평가될 수 있었다. 제2차 세계대전 이후 양극성의 위험은 쌍방이 상대방을 악마화하면서 공산주의 대 자유민주주의라는 이데올로기 대립이 점점 강화되었다는 점에서 한층 더 심각한 것이 되었다. 요컨대 당시에는 심오하게 '구조적인' 어떤 요소, 즉 소련과 미국 사이의 관계를 악화시킨 개인의 역할 이상의 어떤 요소가 작동하고 있었다.

이미 19세기에 전제정 러시아와 민주주의 미국은 서로를 '상극의'(polar) 적으로 간주한 바 있었다. 미국의 초기 민주주의를 관찰한 저명한 프랑스인 알렉시 드 토크빌은, 이 두 나라가 미래에 주요 세계열강으로 등장하여 불가피하게 서로 갈등할 것이라고 예견하기도 했다. 두 나라 사이의 적대는 1914년 이전에도 만만치 않았으나, 볼셰비키혁명과 함께 이 적대는 훨씬 더 심오하게 이데올로기적이고 더 긴박하게 경쟁적인 양상을 띠며 심화되었다. '윌슨이냐 레닌이냐!' 미국은 러시아 내전기에 볼셰비키들에 맞서 군 병력을 러시아에 파견했다. 뉴딜과 인민전선 시절에는 명백한 적대감이 수그러들었으나, 이는 두 나라가 고

매한 이상을 진심으로 공유했기 때문이 아니라 나치 독일이라는 공동의 적을 인식하고 있었기 때문이었다. 1939년 8월 나치-소비에트 조약이 조인되면서 양국 관계는 다시금 예전의 적대로, 그러나 이번에는 훨씬 더 극성스러운 방식의 적대로 빠져들었다.

개인의 역할이라는 쟁점은 국제 관계에서 도덕적 이상이 영향력을 행사한다는 주장과 겹친다. 어떤 사람들은 미국과 소련이 마치 도덕적으로 동등한 국가인 것처럼(혹은 동등한 도덕적 지명도가 있는 사람들에 의해 지도되는 국가인 것처럼) 평가하는 것은 정당하지 않다고 주장해 왔다. 전쟁 직후 시기에 소련에 대해 가장 적대적인 사람들은 스탈린의 끔찍한 개인 전력은 말할 것도 없고 1917년 이래 살인적인 공산주의 체제의 전력을 문제 삼아 왔다. 일단 제3제국이 붕괴된 다음에 스탈린은 동유럽에 공산주의 전제정을 수립하기 시작했다. 그렇다면 정의와 도덕성의 수호자라는 정체성을 가진 미국의 지도자들이 그런 인물이나 그런 체제와 어떻게 우호적인 관계를 계속해서 유지할 수 있었겠는가?

냉전의 기원을 둘러싼 논쟁에서 수정주의자들은 스탈린이 전쟁 직후 시기에 수없이 화해 제스처를 취한 반면, 미국인들은 수없이 도발적 제스처를 취했다는 점을 강조해 왔다. 수정주의 주장은 이와 유사하게 스탈린이 전쟁의 상처를 거의 입지 않은 미국인들을 자극하는 것이 얼마나 현명치 못한 일인지를 잘 이해하고 있었다는 점도 강조했다. 그러나 냉전에 대한 소련의 책임을 강조하는 사람들은 스탈린이 보인 초기의 화해적인 행동은 평화와 국제적 화해를 추구하는(혹은 신봉하는) 진실한 작업과는 아무런 관계가 없었다고 주장해 왔다. 머지않아 스탈린은 이미 1930년대에 완수한 바 있는 난폭한 방법으로 되돌아갈 게 뻔했다는 얘기이다. 그렇다면 스탈린을 비판하는 사람들에게, 스탈린을 단순히 자기 나라의 국익을 추구한 합리적이고 믿을 수 있는 지도자로 포장하는 것은 마치 히틀러를 전통적인 유형의 정치가로 묘사하는 것과 크게 다를 바가 없었다. 스탈린에 대한 그런 해석은 어떤 면에서 일리가 있어 보인지도 모르나, 전체적으로는 완전한 오해일 뿐이라는 것이다. 물론 스탈린을 비판하는 사람들도 스탈린이 때로 합리적이고 심지어 매력적으로 보인다는 점을 인정하기도 했지만, 유혈 낭자한 과거가 그의 진정한 도덕적 본질을 드러내고 있었다.

소련과 미국의 관계는 1945년 중반부터 1947년까지 불확실한 상태에 있었다. 쌍방 모두 적대와 화해의 제스처를 번갈아 취했다. 그러나 1948년 초가 되면 조화로운 관계를 이룰 수 있다는 희망이 대체로 사라져 버린다. 그해 내내 베를린의 지위를 둘러싼 충돌이 일어나 총격전을 간신히 피할 정도였다. 이와 유사하게, 종전 시기에 여러 정치 세력들이 누더기처럼 기워진 채로 형성된 공산주의자들과 비공산주의자들 사이의 연립정부도 동유럽과 서유럽 모두에서 산산조각이 났다. 처칠이 '철의 장막' 연설을 한 지 1년 만인 1947년 3월 트루먼 독트린이 선포되었는데, 미국은 공산주의의 팽창에 위협받는다면 어느 나라든지 군사 원조를 해주겠다고 약속했다(이 시점에서 가장 긴급하게 제기된 쟁점은 그리스에서 왕당파와 공산주의 세력 사이에 벌어진 내전이었다). 그러나 양측을 영구히 분리시킨 아마도 더 결정적인 사건은 1947년 6월에 선포된 마셜플랜(Marshall Plan)이었지 싶다. 미국은 유럽 각국의 경제를 재건하기 위해 수십 억 달러를 제공할 것을 약속했다. 마셜플랜은 스탈린에게 겉보기에는 트루먼 독트린보다도 더 심각하고 위협적인 것으로 보였는데, 왜냐하면 폴란드와 체코슬로바키아를 비롯하여 여러 동유럽 국가들이 마셜플랜의 규정 아래에 들어가 원조를 받는 데 큰 매력을 느꼈기 때문이다.

1930년대의 대공황이 다시 찾아올지도 모른다고 두려워하던 미국의 의원들에게 마셜플랜이 갖는 매력은 이론의 여지가 없었다. 마셜플랜은 미국의 교역과 투자를 위해 유럽 경제의 문을 활짝 열어 준다고 약속했다. 스탈린은 마셜플랜을 미국의 자본주의가 자신이 믿기에 여전히 소련에 '우호적으로' 남아 있는 지역들로 팽창해 나가는 과정이라고 인식했다. 미국인들 대부분은 마셜플랜을 좀 더 이타주의적인 관점에서 보았지만, 동시에 빈궁한 주민들에게 공산주의가 호소력이 있다고 믿었다. 그리하여 유럽 경제를 재건하는 일은 공산주의와 싸우는 데도 결정적이라고 생각되었다.

만일 냉전을 돌이킬 수 없이 촉진시킨 단일한 요인이 있다면, '프라하 쿠데타'라고 일컫기도 하는 1948년 2월 체코슬로바키아 사건이 그 유력한 후보가 될 것이다. 그때만 해도 유럽에서 가장 자유로운 국가 가운데 하나로 인정받은 이 나라에서 1946년에 실시된 총선의 결과로 어느 정당도 명백한 다수파를 형성하지는 못했지만, 체코슬로바키아 공산당이 38퍼센트를 차지하여 단일 정당으로는 가장 강력한 세력으로 부상했다. 대통령 에드바르트 베네시는 스탈린과 우호적인 관계에 있었고 뮌헨협정 당시에도 대통령으로 있던 사회주의자였는데, 그는 1946년 5월 여러 정당이 참여했지만 공산주의자들이 여러 주요 장관직을 차지한 내각의 수반으로 공산당 지도자인 클레멘트 고트발트를 지명했다.

그 시점에 체코슬로바키아 모델은 다른 나라들에도 대해서도 광범위한 함의를 띠며 어떻게 공산주의의 지배가 투표함을 통해 비폭력적으로 도입될 수 있는지를 보여 주는 듯했다. 기실, 체코 주민들은 다른 동유럽 주민들에 견주어 이 시점에서 소련에 우호적인 관계로 기울어지는 경향이 있었다. 적군(赤軍)이 체코인들을 나치 폭정으로부터 해방시켰고 뮌헨협정 이후 이 나라는 미래 독일인들의 보복전에 대비하여 서

유럽보다는 동유럽 쪽을 향하고 있었다.

그럼에도 1947년 여름 공산주의자가 이끄는 내각은 인구의 다수를 소외시켰고, 많은 이들이 1948년 5월로 예정된 선거에서 체코 공산당에 대한 지지가 줄어들 것이라고 예측했다. 이미 1947년 내내 동유럽의 다른 지역들에서도 소비에트 당국은 다양한 연립정부에서 종종 과격하게 공산주의자들의 역할을 '강화'하고 있었다. 스탈린이 다른 어느 때보다 진지한 자세로 체코슬로바키아에서 공산주의가 자유선거를 통해 주민 다수의 지지를 얻으며 평화적으로 집권할 가능성을 환영했다고 믿기는 어렵다. 그는 1947년 가을에 이미 여러 차례에 걸쳐 시도한 실효성 있는 방법으로 기울어지고 있었다. 1948년 2월 체코 공산주의자들은 거의 손에 피를 묻히지 않으면서 다른 정당들을 권력에서 효과적으로 몰아내는 쿠데타를 실행했다.

1948년 초가 되면 스탈린은 다른 지역의 공산당 지도자들이 보이는 '민족주의적 편향'에 대해 불길한 의혹을 드러내기 시작했다. 그 가장 두드러진 사례가 바로 유고슬라비아였는데, 거기서는 혁명적 별칭인 티토(Tito)로 알려진 요시프 브로즈가 강력한 대중적 지지를 누리고 있었다. 그럼에도 티토의 인기는 스탈린의 입장에서 보면 만족스럽다기보다는 오히려 의구심만을 불러일으켰고, '티토주의'는 특히나 위험천만한 이단으로 간주되기에 이르렀다(23장에서 자세히 살펴보기로 하자).

프라하 쿠데타 자체는 소련과 서방 연합국들 사이의 직접적인 군사적 대립은 아니었지만, 대립은 그 직후 몇 달 사이에 소련이 서방으로부터 베를린에 접근하는 도로와 철로를 봉쇄하는 형태로 발전했다(이 예전의 독일 수도가 포츠담에서 넷으로 분할되었고, 도시 전체는 소련 지구 안에 있었다는 점을 상기하라). 베를린 분할은 기묘한 조치로서 미래의 곤란을 자초한 것이나 다름없었다. 왜 이런 기묘한 분할이 이루어졌는지를 이해하기 위해서는 종전 때 일반적인 강화회의가 개최되리라는 예상 아래에 잠정적인 차원의 다양한 행정 협정들이 체결되고 있던 당시 비교적 협력적인 분위기가 있었다는 사실을 염두에 두어야 한다. 스탈린은 베를린으로 접근하는 통로를 차단하는 강력한 패를 손에 쥐고 있었지만, 이 베를린 봉쇄에 대한 미국인들과 영국인들의 뜻밖의 완강한 저항에 직면했다. 다른 나라들이 경탄의 눈길이나 공포의 눈길로 바라보고 있는 가운데 유럽은 다시 한 번 전면전의 문턱에 있는 것처럼 보였다.

베를린 위기는 훗날 냉전의 이른바 '벼랑 끝 전술'(brinkmanship)로 알려진 최초의 사례가 되었다. 양측 장성들은 무장력을 과시해야 한다고 권고하고 있었으나, 결과적으로 영국인과 미국인들이 채택한 대응은 베를린의 서방 쪽 지구에 비행기를 통해 물자를 공급하는 것이었다. 이 방안은 당시 많은 사람들의 눈에 완전히 어리석은 것까지는 아닐지라도 비현실적인 것으로 보였지만, 결국 보란 듯이 성공하고 나중에는 '베를린 공수'(Berlin Airlift)로 알려질 정도로 냉전의 에피소드들 가운데 가장 유명하고 중요한 사건이 되었다.

트루먼은 만일 미국 비행기들이 격추된다면 단호히 전쟁을 감수할 태세였지만, 원자폭탄을 독일로 옮길 준비를 해야 한다는 군사 지도자들의 의견은 거부했다. 1년이 넘도록 지속된 이 오랜 신경전에서 소련 조종사들은 영·미군 비행기들을 끊임없이 괴롭히며 심지어 경고 사격까지 했지만, 심각한 공중전으로 비화되지는 않았다. 결국 정상적인 수송로를 차단당한 250여만 명가량의 서베를린 시민들에게 비행기로 충분한 물자를 공급하는 것이 가능하다는 게 입증되었다. 스탈린은 1949년 5월 봉쇄를 해제했으나, 냉전은 그때 이미 시작된 것이 분명해졌다. 베를린 공수의 마지막 몇 달 사이에 북대서양조약기구(NATO)가 결성되었다. 그 최초의 12개 회원국들은 미국과 영국, 프랑스의 지도를 따랐는데, 회원국 가운데 한 나라라도 소련이나 동유럽 위성국의 군사 공격을 받을 경우에 함께 방어한다고 서약했다. 1949년 8월, 서방 관찰자들이 예상한 것보다 훨씬 빨리 소련이 독자적인 원자폭탄 실험에 성공했을 때 두 블록 간의 적대는 위협적인 경고음을 냈고, 1950년 6월 공산주의 북한이 남침을 감행했을 때 위협은 극에 달했다. 이번에는 원자폭탄을 이용한 제3차 세계대전의 전망이 어른거렸다. 어쩌면 이런 전망에서 비롯된 공포가 다음 반세기 동안 전쟁을 방지하는 데 결정적인 요인이었을지도 모른다. 어쨌거나 다가올 갖가지 위기들이 기다리고 있었다.

| 더 읽을거리 |

냉전에 관한 연구서들은 미국-소련 관계에 초점을 맞추는 경향이 있지만, 냉전의 중심지는 적어도 초기에는 유럽이었다. 비록 실질적인 전투는 비유럽 지역들에서 발생했지만 말이다.

멜빈 P. 리플러의 《인간 영혼을 위하여: 미국, 소련, 냉전》(For the Soul of Mankind: The United States, the Soviet Union, and the Cold War, 2007)은 최근에 발표된 가장 뛰어난 냉전 연구서 가운데 하나이다.

또 다른 탁월한 저작은 윌리엄 I. 히치콕의 《유럽을 위한 투쟁: 분단된 대륙의 소란스러운 역사, 1945~2002》(The Struggle for Europe: The Turbulent History of a Divided Continent, 1945-2002, 2004)인데, 이 책 5부의 모든 장에 연관된 자료들이 수록되어 있다. 토니 주트의 《포스트워: 1945년 이후의 유럽사》(Postwar: A History of Europe Since 1945, 2006)는 훨씬 더 광범위하게 전후 유럽 장면들에서 2005년까지의 시기를 다룬다.

쓰요시 하세가와의《적과의 경쟁: 스탈린, 트루먼, 일본의 항복》(Racing the Enemy: Stalin, Truman, and the Surrender of Japan, 2006)은 일본과 러시아, 미국의 문서보관소에 익숙한 연구자의 눈으로 전쟁 종식과 소련-미국 경쟁의 시작에 대해 풍부한 사료와 예리한 국제적 안목에 바탕을 둔 설명을 제공한다.

23장

혁명의 신비, 이데올로기와 현실
1945~1960년대

   20세기가 흘러가면서 혁명적 신비는 소멸하기 직전의 낭만적 환상이요, 나아가 좌익 광신주의를 부추기고 우익 반동을 선동한다는 점에서 위험천만한 어떤 것으로 낙인찍혔다. 그러나 혁명적 신비는 온갖 부침을 겪으면서 비록 누더기가 되었을지라도 어쨌거나 살아남았다. 볼셰비키혁명은 혁명의 신비가 지속되는 데 크게 기여했다. 비록 볼셰비키 지배의 독재적이고 공포스러운 양상이 사회주의 좌파에 속한 많은 사람들에게 역겨움을 주기는 했지만 말이다. 1930년대 스탈린주의의 공포역시 더 많은 사람들에게 혐오감을 주었다. 물론 많은 사람들이 나치독일의 위협이 더 크다고 생각하여 그런 감정을 함부로 드러내지 않도록 조심하기는 했지만 말이다. 그런 뒤에 나치-소비에트 조약이 혁명의 신비에 치명타를 안겼다. 그럼에도 스탈린그라드 전투 이후 소련이 여전히 신비롭고 주체하기 힘든 개념인 '혁명'의 심장이자 영혼이라고 보는 전망이 되살아났다. 그리고 스탈린이 그런 혁명의 지도자라는 명성이 다시 많은 사람들의 마음속에 거의 초인적인 경지로까지 부각되었다. 스탈린이 사망한 후 혁명적 신비는 비유럽 지역들에서 강력하게 부활하는 경향이 있었다. 유럽에서 소비에트 모델은 일반적으로 매력이 떨어졌고, 비소비에트 혁명 모델은 별로 지속적인 힘이 없었다. 서유럽에서 혁명적 사회주의자들은 결코 권력의 중심부에 접근하지 못했고, 민주주의적 사회주의자들은 오직 제한된 지역들에서 다분히 유보적인 의미에서만 성공을 경험했다고 할 수 있다.

전쟁 직후 시절의 혁명적 신비

이미 살펴보았듯이, 스탈린 지배의 극악무도한 어두운 면을 기억하는 사람들 가운데서도 일부는 얼마가 합리화하거나 스스로 억눌렀다. 1940년대 말 스탈린의 편집증이 되살아나기 시작하자 상황은 점점 더 어려워졌다. 1953년 3월 초 스탈린이 죽고 그의 지배기에 자행된 최악의 권력 남용 양상을 드러내려는 시도가 잇따르면서 소련 바깥의 많은 사람들이 혁명의 고향에 대한 믿음을 한동안 더 유지해 나가는 것이 편해지기는 했다. 비록 그런 믿음은 다시 1956년과 1968년에 커다란 도전을 맞이하게 될 터였지만 말이다. 그 당시의 위기들에서 소비에트 공산주의를 '반동적'으로, 나아가 사회주의 이상을 배신한 것으로 비난한 많은 좌파 인사들이 있었다(그런가 하면 공산주의 중국에서도 정반대의 이유에서기는 하지만 훨씬 더 격렬한 비난이 터져 나왔다. 소비에트 지도자들은 마르크스주의의 '수정주의자들'이 된 것이다).

제2차 세계대전 종전 무렵 소비에트의 신비는 1917년 이후 그랬던 것보다 더 널리 확산되었으나, 여러 면에서 예전보다 훨씬 더 문제가 많았다. 공산주의는 동유럽에서 자생적인 대중적 행동을 통해서가 아니라 적군(赤軍)과 소비에트 비밀경찰의 존재에 의해서 두드러지게 부상했다. 비록 몇몇 나라들에서는 공산당들이 한동안 주목할 만한 대중적 지지를 향유하고 스탈린도 모든 나라가 소비에트 모델에 따를 필요는 없다는 것을 넌지시 암시하기도 했지만 말이다. 그런 암시는 기만적인 것이었음이 드러났지만, 그래도 많은 사람들은 의심할 여지없이 공산주의로 가는 다른(암묵적으로 더 나은) 경로가 있을 수 있다는 관념을 환영했다. 그것은 1919~1921년 공산당들이 처음으로 창립되었을 때 제기된 쟁점이었고, 20세기 내내 유럽과 나머지 세계에서 반복적으로 다시 제기될 것이었다. 스탈린이 죽고 중국에서 공산주의자들이 승리를 거둔 후 공산주의로 가는 소비에트식 경로는 소비에트 공산당의 지도적인 역할과 더불어 더 이상 유일한 경로가 아니라는 점이 명백해졌다. 기실, 1945년부터 1948년까지 소비에트 블록에 속한 나라들에서 공산주의자들이 권력에 접근한 다양한 방식들은 1917년에 볼셰비키들이 권력에 접근한 방식들과는 상당히 달랐는데, 그 후에 권력이 유지된 방식도 다르기는 마찬가지였다.

서유럽에서 많은 이들은 사회주의의 도입을 목표로 하는 혁명적 엘리트의 폭력적 권력 장악에 대한 신념을 포기했는데, 그럼에도 다양한 종류의 사회주의적 희망까지 버리지는 않았다. 대체로 그들이 자유시장과 경쟁적 개인주의가 사회적 연대에 용납할 수 없을 만큼 무자비하고 파괴적이라고 믿었기 때문이다. 그들은 이와 유사하게 자본주의가 반복적으로 경제 공황을 야기하는 등 하나의 효율적인 경제 시스템으로서는 결함이 있음을 스스로 드러냈다고 결론지었다. 이런 부류의 좌파들은 민주주의적 사회주의자로 자처하는 경향이 있었지만, 자본주의 미국과 공산주의 러시아 모두 '민주주의적'이라고 자처했으므로 그런 용어 사용에는 문제가 없지 않았다. 어쨌든 민주주의적 사회주의자들은 결정적으로 레닌주의적 엘리트주의를 민주주의적이지 **않은** 것으로 간주했다. 그들은 자유선거에서 표현된 진정한 다수파의 지지만이 사회주의적 조치들이 도입되기 위한 필수 조건이라는 점을 강조했다.

민주주의적 사회주의자들은 개인적 자유가 평등주의적 조화보다 더 중요하다고 생각한(그래서 자유주의자와 급진주의자, 또는 기독교민주주의자로 불리는 것을 선호한) 사람들과 중첩되었다. 독일 사민당(SPD)의 경우에서 살펴보았듯이, 유럽 사회주의자들 대부분은 대체로 자유시장이 국가에 의해 통제되는 경제보다 더 생산적이라는 사실을 받아들이게 되었다. 더욱이 많은 사람들은 높은 수준의 생산력이 사회적 조화를 위한 가장 믿을 만한 보증이라는 결론도 받아들였다. 그들은 이와 유사하게 국가가 너무 강력하게 성장하게 되면 경제 영역 이외의 다른 영역에서도 개인의 자유가 위협받게 될 것이라고 우려했다.

제2차 세계대전 이후 민주주의적 사회주의자들은 이데올로기적이라기보다는 실용적인 태도로 다양한 조치들을 제안하면서 자신들이 자유롭게 인정했던 바의 개방적인 목표를 향해 신중하게 움직여 나갔다. 실천적인 견지에서 볼 때, 그들은 정확하게 규정된 사회주의 목표를 향해 나아갔다기보다는 그들이 볼 때 해악이 너무도 명백한 자본주의의 국면들로부터 서서히 멀어져 가는 경향이 있었다. 공산주의자들은 민주주의적 사회주의자들을 가리켜 목적을 한없이 연기하여 결과적으로 가짜 사회주의를 만들어 낸 나약한 타협 세력에 불과하다고 조롱했다. 세기가 흘러가는 동안 비공산주의자들도 소련과 소비에트 블록에 속한 나라들을 가리켜 '현실 사회주의'(real, existing socialism)가 들어선 유일한 곳이라고 지칭하는 게 일반화되었다. 이 용어는 명백히 1960년대 말 소련에서 처음 등장했는데, 그 의미는 니키타 흐루쇼프의 거창한 약속과 기획과는 정반대로 이미 그 나라에 존재하는 사회주의가 실제로 존재할 수 있는 최선의 '현실'(real)임을 강조하는 것이었다.

영국의 민주주의적 사회주의

앞에서 우리는 19세기 영국이 자유민주주의와 복지 자본주의를 향한 점진적 진화의 모델이었다는 점에 특별히 주목한 바가 있다. 마르크스주의 스타일의 혁명적 전망은 영국에서 폭넓은 지지를 얻지 못했고, 제1차 세계대전 이전 영국 노동당은 비이데올로기적이고 실용적인 차원의 노동조합 운동에 바탕을 두면서 명시적으로 사회주의 이념과 동일시되는 것에 저항했다. 그럼에도 전쟁과 전쟁 직후의 혁명적 열정의 경험으로 인해 노동당에서도 교조적인 사회주의로 향하는 날카로운 움직임이 감지되었다. 마침내 1918년의 노동당 강령은 전쟁 이전 시절에 전형적이었던 점진적인 자본주의 개혁이 더 이상 적절치 않으며 자본주의는 사회주의로 대체되어야 한다고 선포했다. "우리가 재건해야 하는 것은…… 사회 그 자체다."

그럼에도 영국 주민의 다수는 사회 그 자체를 재건할 만한 준비가 결코 되어 있지 않았고, 1924년 최초의 노동당 정부는 1년도 채 가지 못했다. 1929년부터 1931년까지 제2차 노동당 정부도 제1차 정부보다도 훨씬 더 실패작이어서 선거 참패로 이어졌고, 그 후 보수당이 이끄는 정부들이 1930년대를 지배했다. 그럼에도 1945년 무렵에 이르면 많은 것이 변했다. 영국은 10년 동안 공황을 겪은 후 다시 6년 동안 당시 많은 사람들이 그렇게 불렀듯이 이른바 '전시 사회주의' 아래에서 살아야 했다. 즉 나라를 결사적으로 방어하기 위해 국가의 광범위한 통제 아래에서 살았던 것이다. 그 시절 동안 노동당 지도자들은 기성 연립 내각에서 주요한 직위에서 일하면서 중앙정부에서 활동한 경험을 얻고 자신감을 회복할 수 있었다. 종전 때 노동당은 보수당의 집권이 또 다른 공황으로 이어질지도 모른다는 우려감 속에 이득을 보았다. 좀 더 일반적인 수준에서 볼 때, 당시 영국에는 영웅적인 희생의 시대가 끝나고 그동안 미뤄 온 국내적 관심사에 집중해야 하는 시대가 왔다는 정서가 팽배했다. 처칠과 그의 정당은 그러한 국민의 새로운 우선적 관심사들을 다루기에는 적합하지 않다고 평가되었다.

이번에는 노동당이 압도적으로 승리했다(보수당의 213석을 훨씬 뛰어넘는 393석을 획득했다). 1945년 6월 노동당의 선거 출사표는 노동당이 "사회주의 정당으로서 이를 자랑스럽게 생각한다"라고 선포했다. 당의 목표는 "자유롭고 민주적이며 효율적이고 공공 정신으로 충만한…… 사회주의 공화국"을 수립하는 것이었다. 이는 무엇보다 전국 주요 산업의 대략 3분의 1의 국유화와 영국 중앙은행의 인수, 국민 건강 프로그램의 도입('사회화된 의료') 같은 조치가 이루어진다는 것을 의미했다.

그런 조치들은 확실히 '현실 사회주의'로 나아가는 한 단계 전진처럼 보였다. 처칠은 "폭군의 거친 손"이 영국 민중의 "입과 코를 틀어막을" 찰나에 있다고 경고했다. 그러나 이 시점에서 그의 수사학은 영감을 주기보다는 오히려 불쾌하게 여겨졌다. 그의 딸도 그런 수사학이 과장되었다는 점을 알아챘다. 그녀와 다른 이들은 특히 노동당 지배가 '게슈타포'의 지배와 닮아갈 거라는 처칠의 예견에 화를 내기도 했다. 처칠의 딸은 이렇게 말했다.

전시에 실천에 옮겨진 사회주의는 어느 누구에게 조금도 해를 주지 않았다. …… 이 나라의 어린이들이 그렇게 잘 먹고 건강한 적은 없었다.

…… 부자들도 그들에 대한 식량 배급이 빈자들에 대한 배급보다 많지 않다고 해서 죽지 않았다. …… 이와 같은 공유와 희생정신은 [우리의] 가장 강력한 유대들 중 하나였다.

자신을 내세우지 않았던 노동당 지도자 클레멘트 애틀리가 레닌이 아니라는 것은 확실했지만, 처칠은 그를 가리켜 악명 높게도 "양의 탈을 쓴 양"이라고 깎아내리면서 퉁명스럽고 과장된 비난을 퍼부었다. 노동당이 법제화한 것들 다수는 런던경제대학의 학장인 윌리엄 비버리지 경이 전시에 준비하여 1942년에 발표한 '비버리지 보고서'에 바탕을 둔 것이었다. 보고서는 전후 경제를 부활시키고 영국 노동자계급에게 좀 더 안전하고 생산적인 삶을 보장해 주기 위한 폭넓은 정부의 실천이 필요하다고 조언했다. 비버리지는 자유시장의 가치를 믿었고, 자신의 배경도 노동당이나 영국 사회주의자가 아니라 자유당의 개혁 전통에 맞닿아 있었다. 그렇기는 해도 그의 포괄적인 보고서는 예전에 사회주의자들이 자유당식 '짜깁기'(patchwork)라고 부른 것을 훌쩍 뛰어넘는 것이었고, 그렇기에 적어도 그 시작 단계에서 노동당이 권고한 조치들과 잘 어울릴 수 있었다.

당시 보수당 지도자들이 보고서의 제안을 실행에 옮기기 위해서는 상당한 비용이 든다고 하여 불평했음에도 불구하고 보고서에 대한 비판을 신중하게 자제했다는 사실은 그 시절의 분위기가 어떠했는지를 잘 말해 주는 듯하다. 그렇듯 비판을 자제한 것은 명백히 보고서에 대한 대중적 반응이 상당히 긍정적이었다는 사실과 관련이 있었다. 경찰에 따르면, 종전 무렵 '비버리지 보고서'는 영국 주민 가운데 86퍼센트라는 압도적 다수의 지지를 얻었다. 보수당이 1951년 아슬아슬하게 의회 다수파를 차지하여 권좌에 복귀했을 때도 보수당은 그 이전 6년 동안 도입된 조치들을 폐지한 것이 아니라 약간씩 손보았을 뿐이다. 이렇 듯 복지 자본주의를 선호하는 전후 합의는 1970년대 말까지(25장에서 논의할 '대처 혁명' 때까지) 지속되었다.

그렇기는 해도 노동당의 노력이 "사회 그 자체를 재건하는 것"에 가까이 근접했다고 말할 수는 없다. 산업의 80퍼센트가 여전히 민간 수중에 남아 있었다. 영국인들은 오랫동안 사회 계급에 대한 강박적인 관심을 갖고 있는 걸로 유명했고, 그런 관심 또한 대개는 변치 않고 유지되어 왔다. 그 세기의 나머지 기간 동안 복잡한 계급 위계와 적대가 완강하게 지속되었는데, 이는 연설과 매너, 의상, 나아가 문화적 취향에서 뚜렷하게 분명했다. 사회적 신분 상승과 기회의 평등은 손에 잡히지 않는 목표임이 드러났다. 소득세와 상속세를 통해 부를 재분배하려는 노력도 예상보다 효과적이지 않음이 드러났다. 1970년대 중엽에 실시된 한 조사는 영국 주민의 대략 20퍼센트가 여전히 국부의 거의 90퍼센트를 소유하고 있다는 점을 드러내 주었다.

그럼에도 노동당 지배 시절을 두고 '실패'라고 말하는 것은 너무 가혹한 평가일 것이다. 그 시절에 대해 평가하려면, 특히 그 시절의 내핍 생활에 대해 평가하려면 종전 당시 영국 경제가 얼마나 깊은 곤궁 속에 허덕이고 있었는지를 설명할 필요가 있다. 1945년 8월 저명한 경제학자인 존 메이너드 케인스는 나라가 "조금의 과장도 없이 금융상의 됭케르크"에 처해 있다고 경고했다. 그 무렵 영국이 처해 있던 상황을 가장 명백하게 설명해 주는 요인은 바로 6년 동안의 끔찍한 파괴적 전쟁이었지만, 그 시절에 앞서 겪은 경제적 정체와 공황, 그리고 다시 그 시절에 앞서 겪은 전례 없는 또 다른 파괴적 전쟁 또한 고려해야 한다. 터무니없는 파괴와 경제적 기능부전 이후 사회주의 사회를 건설하려는 노력은 좌절될 것이 확실했다. 나라의 저축은 대부분 증발해 버렸고,

전시에 믿기 어려운 무역 적자만 발생하여 무려 총액 140억 달러에 달하는 부채만 짊어지고 있었다. 사회주의의 선지자들이 제시한 조치들은 말할 것도 없고 비버리지가 제시한 종류의 조치를 취하려고 해도 상당한 저축과 잉여 생산이 필요했다. 영국에는 그 어느 것도 없었다. 집권 보수당도 이와 같은 엄연한 현실에 직면할 것이었다.

케인스의 우울한 예측에는 "미국의 막대한 원조가 없다면"이라는 한 가지 중요한 단서가 붙어 있었다. 미국의 '무기대여법'은 영국의 전시 적자의 대부분을 차지하고 있었으나, 미국 연방의회는 무기대여법을 종전과 함께 끝내기로 결정했다. 1945년 9월 케인스는 워싱턴에 파견되어 새로운 대여에 대해 협상했다. 근거는 영국의 경제적 붕괴가 미국의 이해관계와도 부합하지 않는다는 것이었다. 그는 미국 관리들을 설득해 37억5천만 달러의 대여를 받고 2퍼센트의 이자로 50년에 걸쳐 상환하는 것으로 합의를 끌어냈다. 그럼에도 대여는 영국인들 사이에서 적의를 불러일으켰다. 그들은 나치 폭정에 맞서 민주주의를 지킨 사람들이었는데도 지금은 전시 동맹자에게 그런 취급을 받는 존재로 전락했다. 세상에서 가장 부유한 나라가, 그것도 전쟁으로 영토가 아무런 손상도 입지 않은 나라가 구두쇠처럼 굴고 있었던 것이다(대여 조항에 따르면, 영국은 20세기 말까지 미국에게 연간 1억4천만 달러라는 거금을 상환해야 할 것이었다).

냉전의 긴장이 그다음 2년에 걸쳐 증대하면서 미국 의회는 좀 더 관대해졌다. 전체로서 유럽에 대한 마셜플랜 원조금은 대략 200억 달러에 육박했지만, 영국인들은 여전히 가혹한 내핍 생활을 견뎌 내지 않을 수 없었다. 아이러니하게도 패전국이자 종전시에는 영국보다 더 절망적인 상태에 처해 있던 독일의 경우 적어도 서독 지역에서는 급속도로 회복되고 있다. 영국의 파산 상태는 국내적 쟁점을 넘어서는 함의가 있었는데, 영국이 한때 세계열강으로서 누린 기능을 더 이상 회복할 수 없다는 현실을 뒷받침했다. 영국이 그리스 내전에서 공산주의자들에 맞서 군주제주의자들을 계속 지원할 수 없어 미국인들이 그 임무를 대신 떠맡았다는 사실에는 의미심장한 함의가 있었다. 영국이 전 세계적인 제국 영토에서 퇴각했다는 것도 이와 관련하여 훨씬 더 광범위한 함의가 있었다. 여러 면에서 미국이 공식적으로는 반제국주의 운동을 지지하면서도 실제로는 유럽 제국주의의 보상(그리고 부담)을 떠맡았던 것이다.

'사회주의'가 미국인들 대부분에게 오욕의 단어로 남아 있었음을 고려하면, 사회주의 성격을 강조한 1945~1951년의 노동당 강령은 만일 미국의 금융 원조가 없었다면 불가능할 것까지는 아니더라도 상당히 실현하기 어려웠을 것이다. 그러나 이미 언급했듯이 노동당이 취한 조치들로 나라가 '현실' 사회주의 방향으로 이동했는지 여부는 별개의 문제다. 민주주의적 사회주의와 자본주의 사이의 정확한 경계선은 냉전 시기 서유럽 대부분의 나라에서 정치적 쟁점이 되었는데, 그 이유는 대체로 미국인들이 민주주의에 대한 '자유주의적' 변종, 즉 자유시장과 생산수단에 대한 사적 소유와 긴밀하게 연관된 민주주의를 선호했기 때문이다.

스칸디나비아의 길

그런 측면에서 의회민주주의가 성공한 또 다른 지역인 스칸디나비아가 사회주의적으로 변모했다는 것은 흥미롭다. 노동당 정부가 자처한 사회주의가 미국인들의 관심을 더 많이 끌었지만, 스칸디나비아의 사회민주주의 정당들은 이미 행정을 성공적으로 지도해 본 더 오랜 경험이 있었다. 일부 관찰자들은 스칸디나비아의 민주주의적 사회주의 또는 '스칸디나비아의 길'(the Scandinavian Way)이 다른 민족들에게 자본주의적 발전으로 입은 사회적 상처들을 치유할 뿐더러 실제로 경제적 실행 능력도 강화해 줄 수 있는 모델이 된다는 결론에 도달했다.

19세기 초 스칸디나비아는 유럽에서 상대적으로 가난한 지역에 속했다. 하지만 1970년대 무렵에 이 지역은 가장 부유한 곳에 속하게 되었으며, 그런 변형(그 후기 단계에서)이 일어난 20세기에 이 지역은 대부분 사회민주주의 정부들 아래에 있었다. 그럼에도 '스칸디나비아의 길'은 유럽 대륙의 나머지 지역 대부분과는 의심심장하게 다른 역사와 물질적 조건에 의해 가능한 것이었다.

'노르딕 스칸디나비아'(Nordic Scandinavia), 즉 덴마크와 노르웨이, 스웨덴은 프로테스탄트적인 배경과 높은 수준의 문자해득률, 서로 간에 닮은 언어와 신체적 특색, 양립 가능한 문화적 가치, 성공적인 대의제에 이르기까지 공통점이 많았다. 사회주의에 매력적인 사회적 기반이라는 견지에서 볼 때, 스칸디나비아와 나머지 유럽 사이의 가장 중요한 차이점은 도시 노동자와 농촌 노동자 사이의 마찰 정도가 상대적으로 낮았다는 점이다. 이 두 노동자들의 관계가 상대적으로 가까웠기 때문에 도시와 농촌에서 노동자를 대표하는 전국적인 정당 연합이 용이했던 것이다(이 경우에 '농촌'은 어업과 목재업에 종사하는 대규모 노동자들을 포괄했다). 이와 유사하게, 자본과 노동의 관계도 확실히 때때로 긴장 관계에 있기는 했으나 궁극적으로는 양측 모두 타협을 선호하는 경향이 우세해졌다.

노르딕 스칸디나비아의 세 나라 가운데 가장 인구가 많고 산업 수준도 가장 발달한 스웨덴에는 또 다른 이점이 있었다. 즉 스웨덴은 두 차례의 대전에서 중립국으로 남아 전쟁의 파괴를 피했을 뿐 아니라 전시에 독일과 교역을 통해 이득을 얻었던 것이다. 1917년부터 스웨덴 사회민주주의 지도자들은 비사회주의적 정당들과 일련의 연립내각에 들어갔다. 처음에 사회민주주의 지도자들의 연립 대상은 어디로 보나 하위적인 파트너들이었으나, 1932년에는 농민당(Farmers' Party)과 연립을 협상하게 되었다. 이는 대공황 시기에, 그러니까 다른 곳에서는 좌절과 패배, 재앙이 잇따른 시기에 상대적으로 성공적인 스웨덴 사회민주주의의 리더십을 위한 한 단계가 되었다.

대공황기에 스웨덴 사회민주주의자들의 대담한 주도성이 돋보이는 영역 가운데 하나가 바로 연간 균형예산의 필요성에 얽매이지 않으면서 민간 투자의 결핍을 상쇄하기 위해 공적 지출을 단행한 것이었다. 이런 경험의 맥락에서 군나르 뮈르달은 스웨덴의 가장 저명한 사회민주주의 이론가이자 1974년 노벨경제학상 수상자*로서, 매해 균형예산을 맞추려고 하는 시도는 디플레이션 경향만을 강화하는 효과가 있는 반면에 사회적 서비스와 공공 사업에 정부 예산을 지출하는 시도는 경제를 자극하는 효과가 있다고 주장했다. 나중에 그런 관념들은 일반에 '적자지출'(deficit spending)이라고 불리며 당시 분위기에서 상당한 지지를 받고 있었는데, 영미권에서도 위에서 언급된 존 메이너드 케인스의 이름을 따서 '케인스식'(Keynesian)이라고 알려지게 되었다.

스웨덴 사회주의, 좀 더 일반적으로 스칸디나비아 사회주의는 생산수단에 대한 사적 소유권을 상당히 존중했다는 점에서 영국식 변종과는 달랐다. 스칸디나비아인들은 영국 노동당이 그러했듯이 국가를 통해 민간 기업을 인수하려고 들기보다는 소유권을 민간 수중에 남기면

---

* 1974년 노벨경제학상은 군나르 뮈르달과 프리드리히 폰 하이에크가 공동으로 수상했다.

서 이들에게 엄격하게 세금을 징수하는 것으로 만족했다. 스칸디나비아 모델이 다른 지역들에 대해서도 정밀한 모델이라고 볼 수만은 없는 또 다른 복잡한 내막이 있지만, 1960년대에 이 모델이 이룬 성공은 광범위한 찬탄의 대상이 되었다. 스칸디나비아 인구의 절대 다수가 한때 빈궁한 '북국의 동토'였던 곳에서 유럽의 다른 어떤 지역에 사는 주민들보다 더 나은 건강을 누리고 더 오래 살며 더 좋은 교육을 받고 더 높은 물질적 생활수준을 누리게 되었다.

혁명적 신비, 개인숭배, '현실' 사회주의

스칸디나비아 사회주의는 보수적 논평자들로부터 삶을 너무 안이하게, 또는 너무 지루하게 만든다는 혹평을 받았다. 삶이 너무 안이하다거나 사회 변화가 자본주의적 윤리를 건드리지 않으면서 단지 피상적으로 이루어졌다는 비난은, 1945년 이후 소련이나 동유럽 국가들의 '현실 사회주의'에는 거의 적용될 수 없을 것이다. 이 나라들에서는 부정할 수 없이 근본적인 변화들이 정치·경제·사회 영역에서 발생했다. 그럼에도 실질적인 문제 하나가 오랫동안 남아 있었다. 즉 이 현실 사회주의는 **진실로** 사회주의적이었는가? 또한 볼셰비키 지배를 사회주의적인 것으로, 또는 심지어 엄격한 의미에서 성공한 것으로 묘사하는 것과 관련된 문제들도 의연히 남아 있었다. 그리고 '제3의 혁명,' 즉 1930년대 말의 숙청은 계몽사상의 이상들에 대한 완전한 안티테제로 간주될 수 있다. 전반적으로 1917년부터 1939년까지 소비에트러시아의 주민들이 겪은 거대한 고통을 고려하면, '소비에트 실험' 전체는 실패로, 때때로 악몽과 같은 실패로 치부될 수 있을 것이다.

그럼에도 종전 무렵 스탈린그라드 전투와 히틀러 군대의 패배 이후 혁명의 본고장이 내뿜는 신비가 일종의 시대적 현상으로 부활하여 새로운 세대의 혁명적 이상주의자들이 공산주의 운동의 깃발을 중심으로 집결하고 있었다. 비록 냉전으로 서유럽과 미국에서 전투적인 반공산주의 또한 다시 거세지고 있었지만, 강력한 공산당들이 적군(赤軍)의 부재에도 불구하고 많은 서유럽 민주주의 국가들, 특히 이탈리아와 프랑스에서 두드러지게 약진하고 있었다. 소비에트 공산주의가 내뿜은 신비는 냉전기에도 수많은 저명한 지식인들(이들이 실제 당원이 아니었기 때문에 '동조자들'로 불린)에게도 강한 힘을 발휘했다.

이 시절에 스탈린 또한 혁명적 신비의 화신으로 다시 등장했다. 그가 1953년 3월 초 74세의 나이로 사망했을 때 수백만 명의 소비에트 시민들은 널리 묘사되기를, 이른바 광적인 슬픔 앞에서 무장해제되었다. 그런 슬픔은 스탈린이 노년에 부드러워졌기 때문에 생긴 것이 아니었다. 정반대로, 스탈린은 말년에 그 이전보다 더 병적인 의심에 사로잡혔다. 소련과 소비에트 블록에서 미리 잡혀 있던 약속처럼 일어났을지도 모를 일련의 새로운 재판들과 대량 체포 사태를 막은 것은 오직 스탈린의 죽음이었다. 그리고 이번에는 1930년대 숙청의 저변에 깔려 있던 반유대주의적 함의 또한 좀 더 명시적으로 나타났다. 1948년 이스라엘의 탄생은 유대인들이 단 한 번도 진정하게 충성스러운 시민이었던 적이 없다는 스탈린의 의심을 일깨운 듯 보였고, 아나나 다를까 많은 소비에트 유대인들도 새로운 유대인 국가에 대한 열정을 표현했다. 1948년 이후 소비에트 정부는 다양한 지역들에서 유대인들이 인구 비례에 비해 과잉 대표되는 것을 축소하고 다른 방식으로 그들의 삶을 어렵게 만드는 조치를 취하기 시작했다. 스탈린의 사망 직전에 이루어진 많은 불길한 사태 전개 중에서 특히 흥미로운 사건은, 거의 대부분 유대인들이었던 당시의 많은 저명 의사들이 스탈린과 다른 소비에트 지도자들을 독약으로 암살할 음모를 꾸몄다는 고발 사건이었다.

그 시절에 스탈린에 대한 개인숭배가 가히 조지 오웰의 소설에서 나오는 차원으로 발전했다. 심지어 인기 절정의 히틀러도 스탈린 같은 그런 화려한 찬사를 받지 못했을 정도였다. 나치 독일과 비교하면, 놀라움의 정도는 한층 크다. 과연 독일의 퓌러가 총리가 되기 전에는 다수의 대중적 추종 세력을 거느린 카리스마 강한 연설가였고 독일의 통치자로서는 나라에 질서와 번영, 국제적 존중을 가져온 것으로 생각된 반면, 스탈린은 그와는 대조적으로 공식 석상에서 거의 연설한 적이 없는 형편없는 연설가이자 얼굴에 얽은 자국이 있는 작고 볼품없는 인물에 지나지 않았던 것이다. 그리고 스탈린은 집산화 동안에 수백만의 농민들을 굶겨 죽인 것은 말할 것도 없고 수백만 명에 달하는 헤아릴 수 없이 많은 소비에트의 보통 시민들을 체포하고 수용소에 보낸 과정을 20여 년 이상 연출한 장본인이었다.

티토주의

1940년대 말 스탈린의 측근들은 그의 눈 밖에 나지 않을까 전전긍긍하며 살았고, 그래서 더욱 앞다투어 스탈린을 공식적으로 예찬하는 데 열중했다. 그들은 1930년대 말에 숙청된 이들이 구 볼셰비키들뿐 아니라 스탈린 본인이 발탁한 젊은 측근들이었음을 잊을 수 없었다. 이에 비견될 만한 스탈린 찬양은 동유럽 블록 국가들의 공산주의 지도자들에게서도 나왔다. 심지어 서유럽 민주주의 국가들에서도 공산주의 지도자들은 일반적으로 스탈린을 거의 신격화하는 방향으로 나아갔다. 스탈린 숭배가 유일하게 저항에 부딪친 유일한 공산주의 국가가 바로 유고슬라비아였는데, 여기서 요시프 브로즈 티토가 이끄는 공산주의 파르티잔들은 적군(赤軍)의 도움이 아니라 자신들의 힘으로 나치와 싸우면서 권좌에 접근했던 것이다. 제2차 세계대전 이전 티토는 순종적인 스탈린주의자였지만, 종전 무렵에는 소련의 지시에 군말 없이 복종해야 한다는 스탈린의 주장에 대해 점차 불편한 심기를 감추지 않았다. 다른 공산주의 지도자들도 약간의 독립성을 과시한 경우가 있었으나, 자기 나라에서 티토만큼 인기가 높지는 않았고 소련의 지지 없이 정치권력을 유지할 수 없다고 평가되었다.

아이러니하게도 티토가 처음으로 자신의 독립성을 과시한 방식은, 자신이 이끈 파르티잔의 전시 강령에 모스크바의 공식 노선을 무시하고 사회혁명 부분을 삽입했을 때 드러났다. 당시 모스크바의 노선은 공산주의자들이 최대한 광범위한 반파시스트 동맹을 유지하기 위해서는 사회혁명을 밀어붙이는 일을 피해야 한다는 것이었다. 두 나라 사이에 마찰이 커짐에 따라 스탈린은 티토를 괴롭히려는 시도를 거듭했지만, 유고슬라비아를 군사적으로 침공하지 않는 한(당시로서는 위험 부담이 큰 방안) 티토를 막을 도리가 없음을 깨닫게 되었다. 그런 연후에 스탈린은 다른 공산주의자들이 티토의 사례를 따르지 않게 하는 데만 전력을 기울였다.

전후에 티토주의로 비난받는다는 것은 1930년대 말에 트로츠키주의라고 비난받는 것과 똑같은 것이었다. 1949년부터 스탈린의 사망까지 체포와 전시성 재판들이 동유럽 전역에서 확산되었다. 그중에 가장 유명한 사건이 전후 초기에 공산주의자들이 대중적 지지를 받고 있던 나라인 체코슬로바키아에서 발생했다. 1951년 11월 말 공산당 지도자인 루돌프 슬란스키가 다른 13명과 함께 티토주의와 시온주의를 포함

그림 25 요시프 브로즈 티토(1954년) by Yousuf Karsh.

한 일련의 범죄 행위로 체포된 것이다. (슬란스키를 비롯한 피고들 가운데 10명은 유대인이었다.) 그 후 1년 내내 진행된 전시성 재판에서(그럴 듯한 소송의 모양새를 갖추고 피고들을 '준비'시키기 위해 많은 시간이 걸렸다) 슬란스키는 자백했을 뿐 아니라 사형이 선고되기를 청했다. 그는 유죄판결을 받고 닷새 뒤에 교수형을 당했다.

　동유럽에서 전시성 재판들은 다양한 공산당들 내부의 권력투쟁을 반영한 것이기도 했으나, 그런 공개재판들에 대해 궁극적인 책임을 져야 할 사람이 스탈린이라는 데는 이론의 여지가 없다. 이 점은 1920년대 중엽 이래로 소련의 역사에서 스탈린의 개인적 역할이라는 익숙한 문제와 연관되어 있다. 의미심장하게도 일단 스탈린이 사망하자, 체포 사태는 진정되고 재판은 갑자기 취소되었다. 그렇기는 해도 스탈린의 죽음 직후 측근들 사이에 자리를 놓고 이전투구가 벌어지면서 사태는 훨씬 불확실해졌다. 그들 중 누구도 스탈린처럼 지배할 수 없었다는 것은 명백했지만, 대안이 무엇이 될 것인가 하는 문제와 관련해서는 불확실성이 지배했다. 확실한 후계자는 없었다. 기실, 처음에 가장 뚜렷해 보인 것은 스탈린이 누구도 경쟁자가 될 수 없도록 감시했기 때문에 그 측근들도 평범하기 짝이 없었다는 점이다.

흐루쇼프의 '스탈린 격하 운동'

혁명의 고향으로서 소련에 희망을 품었던 많은 사람들에게 스탈린의 죽음은 새로운 시대의 전망을 활짝 열었다. 또 다른 사람들에게는 혼란이나 내전이 발생하지 않을까 하는 심각한 불안감이 지배적이었다. 과연 스탈린의 범죄와 깊숙이 연관되어 있던 그의 측근들이 자신들의 과거를 넘어설 수 있을 것인가? 또는 사실로 말해서 그들이 특히 도덕적 자질 문제에서 다른 거대한 전체주의 독재자인 아돌프 히틀러의 측근들과 별로 다를 수가 없지 않겠는가? 만일 그렇다면, 이것은 여전히 '소비에트 실험'이 최악의 실패였음을 보여 주는 또 다른 지표였다.

권력투쟁에서 하나의 결정적 단계가 1953년 6월에 도래했던바, 그동안 두려움의 대상이었던 비밀경찰의 수장인 라브렌티 베리아가 체포된 것이다. 스탈린은 한때 베리아를 '우리의 힘러'라고 비유할 정도였고, 베리아의 비밀경찰은 확실히 그 흉포함에서 나치 친위대에 비견될 수 있었다. 6월 베리아는 소련에 자본주의를 복고시킬 음모를 꾸몄을 뿐 아니라 과거 30년 동안 서방세계를 위해 스파이 활동을 했다는 혐의로 고발을 당했다. 그는 완전히 아이들 장난 같은 심리를 거쳐 유죄로 판결난 직후인 12월에 처형당했다. 그에 대한 터무니없는 고발과 선고 직후의 즉각적인 처형은 1930년대의 방식을 상기시켰고, 스탈린주의적인 습성이 조만간 소비에트러시아를 탈스탈린화(de-Stalinize)하려는 욕구를 공공연하게 표명할 사람들 사이에서도 여전히 많이 남아 있었음을 보여 주었다.

스탈린의 측근들은 '집단적 리더십'과 '사회주의적 합법성', 또는 레닌주의적인 정당 지배 기준이 필요하다고 말했다. 복잡한 암투의 시기가 지난 후 니키타 흐루쇼프가 스탈린의 측근들 가운데 정치적으로 가장 노련하고 확실히 가장 다채로운 인물이라는 것이 입증되었다. 또한 그는 다른 측근들보다 더 진정한 혁명적 이상론에 이끌리는 것처럼 보였고, 일단 스탈린주의적 남용으로부터 자유로워지기만 하면 공산주의가 자본주의에 비해 고유한 우월성이 있다는 신념을 고수했다.

1956년 2월 말 스탈린주의와 완전한 결별이 이루어지는 수순으로서 흐루쇼프는 대략 1,400명이 참석한 제20차 당대회에서 심야에 시작되어 장장 네 시간에 걸친 열정적인 연설을 했다. 여기서 흐루쇼프는 "개인숭배와 그 결과들"을 비난하면서 스탈린의 지배를 놀라운 만큼 솔직한 태도로 구체적으로 묘사했다. 의심의 여지없이 일부 청중들을 충격에 빠뜨렸지만, 그의 연설은 종종 터져 나오는 박수갈채로 중단될 지경이었다. 흐루쇼프는 훗날 자신도 역시 스탈린주의에 '감염'되어 있었음을 인정했고, 그의 연설에는 사실상 모든 소비에트 지도자들이 스탈린의 범죄와 연루되어 있다는 불편한 진실이 내포되어 있었다. 다른 측면은 물론이고 그런 측면에서도 연설은 상당히 대담한 도박이나 다름없었다.

그럼에도 흐루쇼프는 신중하게도 명시적인 비난을 스탈린 개인에 국한하여 지배 시스템으로서 공산주의 자체로 비난이 번지는 것을 막았다. 그리하여 그는 농업 집산화와 5개년계획이 혁명을 유지하는 데 '필수적인' 것이라고 묘사한 반면, 스탈린의 숙청을 그렇지 않은 것으로 비난했다. 흐루쇼프는 예컨대 자본주의 열강과의 '평화공존' 가능성을 받아들임으로써 공산주의 이론에 몇 가지 수정이 필요하다는 점도 제기했다. 즉 세계 전역에서 공산주의의 승리도 민족들 사이의 전쟁 없이 가능할 수 있다는 것이었다. 이런 결론은 원자폭탄 시대가 도래했다는 사실에서 큰 영향을 받은 것이기도 하지만, 흐루쇼프 자신이 전쟁을 경험했고 소비에트 인민이 얼마나 평화를 갈망하는지 잘 이해하고 있었다는 사실을 반영하는 것이기도 했다.

흐루쇼프는 연설에서 공산주의로 가는 경로가 소비에트 모델과 다를 수 있음을 인정했는데, 이는 티토와 긴장을 완화하고 이미 동유럽에서 숙청된 '민족적 일탈론자들'에 대한 고발이 근거 없는 것이라고 일축하는 데 도움이 되었다. 그럼에도 수용 가능한 다른 경로들에 대한 개념은 여전히 한계가 모호했고, 한 소련 지도자가 과거에 소련이 끔찍할 정도로 형편없는 리더십에 이끌렸다고 인정한 것도 판도라의 상자를 연 것이나 다름없어서 그해 내내 일련의 극적인 위기들이 이어졌고 국제 공산주의의 성격을 항구적으로 변화시키는 데 기여했다.

이와 관련하여 흐루쇼프의 연설에서 일부 지적들은 레닌주의 이론의 해묵은 모호함까지도 건드렸다. 그 가운데 가장 유명한 것은 레닌주의의 과장된 엘리트주의였는데, 이는 공산주의자들이 지배를 유지하기 위해서는 폭력, 심지어 테러에 의지하는 것도 정당하다고 느끼는 데 기여했다. 그러나 혁명적 신비의 가장 확고한 요소는 다수의 보통 사람들이 사회혁명을 지지한다는 가정이었다. 이미 1917년에도 의심을 받았던 그런 관념은 1950년대 초 동유럽의 많은 나라들에서는 훨씬 더 의심을 받았다. 스탈린주의식 테러를 지배 장치로 이용하지 않으려는 흐루쇼프의 행보는, 이제 공산주의 지도자들이 인기를 얻는 데 더 관심을 두어야 한다는 사실을 암시했다. 그는 소련 내부에서 더 많은 대중적 지지를 얻기 위해 다양한 행보를 보였는데, 그중에는 소비재 생산을 강조하고 정치범을 석방하며 좀 더 평화적인 대외 정책을 개시하는 등의 조치들이 포함되어 있었다. 그럼에도 이런 주도적인 조치들이 어떻게 작용할지는 소련과 동유럽 모두에서 지극히 불확실했다. 일부 사람들이 희망한 것은 레닌주의를 넘어 엘리트주의 성격이 덜한 혁명적 사회주의, 그러니까 가장 유명한 것으로 지난날 로자 룩셈부르크가 대표한 사회주의나 미래에 '인간의 얼굴을 한 공산주의'(25장에서 자세히 살펴본다)라고 불릴 공산주의로 나아가는 것이었다. 흐루쇼프 자신이 의도한 것이 무엇인지는 불확실한데, 이는 의심의 여지없이 당시 그가 그런 이념들을 암중모색하고 있는 중이었기 때문이다. 1956년 이후 스탈린주의적인 관행으로 다시 미끄러지는 경향('네오스탈린주의')이 있기는 했지만, 흐루쇼프와 그 계승자들 치하에서 사용된 억압적 방법들은 스탈린 치하에서 사용된 방법들보다는 명백히 덜 폭력적이고 덜 '전체주의적'이었다.

흐루쇼프는 1964년 10월까지 그럭저럭 권좌를 지킬 수 있었다. 소련 경제와 공산주의의 명성을 부활시키려는 그의 노력은 다양한 부침을 겪었지만, 특히 자신이 미래 공산주의의 경제적 생산성과 관련하여 펼친 거창한 주장을 고려하면 그는 성공적이었다고 말하기 어렵다. 그는 권좌에서 돌연히 밀려났지만 그 과정에서 폭력은 없었고 비록 감시를 받기는 했지만 은퇴가 허용되었다. 나중에 은퇴한 후 심한 우울증을 앓았다는 사실이 알려졌지만, 그는 소련에서는 결코 출판되지 못했으나 서방세계에 밀반입되어 알려지게 된 비망록을 구술했다. 의심할 여지없이 이 비망록에 숨어 있는 흥미로운 일화들을 보면, 왜 역사가들이 일반적으로 흐루쇼프를 계승한 음울하고 무미건조한 인물들보다 흐루쇼프에게 더 많은 공감을 느끼는지 그 이유를 알 수 있다. 흐루쇼프는 정력적이고 투박했다. 종종 상스러운 막말을 사용할 정도로 말이다. 그는 스탈린 이후 지도자들 가운데 가장 '인간적'인 지도자로 평가되는데, 적어도 1980년대에 미하일 고르바초프가 등장할 때까지는 그러했다. 흐루쇼프가 은퇴한 이후 어린 손자는 언젠가 이런 질문을 받은 적이 있다. "할아버지는 요즘 무슨 일을 하니?" 그가 답했다. "할아버지는 고함치고 계세요."

폴란드와 헝가리의 폭동, 1956년

흐루쇼프는 소비에트 역사의 가혹한 시절을 거치며 단련된 확신에 찬 공산주의자로 남았다. 다른 소비에트 지도자들도 마찬가지겠지만, 흐루쇼프의 경우도 최악의 스탈린주의적 편향에서 탈피하려는 욕구가 있다고 해서 이것이 곧바로 서방 스타일의 자유민주주의를 존중한다는 것을 의미하지는 않았다. 소비에트 지도자들 대부분은 1920년대 중엽 이래 이어 온 통치 방법을 실질적으로 변경시킬 수 있을 거라고는 결코 확신하지 않았다. 흐루쇼프가 연설을 하고 얼마 안 되어 결정적인 시험대가 폴란드에 마련되었는데, 폴란드는 앞에서도 살펴보았듯이 종종 유별나게 수난을 겪거나 '순교당한' 자들의 땅이었다. 이 나라에서는 러시아 제국주의와 공산주의 모두에 대한 증오심이 각별히 심각했다. 흐루쇼프의 연설 이후 폴란드에서 공산주의의 지배에 대항한 민중 선동이 일어나 10월에 폭력 사태로 번지게 되었다.

브와디스와프 고무우카는 폴란드에서는 어느 정도 대중적인 공산주의 지도자들 가운데서도 유명한 인물이었다. 1940년대 말 그는 민족적 일탈론자로서 숙청당했지만, 1954년 12월 스탈린 사후의 해빙 분위기에서 석방되었다. 1956년 대중적 불만에 대한 대응으로 정부 개각이 이루어지면서 그는 리더십을 떠맡을 명백한 후보가 되었다. 주목할 점은 그 자신의 쓰라린 경험에도 불구하고 공산당 지배와 그에 필수적인 소련과의 '파트너십'과 연관된 신비에 대한 애착을 조금도 잃지 않았다는 사실이다. 1956년 10월 처음으로 고무우카와 만났을 때 흐루쇼프는 위협하고 엄포를 놓았지만, 고무우카는 위축되지 않았다. 흐루쇼프의 비망록에 설명된 바에 따르면, 두 사람은 결국 죽이 잘 맞았다고 한다. 그런 후에 고무우카에게는 폴란드를 통치하는 과정에서 상당한 자유가 허용되었다.

소련군과 폴란드군 사이의 폭력적인 충돌은 간신히 면할 수 있었고, 여기서도 다시 개인의 역할이 결정적이었다는 점이 분명해 보인다. 고무우카는 1970년까지 흐루쇼프보다 6년 더 오래 권좌에 남았다. 고무우카는 처음에 기뻐하는 군중들에게 "당은 폴란드를 사회주의로 가는 새로운 경로에 따라 지도할 것입니다!"라고 선포했고, 나중에는 네오스탈린주의적 억압과 동일시되었는데 그런 억압들 중에는 나라에 남아 있던 유대인들 대부분, 특히 수많은 유대인 공산당원들을 몰아낸 반유대주의도 포함되어 있었다.

많은 주민들이 역사적으로 러시아 제국주의와 공산주의에 적개심을 품고 있던 헝가리에서 폭력적인 대립을 피하는 일은 폴란드에서보다 더 어려운 일이었음이 드러났다. 폴란드에서 일어난 사건들이 도미노 효과를 불러일으킬지도 모른다는 소비에트 지도자들의 우려는 타당한 것으로 드러났다. 예전에 헝가리의 권좌에 있던 스탈린주의자들은 스탈린 사망 이전에 벌인 기괴한 숙청 재판들로 악명이 높았는데, 이제 다시 권좌에의 복귀를 노리고 있었다. 고무우카와 닮은 듯 보인 헝가리 공산주의 지도자 임레 나지는 2년 동안(1953~1955년) 총리 자리에 있었지만, 스탈린주의 당파의 책략으로 권좌에서 강제로 밀려났다. 그 후 대중적 소요 사태가 점증했고, 1956년 가을 무렵에는 강력한 반소련 분위기로 발전했다.

이런 발전들로 인해 흐루쇼프와 다른 소비에트 지도자들은 너무나 놀란 나머지 마지못해 무력에 의존하게 되었다. 그러나 소련군과 헝가리 비정규군 사이의 잇따른 충돌이 혼란으로 비화될 가능성이 컸으므로, 소비에트 지도자들은 임레 나지의 약속, 즉 고무우카도 그러했듯이 권좌에 복귀하면 상황을 진정시킬 수 있다는 약속을 믿어 보기로 했다. 이 약속은 지킬 수 없는 것으로 드러났다. 오래지 않아 나지는 소련군 부대의 완전 철수를 요구하는 대중 편에 선 것이다. 그는 심지어 소련과 동맹하지 않은 헝가리의 다당제적인 미래를 말하고 그에 대한 여론을 확산시키기 시작했다.

흐루쇼프를 비롯한 소비에트 지도자들은 분개하여 임레 나지가 공산주의의 대의를 배신한 반역자라고 결론짓고 11월 헝가리에 대한 대규모 군사적 침공을 명령했다. 이 침공은 냉전기 유럽에서 발생한 가장 폭력적인 충돌로 기록되었는데, 대략 3천 명이 사망하고 대량 국외 탈출이 벌어졌다(헝가리 전체 인구의 2퍼센트에 해당하는 20여만 명이 헝가리를 떠난 것으로 추산되지만, 이들 중 가장 큰 비율을 차지한 사람들은 부다페스트 거주자들, 특히 대학생들이었다). 침공 이후 조치에서 대략 3만5천 명의 헝가리인들이 체포되고 나지를 비롯하여 대략 300명이 사형 선고를 받았다.

침공은 소비에트 블록의 다른 반대자들에게 본보기를 보이려는 것이었지만 반향은 광범위했다. 서유럽 국가의 여러 공산당에서 당원 수는 급격히 줄어들었고, 예전에는 공산주의에 동정적이던 수많은 지식인들이 적대적인 태도를 취하게 되었다. 그럼에도 미국 대통령 드와이트 아이젠하워의 반응은 미국이 동유럽을 해방시키는 정책을 추진하지 않는다는 것을 보여 준 한에서(비록 그의 행정부 일부 인사들은 그런 정책을 선호하는 것처럼 말했을지라도) 공산주의 세력에게는 한숨 돌릴 여유를 주었다. 냉전의 긴장은 적어도 안정적인 것으로 인식되었다. 즉 종전 때 확립된 영향력 범위가 계속 유지된 것이었다.

쿠바 미사일 위기, 1962년

1956년 이후 미소 양측이 '평화공존'을 위해 협력한다는 약속에도 불구하고 여전히 팽팽한 긴장감이 감도는 지역들이 남아 있었다. 오늘날 역사가들이 냉전 시기를 통틀어 가장 끔찍한 순간이었다고 평가하는 사건이 1962년 10월 쿠바 미사일 위기와 함께 발생했고, 여기서 다시 흐루쇼프가 결정적인 역할을 했다. 피델 카스트로는 처음에는 미국의 지지를 받으면서 1959년 1월 쿠바의 권력을 장악했지만, 그 후 카스트로가 이 섬에 공산주의 체제를 수립하는 방향으로 나아가자 미국 지도자들은 마치 소비에트 지도자들이 헝가리의 임레 나지를 보는 시각으로 쿠바의 카스트로를 보기 시작했다. 그럼에도 카스트로는 나지보다 좀 더 인기가 많았고 제거하기도 어려웠다. 1961년 4월 미국 CIA에서 훈련받은 쿠바 망명자들이 어설프게 계획한 '피그 만 침공'은 새로 선출된 미국 대통령 존 F. 케네디에게는 굴욕적인 실패로 바뀌었다.

이런 실패에도 불구하고 미국인들이 플로리다 주에서 145킬로미터밖에 떨어지지 않은 곳에 떡하니 자리 잡은 공산주의 체제를 계속 눈감아 줄 것 같지는 않았고, 흐루쇼프는 또 다른 침공을 막기 위해 카스트로에게 소련의 핵탄두를 장착한 장거리 미사일을 쿠바에 설치할 것을 제안했다. 카스트로는 기꺼이 그 제안을 받아들였다. 미국의 고고도(高高度) 감시 체제가 쿠바에 건설 중인 미사일 기지를 탐지했다. 10월 중순에 전 세계가 숨죽인 가운데 신경을 건드리는 대립이 벌어지게 된다. 케네디는 기지 철거를 요구했고, 흐루쇼프는 한 발 물러나 기지를 해체하고 당시 미사일들을 싣고 쿠바로 향하던 소련 선박을 회항시키는 데 동의했다. 적어도 공중이 보는 시각에서 승자는 완전히 미국인 것처럼 보였으나, 흐루쇼프는 잘 알려지지는 않았지만 케네디가 쿠바를 침공하지 않고 소비에트 국경 지대인 터키에 설치한 미국 미사일 기지를 해체하겠다고 약속했다는 점에서 실속을 챙겼다(이와 같은 이면 합의는 오랫동안 기밀로 남아 있었다).

아이러니하게도, 쿠바의 공산주의 체제는 유럽의 소비에트 제국보다 더 오래 살아남았고, 카스트로는 궁극적으로 역사 속의 그 어떤 공산주의 지도자들보다 더 오래 통치했다. 이 이야기는 유럽사에 포함되지는 않지만, 유럽과 유럽 안에서 공산주의의 지위에 대해 많은 함의를 던져 주었다. 카스트로는 티토보다도 훨씬 더 실질적이고도 오래도록 대중의 지지를 받았다고 충분히 주장할 수 있는 또 다른 공산주의자였다. 또한 그는 소비에트의 경제원조에 의존하기는 했지만 소비에트의 단순한 꼭두각시가 아니었다. 1949년에는 마오쩌둥이 세계에서 가장 인구가 많은 중국에서, 그것도 일찍이 동유럽에서 공산주의의 집권을 가능하게 만든 소비에트의 원조를 받지 않은 채 권좌에 오름으로써 그동안 세계 공산주의에서 소련이 누린 리더십에 도전장을 내밀었다. 오래지 않아 중국 공산주의자들은 소비에트의 리더십을 문제로 삼았을 뿐 아니라 흐루쇼프를 (비공식적으로) "대머리 얼간이"라고 묘사한 것은 말할 것도 없고 마르크스주의의 "수정주의적" 배신자로 비난했다.

카스트로의 공산주의는 소련과 동유럽 인민공화국들의 공산주의와 마찬가지로 경제적으로는 실패한 것으로 입증되었지만, 카스트로 자신은 수많은 쿠바인들과 라틴아메리카의 다른 이들에게 영웅으로 남았다. 마오쩌둥은 궁극적으로는 스탈린보다 훨씬 정상적이지 않은 지도자가 되었다. 그리고 만일 그 순전히 부조리한 형태에서 스탈린 숭배를 능가하는 것이 있다면, 그것은 아마도 중국 공산주의자들의 마오 숭배일 것이다. 마오의 '위대함'을 가장 쉽게 측정할 수 있는 것은 바로 그의 치하에서 목숨을 잃거나 끔찍한 고통을 받은 민중의 수였다. 그는 어설프게 기획하고 형편없이 실행한 일련의 프로그램들을 개시했고, 이른바 문화대혁명에서 집단 히스테리를 불붙였다. 모두 합해 4천만~7천만 명에 달하는 사람들이 사망한 것으로 추산된다. 그는 중국 경제를 황폐하게 만들었을 뿐 아니라 그 무엇으로도 대체할 수 없는 여러 문화재를 파괴하도록 부추겼다. 유럽에서도 마오의 리더십에서 영감을 받은 일부 사람들(예컨대 저명한 프랑스 지식인 장폴 사르트르)이 있었지만, 전반적으로 마오가 혁명적 신비를 대량학살이나 경제적 실패와 연결시키는 과정에서 개인적으로는 스탈린보다 훨씬 더 기여했다고 결론 내릴 수 있다.

동독과 베를린 장벽

헝가리 폭동에서 쿠바 대립까지 5년 동안 유럽 냉전에서 주요한 분쟁 지역으로 부상한 곳이 바로 두 독일과 베를린이었다. 여기서 다시 두 개의 독일 국가에 대한 이야기는 공산주의 대 자본주의라는 쟁점과 연관되었다. 서독은 전후 시기에 급속한 경제성장을 보인 반면 동독의 회복은 훨씬 더뎠다. 차이는 곧 돌이킬 수 없게 되어 베를린을 거쳐 (포츠담회담에서 규정되었듯이, 여전히 경계가 없었다) 공산주의 진영에서 자

그림 26 "미안해요, 여러분! 그게, 있잖아요, 정확히 내 생각이었어요!" – 카를 마르크스
Roland Beier: Marx cartoon, 1990. © Roland Beier.

본주의 진영으로 이주가 거의 홍수처럼 이루어졌다. 대략 260만 명의 동독인들이 1946년부터 1961년 사이에 동독을 떠났는데, 이 수치는 1956년에 헝가리에서도 그러했듯이 그렇게 동독을 떠난 이들 중 많은 이들이 교육받은 젊은이들이었음을 고려하면 특히나 의미심장하다고 하겠다. 이들처럼 고국을 탈출함으로써 자신의 '손이 아니라 발로 투표한' 수백만 명의 존재가 공산주의의 빛나는 미래와 자본주의의 불가피한 붕괴에 대한 흐루쇼프의 전망과 결정적으로 충돌한 셈이다.

동독을 탈출하여 넘어오는 이주의 행렬은 베를린 장벽이 건설된 가장 중요한 배경이었고, 장벽은 냉전기 공산주의의 실패에 대한 가장 악명 높은 상징물 중 하나가 되었다. 세계 언론에는 장벽을 넘어 탈출하려다가 죽은 동독인들의 이야기들로 가득 찼다. 케네디 대통령의 짧은 경력에서 최고점도 바로 1963년 6월 26일 베를린에서 연설을 했을 때였는데, 이 연설에서 그는 열정을 주체하지 못하는 군중들에게 이렇게 선포했다. "오늘 자유세계에서 가장 큰 자랑거리는 바로 이것입니다." **"나는 베를린 시민입니다!"(Ich bin ein Berliner!)**

그럼에도 일부 관찰자들에게는 불과 20여 년 전에 베를린에 더 많은 군중들이 모여 훨씬 더 열정적으로 아돌프 히틀러에 열광한 기억을 한쪽으로 제쳐 놓는다는 것은 분명 쉽지 않은 일이었다. 더욱이 케네디가 연설할 당시 냉전에서 서방세계가 승리할지 여부도 불투명한 상태였고, 그나마 다섯 달 뒤에 그는 텍사스 댈러스에서 암살당하고 말았다. 1961년 흐루쇼프가 케네디를 만났을 때, 그는 이 경험 없는 젊은 대통령이 곤경에 빠질 수도 있겠다는 결론을 내리기도 했다. 흐루쇼프가 자본주의의 소멸에 대해 한 말—그리고 그의 유명한 악담인 "우리가 너희를 파묻을 것이다!"—이 케네디가 베를린에서 한 자랑에 맞불을 놓은 것으로 인용될 수도 있을 것이다. 이 비교는 두 가지 점에서 절묘하다. 한편으로는 두 지도자들 모두 자신에 차서 단언했다는 점에서, 다른 한편으로 다른 이들은 그런 확신이 없었다는 점에서 절묘하다.

　서방세계의 자본주의적 민주주의의 수호자들은 이렇게 쏘아붙였을 지도 모른다. "아니, **우리**가 **너희**를 파묻고 있어!" 미래 시제도 필요 없었다. 공산주의의 모순이 공산주의를 붕괴로, (결과적으로도 그러했듯이) 오래 질질 끄는 죽음은 아닐지라도 굴욕적인 죽음으로 몰아넣고 있었다.

| 더 읽을거리 |

스탈린의 말년을 폭넓게 다루고 있는 것은 드미트리 볼코고노프의 《스탈린: 승리와 비극》(Stalin: Triumph and Tragedy, 1998)이다. 볼코고노프는 일찍이 저명한 소비에트 관리였다. 그는 또한 소련 붕괴 이후에 예전에는 접근할 수 없었던 소비에트 문서고 기록들을 이용하면서 레닌에 대한 최초의 학술적인 전기 중 하나를 집필하기도 했다(《레닌: 새로운 전기》(Lenin: A New Biography, 1994)). 소비에트 시기에 성장한 또 다른 역사가인 로이 메드베데프의 저작은 스탈린의 말년을 다루며 스탈린주의에 대한 전반적인 평가를 시도한다.《역사가 판단하리라: 스탈린주의의 기원들과 결과들》(Let History Judge: The Origins and Consequences of Stalinism, 1989).

흐루쇼프와 그의 개혁을 다룬 두 권의 책이 두드러진다. 윌리엄 타우브먼(William Taubman)의 《니키타 흐루쇼프: 한 인간과 그의 시대》(Nikita Khrushchev: The Man and His Era, 2004, 퓰리처 상 수상작)와 스트로브 탤봇이 엮은 《흐루쇼프가 기억한다》(Khrushchev Remembers, 1974)가 그것이다. 뒤의 책은 편집자와 여러 연구자들이 논평을 단 흐루쇼프의 주목할 만한 비망록이다.

로버트 서비스의《동지들! 세계 공산주의 역사》(Comrades! A History of World Communism, 2010)는 전 세계를 아우르는 시각에서 유럽 공산주의를 개관하고 있다.

자일스 맥도너프의《제국 이후: 가혹한 연합군 점령사》(After the Reich: The Brutal History of the Allied Occupation, 2007)는 압주크(Abzug)의 초기 저작(24장의 더 읽을거리를 참조하라)처럼 종전 이후 전승국들에서 살고 있는 사람들에게 대부분 여전히 알려지지 않은 (그리고 불편한) 정보를 제공한다.

24장

제국주의의 종식과 유럽의 재건

1948~1968

20년 만에 유럽인들은 전쟁의 참화에서 회복하고 세계 곳곳에 있는 자신들의 제국을 대부분 포기했다. 철의 장막 양편 모두에게 치유와 경제적 회복이 필요한 시대였다. 서유럽에서 의회민주주의가 대부분의 나라에서 확립되었고, 비록 처음에는 느리고 불확실했지만 경제적·정치적 통합을 향한 첫걸음을 내디뎠다.

이 20년 동안 히틀러 지배의 완연한 공포에 대한 인식이 점점 심화되었다. 이 과정은 비록 처음에는 뉘른베르크재판 이후에도 느리게 진행되었지만, 1960년대 말에 이르면 그런 인식은 진화하는 유럽 정체성의 주요 쟁점이 되었다. 그렇지만 스탈린 지배에 대한 공포와 관련해서 그런 과정은 상대적으로 더디게 진행되었는데, 그 이유는 부분적으로 소비에트 문서보관소가 봉쇄되어 있었고 소비에트 역사가들이 엄격한 감시를 받으며 작업했기 때문이다.

유럽의 탈진과 제국의 종식

　유럽 세계 제국의 종식은 가장 깊은 절망과 자기 의심의 시기와 중첩되었으나, 가장 광대한 제국을 소유한 영국인들조차 오랫동안 제국주의의 수익성에 대해 두 가지 생각을 동시에 품고 있었다. 1945년 반제국주의 성향의 노동당이 정부의 고삐를 쥐게 되었다. 유럽 대륙에서는 제국주의에 대한 훨씬 더 큰 이견이 존재했는데, 좌파는 반대했고 우파는 대개 찬성했다. 그럼에도 좌파에서도 특히 프랑스에서는 식민 지배의 난폭함과 그 착취적 성격이 비난의 대상이 될 때도 유럽의 지배를 '문명화하는' 것으로, 비유럽인들에게 대체로 혜택을 주는 것으로 보는 오래된 경향이 있었다.

　1945년 무렵 유럽인들은 자신들끼리 오랜 내전에 시달린 끝에 망연자실하고 탈진한 상태에 빠져 있었는데, 그렇기에 과거의 제국 지배를 유지할 수도 없었거니와 경제적으로나 도덕적으로 제국주의가 정당화될 수 있을지도 확실치 않았다. 더욱이 이제 세계의 가장 거대한 열강으로 군림하게 될 미국은 역사적으로 (비록 제대로 인지되지는 않았지만 그 자신에게도 막 출현하는 제국주의적 경향들이 있었음에도) 반제국주의적이었다. 아마도 가장 결정적인 요인은 유럽인들이 수백만 명씩 서로를 파괴하고 있던 동안 비유럽 민족들은 절대적 수에서나 상대적 수에서 점점 증가하고 있었을 뿐 아니라 그와 동시에 많은 사람들이 유럽인들을 파괴로 몰고 간 종류의 민족주의적 도취 상태에 빠져들기 시작했다는 점이다. 지방 엘리트들이 권력을 인수할 준비가 되어 있지 못했고 국경조차 대단히 불확실한 비유럽 지역에서도 민족주의 열정이 휘몰아쳤고, 유럽의 지배는 더 이상 참을 수 없는 것으로 여겨졌다.

　유럽 세계 제국이 해체되는 구체적 과정은 지구 곳곳에서 저마다 다양한 모습을 띠었다. 다수의 신생 국가들이 수립되었는데, 이런 국가들은 원칙적으로 주권적이었으나 실제로는 현대 유럽의 기준에서 볼 때 민족국가에 가까운 모습을 조금도 보여 주지 못했다. 이 국가들은 대부분 곧 내부 소요 사태에 휘말리면서 혼돈에 빠졌다. 이런 이야기를 유럽사 전반을 다루는 이 책에서 다 말할 수는 없겠으나, 몇몇 비유럽 지역에서 나타난 발전은 1945년부터 1960년대 초까지의 유럽사와 특별하고도 직접적인 연관이 있다. 특히 인도와 베트남, 팔레스타인, 알제리가 그런 경우이다.

유럽의 자기 파괴는 압도적이었다. 나치 독일은 두드러진 제국주의 나라들인 네덜란드와 프랑스를 포함하여 유럽 대륙 대부분을 석권하고 영국을 크게 위축시켰으나, 나중에는 스스로도 파괴했다. 이와 동시에 일본인들은 3대 주요 제국주의 열강의 지배 아래에 있던 아시아에서 많은 지역들을 장악하면서 이미 지방 주민들 사이에서 쇠퇴하고 있던 유럽 열강의 위신을 더욱 떨어뜨리고 있었다. 그런 다음 일본 지배 또한 종식되었다. 더욱이 1949년 들어 중국에서 공산주의자들이 민족주의자들에게 승리를 거두면서 베트남의 공산주의 지도자 호치민(진정한 대중적 지지를 받은 또 다른 공산주의 지도자)에 대한 지지를 표명했다. 1945년 이후 베트남에 대한 통제권을 다시 거머쥐려는 프랑스 정치가들의 완강한 노력이 펼쳐졌지만 사태는 오히려 재앙에 가까운 쪽으로 치달았다. 1954년 무렵 프랑스는 대략 20만 명의 사망자와 부상자를 내고 85억 달러에 가까운 손실을 입게 된다. 이 액수는 프랑스가 마셜 플랜의 원조를 통해 받은 금액의 3배에 해당했다.

인도와 중동

영 제국의 '왕관에 박힌 보석'으로서 인도는 1919년 이래로 평화주의자 마하트마 간디의 지도 아래에서 독립을 위한 선동이 강화되는 무대가 되었다. 영국의 제국 옹호자들은 인도의 뿌리 깊은 분할이 이미 과거 전간기에 수많은 충돌의 원인이 된 바가 있을 뿐 아니라 앞으로도 독립이 너무 빠르게 이루어지면 아예 충돌이 내전으로 치달을 우려가 있다고 주장했다. 인도의 이슬람 진영 지도자들도 힌두교가 지배하는 통일 인도 국가를 받아들일 수 없노라고 경고했다. 그러나 간디를 비롯한 인도 지도자들은 인도를 힌두교 지역과 이슬람교 지역으로 분할하는 것에 반대했다. 영국 총리 클레멘트 애틀리는 인도에서 신속하게 철수하는 방안을 선호했는데, 실제로 철수는 애초에 의도한 것보다 훨씬 일찍(1947년 8월 중순) 이루어졌다. 최종 처리 방식은 이슬람 진영 지도자들이 요구한 분할 방안을 반영한 것이었는데, 능히 예상할 수 있듯이 그 이후 1947년 가을에 광범위한 폭력이 만연했다. 대략 900만 명의 이슬람교도들이 (인도 아대륙의 맞은편 1,600킬로미터 정도 떨어진) 서쪽으로 또는 동파키스탄 쪽으로 쫓겨났고, 얼추 같은 수의 힌두교도들도 이슬람교도가 다수인 지역들에서 쫓겨났다. 그 과정에서 수십만 명이 목숨을 잃었고, 1948년 1월 간디 본인도 힌두교 광신도에게 암살당하고 만다. 신생 국가들, 즉 이슬람교도가 다수파인 파키스탄과 힌두교도가 다수파인 인도는 다음 세기까지도 서로 으르렁댈 터였다. 1971년 동파키스탄이 방글라데시라는 독자적인 국가를 이룬 반면, 독립 직후 3억5천만 명의 인구를 보유한 인도는 대략 6천만 명에 달하는 반항적인 이슬람교도들을 내부에 포함하게 되었다.

지리적으로나 문화적으로 유럽에 가까운 중동에서는 제1차 세계대전 이후 수립된 잔존 위임통치 지역들이 북아프리카 대부분에서 그러했듯이 독립적인 민족국가들이 되었다. 1946년 프랑스인들은 시리아와 레바논에 대한 통제권을 포기했고, 영국인들도 마찬가지로 별다른 문제없이 요르단에 대한 통제권을 양보했다. 그럼에도 팔레스타인이라는 영국 위임통치령의 운명을 둘러싼 결정은 문제를 야기했다. 이미 전간기에도 뜨거운 분란을 일으킨 바 있는 이 지역은 일찍이 유럽 제국주의의 지배를 경험한 지역들 가운데 가장 분쟁적인 지역으로 분류되었는데, 21세기에까지도 문제는 해결되지 못한 상태로 남아 있다. 이 지역의 분란은 되풀이해서 전 세계 곳곳의 유대인 공동체들 내부에서 쓰라린 논쟁을 유발했을 뿐 아니라 유럽 민족들 상호간의 관계 및 유럽 민족들과 미국의 관계에도 영향을 미쳤다. 유대인 문제가 중동에서 새로운 둥지를 튼 것이다.

영국인들이 인도에서 맞닥뜨린 것과 비교하면, 인구나 영토 면에서 그보다 작은 팔레스타인 위임통치령의 상황은 겉보기에 상대적으로 단순해 보였다. 그럼에도 1919년 이래로 영국 당국의 계획과 제안들은 번번이 유대인과 아랍인 모두에게 받아들여지지 않았다. 딜레마는 실제적이었고 대개는 밸푸어선언의 모순과 연관되어 있었다. 만일 팔레스타인 위임통치령 전체를 포용하는 민주주의 국가가 수립된다면 여기서는 아랍인이 결정적 다수파가 될 터였고, 그렇다면 이는 시온주의자들이 받아들일 수 없는 대안이 될 것이었다. 왜냐하면 시온주의의 핵심 목표는 비유대인들의 지배에서 탈피하는 것이었기 때문이다. 더욱이 아랍인이 통제하는 팔레스타인 국가가 1919년 이래로 지속적이고도 격렬한 아랍인들의 항의에도 불구하고 이 지역에 속속 도착하고 있던 유대인 주민들에게 적대적이리라는 것은 불을 보듯 뻔했다. 아랍인이 통제하는 국가는 또한 더 이상의 유대인 이주에 대해서도 단호한 입장을 취할 것이었다(팔레스타인의 아랍인 인구는 1947년에 비율상 대략 65퍼센트를 차지했다. 그 이전 1919년에는 90퍼센트 이상을 차지했다). 이 지역을 아랍인 지구와 유대인 지구로 분할하려는 시도도 이 두 주민들이 지리적으로 뒤섞여 있음을 고려하면 조각보 이불처럼 복잡하게 덧댄 경계선들을 긋는 작업으로 귀결될 터였다. 게다가 예견 가능한 미래에 유대인이 다수파가 되는 국가는 어쩔 수 없이 극히 소규모가 될 수밖에 없고 이를 에워싼 적대적인 아랍 국가들의 위협에 시달릴 것이었다. 평화적 해결책은 거의 불가능해 보였고, 실상 아랍-이스라엘 전쟁이 제2차 세계대전 이후 10년마다 한 번씩 발생했는데, 매번 불확실한 휴전과 잇따른 소규모 폭력으로 중단되었을 뿐이다.

　제2차 세계대전 직후에 영국인들은 국내 정책에서든 대외 정책에서든 숱한 긴급한 관심사들을 떠안고 있었다. 재정적으로 쪼들리고 영국 관리들에 대항한 과격한 시온주의자들의 잔혹한 테러 행위에도 신물이 난 영국 노동당 정부는 문제를 미국에 떠넘겼다. 특별히 지명된 위원회가 1947년 11월 분할 계획을 들고 나왔는데, 이는 UN 총회의 다수와 미국 및 소련 모두의 지지를 받았다. 이 계획은 유대인이 간신히 다수파를 이루는 유대인 지구(대략 56만 명의 유대인과 40만 명의 아랍인)와 아랍인이 월등한 다수파를 이루는 또 다른 지구로 분할하는 방안을 그리고 있었다. 시온주의 지도자들은 이 방안에 만족하지 못했다. 그들은 더 많은 유대인 이주와 공식 분할 이전에 유대인이 좀 더 확실하게 다수를 이루기를 희망했지만, 결국에는 계획에 찬성했다. 1948년 5월 그들은 공식적으로 이스라엘 국가 수립을 선포했다. 과연 아랍인 지도자들이 UN 계획과 새로운 유대인 국가를 인정하지 않은 것은 놀라운 일이 아니었다. 예견된 폭력 사태가 머지않아 찾아왔다. 아랍 5개국(이집트, 이라크, 요르단, 레바논, 시리아)은 위임통치령 지역에 군대를 파견했다. 미처 예상할 수 없었던 것은 (이제 스스로를 이스라엘인으로 부르는) 유대인들이 그 전쟁에서 승리자가 되었다는 사실이다. 많은 이들에게 전쟁의 결과는 기적처럼 보였다.

이스라엘인들의 승리로 인해 신생 유대인 국가의 몇 가지 주요한 딜레마가 해결되었다. 전쟁 과정에서 대략 70만 명의 팔레스타인 아랍인들이 대부분 이스라엘 군 당국의 명령에 따라 일부는 이스라엘의 정치적 테러리스트들에 대한 공포로, 또는 단순히 전쟁의 십자포화에 갇히는 것을 피하기 위해 교전 지역을 떠났기 때문이다(아랍인들이 자신의 고향과 마을을 떠난 이유가 일차적으로는 아랍의 호출에 대한 반응이었다는 예전의 주장은 증거가 희박한데, 대부분의 역사가들은 더 이상 그런 주장을 받아들이지 않는다). 그 후 이스라엘 당국은 피난민들의 귀향을 허용하지 않았고, 뒤이은 시기에 이스라엘 정착민들이 예전에 팔레스타인 아랍인들이 거주해 온 광대한 지역들을 차지했다. 반면에 수십만 명의 팔레스타인 아랍인 피난민들은 불결한 수용소들에 정착했다. 이는 인도에서 발생한 것과 같은 종류의 인구 교환은 아니었다. 왜냐하면 압도적으로 많은 아랍인들이 팔레스타인에서 쫓겨난 것이지 유대인들이 쫓겨난 것은 아니었기 때문이다. 그것은 제2차 세계대전 종전 때 독일인들이 서쪽으로 대규모 탈출을 감행한 것과 좀 더 비슷한 측면이 있다. 그러나 이런 비교 역시 피상적일 뿐이다. 왜냐하면 독일 피난민들은 궁극적으로 신생 독일 국가들에 편입된 반면에 팔레스타인 사람들은 대개 수용소에 남아서 다른 아랍 국가들에 통합되지 못했기 때문이다.

물론 나치 독일이 과거 6년 동안 자행한 일 때문에 독일인 피난민들과 팔레스타인 피난민들을 같은 범주에 묶을 수 없다는 것은 명백하다. 이와 유사하게, 유럽에서 주민들을 한 영토에서 다른 영토로 이주시키는 과정에서 발생한 죽음과 잔혹 행위가 그 규모에서 1948~1949

년에 이스라엘인들과 아랍인들의 이주에서 발생한 죽음과 잔혹 행위를 월등한 차이로 압도한 것도 사실이다. 수천만 명의 피난민들과 관계된 인구 교환은 1940년대에 유럽에서뿐만 아니라 나머지 세계에서도 일상적으로 발생했다. 다만, 전쟁 탓에 모든 곳에서 발생한 그런 현실에 대한 민감도가 떨어졌을 뿐이고, 유럽인들도 대부분 자신들이 직면한 불행에 압도된 나머지 팔레스타인 사람들의 고난에 미처 관심을 기울이지 못했을 뿐이다. 그럼에도 그 뒤로 70여 년에 걸쳐 팔레스타인 난민 문제만큼 뼈아프고 다루기 힘든 난민 문제는 달리 없을 것이다.

1949년 휴전이 이루어졌을 무렵에 신생 유대인 국가는 결국 UN의 계획에 따라 유대인 지구에 할당된 영토보다 3분의 1가량 더 많은 영토에 통제권을 행사하고 유대인이 훨씬 더 견고한 다수파를 이룰 수 있게 되었다. 1949년 휴전이 이루어진 이래로 아무런 공식 강화조약이 뒤따르지 않았기 때문에 그와 같은 '기정사실화된 현실들'이 결정적으로 중요했다. 1967년에 벌어진 '6일 전쟁'에서 이스라엘은 이집트의 시나이반도와 시리아의 골란고원뿐 아니라 원래의 팔레스타인 위임통치령 대다수 영토를 점령했다. 당시 군사적으로 점령한 영토 가운데 얼마만큼이 영구적인 이슬라엘 땅이 되었는지는 불확실하지만, 수십만 명을 헤아리는 이스라엘인들이 뒤이은 시기에 정착하면서 전 세계적인 차원의 항의를 불러왔다.

유대인 문제의 새로운 차원

유대인 국가의 창출은 유대인 문제의 일부 양상, 특히 가장 긴급한 것으로서 유럽 유대인 피난민들을 위해 고향을 마련해 주는 문제를 해

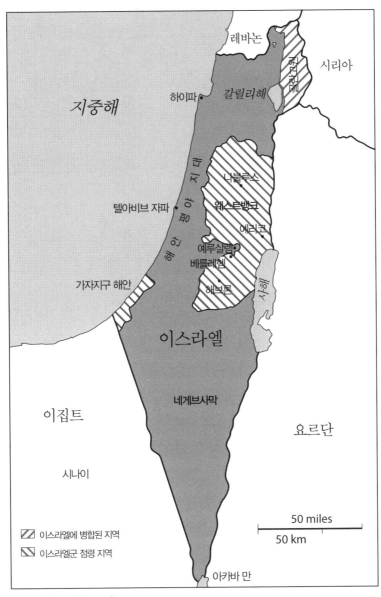

레바논

시리아

지중해

하이파

갈릴리해

나불루스

웨스트뱅크

텔아비브 자파

에리코

예루살렘

베들레헴

가자지구 해안

헤브론

사해

이스라엘

네게브사막

이집트

요르단

시나이

50 miles

50 km

이스라엘에 병합된 지역

이스라엘군 점령 지역

아카바 만

지도11 팔레스타인(1948년)

그림 27 팔레스타인 도착한 유대인들

1947년 영국 공수연대 소속의 한 병사가 영국령 팔레스타인 위임통치령의 한 항구에 막 도착한 유대인 피난민들과 함께 있다. Popperfoto / Getty Images.

결하거나 적어도 완화해 주었다. 그러나 해결되지 못한 문제들 또한 심각했다. 전 세계 곳곳의 유대인들 대부분은 1948~1949년의 사건들로 안도의 한숨을 내쉬었으나, 아랍인들에게 이스라엘의 창출과 70만 팔레스타인 사람들의 추방은 '알-나흐바'(al-nakhba), 즉 파국(그들 자신의 독립과 인정을 갈망한 자부심 강한 민족에게는 노골적인 부정의와 참을 수 없는 굴욕)으로 다가왔다. 그런 굴욕감은 종종 신생 이스라엘 국가와 이 국가를 열렬하게 지지한 디아스포라 유대인들에 대한 광적인 증오심의 온상이 되었다. 아랍인들과 이슬람 세계의 다른 많은 이들에게 유대인 문제는 유럽 문제였다. 그러나 유럽인들은 결정적으로 미국의 지원을 받으며 유럽 유대인들한테 발생한 일에 대한 자신들의 책임 문제를 홀로코스트에 전혀 책임이 없는 팔레스타인 사람들을 희생시켜 가며 해결하려고 했다.

시온주의 유대인들은 팔레스타인 영토가 본디 역사적 고향이며, 이제 자신들은 고향에 돌아온 것이라고 주장했다. 그러나 좀 더 설득력 있는 주장은 유대인들이 곳곳에서 마주친 증오심 때문에 그들에게도 거의 선택의 여지가 없었다는 것이다. 1948년 이후 대략 50만 명의 유대인들이 신생 유대인 국가를 향해 아랍 영토들에서 출발했다. 전 세계 다른 지역의 유대인들도 이곳으로 모여들었다. 모두 200만 명가량의 유대인들이 다음 20여 년 동안 이스라엘에 도착했다. 그럼에도 가장 많은 유대인이 살고 있던(1940년대에 대략 500만 명가량인) 미국에서 온 유대인 수는 기껏해야 몇 천 명에 불과했다. 기실, 뒤이은 몇 년 동안에 이스라엘을 떠나 미국으로 향한 유대인 이주자가 그 반대 경우보다 많았다. 이스라엘 지도자들의 처지에서 보면 실망과 반감을 토해 낼 수밖에 없는 현실이었다.

제2차 세계대전 종전 때 유대인들이 가장 많이 집중적으로 잔존해 있던 곳은 소련이었다(정확한 수는 알 수 없지만, 적어도 수백만 명에 이를 것으로 추정된다). 소련 유대인들은 전쟁이 끝나고 수십 년 동안 대량으로 이주하지 않았는데, 그도 그럴 것이 소비에트 당국이 이주를 허용하지 않았다. 궁극적으로는 1989~1992년에야 대략 40만 명의 소련 유대인들이 이스라엘로 떠나는 것이 허용되었고, 전체적으로는 대략 100만 명의 유대인들이 스탈린 사망 이후 소련 제국의 붕괴 때까지 소련을 떠났다. 이렇게 해서 20세기 말이 되면 이스라엘의 유대인 인구가 대략 600만 명으로 뛰어오르게 되었다. 그럼에도 유대인 국가에는 대략 20퍼센트를 차지하는 아랍인 소수파가 21세기 초에도 여전히 남아 있고, 전 세계 유대인의 다수는 유대인 국가 바깥에서 살아가고 있다.

1945년부터 1949년까지 팔레스타인에서 일어난 사건들을 유럽 제국주의가 소멸해 가는 과정에 나타난 하나의 양상으로 묘사하는 것은 자연스러워 보인다. 그러나 아랍인들과 이슬람교도들은 물론이요, 많은 비유럽 민족들도 이스라엘 국가의 창출을 완전히 다른 시각에서, 즉 신제국주의(neo-imperialism)의 표현으로 보았다. 이스라엘의 1세대 지도자들 거의 모두가 유럽인 태생이었다는 점은 부정할 수 없는 사실이다. 이 지도자들의 유럽적 배경은 특히 자신들이 팔레스타인 아랍인들보다 문명적 수준에서 우월하다고 간주했던 한에서 중요한 의미가 있었다. 그런 확신은 위에서 언급된 신념, 즉 박해받는 유대인들이 땅에 대한 절실함이 더 크다는 신념과 연관되어 있었고, 이는 필경 팔레스타인에서 유대인 국가의 수립을 정당화하는 근거가 되었다. 밸푸어 경이 홀로코스트가 발생하기 이전에도 이 문제를 다음과 같이 날카롭게 언급하고 있음을 떠올려 볼 필요가 있다. "시온주의는…… 오랜 전통과 현재의 필요, 그리고 70만 아랍인들의 욕구보다 훨씬 더 심오한 중요성을 갖는 미래의 희망에 뿌리를 두고 있다."

'프랑스령' 알제리

프랑스 치하 알제리의 상황은 영국 치하 팔레스타인의 상황과 의미심장한 유사성이 있었고, 프랑스에서도 알제리 문제는 그만큼 오래도록 분열을 야기하는 쟁점이 되었다. 역시 프랑스 치하에 있던 이웃 튀니지와 모로코는 1956년에 완전한 독립을 이루었다. 그들이 독립하는 과정도 항상 순탄치는 않았지만, 알제리에서 벌어진 유혈 사태에 견주면 이 나라들은 프랑스와 상당히 좋은 관계에 있었다고 할 수 있다. 팔레스타인에서처럼 알제리에서도 유럽에서 온 정착민들은 대다수 토착 아랍 거주민들과 맞닥뜨렸지만, 대다수의 유럽 정착민들은 팔레스타인의 경우보다 더 일찍 알제리에 온 사람들이었다. 이 정착민들 가운데 고작 10퍼센트만이 프랑스 태생이었다. 대부분은 지중해 연안의 다른 유럽 지역들에서 왔으나, 그럼에도 이들은 점차 프랑스어를 쓰고 프랑스 정체성을 갖게 되었다.

이런 동화 과정에는 유대인들도 포함되었다. 물론 유대인들이 중세 말 이래로 이 지역에 살고 있었으므로 알제리 유대인들을 비유대인들과 뭉뚱그려 '유럽 정착민'이라고 부르는 게 문제가 있기는 하지만 말이다. 오래전부터 살아왔든 새로 도착했든 간에 유대인들에게는 1870년에 프랑스 정부에 의해 유럽 정착민들과 동등한 권리가 허용된 반면, 아랍인 다수에게는 완전한 시민적 평등이 대체로 부정되었다. 제2차 세계대전 종전 때 알제리에는 대략 100만 명의 유럽 정착민들이 있었고 아랍인의 수는 그 10배 정도였는데, 이는 1919년 당시 팔레스타인에서 유대인과 아랍인의 비율과 얼추 비슷했다(팔레스타인에도 수백 년 동안 유대인들이 주로 예루살렘에 모여 살았지만, 그 수는 훨씬 적었다).

이와 마찬가지로, 두 지역 사이에는 또 다른 흥미로운 유사점이 있다. 19세기 초만 해도 알제리의 인구밀도는 희박했는데, 20세기에 들어 눈에 띄게 인구가 증가했다. 아랍-이스라엘 갈등에서 격렬한 쟁점이 된 것은 유럽인들이 팔레스타인을 지배하기 전에 팔레스타인에 아랍인이 얼마나 많았느냐 하는 문제였다. 즉 시온주의자들이 주장했듯이, 이 지역이 "땅 없는 민족(유대인)을 위한 민족 없는 땅"이었는가, 아니면 수백 년에 걸쳐 이미 잘 정착한 아랍 주민들이 살아온 땅이었는가? 이와 관련하여 1945년 무렵 팔레스타인에 살고 있던 아랍인 가운데 최근에 이곳으로 이주한 사람들의 비중은 어느 정도였는가? 이런 질문들은 독자적인 팔레스타인 아랍 정체성이 얼마나 유효한 것인지를 둘러싼 문제와 연관되어 있었다. 왜냐하면 '팔레스타인'은 오래전부터 그 지역에서 살아온 사람들의 특징적인 종족적 실체를 지칭하는 용어라기보다는 예전부터 모호한 지리적 표현으로 통용되어 왔기 때문이다.

팔레스타인과 알제리의 경우 모두에서 유럽의 지배는 일반적으로 유대인들의 아랍 정착을 유인하고 급속한 인구 성장을 촉진시킨 것으로 드러났다. 알제리의 유대인들은 제2차 세계대전 종전 무렵 대략 125,000명을 헤아렸는데, 비유대인 유럽 정착민들과 아랍인들 모두로부터 경원시되었다. 드레퓌스 사건이 벌어지는 동안 알제리에서 반유대주의 폭동이 프랑스 본토에서보다 훨씬 더 폭력적인 양상을 띠었으나, 알제리 유대인의 정체성은 그럼에도 친아랍적이라기보다는 압도적으로 친프랑스적인 것으로 남아 있었다. 다시 팔레스타인에서처럼 알제리의 유대인 주민들은 비유대인 유럽 주민들이 그러했듯이 아랍인들의 다수 지배에 결사적으로 반대했다.

1948~1949년의 전쟁 기간 동안과 직후에 팔레스타인에서 양측 모두 자주 테러에 의존했으나, 알제리에서는 좀 더 극단적이었다. 알제리에서 전면전이 7년가량 지속되었는데, 팔레스타인에서보다 훨씬 더 많

은 사망자 수를 기록했다. 제2차 세계대전에 뒤이은 수십 년 동안 대략 100만 명에 달하는 아랍 민간인들이 살해당했고, 1954년부터 1961년까지는 특히 사망자가 많이 나왔다. 이처럼 막대한 사망자 수는 좀 더 과격한 당파가 좀 더 온건한 당파를 척결하려고 하는 과정에서 아랍인에 대한 아랍인의 테러가 만연한 결과였다. 그러나 프랑스 군대도 아랍 민족주의 세력을 척결하려는 과정에서 고문 등에 광범위하게 연루되었다. 그럼에도 이런 노력은 성과가 없었다. 알제리는 결국 1962년 독립을 달성했다.

알제리와 이스라엘 모두 독립을 이룬 후 국적법을 채택했다. 이스라엘은 비유대인 소수파(대개 아랍인들)에게 형식적인 시민 평등권을 제공했고, 1950년에 통과된 (특히 1970년에 후속 입법과 보충 입법이 이루어진) 이스라엘의 '귀환법'(Law of Return)은 조부모 가운데 한 명이라도 유대인이면 시민권을 부여했다. 신생 알제리 독립국의 1963년 국적법은 오직 이슬람교도에게만 시민권을 허용했지만, 그 무렵 이미 유럽 정착민들은 대규모로 알제리에서 빠져나간 뒤였다. 알제리 국적법은 아버지와 친할아버지가 이슬람교도인 이민자들만이 신생국의 시민이 될 수 있다고 규정했다. 이와 반대로 전통적 유대법 '할라카'(halakha)는 유대인다움(Jewishness)을 부계보다는 모계에서 유래하는 것으로 정의하고 있으나, 실제로 이스라엘의 귀환법은 성별에 상관없이 부모나 조부모 가운데 한 명이 유대인이면 즉각 시민권을 제공했다는 점에서 유대인 전통과 충돌했다.

귀환법은 이스라엘에 입국하려는 유럽 피난민들 가운데, '할라카'에 따르면 유대인이 아니지만 나치를 비롯한 반유대주의 세력에 의해 박해받은 사람들이 있었다는 사실까지 반영하고 있었기 때문에 몹시 복잡했다. 신생 유대인 국가에서 그들에게 시민권을 제공하는 것은 적절한 조치로 간주되었다. 그럼에도 '할라카'에 부합하지 않는 이스라엘 시민들이 완전한 시민권을 행사하는 데는 장애물이 많았기 때문에 그런 시민권 정책도 지속적인 어려움을 낳았다. 예컨대 그들은 정통 유대교로 공식 개종하지 않는다면 이미 예전부터 결혼과 출생, 죽음을 관장해 온 정통 랍비들의 주례 아래에서 '진짜' 유대인과 결혼할 수 없었다. 궁극적으로는 이스라엘에서 '극단적 정통' 유대인으로 불린 사람들의 수와 정치권력이 상대적으로 증가함에 따라, 특히 이 극단적 정통이 일반적으로 병역을 회피했기 때문에 그렇게 엄격하게 따지지 않는 유대인 다수파의 적대감을 불러일으키기도 했다.

변덕스러운 역사적 기억, 냉전의 의미

유대인 문제에 대한 나치의 최종 해결책은 명백히 이스라엘 국가 창출에 대한 유럽의 지지를 얻는 데 결정적이었으나, 그 후 유대인들과 이스라엘에 대한 유럽인들의 태도는 때때로 깜짝 놀랄 만한 방향으로 바뀌어 나갔다. 전쟁의 트라우마에 대한 '기억'도 나라마다 상당히 달랐다. '과거 청산'은 서로 다른 주민에게 저마다 다른 의미로, 때때로 서로 다른 정도로 다가왔다. 물론 모든 민족은 자신들의 정체성을 강화하고 적들을 폄훼하는 그들 나름의 스토리를 갖고 있고, 그런 스토리를 뒷받침하지 않는 증거를 무시하거나 억압하게 마련이다. 그럼에도 20세기 후반 현대 정신분석의 원리, 즉 '정신 건강'을 위해서는 과거의 가장 고통스러운 양상들을 직시하고 정직하게 검토하는 것이 필요하다는 원리와 비슷한 특별한 감수성이 출현하기 시작했다.

소비에트 체제에 대한 반대자이자 1970년 노벨문학상 수상자인 알렉산드르 솔제니친은 자극적인 말로 이 쟁점에 대해 언급한 바 있다. "만일 당신이 세상을 바꾸고 싶다면 어디에서 출발해야 할 것인가? 당신 자신으로부터? 다른 사람들로부터?" 전쟁 직후 시절에 대부분의 사람들은 다른 사람들로부터 출발하는 것을 선호했다. 그럼에도 적어도 서유럽과 미국의 교육받은 좌파 사이에서는 하나의 민족이 자신의 추하고 억압된 과거의 양상들을 정면으로 바라보고 책임을 인정하면서 그런 양상들을 부정하거나 억압하기보다 '청산'해야 한다고 생각하는 것이 거의 일반화되었다.

그렇지만 유럽 유대인의 대량학살은 20세기 말까지 중심적인 쟁점으로 등장하지 못했고, 소련과 소비에트 블록에서는 1989년 이후에야 비로소 쟁점이 되었다. 유럽인들 대부분은 생존과 재건이라는 급박한 문제들에 매몰되었을 뿐 아니라 훗날 홀로코스트라고 불리게 될 것에 대한 정보도 세기가 끝날 때쯤에 알려지게 된 것과 비교해 보면 제한적이었다. 이미 우리가 살펴보았듯이, 수십 년이 흐른 뒤에 엄격한 자기 성찰의 본보기로 인정받은 독일인들조차 초창기에는 자신들의 과거를 부인하는 상태에 있었다. 프랑스인들은 비시 체제의 일부 유명한 협력자들에 대해서는 엄정하게 다루는 동시에 흥미롭게도 나치즘에 대한 프랑스의 대중적 레지스탕스의 실상을 과장하고 상대적으로 하급 관리들에 대해서는 관대하게 대했다.

뉘른베르크재판의 목표 가운데 하나는 나치 지도부의 범죄를 널리 공개하는 것이었다. 그렇기는 해도 보통 시민들이 유대인들에 대한 대량학살에 관해 무엇을 '알아야' 하는지는 쉽게 결정할 수 없었다. 처칠이 여섯 권짜리 전쟁사 책에서 홀로코스트가 거의 존재하지 않은 것처럼 썼다는 것은 의미심장하다. 드골의 상세한 비망록도 대체로 이 주제를 무시했다. 그럼에도 연합군 최고사령관 드와이트 아이젠하워는

1945년 4월에 "우리는…… [유럽에서] 미국 병사들 스스로 무엇을 위해 싸웠는지를 알지 못한다고 들었다"며 개탄했다. 상황이 그러했으므로, 아이젠하워는 직접 전투에 참여한 경험이 없는 휘하 모든 부대에게 (나치 제국 안에서 가장 큰 강제수용소 중 하나인) 부헨발트 산하의 수용소인 오어드루프(Ohrdruf)에서 최근 드러난 공포의 현장을 찾아가 보게 했다. 아이젠하워는 관찰하기를, 그런 체험 여행을 통해 자신의 부대원들은 "적어도 무엇에 **대항하여** 싸웠는지를 알게" 될 것이었다. 그는 또한 기자들과 정치 관리들로 이루어진 대표단에게도 수용소들을 여행해 보라고 권했다. 독일인 지방 주민들도 아이젠하워의 명령으로 수용소 안의 기괴한 장면들과 냄새들을 가까이에서 체험해야 했다.

아이젠하워는 대학살 현장들에 익숙했지만, 그의 수행단은 오어드루프에서 드러난 공포스러운 장면에 압도되었다. 수용소 체험 여행 기간에 최고사령관 곁에 서 있던 사람들은 훗날 묘사하기를 아이젠하워가 창백해지고 급기야 격노 상태에 이르렀다고 했다. 그의 논평도 미국 병사들, 특히 전선의 전투를 경험하지 못한 병사들이 대다수 독일 주민들에게 호감과 뜻밖의 우호적 감정을 느끼고 있다는 보고서들에 자극받아 나온 것이었다. 아이젠하워는 오어드루프를 떠나며 한 불운한 미국 초병에게 불쑥 이렇게 말했다. "이래도 그들을 좋아할 수 있겠어?"

1945년의 시점에 미국의 일반 시민들이 독일인들을 아무리 격하게 싫어했을지라도, 그런 증오는 냉전과 더불어 서독이 공산주의에 대항한 소중한 동맹자가 됨에 따라 현저하게 약화된 것으로 보인다. 냉전은 서로 상반되면서도 의미심장한 반응을 낳았다. 스위스 같은 많은 나라들은 중립국으로 남았다. 핀란드는 종전 때 소련에 영토를 빼앗기고 배상금을 지불했으나 다소 불확실한 성격의 중립성을 인정받았는데, 이웃 소련의 눈치를 보기는 하되 소비에트 블록 바깥에 남아 있을 수 있었다. 에스파냐 지도자 프랑코는 에스파냐 내전기에 파시스트 이탈리아와 나치 독일의 지원을 받았으나, 제2차 세계대전에 휘말리지는 않았다. 냉전이 심화되어 감에 따라, 프랑코는 미국 군부대가 에스파냐 영토에 주둔할 수 있도록 허용했다. 영국과 쓰라린 적대의 역사를 간직한 아일랜드도 제2차 세계대전에 휘말리지 않았다. 오스트리아는 1955년 공식적인 통합을 다시 이루었지만, 이 통합에는 어느 블록에 대해서도 노골적인 구애를 하지 않는다는 조건이 달려 있었다. 유고슬라비아는 공산주의 나라였지만 티토주의는 1940년대 말 주요한 이단이 되었고, 따라서 유고슬라비아는 비동맹 세력으로 분류되었다. 그럼에도 유고슬라비아는 에스파냐와 마찬가지로 소련에 맞서는 동맹국으로서 미국의 환심을 사려고 했다. 요컨대 냉전의 적대는 제2차 세계대전의 적대와 마찬가지로 속을 알 수 없는 동료들과의 모호한 관계를 낳았다.

냉전기 미국과 동맹한 서유럽 국가들 대부분은 자유민주주의 또는 일부 경우에 매우 느리기는 했지만 그런 방향으로 나아가는 상태에 있었다. NATO의 창설 회원국인 포르투갈은 제2차 세계대전에서 공식적으로는 중립을 표방했다. 포르투갈과 에스파냐는 세간에 파시스트적인 나라들로 간주되었으나, 좀 더 정확히는 가톨릭 권위주의라고 말할 수 있었을 것이다. 그리스와 터키는 1952년 NATO 회원국이 되었는데, 두 나라 모두 '북대서양적'이지도 않았고 자유민주주의가 잘 작동하고 있었다고 말할 수도 없었다. 더욱이 그리스와 터키는 소련에 대해 적대적이기는 했지만 서로에게 더 적대적이어서 여러 해 동안 전쟁 문턱까지 가곤 했다(그리스계 주민들과 터키계 주민들이 섞여 있는 키프로스가 대량 주민 이송이 발생한 또 다른 영구 분쟁 지역이 되었다).

프랑스 제4공화정

독일과 폴란드 사이의 국경이 폭넓게 조정된 것에 비하면, 서유럽에서 나치 치하에 있던 나라들의 국경은 상대적으로 단순하게 복구되었다. 쉽게 합의가 도출되어, 프랑스는 1940년 당시의 국경(알자스와 로렌을 포함하는)을 회복했으나, 제3공화정을 재수립한다는 발상만큼은 압도적으로 거부당했다. 그렇기는 해도 프랑스 공중은 더 강력한 행정부를 지닌 공화국을 창출하는 제안을 꺼렸다. 프랑스 좌파는 제3공화정의 가장 명백한 결함이 입법부의 지배(그리고 만연한 부패)였다고 널리 인정되고 있던 상황에서도 여전히 강력한 입법부를 선호했다.

드골은 처칠과 마찬가지로 전후 재건이라는 실천적 과제에 적합한 인물이라기보다는 위기에 힘을 발하는 영웅적 지도자라는 사실이 입증되었음에도 불구하고 1945년 프랑스에서 지도적인 정치가로 부상했다. 처음에 루스벨트와 처칠은 드골이 독재자의 야심을 갖고 있다고 의심했다. 이 프랑스 지도자의 입장에서도 자신이 전시에 (그 자신의 표현을 빌리자면) 이 "앵글로색슨들"(les anglo-saxons)에게 형편없이 대접받은 일에 은밀한 복수심을 품고 있었다. 그러나 루스벨트는 1945년 4월 사망했고 처칠의 보수당은 1945년 6월 총선에서 패배했다. 반면, 드골은 대단히 불확실한 시기에 임시정부의 수반으로서 1945년 내내 핵심적인 역할을 계속 떠맡았다.

그럼에도 드골은 6개월 동안 임시정부를 이끈 후 1946년 1월 20일 돌연 사퇴했다. 그 무렵 드골은 새로운 프랑스 공화국을 위한 헌법의 성격을 둘러싸고 논쟁하면서 교착 상태에 빠진 정치 당파들을 압박하는 우를 범했다. 그는 자신이 대중적 환대를 받으며 복귀하고 나서 공화국에 대한 자신의 개념, 즉 좀 더 강력한 행정부를 가진 공화국 개념을

그림 28 처칠과 드골(1941년 3월) by Jan Karski.

밀어붙이려는 도박을 감행했다. 하지만 이 도박은 실패했다. 그러나 좌파 성향이 강한 헌법이 투표에 부쳐졌지만, 단지 36퍼센트의 지지밖에 얻지 못했다. 당시 반대는 31퍼센트, 기권이 31퍼센트였다. 드골은 헌법에 반대하는 캠페인을 벌였고, 그런 다음에는 환멸에 가득 차 비망록을 집필하러 낙향했다.

드골은 다시 위기가 찾아온 1958년에 복귀할 터였지만, 이미 위험천만한 곤경을 감내해야 했던 분열되고 굴욕당한 프랑스인들을 지도하는 과정에서 지워지지 않을 족적을 남겼는데, 이는 다른 어떤 지도자도 할 수 없었던 일이었다. 1944년 8월 드골은 해방된 파리에서 행한 첫 연설에서 나치라는 적을 패퇴시키려는 단호한 결의로 하나가 된 프랑스 민중에 대한 빛나는 전망을 효과적으로 부각시켰고, 프랑스가 국제사회에서 주요한 역할을, 다시 말해 그의 핵심 개념이었던 '영광'(gloire)

을 재연할 수 있을 것이라고 다짐했다. 그가 믿기로는, 그처럼 한데 묶어 주는 힘이 없다면 프랑스는 불가피하게 해체되고 말 것이었다.

드골과 처칠은 공히 유려한 문장가로 유명했다. 드골의 경우에 그런 재능은 얼마나 많은 프랑스 주민들이 (그가 썼듯이, "자기 자신을 적에게 넘겨준 극소수의 불행한 반역자들을 제외하고") 독일 점령에 저항했는지를 묘사하는 유용한 픽션을 확산시키는 데 쓸모가 있었다. 그는 협력자들에게 엄격하고 가차 없는 처벌을 내리는 데 조용하게 반대했다. 그러나 그는 페탱 밑에서 총리를 역임하며 널리 미움을 받은 피에르 라발에 대해서는 사형을 내리는 데 동의했다. 드골은 결국 페탱에 대한 처벌을 사형에서 종신형으로 감형해 주었다. 비시 정부의 수반이자 제1차 세계대전의 영웅으로서 널리 추앙받았던 페탱이 법정에 섰을 때 그의 나이 이미 89세였고, 명백히 더 이상 온전한 정신으로 자신을 추스를 수 있는 상태가 아니었다. 그는 혼미한 정신 상태에서 6년을 더 감옥살이 하다가 사망하게 된다.

프랑스에서 부역자들을 처벌하는 것과 독일에서 탈나치화하는 것 사이에 유사성이 있음은 분명하다. 이 두 나라에서 너무도 많은 보통 시민들이 체제와 타협했기 때문에 그들에게 가혹한 조치를 내리는 것은 비현실적이었다. 더욱이 프랑스에서 협력의 유혹은 다른 나라들에서보다 더 컸는데, 이는 부분적으로 독일 점령군이 특히 동부전선의 주민들에 비교할 때 적어도 초기에는 프랑스인들에 대해 상대적으로 난폭함이 덜했기 때문이다. 그럼에도 전쟁이 막바지로 치달아 가면서 프랑스의 레지스탕스가 좀 더 강력해지자, 이에 프랑스 주민들도 나치 군대가 프랑스로부터 밀려날 때 이들 점령군의 약탈로부터 완연한 고통을 맛보게 되었다. 영·미군의 폭격으로 건물들도 대다수가 파괴되었고, 대략 100만 명에 달하는 사람들이 집을 잃었다. 또한 대략 500만 명의 프랑스 전쟁 포로들과 독일로 징발된 노동자들이 귀향하고 있었다.

종전 당시 프랑스는 영국보다 훨씬 더 다른 나라가 되어 있었다. 두 나라 모두에서 혁명적 변화를 둘러싸고 말들이 많았지만, 조만간 동유럽에 나타날 '현실 사회주의'와 비슷한 어떤 것도 출몰하지 않았다. 영국 공산당은 1945년 6월 선거에서 전체 투표의 1퍼센트 미만을 득표한 반면, 프랑스 공산당(PCF)은 26퍼센트를 얻었다. 프랑스의 새로운 중도 정당인 인민공화운동당(MRP, Popular Republican Movement)이 두 번째로 많은 표를 얻어 24퍼센트를 차지했고, 사회당(SFIO)은 22퍼센트로 득표율에서 제3당이 되었다(MRP는 다른 곳의 기민당과 닮았으나, 프랑스 특유의 정치 전통과 어울리게도 좀 더 세속적인 성향이 강했다).

이 세 정당은 전시 레지스탕스와 깊은 관련이 있었고 공히 주요한 정치적·경제적 변화를 옹호했는데, 프랑스 역사상 최초로 여성들이 참여한 국민투표에서 전체 투표의 4분의 3을 획득했다. 요컨대 이 세 정당은 1945년 6월에 영국 노동당이 얻은 득표보다 훨씬 더 많은 표를 얻은 셈이다. 그럼에도 프랑스 정당들은 결정적인 점에서 서로 달랐다. 특히 PCF가 많은 표를 획득한 것은 공산주의자들이 레지스탕스에서 두드러진 역할을 했을 뿐 아니라 공산당이 1945~1946년에 폭력적인 사회혁명을 옹호하지 않았다는 사실과도 관련이 있었다. (이 두 해 동안 공산당들에게 내린 모스크바의 지령도 계급 갈등이나 권력 장악이 아니라 국민 통합과 회복을 강조하라는 것이었다.) 공산주의의 위신도 소련이 스탈린그라드 전투에서 승리하고 적군(赤軍)이 나치 독일로 진격하면서 덩달아 높아졌다. 그럼에도 SFIO와 MRP의 여러 지도자들은 공산주의자들의 장기적 의도에 대해 의심의 눈길을 보내고 있었다.

PCF와 SFIO, MRP가 1945년 6월에 영국 노동당이 제시한 것과 같은 종류의 단일한 강령을 중심으로 통합되거나 아니면 프랑스가 어떤 종류의 헌법을 가져야만 하는지에 대해 합의할 수 없다는 것이 조만간 분명해졌다. 그럼에도 이 나라는 당시 많은 이들이 예견한 혼란을 피했다. 종전 당시 과잉 분출한 자경단 활동이 잦아들면서, 법의 지배가 복구되고 책임 있고 합리적으로 잘 작동하는 중앙정부가 수립되었다. 트라우마를 겪은 프랑스 사회와 폐허가 된 경제가 좀 더 정상적이고 생산적인 형태를 갖추어 나가기 시작했다. 이리하여 과거보다는 확실히 덜 부패한 분위기에서 활달한 자유 언론이 출현했다.

1940년대 말 프랑스가 노동당 치하의 영국만큼 '사회주의적'으로 변모했다고 말할 수도 있다. 프랑스에서 산업체 기업들에 대한 국유화는 영국에서보다 더 광범위하게 이루어졌는데, 이는 부분적으로 프랑스 인민전선 기간에 항공 산업과 군수 산업을 통제하는 조치가 취해졌기 때문이다. 유럽 대륙의 다른 곳들에서처럼 프랑스에서도 철도가 국가 수중에 있었고 경제의 핵심 부문들도 국가 통제 아래에 있었는데, 여기에는 주요 은행과 보험회사들, 석탄·가스·전기 산업들이 포함되어 있었다. 사회안전망도 과거 어느 때보다도 광범위하게 갖추어졌고, 프랑스 노동자들에게는 시험적으로 공장에서 자주관리 역할도 주어졌다. 그런 조치들은 레지스탕스 지도자들이 가슴에 품고 있던 "순수하고 강고한"(pure et dure) 빛나는 새로운 사회 공화국의 비전에는 미치지 못했으나, 확실히 더 나빠질 수도 있었을 상황을 버텨 주었다. 수십 년 사이에 프랑스는 전례 없는 물질적 복지의 시대에 진입했다.

제4공화정은 단지 12년 동안 지속되었다. 제4공화정은 오래지 않아 제3공화정의 많은 결함들, 그러니까 내각의 지속적인 무기력과 의회의 대치 상태에서 비롯된 결함들을 드러냈다. 유럽의 다른 대부분의 지역에서처럼 공산주의자와 사회주의자, 중도주의자 사이의 전후 통일체는 1947년 봄에 해체되었다. 전쟁 직후 정부를 대표한 정당들은 전시 광범위한 반파시스트 동맹으로부터 등장했고, 한동안 많은 이들은 이 광범위한 연립이 오래도록 지속될 거라는 희망을 피력했다. 그러나 사태는 다르게 진행되었다. 동유럽에서 공산주의자들은 내각의 요직을 차지한 뒤 다른 정당들을 흡수하거나 제거해 나갔다. 서유럽에서는 달랐다. 처음에 공산주의자들은 복고된 나라들에서 형성된 정치 동맹에 참여했지만 대개 내각의 요직을 차지하지는 못했고, 그런 뒤 1947년 무렵이 되면 이런 저런 방식으로 쫓겨나기에 이르렀다. 1947년 5월 초 PCF는 야당이 되었고, 다른 곳에서처럼 프랑스에서도 공산주의자들이 이탈했다는 것은 곧 의회 연립이 중도 쪽으로 이동했음을 의미했다.

이탈리아에서 자유민주주의의 복고

이탈리아 주민들은 유럽의 어느 나라에서보다도 더 오랜 세월을 파시즘 치하에서 살았다. 또 파시즘 이전 이탈리아의 의회민주주의는 청렴함이나 효율성이라는 면에서 결코 모델이 될 수 없었다. 그렇기에 이 나라에서 전후 자유민주주의 체제를 수립하는 일은 프랑스에서보다 훨씬 더 어려운 과제였다. 무솔리니는 1922년에 총리가 되었고, 1920년대 말이 되면 자신이 전체주의 권력이라고 지칭한 것을 행사하기에 이르렀다. 이탈리아 국왕 비토리오 에마누엘레 3세가 무솔리니의 총리 취임 과정에서 중요한 역할을 했고, 그 후 파시스트 권력이 공고화되는 과정에도 거의 저항하지 않았다. 그럼에도 국왕은 무솔리니를 실각시키는 데 역시 일익을 담당했다. 영·미 연합군이 시칠리아에 상륙한 직후인 1943년 7월 말 국왕은 무솔리니와 관계를 끊고 연합국과 독자적인 강화 협상을 개시함으로써 자신의 왕위를 지키려고 했다. 독일에서는 그런 사태가 벌어질 수 있다고는 상상조차 할 수 없었다. 히틀러는 대통령이자 총리가 되었다. 더욱이 전쟁 말기까지 독일의 '퓌러'는 이탈리아의 '두체'보다 더 확실한 복종과 광적인 인기를 누렸다. 반면, 이탈리아에서는 1943년 7월 말 심지어 가장 중요한 일부 측근들도 무솔리니가 권좌에서 내려와야 한다는 결론에 도달했고, 그렇게 생각한 사람들이 (대체로 내각에 해당하는) 파시스트평의회의 다수를 차지했다. 당시 이탈리아 주민들 대다수도 독일군을 적으로, 영·미군을 해방자로 보기 시작했다.

무솔리니는 체포되어 감금되었으나, 독일 특수부대의 대담한 공수작전으로 구출되었다.* 새로운 파시스트 국가, 즉 이탈리아사회공화국(Italian Social Republic)**이 이탈리아 북부에서 무솔리니를 수반으로 하여 수립되었다. 그런 가운데 독일의 증원군이 이 나라에 밀어닥쳤다. 북부에서 독일군이 이탈리아 저항운동을 가차 없이 억압했기 때문에 이탈리아에서 반독일 감정이 크게 고양되었다. 그러나 이탈리아에서 벌어진 전쟁은 2년 더 지속됨으로써 그 피해는 프랑스보다 훨씬 컸을 뿐 아니라 독일을 제외하면 서부전선에 위치한 그 어떤 나라보다도 컸다.

일단 나치 군대가 이탈리아에서 밀려나자, 폭력적인 좌익 혁명의 전망이 프랑스보다 이탈리아에서 훨씬 유력해 보였다. 이런 전망은 특히 나라의 북부에서 강했는데, 여기서 공산주의자들은 여러 파르티잔 세력들 사이에서 리더십을 장악하면서 권력 장악을 위한 유리한 고지를 점하고 있었다. 과연 이런 상황은 북부의 지주들과 기업가들에게는 너무도 두려운 전망이 아닐 수 없었다. 제1차 세계대전 직후의 이

---

* 무솔리니는 당시 험준한 산악 지대인 그란 사소(Gran Sasso)의 한 호텔에 감금되어 있었는데, 글라이더로 침투한 독일 특수부대에 의해 극적으로 구출되었다.
** 이탈리아 북부 가르다 호숫가의 마을인 살로(Salò)에 본거지를 두었다고 하여 일명 '살로 공화국'으로도 불린다.

른바 '붉은 2년간'(biennio rosso)에도 이탈리아는 사회혁명의 문턱까지 간 적이 있었고, 1945년 여름에도 이 나라의 혁명 세력들은 확실히 1919~1920년 시기보다 훨씬 더 강력한 힘을 비축하고 있었다.

그럼에도 공산주의자들은 전시 동맹을 유지하려는 희망에서 폭력 혁명을 위한 선동을 자제했다. 아마도 더 중요한 것은, 스탈린이 자신의 공리(각 민족은 '자신의 군대가 닿을 수 있는 범위에' 자신의 시스템을 구축해야 한다)를 준수했다는 사실, 그리고 미군 당국이 공산주의 파르티잔들에게 무기를 내려놓으라고 요구했고 파르티잔들이 그렇게 했다는 사실일 것이다. 이탈리아 공산당(PCI)의 지도자인 팔미로 톨리아티는 공산주의의 승리가 투표함을 통해 찾아올 수 있다고 예견했기에 당시 모스크바의 노선에 완전히 부합하는 입장을 견지하고 있었다. PCI는 종전 당시 이탈리아에서 가장 대중적인 정당 가운데 하나였고, 체코슬로바키아에서처럼 많은 사회주의자들도 기꺼이 공산주의자들의 동맹자가 되었다. 1948년 봄 냉전이 완연해지는 가운데 뜨거운 논쟁을 불러일으킨 선거에서 PCI는 기민당에 이어 제2당이 되었고, 20세기 말까지 유럽에서 가장 큰 야당으로 군림하는 공산당이 되었다. PCI는 정규적인 국민투표에서 전체 득표의 약 3분의 1을 얻으며 수많은 북부 도시에서 유력한 다수파를 형성했다. 그럼에도 PCI가 중앙 정치에서 권력에 가장 근접한 것은 전쟁 직후에 형성된 연립에서 톨리아티가 부총리로 지명되었을 때였다. 그는 연립이 해체된 후에도 이탈리아에서 가장 존경받는 정치인 가운데 하나로 남았고, 유럽 공산주의 지도자들 가운데 가장 지적이고 덜 교조적인 인물로 손꼽혔다. PCI 역시 지방정부에서 상대적으로 효율적이고 부패하지 않은 경력을 과시했는데, 이는 같은 관점에서 기민당이 보여 준 개탄스러운 모습과 대조를 이룬다.

종전이 되면서 이탈리아에서는 광범위한 대중적 폭력 사태가 발생했다. 자경단 스타일의 정의가 횡행하고 사무친 원한들이 폭발하면서 아마도 1만 명가량의 파시스트들이 목숨을 잃은 것으로 추정된다. 수십만 건의 신체적 공격이 가해졌다는 기록도 있는데, 여기에는 파시스트와의 관계로 더럽혀졌다고 간주된 여성들에 대한 공개 모욕(프랑스에서처럼 머리 깎기가 여성들의 '수평적 협력'에 대한 일반적 처벌이었다)도 포함되어 있었다. 무솔리니도 자신의 정부인 클라레타 페타치와 함께 스위스로 탈출하는 과정에서 파르티잔들에게 붙들렸다. 이 두 사람은 파르티잔들에 의해 기관총으로 사살되었고, 두 사람의 시신이 거꾸로 매달린 끔찍한 사진들이 이탈리아 안팎에 널리 유포되었다.

뉘른베르크재판에 비견될 만한, 파시스트 지도자들에 대한 공개재판은 열리지 않았다. 어느 정도 영·미군 당국의 역할이 달랐고 또 이탈리아 파시즘의 범죄가 독일 나치즘에 비하면 상대적으로 덜 끔찍했기 때문이다. 더욱이 1943년 7월 이후 이탈리아에서 일어난 사건들도 반파시스트적인 징벌을 다른 각도에서 보게 해주었는데, 왜냐하면 적어도 일부 파시스트 지도자들은 정당하게도 자신들이 무솔리니를 권좌에서 끌어내리고 이탈리아 파시즘이 독일 나치즘과의 동맹 속에서 걸어간 경로를 거부하는 데 기여했다고 주장할 수 있었기 때문이다. 1945년 무렵 이탈리아인들 대부분은 나치즘의 악을 빨리 인정하라고 재촉받을 이유가 없었는데, 그도 그럴 것이 이탈리아인들 자신이 나치 치하에서 고통을 받았던 것이다. 또 이탈리아인들은 독일인들의 경우처럼 민주주의의 지배가 외부로부터 이식된 것이 아니라 자신들의 힘으로 민주주의의 지배를 재확립했다고 주장할 수도 있었다. 이탈리아인들이 자신들의 과거와 단절했다는 것은 1946년 6월 2일* 실시된 헌법 개정

---

* 원문에는 7월 2일이라고 표기되어 있으나, 6월 2일의 오기로 보인다. 이탈리아 현대사에서 1946년 6월 2일은 공식적인 공화국 건국일로 기념되고 있다.

안 투표의 결과에서도 확인된다. 이 투표에서 이탈리아인들은 군주정을 포기하고 자유민주주의 공화국으로 교체했다(서독 사람들에게는 1949년 말까지 이에 비견될 만한 선거 기회가 주어지지 않았다). 그리고 여전히 이탈리아에서 새로운 민주주의의 시대가 도래하고 있다는 징후는 프랑스처럼 여성들도 투표권을 획득했다는 사실에서도 확인된다.

저항운동 지도자들 사이에서는 행정부와 사법부에 잔존하는 파시스트들에 대한 철저한 숙청을 위한 계획이 있었지만, 기민당의 당수이자 전쟁 직후 계속 총리를 역임한 알치데 데 가스페리는 효과적으로 그런 계획을 논외로 밀쳐 냈다. 그는 숙청이 분열만을 낳을 것이라고 우려했다. 그러나 의심할 여지없이 데 가스페리의 계산에서 중요한 요인은 행정부와 사법부에서 옛 파시스트들을 제거함으로써 혁명적 좌파가 강화되고 기민당이 약화되는 결과가 나타나리라는 예상이었다. 1948년 초에 그의 정당은 이탈리아에서 가장 강력한 정당으로 떠오르고 있었다. 4월로 예정된 총선에서 공산주의의 집권에 대한 두려움이 주요 쟁점이 되었고, 데 가스페리는 바티칸의 지지뿐만 아니라 유산자 계층의 투표에 의지할 수 있었다. 교황은 공공연하게 가톨릭교도들이 기민당에 투표해야 한다고 권고했고, 공산주의자에 투표한 사람들에 대해서는 파문의 위협을 알렸다. 또한 미국 정부의 지도자들이 이제 막 출현하는 냉전(2월에 프라하 쿠데타가 일어났고, 6월에는 베를린 봉쇄가 시작될 터였다)에서 이탈리아를 치명적인 결전의 무대로 보기 시작했다는 사실도 그에 못지않게 중요하다. 그리하여 미국 지도자들은 데 가스페리와 그의 정당에 물심양면으로 지원을 아끼지 않았다. 기민당은 1948년 4월 총선에서 절대 다수파를 이루었는데, 이는 이탈리아 의회의 역사(자유선거)에서 단일 정당이 그런 승리를 일구어 내기로는 최초의 사례였다.

데 가스페리는 이탈리아가 미국 스타일의 자유시장 자본주의에 열려 있어야 한다고 확고하게 믿었지만, 미국식 정치 담론의 견지에서 보면 이탈리아 경제와 사회에 대한 국가의 강력한 역할은 쉽게 '사회주의적'이라고 분류될 수도 있었다. 실제로 데 가스페리의 정당은 국가 온정주의(state paternalism)와 신코포라티즘(neo-corporatism)을 선호했다. 전후 이탈리아에서는 영국과 프랑스에 비견될 만한 국유화의 물결은 없었고, 또한 나라의 '탈파시스트화'(defascistization)도 철저하게 진행되지 못한 관계로 상당한 파시스트 법이 여전히 법령집에 남아 있었다. 옛 파시스트 관리들도 여전히 법을 집행하거나 해석하는 역할을 하고 있었다. 이탈리아에서 국가는 노동당 치하의 영국이나 프랑스 제4공화정에서보다 광범위한 경제 부문에 대한 소유권이나 통제권을 보유했다. 또한 이탈리아 국가는 광범위한 사회복지의 책임을 떠맡았다. 1950년대 말 이탈리아 노동자 가구의 실질적인 소득 증가의 대략 60퍼센트만이 임금 상승에서 비롯된 것이고, 나머지는 국가가 관리하는 다양한 복지 수당에서 나왔다.

데 가스페리는 이탈리아 정치를 지배했고, 나라를 좌파의 혁명적 열정으로부터 벗어나게 했다. 이는 독일의 아데나워와 프랑스의 드골에 비견될 만한 일이었다. 그럼에도 신생 이탈리아 공화국은 신생 프랑스 공화국에 비해 "순수하고 강고한" 이상과는 거리가 멀었다. 20세기 나머지 기간 내내 기민당 아래 이탈리아는 잇따른 위기 속에서 비틀거리는 것처럼 보였다. 데 가스페리가 8년 동안 총리 자리에 있었던 것도 그의 은퇴 후에는 누구도 감히 넘볼 수 없는 기록이 되었다. 의회가 수십 년 동안 교착 상태에 빠지기도 했고, 뒤이어 내각에서 의자 뺏기 놀이가 시작되곤 했다. 그런 가운데 부패와 관료적 비능률이 지속되었다. 그럼에도 이탈리아 공화국을 실패로 단정할 수는 없다. 이탈리아는 결국 경제적으로 번영하고 중요한 개혁을 제도화하면서 궁극적으로 세계에서 가장 부유한 나라의 반열에 오를 수 있었다. 적어도 북부 지역에 서만큼은 그랬다.

유럽 통합, 첫 번째 단계

데 가스페리는 유럽 통합을 위한 계획을 지지한 유럽 지도자들 가운 데에서도 단연 저명한 인물이었다는 점에서 이탈리아 국경 바깥에서도 중요한 역할을 했다. 이탈리아인들은 극단적 민족주의의 결과에 역겨 움을 느낄 충분한 이유가 있었고, 전쟁 직후에 실시된 여론조사들에서 도 다른 유럽인들보다 더 유럽 통합체를 선호하는 입장을 보여 주었다. 이 시점에서 영국인들이 유럽 통합체에 대해 가장 미온적으로 생각했 다. 그럼에도 처칠조차 자주 인용되는 1946년 9월의 연설에서 "일종의 유럽합중국"(a kind of united states of Europe)에 관해 긍정적으로 언급 했다. 그렇다면 **어떤** 종류의 유럽합중국인가? 그것이 문제였고, 또 오랫 동안 숙제로 남을 것이었다. 처칠은 영국이 유럽 대륙과는 구별되는 독 자적 정체성을 유지하는 가운데 프랑스와 독일이 이끄는 어떤 형태를 생각하고 있었다. 더욱이 암묵적으로 미국식 모델을 차용한다는 것은 생각할 수 없었다. 왜냐하면 유럽인들과 달리 미합중국의 시민들은 단 일 언어를 사용했고, 하나의 존중받고 검증된 헌법을 향유했으며 근대 민족주의를 서로 경쟁하고 종종 적대하는 복수의 민족들로서가 아니 라 단수의 단위로 경험했기 때문이다.

냉전 시대에 "어떤 종류의 유럽합중국인가?"라는 질문에 답하려는 노력이 많았지만, 대부분 전제부터 잘못되었거나 한 바탕의 악다구니로 만 그쳤다. 세부 사항은 복잡하고 쟁점들은 종종 불가사의하지만, 단순한 진실은 유럽인들이 이제 막 출현하고 있는 여전히 형체가 모호한 유럽 정체성보다는 이미 오래전에 확립된 민족 정체성에 감정적으로 더 강하게 부착되어 있었다는 것이다. 비록 유럽인들 대부분이 의심할 여지없이 과거의 극단적 민족주의에 혐오감을 느끼고 있기는 했지만, 그들은 여전히 어떤 종류든지 간에 유럽합중국 안에서 자신들의 민족 주권이 상당 부분 제한당할 수도 있다는 생각에 깊은 의구심을 품고 있었다.

상황이 이러했으므로, 일단 경제적 통일을 향해 신중하게 움직이는 것이 그나마 최선의 방책으로 드러났다. 1951년 유럽석탄철강공동체(ECSC, European Coal and Steel Community)가 창설되었다. 독일과 프랑스, 이탈리아, 벨기에, 네덜란드, 룩셈부르크의 석탄 산업과 철강 산업을 초민족적(supra-national) 기구의 지도 아래에 둠으로써 이 6개국의 경제를 한데 묶었다. 이런 최초의 발걸음은 대체로 프랑스 외무장관 로베르 슈만과 유럽 통합의 주요 건설자로 널리 인정되는 프랑스의 경제 전문가 장 모네의 발의에 의존하고 있었다. 슈만은 대개 무대 뒤에서 활동했고 여러 정치 지도자, 특히 데 가스페리와 아데나워 같은 기독교 민주주의자들로부터 지지를 얻었을 뿐 아니라 벨기에의 사회주의자 총리인 폴앙리 스파크로부터도 지지를 받았다.

슈만은 자신의 주된 목표를 간결하게 요약했다. 즉 프랑스와 독일 사이의 전쟁을 "아예 생각할 수 없게 만들 뿐 아니라 물질적으로도 불가능하게 만드는 것"이 바로 그 목표였다. 로렌 지역 출신인 슈만은 양쪽 세계에서 성장하여 프랑스어와 독일어를 모두 유창하게 구사했다. 하지만 그는 저항과 그에 못지않은 적대감에 시달렸다. 프랑스에서 일부 반대자들은 그를 '독일 놈'(le boche)으로 불렀다. 그렇기는 해도 곧 '슈만 플랜'으로 불리게 될 이 방안은 성공적이었다. 7년 후 이 플랜은 공동시장(Common Market) 또는 유럽경제공동체(EEC, European Economic Community)로 확대되었는데, 여기에는 6개 회원국 사이에서 단지 석탄과 철강에 대한 관세뿐 아니라 모든 관세장벽을 점진적으로 낮추고 다른 방식으로는 회원국들의 경제 정책들을 조율하는 프로그램이 뒤따랐다. 6개 회원국 사이의 교역은 번성했고, 1968년 무렵 모든 관세장벽이 폐지되었다. 공동시장은 규모 면에서 미국에 육박하고 실상 1인당 생산성에서는 미국을 능가하는 역동적인 경제적 실체로 자리 잡았다. 서독 국적의 발터 할슈타인이 EEC의 초대 의장이 되었다. 그는 EEC의 경제적 성공을 찬미했을 뿐 아니라 EEC의 헌장이라고 할 수 있는 로마조약(Treaty of Rome)에 내포된 광범위한 정치적 영감을 특별히 강조하기도 했다.

그럼에도 할슈타인을 필두로 공동시장을 정치적으로 통합된 유럽의 견고한 토대로 본 사람들은, 과제가 복잡할 뿐더러 저항도 만만치 않다는 점을 과소평가했다. 냉전 또한 유럽 통합을 촉진하는 쪽으로 작용하기는 했지만, 특히 독일 문제와 관련하여 많은 것들을 미결 상태로 방치해 놓고 있었다. 서독이 NATO에 완전한 회원국으로 가입한 것도 (나치 독일의 항복이 있은 지 채 10년이 안 된 상태에서) 나치 폭정 아래에서 신음한 사람들에게 익숙해지려면 상당한 시간이 필요했다. 그럼에도 미국의 지속적인 압력이 가해지는 가운데 공산주의의 팽창에 대한 두려움이 우세했다. 또한 독일과의 경제 협력을 통해 번영을 이루면서 오래전부터 따라다니던 불안감도 완화되는 경향이 있었다.

드골의 비전, 제5공화정

독일에 대한 혐오감이 가라앉고 있기는 했지만, 그렇다고 해서 초민족적 정치제도들에 대한 관념까지 받아들여진 것은 아니었다. 그런 맥락에서 1958년 프랑스에서 권좌에 복귀한 드골이 속개된 시합에서 선수로 뛰었다. 일각에는 유럽의 1960년대를 가리켜 '드골의 10년'으로 부르는 사람들도 있다. 그에게 주권적 민족국가야말로 모든 사고와 행동의 중심이었고, 그것을 포기한다는 것은 상상할 수 없는 일이었다. 따라서 유일하게 만족스러운 종류의 유럽 통합은 독자적인 주권국가들을 포괄하는, 그리고 당연히 프랑스가 이끄는 '조국들의 유럽'(a Europe of fatherlands, Europe des patries)이었다. 그는 독일과는 화해를 선호했지만 '앵글로색슨들'에 대해서는 분노와 혐오를 계속 부추겼다. 그는 영국이 공동시장에 진입할 계획에 대해 1963년과 1967년에 두 번이나 거부권을 행사했는데, 주된 이유는 영국이 서독과는 달리 프랑스 리더십에 도전할 우려가 있었기 때문이다. 어쨌거나 드골은 영국과 미국의 '특별한 관계'가 독자적인 종류의 유럽 정체성은 말할 것도 없고 양대 초열강 사이에서 그가 공동시장의 회원국들에게 기대한 미래의 세계적 역할에 부합하지 않는다고 믿었다.

드골이 권좌에 복귀할 수 있었던 가장 직접적인 원인은 이미 7년째 접어든 알제리 전쟁이 악화되고 있었기 때문이다. 전쟁을 끝내는 것은 최고의 정치적 기민함과 그에 못지않은 책략이 필요한 임무였다. 알제리에 주둔한 군대와 유럽 정착자들이 드골이야말로 자신들과 '프랑스령 알제리'(Algérie française)를 지지하며 알제리를 프랑스에 묶어둘 수 있는 인물임을 믿게 만들 필요가 있었다. 이 점에서 다시 드골은 비록 자신의 목숨을 노린 암살 시도가 몇 차례 있기는 했지만 당장 머리에 떠오르는 지도자들 중 누구도 할 수 없는 방식으로 내전을 피하는 데 중요한 역할을 했다. 그는 강화 협정을 위한 협상을 추진하고 제4공화정의 몰락을 주도했다. 새로운 제5공화정의 헌법은 드골이 오래전부터 필요하다고 주장해 온 강력한 행정부를 수립하는 방안을 포함하고 있었다. 새로운 헌법은 1958년 10월의 국민투표에서 압도적인 지지를 얻었다.

바야흐로 프랑스는 안정된 정부를 갖추게 된다. 제4공화정 시절의 당파적 소란과 잦은 내각 교체는 없을 것이었고, 그동안 무시된 산적한 과제들이 의회의 방해 없이 일사천리로 처리될 수 있을 것이었다. 일부 관찰자들의 예측과는 반대로 제5공화정은 독재가 되지는 않았다. 드골은 시민적 자유를 존중하고 비판을 허용했지만, 프랑스 정당들의 권력은 상당히 축소되었다. 반면, 선출되지 않은 전문가들이 나라를 운영하는 과정에서 예전보다 더 큰 역할을 떠맡았다. 프랑스의 정치 형태는 몇몇 사람들이 지칭한 대로 일종의 국민투표제 민주주의(plebiscitary democracy)*가 되었는데, 드골식 국민투표제 민주주의는 그 바로 직전 선례랄 수 있는 나폴레옹 3세 치하의 경우보다 더 오래 존속하고 더 효과적으로 작동한 것으로 드러났다. 공식적으로 드골은 공화국 대통령이 되었지만, 이 시점에서 어떤 정치적 용어도 그에게 딱 들어맞지는 않는다. 비판하는 이들은 그를 가리켜 현대의 태양왕 루이 14세가 되려는 인물이라며 조롱했다. 의심할 여지없이 드골과 그의 역할에는 군주정과 유사한 어떤 것이 있었지만, 그 역시 인기 있고 고도로 지적이며 자유민주주의의 장점을 존중한 정치인이었을 뿐이다.

1962년에 알제리 반란자들과 강화조약이 조인됨으로써 마침내 잔혹

---

* 일단 국민투표로 정치인이 선출되면, 선출된 대표가 더 이상 유권자들에 대해 책임지지 않고 전권을 행사하는 정치 형태를 말한다.

한 소모전이 종료되었다. 프랑스인들은 드디어 다른 관심사들에 집중할 수 있었는데, 그런 관심사들 가운데 두드러진 것이 바로 경제 발전 문제였다. 프랑스는 1960년대에 세계에서 다섯 번째 경제 대국이 되었는데, 서유럽에서는 서독 바로 다음의 경제 수준이었다. 또한 드골은 프랑스의 '영광'에 대한 자신의 전망에 집중할 수 있었는데, 그런 작업은 주로 미국 헤게모니에 도전하는 방식으로 표현되었다. 그의 도전은 여러 차원에서 이루어졌는데, 그 대부분이 정치적 스펙트럼을 가로질러 모든 프랑스 사람들에게 인기가 있었다.

드골의 눈에는, NATO의 명령 구조도 최고 명령권이 외국 장성(맨 처음에는 아이젠하워)의 수중에 있었기에 프랑스의 군사적 독립성과 민족 주권에 용납할 수 없는 제한을 가하는 것으로 보였다. 드골은 프랑스의 군부대들을 NATO의 명령권 바깥으로 빼냈고, NATO의 사령부도 파리에서 브뤼셀로 이전시켰다. 그는 베트남에 대한 미국의 개입을 비판했고, 아랍-이스라엘 갈등에 대한 입장에서도 이스라엘인들에 대해 좀 더 비판적인 자세를 취했다. 또한 소련과 독자적인 관계를 구축하고 프랑스를 위한 독자적인 핵무장 쪽으로 나아갔다.

그럼에도 드골을 근본적으로 반미주의자(혹은 6일 전쟁 후 드골이 이스라엘인들을 비판하는 과정에서 돌출한 유대인에 대한 악명 높은 언급—자신감 과잉에 엘리트주의적이며 지배를 추구하는 민족—에도 불구하고 엄격한 의미에서 반유대주의자)로 묘사하는 것은 정당화될 수 없을 것이다. 그의 사상에 내재하는 복잡함을 요약하기란 불가능하지만, 그는 근본적으로 국제 관계에 대한 현실주의적 개념을 유지했다고 할 수 있고, 이는 곧 주권국가가 필수적으로 감정에 휘둘리지 않고 합리적이고 냉정하게 자신의 이해관계를 추구한다는 것을 의미했다. 그리고 그는 미국 권력에 저항하고 거리를 두는 쪽이 프랑스의 이해관계에 부합한다고 믿었다.

이와 연관된 여러 쟁점도 꿈틀대기 시작했다. 드골은 미국의 막대한 투자금과 생산물이 유럽을 침공하는 데(프랑스어에 대한 영어의 '침공'은 말할 것도 없고) 대해 우려를 표명했다. 그는 현대 미국식 대중문화에 대한 반감도 숨기지 않았다. 그러나 종종 미국인들을 분노하게 만든 그런 태도는 별로 특별할 것이 없었다. 프랑스에서 친미 감정과 반미 감정은 미국에서 친프랑스 감정과 반프랑스 감정이 그러했듯이 서로 오랫동안 경쟁했다. 1961년 초 대통령으로 당선된 지 얼마 되지 않은 존 F. 케네디가 영부인 재클린(프랑스 혈통에다 프랑스어도 구사할 수 있는)과 함께 프랑스를 방문했을 때, 이 미국 대통령 부부는 프랑스 사람들로부터 진정한 환대를 받은 것처럼 보였다. 아일랜드계 미국인이자 최초의 가톨릭교도인 이 젊은 대통령은 '앵글로색슨'으로 분류되지는 않았으나 그 역시 드골도 거의 무시할 수 없는 어떤 사실, 즉 적극적인 미국 권력을 대표하는 인물이었음을 부정할 수 없다. 그럼에도 케네디가 이끄는 미국은 명백히 소련에 견줄 만한 적은 아니었다. 사석에서 드골은 베트남에 개입하는 것의 위험에 대해 케네디에게 우정 어린 충고를 주었고, 나중에 쿠바 미사일 위기가 발생했을 때는 미국에 대한 지지를 공식 천명하기도 했다(그럼에도 그 역시 유럽을 핵무기 거래에 끌어들일 우려가 있던 위기에서 프랑스인들이 거의, 아니 전혀 목소리를 내지 못했다는 사실에 동요하지 않을 수 없었다).

드골이 자신의 목표를 이루었다고 결론지을 수는 없다. 여기에는 그의 중요한 서독 파트너가 주저한 것도 한몫했다. 1963년 가을 아데나워의 후임으로 훨씬 더 친미적이고 친나토 성향의 루트비히 에르하르트가 독일 총리로 취임했다. 그렇지만 드골은 유럽에서 미국의 영향력과 위신을 떨어뜨리는 데 확실히 기여했고 (실제로 불가피한 발전이었다), 또한 유럽인들이 자체적으로 통합하고 미국 권력으로부터 독립하는 방향으로 움직이는 과정에서 점차 자신감을 얻는 데도 간접적으로 기여했다. 이는 다음 장의 주된 테마가 될 것이다.

| 더 읽을거리 |

유럽 제국주의가 종식되는 과정의 핵심 국면을 다루고 있는 두 권의 탁월한 연구서가 있다. 존 E. 탤봇의 《이름 없는 전쟁: 알제리의 프랑스, 1954~62》(The War Without a Name: France in Algeria, 1954-62, 1980)와 스티븐 험프리스의 《기억과 욕망 사이에서: 혼란스러운 시대의 중동》(Between Memory and Desire: The Middle East in a Troubled Age, 2005)이 그것이다.

찰스 윌리엄스의 《마지막 위대한 프랑스인: 드골 장군의 생애》(The Last Great Frenchman: A Life of General De Gaulle, 1997)는 그 시대에 우뚝 솟은 난해한 개성뿐만 아니라 그 시대 자체에 대한 매력적인 설명을 제공하는 또 다른 전기다.

로버트 H. 압주크(Robert H. Abzug)의 《사악함의 내면: 미국인들과 나치 강제수용소의 해방》(Inside the Vicious Heart: Americans and the Liberation of Nazi Concentration Camps, 1985)은 수용소가 해방되었다는 소식에 대한 미국과 유럽에서의 최초 반응들을 흥미진진하게 들려준다.

25장

새로운 세대의 등장

1968~1989년의 시절은 유럽에서 혁명적 신비가 마지막으로 표출된 때부터 동유럽과 소련에서 공산주의 지배가 해체되기 직전까지의 시기를 아우른다. 앞서 22장과 23장, 24장에서 우리는 제2차 세계대전으로부터 유럽이 회복되는 과정과 냉전이 시작된 첫 수십 년을 살펴보았다. 이 장과 26장, 결론은 여전히 전쟁에 뿌리를 두고 있는 게 분명하지만 이전 시대와는 상당히 다른 방식으로 전개된 발전 양상을 다룬다. 이런 차이는 필경 전후에 태어난 새로운 세대가 성인이 되었다는 사실을 반영하고 있다. 또한 1970~1980년대에 경제적 어려움이 급증한 것도 이전 시대의 급속한 경제성장과 큰 차이를 보여 준다. 자본주의 국가들과 공산주의 국가들 모두 리더십이 새로운 시험대에 오르게 되었는데, 서유럽에서는 정치적 조정이 이루어진 반면에 동유럽과 소련에서는 공산주의 지배 자체가 궁극적으로 붕괴했다.

우리가 이미 살펴보았듯이 세대 갈등은 현대사에서 중요한 요인인데, 1960년대 말 청년들의 반란에서 특별하고도 명시적으로 날카롭게 표출되었다. 청년들의 반란과 페미니즘의 개화는 그 자체 1939년부터 1945년까지 벌어진 전쟁의 트라우마와 수백만 명, 특히 수많은 젊은이들의 죽음과 관련된 세대 간의 갈등과 관계가 있었다고 추정할 수 있다. 물론 다른 요인들도 작용했고, 실상 각국에서 전쟁으로 죽은 사람들의 수가 1968년 이후 청년 반란과 페미니스트 행동주의의 정도와 밀접한 상관관계를 갖고 있지는 않았다. 나라마다 청년 반란과 페미니스트 행동주의가 표현된 방식은 민족적 특수성에 따라 다양했다.

인간의 얼굴을 한 공산주의, 체코슬로바키아

우리가 이미 살펴보았듯이, 전쟁 직후의 몇 십 년 동안에 온건-보수 성향의 기민당원들이 유럽 대륙의 민주주의에서 핵심 역할을 수행했다. 이 몇 십 년은 경제적인 견지에서 놀라운 역동성은 물론이고 그에 못지않은 정치적 흥분과 위기가 분출된 시대이기도 하다. 그럼에도 한편으로는 1960년대 말 성인이 된 세대의 눈에 둔감하고 지루해 보일 정도로 지나치게 신중하고 인습의 시대이기도 했다. 좌파는 청년들의 분노에 결코 무감각할 수 없었다. 1970~1980년대에 거의 모든 나라의 민주주의적 사회주의와 공산주의 정당들에서 지도자들의 평균 연령이 높아졌다. 당과 노동조합 관료제의 규모가 커진 반면, 평당원이나 일반 조합원들의 수는 정체되거나 하락하는 경향이 나타났다. 소련에서 지도자들의 노령화가 특히 두드러졌는데, 이 나라가 '원로 정치'(gerontocracy)의 지배를 받는다고 언급될 정도였다. 지난날의 에너지와 이상주의는 도처에서 희미해졌다. 서유럽 정부의 상층부 역시도 종전 당시에, 아니 그 이전부터 이미 책임 있는 자리에 있던 온건-보수 성향의 노인들이 장악하고 있었다. 그렇다면 1960년대 말의 청년 반란과 1980년대 영국에서 마거릿 대처의 전투적인 반사회주의 지배 사이에는 역설적이게도 같은 뿌리가 확인된다. 비록 양쪽이 여러 면에서 정치적 스펙트럼의 양 극단에 마주 서 있었을지라도, 양자 모두 관료제를 가차 없이 공격했고 둔감하고 틀에 박힌 일처리 방식을 뒤집어엎으려고 했다.

1968년은 1848년과 마찬가지로 대륙 차원의 혁명으로 유럽사에 기록되었는데, 두 경우 모두에서 초기에 걷잡을 수 없이 분출된 희망은 이내 실망과 우경화로 대체되었다. 1968년 봄, 무엇보다 체코슬로바키아와 프랑스 두 나라에서 전개된 과정이 전 세계 차원의 관심을 끌었다. 우리가 이미 살펴보았듯이, 체코슬로바키아의 역사는 전쟁 이전과 이후 모두에서 흥미를 돋우는 많은 이례적 양상들을 보여 주었다. 1946년 체코슬로바키아 공산당은 자유선거에서 대략 38퍼센트의 득표를 기록했고, 공산주의자가 이끄는 좌파 연합이 그해 5월 집권했다. 그러나 민주주의적인 진화 과정을 통해 공산주의에 도달할 것이라는 예견은 실현되지 못했는데, 1948년 2월 공산주의자들이 비공산주의 동맹자들을 강제로 권력에서 끌어내렸던 것이다. 1949년 말이 되면 체코슬로바키아는 철저하게 '스탈린화'되어 있었다.

그렇기는 해도 이 나라의 체코 지역은 문자해득률과 경제 생산성, 중간계급 구성 면에서 소비에트 블록의 다른 지역들 대부분에 비해 서유럽 기준에 상대적으로 가까웠다. 1968년 초부터 좀 더 민주주의적인 형태의 공산주의 지배가 체코슬로바키아에서 가능할지 여부를 둘러싼 문제가 다시 제기되었다. 조만간 '프라하의 봄'(Prague Spring)을 상징할 인물인 알렉산데르 둡체크가 1월 권력을 떠맡았다. 그는 정부에 대한 광범위한 대중의 참여와 권력의 탈집중화, 지적 자유 등을 허용하는 일련의 개혁을 도입하면서 그 자신의 유명한 표현을 빌리자면 '인간의 얼굴을 한 공산주의' 쪽으로 움직여 나갔다.

둡체크가 권력에 접근한 것은 아래로부터의 압력에 직접적으로 반응하는 과정을 통해서가 아니라 근본적으로는 당 지도자들의 결정에 기초한, 전형적으로 복잡한 당내 권력 게임을 통해서였다. 그러나 그 후에는 특히 대학생들과 지식인들 사이에서 점점 더 큰 인기를 얻게 되어, 자기 나라의 주민들도 그와 비슷한 개혁과 자유를 요구할지도 모른다고 두려워하던 소련과 이웃 동유럽 국가의 지도자들을 근심에 빠뜨렸다. 이와는 대조적으로, 서유럽의 많은 공산주의자들은 둡체크 개혁의 열렬한 지지자가 되어 있었고, 그의 개혁들을 공산당도 합법적으로 권력을 얻고 다수의 지지를 얻으며 통치할 수 있다는 주장을 뒷받침하는 것으로 인용했다. 이런 일반적인 전망은 '유로코뮤니즘' (Eurocommunism)*으로 알려지게 되었는데, 이 노선은 공산주의 이상과 동일시되기는 하되 권력 장악과 유지에 관한 볼셰비키 및 소비에트 블록 모델에 대해서는 유보적인 태도를 보였다.

둡체크가 공산주의의 혁명적 신비에 새로운 생명을 불어넣었다고 묘사하고 싶은 충동이 들기도 한다. 그럼에도 그는 그런 역할을 떠맡기에는 너무나 모호한 인물이었다. 트로츠키와 같은 카리스마도, 레닌과 같은 흔들리지 않는 자기 확신도, 그리고 트로츠키와 레닌 모두의 무자비함도 결여하고 있었다. 둡체크는 공산주의 이상에 대한 신념을 잃지

---

* 1975년 이탈리아 공산당에 의해 처음 주창된 후 프랑스와 에스파냐의 공산당들에 의해 추구된, 소련식 공산주의에서 탈피한 서유럽식 공산주의의 이념과 노선을 말한다. 폭력 혁명과 프롤레타리아독재, 교조적 이데올로기를 포기하는 대신에 다당제와 의회민주주의를 통한 공산주의로의 이행을 제창하고 사적 소유권과 폭넓은 사상과 종교의 자유를 인정했다.

는 않은 채 스탈린주의 시대와 탈스린화 시대, 신스탈린주의 시대에 살아남으면서 소련에서 성장한 인물로서, 당 관료제에서 경력을 쌓은 사람한테서 예상할 수 있는 특성은 거의 갖지 않은, 다소 평범하지만 꽤 괜찮은 사람이라는 인상을 주었다. 그의 개인적 배경은 동유럽 공산주의 지도자로서는 이례적이었다. 즉 그는 한때 미국에서 살다가 고향으로 돌아온 부모한테서 태어난 슬로바키아인이었던 것이다. 그가 세 살이던 1924년에 부모는 다시 이주하여 이번에는 소련으로 건너갔는데, 그는 1938년 슬로바키아로 다시 돌아올 때까지 소련에서 자랐다.

흐루쇼프 이후 소비에트 지도자들은 이상주의자가 아니라 고루한 관리자 일색이었고, 둡체크라는 온건한 슬로바키아인을 어떻게 처리해야 할지도 알지 못했다. 둡체크와 그 지지자들을 관료적인 채널을 통해 봉쇄하려고 한 이런저런 무익한 시도 끝에, 결국 소비에트 지도자들은 노골적인 무력에 의존하기로 결심했다. 이리하여 소련과 (소비에트 블록에 소속된 8개국으로 이루어진) 바르샤바조약기구(Warsaw Pact)의 군대가 1968년 8월 갑자기 체코슬로바키아로 밀고 들어갔다. 1956년 당시의 헝가리인들과는 달리, 당황한 체코슬로바키아 주민들은 단지 수동적으로 저항하는 것에 그쳤다. 소비에트의 견고한 통제권이 이 나라에 부과되었고, 점령군이 1990년대 초 소비에트 제국이 붕괴할 때까지 남아 있었다. 둡체크는 엄격하게 감시당했고, 1969년 초 결국 권좌에서 끌려 내려와 좀 더 유순한 지도자들에 의해 대체되었다. 얼마 안 있어 당시 소비에트 지도부에서 가장 두드러진 인물의 이름을 딴, 이른바 브레즈네프 독트린(Brezhnev Doctrine)이 선포되었는데, 이를 통해 레오니드 브레즈네프는 "사회주의에 적대적인 세력들"이 사회주의(공산주의) 국가에서 권력을 잡을 때마다 "모든 사회주의(공산주의) 국가의 관심사"가

될 것임을 선언했다.

관찰자들은 1947년 3월 (공산주의 세력에 대항한 그리스 왕당파를 지지하면서 발표된) 트루먼 독트린과 브레즈네프 독트린 사이의 유사성에 주목했다. 그런 비교가 아무리 적절할지라도, 브레즈네프 독트린은 동유럽에 좀 더 노골적으로 소비에트 통제권을 부과하고 공산주의 국가의 민족 주권 또는 민중의 지배에 좀 더 명시적인 제한을 가하겠다는 의도를 드러낸 것이었다. 브레즈네프 독트린의 논리는 레닌주의적(대중이 아닌 당의 지배)이라고 평가될 수 있지만, 그 장기적 결과까지 유럽 소비에트 공산주의의 위신에 유리하게 작용했다고 평가될 수는 없다. 그런 위신은 이미 중국-소련 갈등과 1956년 헝가리 폭동, 베를린 장벽 설치 등의 사건들로 인해 추락한 상태였는데, 이제는 아예 심연 속으로 가라앉았다. 유럽과 나머지 세계의 압도적인 다수의 공산당들은 8월의 체코슬로바키아 침공을 비판했다. 프랑스의 저명한 실존주의 작가이자 통상 냉전기 소비에트 진영에 대한 완강한 옹호자로 알려져 있던 장폴 사르트르도 이 침공을 '그야말로 침략'이자 '전쟁 범죄'라고 비난했다. 소비에트 지도자들은 주요한 위협으로 보이는 어떤 것을 진압하는 데는 성공했지만, 소비에트 블록 내부의 관계는 결코 예전과 같지 않을 터였다.

서유럽의 젊은 반란자들

1968년 초 서유럽에서도 동시에 발생한 소요 사태는 몇 가지 결정적인 측면에서 체코슬로바키아의 경우와는 달랐다. 서유럽에서 1968년의 젊은 반란자들이 추구한 목표는 둡체크와 그 지지자들의 목표보다 더 폭넓은 것이었다. 반면, 서유럽 반란자들은 자유민주주의적인 규준들을 좀 더 관용하고 존중하는 권력자들에 맞섰다. 서유럽 민주주의의 지도자들은 관료적으로 웅크리고 있을 때도 상대 진영의 공산주의 국가들에서만큼 그렇게 혐오와 두려움의 대상이 되지는 않았다. 특히 프랑스에서 공산당 지도자들이 대학생 반란자들에 대해 별로 공감하지 않았다는 사실도 서유럽의 환경이 달랐다는 점을 암시해 주고 있다. 공산당 관료들은 정부와 교육계의 지도적인 위치에 있던 사람들만큼이나 대학생 반란자들에게는 조롱의 대상이었다. '스탈린의 모리배들' (Stalinist creeps)이 그들이 즐겨 쓴 욕설이었다.

1968년의 서유럽 반란자들은 광범위한 지적 원천에서 영향을 받았다고 주장했지만, 그들이 의식적으로 관심을 둔 것은 이론이라기보다는 과거 유럽의 혁명가들이었다. 설령 모종의 혁명적 신비와 연관되어 있었다고 해도, 그것은 마르크스주의나 레닌주의라기보다는 방만하게 흩어져 있던 아나키즘과 더 가까운 것이었다. 대학생 반란자들이 내건 유명한 슬로건도 "모든 권력을 소비에트로!"가 아니라 "모든 권력을 상상력으로!"였고, 모든 부류의 권위에 대해 적대감을 표출했다. (미국은 물론) 유럽의 젊은 반란자들에게 지적으로 가장 큰 영향을 준 사람은 독일 태생의 사상가인 허버트 마르쿠제였다. 그는 스무 살 때인 1919년 1월에 유산된 스파르타쿠스 폭동에 참여했고, 1920년대에는 독일의 많은 마르크스주의 이론가들 중 한 명으로 알려지게 되었다. 그러나 나치가 권력을 잡자 (유대인 혈통과 마르크스주의 신념 때문에) 독일을 떠나 결국 미국에서 학자가 되었다. 그가 펴낸 책 가운데 가장 잘 알려진 것은 《일차원적 인간》(One-Dimensional Man, 1964)인데, 거기서 그는 프롤레타리아트가 부르주아 소비주의 편으로 넘어갔고 더 이상 진보를 위한 견인차라고 볼 수 없다고 주장하면서 근대 산업사회에 대한 전면적인 비판을 내놓았다. 마르쿠제는 소수 종족들과 청년들을 포함하여 새로운 중요성을 갖는 소외된 집단들이 유럽과 미국에서 출현한 '일차원적' 사회를 파괴할 임무를 떠맡아야 할 것이라고 주장했다.

많은 대학생 반란지들이 실제로 마르쿠제의 난해한 저술을 읽었는지 (혹은 이해했는지)의 여부는 의문이지만, 그럼에도 그는 당시 막 드러나고 있던 전후 자본주의의 과실들에 대한 확산된 불만의 분위기를 대변했다. 1968년의 저변에 깔려 있던 쟁점은 근본적으로 다른 세대 경험과 연관된 서로 다른 감수성들의 충돌이었다. 마르쿠제의 게르만적이고 포스트마르크스주의적인 추상적 이론들보다 당시의 분위기를 더 잘 보여 주는 것은 유럽 전역에서, 심지어 소련에서도 엄청난 인기를 끌었던 영국 록밴드 비틀스였다. 대중 연예계의 다른 많은 인물들도 마찬가지였지만, 비틀스를 베낀 미국 밴드 몽키스의 노래 가사 "우리는 젊은 세대야, 우리는 한 말이 있었어!"는 당시 세대 갈등을 꽤 명시적으로 표현해 주었다.

젊은 세대는 정확히 무엇을 말해야 했는가? 둡체크의 기대에 현실주의가 결여되어 있었다는 점 역시도 명백해졌지만, 인간의 얼굴을 한 공산주의에 대한 그의 강령은 서유럽 젊은 반란자들의 요구와는 달리 구체적인 조치들과 연관되어 형체가 분명한 것이었다. 그런 이유 때문에 둡체크와 소비에트 블록의 다른 개혁가들은 대학생 급진파보다 훨씬 더 동정 여론을 불러일으키는 분석의 대상이었다. 과연 많은 비판자들은 대학생 급진파의 행동이 기억하기 쉬운 슬로건들로 표현되고 과장되게 연출된 것, 그러나 근본적으로는 진지함도 지적 엄격함도 실천적 책임감도 결여한 버릇없는 세대가 성질을 한 번 부린 것 이상도 이하도 아니라고 치부했다.

인구 '급증'과 세대 갈등은 여러 가지 방식으로 해결될 수 있다. 전쟁 직후에 태어난 사람 수가 많아 젊은 인구가 급격히 늘어날 때, 해당 사회가 불안해질 가능성이 농후하다. 비록 사회 불안의 초점이 어디에 맞춰져 있는지 불확실할지라도 말이다. 젊은이들의 에너지는 폭정을 뒤집어엎는 쪽으로 향할 수도 있지만, 1960년대 중국의 문화대혁명의 경우처럼 극도로 파괴적인 방향으로 나아갈 잠재성도 있다. 인구 급증 세대가 조금씩 나이를 먹으면서 다시 그 결과는 긍정적인 것이 될 수 있다. 상대적으로 많은 수의 노동자들이 인생에서 한창 일할 단계에 진입하게 되니 말이다. 그럼에도 경제가 (많은 경제들이 갖고 있지 않은) 이 노동자들의 잠재적 생산성을 잘 활용할 수 있는 제도들을 미리 발전시켜 놓고 있어야 한다. 궁극적으로 생산적 노동자들은 노쇠하며 은퇴자로서 생산 기능을 잃게 되어 나머지 인구에 특별한 부담을 가중시킨다. 만일 정부 당국이 장기적인 계획을 입안해야 하는 것이 하나 있다면, 그것은 아마도 인구 급증을 다루는 것이다. 그럼에도 이 과제는 상당한 정치적 수완을 필요로 한다. 필요한 결정이 인기가 없을 수도 있고, 그래서 실행에 옮기기 어려울 수도 있으니 말이다. 이 과제를 완벽하게까지는 아니더라도 제대로 처리한 국가도 거의 없다.

프랑스 '5월 사건'

청년들의 열정이 일시적이라고 지적한다고 해서, 이것이 곧 1960년대 말에 그들이 정당한 동기 없이 불만을 표출했다고 말하는 것은 아니다. 그런 동기 중에는 특히 반응 없는 관료제와 젊은이들이 고등교육 제도에서 마주치게 된 부적절한 실태들이 있었다. 베트남전쟁도 특히 미국에서 징병 대상의 젊은이들에게는 불만을 심화시키는 강력한 동기로 작용했는데, 유럽에서도 젊은이들은 전쟁을 두고 미국의 신세를 지는 늙고 편협한 세대가 지지하는 무의미한 갈등으로 보고 있었다. 프랑스에서 1950년대 초에서 1960년대 말까지 대학에 등록한 학생의 수는 3배 이상으로 뛰었지만, 그에 걸맞게 도서관과 강의실, 교과목은 확대 제공되지 못한 상태였다. 대학생들의 좌절과 분노는 예상할 수 있는 것이었다. 예상할 수 없었던 것은 그들의 저항과 혼란이 특히 파리에서 나머지 주민들에게도 최소한 한동안 옮겨 붙을 수도 있다는 점이었다. 1848년에서처럼 치안 병력의 과잉 진압(대학생 시위대에 대한 경찰의 무차별적인 구타를 포함한)과 연관된 당국의 어리석은 결정이 사회의 다른 계층에게도 분노에 불을 지폈다. '5월 사건'(events of May)으로 알려진 일련의 사태는 다소 기묘하지만 주목할 만한 현상(혁명은 아니지만 과거 혁명의 첫 단계와 많이 닮은)이었다. 1968년 5월 13일 총파업을 선언하고 짧은 시간 동안 거의 1천만 명의 노동자들이 파업에 돌입했는데, 이런 규모는 프랑스 역사에서 일어난 그 어떤 총파업도 능가하는 규모였다.

우리가 이미 살펴보았듯이, 성공적인 혁명은 급진적인 혁명 강령에 대한 광범위한 대중적 지지의 결과라기보다는 기성 정치의 리더십이 실패한 결과에서 나오는 경우도 많다. 예컨대 볼셰비키들은 차르와 권력을 둘러싸고 경합한 다른 경쟁자들이 스스로 통치할 수 없음을 드러낸 연후에 권력을 인수할 수 있었다. 그럼에도 1968년의 프랑스 공산당은 1917년 11월의 볼셰비키당과 닮은 데라고는 거의 없었다. 이보다 더 중요한 점은, 샤를 드골 대통령이 나약한 차르 니콜라이 2세나 동요하는 알렉산드르 케렌스키와 거의 닮은 데가 없었다는 사실이다. 대학생들과 동조자들, 수백만 명의 파업 참가자들도 단일한 지도자나 조직, 강령을 인정하지 않고 있었다.

상황이 그러했기에 분할하여 지배하는 정책이 꽤 효과적이었다. 파업 노동자들은 임금 인상으로 진정된 반면, 대학생 시위대에 대한 최초의 동정 여론은 일시적인 것에 불과하다는 게 드러났다. 보수파와 온건파는 상황이 무정부 상태나 사회주의자와 공산주의자들로 이루어진 인민전선 정부로 추락하지나 않을까 전전긍긍했다. 드골은 선거를 요구했고, 이 선거에서 그의 정당은 대승을 거두어 마침내 하원에서 견고한 다수파를 확보하게 되었다. 드골이 대학생 시위대와 만났을 때 그가 응수한 방식에는 드골다운 상징주의가 있었다. 즉 70대 후반을 바라보는 위엄 있고 존경 받는 군사 영웅은 갓 10대와 20대를 맞이한 시끌벅적하고 장발을 늘어뜨린 반란자들을 위압했다. 드골은 이렇게 선언했다. "개혁은 좋아, 카니발은 안 돼!"(여기서 '카니발'은 혼란스러운 기념행사를 의미하는 번역하기 힘든 프랑스어 'chie-en-lit'의 영어 번역인데, 문자 그대로는 장난꾸러기 아이가 늘어놓는 '잠꼬대 같은 헛소리'로 옮길 수 있다.) 그러자 난봉꾼같이 생긴 시위자들로부터 이런 답변이 돌아왔다. "개혁은 안 돼! 카니발은 좋아!"(Reforme, non! Chie-en-lit, oui!).

이탈리아에서 대학의 상황에 대한 대학생들의 항의도 이미 1967년에 시작되었고, 1969년 여름에 폭력이 정점에 다다르게 된다. 독일을 비롯한 여러 나라에서도 대학생들은 다양한 쟁점을 둘러싸고 당국과 충돌했지만, 1970년대 초 무렵 어디에서도 대학생 반란자들 편에서 실질적인 승리라고 할 만한 것에 다가갔다고 말할 수 있는 것은 없었다. 아닌 게 아니라 그들 대부분에게 '승리'라는 것이 명확한 의미가 있는 것은 아니었지만 말이다. 즉각적이고 급진적인 변화를 믿었던 사람들의 좌절은 곧 테러리즘으로 표현되었다. 특히 이탈리아와 독일에서는 다시금 19세기 말 아나키스트 운동의 경향을 떠올리게 할 정도였다. 하지만 그런 폭력적인 행동은 인구의 절대다수에게 혐오감만을 불러일으켰다. 그런 행동은, 급진적 변화가 테러리즘 행동으로부터 나올 것이라는 진정한 신념이라기보다는 권위에 대한 허무주의적인 사춘기 청소년들의 반항을 대표하는 것으로 보였다.

새 세대 페미니즘

앞에서 19세기와 20세기 초에 걸친 여성 문제의 더딘 진보와 역설적인 부침을 추적해 보았다. 1960년대 말부터 페미니즘 사상과 행동에서 비약적인 발전이 이루어졌다. 4장에서 살펴보았듯이, 페미니즘은 19세기의 다른 주요 이즘과 결합하면서도 그런 이즘들에 도전했다는 점에서 특수한 이즘이었다. 이와 유사하게, 여성들을 위한 평등과 정의라는 계몽적인 목표는 특히 달성하기가 어려운 것으로 드러났다. 그 이유는 어느 정도 여성들을 위한 평등과 정의, 해방이 실질적으로 광범위하게 적용될 때 어떤 모습을 띨 것인가에 대해 합의를 도출하기가 어려웠기 때문이다.

20세기 전야에 우파건 좌파건 점점 더 많은 남성들이 여성들에게 투표권을 부여하는 편에 가담했다. 보수주의 경향의 남성들은 외관상 여성들이 보수적으로 투표할 것이라고 기대할 수 있는 근거가 있었기 때문에 투표권 확대에 찬성했다. 그런 이유 때문에 기민당 당원들과 드골주의자들은 제2차 세계대전 이후 여성들에게 투표권을 주는 것을 지지했다. 그리고 대부분의 나라에서 여성들은 전쟁 직후의 여러 선거에서 기민당 당원들과 드골주의자들, 그 밖의 다른 보수 인사들이나 여권 인사들에게 지나칠 정도로 많은 표를 몰아주었다. 이와 유사한 보수적인 계산은 일찍이 하층계급 남성들에게 투표권을 줄 때도 작동한 적이 있었다. 즉 나폴레옹 3세와 디즈레일리, 비스마르크, 힌덴부르크 모두 가난한 사람들과 하층 중간계급으로부터 상당한 표심을 얻으며 인기를 누렸던 것이다.

그럼에도 보수적 남성들(그리고 어느 정도는 대개의 남성들)은 페미니즘의 어젠다가 투표를 넘어서 동등한 지위(가정에서, 작업장에서, 교육에서, 법적 관계에서, 성적 문제에서)로 확대되는 것을 지켜보며 근심을 떨칠 수 없었다. 19세기에 여성 문제에 대한 최초의 토론들은 교육과 시민적 평등, 투표권 획득이라는 문제에 초점을 맞추는 경향이 있었다. 재생산과 관련된 권리들과 동등한 보수라는 쟁점들은 다소 나중에야 조심스럽게 전면에 제기되었으나, 다시금 19세기 초에 등장한 모든 문제 가운데 여성 문제야말로 잠재적으로 가장 변화무쌍하고 광범위한 함의를 갖는다는 사실이 명백해졌다. 즉 그것은 결국 민감하고 깊은 뿌리를 지닌 문제, 곧 정체성의 문제, 그리고 인류의 다른 절반에 의해 억압받고 있는 인류의 절반을 해방하는 문제를 건드리고 있었다. 그것은 또한 여성들 사이의 세대 간 쟁점들을 반영하기도 했다. 그 무렵 페미니스트 활동가들의 친숙한 표현은, 자신들이 될 수 있으면 어머니 세대와 다르기를 원한다는 것이었다. 나아가 어머니 세대에 강요된 종속과 타협을 단호하게 거부했다.

두 차례의 세계대전 사이에 파시즘과 나치즘을 비롯한 권위주의 체제가 권좌에 오른 지역들(결국 유럽의 대다수)에서 여성의 권리를 인정하는 방향으로 이루어진 느린 진보가 역전된 것은 아니지만 적어도 중지되었다. 전시와 전후의 첫 수십 년 동안 유럽 여러 지역에서 여성들은 어쩔 수 없이 젠더 평등보다는 단순한 생존에 관심을 빼앗길 수밖에 없었다. 그러나 1960년대 말이 되면 전반적인 해방의 분위기가 페미니즘의 좀 더 광범위한 영감에 매우 유리한 상황을 조성하는 것처럼 보였다. 그럼에도 젊은 반란자들 사이에 있던 여성들은 젊은 반란자 남성들이 보이는 태도에 충격까지는 아니지만 거듭 실망감을 느껴야 했다. 기성 권위주의 구조들의 억압성과 비합리성을 그토록 열정적으로 비판한 사람들이 오히려 더 노골적인 남성 우월주의적인 태도를 보여 준 것이다. '남성 쇼비니스트'(male chauvinist)가 당시에 유행어가 되었고, 나중에 많이 사용된 표현은 '남성 호르몬 과잉'(testosterone-poisoned) 이었다.

여러 여성들에게 '의식을 고양하는' 경험이 크게 확대되었다. 예전에는 애써 눌러 왔던 상황이나 태도가 더 이상 참을 수 없게 되었다. 프랑스에서는 이미 1949년에 시몬 드 보부아르의 《제2의 성》(Le Deuxième Sexe)이 남성 우월주의적인 태도에 대한 자극적인 분석을 제공했는데, 이는 1970~1980년대 페미니스트들이 기본 텍스트로 인정한 책이었다. 비록 당시에 다른 페미니스트 저자들도 상당한 분량으로 다양한 결과물을 내놓고 있었지만 말이다. 특히 미국뿐 아니라 유럽에서도 가장 큰 영향력을 행사한 저술들 가운데는 미국인 베티 프리댄의 《여성의 신비》(The Feminine Mystique, 1963) 같은 책이 있었다.

드 보부아르는 특별한 지적 능력뿐 아니라 신체적 아름다움과 치열한 독립심을 두루 갖춘 여성이었다. 10대 시절에 그는 독실한 가톨릭 교도로서 수녀가 되는 것이 꿈이라고 선언했다(비록 아버지가 조숙한 딸의 모습에 감탄하여 "내 딸은 남성처럼 생각한다!"고 외치기도 했지만). 드 보부아르는 가톨릭 신앙을 포기하고 실존주의를 받아들이며 남성과 여성 모두(이들 중 가장 유명한 인물이 바로 장폴 사르트르)와 숱한 연애를 하는 과정에서 학문적으로 두각을 나타냈다. 마르쿠제와 드 보부아르는 공히 독일 사상과 관련된 많은 자료를 활용했지만, 1980년대에 페미니즘의 깃발 주위에 모여든 수백만 명 가운데 많은 사람들도 그랬을 것 같지는 않다. 비록 대학생들 대다수가 신중하게 마르쿠제의 저작을 읽거나 이해한 것 이상으로, 그들도 《제2의 성》을 읽었다고 해도 말이다. 드 보부아르는 소설로 훨씬 더 잘 알려졌는데, 특히 베스트셀러이자 실화 소설(실존 인물을 허구적인 인물로 바꾼 소설)의 고전인 《레망다랭》(Les Mandarins, 1954)이 유명하다. 여기서 그는 급진적인 페미니즘의 시각뿐만 아니라 당대 프랑스 사회의 이모저모를 탐구했다. 한동안 드 보부아르의 지적 동반자이자 인습 타파적인 연애 상대였던 사르트르와의 관계 덕분에 통상 영화배우들이나 얻을 수 있는 종류의 명성을 얻기도 했다. 페미니즘의 시각을 탐구한 소설 《황금 노트북》(The Golden Notebook, 1962)으로 유명한 영국 작가 도리스 레싱 또한 궁극적으로 2007년 노벨문학상을 수상하면서 거대한 명성을 얻었다. 그러나 거듭 강조하거니와, 이 사람들은 페미니즘의 사상과 행동이 주목할 정도로 용출하는 가운데 나타난 몇 안 되는 사례였다.

　1970년대에 이르면 여성들이 처해 있던 물질적 조건과 제도가 대단히 다양했음에도 불구하고 유럽에서 여성들과 관련된 많은 것들이 이미 변화된 상태였다. 남유럽의 상황이 북유럽의 상황과 비교되듯이, 공산주의 세계의 상황은 자본주의 서방세계의 상황과 크게 달랐다. 소련의 여성들은 법 아래에서, 작업장에서 형식적 평등을 오래전부터 누려 왔다. 전후 시기에 소련에서 의료직의 약 4분의 3을 여성이 차지할 정도였지만, 동시에 거리 청소나 쓰레기 수거 등에 종사하는 비숙련 노동력 또한 대개 여성들로부터 충원되었다. 공산주의 이데올로기의 역할과 무관하게, 소련의 엄혹한 현실은 수백만 명에 달하는 너무도 많은 남성들이 전쟁으로 죽거나 무능력해졌기 때문에 여성들이 예전에는 남성들이 한 역할을 대신 떠맡을 수밖에 없었다. 그럼에도 소련 여성들은 대부분의 동유럽 나라들에서도 그러했듯이, 변함없이 자녀 양육과 가사노동에 전부는 아니지만 일차적인 부담을 떠맡아야 했다.

가내 영역에서 성 역할이라는 쟁점(남성들이 음식을 준비하고 화장실을 청소하며 기저귀를 갈 것인가의 여부)은 1980년대까지는 진지한 토론의 주제가 되지 못했고, 그 이후에야 미국과 북유럽에 국한해서 토론의 주제로 부각되었다. 어떤 나라에서든 가사일과 양육을 완전히 평등하게 나누어야 한다는 이상은, 특히 부부가 모두 맞벌이를 하고 있을 경우에는 더욱 더 21세기까지도 폭넓은 고려의 대상이 되지 못했다. 여성들은 점점 더 많은 수가 작업장에 들어갔으나 그들에게 동일 노동에 대한 동일 임금을 보장하는 규준을 확립하는 일에는 여러 저항이 잇따랐고, 많은 위신 있는 직업들이 여전히 압도적으로 남성들의 것으로 남아 있었다. 성희롱이라는 쟁점들 또한 대체로는 은폐되어 있었다.

1960년대 여성들에게 일어난 여러 물질적 변화 가운데에는 특히 서유럽에서 기대 수명의 증가가 있었다. 서유럽에서 1980년대에 여성은 남성보다 평균 5년을 더 살았고, 소련에서는 그보다 훨씬 더 오래 살았다. 여성들은 피임을 통해 예전보다 적은 수의 아이를 갖고 더 많은 교육을 받을 수 있게 되었다. 수명이 늘어나고 아이를 적게 가짐으로써 유럽 태생 여성들은 인생 중반에 접어들어 감에 따라 더 많은 자유 시간을 누릴 수 있게 되었다. 가족 규모가 작아지고 공식적인 결혼이 늦어지거나 적어지는 경향이 광범위하게 확인되었다. 그래서 좀 더 많은 여성들이 독신이나 가장으로 살게 되었다. 이런 발전들 덕분에 필연적으로 여성들은 좀 더 많은 자유와 삶에 대한 자기 주도성을 획득했다. 또는 여성들이 그런 자유와 자기 주도성을 행사하려고 할 때 발생한 일들(이혼율 증가)도 그런 발전을 증명해 준다.

역사 속에서 이루어진 많은 '진보적인' 변화들과 마찬가지로, 여성해방도 역설적이고 뜻하지 않은 결과를 낳았다. 그런 결과 중 하나는 가장 안정된 유럽 인구의 출생률이 1970년대에 총인구를 유지하는 수준 아래로 떨어졌다는 사실이다. 반면, 비유럽 이민자들이 전통적인 유럽 문화에서보다(실상 파시즘과 나치즘 치하에서보다) 여성 종속이 더 엄격한 문화권으로부터 유입되는 가운데 이민자들의 수와 출생률이 꾸준히 증가하고 있었다. 그렇다면 그 밖의 다른 영역들뿐만 아니라 젠더 관계의 영역에서 인구학적 현실은 유럽의 미래에 종종 새롭고 예기치 않은 문제들을 제기하고 있었다고 하겠다.

페미니즘은 그 수십 년 동안에 이룬 성취에도 불구하고, 또는 그 복잡성과 모순적인 경향 때문에 예컨대 노동자계급 운동과 같은 방식으로 조직화된 대중운동으로 발전하지는 못했다. 19세기 초부터 여성 문제에 관심이 높은 사람들은 여성들이 직면한 부정의가 시정되어야 한다는 신념을 공유했지만, 그 방법이나 궁극적 목표와 관련한 차이들은 여전하거나 심지어 그 차이들의 중요성과 복잡성, 역설적 양상들이 더욱 심각해지곤 했다.

유럽에서 투표권을 획득한 결과는 많은 페미니스트들에게 실망스러웠다. 여성참정권이 여전히 의무적인 첫 단계로 보였지만, 정치적 행동을 뛰어넘는 여러 단계가 필요하다는 점이 분명해졌다. 오랫동안 암묵적으로 존재해 온 페미니즘 사상 내부의 근본적인 분열도 20세기 말에 점점 더 전면에 나타나기에 이르렀다. '젠더 페미니스트'(gender feminists)로 알려진 사람들은 남성 정체성과 여성 정체성 사이의 본질적이거나 불변하는 차이가 실재하며, 이는 단지 문화에 의해 생산된 것 이상이라고 주장했다. 반면, '평등 페미니스트'(equity feminists)는 차이를 부정하거나 최소화하여 페미니즘의 대의가 정의롭다고 인정하는 남성들과 함께 일하면서 미래의 협력적이고 조화로운 젠더 관계를 위한 폭넓은 희망을 제시했다.

젠더 페미니스트들은 덜 낙관적이고 남성-여성 관계를 돌이킬 수 없는 긴장 관계, 심지어 비극적인 관계로 보는 경향이 있고 그래서 양성 간 차이가 여성에게 부과하는 파괴적인 충격에 특별히 주목했다. 저메인 그리어는 《여성, 거세당하다》(The Female Eunuch, 1970)라는 책으로 일약 세계적 베스트셀러 작가로 등극했는데, 바로 젠더 페미니즘의 주도적인 옹호자였다. 반면, 베티 프리댄은 평등 페미니즘(특히 자신의 베스트셀러인 《제2의 단계》[The Second Stage, 1981])을 주창했지만, 한 가지 유형으로 단정하기에는 미묘하고 복잡한 대목이 많았다. 엄격한 과학적 기준에서 볼 때 종종 의심쩍기는 하지만 성적 정체성에서 뇌와 호르몬이 큰 역할을 한다는 사실이 발견되면서, 문화와 고유한 속성 가운데 어느 것이 더 큰 역할을 하는지를 둘러싼 논쟁이 가열되었다. 아마도 가장 흥미로운 것은 환경 요인과 유전 요인이 서로 어떻게 미묘하게 작용하는지를 둘러싼 논쟁이었는데, 이는 예전에는 결코 이해되지 못했던 주제이고 앞으로도 과학자들에 의해 탐구되어야 하는 문제일 것이다.

이 수십 년 동안 가장 예기치 못한 일은 영국 최초의 여성 총리 마거릿 대처가 강경한 보수주의자였다는 점이다. 대처는 보수당 내에서 착실히 경력을 쌓았고, 1979년부터 1980년대 내내 총리로서 당시 보수당원들이 조롱한 "보모 국가"(nanny state, 노동당에 의해 구축되고 적어도 오랫동안 보수당에 의해 부분적으로 수용된 국가)*에 대항하여 공격적인 캠페인을 이끌었다. 19세기에 자유주의 좌파와 일부 사회주의자들은 일단 여성들이 투표권을 획득하면 당시 공격적이고 개인주의적인 남성들이 통치하는 국가와는 달리 여성적 가치들(혹은 '보모'의 가치들)이 투영되어 좀 더 많이 배려하고 협력하는 국가가 발전할 수 있으리라고 확신했다.

---

* 국가가 보모처럼 모든 것을 지시하고 통제하려는 복지 국가를 경멸조로 표현하는 용어다.

그림 29 1979년 영국 최초의 여성 총리에 오른 마거릿 대처

　존 스튜어트 밀도 이와 유사하게 일단 여성들이 정치권력에 접근하면 자신들의 나라를 무모한 군사적 모험에서 빼내어 국제적 화해 쪽으로 인도해 줄 거라고 내다봤다. 아이러니하게도, 마거릿 대처는 1982년 봄 공식적으로 포클랜드제도의 영유권을 둘러싸고 (그러나 더욱 깊게는 민족적 위신을 둘러싸고) 아르헨티나와 전쟁에 돌입했는데, 전쟁은 대처가 더 많은 인기를 누리며 총리 취임 당시의 불안정한 지위를 극복하고 권력에서 살아남는 데 결정적인 요소가 되었다. 대처는 미국 대통령 로널드 레이건의 지지를 받으면서 소련에 대한 강경 노선을 고수했는데, 이에 고르바초프는 곧바로 대처를 "철의 여인"이라고 부르기도 했다. 대처는 자신을 페미니스트라고 여긴 적이 없었고, 당연히 대부분의 페미니스트들도 그를 자기들 부류에 속하는 사람으로 인정하기를 꺼렸다. 그러나 대처는 여성 정치인에 대한 안이한 가정들을 사정없이 무너뜨렸다. 비록 전형적인 여성(정치인들은 거의 전형적인 사람들이 아니다)은 아

니더라도, 그는 독립적이고 대단히 유능하며 자신감에 충만한 인물이었다는 점에서 페미니즘의 이상에 담겨 있는 중요한 어떤 요소를 입증하는 사례라고 볼 수 있다.

페미니스트 운동과 관련된 슬로건인 '가시화-되기'(becoming visible)는 20세기 마지막 10년 동안 전례 없는 정도로 유럽 여성들에 의해 성취되었고, 대처는 역설적이기는 해도 그런 가시성(visibility)에 기여했다. 그렇지만 여성 대표성은 나라마다 부문마다 광범위한 차이가 있었다. 예컨대 유럽의 정당들과 노동조합들에서 의회 의석과 요직을 차지한 여성의 비율은 여전히 보잘것없는 수준으로 남아 있었다. 또한 온건-보수파 여성들이 좌파, 특히 페미니스트 여성들보다 더 주목할 정도로 유력한 정치적 지위로 올라갔다. 독일 기민당의 온건-보수파인 앙겔라 메르켈은 2005년 독일 최초의 여성 총리가 되었다. 또한 그는 대처 이후 주요 유럽 국가의 지도자가 된 최초의 여성이었다. 2007년 프랑스 선거에서 프랑스 사회당 대통령 후보가 된 세골렌 루아얄은 니콜라 사르코지에게 졌지만, 사회당의 주요 인사로 남았고 다시 선거에 뛰겠다고 공언했다. 그럼에도 2012년 봄 대통령 선거에서 사회당 후보가 되어 사르코지를 누르고 경제 위기를 비롯한 많은 도전들에 직면한 나라에 새로운 방향을 제시한 사람은 아이러니하게도 루아얄의 오랜 동반자였던 (최근에 헤어진) 프랑수아 올랑드였다.

| 더 읽을거리 |

22장과 24장의 더 읽을거리에서 제시한 두 저작이 이번 장과도 특히 관련이 있다. 윌리엄 I. 히치콕의 《유럽을 위한 투쟁: 분단된 대륙의 소란스러운 역사, 1945~2002》(The Struggle for Europe: The Turbulent History of a Divided Continent, 1945-2002, 2004)와 토니 주트의《포스트워: 1945년 이후의 유럽사》(Postwar: A History of Europe Since 1945, 2006)가 그것이다. 그럼에도 1968년에서 1989년까지를 다루는 문헌은 방대하다. 다음의 책들이 두드러진다(비록 많은 다른 책들도 똑같이 훌륭한 것으로 인용될 수 있지만 말이다). 레나테 브리덴탈 등의《가시화-되기: 유럽사의 여성들》(Becoming Visible: Women in European History, 1997); 아치 브라운의《고르바초프 요인》(The Gorbachev Factor, 1997); 캐럴 핑크 등의《1968년: 변형된 세계》(1968: The World Transformed, 1998); 티머시 가턴 애시의《현재의 역사》(History of the Present, 1999); 데이비드 차일즈의《두 개의 붉은 깃발: 1945년 이후의 유럽 사회민주주의와 소비에트 공산주의》(The Two Red Flags: European Social Democracy and Soviet Communism since 1945, 2000); 에릭 J. 에번스의《대처와 대처주의》(Thatcher and Thatcherism, 2004).

26장

데탕트, 동방정책, 글라스노스트

냉전은 1940년대 말부터 1960년대에 걸쳐 뚜렷한 형체를 띠며 대체로 '양극화'되었는데, 비록 스탈린의 사망 이후에는 평화공존에 대한 말들이 나왔다 들어갔다 했지만 때때로 미국과 소련 사이에 극적인 대립이 발생하곤 했다. 1968년 여름 체코슬로바키아에서 '인간의 얼굴을 한 공산주의'가 진압됨으로써 동서 관계는 단박에 악화되기는 했으나, 1970년대는 일반적으로 데탕트(détente, 긴장 완화)의 10년으로 간주되었다. 이를 잘 보여 준 것이 독일 총리 빌리 브란트의 화해 노력과 1975년 소련이 (인권과 국제 갈등의 평화적 해결에 헌신한다는 것을 강조한) 헬싱키 협약(Helsinki Accords)에 조인한 일이다.

그렇기는 해도 그 10년은 미국과 소련 사이의 조화로운 관계가 단절 없이 지속된 시기는 아니었다. 그들 간의 긴장은 지미 카터의 대통령 재임기(1977~1981)에 악화되었고, 로널드 레이건의 대통령 재임(1981~1989) 초기에는 좀 더 악화되었다. 카터와 레이건 모두 리처드 닉슨 대통령의 차가운 '현실주의'로부터 벗어나 특히 인권 문제와 소련의 아프가니스탄 개입과 관련하여 소비에트 지도자들에게 도덕적인 압력, 말하자면 윌슨식 압력을 가했다.

레이건의 초기 강경 노선은 다소 예기치 않게, 또 여러 측근들의 조언과는 반대로 공산주의 지도자들과 기꺼이 타협하는 방향으로 완화되었다. 이렇게 미국 측의 태도가 흔쾌히 누그러진 데는 미하일 고르바초프가 리더십을 떠맡았던 1980년대 중반 무렵 소비에트의 취약함이 점점 더 분명해 보였기 때문이다. 고르바초프 또한 타협을 바랐고 소련의 통치 방식에서 근본적인 변화를 제도화했다. 그러나 그의 개혁은 소련과 소비에트 블록의 공산주의 리더십을 유지하는 데는 부적절한 것으로 드러났다. 1991년은 소련이 공식적으로 해체된 해였다. 그때 이후 새로운 지도자들이 나타나고 예전 유럽 공산주의 세계 내부에서 새로운 방향으로 발전이 이루어졌다. 또한 그보다는 덜 극적이지만 나머지 유럽 세계에서도 궁극적으로 과거 소비에트 블록에 소속된 나라들까지 포괄하는 유럽연합(EU)이 형성되고 이 또한 1991년 팽창하면서 새로운 방향으로 발전이 모색되었다.

소련과 미국의 마찰

1970년대 말에 소비에트 유대인들에 대한 처우가 특히 논란을 일으키는 쟁점으로 떠올랐다. 출국 비자를 거부당한 소비에트 유대인들은 이제 '시온의 포로들'로 묘사되거나 '레퓨제니크'(refuseniks)*로 유명인

---

* '명령에 불복하는 사람들'이라는 뜻이다.

사 대접을 받기도 했다. 소련에서 유대인 문제는 이 시점에 너무도 중요해졌는데, 왜냐하면 공산주의 지배가 (이주권을 포함한) 헬싱키협약에 규정된 바와 같은 인권이나 민중의 지배와 연관된 조항들과 양립할 수 없었기 때문이다. 소비에트 지도자들은 그와 관련하여 협약을 존중할 의도가 없었지만, 이 협약은 거의 모든 공산주의 국가에서는 반대자들이 공산주의 지도자들을 폭로하고 당혹스럽게 만드는 수단으로 사용되었다.

1979년 12월 소련의 아프가니스탄 개입은 거기서 막 탄생하는 친소 정권을 강화하기 위한 것이었는데, 점차 미국의 베트남전쟁 참전에 견줄 만한 사건으로 비쳐 소비에트 경제에 해악을 끼치고 주민을 분열시켰다. 소련의 개입에 대해 카터가 신랄하게 비난했고 즉각 보복 조치를 취했다. 이 조치들 중 가장 큰 분노를 불러일으킨 것은 1980년 모스크바 올림픽에 미국 선수단을 참가시키지 않은 일이었다(소련도 1984년 로스앤젤레스 올림픽을 보이콧함으로써 보복했다). 나중에 레이건은 강도를 높여 소련을 "악의 제국"이라고 비난했다. 그는 카터가 아프가니스탄의 반소련 세력을 지원한 정도의 조치를 훌쩍 뛰어넘는 실질적인 조치를 취했다. 미국의 군사비 지출을 대규모로 확대한 것이다. 레이건과 그의 측근들은 아프가니스탄과 관련된 지출이 소련 경제의 취약성을 악화시킬 것이라고 계산했는데, 이는 나름의 근거가 없지 않았다.

미국에게 1970년대는 내부적으로는 1930년대 이래로 가장 어려운 10년이었다. 닉슨의 첫 번째 대통령 재임기(1969~1973)가 끝날 무렵인 1972년 11월의 선거에서 압도적인 승리가 뒤따랐지만, 그의 두 번째 임기는 굴욕적인 비난을 뒤집어쓰며 1974년 8월 사임하는 것으로 끝났다.*

---

* 닉슨 대통령은 1972년 6월 자신의 재임을 위해 비밀 공작반이 민주당 지도부를 도청하려다가 발각된, 이른바 '워터게이트 사건'을 계기로 자신의 탄핵이 이루어지는 상황에서 1974년 8월 사임했다.

베트남전쟁도 결국 수렁에 빠져 1973년 굴욕적으로 끝났다. 닉슨의 사퇴와 그의 재임기에 터져 나온 스캔들은 미국의 자존감을 약화시켰을 뿐 아니라 전 세계 차원에서 미국의 위신을 추락시켰다. 카터의 재임기 역시 이란 인질 위기(1979년 11월 4일~1981년 1월 20일)에서, 특히 인질들을 구출하려는 대담한 군사적 시도가 실패로 돌아가면서 비난을 뒤집어써 국민적 굴욕감을 불러일으키며 위신에 심각한 손상을 입었다.

비록 미국 경제가 소련 경제보다는 훨씬 강력했지만, 베트남전쟁이 미국 경제에 심각한 영향을 준 것도 사실이었다. 린든 존슨 대통령 재임기(1963~1969)에 약속된 '총과 버터'는 정확히 절반씩 동등한 비중으로 제공될 수 없게 되었다. 유럽과 미국에서 전쟁 직후 수십 년 동안 이루어진 급속한 경제성장도 실제로 1960년대 말이 되면 불길한 징후를 보여 주기 시작했는데, 유럽과 미국의 경제에 더한 충격을 몰고 온 것은 1973년 아랍 세계의 석유 금수 조치였다. 여기서도 유대인 문제와 유럽 및 나머지 세계의 발전 사이에 존재하는 강력한 연관성을 확인할 수 있다.

석유 금수 조치의 충격, '스태그플레이션'

앞서 살펴보았듯이 아랍-이스라엘 갈등은 해결되지 못한 채 남아 있었고, 어떤 측면에서는 1948년 전쟁 이후에 더 악화되었다. 1973년 10월의 욤 키푸르 전쟁(Yom Kippur War)은 이집트와 시리아가 부분적으로 시나이반도와 골란고원(1967년 6일 전쟁으로 상실한)에 대한 통제권을 회복하기 위해 개시한 것이었으나, 좀 더 광범위한 의미에서 이 전쟁은 다른 전쟁들과 마찬가지로 거의 모든 아랍 국가의 지도자들이 자기네 땅 한복판에 존재하는 유대인 국가의 정당성을 계속해서 인정하기를 거부하는 상황에서 발발했다고 할 수 있다. 그럼에도 1948년에 획정된 국경을 확대하려는 이스라엘의 열망은 뒤이은 시기에도 계속 불분명하게 꿈틀거리며 점점 더 큰 의구심을 낳고 있었는데, 그도 그럴 것이 이스라엘인들은 의심의 여지없이 국경을 팽창하고 공고화하기를 희망하면서도 자기들 사이에서도 얼마만큼 팽창할 것인가를 둘러싸고 의견이 분분했다.

다시 1973년에 아랍 국가들은 인구의 압도적 우위라는 장점을 살려 군사적 승리를 이끌어 낼 능력이 없다는 점이 드러났다. 그러나 그들에게는 석유 자원의 통제권이라는 또 다른 회심의 무기가 있었고, 이제 전쟁에서 이스라엘을 편든 국가들, 특히 그 주범인 미국을 응징하기 위해 석유수출국기구(OPEC)를 통해 석유 금수 조치를 단행함으로써 그런 자원의 이점을 효과적으로 이용했다. 1970년대 말에 전 세계 석유 가격은 1973년의 10배에 가깝게 뛰었다. 그 함의는 불길했다. 현대 산업 생산에 본질적인 한 상품(대부분의 유럽 민족들은 결여한 것)의 가격이 OPEC 석유에 의존한 모든 경제에 파문 효과를 일으키면서 전에 없던 정도로 돌발적으로 치솟았던 것이다.

천정부지로 치솟는 석유 가격에 새로운 현상이자 새로운 용어까지 따라붙었다. '스태그플레이션'이 바로 그것이다. 이는 경제 정체(불황)와 인플레이션이 동시에 벌어지는 것을 의미한다. 경제학자들과 정치 지도자들은 가격이 내리거나 빠지면서 오는 경제 불황이 급속한 경제성장에 수반되는 인플레이션의 압력과는 정반대되는 경향이라고 간주해 왔다. 예전에 그런 경제 불황에 대한 치유책은 '경기 부양'을 위해 국가 지출을 늘리는 것이었지만, 이제는 경제 불황 상태를 치유하지는 못하면서 인플레이션만 가중시키는 것으로 보였다. 이런 스태그플레이션과 싸우면서 제기된 불가사의한 경제적 쟁점들 때문에 20세기 후반은 물론이고 다음 세기까지 경제학자들과 정치인들이 분열되었다. 예컨대 시장 인센티브를 새로이 강조하고 사회경제적 문제들을 처리하는 국가의 역할을 축소시키면서 정부 지출을 줄여 스태그플레이션을 치유하자는 것이 마거릿 대처가 제시한 강령의 핵심이었다(아래에 논의될 것이다).

돌이켜 보건대, 1970~1980년대는 당대 유럽인들이 생각했던 것처럼 그렇게 경제적으로 궁지에 몰려 있었던 것은 아닌 듯 보인다. 1880년대의 '대불황'과 마찬가지로, 연간 경제성장률이 하락세를 보였지만(1950~1960년대의 약 4.5퍼센트에서 1970~1980년대의 약 2퍼센트로 하락했다), 이는 절대적인 하락은 아니었다. 사실 1880년대보다 성장률 하락세는 약했다. 유럽인들은 다양한 방식으로 석유 금수 조치에 적응했다(예컨대 핵 권력과 보존 조치들). 기술적 발전과 새로운 북해 유전의 발견으로 궁극적으로 영국과 노르웨이가 석유 수출국이 되었다. 그리고 경제 발전에 유리한 다른 유리한 환경도 조성되었다. 드골이 권좌에서 물러나면서, 영국이 결국 1973년에 유럽 공동시장에 가입하여 공동시장이 크게 확장되고 경제적 잠재력이 강화되었다. 그렇다면 1970~1980년대의 상대적으로 더딘 성장률에도 불구하고, 유럽은 여전히 상대적으로 번영하고 경제적으로 역동적인 지역으로 남아 있었다고 하겠다.

이와 동시에 유럽과 미국의 경제적 관계도 제2차 세계대전 종전 때는 상상할 수 없는 방식으로 변동하고 있었다. 이미 1960년대 말 미국과 유럽 공동시장 국가들 사이의 경제적 경쟁이 과열된 탓에 양 지역의 관계는 껄끄러워졌다. 1970년대 초 이 경쟁이 당시 유럽과의 관계에서 연간 약 100억 달러의 무역 적자를 기록하고 있던 미국의 주요 관심사로 떠올랐다. 유럽인들이, 특히 가장 선진적인 유럽 경제에 살고 있던 사람들이 미국인들보다 더 큰 물질적 복지를 누리기 시작했다는 느낌이 '엉클 샘의 친숙한 느낌'(엄청난 부자 친척)을 대신했다. 그럼에도 유럽과 미국 사이의 경제적 긴장은 합리적으로 통제될 수 있었는데, 이는 대체로 두 지역이 공동의 경제적 이해관계는 물론이고 동일한 가치와 동일한 적들을 공유하고 있었기 때문이다.

들썩이는 소비에트 블록

유럽과 미국 사이에서 확인되는 펀더멘탈(경제 기초)에 대한 합의가 소비에트 블록 국가들에서는 약했다. 여기서는 깊이 뿌리 내린 역사적 반감이 지속되었고 소비에트 지배에 대한 분노가 곪아 터졌으며, 1970~1980년대의 경제적 어려움이 점점 더 심각해지고 있었다. 1970년대 소비에트 블록의 다양한 경제들은 실질적으로 다른 방향으로 진화하고 있었지만, 생활수준이 더디게나마 향상되고 있었던 곳에서도 소비에트 블록의 많은 주민들은 불만에 가득 차 있었다. 예컨대 얼마간의 소득이 증가해도 이는 분노를 완화시키는 만큼이나 욕구를 일깨우는 것처럼 보였다. 1956년에 그토록 처절하게 진압된 헝가리도 소비에트 지도자들의 반대에 부딪치지 않고 경제적인 면에서건 문화적인 면에서 상대적으로 '자유주의적인' 방향으로 진화했다. 이른바 '굴라시 공산주의'(Goulash Communism)*가 좀 더 풍부한 소비재 물품과 소련에 존재하는 것보다 더 큰 지적 자유를 제공하기 시작했다. 동독 역시 역사상 가장 냉혹하고 효율적인 비밀경찰 국가들 중 하나로 변모하기

---

* '굴라시'란 헝가리의 대표적인 스튜 요리를 말한다.

는 했지만 그래도 주목할 만한 경제적 진보를 일구어 냈다. 루마니아의 공산주의 지도자들도 독립적인 대외 정책에 나섰는데, 루마니아가 가난하고 상대적으로 취약한 나라였기 때문에 소비에트 지도자들의 미움을 사면서도 관용을 이끌어 냈다. 물론 유고슬라비아는 냉전 초창기부터 소비에트 통제권으로부터 독립성을 확고히 했다.

1975년 헬싱키협약의 10개 조항(10개 원칙) 가운데 하나인 제9조는 협약에 조인한 국가들 사이의 경제협력과 상호 원조를 약속했다(35개 조인국들은 거의 유럽 국가들이었는데, 그 밖에 미국과 캐나다, 소련이 포함되어 있었다). 협약에 뒤이어 소련과 소비에트 블록 국가들은 자신들의 경제적 문제를 해결(혹은 해결을 연기)하기 위해 점점 더 서유럽과 미국의 외자와 투자, 그 밖에 다른 형태의 경제적 원조에 의존하게 되었다. 그러나 이런 경향으로 대외 채무가 증가하고 서방세계와의 좋은 관계에 대한 암묵적인 의존도가 높아졌다. 좀 더 미묘한 점은, 1970년대의 데탕트 분위기가 도래하면서 소련과 동유럽 블록 지도자들이 서방세계로부터 문화적 '오염'을 막으려는 어설픈 시도를 계속했음에도 불구하고 서방세계의 영향력 앞에서 동유럽의 개방을 막을 수 없었다는 사실이다.

그런 시도는 시시포스의 작업과 같아서 극도로 효율적인 동독의 비밀경찰 슈타지(Stasi)조차 완수할 수 없는 일이었다. 자본주의와 공산주의 가운데 어느 시스템이 상대방의 '무덤을 파는' 당사자가 될 것인지 여부가 1970년대에도 생생한 쟁점으로 남아 있었지만, 공산주의 쪽에서는 그 회원국들이 무덤 쪽에 성큼 다가갔다는 징후들이 많이 나타났다. 흐루쇼프의 야심적인 개혁도 작동하지 않았고, 브레즈네프는 노쇠한 경제와 의기소침한 주민들을 통치했다. 1980년대에 레이건 대통령은 소비에트 지도자들에 대해 "[베를린] 장벽을 철거하라!"며 노골적으로 빈정댔다. 이 미국 대통령은 국내에서 아이젠하워 이래로 가장 인기 있는 공화당 출신 대통령이 되었을 뿐 아니라 소비에트 블록 국가들에게도 빛나는 영웅이 되었다.

폴란드와 자유노조연대

1980년대에 하나의 심오한 진실이 드러났다. 공산주의는 모든 면에서 또는 모든 국가에서 똑같은 정도로 완전한 실패라고는 할 수 없어도 기대에 훨씬 못 미치고 있었다. 비록 자본주의도 어려운 시기를 경유하고 있기는 했지만 말이다. 이런 진실은 폴란드에서 가장 명백했는데, 거기서 벌어진 사태 전개가 동유럽 전역에서 공산주의 지배가 궁극적으로 붕괴하는 데 큰 영향을 끼친 것으로 드러났다. 소비에트 블록 국가들 가운데 영토나 인구 면에서 가장 큰 나라인 폴란드는 소비에트 지도자들이 특별한 관심을 표명한 나라이기도 했다. 소비에트 지도자들은 폴란드를 침공하는 것에는 주저했는데, 왜냐하면 그런 침공이 1956년 헝가리 침공 때보다 훨씬 더 길고 유혈적인 전쟁이 될 것이 거의 확실해 보였기 때문이다.

브와디스와프 고무우카는 1956년 권좌에 오르고 폴란드 현실에 맞게 많은 양보 조치를 하면서(농민의 토지 소유권 허용과 가톨릭교회에 대한 상당한 재량권 부여) 상대적으로 인기가 많았는데, 이제는 점점 더 억압적으로 변해 갔다. 1970년 12월 식량 가격을 큰 폭으로 인상했을 때, 그는 그단스크(예전의 단치히)를 비롯한 발트 해 연안 도시들에서 성난 시위대에 맞닥뜨려야 했다. 곧 통제 불능 상태가 되었고, 폴란드 당국의 진압 과정에서 시위 참가자 수백 명이 목숨을 잃었다. 당 지도자들은 사태를 수습하려고 애쓰면서 고무우카를 권좌에서 끌어내렸고 식량 가격을 낮추었으며, 그 밖에 인기 없는 다른 조치들도 철회했다. 그러나 새로운 공산주의 지도자로서 다음 10년 동안 권력을 행사한 에드바르트 기에레크는 또 다른 실망만을 안겨 줄 터였다. 당시 폴란드에서 어떤 공산주의 지도자가 공산주의 지배에 대한 점증하는 반대에 효과적으로 대응할 수 있었을까 의심스러운 게 사실이다. 폴란드 노동조합의 리더십도 외관상 거침없이 공산주의자들의 통제권 바깥으로 완전히 빠져나가고 있었다.

폴란드에서 기에레크와 같은 시기에 영국의 총리로 있었던 마거릿 대처는 1979년의 선거 캠페인에서 "노동당은 일하지 않는다!"(Labour is not working!)라고 비난했다. 영국의 맥락에서 이런 비난은 중의적 의미가 있었다(노동자들이 나태하여 일하지 않는다는 것, 또한 노동당과 그에 부속된 노동조합들이 적절하게 기능하지 않는다는 것, 그래서 새로운 리더십이 필요하다는 것을 의미한다). 반면, 폴란드에서 일하지 않았던 것은 이른바 노동자들의 목소리라고 하는 공산주의였다. 대처가 궁극적으로 관료화된 영국 노동조합들을 제압하는 데 성공한 반면, 폴란드에서는 기에레크가 노동조합들과 노동자계급, 그리고 분위기가 완전히 일변한 일반 주민들에 직면해야 했다. 폴란드 노동자들이 (가혹한 조건에서 장시간 노동하며) '일하고 있었다'는 사실은 거의 의심의 여지가 없었다. 나아가 폴란드 노동계가 새로운 리더십을 기대하고 있었다는 것도 거의 의심의 여지가 없었다.

이 새로운 노동조합운동은 자유노조연대(Solidarność)로 알려졌다. 이 이름은 흔히 다른 나라에서도 폴란드어 그대로 '솔리다르노시치'로 사용되었다. 1980년대에 그 이름이 선명히 새겨진 양식화된 포스터들은 국제적으로 알려진 쿠바 혁명가 체 게바라의 포스터들에 맞먹을 정도로 유명해졌다. 연대의 지도적 인물인 레흐 바웬사는 폴란드 안팎에서 유명인사로 대접받고 1983년 노벨평화상까지 수상하며 영웅적 인물로 여겨졌다는 점에서 둡체크의 명성에 맞먹을 정도였다. 그럼에도 둡체크와는 달리, 바웬사는 공산주의자가 아니라 가톨릭교도이자 확신에 찬 폴란드 민족주의자였다.

1980년 여름 폴란드에서 대규모 파업 물결과 함께 변화를 촉진하는 일련의 사건들이 발생했는데, 폴란드의 일반 주민들은 말할 것도 없고 노동자들도 공산주의 지배에 대한 신념을 잃어버린 것은 물론이고 인내심마저도 바닥이 났다는 것이 분명해졌다. 더욱이 폴란드에서 공산주의 당국은 이제 폭력적인 억압을 통해 사태를 수습할 수 있다는 자신감도 점점 잃어버리고 있었다. 아닌 게 아니라 폴란드 병사들과 경찰들도 파업자들과 형제애로 단결하기 시작했다.

그렇다면 소련의 대규모 침공을 통해서라면 질서가 회복될 수도 있었을까? 당시 파업 지도자들과의 복잡한 책략과 협상이 1년 넘게 지속되는 상황에서 갑자기 국방장관 보이체흐 야루젤스키 장군 휘하의 군대가 갑자기 파업 지도자들을 체포하고 계엄령을 선포하면서 개입했다. 야루젤스키는 소련의 침공을 막기 위해 폴란드 군부의 통치가 필요하다고 공개적으로 주장했다. 사실, 바웬사와 다른 파업 지도자들도 소련의 침공 가능성을 우려하고 있던 참이었다. 그럼에도 폴란드에서 군사 독재의 실행은 불편한 상징적 의미를 띠고 있었다. 즉 폴란드와 동유럽의 많은 국가들에는 이미 과거에도 군사 독재라는 특징적인 경험이 있었던 것이다. 그렇다면 공산주의는 앞으로 나아가고 있었던가, 아니면 뒤로 가고 있었던가? 공산주의자들은 늘 스스로를 '진보적'이라고 생각했지만, 그런 표찰이 여전히 공산주의에 적합했을까? 이런 광범위한 의미에서도 공산주의는 작동하지 않고 있었다(not working).

서독의 동방정책

서독에서 사민당(SPD)과 기민당의 이른바 '대연정'이 1966년 12월에 형성되었다. 오랫동안 SPD를 이끌어 오던 빌리 브란트는 1957년부터 1966년까지 베를린 시장을 지내며 인기를 얻었고, 대연정 아래에서 외무장관이 되었다. 1969년에는 자유민주당과 동맹을 통해 총리가 되었다. SPD 출신이 총리직을 거머쥔 것은 1930년 이래로 처음이었다. 브란트는 당시 많은 사람들에게는 20년 넘게 기민당(변화에 대한 개방성, 특히 대외 정책의 측면에서는 알려질 만한 게 하나도 없었던)에 의해 통치된 나라에 부는 신선한 바람과도 같았다.

브란트의 인생 스토리는 최근의 역사에서 이렇다 할 영웅을 본 적이 없던 많은 독일인들, 특히 젊은 세대에게 영감을 주었다. 그는 1913년 가난한 집안의 사생아로 태어났고, 나치의 권력 장악 전야에는 SPD의 좌익 분파에서 활동했다. 그는 전시 대부분을 노르웨이와 스웨덴에서 망명 생활로 보냈다. 1969년 무렵 반공산주의적 신조를 확고히 하면서도 동시에 냉전의 긴장을 완화하고 평화를 사랑하는 나라로서 서독의 이미지가 강화되기를 희망했다. 그의 (동방에 문호를 개방하는 정책인) '동방정책'(Ostpolitik)은 공산주의자들, 특히 동독을 지배하는 공산주의자들에 대해 비타협적인 태도를 견지한 기민당의 정책과는 반대되는 것이었다. 1970년 바르샤바 게토 희생자들을 위한 추모 기념비 앞에 무릎을 꿇은 브란트의 사진은 그 시대의 또 다른 아이콘이 되었다. 그해 연말 브란트는 《타임》이 선정한 올해의 인물이 되었고, 이듬해에는 노벨평화상을 수상했다.

브란트가 총리로 재임한 5년 동안은 종종 소란스러운 시기였다. 그에 대한 가장 신랄한 비판자들은 공산주의를 나치즘과 동격의 절대 악으

그림 30 유대인 희생자 기념물 앞에 무릎 꿇은 빌리 브란트(1970년)
© Interfoto / Alamy.

로 간주했기 때문에 공산주의자들에게 문호를 개방하는 그의 정책도 나치에 대한 체임벌린의 유화정책과 유사한 것으로 보였다. 더욱이 독일이 다양하게 러시아와 동맹을 맺어 온 독일사의 맥락에서는 기민당의 (서방 지향적인) '서방 정책'(Westpolitik)이야말로 서독이 서유럽 스타일의 민주주의에 헌신한다는 것을 드러내 주는 중요한 전후 맹세나 다름없었다. 독일 우파는 브란트에 대해 나치에 반대하는 '좋은 독일인'의 이미지를 강화했다고 찬사를 보내기는커녕, 나치 시대에 나라를 버리고 노르웨이 시민권을 취득했다고 하여 비난하는 경향이 있었다. 다른 비판자들은 단순히 공산주의자들과 협력하려는 모든 노력은 불가피하게 위험에 빠질 수밖에 없다고 믿었다. 그러므로 공산주의자들을 '무덤에 파묻는' 것, 즉 경쟁과 대립으로 일관하는 강경 노선을 고수하는 편이 더 나았다. 또한 폴란드를 비롯하여 동유럽 지역에서 추방된 수백만 명의 독일인들 사이에서도 여전히 고향으로 돌아갈 희망을 버리지 않은 사람들이 있었다. 그들은 당연히 브란트가 공산주의자들과 성사시킨 타협 때문에 고향으로 돌아갈 희망이 영영 사라질 것이라고 우려했다.

브란트의 치적 가운데에는 1970년 소련과 상호 불가침조약을 체결한 것도 포함된다. 뒤이어 동독 및 폴란드와도 종전 때 획정된 국경들, 특히 폴란드와의 오더-나이세 국경선을 영구히 존중한다는 협약들도 체결되었다. 브란트의 대외 정책 노력은 다른 이들의 노력과 어울리며 1975년 헬싱키협약에서 절정에 달했다. 이로써 기성 유럽 국경을 존중하고 국제 분쟁을 평화적으로 해결하는 것에 동의하면서 제2차 세계대전에 공식적인 마침표를 찍었다.

1970년대 초 무렵에 브란트는 연방공화국(서독) 건국 이래로 특히 나라 밖에서 독일의 가장 인기 높은 총리가 되었다. 자유민주당과의 동맹 때문에 그가 쌍수를 들고 환영했을 국내 개혁에는 제약을 받았지만, 여전히 많은 개혁을 도입하고자 노력했다. 브란트의 리더십 아래에서 SPD는 국민투표에서 과반수에는 살짝 못 미치기는 하지만 어쨌거나 독일의 가장 큰 정당으로서 기민당을 대체했다.

브란트의 총리 임기는 1974년 돌연히 끝났다. 그와 가장 가까운 한 측근이 동독의 스파이였다는 것이 발각되었고, 브란트는 사퇴하지 않을 수 없었다. 그는 다른 혐의들로도 괴로운 처지에 놓였는데, 혼외정사와 음주 문제, 우울증 등이 그런 것들이었다. 특히 스파이 스캔들은 그 근본적인 원인을 밝히기보다는 그의 사퇴를 이끌어 낸 촉매제 역할을 했다. 그 자신의 증언에 따르면 브란트는 인생사에서 "성자는 아니었다." 더욱이 대외 정책을 추진하고 여기에 덧붙여 1973년 석유파동으로 증대하는 경제적 반향에도 대처하느라 탈진할 지경까지 일했다. 총리직에서 사퇴한 후에도 그는 연방의회의 의원과 SPD의 당수 자리를 유지했다.

브란트의 후임은 SPD의 정치적 중도에 더 가깝고 인상적인 능력을 갖춘, 브란트보다 나이는 어리지만 더 뛰어난 경영 수완을 갖춘 헬무트 슈미트였다. 그의 날카로운 입담과 때때로 고압적인 어조는 일부 사람들의 분노를 자아내기도 했으나, 동시에 그의 부지런함과 효율성은 그의 정적들한테서도 후한 평가를 받았다. 그는 8년 동안 총리직에 있었고, 강력하고 경쟁력 있는 리더십으로 서독을 이끌었다. 브란트와 슈미트가 총리직에 있던 시절은 독일 사회민주주의의 최고점으로 보였다. 그럼에도 국내에서 이룬 업적은 예전 사회민주주의의 목표인 근본적인 경제적 재조직과 사회적 평등주의와는 구별되는 것으로서, 주로 현대 복지 자본주의를 효율적으로 경영하는 방향으로 기울어져 있었다. 슈미트의 경영자 수완은 특히 정부 지출을 감축하는 데서 잘 드러났는데, 이 때문에 SPD 강경 좌파의 분노를 사기도 했다. 어쨌거나 그의 경영자 수완은 1970년대에 독일이 사회주의 정당이 권좌에 있던 다른 나라들, 특히 영국에 비해 더 나은 경제 상태를 유지할 수 있게 한 비결이었다.

영국에서는 특히 노동생산성이 떨어졌기 때문에 국민총생산 중 점점 더 높은 비율이 사회복지 비용으로 충당되어 감에 따라, 노동조합 권력이 불만의 초점이 되었다. 1970년대에 보수당과 노동당의 총리들은 모두 노동조합과의 관계에서 좌절을 겪었고, 나라의 경제지표를 향상시키기 위해서는 노동조합을 통제하는 일이 결정적이라고 믿게 되었다. 그러나 두 정당의 지도자들은 이 일에 거의 성공을 거두지 못했다. 1970년대 말 반노조 감정이 예전에는 노동당에 호의적이던 주민들 다수에 확산되었는데, 바로 이것이 1979년에 유권자들이 보수당과 마거릿 대처에게 끌린 하나의 이유였다. 좀 더 미묘한 점은, 노동자계급이라는 약자에 대한 오랜 호의의 전통에서 비롯된 감정들이 희석되거나 혼란스러워졌다는 사실이다. 노조 지도자들은 세상을 구원할 박해받는 프롤레타리아트를 지도하는 사심 없는 이상주의자들이라기보다는 점점 더 '마피아적인'(mafiosi) 존재들로 보이게 되었다. 그렇다면 폴란드 군부에 대해서처럼 아이러니한 방식으로 질문을 하나 던질 수 있다. 노조는 진보적이었던가?

고르바초프와 글라스노스트

1980년대 소비에트 블록 국가들에서 일어난 사태 전개는 소련 내부의 상황과 긴밀히 뒤얽혀 있었고, 다시 한 번 결정적인 함의를 내포하는 뛰어난 개성이 출현함으로써 예전에는 생각할 수도 없었던 것들이 가능해졌다. 레오니드 브레즈네프는 18년(1964~1982)을 통치했는데, 이는 소비에트 지도자들 가운데 스탈린 다음으로 오래 집권한 기록이다. 브레즈네프의 통치기 대부분(그리고 1982년부터 1985년까지 브레즈네프의 늙고 병든 두 명의 후계자들*의 통치기)은 '정체된 시대'(Era of Stagnation)로 알려지게 되었다. 그런 나라에서 미하일 고르바초프 같은 사람이 어떻게 권력을 떠맡게 되었는가 하는 문제는 알렉산데르 둡체크의 경우처럼 많은 관찰자들의 강한 흥미를 불러일으켰다. 두 사람 다 의뭉스러운 점 없이 개방적이고 정직한 어떤 분위기가 있었다. 고르바초프에게는 또한 지적인 동반자로서 적극적이고 유행에 맞게 차려 입는 '현대적인'

---

* 브레즈네프를 뒤이은 안드로포프(Yuri Andropov, 서기장 재임 1982. 11~1984. 2)와 체르넨코(Konstantin Chernenko, 서기장 재임 1984. 2~1985. 3)를 말한다.

그림 31 뉴욕을 찾은 고르바초프(1987년 12월 8일)
정신없이 바쁜 일정을 소화한 후에도 여전히 웃는 얼굴로 부인 라이사와 리셉션에 참석하여 인내심을 과시하고 있다. © Bettmann / CORBIS.

아내가 있었고, 이는 스탈린 시대 이래로 소비에트 지도자들의 배우자 이미지와는 날카로운 대조를 이루었다. 그러면서도 고르바초프와 둡체크 모두 성공한 '아파라치키'(apparatchiki), 즉 당 관료였다. 그들은 소비에트 기준에 위배되는 것처럼 보이는 가치들을 어떻게 수용하고 유지했을까? 둘 다 레닌주의의 추종자라고 고백했지만, 암묵적으로는 엘리트주의적 당 지배에 대한 레닌주의 원칙을 의문에 부쳤다.

54세의 고르바초프는 결코 젊은이는 아니었으나 1985년 공산당 정치국을 지도하는 자리에 임명되었을 때 정치국에서 가장 나이가 어렸다. 다른 최고 정치국원들 대부분은 70대였고 건강도 좋지 않았다. 그럼에도 고르바초프가 당면한 문제는 단지 지도부가 고령에다 열정이 없는 것 이상으로 절박한 어떤 것이었다. 즉 공산주의가 자본주의를 능가하고 있다고 가정되었지만, 미국과 대부분의 서유럽 민족들은 이미 생산량과 생산성에서 선두 자리를 차지하고 다른 민족들과 거리를 계속 벌려 나가고 있었다. 더욱이 소련과 대부분의 소비에트 블록 국가들에서 산업 환경 파괴가 재앙 수준에 이르고 있었다.

그런 관점에서 1986년 5월 말(고르바초프가 권력을 떠맡은 지 1년 후) 소비에트 우크라이나에서 발생한 체르노빌 공단의 원전 사태는 엄청난 중요성을 갖는 사건이었다. 체르노빌 원자로의 용융은 역사상 최악의 원자력 사건이었다. 그 자체만으로도 충분히 무서운 사건이었으나, 초기에 사고를 은폐하려는 시도가 있었다는 사실은 수백만 명이 위험한 수준으로 방사능에 노출되었음을 뜻하기도 했다. 고르바초프는 소련의 리더십을 떠맡으며 '글라스노스트'(glasnost'), 즉 '개방'을 제시했다. 그러나 체르노빌의 재앙은 이 '개방'이 결여된 결과가 무엇인지를 웅변으로 말해 주었다. 볼셰비키의 지배는 엘리트에 의한 폐쇄적이고 때로는 은밀한 통제권에 기초해 있었다. 일반인들에게 자유로운 사고와 정보

공개를 허용하는 것은 레닌주의 리더십에 의해 인도되지 않은 '형식적' 다수파 지배와 마찬가지로 당 지도자들에 의해 오랫동안 안이하고 심지어 위험스러운 것으로 치부되어 왔다. 실제로 당내 고위 서열 안에서도 자유로운 의사 표현은 오랫동안 심각하게 차단당했다. 스탈린의 사망과 흐루쇼프의 개혁 이후에도 당은 공개적이고 민주적인 방식이 아니라 관료적으로 운영되었다. 이와 유사하게, 고르바초프가 제안한 경제의 재편성과 탈중심화를 위한 '페레스트로이카'(perestroika)도 이론상으로는 매력적으로 보였으나 실제상으로는 작동하지 않았는데, 그 이유는 고착된 관료제에 도전할 힘이 없었기 때문이다. 그것은 또한 보통의 소비에트 시민 세대들이 중앙집권적인 지도 아래에서 체득한 일상과 노동 습관을 혼란에 빠뜨렸다.

고르바초프는 글라스노스트가 공산주의 지배에 대한 더 큰 호감을 가져올 것이며 페레스트로이카가 경제지표를 의미심장하게 개선시켜 줄 거라고 진지하게 믿은 것으로 보인다. 이 두 가지 측면에서 그의 믿음은 근거가 없는 것으로 드러났다. 처음에는 더 많은 개방에 대한 대중적 열정이 있었으나, 그런 열정은 공산주의 지배에 대한 지지를 강화하기보다는 오히려 떨어뜨렸다. 둡체크가 제시한 '인간의 얼굴'을 한 공산주의처럼 개혁에 대한 최초의 열정은 빠르게 통제 불능 상태에 빠졌다. 더욱이 대부분의 비러시아 소비에트 공화국들에게 진정으로 자유로운 선택의 기회가 주어졌을 때, 공화국들은 소련으로부터 독립하는 쪽을 더 원했다. 러시아어권에서도 공산당은 상당 정도로 개방적인 선거와 자유 언론 아래에서 믿을 만한 다수파를 이룰 수 없었다.

고르바초프의 경제개혁은 흐루쇼프의 개혁보다도 훨씬 효과가 떨어졌음이 드러났다. 1980년대 말 들어 소련은 기본적인 식량 공급에서 심각한 부족 사태에 직면해 있었다. 더욱이 '개방'은 일어나는 일들에 대한 개방적인 토론뿐만 아니라 고르바초프 본인이 말했듯이, 소비에트 역사의 수많은 '공백들'을 채우는 것을 의미했고 그것이 시대의 요청이었다. 그것은 1956년 흐루쇼프가 "스탈린 시대의 범죄들"이라고 지목한 1930년대 말의 전시성 재판들과 대량 체포 사태로 거슬러 올라가는 것뿐만 아니라 제2차 세계대전 시기 카틴 숲에서 자행된 폴란드 장교들에 대한 학살을 비롯한 엄청나게 민감한 쟁점들로 거슬러 올라가는 것을 의미했다. 소비에트 지도자들 대부분은 그런 소비에트 역사의 공백으로 남아 있는 많은 것들을 '청산'할 준비가 되어 있지 못했다. 적어도 1980년대의 독일인들과 프랑스인들, 또는 이탈리아인들의 경우에 비견될 만한 방식으로 '청산'하지는 못했던 것이다.

공산주의 지배의 해체

1980년대 말까지만 해도 그 누구도 공산주의 지배가 그렇게 갑자기, 그렇게 완전히 해체될 것이라고 예상하지는 못했다. 진지한 공산주의자였던 고르바초프가 소련 안에서는 지지를 잃으면서도 소련 밖에서는 엄청난 인기를 얻었다는 사실은 정말이지 아이러니하다. '고르비'(Gorby, 해외에서 고르바초프는 흔히 이렇게 알려졌다)는 1990년 노벨평화상을 수상했다. 어떤 노벨평화상 수상자도 그보다 더 적합한 자격을 갖추지는 않았을 것이다. 비록 그가 예상한 것보다 훨씬 큰 대가를 치러야 하기는 했지만 말이다. 그렇기는 해도 역사에서 그렇게 심오한 변화가 그렇게 평화적으로 진행된 적은 거의 없었다. 여러 가지 측면에서 고르바초프는 브레즈네프나 흐루쇼프와는 달랐음이 드러났지만, 한 가지 결정적 차이가 있었다. 공산주의 지배를 야수적인 무력으로 유지할 마음이 전혀 없었다는 점이다. 일단 그가 소비에트 블록 국가들이 소련의 군사적 개입을 걱정하지 않고 개혁을 도입할 수 있다는 점을 분명히 하자, 과거에도 현재에도 견고하고 믿을 만한 다수파 지배에 기초한 적이 전혀 없던 소비에트 블록 국가들의 공산주의 지배는 얼마 남지 않게 되었다. 더욱이 체코슬로바키아 같은 몇몇 나라에서 상당수의 주민들이 최소한 초기에는 공산주의 지배에 열린 태도를 취하고 있었다는 사실을 인정한다고 해도 그런 태도는 오래 가지 않았고 다른 많은 지역들, 특히나 폴란드에서는 강력한 다수의 주민들이 항상 공산주의를 혐오하고 있었다.

공산주의는 소련에서 훨씬 더 오래 권좌에 있었고 보통 사람들의 습관과 일상에 훨씬 더 깊숙이 침투했지만, 여기에서도 비공산주의 정당들의 참여가 허용된 서유럽 스타일의 선거는 종말의 시작이었음이 드러났다. 일부 주민들은 공산주의의 이상과 실천(적어도 습관과 특전)에 결부되어 있었지만, 점점 더 많은 사람들이 그것들로부터 자유로워지기를 진심으로 열망했다. 서유럽의 일부 공산주의 정당들은 한동안 조금 더 오래 살아남았으나, 유로코뮤니즘의 이상까지 포함한 공산주의 이상과 서유럽 스타일의 민주주의가 제공한 자유와 번영이 궁극적으로 양립할 수 없다는 사실이 점점 더 분명해졌다.

만일 1945년에 깊은 잠 속에 빠졌다가 2012년에 잠에서 깬 사람이 있다면, 그는 립 밴 윙클*이 미국혁명 시절 내내 잠들었다가 깨어난 후에 그러했던 것보다 훨씬 더 큰 당혹감을 느낄 것이다. 2012년의 유럽

---

* 미국 소설가 워싱턴 어빙의 작품집 《스케치북》(The Sketch Book)에 수록된 이야기의 주인공 이름이다. 립 밴 윙클(Rip Van Winkle)은 하룻밤을 자고 나니 20년이 흘러 미국이 식민지에서 독립 혁명을 통해 독립국이 되었음을 깨닫게 되었다. 립 밴 윙클은 흔히 시대에 뒤떨어진 사람을 가리키는 말로 사용된다.

은 1945년 말의 시점에서는 상상할 수 없을 만큼 회복되었다. 대략 65년 동안 '장기 평화'가 지속되었고, 유럽인들은 세계 전역에서 선망의 대상이 될 정도로 물질적인 번영을 이루었다(비록 이 번영이 2007년 이후 위협받고 있는 것처럼 보이지만 말이다). 소련은 사라졌고, 이제 유럽연합이 공동 화폐를 사용하는 17개국을 포함하여 총 27개국*을 회원국으로 거느리고 있다. 독일에서는 여성이 총리 자리에 올랐다. 아프리카계 미국인이 미국 대통령으로 선출되었고 그는 여성을 국무장관으로 지명했다. 유럽연합이 고려하고 있는 주요 쟁점 가운데 하나는 그렇게도 오랫동안 '비유럽'으로 간주되어 온 이슬람 터키의 가입을 허용할 것인지 여부이다.

1981년부터 1991년까지 10년 정도만 잠에 들었다가 깬 사람도 그동안 일어난 변화에 깜짝 놀랄 것이다. 1989년이라는 해는 이제 기적의 해, 즉 유럽사의 거대한 전환점 가운데 하나로 우뚝하다. 아마도 이 해(좀 더 정확히 말하자면, 1989년 말부터 1990년 말까지)의 가장 기적적인 양상은, 동유럽과 소련에서 공산주의 지배가 해체되고 독일이 통일되고 냉전이 종식되는 등 엄청나게 중요한 사건들이 발생하는데도 별로 폭력 사태가 벌어지지 않았다는 점이다.

미국과 서유럽에서 1990년 말의 시점에 처음 느꼈던 감정은 "우리가 이겼다!"였다. 그런 환호는 곧 좀 더 냉정하고 심지어 음울한 평가로 이어졌다. "모든 것은 **신비적인 것**(mystique)으로 시작되고 **정치적인 것**(politique)으로 끝난다." 2001년 9월의 충격적인 테러 공격은 새로운 위협과 익숙하지 않은 세계의 출몰을 상징했다. 뒤이은 10년 동안 유럽의 경제적 미래는 불확실해 보이기 시작했다. 마찬가지로 좀 더 진전된

---

* 2017년 현재 28개국이다.

유럽 통합으로 나아가는 움직임도 몇몇 주요한 장애물들에 부딪쳤다. 2011년 '아랍의 봄'(Arab Spring)도 이웃 아랍 세계의 많은 곳에서 독재가 척결되는 과정의 시작이었는데, 이는 일반적으로 국제 관계에 대해서는 말할 것도 없고 유럽의 장기적인 미래에 대해서도 극히 불확실한 함의를 던져 주었다.

한편, 옛 공산권 세계에서 1989~1990년에 우세한 대중적 분위기는 "우리가 졌다!"라기보다는 한 관찰자가 말했듯이 "민주주의라는 마술적이고 아름다운 말"에 신중한 희망을 품고 미래를 기대하는 것이었다. 옛 공산권 지역에서 축하하는 분위기가 있었지만, 이는 서방세계의 경우만큼 오래가지 못했다. 많은 지역들에서 근본적으로 새로운 경제적·정치적 제도들을 주조해 내는 일은 진정으로 어려웠다. 옛 독일민주공화국(동독) 시민들은 적어도 경제적 의미에 국한해서 볼 때 통일된 독일의 일부가 되어 번영하는 서독에 의해 빠르게 인수되었다는 점에서 가장 운이 좋았다. 대략 8천만 명의 시민을 거느린 독일은 유럽에서 가장 인구가 많은 나라가 되었고, 강화된 유럽연합에서 경제적 '실세'의 지위에 있다.

다른 지역들에서 이행은 한층 더 고단하고 고통스러웠다. 1919년 파리강화회의 이후에도 그러했듯이, 자유민주주의 제도들은 예전에 그런 경험이 거의 없는 지역에서는 작동하지 못했다. 소비에트 블록 국가들 중 많은 경우도, 심지어 소련의 계승국들조차도 종종 부패하고 비효율적인 권위주의 지배로 뒷걸음질 쳤다. 그럼에도 1989년 이후 세대에는 옛 공산권의 상당히 다양한 경험들과 진정한 민주화를 보여 주는 몇몇 희망적인 징후들이 나타났다. 예컨대 2004~2005년 우크라이나의 이른바 '오렌지 혁명'(Orange Revolution)에서 일어난 대중 시위들은 부정선거의 결과를 되돌렸던 것이다.

소련에서 러시아연방으로

소련이 러시아연방과 14개 독립 공화국으로 변모하는 과정은 공식적으로 1993년 1월에 완결되었다. 이 과정은 무질서하고 때때로 폭력적이었지만, 순수한 인간적 불행이라는 점에서는 차르 체제에서 공산주의 지배로 이행한 1917년부터 1921년까지의 변형 과정에 비할 것은 결코 아니었다. 대략 인구의 80퍼센트가 종족적으로 러시아인으로 이루어진 러시아연방은 여전히 우랄산맥을 넘어 시베리아까지 확대되어 있고, 대략 85개 지역이 연방을 이루고 있다. 이 지역들에서는 매우 다양한 종족적 혼합이 이루어지고 국경선을 계속해서 협상해 나가야 하며 자치권의 수준도 다양하게 인정되고 있다. 러시아연방은 공식적으로 소련의 국가 책임을 인수한 나라로 간주되었는데, 그런 책임에는 옛 소련이 다른 민족들과 체결했던 조약들을 존중하고 옛 소련이 차지했던 UN 안전보장이사회의 의석을 이어받는 것 등이 포함되어 있었다. 그러나 연방의 시민 구성이 다양하고 광범위하므로 새로운 합의에 모든 이가 만족할 수는 없었다.

10~15년쯤 후에 이루어진 다양한 여론 조사들에서는 많은 응답자들이 소련의 몰락을 비극으로 묘사했고, 응답자의 대략 4분의 1이 소련의 복귀를 보면 행복하겠다고 답했다. 더욱 의미심장한 사실은, 2011년의 여론조사에서 고작 10퍼센트만이 1991년의 사건을 민주주의를 위한 진정한 승리라고 생각했다는 점이다. 그러나 이 응답자들에게 민주주의가 무엇을 의미하는 것인지는 불확실했다. 많은 사람들이 여전히 '강력한' 리더십을 갈망했다. 전직 KGB 관리인 블라디미르 푸틴이 대통령이 되고 광범위한 개혁과 인상적인 경제성장을 주도하면서 러시아인들은 마침내 2000년에 '강력한 리더십'을 갖게 되었다. 푸틴이 자

유민주주의적 규준들을 존중하는지의 여부는 과연 의심쩍다. 그러나 푸틴의 인기는 실재하는 것이었고, 그렇기에 그는 또 다른 스탈린이 되는 것과는 거리가 멀었다.

어쨌거나 냉전은 끝났다. 실제로 공식적인 평화 선언이 있었기 때문은 아니다. 오히려 공산주의라는 한 진영이 내부에서 해체된 반면, 자유민주주의라는 다른 진영은 상대적으로 강력하고 안정적으로 남아 있었기 때문에 냉전은 끝난 것이다. 이와 유사하게, 옛 소련의 각 지역에서 발전이 이루어지는 가운데 다양한 불만들도 표출되었지만, 그럼에도 예전이라면 상상할 수 없는 변화들이 발생했다. 가령 1980년대에 살던 어느 누가 벨라루스와 카자흐스탄, 우크라이나, 또는 발트 민족들(에스토니아, 라트비아, 리투아니아)이 주권적 민족국가를 이룰 수 있도록 소비에트 지도자들이 허용해 주리라고 믿었겠는가? 과연 소련의 와해는 세계혁명의 꿈이 종식된 것 이상을 상징했다. 즉 수백 년 동안 팽창주의적이었던 러시아 제국이 대체로 과거의 뒤안길로 사라졌다는 말이다.

그럼에도 러시아연방은 방대한 영토를 아우르고 있다. 러시아연방은 여전히 세계에서 가장 큰 나라로서 미국보다 얼추 곱절은 크다. 비록 인구는 절반에 불과하지만 말이다(2010년을 기준으로 미국은 3억 명이고 러시아는 1억4,500백만 명). 새로운 러시아는 더 이상 주요 열강으로서 미국에 도전하지 않았지만, 천연가스와 석유를 비롯한 풍부한 천연자원을 고려하면 여전히 상당한 경제적 성장 잠재력을 보유하고 있다.

베를린 장벽의 붕괴와 독일 통일

독일의 신속하고 평화적인 재통일 또한 1980년대에는 상상할 수 없는 일이었다. 독일이 통합된다고 하는 전망은 제2차 세계대전 직후에는 비독일인들의 격렬한 반대에 부딪칠 수밖에 없었고, 1980년대에도 독일 밖에서는 거의 열정을 불러일으키지 못했다. 그럼에도 효과적인 대응 조치들이 나오지 않았다. 이는 부분적으로 재통일이 너무 빠르게 진행된 탓도 있었고, 나아가 1990년의 시점에 하나로 통합된 독일 민족이 과거에 그러했던 것과 같은 위협이 될 것이라고 더 이상 믿지 않은 탓도 있었다. 신생 독일은 비스마르크의 제국보다 25퍼센트가량 작았고, 독일인들이 팽창주의적이거나 복수심에 불타는 계획을 제시할 기미는 더 이상 보이지 않았다. 1989년에 일어난 가장 흥분을 자극한 사건들 중 하나는 베를린 장벽의 파열과 잇따른 붕괴였다. 붕괴는 11월 9일 자생적으로 시작되었고, 동독인들과 서독인들 사이의 연대를 보여주는 축제가 뒤를 이었다. 동독 경찰과 군부는 움직이지 않았고, 그들 중 일부는 심지어 축제 분위기에 합류하기도 했다.

베를린 장벽이 완전히 철거되기까지는 더 오랜 시간이 필요했다. 물리적인 의미에서뿐만 아니라 형이상학적인 의미(독일인들 마음속의 '장벽')에서도 그랬다. 두 경제와 두 사회의 통합은 예상한 것보다 더 어려운 과업임이 드러났다. 너무나 어려웠기 때문에 동서의 상당수 독일인들은 재통일을 후회하기도 했고 적어도 재통일에 소요되는 깜짝 놀랄 만한 비용에 탄식하기도 했다. 옛 동독인들을 가리키는 '오시'(Ossis)와 옛 서독인들을 가리키는 '베시'(Wessis) 사이의 마찰은 21세기까지도 이어졌고, 동쪽에 대한 노스탤지어를 가리키는 '오스탈기'(Ostalgie)가 '오시'를 오래도록 따라다녔다. 그것은 완전히 진지한 감정은 아니어서, 예컨대

우스갯소리처럼 트라반트(Trabant, 동독의 애처로울 정도로 실용적인 승용차로서 소음과 매연이 심한 2행정 엔진을 장착했다)를 좋아하는 취향의 형태로 표현되었다. 그럼에도 '오스탈기'는 많은 옛 동독인들이 새로운 삶을 좀 더 바쁘고 물질적이며 원자화된 삶으로 경험했다는 것을 잘 보여 준다. 공산주의 치하의 삶에 대한 기억은 장밋빛을 띠었다. 그 시절에는 좀 더 평온하고 물질을 따지지 않고 함께했다고 일부 사람들은 믿었다.

체코슬로바키아와 유고슬라비아의 해체

한때 합스부르크 가문에 의해 지배되다가 1919년에는 독립적인 민족들로 나뉘고 1939년에서 1945년까지 종족 청소가 일어난 다음에 전쟁 직후에는 마침내 '소비에트화된' 전형적으로 다종족적 지역들에서는 1989~1990년 이후에 엄청난 다양성이 존재했다. 체코인들과 슬로바키아인들은 일찍이 1919년 인위적으로 합쳐진 후 진지하게 통합된 민족이 되려고 시도해 보지도 않은 상태에서 1993년 독자적인 공화국으로 분열되었다. 그 과정은 평화적이었다. 그 후 체코인들은 공화국에서 자유민주주의가 상당히 잘 기능한다고 주장할 수 있었다. 반면, 더 작고 경제적으로도 덜 개발된 슬로바키아 공화국은 불확실한 상태에서 출발했다. 그러나 슬로바키아가 2004년 유럽연합에 가입한 후에 경제 사정은 결정적으로 호전되었다.

유고슬라비아도 공동의 민족 정체성에 기초한 항구적인 정서를 발전시키지 못한 가운데 다양한 종족 집단이 혼재하는 모습을 보여 주면서 해체되었다. 그 과정은 폭력적이었다. 1990년대에 이 지역에서 끔찍한 갈등이 일어남으로써 공산주의에서 탈피하는 이행이 대개 비폭력적이었다는 일반적 패턴에서 가장 중요한 예외가 나타났다. 또 다른 예외는 이웃 루마니아였는데, 거기서는 공산주의의 몰락으로 발생한 충돌에서 수백 명이 목숨을 잃었고, 이 나라의 공산주의 지도자인 니콜라에 차우셰스쿠가 체포되고 재판에 회부되어 며칠 만에 사형에 처해졌다. 다른 공산주의 지도자들은 그런 운명을 피했으나, 차우셰스쿠는 그 폭력적인 종말이 전혀 놀랍지 않고 나중에 후회를 하지도 않을 정도로 난폭한 과대망상증 환자였다. 폴란드뿐 아니라 오스트리아와 헝가리에서도 의회민주주의는 전간기 때보다 잘 작동했는데, 물론 이에 관해 많이 이야기할 수는 없다. 폴란드와 헝가리에서는 지난날의 공산주의에 대한 노스탤지어가 별로 없었던 반면, 오스트리아에서는 나치 과거에 대한 상당 정도의 망각이 발생했지만, 동시에 대체로 자유민주주의적 규준들이 존중되었다.

공동시장에서 유럽연합으로

서유럽에서 1989년에는 돌발적이거나 기적적인 변화가 없었다. 1990년대에 유럽의 경제 통합은 때때로 가시밭길을 걸어야 했지만 꾸준히 진전되었다. 이미 우리가 살펴보았듯이, 그 과정은 전쟁 직후 시절에 꽤 얌전하게 시작되었고, 그 후 경제 통합의 장애물들을 극복하는 과정에서 미국의 재정 지원을 통해 도움을 받았다. 동유럽과 중유럽에서 공산주의가 붕괴하면서 자연스럽게 옛 공산권 국가들을 공동시장에 회원으로 가입하라고 초대하는 게 맞는지 어떤지에 대한 질문이 나왔다. 기존 회원국들의 답변은 열띤 긍정을 의미하는 '예스'는 아니었다. 그럼에도 대부분의 옛 동유럽 블록 국가들은 다음 20년 동안 공동시장에 합류했다.

1989년 이후 국제 교역의 패턴은 물론 국제적 권력관계에서 너무나 광범위한 변동이 일어났기 때문에, 자연스럽게 유럽과 미국의 관계가 예전과 변함없이 지속되어야 하는지에 대한 질문이 나왔다. 답변은 '아마도'에서 '대체로'까지 다양했으나, 냉전 때문에 봉쇄된 유럽과 미국 사이에 나타나던 예전의 마찰은 새로운 의미를 띠게 되었다. 고려해야 할 점은 미국이 유일한 초열강의 지위를 확보하면서 중동과 아프리카의 끝나지 않는 위기들은 말할 것도 없고 태평양과 아시아에, 중국의 부상에 관심을 빼앗길 수밖에 없다는 사실이다.

1993년 공동시장은 유럽연합이 되었는데, 이런 명칭 변화는 경제적 차원에서 일부 과도하게 야심적인 프로젝트가 있었음을 암시한다. 그중에 가장 두드러진 것이 단일 화폐와 완전히 통합된 은행 정책이었다. 또한 유럽연합은 우려가 없지는 않았지만 좀 더 강력한 중앙 정치제도를 수립하는 방향으로 나아갔다. 단일 화폐 '유로'(euro)의 도입은 여러 긍정적인 경제적 결과를 가져왔지만, 오래지 않아 경제적으로 훨씬 덜 발전되고 문화적으로도 상당히 이질적인 지역들까지 포함해야 하는 어려움과 딜레마에 고스란히 노출되었다. 사실, 유로의 도입으로 개별 국가들의 경제에 대한 통제권은 약해졌는데, 이는 특히 2007년 시작된 경제 혼란 이후에 유럽연합의 개별 민족의 주권 침식에 대한 깊은 불안감을 드러냈다.

많은 나라들에게, 특히 아일랜드와 에스파냐, 슬로바키아 같은 상대적으로 신참 회원국들에게 유럽연합의 회원 자격은 그 혜택을 부정할 수 없는 경제적 자극제였다. 그러나 상대적으로 경제가 발전한 민족들 사이에는 초기에 신참 회원국에 대한 유보적인 태도들이 오래도록 남아 있었고, 그런 태도들은 다시 2007년에 강력하게 부활했다. 많은 정치 지도자들, 특히 마거릿 대처는 일찍이 유럽연합에 대해 상당히 유보적 태도를 표현한 적이 있다. 또한 그는 독일 통일에도 우려를 나타냈지만, 그를 비롯한 영국의 다른 지도자들은 대부분 유로의 도입에 따른 광범위한 결과에 더 관심이 높았고 결국 유로를 거부했다. 유럽연합이 진화해 나간 구체적인 과정들은 복잡해서 어지러울 지경이고 그래서 일반 대중이 평가하기란 너무도 어렵다. 바로 이 점이 유럽연합에 대한 대중적 지지가 열정적이라기보다는 수동적인 이유들 중 하나다.

그렇기는 해도 한편으로는 진화하는 유럽연합에 대한 독설이 이따금 신문 1면 기사로 다루어지면서도 1989년과 2007년 사이의 기간 동안 다른 한편으로는 깊은 만족감이 우세하기도 했다. 유럽인들은 전례 없는 수준의 물질적 안락과 개인적 안전을 향유하고 있었다. 좀 더 중요한 것은, 반세기 이상이 흐른 다음 유럽인들은 서로를 수백만 명씩 죽이게 되는 사태를 피할 수 있었다는 점이다. 분쟁도 경제적 관리와 상대적으로 미묘한 민족 주권 침해와 같은 복잡한 쟁점들과 관련이 있었다. 유럽 국가들 사이의 전쟁, 특히 전면전은 확실히 과거의 뒤안길로 사라진 듯 보였다.

19세기의 민족 통일 또한 다양한 계층의 주민들과 지역들로부터 지속적인 저항에 직면했지만, 그런 저항은 '사건들'(대부분 전쟁)에 의해, 민족주의적 열정에 의해, 카리스마적 지도자들에 의해 압도되었다. 민족 정체성이 형성되는 과정에는 많은 요인들, 특히 강력한 신화들과 이에 연관된 영웅들이 작용하지만, 유럽연합은 나폴레옹 1세나 비스마르크, 또는 가리발디에 비견될 만한 어떤 지도자들도 배출하지 않았다. 이와 유사하게, 예전에는 민족에 대한 위협으로 감지된 것들도 강력한 방식으로 민족 감정을 강화했지만, 1993년 이후의 유럽연합은 19세기와 20세기 초의 개별 유럽 민족들이 직면한 것들에 비견할 만한 위협을 경험하지 않았다. 느리게 진화하는 유럽연합 헌법도 2009년 12월 리스본조약으로 전환점을 맞이한 후 고도로 세부적이고 개념적으로 정교한 모습을 보여 주지만, 그것이 사람들의 자기희생적 헌신에 영감을 줄 수 있는 문서라고 말할 사람은 거의 없을 것이다. 유럽연합을 대표하는 노래인 〈실러의 가사에 베토벤의 9번 교향곡을 이용한〉 〈환희의 송가〉 〈Ode to Joy〉도 아름답다고 널리 인정받지만, 정작 불러야 할 때 유럽인 청중들은 가사를 알지 못했다.

　요컨대 유럽 통합은 지적으로나 물질적으로 많은 매력이 있었지만 19세기 민족주의의 강력한 신비와 민족주의적 경쟁의 맥락을 결여했다. '브뤼셀의 얼굴 없는 관료들'이나 '유로크라트들'(Eurocrats)은 몇몇 영역에서는 기술적 경쟁력으로 존경받았지만, 유럽 주민들 대다수에게 열띤 사랑을 받는 존재는 아니었다. 이와 유사하게, 2010년대에 유럽연합의 정치제도들도 말하자면 프랑스의 '사회 공화국'(la république sociale)이나 에이브러햄 링컨이 말한 '국민에 의한, 국민을 위한, 국민의' 정부가 발산한 감정적 매력은 갖추지 못했다. 유럽연합을 수립하기 위해 전쟁을 벌일 필요도 없었고, 또 어떤 유럽인도 유럽연합을 지키기 위해 자신의 생명과 재산의 희생을 무릅쓸 것 같지도 않다. 아마도 좀 더 중요한 점은, 그들이 그렇게 하라고 요구받지도 않았다는 사실이다.

　21세기 초에는 널리 유포된 어떤 정서가 있었다. 즉 유럽이 1914~1945년에 대한 기억이 더 이상 유럽인들의 정체성에 통합되어 있지 않은 어떤 시대에 진입하고 있다는 감정이 바로 그것이다. 그 기억들은 물론 다방면에서 관심을 끌고는 있지만 이제는 수십 년이 흘러갔기 때문에, 나아가 한 움큼이나 되는 새로운 기억과 새로운 쟁점들이 그 기억들을 한쪽으로 제쳐놓고 있기 때문에 어쩔 수 없이 왜소화되고 있다. 2010년 무렵 유럽의 비극적 과거가 얼마만큼 진정으로 '청산'되었는지는 여전히 논란을 일으키는 모호한 쟁점이 될 수밖에 없지만, 세대 구분이라는 뚜렷한 기준에서 보자면 바로 이 시점에서 피할 수 없는 새로운 현실들이 있었다. 즉 제2차 세계대전 때 성인이었던 유럽인들 대부분은 이제는 무덤 속에 누워 있고 좀 더 고령으로 살아 있는 사람들도 책임 있는 자리에서 내려온 지 이미 오래였다. 심지어 그 다음 세대인 1968년의 반란적인 청년들도 이제는 닳고 닳아 은퇴의 길로 접어드는 대열에 합류하고 있었다. 이들 또한 숱한 새로운 문제들과 관련하여 더 새로운 세대의 분노에 찬 힐난을 받으면서 말이다. 이런 것이 역사의 아이러니들이다.

이 은퇴하는 세대의 수가 상대적으로 많다는 것이 어떤 함의가 있는지가 문젯거리였다. 21세기 초 제2차 세계대전 직후에 태어난 연령대 사람들의 '인구 급증'은, 이 인구가 생산 활동을 접고 은퇴에 들어가면서 이 연령대 인구보다 적고 비중도 얼마 안 되는 다음 세대에 의해 경제적으로 부양될 수밖에 없는 한 유럽의 가장 심각한 위험을 대표했다. 이 쟁점은 토착 유럽인들의 출산율이 지속적으로 하락하고 이와는 대조적으로 특징적으로 높은 출산율을 보이는 비유럽인 이민자들의 수가 늘어나는 현실에서 볼 때 한층 더 불길한 예감으로 다가왔다.

요컨대 가차 없이 증가하는 일부 유럽 인구가 있었으니, 바로 그 최근의 태생에서 볼 때 비유럽적이고 비기독교적인 배경을 가진 인구가 바로 그들이다. 이 인구의 정체성이 얼마나 유럽적일 것이며 이 인구가 장기적인 유럽적 가치들에 얼마만큼 동화될 것인지는 불투명하다. 아마도 기독교적이고 유럽적인 태생의 선조들이 지닌 가치들과는 실질적으로 다를 게 분명해 보인다. 비록 '얼마나 다를지'가 근본적인 문제이기는 할 테지만 말이다. 이런 의미에서 이 쟁점은 1939년 이전의 유대인 문제를 떠올리게 했다('외국의' 비기독교도들이 '진정한' 유럽인들이 될 수 있는가?). 비록 2010년대 서유럽에서 비유럽인 이민자들의 절대적 수와 상대적 비율이 특히 서유럽에서 1939년 이전의 유대인 수와 비중을 실질적으로 압도한 것이 사실이지만 말이다.

이민자들과 그들의 수많은 자손들은 특정한 함의들을 던지면서 또다른 인구 급증의 문제를 상징했다. 아닌 게 아니라 그들은 명백히 1914년에서 1945년까지 유럽의 과거를 청산해야 한다는 의무감이(의무감이 있다고 해도) 약했다. 좀 더 정확히 말하자면 그들은 그 과거의 다른 양상, 특히 과거의 제국주의와 비유럽인들에 대한 인종주의적 태도에 초점을 맞추는 경향이 있었다. 유럽의 전쟁들과 여기서 비롯된 공포들이 최근의 이민자들에게는 양심의 가책을 느끼게 하는 문제가 아니었다. 이와 유사하게, 그들은 홀로코스트에 대해서도 책임감을 느끼지 않았다. 그들 중 아랍인들은 대부분 팔레스타인 아랍인들이 유럽의 유대인 문제 때문에 끔찍하고 애꿎은 대가를 치렀다고 믿었다. 그들이 아랍 땅이라고 간주한 곳에 이스라엘 국가가 세워졌고, 이 국가가 확립되는 과정에서 유럽에서 온 비토착민 유대인 정착자들에게 살 땅을 제공하기 위해 수십만 명의 토착 아랍인들이 종족 청소를 당했으니 말이다. 바로 **그** 과거를 청산하는 것이 특히 유럽의 제국 열강이 그런 과거에서 결정적인 역할을 수행했다는 점에서 점점 높아 가는 관심과 논쟁을 끌어당겼다.

| 더 읽을거리 |

25장과 26장은 여러 측면에서 서로 겹치고, 25장의 더 읽을거리에서 추천된 책들이 26장에서도 대부분 유효하다. 다음과 같은 책들이 바로 그것이다.

레나테 브리덴탈 등의 《가시화-되기: 유럽사의 여성들》(Becoming Visible: Women in European History, 1997); 아치 브라운의 《고르바초프 요인》(The Gorbachev Factor, 1997); 캐럴 핑크 등의 《1968년: 변형된 세계》(1968: The World Transformed, 1998); 티머시 가턴 애시의 《현재의 역사》(History of the Present, 1996); 데이비드 차일즈, 《두 개의 붉은 깃발: 1945년 이후의 유럽 사회민주주의와 소비에트 공산주의》(The Two Red Flags: European Social Democracy and Soviet Communism since 1945, 2000); 에릭 J. 에 번스의 《대처와 대처주의》(Thatcher and Thatcherism, 2004); 윌리엄 I. 히 치콕의 《유럽을 위한 투쟁: 분단된 대륙의 소란스러운 역사, 1945~2002》(The Struggle for Europe: The Turbulent History of a Divided Continent, 1945-2002, 2004); 토니 주트의 《포스트워: 1945년 이후의 유럽사》(Postwar: A History of Europe Since 1945, 2006).

좀 더 최근에 나온 고르바초프 연구들 가운데는 I. D. 오펜하임과 이언 데이비 스의 《고르바초프, 한 영웅의 흥망》(Gorbachev, the Rise and Fall of a Hero, 2012)이 볼 만하다.

유럽의 미래, 남은 문제들

1943~1989년은 상당히 명확한 '역사적 시대'(냉전과 그 직접적인 기원들)를 이루고 있는데, 그동안 명석한 역사 연구들 덕분에 이 역사적 시대에 대한 이해가 깊어졌다. 상대적으로 가까운 과거는 훨씬 더 폭넓은 시각과 역사 이해가 필요한 문제들을 제기하는데, 이 문제들은 최근의 과거가 바로 직전의 현재에 근접함에 따라 한층 더 중요해졌다. 전문 역사가들은 최근의 과거가 갖는 의미에 대해 일반적 결론을 내리는 것을 꺼려한다. 현대사에 대한 이해가 본디 현재에 또는 최근의 과거에 사건들이 계속 발생하기 때문에 그 역사적 관심과 시각을 가차 없이 바꾸어 가며 끊임없이 개정되고 있을지라도 말이다.

먼 과거든 가까운 과거든 모든 과거의 의미는 지속적으로 변화하는 것으로 보이거나 최소한 수정처럼 맑고 투명하지는 않은 것처럼 보인다. 전문 역사가들 사이에서도 그런 의미에 대한 완전한 합의는 결코 도출되지 않을 것이다. 그렇기는 해도 우리가 우리의 개인적 과거를 완전히 무시할 수 없고 나아가 그 과거에 어쩔 수 없이 의미를 부여하려고 발버둥치는 것과 꼭 마찬가지로, 우리는 우리 민족들의 과거를 무시할 수 없고 그 과거에 의미를 부여하는 일이 때때로 헛된 일처럼 보일지라도 어쩔 수 없이 그렇게 하려고 발버둥치는 것이다. 이 두 가지 경우 모두에서 점차 '정체성'이 출현한다. 그것은 신화적인 자화자찬에 기초할 수도 있고 우리 앞에 펼쳐진 고통스러운 증거들과 격투를 벌이는 정직한 노력에 기초할 수도 있다. 대부분의 민중들과 대부분의 나라들에게 정체성은 이 두 가지 모두가 어색하고도 변덕스럽게 혼합된(그러나 과학적이지는 않은) 결과로 형성된다.

이 책의 서문과 앞선 장들에서 '역사의 교훈'에 대한 문제적 쟁점을 언급했다. 물론 '역사의 교훈'은 지금껏 종종 허구적인 것으로 드러났고 그런 역사의 교훈들이 아마도 말해 주는 것 이상으로 최악의 비극들로 이어진 것이 사실이지만 말이다. 대체로 그런 교훈들이 조잡하게 제시되거나 노골적으로 자기한테만 유리하게 해석되어 왔다. 그럼에도 우리는 철갑을 두른 단순하기 짝이 없는 교훈들을 경계하는 가운데 과거에 대한 충분히 검증된 인식이 적어도 현재의 문제와 딜레마에 대해 좀 더 세련된 접근을 가능하게 해준다고 알고 있다.

이 책을 마무리하는 이번 장에서는 지난 두 세기의 유럽사를 전반적으로 평가해 보려고 한다. 또한 이를 위해 이 책에서 다룬 주요한 테마들을 재검토해 볼 것이다. 이 장은 특히 지금 이 책을 쓰고 있는 시간(2012년 여름)과 가까운 사건들의 장기적 중요성을 오해할지도 모를 위험을 염두에 두고 집필되었다. 그러나 한편으로는 1990년대 초 이래의 일부 핵심적인 발전 양상들에 주목하기도 했다.

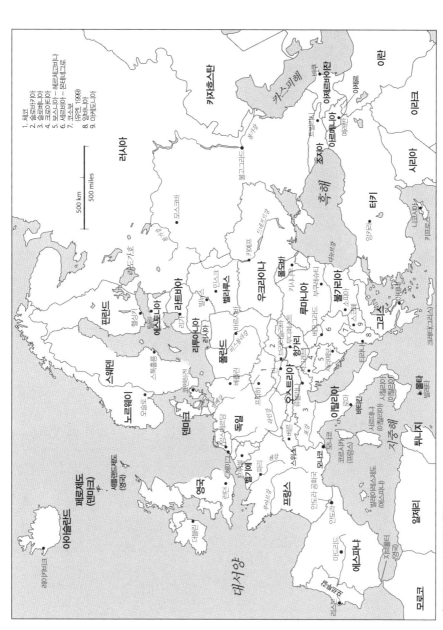

지도 12 2010년 무렵의 유럽

범례:
1. 체코
2. 슬로바키아
3. 슬로베니아
4. 크로아티아
5. 보스니아–헤르체고비나
6. 세르비아–몬테네그로
7. 코소보
   (유엔 1999)
8. 알바니아
9. 마케도니아

500 km
500 miles

아이슬란드
페로제도 (덴마크)
셰틀랜드제도 (영국)
노르웨이
스웨덴
핀란드
러시아
대서양
영국
아일랜드
덴마크
독일
폴란드
에스토니아
라트비아
리투아니아
벨라루스
우크라이나
벨기에
프랑스
스위스
오스트리아
헝가리
루마니아
몰도바
네덜란드
룩셈부르크
체코
슬로바키아
이탈리아
슬로베니아
크로아티아
보스니아
세르비아
불가리아
그리스
모나코
안도라 공화국
스페인
포르투갈
에스파냐
지브롤터 (영국)
모로코
알제리
튀니지
몰타
사르데냐
시칠리아
코르시카
리비아
이집트
터키
흑해
카스피 해
조지아
아르메니아
아제르바이잔
이란
이라크
시리아
키프로스
크레타
카자흐스탄
모스크바
상트페테르부르크
헬싱키
오슬로
스톡홀름
탈린
리가
빌뉴스
민스크
키예프
바르샤바
베를린
프라하
빈
부다페스트
베오그라드
부쿠레슈티
소피아
사라예보
자그레브
류블랴나
로마
마드리드
리스본
파리
런던
더블린
레이캬비크
브뤼셀
암스테르담
코펜하겐
앙카라
바쿠
트빌리시
예레반
지중해

진화하는 유럽의 정체성

1945년 이후 한때 강력했던 유럽의 개별 민족국가들은 떠오르는 두 초열강과의 관계에서 자신들의 권력이 심각하게 위축되었음을 인지하지 않을 수 없었다. 좀 더 광범위한 의미에서 볼 때, 유럽 국가의 절대적 주권 관념은 적어도 17세기로까지 거슬러 올라가는데, 확실히 이 시기에 예전보다 더 심각한 문제로 제기되었다. 국제연맹은 그와 같은 주권을 제한하려는 노력을 대표했지만 눈에 띄는 실패를 경험했고, 국제연맹 대신에 국제연합이 전쟁을 방지하는 데 훨씬 더 효과적일지의 여부도 많은 유럽 지도자들에게는 불확실한 것으로 남아 있었다. 더 심오한 쟁점은 민족국가에서 민중의 절대적 주권에 대한 근대적 개념이었다. 이는 1945년 말에 시작된 뉘른베르크재판에서 나치 지도자들이 자신들은 단지 대중적으로 지지받는 합법적 통치자 아돌프 히틀러의 명령에 따른 것이라고 주장했을 때 제기된 쟁점이기도 했다. 그렇다면 민중 의지가 그 자체로 비도덕적이거나 최소한 맹목적인 것이 될 수 있었는가? 민중 다수의 목소리를 기각할 수 있는 보편적 인권의 원칙이 존재했던가?

이런 문제는 완전히 새로운 것은 아니었다. 이미 존 스튜어트 밀 같은 19세기 사상가들이 다수의 폭정을 우려했다. 그러나 프랑스혁명으로 겁에 질린 보수주의자들조차도 그런 폭정이 얼마나 무시무시한 것이 될지(혹은 실질적으로 민중 의지인 것을 현실에 적용하는 것이 얼마나 어려운 것이 될지) 거의 예상하지 못했다. 그런 문제들에 대한 유럽과 미국에서의 합의는 그 목적에 대한 것이든 수단에 대한 것이든 상관없이 1945년 이후에 도출되지 못했다. 그리고 나서 서유럽에서 더 광범위한 통일체를 만들려는 방향으로 첫 번째 성공적인 진전을 이루어 냈는데, 이는 나라들이 경제적으로 서로 통합되어 있으면 서로에 대해 현대전을 벌일 수 없을 것이라는 믿음에 기초하여 신중하고도 장기적으로 경제 통합에 집중하는 방식으로 진행되었다. 그런 주장은 1914년 이전에도 있었고, 이제는 통합이 필히 좀 더 광범위하게 확대될 필요가 있다고 이해되었다.

이 책의 서문에서 '유럽이란 무엇인가?'라는 질문을 던지면서 이에 대한 가장 간결한 답변은 '아시아도 아닌' 것이 '아메리카도 아닌' 것이 유럽이라고 관찰했다. 그러나 이런 답변은 실제로는 적절치 않다. 이 함축적인 질문을 좀 더 다듬어서 정교하게 제기할 필요가 있다. 200년이라는 세월이 흐르면서 유럽 정체성은 명백히 실질적으로 변화했지만, 그런 변화에도 불구하고 유럽이 정체성의 본질적인 특색을 얼마만큼 보유하고 있는지는 여전히 문제로 남아 있다. 이 문제에 접근하는 한 가지 방식은 19세기 초를 21세기 초와 비교하면서 가장 뚜렷하게 나타나는 변화들을 조사해 보는 것이다. 특히 유럽인들은 자신들이 19세기 초에 낙관적으로 설정했던 '문제들'을 얼마나 성공적으로 다루었는가?

1815년에 유럽은 한창 인구가 팽창하던 시기에 있었고 경제 생산성도 전례 없는 규모로 팽창하고 있었는데, 이는 그 자체 선도적인 과학적·기술적 진보에 힘입은 것이었다. 유럽인이 전 세계 인구에서 차지하는 비율뿐 아니라 유럽인의 절대적 수도 19세기 거의 내내 팽창했다. 그렇듯 급성장하는 유럽인들의 원초적인 권력도 놀랄 정도로 성장했다. 두 세기가 흘러, 리스본조약(2009년 12월)이 체결된 직후의 시점에 유럽인 혈통의 여성들은 예전보다 훨씬 아이를 적게 갖고 결혼도 (어쨌거나 한다면) 더 늦게 하며 훨씬 더 자주 이혼하고 있었다. 전 세계 인구에서 유럽인이 차지하는 비율도 20세기에 한동안 수축했고, 21세기에는 훨씬 더 빠르게 줄어들 수밖에 없을 것으로 보인다.

19세기의 유럽인들과 유럽인 혈통을 타고난 사람들이 세상을 차지했다고 말할 수 있다. 유럽인들의 진화하는 정체성도 그들의 특별한 권력에서 영향을 받지 않을 수 없었다. 그러나 20세기 후반기에 유럽의 제국들은 해체되어 갔고, 곳곳에서 도전받고 있었다. 21세기 초라는 시점에서 유럽인들은 상대적 인구수뿐만 아니라 나머지 세계에 대한 영향력과 위신이라는 측면에서도 쇠퇴하고 있었다. 만일 21세기 초에 어떤 지역이 19세기 유럽의(혹은 20세기 후반기 '유럽적인' 미국의) 발흥을 복제하고 있는 듯 보인다면, 그 지역은 틀림없이 아시아, 특히 중국과 인도일 것이다. 이 나라들은 거대한 인구를 보유하고 엄청난 연평균 경제성장률을 기록하고 있다(물론 불길한 문제들도 함께 안고 있는 지역들이기는 하지만 말이다).

그런 인구학적·경제적 변동과 1914~1945년의 재앙들은 유럽 정체성이 19세기 중엽의 활달하고 거만한 정체성에서 21세기에도 미래가 있을지를 걱정하는 겸손하고 좀 더 신중한 감각으로 바뀌는 데 영향을 주었을 것이다. 유럽에서 이와 연관되어 발생한 근본적인 변동은 이미 취약해질 대로 취약한 기독교 정체성이 지속적으로 세속화될 뿐만 아니라 사실상 포기되고 있는 상황이다. 이런 상황은 특히 경제적으로 가장 선진적이거나 최소한 근대적인 지역들에서 심했는데, 여기서는 교회가 텅 비고 기독교 사제가 집전하는 결혼식과 세례식, 장례식의 수가 줄며 사제가 되는 데 관심이 있는 젊은 가톨릭교도 남성과 (특히) 수녀를 꿈꾸는 젊은 여성의 수가 급락했다. 그러나 세속화가 이슬람 이민자 공동체에도 서서히 영향을 주기는 했지만, 그럼에도 이슬람 사원들은 오히려 가득 차고 새로운 사원들이 속속 세워졌다.

자유와 관용

유럽의 상대적 몰락은 절대적인 것은 아니었고, 유럽인들은 여전히 자신들의 문명에 대한 자존감을 느낄 만한 충분한 이유가 있었다. 기독교도로서 살았던 유럽인들에게 근대 기독교는 근대 이슬람보다는 표현에서 좀 더 관용적이고 좀 더 인간적인 것으로 보였다. 비록 종파들에 따라 차이가 있기는 했지만 말이다. 기독교를 믿지 않는 세속적 유럽인들도 근대 기독교적 가치들을 '비유럽적인' 이슬람의 가치들보다는 좀 더 '선진적인' 것으로, 문명화된 것으로, 명백히 '유럽적인' 것으로 보는 경향이 있었다. 1815년 이전에도 유럽인들은 전제적인 '오리엔트'에 맞서 자신들의 '자유들'(liberties)에 대해 긍지를 느꼈다. 그런 정체성, 즉 유럽이 인간적 자유와 창조성의 독특한 보고(寶庫)라는 감각은 다음 두 세기에 걸쳐 다양하게 표출될 것이었다. 물론 일부 정반대의 끔찍한 것들도 경험했다. 유럽의 자유와 창조성은 여러 유럽 민족들의 독립적 주권의 관념과 이들 간의 생산적인 상호작용, 그리고 그런 자유와 창조성에는 상극이라고 할 만한 단일 유럽 제국의 수립을 방지하려는 그들 간의 합의와 연관되어 있었다.

리스본조약(2009년 12월)이 체결되던 시점에 유럽의 주권적 민족들 사이의 세력균형이라는 관념은 더 이상 빈회의 시절의 그것과 똑같은 의미(혹은 일련의 의미들)를 띠지 않았다. 그럼에도 유럽인들은 여전히 스스로를 이 지구상의 다른 어떤 사람들보다 유난히 더 자유롭고 더 창조적이며, 무엇보다 관용적인 사람들로 생각했다. 물론 미국과 캐나다, 오스트레일리아, 뉴질랜드에서 사는 유럽 문명의 계승자들은 예외일 테지만 말이다. 이스라엘도 또 다른 예외였다. 이 나라는 정치적 제도와 문화적 창조성의 견지에서 볼 때, 모호하기는 해도 대체로 유럽의 전초기지로 여겨졌다.

'오리엔트'를 비롯한 여러 비유럽 지역은 자유와 관용의 영역에서는 거의 경쟁 상대가 되지 못했고, 경제적 혁신의 무대에서도 아시아는 여전히 유럽과 미국의 이데올로기적 모델과 창의력에 크게 의존했다. 중국은 공식적으로 공산주의 체제로 남았고, 마르크스주의는 유럽에서 온 것이었다. 비록 유럽에서 기원한 용어들의 원래 의미들이 21세기 초 중국에서 많이 탈색되기는 했지만 말이다. 확실히, 21세기 중국 공산당의 지배를 묘사하기 위해 '자유로운'이나 '관용적인'과 같은 형용사를 선택할 수 없다는 점, 나아가 아랍의 봄이 좀 더 자유롭고 좀 더 관용적인 방향으로 나아갈 가능성을 암시하기는 해도 기본적으로 이슬람 세계에 그런 형용사들이 들어맞지 않는다는 사실은 굳이 깊이 생각하지 않아도 알 수 있다(사실, 아랍의 봄과 연관된 폭동들도 좀 더 불관용적이고 '이슬람적인' 방향으로 나아갈 수도 있는 가능성을 보여 주었다). 예컨대 무함마드가 시각적으로 재현될 수 있는지, 또 여성들이 신체의 일부를 얼마만큼 가려야 하는지를 둘러싸고 유럽 내부에서 간헐적으로 불붙곤 하는 논쟁들은, 특히 개인적 자유와 문화적·종교적 관용이라는 측면에서 이슬람권에서 성장한 많은 이민자들이 유럽인들의 관행과는 완전히 다른 태도를 갖고 있음을 부각한다.

19세기 유럽인들이 견지한 이성의 힘에 대한 신념과 이에 연관된 끊임없는 물질적 진보에 대한 믿음이 근거 없는 것으로 드러났을지라도, 측정 가능한 광범위한 기준들로 볼 때 21세기 초의 유럽은 여전히 200년 전보다 좀 더 '합리적'이고 안락한 장소였다. 의심의 여지없이, 19세기 초 유럽의 예언자들은 19세기 초에 제기된 여섯 가지 문제가 처리된 방식에 실망했을 것이다. 그래도 그런 부정적 반응은 다른 긍정적 반응으로 틀림없이 상쇄되었을 것 같다.

아일랜드 문제

19세기 초에 설정된 여섯 가지 문제 가운데 21세기 초에 실질적으로 해결된 것이 있다면, 그것은 아일랜드 문제일 것이다. 비록 2007년 이후 아일랜드 거주자들 대부분이 이 나라가 직면한 걱정스러운 여러 경제 문제를 안고 있다는 점에서 환호성을 지를 분위기는 아니겠지만 말이다. 그렇기는 해도 그런 경제 문제들은 1840~1850년대의 공포와 공통되는 점이 거의 없었다. 그런 문제들은 20세기의 오랜 세월 동안 아일랜드인들과 런던의 정치 지도자들 사이에 벌어진 검게 그을린 내전과는 근본적으로 다른 종류의 것이었다.

2012년 무렵 아일랜드는 물질적 상황과 라이프스타일이라는 측면에서 다른 서유럽 나라들과 훨씬 더 비슷해졌다. 19세기의 전형적인 날 것 그대로 아일랜드인의 이미지는 대부분 사라졌다. 북아일랜드의 프로테스탄트-가톨릭 관계와 연관된 심각한 정치 문제들은 1990년대까지도 불붙으며 지속되었지만, 1998년 궁극적인 타협이 이루어진 듯 보였다. 아일랜드 문제는 2012년 무렵이 되면 대부분의 신문 1면 머리기사에서는 대체로 자취를 감춘 용어가 되었다.

여성 문제

여성 문제와 관련해서는 이 문제가 얼마만큼 해결되었는지 모호하지만, 분명히 진보가 이루어졌음은 사실이다. 2012년 무렵 여성들은 모든 유럽 국가에서 투표권을 획득했고, 다른 측면들에서도 형식적인 시민적 평등권을 얻었다. 비록 스위스에서는 1970년까지 기다려야 했지만 말이다. 비록 그런 평등의 실질적인 행사에 나쁜 영향을 주는 문화적 태도들이 존속하기는 했지만 말이다. 2012년 무렵 유럽 여성들, 특히 북유럽과 서유럽의 여성들은 나머지 대부분의 세계에 사는 여성들과 비교할 수 없이 거대한 개인적 자유와 높은 사회적·경제적 지위, 그리고 시민으로서 전반적으로 형평성 있는 지위를 누렸다. 정치적 고위직이나 노동조합 간부직같이 여성들의 접근을 가로막아 온 영역들에서도 변화의 기운이 일었다. 또한 남성 정체성과 여성 정체성에 대한 초기의 기본적 가정들도 과학적 발견들을 통해 주요하게, 종종 예기치 않게 변화를 겪고 있음을 알려주는 신호들도 많았는데, 그런 과학적 발견들은 여성 문제에 대한 초기의 공식들이 얼마간 결정적으로 낡은 것이 되었음을 드러냈다.

사회문제와 국가의 역할

사회문제 또한 2012년의 시점에는 과거에 상상할 수 없는 방향으로 발전해 버려서 원래 용어의 유효 기간이 지난 것처럼 보이게 되었다. 그럼에도 1815년의 상황에 비하면, 사회의 하층 신분들은 훨씬 더 높은 물질적 생활수준을 누리고, 어린이들도 훨씬 더 많이 보호받는다. 적어도 사람들이 노는 모습을 구경하려고 공장 창문 밖을 물끄러미 내다보는 아이들은 없게 되었다. 잔존하는 사회문제들은 가난한 비숙련의 비유럽인들로 이루어진 유럽 쪽으로 상당 부분 이동했는데, 이들이 높은 보수를 받는 숙련 노동자가 되는 것은 명백히 요원한 일이었다. 더욱이 여성의 지위가 상당히 다른 지역 출신의 이민자들이 그렇게 대규모로 유럽에 들어왔으니만큼, 여성 문제뿐 아니라 사회문제에도 심각하고 복잡한 요인들이 가중되고 있었다.

　사회문제가 어떻게 처리되어야 하는지를 둘러싸고 개인주의적 해결책에서 집산주의적 해결책에 이르기까지 19세기 초에 경합했던 다양한 견해들 가운데 어떤 것도 이론의 여지없는 승자가 되지는 못했다. 최대한의 자유를 강조한 자본주의 판본의 해결책은 반복적으로 자기 파괴적인 결과들을 드러냈지만, 국가의 폭넓은 역할을 강조한 경제들도 고유한 문제점들을 양산하면서 특히 소련은 말할 것도 없고 비공산주의 국가들에서도 심각한 우려를 낳았다. 일정한 혼합이 불가피하다는, 19세기에 기원을 두고 있는 광범위한 합의가 나타났다. 즉 사회정의의 쟁점들을 처리하고 자본주의의 파괴적인 성향들을 통제하는 국가 개입을 긍정하면서도 개별 기업과 개인적 책임감으로부터 가능한 최대의 장점을 이끌어 내기 위해 국가권력의 '과잉'을 제한하거나 그와 연관된 관료제와 심각한 비효율을 감축하려는 시도가 바로 그것이다. 그러나 이런 합의는 구체성을 결여하고 있다. 상충하는 경향들 사이에서 정확히 어디에 선을 그어야 할 것인지의 문제가 여전히 심각한 논쟁거리로 남았던 것이다. 더욱이 이 쟁점은 어떤 민족적·문화적 시각에서 보느냐에 따라 결정적으로 달리 보일 수 있었는데, 이는 2010년대에 유럽연합이 경제 통합을 성취하는 과정에서 극복해야 할 주요 장애물이라고 할 수 있다.

　경제적 자유와 국가권력을 혼합해야 할 필요성에 대한 광범위한 합의는 미국에서도 나타났다. 그러나 여기서는 선이 그어진 곳이 중앙정부의 권력을 제한하는 쪽으로 치우쳐 있었다. 2012년에 이르면 온건한 우파 정당을 포함하여 유럽의 모든 주요 정당이 미국 민주당의 왼쪽에 정렬했는데, 이것이야말로 유럽 정체성이 '미국적이지 않다!'라는 것을 보여 주는 한 가지 심층적인 현실일 것이다. 그렇지만 유럽 좌파 그 자체는 2012년의 시점에 예전보다 누그러졌고 이데올로기적으로 교조적인 성향이 크게 완화되었다. 혁명적 신비를 강조하는 역사의 방향성에 대한 낙관론은 유럽 공산주의의 붕괴 이후 쪼그라들었고, 좌파 내에서 살아남은 민주주의적 사회주의의 요소들도 가령 영국에서 토니 블레어의 '새로운 노동당'과 빌리 브란트 이후 독일 사민당의 '새로운 중도'(neue Mitte)에서 잘 예시되듯이 점점 더 실용적인 방향으로 변모했다. 이런 경향은 필경 21세기 초 유럽 인구가 점점 더 노령화된 상황과 관계가 있겠지만, 좀 더 근본적으로는 수많은 경제적·사회적 쟁점들에 대한 구좌파의 접근이 부적절했다는 것이 드러난 정황과 관계가 있었을 것이다.

동방문제와 제국의 종식

동방문제는 해결되었다기보다는 단지 사라졌다고 할 수 있다. 원래 '환자'였던 오스만제국이 사라진 것은 그렇다고 쳐도, 영국과 네덜란드, 프랑스, 합스부르크, 러시아의 제국들도 사라졌다. 그럼에도 어떤 의미에서 동방문제는 완전히 사라지지 않고 긴 그림자를 드리우고 있다. 즉 19세기 초 오스만인들이 지배한 지역들은 21세기 초에도 여전히 주요한 분쟁 장소로 남아 있었고, 거기서 유럽인들은 중단 없는 내부적 위기와 갈등에 휘말려 들어갔다. 아랍-이스라엘 갈등은 10년 주기로 전쟁을 낳았고, 일부 관찰자들은 만일 미래에 제3차 세계대전(원자폭탄이 사용될 전쟁)이 기다리고 있다면 그것은 아마 중동에서일 거라고 예견하기도 했다. 1990년대 발칸반도의 전쟁들은 한 세기 전에 주요 제국들이 충돌하면서 유럽 내전을 점화하는 불똥을 튀긴 곳에서 발생했다. 과

거의 동방문제는 21세기 초 유럽에서 주요 쟁점이 된 방대한 이민자 대중이 과거 오스만 제국의 거주민들이었다는 점에서도 살아남았다.

독일 문제

여러 가지 면에서 19세기와 20세기 초의 **유일한** 핵심 문제는 독일 문제였다. 독일의 발흥에 대한 반응(혹은 과잉 반응)은 자신의 파괴적 역동성을 제어하지 못하고 자신의 파우스트적인 딜레마를 해결하지 못하는 유럽의 무능력을 고스란히 보여 주었다. 2012년의 시점에 독일 문제는 해결되었다거나, 적어도 실질적으로 다시금 공식화되었다고 널리 간주되었다. 독일인들은 유럽의 민족주의·인종주의 경향들 가운데 가장 악성이라고 할 수 있는 것을 표현한 후 21세기 초가 되면 유럽 민족들 중에서도 상대적으로 관용적이고 합리적인 사람들로 평가받게 되었다. 독일은 하나의 나라가 끔찍한 과거를 어떻게 청산해 나가는지에 대한 하나의 모델로서도 유효했다. 독일의 과거는 결코 망각되지 않았고, 공동시장과 유럽연합에서 독일이 차지한 유력한 지위도 초미의 관심사(심지어 일부에서는 신랄한 비난의 대상)로 남았으나, 2012년의 시점에서 그런 지위는 많은 단순한 현실들에 기초한 것이었다. 즉 통일된 독일은 유럽연합에서 가장 많은 인구를 보유했다(대략 8,200만 명의 독일 다음으로 인구가 많은 프랑스는 대략 6,800만 명이다). 또한 독일은 상대적으로 정직하고 효율적인 국가 제도들을 향유했다. 그런가 하면 독일 인구는 유럽인들 가운데 1인당 생산성에서 높은 수준으로 평가된다(또한 개인 저축과 자진 납세와 같은 연관된 문제들에서도 높은 수준이다). 유럽에서 독일의 영향력은 군사적 침공이나 게슈타포의 테러를 통한 것이 아니라 '부드러운'

것이었다. 독일 총리 앙겔라 메르켈을 오만하다거나 권력에 굶주려 있다고 묘사하기는 어려울 것이다.

존 F. 케네디("나는 베를린 시민입니다")도 니키타 흐루쇼프("우리는 너를 파묻을 것이다!")도 베를린이 통일되고 복고되는 모습을 볼 정도로 오래 살지 못했다. 그러나 두 사람이 그 도시가 2012년에 어떤 모습으로 변모했는지를 본다면 기절초풍할 정도로 놀랄 것이라고 능히 추측할 수 있다. 재통일된 독일의 수도는 유럽에서 가장 개방적이고 활기차고 매력적인 도시 가운데 하나로 평가된다. 도심 한가운데에, 많은 새롭고 인상적인 건축물들 사이에 5에이커가량의 잊을 수 없는 유럽유대인학살추모공원(Memorial to the Murdered Jews of Europe)이 자리 잡고 있다. 예전에는 상상할 수 없는 발전들 가운데는 수천 명가량의 젊은 세속적 유대인들이 경제적 기회와 관용적 분위기에 이끌려 이 독일의 도시로 이주했다는 사실도 있다. 혹은 급증하는 극단적 전통의 영향력 아래에 있는 예루살렘에서 그런 경제적 기회와 관용적 분위기를 더 이상 기대할 수 없다는 데 염증을 느껴서 온 경우도 있다.

독일 문제를 '해결'하려는 과정에서 유럽은 자기 파괴의 문턱까지 갔다. 역사가 교훈을 주는 한, 우리는 독일의 발흥에 대해 과거에 실제로 취한 대책보다 더 효과적으로 대응하는 방법이 있을 수 있었는지에 대해 정당하게 의문을 던져 보아야 한다. 돌이켜 볼 때, 독일의 상승은 멈출 수 없는 힘과 유사해 보이는데, 과연 수천만 명의 독일인들이 목숨을 잃고 방대한 독일 영토가 폭격으로 폐허가 된 후 다시 2010년 독일 민족이 여전히 유럽에서 가장 많고 가장 생산적인 인구를 보유하고 있다는 사실에서도 독일의 상승이 멈출 수 없는 힘이라는 강한 인상을 받게 된다. 만일 유럽의 다른 주요 국가들이 1914년 이전에 독일의 발흥이라는 불가피한 현실과 화해할 수 있었더라면, 필경 그들의 운명은

1914~1945년에 현실로 드러난 것과는 비교할 수 없을 정도로 좋은 방향으로 바뀌었을지 모른다.

독일의 발흥에 대한 반대는 물론 유럽의 경쟁적 역동성이 보여 준 한 양상이었다. 독일의 야망(그리고 오만)이 어떤 방향을 취할지는 1914년 이전에는 분명치 않았으나, 과연 독일이 좀 더 효과적으로 '봉쇄'될 것인지 말 것인지의 문제는 초미의 관심사로 남아 있었다. 독일의 발흥을 방지하려는 노력이 두 차례 세계대전 동안 희생된 수천만 명의 죽음과 거대한 물질적 파괴를 감수할 만큼 그렇게 가치 있는 일이었는가? 21세기 초 중국의 발흥도 전 지구적 경쟁의 맥락에서 그에 비견되는 현상처럼 보인다. 만일 중국의 발흥 또한 얼마간 멈출 수 없는 것으로 간주된다면, 그런 발흥에 대한 수용과 반대 사이에서 독일의 경우에 확인된 것보다 좀 더 현명한 타협에 도달할 수 있겠는가?

어떤 단순한 대답도 물론 가능하지 않겠고, 확실히 1914년 이전의 독일이든 1945년 이후의 중국이든 절대 악으로 간주된다면, 그들과의 타협도 극단적으로 위험한 것이라고 간주될 수밖에 없을 것이다. 그렇지만 상대방을 악마로 만드는 반공산주의의 경력을 발판으로 했던 리처드 닉슨 대통령이 (물론 공산주의 세계를 분할하려는 미국의 목표를 추구하는 과정에서) 공산주의 중국을 수용(혹은 유화)한 것으로 지금은 높은 평가를 받고 있다는 사실은 의미심장하다. 그리고 비타협적인 반공산주의로 유명한 또 다른 미국 지도자 로널드 레이건 대통령 역시 (원자폭탄의 맞교환이라는 위협을 덜어 냈다는 점에서 세계가 안도의 한숨을 내쉴 수 있게 하면서) 미하일 고르바초프를 '유화'(혹은 그와 현명하게 타협에 도달)했던 것이다.

미국화, 지구화, 유럽 모델

냉전의 종식 이후 유럽 정체성은 미국 정체성이 보여 주는 통일성을 결여하고 있지만, 이미 서문에서 언급한 논점으로 다시 돌아가자면 유럽인들은 세계의 다른 민족들과의 관계에서보다 좀 더 많은 것을 미국인들과 공유하고 있다. 특히 냉전 시대 동안 유럽인들은 '미국화'되었다. 행복하든 불행하든 어쨌거나 헤아릴 수 없이 다양한 방식으로 말이다. 그런 과정이 얼마나 지속될 것인가? 2010년대에 다극 체제와 고도로 복잡한 경제 관계에 기초한 새로운 국제 상황이 출현하면서 유일한 군사적 초열강이자 세계 최초의 산업 열강으로서 미국의 아성이 위협받고 있다. 그러나 이 새롭고 불안정한 배치 속에서 유럽의 미래 역할은 불확실한 것으로 남아 있었는데, 그도 그럴 것이 '유럽'이 실제로 무엇이며 무엇이 되어야 하는지에 대한 어떤 합의도 없었기 때문이다. 2012년 경 유럽연합은 미국보다 훨씬 많은 인구를 거느리고(미국 3억, 유럽연합 5억 인구) 그 속에서 결합된 경제도 미국과 중국을 능가하지만, 군사적으로는 미약한 권력이다.

더욱이 유럽인들은 하나로 통합된 유럽이 주요한 군사적 권력이 될 거라는 전망에 별다른 감흥을 받지도 않았다. 이런 비군국주의적 정체성은 21세기 초의 바람직한 발전들 중 하나로 유지되겠지만, 중국과 인도, 러시아, 또는 다른 많은 발흥하는 열강도 그런 특수한 측면에서 유럽 모델에 영감을 받을지는 여전히 의심쩍다. 물론 유럽인들은 NATO의 일원이었고, NATO는 1989년 이후 동유럽 대부분을 아우르며 팽창했지만, 그 회원국들 가운데는 미국과 캐나다, 터키 등도 포함되어 있어서 그 자체 유럽연합의 무장력을 대표하지는 않았다.

'자유'와 이에 연관된 의회주의적인 자유민주주의 제도들에 기초한 유럽 모델은 2012년의 시점에서 계속 광범위한 호소력을 발휘했다. 그러나 미국인들, 특히 공화당 우파의 경우는 유럽인들의 방식('미국적이지 않다!'라는 것이 유럽 정체성을 규정하는 또 다른 방식이다)보다 훨씬 더 야심적으로 자신들만의 모델이나 '예외주의'를 주장하는 경향이 있었다. 이와 유사하게, 비유럽 지역들도 '근대화하는 힘으로서의 자유'(a modernizing freedom)가 무엇인지에 대해 자신들만의 고유한 개념을 보유하고 있었다는 것이 분명한데, 과연 이들은 다양한 종류의 유럽과 미국의 지배로부터 해방된 자신들만의 고유한 문화와 역사에 근거하여 그런 개념을 구성했던 것이다. 그들이 작업하여 만들어 낸 것은 의심할 여지없이 유럽인들이나 미국인들이 만들어 내거나 만들어 냈던 것과는 다를 것이다. 많은 것이 자유민주주의가 나머지 세계에서도 성공적으로 보일 수 있을 것인가의 여부에 (그리고 물론 다른 어떤 모델이 더 큰 성공을 달성할지 여부에) 달려 있다. 중국의 스펙터클한 경제성장은 너무 최근에 나타난 것이고 나머지 세계에 모델이 되기에는 문제점들이 너무 많다. 아랍의 봄은 그보다 훨씬 더 최근의 것이고 문제투성이다. 유럽과 유럽인들에 의해 구축된 세계에 속한 나라들은 비록 상대적으로는 쇠퇴하고 있지만 여전히 먼저 출발한 이점을 갖고 있고, 21세기에도 오랫동안 세계의 다른 민족들 사이에서 존재감을 발휘할 것이 틀림없다.

유대인 문제

유럽의 유대인 문제는 여섯 가지 문제 가운데 형체가 가장 분명하고 그 '해결책'(이 대목에서는 특히 불행한 용어)은 가장 비극적이며 그 의미는 불확실한 문제였다. 이 문제가 처음 제기되었을 때 나타난 가장 정확한 모습에서(즉 유럽의 유대인들에게 시민적 평등권을 부여해야 하는지의 여부에서) 볼 때, 2012년의 시점에서 더 이상의 쟁점은 없다. 왜냐하면 유럽의 모든 나라에서 유대인들은 형식적인 시민적 평등권을 얻었기 때문이다. 더욱이 유럽 유대인들은 대부분 상당 정도로 근대화되어 유대인 문제라는 광범위한 의제를 완수했다. 물론 유럽 유대인들 대부분이 근대화되었다는 것은 하나의 사실을 반영하고 있는데, 바로 1939년부터 1945년까지 단연코 가장 높은 사망률을 나타내며 고통 받은 사람들이 다름 아닌 가장 덜 근대화되고 가장 가난하며 가장 정통적인 교리를 받아들인 유대인들이었다는 사실이 그것이다. 이렇듯 뚜렷하게 확인할 수 있는 변화와는 무관하게, 2010년대에 유대인들에 대한 유럽인들의 태도는 '정상적'이라고 간주될 수도 없고, 그들에 대한 감정도 확실히 '청산'되었다고 할 수도 없다.

과거 청산에 대한 유럽인들의 점증하는 관심은 새로 건국된 이스라엘 국가와 이를 둘러싼 적대적인 이웃들에 대한 특별한 관심과 한데 뒤섞였다. 1948년에서 2012년까지 과거에 팔레스타인 위임통치령이었던 지역은 10년마다 전쟁(1948, 1956, 1967, 1973, 1982년)이 발발하고 전간기와 전후에는 전쟁을 방불케 하는 만성적인 사회 불안을 경험하면서 전 세계에서 가장 오래 지속되는 분쟁 장소로 기록되었다. 암살과 포로 고문, 테러리즘에 이르기까지 양측이 자행한 갖가지 잔혹 행위가 횡행했다. 21세기에도 유럽인들(그리고 물론 미국인들)은 이 작은 지역에 더 많은 관심을 계속 쏟았다. 여기보다 훨씬 더 크고 인구도 많은 지역들이 허다한데도 말이다. 확실히, 이런 사실은 유럽인들의 진화하는 정체성은 물론이고 홀로코스트의 다면적인 반향들에 대해 많은 것을 말해 준다.

돌이켜 볼 때, 반유대주의는 19세기 유럽의 이데올로기들 가운데 가장 '성공적'이었다고 평가될 수 있다. 적어도 하버드대학의 루스 위세 교수가 2007년에 펴낸 《유대인들과 권력》(Jews and Power)에서 내놓은 평가는 그러했다. 그럼에도 반유대주의가 성공했다고 평가하기는 어렵다. 왜냐하면 홀로코스트 이전에 반유대주의자들의 실제적인 목표는 분명치도 않았고 서로 간에 의견의 일치를 보지도 못했기 때문이다. 이와 유사하게, 유대인들에 대한 '홀로코스트 이후'(post-Holocaust)의 태도들도 종종 뒤죽박죽되어 있어서 불가해한 상태로 남아 있었다. 확실히 '절멸주의적'(eliminationist) 증오는 근본적으로 배척당했지만, 홀로코스트 이전에 통상 반유대주의자들로 간주된 사람들이 대부분 대량 학살을 실제로 바랐는지는 의심스럽다. 유대인들이 사회적으로 배척받거나 문화적으로 위축되며 감내했던 경멸의 분위기도 특히 서유럽에서는 1945년 이후에 완전히 사라지지는 않았어도 크게 감소했다. 홀로코스트는 길고 어두운 그림자를 드리웠으나, 유대인들과 유대적 가치들에 대한 태도라는 난해한 쟁점은 유리 슬레즈킨의 2005년 수상작 《유대인의 세기》(The Jewish Century)에서 자극적인 방식으로 탐구되었는데, 이 책에서 그는 유대적 가치들이 유럽과 미국을 비롯하여 실제로 세계 곳곳에서 승리를 거두었다고 주장했다. 요컨대 유대인의 역사에서 '최악의 세기'가 동시에 승리의 세기이기도 했던 셈이다.

이 '가장 오래된 증오'에 대한 극단적인 표현들이 여러 방면에서 분명하게 발견되고 있었지만, 일차적으로 아랍과 이슬람 국가들(뿐만 아니라 이들 나라들에서 유럽으로 온 이민자들)에서 유대인 국가와 나머지 세계의 유대인 지지자들에 대한 적개심으로 촉진되고 심화된 형태로 그 가장 기괴한 모습—특히 (유대인들이 자신들의 제례에서 비유대인들의 피를 사용한다고 알려진) 이른바 '피의 비방'(blood libel)과 연관된 것들—을 띠게 되었다.

'새로운 반유대주의'는 더 이상 인종주의적이지 않다는 점에서 과거의 반유대주의와는 달랐는데, 새로운 반유대주의는 최소한 유럽의 반인종주의적·보편주의적·반제국주의적 좌파에 호소력을 발휘한 반면, 예전에는 반유대주의와 제노포비아적인 인종주의의 성향이 강력했던 민족주의적 우파에서 이스라엘과 유대인들에 대한 새로운 예찬이 나타나기 시작했다는 점에서 인종주의적이지 않았던 것이다. 이스라엘 바깥의 유대인들 사이에서는 하나의 입장 변화가 나타났는데, 기독교 우파와 근본주의자들이 유대인의 가장 믿을 만한 동맹자인 반면에 좌파들은 유대인의 가장 위험천만한 적이라는 대체로 보수적인 유대인들의 목소리가 높아졌다. 과연 이런 태도는 과거 2천 년 동안 유대인들이 기독교교리(유대인의 '그리스도 살해'를 비난해 온)를 인정사정없이 적대시했던 사정을 고려하면 예전에는 상상할 수 없는 또 다른 발전이라고 하겠다.

기독교 보수주의자들에 대한 유대인들의 태도 변화는 갑작스럽게 이루어졌다는 점에서 한결 주목할 만했다. 물론 유대인들의 변화는 유대주의와 특히 유대인 국가에 대한 다양한 기독교 세계에서의 급속한 변화를 반영한 것이면서 동시에 그런 변화와 나란히 전개된 것이었다. 그렇듯 변화된 태도들은 기독교가 최소한 홀로코스트에 대한 일부 책임을 져야 한다는 기독교 세계 지도자들의 암묵적인 인정과도 연관된 것이었다. 나아가 이스라엘에 대한 기독교 보수주의자들의 변화된 태도는 이스라엘 내부에서 일어난 변동들을 통해서도 설명할 수 있다. 유대인 국가 건설의 초창기에 나라는 사회주의적 좌파에 의해 통치되었고, 그 사회는 대단히 평등주의적이었으며, 나치 박해에 대한 기억은 여전히 생생했다. 그런 이유 때문에, 이스라엘은 일반적으로 유럽 좌파에게 지지를 받았던 반면, 온건파든 극단파든 우파는 새로운 유대인 국가에 대해 사뭇 회의적인 태도를 보였던 것이다. 그러나 이스라엘에서 지배 정당이 우파로 이동하고 이스라엘 사회가 상대적으로 불평등해지면서, 이스라엘은 유럽과 미국의 좌파에 의해 자주 비판을 받았던 반면, 정치적 우파는 이스라엘 우익과의 혈맹 관계를 인정하게 되었다.

새로운 적, 이슬람

이렇듯 변화된 태도가 보여 주는 가장 중요한 양상은 아마도 몇몇 영역들에서 '이슬람'으로 지칭되는 새로운 대문자의 '적'(Enemy)과 새로운 '전쟁'이 등장했다는 사실일 것이다. 이 전쟁에서 이스라엘과 유대 보수주의자들은 이슬람 광신도들에 맞선 서구 문명의 동맹자들로 이해되었고, 좌파들은 우파에 의해 1930년대의 '유화정책 지지자들'(appeasers)에 비유되었다.

새로운 적에 대한 새로운 전망은 21세기 초 유럽인들(그리고 이들보다 더 심한 정도로 미국인들)의 시대정신(zeitgeist)에서 또 다른 근본적 차이를 상징했다. 새로운 '문제들'과 새로운 이데올로기들이 낡은 것들을 대체하고 있었다고 말할 수 있는 한, 그런 새로운 것들은 새로운 적과 큰 관련이 있었다. 그럼에도 19세기 초 유럽에서 이데올로기들이 우후죽순처럼 증식된 것에 비하면 21세기 초에 그런 모습은 도통 찾아보기 어려웠다. 21세기 초의 공적 수사에서 '문제들'(그리고 이와 연관된 해결될 수 있다는 자신감)을 문제 삼으며 공식화하는 경향은 자취를 감추었다. 그리고 좌파의 신비와 관련된 한, 짜릿한 전율(thrill)은 사라졌다.

자본주의와 공산주의 아래의 환경주의

한 가지 중요한 새로운 이즘이 있다면 환경주의(environmentalism)일 텐데, 그것은 이미 제2차 세계대전 직후 수십 년 사이에 나타났다. 일부 관찰자들은 그것이 강력한 국제 운동으로 성장할 것이라고 예견했지만, 그런 예견들은 너무 낙관적이거나 최소한 성급한 것으로 드러났다. 환경에 대한 관심은 확실히 두드러진 쟁점이 되기는 했지만, 환경주의는 감정을 건드리고 대중적 지지를 동원하며 초기 이즘들이 그러했던 만큼 일관된 행동 강령을 만들어 낼 수는 없는 것처럼 보였다. '녹색' 운동과 이와 연관된 정당들이 많은 나라들, 특히 독일과 북유럽에서 대두했지만, 21세기 초의 시점에 보면 그런 운동들과 정당들은 그 어떤 주요 국가에서도 다수파의 지위나 전국적 지지를 얻지 못했다. 몇몇 주목할 만한 성공(예컨대 라인 강이 1950년대에 하수처리장에서 물고기가 사는 강으로 바뀌었다)은 있었지만, 환경과 관련된 쟁점들은 왕년의 동맹자들을 분열시키고(예컨대 노동자들과 좌파 지식인들은 서로 정반대편에 서는 경향이 있었다), 왕년의 적들, 특히 사회적 보수주의자들과 진보적 활동가들을 불편하게 한데 뭉치게 했다.

환경주의는 19세기 초 산업화를 위해 지불해야 할 환경적·미학적 비용—조용한 시골을 덮치는 시끄러운 기차 엔진과 흉측하고 비위생적인 슬럼을 낳는 '악마의 맷돌'(satanic mills)—에 반대하는 움직임이 있었다는 점에서 과거의 사회문제와도 중첩되었다. 또한 그런 사악한 결과들에 대해 제시된 치유책들은 압도적인 지지를 얻기보다는 오히려 분열을 불러오는 경향이 있었다. 문제들이 효과적으로 처리되었을 때도 아주 느리게 진행되거나 영구적인 환경 피해를 방지하지 못하는 방식으로 처리되었다.

공산주의는 권좌에 있을 때 종종 지방적이거나 민족적인 경계를 넘어서 영향을 미치곤 하는 환경 피해를 치유하는 과정에서 자본주의보다 훨씬 더 심각한 실패를 드러냈다. 공산주의의 국제주의는 궁극적으로 다른 많은 영역들에서도 그렇듯이 이 환경 영역에서도 가짜에 불과한 것으로 드러났다. 1986년 체르노빌의 재앙은 환경 문제의 상호 의존성이라는 쟁점을 너무도 즉각적이고도 충격적으로 보여 주었다. 21세기 초 지구온난화는 원자력의 사용보다 훨씬 더 재앙적인 수준으로 지구 전체를 위험에 빠뜨릴 것이 유력시된다. 그러나 이에 대응하여 효과적인 조치들을 발동하려는 시도는 줄곧 어려움에 처해 왔고 분열만을 야기했다.

1945년 이후 원자폭탄을 맞교환할지도 모른다는 두려움 때문에 제3차 세계대전이 방지되었다는 주장은 일리가 있었다. 점점 현실화되는 환경의 위협에 대면하여 그에 비견될 만한 합리성이 작동하여 궁극적으로 환경보호 조치들을 중심으로 유럽인들과 미국인들, 중국인들, 그리고 나머지 세계인들이 하나로 단결할 수 있을지도 모른다. 그러나 지구의 주도적인 민족들이 효과적인 환경보호 조치들을 취할 수 있는 적절한 기술적 노하우를 확보할 수 있느냐의 문제를 제쳐놓더라도, 과연 그들 사이에 그런 합의가 조만간 도출될 수 있다고 믿기 위해서는 빅토리아 시대에 존재했던 낙관론보다 훨씬 더 강력한 낙관론이 필요할 것이다.

환경 문제와 관련하여 강한 국가들과 강한 국제기구들이 필요하다는 주장도 크게 강화되었지만, (그 함의는 여전히 종잡을 수 없지만 또 다른 새로운 이즘이라고 할 수 있는) 이른바 '글로벌리즘'(globalism)이 그와 유사한 논점을 제시하고 있다. 즉 거대 경제들이 서서히 파산하게 내버려두는 것은 세계 민족들의 이해관계에 부합되지 않는다는 것이다. 그러나 이 문제에서도 다시 민족들이 파괴적인 경제적 경쟁을 방지하는 행동에 나설 것이라고 믿기 위해서는 인간 이성에 대한 엄청난 확신을 필요로 할 것이다. 1914년 이전에 수많은 관찰자들이 주요 열강이 경제적으로 서로 의존하고 있기 때문에 전면전은 일어나지 않을 거라고 의기양양하게 선언했다는 것을 기억하라.

인구 문제와 제노포비아

인구 성장 또는 '인구 문제'는 곧 환경 쟁점과 겹친다. 19세기에 많은 유럽 국가들은 자국 인구의 다수를 다른 유럽 나라들에 수출했다. 그러나 가장 광범위하게 방출된 인구가 향한 곳은 아메리카 대륙이었다. 그리하여 몇몇 유럽 나라들에서 인구 압력은 경감되었지만, 다른 나라들에서는 오히려 증가했다. 지금 와서 생각해 보면, 유럽인들의 내부 이동은 물론 그 자체도 복잡한 어려움이 있기는 했지만 그래도 1945년 이후 비서구 지역에서 들어오는 이주에 비한다면 그리 심각한 도전은 아니었다. 프랑스는 공화주의 이데올로기에 따라 비유럽 시민들을 기꺼이 수용했는데, 세기 말에 엄청난 수를 받아들여 인구의 대략 12퍼센트가 증가할 정도였다. 반면, 덴마크와 네덜란드, 노르웨이 같은 나라들은 유럽에서 가장 관용적인 나라로 유명했음에도 1945년 이전에는 고도로 동질적인 인구 구성을 자랑했다. 다수의 유색인들과 비기독교도들, 그리고 북유럽과 근본적으로 다른 문화를 가진 사람들을 수용하고 통합하는 일은 유해한 결과를 불러일으킬 공산이 큰 위험스러운 일이다. 심지어 아일랜드인들과 이탈리아인들처럼 그 자신들도 19세기에 다른 유럽인들의 인종주의적 적대심에 들이받혔던 경험이 있는 사람들도 자신의 도시들이 점점 '이방인' 이민자들로 가득 차기 시작하자 노골적인 제노포비아의 영향을 받는 모습을 보여 주었다. 그리고 프랑스인들도 고유한 보편주의 전통에도 불구하고 비유럽 인구들을 만족스럽게 동화시키는 과제를 완수하지 못했다.

유럽 제노포비아의 발흥에 주목한다고 해서 이민자들이 심각한 문제를 제기하지 않는다는 것도 아니고, 이민자들이 종종 수혜를 받으면서 성공적으로 통합되고 있는 현실을 무시하는 것도 아니다. 그러나 2010년대 대부분의 유럽 나라들은 이 문제와 관련하여 안심할 만한 기록을 보여 주지 못했다. 심지어 이민자들을 받아들이고 '이민자들의 재능'을 평가하는 데 이미 익숙한 미국에서도 대개 비유럽인 이민자들, 특히 라틴아메리카를 비롯해 세계 곳곳에서 쇄도하는 수백만 명에 달하는 불법 체류자들에 대한 분노가 치솟고 있었다.

유럽에게는 환경적 위협과 인구 감소, 비유럽인 이민 등이 특히나 우려스러운 21세기의 도전이 될 것이다. 그렇기는 해도 2012년의 시점에서 환경에 대한 위협은 유럽에서보다는 13억이 넘는 인구를 가진 중국에서(그리고 이와 똑같이 2020년 무렵이 되면 인구수에서 중국을 추월할 것으로 예상되는 인도에서) 훨씬 더 불길한 문제로 보였다. 전 세계 곳곳이 심각한 환경 위협에 직면했는데, 그런 지역에는 당연히 미국도 포함된다. 미국은 오랫동안 다양한 형태의 환경오염에 기여했을 뿐 아니라 환경 치유 활동에서 유럽에 상당히 뒤처져 있는 게 사실이다. 유럽 밖의 인구 쟁점들 또한 각론에서는 다양하지만 우려스럽다. 중국의 '한 자녀' 정책은 인구 성장을 제한하기 위해 고안되었지만 특히나 대단히 심각한 함의를 내포한 것으로 보였다. 왜냐하면 여성보다는 남성이 훨씬 많은 세대가 출현했기 때문이다. 이민 역시 주요한 글로벌 쟁점이다. 대량 이민의 위협은 무엇보다 유럽에 심각한 영향을 주었는데, 그 이유는 그렇게도 많은 비유럽인들이 유럽으로 가기를 원하기 때문이다. 과연 이에 비견될 만한 정도로 수백만 명의 이민자들이 아프리카와 라틴아메리카의 나라들, 또는 이슬람 인구가 다수인 나라들은 말할 것도 없고 중국이나 인도 같은 나라에 들어가기 위해 절망적으로 발버둥치는 모습을 찾아볼 수 없는 것이다. 이렇게 다른 지역을 모두 제쳐놓고 유독 유럽이 이민자들을 강력하게 유인한 데는 경제적 동기를 제쳐놓더라도 관용과 법의 지배라는 유럽의 전통이 큰 역할을 했다. 유럽의 제노포비아는 아무리 혐오스럽더라도 일반적으로 볼 때 다른 지역들의 폭력성과 무법성보다는 무섭지 않다고 할 수 있다.

유럽연합의 딜레마

2011년 말과 2012년 초에 유럽연합은 1945년 이래로 가장 우려스러운 경제적 곤경이라고 할 만한 상황에 직면했는데, 이른바 국가 부채 위기(Sovereign Debt Crisis)가 바로 그것이었다. 이 사태는 유로를 사용하는 유럽 17개국 대부분에 영향을 주었다. 위기의 세부적인 내용들은 이해하기 어렵지만, 그런 경제적 곤경은 그 깊은 내막에서 보면 결국 앞에서 논의한 쟁점들(즉 기성의 민족 정체성들보다 강한 유럽 정체성의 결여)과 관련되어 있다고 할 수 있다. 2012년의 시점에서 유럽연합은 23개의 공식 언어들을 인정했을 뿐 아니라 그보다 훨씬 더 많은 지역적·민족적 정체성들이 있었는데, 이들은 '브뤼셀의 테크노크라트들'에게 더 많은 권력을 부여하거나 유럽연합에서 독일의 지배적 역할을 인정하는 데 완강히 저항했다.

이 책의 머리말에서 "유럽 문명의 맹렬한 역동성"에 관해 언급한 바 있다. 이 책의 각 장은 이런저런 방식으로 바로 그런 역동성과, 머리말에서 "극좌파와 극우파라는 악령들"이라고 표현한 것을 다루었다. 아무리 국가 부채 위기가 해결된다고 해도, 정체성의 측면에서 미합중국과 판박이처럼 닮은 '유럽합중국'은 언젠가 이루진다고 해도 아주 먼 미래에나 가능할 것이다.

그럼에도 유럽 통합이 '실패'했다고 결론내리는 것은 너무 멀리 나가는 것이다. 처칠은 한때 이런 재담을 한 적이 있다. "자유민주주의는 가능한 최악의 정부 형태다, 다른 모든 정부 형태는 빼고." 유럽에 대해서도 이와 똑같은 말을 할 수 있다. "유럽은 가능한 최악의 지역이다, 지구상의 다른 모든 지역은 빼고." 유럽은 그 결점이 무엇이든 간에, 또 그 인구 현실이 아무리 불길할지라도 지구상에서 한동안은 좀 더 번영하고 다른 점에서도 매력적인 지역으로 남을 것이다. 아닌 게 아니라 유럽인들은 자신들의 결점을 인정해 왔고, 자신들의 역사를 그 승리와 비극의 측면 모두에서 이해하고 '장악'(master)하려고 노력해 왔으니 말이다.

| 더 읽을거리 |

이 장의 도입부에서 언급되었듯이, 역사가들은 현재 일어나는 사건들의 장기적 의미를 평가하는 데 신중한 경향이 있고, 그들이 현재에 다가가면 갈수록 유럽에 대해 출간된 많은 저작들의 수명은 더 짧아지는 것처럼 보인다. 이런 맥락에서 10여 년 전에 나온 일부 책들의 제목이 최근에 나온 책들에 비해 유럽의 미래에 대해 상대적으로 낙관적인 견해를 보이고 있음은 의미심장하다. 예컨대 제러미 리프킨의 《유러피언 드림: 아메리칸 드림의 몰락과 세계의 미래》

(The European Dream: How Europe's Vision of the Future Is Quietly Eclipsing the American Dream, 2004)와 T. R. 리드의 《유럽합중국: 새로운 초열강과 미국 우월성의 종말》(The United States of Europe: The New Superpower and the End of American Supremacy, 2004)을 보라. 이런 제목들은 발터 라퀘르의 절망적인 제목에 비교된다. 그의 책제목인 《실패 이후: 유러피언 드림의 종말과 한 대륙의 쇠퇴》(After the Fail: The End of the European Dream and the Decline of a Continent, 2012)를 보라. 또한 크리스토퍼 콜드웰의 《유럽 혁명의 고찰: 이민, 이슬람, 서양》(Reflection on the Revolution in Europe: Immigration, Islam, and the West, 2010)에 나타난 우울한 전망을 보라.

머리말에서 관찰했듯이, 티머시 가턴 애시의 많은 책들과 논문들은 세월이 흘렀어도 다른 어떤 것보다 좋다. 그중에서 특히 《자유로운 세계: 유럽, 미국, 서양의 놀라운 미래》(The Free World: Europe, America, and the Surprising Future of the West, 2005)와 《사실들이야말로 체제 전복적이다: 이름 없는 10년에 대한 정치 저술》(Facts Are Subversive: Political Writings on a Decade without a Name, 2011)을 보라.

루스 프랭클린의 《천 개의 어둠: 홀로코스트 픽션의 참과 거짓》(A Thousand Darknesses: Lies and Truth in Holocaust Fiction, 2011)은 역사 저작은 아니고 문학 비평이지만, 역사적 개념화와 연관된 많은 쟁점들을 풍부하고도 자극적인 방식으로 탐구한다.

그림과 지도 목록

퀴스는 프랑스 우파에 의해 악마화되었는데, 이들은 악마의 섬이 그를 위해 마련된 최적의 장소라고 생각했다." 개인 소장품 / Roger-Viollet, Paris / The Bridgeman Art Library. **359**

12. 호송되는 가브릴로 프린치프(1914년 6월 28일) 보스니아의 사라예보에서 프란츠 페르디난트 대공을 암살한 후 오스트리아 관헌에 체포되었다.
ⓒ Pictorial Press Ltd / Alamy. **393**

13. 제1차 세계대전 기간의 프랑스, 솜 전투 당시 영국 측 전선(1916. 7. 1~11. 15) 전투는 솜 강 양안을 따라 대략 30킬로미터에 걸친 전선에서 독일군과 프랑스-영국 연합군 사이에 전개되었다. 전차가 사용된 것도 군사사에서는 이 전투가 처음이다. Album / Prisma / akg-images. **415**

14. 1910년 차르 궁정에서 여성들에 둘러싸인 라스푸틴 ⓒ World History Archive / Alamy. **433**

15. 군중 속에서 연단에 올라 연설하는 레닌(1920년 5월 6일) Moscow, Theatre Square. Wikimedia Commons. **441**

16. 1919년 5월 27일 파리에서 개최된 강화회의에 참석한 '4거두' 왼쪽부터 데이비드 로이드조지 총리(영국), 비토리오 오를란도 총리(이탈리아), 조르주 클레망소 총리(프랑스), 우드로 윌슨 대통령(미국). ⓒ GL Archive / Alamy. **469**

17. 첫 뇌졸중 이후의 레닌과 스탈린 이 사진은 스탈린이 레닌과 가깝다는 것을 강조하기 위해 사용되었다. SSPL / Getty Images. **513**

18. 차에 올라 군중 속을 이동하는 무솔리니와 히틀러(1940년 6월 18일) akg-images. **547**

19. 아돌프 히틀러(1936년 9월) 급진적 선동가가 아닌 고상한 정치가로 보이려는 노력을 반영이라도 하듯이 신사복 정장을 차려입고 있다. ⓒ ullsteinbild / TopFoto.co.uk. **558**

20. 에스파냐 내전에 참전한 의용병 by Robert Capa **591**

21. 히틀러와 스탈린을 풍자하는 만화 히틀러: '인간쓰레기라고 믿소만?' 스탈린: '노동자들의 도살자가 맞지요?' 삽화 작가 데이비드 로의 〈랑데부〉. 원래는 1939년 9월 20일자 《이브닝 스탠다드》(Evening Standard)에 실린 것이다. British Cartoon Archive, University of Kent. www.cartoons.ac.uk/ London Evening Standard. **609**

22. 바르샤바 게토에서 유대인들을 체포하고 있는 나치들 1943년 놀란 유대인 가족들이 나치 병사들에게 항복하고 있다. 그해 1월에 게토 거주자들은 나치에 맞서 봉기를 일으키고 몇 달 동안 완강히 버텼으나, 4월과 5월의 격렬한 전투 끝에

패배하고 말았다. 사진은 1943년 5월부터 하인리히 힘러에 보낸 위르겐 슈트로프의 보고서에서 찾은 것이다. Wikimedia Commons.　　**647**

| 지도 |

모든 것은 '신비적인 것'으로 시작되고
'정치적인 것'으로 끝난다.

앨버트 린드먼의 이름은 대학 시절부터 친숙했다. 그가 쓴 책이 수업에서 교재로 사용된 적이 있었기 때문이다. 그 뒤로 잊힌 이름이 되었다. 한참이나 세월이 흐른 후 다시 그의 최신작을 번역하게 되니 과연 감개무량하기는 하다. 물론 이런 소회와 별개로 번역 과정은 고통의 연속이었다. 그리하여 지은이 린드먼 자신도 이 책 '감사의 말'에서 피력하고 있듯이, 옮긴이도 날마다 모니터 앞에서 중얼거리곤 했다. '왜 이 일에 뛰어들었담?'

지은이와 마찬가지로 옮긴이에게도 이 엄청난 일에 뛰어든 간단한 이유와 복잡한 이유가 있었다. 간단한 이유는 무엇보다 린드먼의 이름이 반가웠기 때문이다. 복잡한 이유는 옮긴이가 몸담고 있는 대학에서 '서양현대사'를 오랫동안 강의하면서 적절한 교재가 필요하다는 점을 절감했기 때문이다. 과연 이 책은 그런 필요성에 부응하는 훌륭한 개설서라고 판단되었다. 그래서 이 책을 통해 우리 학생들에게 좀 더 깊이 있는 강의와 믿을 만한 전거를 제공해 줄 수 있겠다고 생각했다. 물론 일반 독자들에게도 이 책이 유럽사 교양서로서 손색이 없겠다는 판단도 작용했다. 이 책의 번역에 기쁘게 착수한 이유도 바로 거기에 있었다.

이 책은 무엇보다 형식 면에서 몇 가지 독특함을 선보이고 있다. 첫째, '현대'(modern)라는 시기 구분이 독특하다. 서양사에서 (통상 '근대사'와 구분하여) '현대사'는 느슨하게 20세기의 역사를 가리키며, 그 기점은 얼추 제1차 세계대전이나 19세기 말 정도로 설정되곤 한다. 그러나 이 책에서 린드먼은 '현대 유럽의 역사'라는 표제어로 유럽의 19세기와 20세기를 (숨도 쉬지 않고) 연속적으로 읽어 낸다. 좀 더 정확히 말하면, 이 책에서 '현대'는 프랑스혁명과 나폴레옹전쟁이 끝나고 빈회의를 통해 빈체제가 수립된 1815년부터 현재까지의 시기를 아우르고 있다. 이런 시기 구분에는 미묘한 쟁점들이 숨어 있다. 가령 프랑스혁명은 '현대' 이전의 과거를 마무리 짓는 사건으로 해석될 수도 있고(과거의 마지막 사건), 아니면 프랑스혁명의 반향 아래에서 '현대'가 시작되었다고 해석될 수도 있다(현재의 최초 사건). 어쨌거나 린드먼에게 '현대'는 프랑스혁명 이후의 두 세기, 즉 19세기와 20세기를 연속적으로 펼쳐 놓은 시대인 것이다. 말하자면, 16~18세기의 초기 근대(early modern)와 대비되는 후기 근대(late modern)에 해당하는 셈이다.

둘째, 이 책은 '유럽'의 지리적 비중도 독특하게 안배하고 있다. 모든 개설서가 '유럽'의 지리적 비중을 최대한 골고루 배분하려고 노력하겠지만, 실상 이상적인 균형에 도달하기가 쉽지는 않다. 일반적으로는 서유럽 중심의 역사 서술이 되기 십상이다. 하지만 이 책에서는 독특하게도 독일과 러시아를 비롯한 중유럽과 동유럽의 역사에 할애된 지면이 다소 과하다고 느껴질 정도로 상당하다. 이런 지리적 비중을 재조정함으로써 얻는 것과 잃는 것이 공히 존재하겠지만, 종래의 지리적 편향을 고려하면 잃는 것보다는 얻는 것이 좀 더 많을 거라고 생각된다. 물론 린드먼이 막대를 동쪽으로 구부린다고 해서 서유럽의 역사를 부당하게 축소하는 것은 아니므로 그의 지리적 재조정은 이미 서쪽으로 구부러진 막대를 바로 펴기 위한 필요한 시도라고 볼 수 있다. 어쨌거나 독자들은 이 책을 읽으면서 예컨대 유럽사의 변두리로 다뤄져 온 러시아와 동유럽의 역사가 유럽사의 주류를 근본적으로 바꿔 놓은 주요한 변수였음을 새삼 깨닫게 될 것이다. 그런가 하면 유럽에 가까운 중동과 북아프리카의 역사가 보여 주는 몇몇 흥미로운 단면들과도 만날 수 있는 흔치 않은 기회를 얻게 될 것이다.

셋째, 이 책은 단순한 사실들의 나열을 지양하면서 명시적으로 '문제 중심'의 역사를 지향한다는 점에서도 다른 개설서들과는 뚜렷이 구분된다. 린드먼은 그런 '문제들'(Questions)을 여섯 가지로 요약하여 정식화하고 있다. 독일 문제, 유대인 문제, 아일랜드 문제, 사회문제, 여성 문제, 동방문제가 바로 그것이다. 이 문제들은 모두 19세기에 문제로 설정되어 그 해결책이 20세기까지 모색되어 왔고, 부분적으로는 21세기 초까지 여전히 문제시되고 있다. 린드먼이 왜 '현대'를 독해하면서 19세기와 20세기를 연속적으로 겹쳐 놓았는지를 이해할 수 있는 대목이기도 하다. 바로 이런 문제 중심의 역사가 혹여 개설서가 빠질 수 있는 느슨함을 허용하지 않고 처음부터 끝까지 팽팽한 긴장감을 유지하는 비결일 것이다. 린드먼 스스로도 이 책의 머리말에서 이미 현대사 연구자들은 객관적인 방식으로 사실들을 나열하는 전통적인 역사에서 탈피한 지 오래라고 선언하면서 우선적인 것과 부차적인 것을 구분하고 그 속에서 사건과 현상을 해석하는 역사가의 능동적 역할을 힘껏 강조하고 있다. 그렇다면 린드먼이 '현대사'를 지배한 '여섯 가지 문제'를 설정하고 이를 중심으로 '현대사'를 기술한 것은 그 자체가 하나의 현대사 '해석'

인 셈이다.

이와 같은 형식의 독특함보다 더 중요한 것은 물론 내용의 독특함일 것이다. 린드먼은 머리말에서 자신이 '낡은' 역사와 '새로운' 역사를 화해시키고 종합하려고 노력할 것이라고 천명한다. 여기서 '낡은' 역사란 주로 '큰 사람들'(great men)에 천착하는 엘리트 중심의 역사를 말하고, '새로운' 역사란 비인격적인 힘들이나 익명의 '대중들' 또는 '작은 사람들'(little men)의 역사를 가리킨다. 거칠게 말하면, '낡은' 역사란 '위로부터의 역사'요, '새로운' 역사란 '아래로부터의 역사'인 것이다. 린드먼은 이 '위'와 '아래'를 연결시키려는 야심적인 작업에 착수한 것이다. 여기서 우리가 배울 점은 '낡은' 역사를 낡았다는 이유로 기각하지 않고, '새로운' 역사를 새롭다는 이유로 그대로 수용하지 않는 린드먼의 신중한 태도다. 그런 신중한 균형 감각을 바탕으로 린드먼은 다양한 인간 군상과 객관적 힘들을 하나씩 심문해 가며 역사를 움직인 요인들을 탐구하면서(가령 린드먼은 홀로코스트의 원인을 분석하면서 그것을 가능하게 한 것은 단지 히틀러도 아니고 반유대주의도 아닌 '역사' 그 자체라고 선언한다), 우리에게 역사를 읽는 즐거움과 함께 역사를 이해하는 통찰력을 선사해 준다.

이 책에서 역사를 읽는 즐거움은 무엇보다 잘 알려진 '큰' 사람들에 대한 린드먼의 독특하고 재치 있는 캐릭터 묘사에서 만끽할 수 있다. 그의 인물평을 따라가다 보면 마치 그 역사적 인물들이 지면 밖으로 튀어나와 독자의 눈앞에 어른거리면서 독자에게 직접 말을 걸어오는 듯한 생생한 착각에 빠지게 된다.

예컨대 루스벨트 대통령의 영부인이 처칠에 대해 논평한 묘사를 보라. 이 애주가에다 말이 험한 처칠의 모습이 완연히 머리에 떠오를 것이다. 또한 흐루쇼프의 손자가 한 말을 기억하라. 항상 고함치고 있는 흐루쇼프의 모습이 당장 눈앞에 어른거린다. 그런가 하면 드골과 히피 청년들 사이의 대화편을 보면, 단 한 마디의 말로 권위와 카리스마가 육화되는 놀라운 과정을 체험할 수 있을 것이다. 그 밖에 린드먼의 손끝에서 나폴레옹과 메테르니히, 카부르와 비스마르크, 무솔리니와 히틀러, 레닌과 스탈린, 슈트라이허와 괴링, 슈마허와 아데나워, 데 가스페리와 톨리아티, 브란트와 슈미트, 흐루쇼프와 케네디, 대처와 레이건 같은 일물이 완전히 살아 있는 캐릭터로 부활하고 있다. 과연 그런 '큰' 인간들의 뒷이야기와 촌철살인의 인물평은 일반적인 역사 개설서에서는 마주치기 힘든, 이 책만이 선사하는 은밀한 즐거움이다. 사족을 붙이면, 린드먼의 설명에서 이 '큰' 인간들은 때로 출중하고 근면하며 진실한 사람들로 등장하지만, 그보다 훨씬 더 자주 우둔하고 독선적이며 변덕스러운 사람들로 나타난다.

물론 린드먼이 인물들의 성격과 행동에만 집중하는 것은 아니다. 그는 이념과 사상의 측면에도 정당한 관심을 기울인다. 놀라운 것은 1급 혹은 2급 지식인들이 제시한 복잡한 이념과 사상에 깃들어 있는 역사적 의미가 린드먼의 손끝에서 아주 명쾌하게 제시되고 있다는 점이다.

특히 옮긴이가 놀랐던 점은 맬서스와 헤겔의 사상을 비교한 대목이다. 맬서스와 헤겔의 사상이 공히 "낡은 것이 파괴되고 새로운 것이 수립되는 과정에서 불가피하게 야기되는 폭력과 고통"을 인정했다는 점에서 공통점이 있다고 지적하는 것이다. 과연 누가 맬서스와 헤겔을 비교할 생각을 했겠는가! 이와 유사하게, 스마일스와 마르크스를 비교하는 대목을 보라. 린드먼은 실패와 고통에서 배운다는 스마일스의 견해와 프롤레타리아의 고통과 계급 갈등에 대한 마르크스의 견해를 비교하면서 "분쟁과 고통은 창조와 진보에 필수적이라는 확신"이라는 공통 요소를 추출하며, 이것이야말로 유럽적 근대성(modernity)의 핵심이라고 단언한다. 밝은 미래를 위해 오늘의 고통을 기꺼이 감내해야 한다는 철학—말하자면, '고통 없이 얻는 것도 없다'(No pains, no gains)라거나 '고진감래'(苦盡甘來)라는 것인가?—이 맬서스와 헤겔, 스마일스와 마르크스를 하나로 관통하고 있는 것이다. 옮긴이는 이처럼 서로 다를 뿐 아니라 적대적이기까지 한 사상가들의 동시대성을 예리하게 포착하고, 나아가 그렇게 간단히 근대성의 본질을 집어 낸 저자를 알지 못한다.

이런 통찰력을 바탕으로 린드먼은 복잡다단하고 일견 불가해한 사건들로 가득 찬 유럽 현대사를 이해하는 중요한 실마리를 독자들에게 제공한다. 그는 낱낱의 사건에 대한 해석을 씨줄로 삼고 전체 현대사를 관통하는 해석을 날줄로 삼아 정교한 현대사 해석의 직물을 짜 나간다. 하나의 단적인(그러나 결코 간단치 않은) 사례를 보자. 린드먼은 러시아의 1917년 11월 혁명을 교과서에 나오는 것처럼 '사회주의혁명'으로 보지 않는다. '부르주아혁명'이었다고 한다. 물론 이런 해석 자체가 새로운 것은 아니다. 예컨대 러시아혁명을 놀라운 눈으로 바라본 당대 이탈리아의 급진 자유주의자 피에로 고베티 같은 이들이 일찍이 볼셰비키혁명의 부르주아적·자유주의적 성격을 힘주어 강조한 바 있다. 린드먼에 따르면, '진정한 사회주의혁명'은 오히려 1928~1934년에 일어난 농업 집산화와 공업화 5개년계획으로 대표되는 이른바 '제2의 혁명'이었다. 그리고 '제2의 혁명'은 피의 숙청을 통해 '제3의 혁명'으로 전이되었다는 게 린드먼의 해석이다. 더 놀라운 것은 '제2의 혁명'과 같은 논리들이 파시즘과 나치즘에도 적용될 수 있다는 점이다. 실제로 이탈리아 파시즘과 독일 나치즘 내부에 예컨대 '제2의 혁명'을 요구하는 주장들과 세력들이 있었음을 고려하면 그런 논리는 어느 정도 '보편적'이라고 할 수 있다.

바로 이 대목에서 린드먼은 러시아혁명을 넘어 전체 유럽 현대사를 관통하는 어떤 논리를 포착하려고 한다. 그는 실제로 이런 '보편적' 논리를 가리켜 '혁명의 신비'(mystique of revolution)라는 용어로 개념화를 시도하고 있다. 린드먼에 따르면, 혁명적 신비라는 것은 프랑스혁명으로 풀려난 후 유럽 엘리트들의 상당수를 매료시킨 강력한 힘으로서, "진일보한 인간 조건에 대한 빛나는 전망이 지난 수세기 동안 풍미했던 메시아적인 꿈"을 의미한다(이런 점에서 프랑스혁명은 '현대'의 시작일 것이다). 그런 "메시아적인 꿈"이 수많은 유럽 젊은이들을 "자기희생적이고 영웅적인 혁명가"로 들뜨게 했던바, 그 극좌파적 변종이 스탈린주의요, 그 극우파적 변종은 파시즘과 나치즘이었다고 할 수 있다. 그리고 이 두 가지 좌우의 극단주의는 서로에 대해 과부하를 걸며 상승작용을 일으킨 '현대'의 대표적인 운동이었다(기실, 린드먼 자신의 주된 학문적 관심도 그런 현대의 극단적·급진적 운동들에 있는 것으로 보인다).

그런데 린드먼은 그렇듯 혁명이 암시하는 '신비적인 것'(mystique)을 '정치적인 것'(politique)과의 관계 속에서 검토한다. 사실, 이 두 가지 이항대립은 프랑스 시인 샤를 페기의 것인데, 그는 사회주의에서 민족주의로 투신하여 제1차 세계대전 당시 마른 전투에서 전사한 독특한 경력의 지식인이었다. 요컨대 린드먼에 따르면, '신비적인 것'과 '정치적인 것'은 "자기희생적이고 용감한 이상주의 대(對) 미몽에서 깨어난 정치적 계산과 냉소적 경력 관리의 이항대립"을 말하는데, 바로 이 이항대립이 유럽 현대사라는 미궁을 헤쳐 나가는 '아리아드네의 실' 역할을 하고 있다. 그리고 린드먼이 파악하기에 유럽 현대사의 여러 사건들이 그러하듯이, "모든 것은 **신비적인 것**으로 시작되고 **정치적인 것**으로 끝난다." 곧 '혁명의 신비'가 모든 사람을 한순간 사로잡았다가 결국 환멸과 구토가 이어지고 '현실 정치'로 수습된다는 것이다(원래 '신비적'이라는 말에는 '기만적'이라는 뜻도 있음을 기억하라). 과연 옮긴이가 보기에, 이는 이 책

전체를 관통하는 하나의 테제로 기억해 둘 만한 것이다.

이런 린드먼의 해석에 독자들은 동의할 수도 있고 반대할 수도 있을 것이다. 그의 해석이 얼마나 설득력이 있느냐는 그가 이 책에서 기술한 내용을 찬찬히 읽어 보면서 평가하면 될 일이다. 다만, 옮긴이로서는 19세기와 20세기를 관통하는 '신비적인 것'과 '정치적인 것'의 반복 교체라는 논리에 대한 린드먼식 해석의 옳고 그름을 떠나 그런 해석 자체가 매우 강력하다는 점에 주목하고 싶다. 린드먼이 이 책의 출발점을 프랑스혁명과 나폴레옹전쟁 직후 혁명에 대한 반동으로서 기획된 빈체제로 잡은 이유도 그렇다면 명백해질 것이다.

일찍이 이탈리아의 마르크스주의 이론가 그람시가 리소르지멘토(통일 운동)와 파시즘 등 이탈리아 현대사를 해석하면서 사용한 개념을 빌리자면, 린드먼의 책을 관통하는 것은 '혁명과 복고' 또는 '수동 혁명' (passive revolution)의 논리인 것이다. 린드먼이 기술한 역사에서 모든 것은 혁명에서 시작하되 혁명이 복고를 낳고 혁명적 열정이 방전되면서 궁극적으로 혁명은 정치에 의해 '분자적으로' 흡수된다(그러나 복고에도 혁명의 요소가 묻어 있고, 수동 혁명도 수동적이되 어쨌든 혁명이다). 이런 원리를 그람시는 또 다른 개념, 즉 우리에게는 더 유명한 '헤게모니'의 개념으로 설명하기도 했다. 과연 그람시가 독창적으로 재활용한 '헤게모니'의 개념에 모든 것을 빨아들이는 거대한 스펀지나 블랙홀의 이미지가 있는 데서도 알 수 있듯이, '헤게모니'는 '신비적인 것'을 흡수하여 '정치적인 것'으로 변환하는 원리인 것이다. 이 책에서 린드먼은 '수동 혁명'이나 '헤게모니'라는 개념을 단 한 번도 사용하지 않으면서 현대 유럽의 무대에서 펼쳐진 '수동 혁명'의 역사 또는 '헤게모니'의 역사를 완벽하게 설명하고 있다. 물론 이는 옮긴이의 과잉 해석일지도 모르지만, 린드먼은 옮긴이가 예전부터 쓰고 싶었던 역사를 미리 써서 내놓은 것이다. 물론 자신만의 독특한 초점과 독특한 시각을 갖고서 말이다.

린드먼의 해석이 강력하다는 판단은 비단 이론적인 면뿐만 아니라 실천적인 면에서도 유효하다. 그는 현대사가 '현재의 역사'임을 투철하게 의식하면서 역사에서 배울 수 있는 교훈을 적극적으로 제시한다. 그렇다면 린드먼의 역사는 여러모로 '새로운' 면을 보이지만, 현학적이지 않은 소박한 태도로 교훈을 명쾌하게 전달해 준다는 점에서는 어디까지나 '전통적'이다. 하나의 예를 들어 보자. 이 책의 한 가지 주요한 테마가 있다면, 바로 19세기 말 이래 독일의 발흥과 그에 대한 주변 열강의 반응이다. 린드먼은 독일의 발흥이 멈출 수 없는 힘이었는데도 주변 열강이 인위적으로 억지하려고 함으로써 두 차례 세계대전의 비극을 자초했다고 본다.

린드먼은 독일의 교훈을 오늘날의 중국에 적용한다. 만일 중국의 부상이 멈출 수 없는 힘이라면, 우리는 어떻게 대처해야 하는가? 린드먼은 현실을 인정하고 현실과 화해하려는 자세가 불필요한 비극을 방지할 것이라고 조언한다. 또 다른 예를 보자. 체르노빌 원전 사고는 인류의 끔찍한 재앙이었다. 그래도 소련 당국이 초기에 사고를 은폐하며 시간을 끌지 않았다면 방사능 노출을 최소화할 수도 있었다. 그러나 고르바초프의 개방정책에도 불구하고 당국은 재앙을 오히려 증폭시켰다. 체르노빌의 교훈은 왜 열린사회가 우리에게 필요한지를 웅변으로 말해 준다. 이 대목에서 불가리아 출신의 프랑스 비평가인 츠베탕 토도로프의 감동적인 주장이 뇌리에 떠오른다. 그에 따르면, 모든 사회는 이상과 현실이 일치하지 않는다. 우리는 사회 제도에 완벽할 것을 주문하지 않는다. 오히려 우리 사회가 완벽하다고(지상의 낙원이라고) 강변하는 사회는 전체주의적일 것이다. 우리가 받아들일 만한 사회는 이상과 현실을 구분하고 자신의 결점과 실수를 인정하며 구성원들의 비판을 허용하는 사회다. 요컨대 좋은 사회는 **완벽한** 사회가 아니라 **열린** 사회인 것이다.

옮긴이 후기를 마무리하기 전에 린드먼의 책을 읽으며 불편했던 점들도 고백해야겠다. 하나의 불편함은 린드먼이 지나치게 유대인 문제를 강조하는 게 아니냐는 의문이다. 실제로 다른 개설서들에서 그런 문제들은 짧게 다루어지거나 아예 다루어지지 않는 경우도 많다. 그에 비하면 이 책에서 유대인들에 대해 할애된 지면은 상당하다. 그러나 이 역시 심하게 구부러진 막대를 바로 펴기 위해 반대쪽으로 구부리는 과정으로 이해할 수 있을까? 옮긴이로서는 그런 문제들이 뜻밖의 중대한 변수로 작용했음을 깨닫고 자주 놀라워하곤 했다. 예컨대 유대인 혁명가 트로츠키에 대한 린드먼의 해석은 인상적이다. 트로츠키는 당시 부상하고 있던 유대인들의 자신감과 복수심을 체현한 화신으로서, 레닌 사후의 권력투쟁에서 트로츠키의 몰락은 그가 유대인이라는 사실과 깊은 관계가 있었다. 즉 볼셰비키 지도자들은 반유대인 감정이 확산된 상태에서, 또 당이 대중성을 강화하려는 시점에서 유대인 트로츠키가 레닌의 계승자가 되는 것에 부담을 느꼈다는 것이다. 그보다는 비록 러시아인이 아니지만 스탈린이 훨씬 무난해 보였다는 게 린드먼의 판단이다. 꼭 트로츠키의 사례가 아니어도 유럽 현대사의 굵직한 문제에 유대인이 개입되어 있다는 사실은 린드먼의 다양한 설명에서 충분히 입증되고도 남음이 있다. 돌이켜 보면, 유대인은 '혁명'과 '자본주의'를 상징하는 기호와 같다. 그리고 '혁명'과 '자본주의'를 누락하고서 유럽 현대사를 설명한다는 것은 상상할 수 없는 일이다. 유대인은 유럽 현대사의 상수인 것이다.

또 다른 불편함은 린드먼이 너무 명시적으로 유럽중심주의적 시각을 드러내는 것이 아니냐는 의문에서 비롯된다. 그는 현대 세계에서 '유럽'

의 정체성이 기본적으로 아시아도 아니면서 미국도 아닌 어떤 것에 있다고 본다. 그러면서 유럽 민족들 사이의 경쟁 및 갈등, 민족 정체성과 유럽 정체성의 대위법적 공존 등에서 나타나는 역동성에 주목한다. 나아가 그는 유럽 정체성의 핵심이 '자유'와 '관용'에 있으며, 이런 문명적 가치들을 통해 현대 유럽인들은 전례 없는 물질적 안락과 개인적 안전을 향유하게 되었다고 주장한다. 비록 유럽의 결함이 많더라도 유럽은 여전히 지구상에서 가장 살기 좋은 매력적인 곳이라는 말이다. 수많은 이민들과 난민들이 다른 지역이 아닌 유럽으로 몰려드는 것도 바로 유럽의 '자유'와 '관용'이 자석처럼 끌어들이는 힘이 있기 때문일 것이다. 역설은 최근의 경제 위기들과 테러 사건들이 보여 주듯이 '자유'와 '관용'의 유럽이 더 이상 물질적으로 안락하지도 않고 개인적으로 안전하지도 않은 곳으로 변모하는 듯 보인다는 점이다. 그럼에도 린드먼은 아직까지는 유럽의 매력을 능가할 만한 지역은 없다고 생각한다. 옮긴이도 어떤 면에서 그런 생각에 동감한다. 특히 유럽인들이 숱한 극단주의와 비극을 경험하면서 자신의 단점을 인정하고 과거를 성찰하려고 진지하게 노력해 온 것('역사의 교훈을 배우기' 또는 '과거를 청산하기')은 높이 평가해야 할 대목이다. 하지만 두려움은 남는다. 린드먼도 인정하듯이 어쨌거나 유럽은 추락하고 있는 것이다. 그래도 그의 생각은 아직까지는 괜찮다는 것이다. 그러나 그렇게 생각하기 위해서는 린드먼 자신의 표현을 빌리면 빅토리아 시대의 도저한 낙관론보다 더 강력한 낙관론이 필요할 것이다. 옮긴이로서는 그런 낙관론이 오히려 두렵다. 예전에 어느 프랑스 영화에서 본 장면이 어렴풋이 기억난다. 고층 건물에서 추락하고 있는 한 남성이 중얼거린다. "아직까지는 괜찮아!"

이렇듯 몇 가지 논란의 여지가 있음에도 불구하고, 린드먼의 책은 엄밀한 개념들에 입각하되 비교적 편하게 읽히는 역사 개설서로서 가치가 충분하다(그의 엄밀하고 건조하며 반복적이지만 때때로 재기 넘치는 만연체 문장에 대해서는 개인적으로 호불호가 갈릴 수 있으나, 전문 역사가가 일반 독자들을 대상으로 글을 쓴다는 것은 결코 쉬운 작업이 아니다). 독자들은 이 책에서 미처 알지 못했던 많은 사건들을 알게 되는 즐거움과 이미 알고는 있었으나 그 의미는 모호했던 사건들을 이해하는 통찰력을 얻게 될 것이라고 감히 확신한다.

첨언하자면, 이 책을 관통하는 굵은 해석의 줄기도 물론 흥미롭지만, 그보다 더 흥미진진한 것은 작은 사건들 하나하나에 대해 린드먼이 스쳐 지나쳐 가며 무심한 듯 제시하는 소소한 논평의 잔가지들이다. 예컨대 다윈의 진화론을 사회에 적용한 스펜서의 논변을 '사회적 다윈주의'라고 부르는 것이 통례지만, 린드먼은 연대적으로 스펜서의 책이 먼저 나왔다는 사실에 주목하여 오히려 다윈의 논변을 '생물학적 스펜서주의'라고 부르는 게 타당하다고 넌지시 말한다. 물론 독자들은 그런 논평들에 흥미를 느끼지 못할 수도 있고, 동의하지 않을 수도 있다. 또 어떤 논평에는 심각한 반대를 표명할 수도 있다. 예컨대 1968년 혁명이 버릇없는 젊은 세대들이 성질을 한번 부린 것이라거나, 아니면 1960년대 말의 청년 반란과 1980년대의 대처식 신자유주의가 비록 이데올로기적으로는 대립하는 듯해도 실제로는 매너리즘과 관료제에 대항한 동일 세대의 작품이라는 논평에 즉각 이의를 제기할 사람들이 틀림없이 있을 것이다. 그러나 그런 무심한 논평들 속에 번쩍이는 진실의 섬광을 놓칠 수 없다. 과연 (악마뿐 아니라) 신은 디테일 속에 있는 법이다. 독자들께 이 책의 일독을 권하며 그런 디테일들을 놓치지 마시라고 당부 드린다.

2016년의 뜨거운 여름을 이 책의 번역을 마무리하며 보냈다(마찬가지

878

로, 2017년의 차가운 겨울도 번역 수정을 하며 보냈다). 그동안 지적인 즐거움
도 실컷 만끽했지만, 기본적으로는 (때때로 끔찍한) 인내와 고통을 감내
해야 했다. 그런 인내와 고통을 겪은 뒤 이 책을 펴내며 작은 창조와 진
보의 기쁨을 누리니 조금은 위로가 된다. 린드먼이 말한 근대성의 원리
를 머리로 배웠을 뿐만 아니라 온몸으로 증명한 셈이다! 한때 슬럼프
도 있었고 다른 긴박한 일들 때문에 번역을 중단한 적도 많았다. 약속
된 기한을 훌쩍 넘겼음에도 묵묵히 옮긴이를 믿고 기다려 주신 삼천리
송병섭 대표께 감사드릴 따름이다.

   또한 번역에 몰두하는 옮긴이의 모습을 지켜보며 "안쓰럽다"고 한
아내의 말이 유난히 기억에 남는다. 그러나 옮긴이는 일 핑계로 남편
과 아빠와 아들의 역할에 무심하고, 심지어 그런 무심함을 정당화한
것 같아 오히려 가족들에게 미안하고 가족들이 '안쓰럽다.' 특히 아내
박미애는 이 고단하고 지루한 번역 작업을 변함없이 지지하며 번역 과
정에서 옮긴이가 느낀 기쁨과 고민을 함께 나누어 준 든든한 벗이었기
에 부족한 남편으로서 느끼는 미안함이 더 크다. 린드먼이 '머리말'에
서 책 한 권을 쓰기 위해서는 (아이 하나를 키울 때처럼) "온 마을이 필요
하다"라고 썼는데, 마찬가지로 책 한 권을 번역하기 위해서는 "온 가족
이 필요했다"라고 써야겠다. 가족들의 양해와 배려, 도움의 손길이 없
었다면 온전히 작업을 끝내지 못했을 것이다. 모든 공을 가족들에게
돌리고 싶다.

                                                   2017년 봄 압량벌에서
                                                   장문석

찾아보기